Widerstand 1933–1945

Mitte/Tiergarten

BERLIN

Inhalt

Vorwort

Die achte Veröffentlichung über den Widerstand in Berlin von 1933 bis 1945 ist dem Stadtzentrum, Mitte und Tiergarten, gewidmet.

Gerade in diesem Teil unserer Stadt haben wichtige Ereignisse nicht nur des Berliner, sondern des gesamten deutschen Widerstandes stattgefunden. Man denke an den 20. Juli 1944 und die Opposition aus den Reihen der Religionsgemeinschaften. Einen weiteren Schwerpunkt bilden zudem die Verfolgung der Juden und ihr Widerstand.
Mitte und Tiergarten wurden in einer Darstellung zusammengefaßt, weil es viele Überschneidungen gibt und wir nichts künstlich trennen wollten. Lediglich das Zeitungsviertel bleibt einer künftigen Beschreibung des Bezirks Kreuzberg vorbehalten. Der besondere Ereignisreichtum in Mitte und die vielen darzustellenden Facetten der Großstadt führten diesmal zu einer äußerst umfangreichen Arbeit. Sie ist aber so gegliedert, daß der Leser einzelne Kapitel gesondert herausgreifen kann. Die Reihenfolge der Kapitel entspricht keiner Wertung. Um trotz vieler Details und Namen die Darstellung lebendig zu halten, war ich bemüht, möglichst historisch-chronologisch vorzugehen. Damit die sehr faktenreiche Zusammenstellung lesbar bleibt, wurde auf einen detaillierten Anmerkungsteil verzichtet; alle Angaben sind jedoch belegt.
Bei Anschriften sind überwiegend die alten Straßennamen und Hausnummern angegeben. Veränderungen (soweit bekannt) erscheinen in Klammern und sind dem Straßenverzeichnis im Anhang zu entnehmen. Eckige Klammern in Zitaten stellen Ergänzungen des Verfassers dar.
Die Grundlage für diese Arbeit bildeten wissenschaftliche Veröffentlichungen, Prozeßunterlagen, Biographien, Erinnerungen, alte Adreßbücher und besonders die Auskünfte von über 200 Zeitzeugen. Nicht zuletzt ihnen ist es zu verdanken, daß dieses Buch entstehen konnte. In einigen Fällen schlossen ihre Berichte Lücken in der Forschung. Dies gilt besonders für die Aussagen zum 9./10. November 1938.
Ich danke den Bezirksverwaltungen von Mitte und Tiergarten, dem Landesarchiv Berlin, Dr. Hans J. Reichhardt, der Landesbildstelle, dem Landesverwaltungsamt (Entschädigungsbehörde), der Senatsverwaltung für Inneres, dem Bundesarchiv (Zwischenarchiv Dahlwitz-Hoppegarten), dem Brandenburgischen Landeshauptarchiv, der Jüdischen Gemeinde, dem Jüdischen Museum, dem Evangelischen Zentralarchiv, dem Bischöflichen Ordinariat, Ernst Seliger † von den Zeugen Jehovas, Dr. Hartmut Ludwig (Humboldt-Universität), Professor Dr. Peter Steinbach (Freie Universität), Margot Richnow, Christel Frohnert, Anna Sabine Halle, Gunda Bartels, Karin Vitiello, Geertje Andresen (für Umschriften), Thea Espenhayn, Dr. Heinrich-Wilhelm Wörmann, Pastorin Gudrun Domes, Violet Brehmer, Dr. Ruth Gross, Dr. Günter Wehner, Senta Maria Klatt †, Lore Stenzel, Alice Küstermeier, Nikolaus Starost †, Barbara Schieb-Samizadeh, Arnd Goebel, Manfred Kuhnke und Prof. Harald Hurwitz.

Ganz besonders danke ich Elisabeth Stephani für die kritische Durchsicht des Kapitels über die Bekennende Kirche, Dr. Horst Bein für die Überlassung seiner Recherchen zum Widerstand am Kriegsende und den Verfolgtenorganisationen BVN und IVVdN. Die letztgenannte Vereinigung gewährte mir großzügigen Einblick in ihre Archivmaterialien zum Gefängnis Alexanderplatz und zum Arbeiterwiderstand.

Für Anregungen, Kritik und weitere Hinweise bin ich jederzeit dankbar.

Hans-Rainer Sandvoß
(Abschluß des Manuskripts Januar 1994)

Mitte, Wilhelmstraße – Blick vom Wilhelmplatz in Richtung Norden (s. S. 197)

Mitte, Fischerstraße 30 – Durchgang zur Spree

Einleitung

Das Charakteristische ist niemals frei,
es ist geprägt, determiniert und gebunden.

Thomas Mann, Doktor Faustus.

Eine Stadt mit großen Gegensätzen

Widersprüchlicher, dabei aber in seinen Gegensätzen produktiv und lebendig, war wohl kaum ein anderer Teil Berlins als das historische Stadtzentrum. Es umfaßte in seinen Bezirksgrenzen neben dem Roten Rathaus immerhin das Regierungszentrum des Deutschen Reiches, die Schaltzentralen von Politik und Militär, Reichspräsidenten- und Reichskanzlersitz, den Reichstag, das Auswärtige Amt und zahlreiche Ministerien rund um die Wilhelmstraße, ausländische Botschaften und Gesandtschaften im westlichen Tiergartenviertel, elegante Hotels und Gastronomien, Tanzpaläste und Cafés, Amüsiermeilen zweifelhaften Rufs, renommierte Theater- und Experimentierbühnen und die gehobene Geschäftswelt in der Leipziger Straße mitsamt der angesehenen Konfektionsbranche am Hausvogteiplatz. Hinzu kamen die erlesenen Wohngegenden im „Alten Westen" (um die St. Matthäuskirche) und im Hansa-Viertel.

Zwischen bzw. neben diesen vielen Einrichtungen und Sehenswürdigkeiten standen Berlins altehrwürdigste Kirchen und nicht zuletzt das Berliner Schloß, damals schon längst keine Stätte monarchistischer Herrschaft mehr, sondern ein Ort friedlicher Kunst, dicht bei der einzigartigen Berliner Museumslandschaft, die der Direktor der Nationalgalerie Ludwig Justi um bedeutende Werke des Expressionismus bereichert hatte. (Nach 1933 galten diese Meisterwerke als „entartete Kunst".)

Der Verleger Helmut Kindler berichtet in seinen Erinnerungen (s. die Literaturliste):
„Das Berlin der Weimarer Republik war eines der Kulturzentren Europas. Neben den Theatern boten Varietés, Kabaretts und immer stärker auch die Lichtspieltheater alles, was die vergnügungssüchtige wie kulturbeflissene Bevölkerung sich wünschte."

Aber das uns im folgenden interessierende Gebiet zeigte auch noch ein ganz anderes Gesicht. Neben dem funkelnden Kultur- und Amüsierzentrum des Berlins der 20er Jahre gab es das arbeitende und das notleidende Berlin, das mehrheitlich den Linksparteien seine Stimme gab. In Moabit, im Westen des Bezirks Tiergarten, befanden sich Großbetriebe mit riesigen Werkhallen, die Tausenden von Lohnabhängigen Arbeit gaben (S. 135ff.). Viele von ihnen wohnten nahebei; besonders im roten Beusselkiez (Beussel- und Rostocker Straße) waren die kleinen Leute mit ihren Sorgen zu Hause. Eher noch eine Stufe tiefer als sie lebten jene Menschen, die den nördlichen und östlichen Teil von Mitte sowie den Fischerkiez (Fischerinsel) bewohnten. Hier, rund um den Verkehrsknotenpunkt Alexanderplatz, wo auch das Polizeipräsidium (Dircksenstraße) residierte, waren das unterste Proletariat und viel zweifelhaftes Milieu angesiedelt. Der östliche Teil der Linienstraße, Stein- und Mulackstraße waren verrufene Ekken! Es war das sogenannte Rotlichtmilieu, das auch rund um den Stettiner Bahnhof (Tieckstraße) dominierte.

Berlin-Mitte, Alexanderplatz mit Polizeipräsidium (unten links)

Zwei Zeitzeugen erinnern sich:

Der Arbeiterschriftsteller Karl Grünberg schreibt über die Gegend am Alex: „Was gab es auf dem Alexanderplatz nicht alles für ‚Stoff'! Dicht beieinander: strahlende Schaufenster und daneben bettelnde Kriegskrüppel. Luxusautomobile mit pelzbedeckten Insassen und hungrige Strichmädchen, die vielleicht erst kürzlich ins Heer der Arbeitslosen gestoßen waren. Vergitterte Arrestantenwagen, die ins Tor des Polizeipräsidiums einbogen, und verhärmte Arbeiterfrauen, die vor der Zentralmarkthalle verstohlen ihre karge Barschaft zählten."

Der Schauspieler Erwin Geschonneck (* 1906) berichtet in seinen Lebenserinnerungen (s. Literaturliste):
„Das Stettiner Karree, die Umgebung des damaligen Stettiner Bahnhofs, die Invalidenstraße und auch die Ackerstraße waren in den zwanziger Jahren Brutstätten der Prostitution. Der billigste Strich war hier zu Hause. Das Gebäude in der Ackerstraße, in dem wir wohnten, besaß sieben Aufgänge mit drei Höfen. ...
Der bekannte Filmregisseur Reinhold Schünzel ... drehte damals, 1920, einen Sittenfilm mit dem Titel ‚Das Mädchen aus der Ackerstraße'. Die Hauptdarstellerin hieß Lilly Flohr. Dafür wurden einige Außenaufnahmen auf einem Hof in unserem Nebenhaus gedreht."

Sicherlich auch die Gegend um den Alexanderplatz treffend beschreibend, war jenes „Lied von der Stempelstelle", das Ernst Busch so unverwechselbar sang:

Keenen Sechsa in da Tasche, bloß'n Stempelschein.
Durch die Löcha der Kleedage kiekt de Sonne 'rein.
Mensch, so stehste vor da Umwelt, jänzlich ohne was.
Wenn Dein Leichnam plötzlich umfällt, wird keen Ooge nass.
Keene Molle schippt der Olle, wenn er Dir so sieht.
Ja, die Lage sieht nicht blau aus.
Bestenfalls im Leichenschauhaus
haste noch Kredit...

Nahebei, im unmittelbaren Umfeld der Volksbühne (Bülowplatz), die 1913 auf dem Gelände des früheren „Scheunenviertels" errichtet worden war, prägte dagegen armes jüdisches Proletariat und Händlertum -zugezogen aus Osteuropa – auf ganz eigene Art die Gegend (S. 290ff.). Zwischen Linien-, Dragoner- und Prenzlauer Straße, im Süden begrenzt durch die berüchtigte Münzstraße, hatte man es fast mit einer jüdischen Kleinstadt osteuropäischen Typs zu tun: Straßen- und Kleintierhandel, Betschulen, Männer mit Kaftan und Schläfenlocken ließen eine ganz eigene Welt entstehen, die dann vom Nationalsozialismus rücksichtslos zerstört werden sollte (S. 312ff.).

Daneben, im Stadtbild weithin sichtbar durch die große Synagoge in der Oranienburger Straße, befand sich ein ganz anderes Zentrum jüdischen Lebens der Reichshauptstadt. Hier lebte kleines jüdisches Bürgertum und jüdische Arbeiterschaft; Menschen, die nicht nur äußerlich anders auftraten als ihre o.g. Glaubensbrüder, sondern sich auch innerlich vor allem als Deutsche fühlten (S. 294f.). Ganz ähnlich empfand das gehobene Bürgertum jüdischer Herkunft, das im vornehmen Hansa-Viertel (S. 287ff.) lebte.

Über diese vielfältige Lebenswelt unserer Stadt, ihre politische und kulturgeschichtliche Bedeutung, gibt es bereits ausführliche Darstellungen, die wir hier nicht wiederholen, noch gar übertreffen wollen. Wohl aber möchten wir sie durch den Hinweis auf die Frauen und Männer des Widerstandes ergänzen.

Diese Arbeit verzichtet gleichfalls auf eine Darstellung des nationalsozialistischen Berlins, denn das ganz andere möchten wir beschreiben. Nicht dem hier konzentrierten Staats- und Propagandaapparat des sogenannten Dritten Reichs gilt nachstehend unsere Aufmerksamkeit, sondern dem Leben, Denken und Handeln, das sich daneben, darunter und vor allem als Gegnerschaft in dieser Stadt ereignete.

Der Widerstand in seiner politischen Breite und sozialen Vielfalt war – mit Ausnahme des 20. Juli 1944 (S. 193ff.) – zersplittert und weitgehend isoliert. Deshalb stellen wir ihn in getrennten, abgeschlossenen Kapiteln dar. Der früh einsetzende Kampf aus den Reihen der Arbeiterbewegung (S. 16–155) findet dabei ebenso seine Erwähnung wie die Gegnerschaft aus den Religionsgemeinschaften (S. 206–286) und die Opposition aus bürgerlichen Kreisen (S. 182ff.). Entsprechend der herausragenden Bedeutung im Stadtzentrum (Mitte/Tiergarten) wird der Verfolgung der Juden sowie der Hilfe für Verfolgte ganz besonders breiter Raum gewidmet (S. 287–343).

In dem Kapitel „Alltagserfahrungen" wagen wir den Versuch zu zeigen, daß nicht der strenge Gegensatz von NS-Terror und radikalem Widerstand, nicht schwarz und weiß, das tägliche Tun der meisten Menschen prägte, sondern jenes Grau der Zwischentöne aus Alltagslist und Überlebenstraining, begrenzter Gegnerschaft und Teilanpassung an die herrschenden Verhältnisse. Immerhin: bis zum Jahre 1938 dürfte das NS-System bei mehreren Ereignissen die große Reserviertheit vieler Berliner gespürt haben. Und auch danach äußern Zeitzeugen bedenkenswerte Beobachtungen (S. 362f.).

Selbstverständlich liegen zwischen der Ablehnung des Nationalsozialismus und seiner aktiven Bekämpfung große Unterschiede. Aber Mangel an Widerstand belegt trotzdem nicht, daß die große Mehrheit der Berliner überzeugt nazistisch eingestellt gewesen wäre, wohl aber, daß Angst weit verbreitet war. Nur eine kleine Minderheit wagte sich vor.

Die erfolgreichen Demonstrationen der Frauen in der Rosenstraße noch im März 1943 (S. 320ff.) zeigten immerhin, daß selbst der Nationalsozialismus bei einem einzigartigen Fall von mutigem Massenprotest ein Stück zurückgewichen ist.

Alles hingenommen?

Wir alle wissen, daß der Widerstand sein wichtigstes Ziel, die Beseitigung der NS-Diktatur nicht erreicht hat. Aber er half Menschenleben retten (S. 155, 332ff.) und widerlegt den Kollektivschuldvorwurf.
In keiner deutschen Stadt gab es übrigens so viele Menschen wie in Berlin (etwa 2000 bis 3000), die den Verstecke suchenden verfolgten Juden halfen.

Der hier auf das Schicksal Berlins zwischen 1933 und 1945 gerichtete Blick kann nicht mit dem 30. Januar 1933 beginnen, sondern mußte einige Ereignisse aus der Endphase der zerstörten Weimarer Republik mit einbeziehen. Oft wird vergessen, daß es gerade in Berlin, und hierbei nicht zuletzt im preußischen Innenministerium bzw. in der Berliner Polizei (S. 17ff.), zahlreiche engagierte Demokraten gab, die sich dem Nationalsozialismus und seinen Bündnispartnern kämpferisch entgegenstellten.

Nach dem 20. Juli 1932 (S. 17ff.) wurden allerdings die meisten von ihnen – darunter Kriminalkommissar Dr. Johannes Stumm von der Abteilung IA, der führend im Kampf gegen den Rechtsradikalismus war, – bereits durch den rechtskonservativen Reichskanzler Franz von Papen ausgeschaltet.
Stellvertretend für diesen Personenkreis nennen wir *Robert M. W. Kempner* (1899–1993) und *Erich Klausener* (S. 264f.) aus der Polizeiabteilung des preußischen Innenministeriums, dessen Staatssekretär *Wilhelm Abegg* (1876–1951) sowie, aus der Presseabteilung des Auswärtigen Amtes, Oberregierungsrat *Curt Radlauer* (1884–1982), der als einziger höherer Beamter seines Ministeriums Papen öffentlich entgegentrat und daraufhin des Amtes enthoben wurde. (1943 zählte er zu den aus der Haft in der Rosenstraße Geretteten.)

Auch einzelne Juristen, wie der Richter bei der politischen Strafkammer beim Landgericht Berlin, *Adolf Arndt* (1904–1974), sollten genannt werden. Er hatte noch Ende 1932 beim sogenannten Kurfürstendamm-Prozeß gegen randalierende SA verhandelt. Wenige Monate danach erteilten ihm die neuen Machthaber „Hausverbot" im Landgericht. *Hans von Dohnanyi*, Referent im Reichsjustizministerium (S. 183ff.), unterrichtete wie andere Republikaner an der Deutschen Hochschule für Politik, die damals in Schinkels Bauakademie (Werderscher Markt) untergebracht war. Nicht zuletzt dieses Haus ist Zeitzeugen als Stätte demokratischer Lehre (S. 54f.) in Erinnerung.

Im Berliner Polizeipräsidium (Alexanderplatz) wirkten Polizeipräsident *Albert Grzesinski* und sein Stellvertreter *Bernhard Weiß*, ihr Pressesprecher *Theodor Haubach*, der Leiter der Berliner Schutzpolizei, *Magnus Heimannsberg*, und der Kommandeur der Bannmeile um den Reichstag, *Karl Heinrich*. Sie und viele Berliner aus den Reihen des Reichsbanners Schwarz-Rot-Gold wollten am 20. Juli 1932 (S. 17ff.) für den Bestand der Republik kämpfen. Man ließ sie im Stich. Auch ihr Einsatz für die Freiheitsrechte sollte von uns nicht vergessen werden.

Bildmitte: Bernhard Weiß (l.) und Magnus Heimannsberg (r.)

Moabit, Barrikaden der KPD in der Rostocker Straße (Sommer 1932)

Obwohl die Kommunisten zahlenmäßig einen sehr hohen Anteil am Arbeiterwiderstand hatten (S. 112), sollten diese unbestreitbaren Verdienste nicht dazu führen, das Verhalten dieser politischen Partei vor 1933 zu verschleiern. Die KPD machte nämlich vor dem 30. Januar 1933 – und teilweise sogar noch danach (S. 103f.) – in erster Linie Front gegen den demokratischen Staat und die SPD. Besonders die sozialdemokratische Berliner Polizeiführung war ihr ein Dorn im Auge. Es ist bekannt, daß durch Angehörige des Geheimapparates der KPD 1931 zwei Polizeioffiziere am Bülowplatz ums Leben kamen. Noch 1932 übte sich die KPD, die in Mitte ihre Parteizentrale (S. 90) unterhielt, lieber im ultralinken Barrikadenkampf in Moabit (Foto S. 11) oder im gemeinsamen Streik mit der Betriebszellenorganisation der NSDAP (November 1932), als daß sie eine nüchterne Analyse drohender Gefahren versuchte.

Harry Wilde (* 1899), vom Roten Frontkämpfer-Bund (RFB) aus dem Fischerkiez, schreibt (siehe Literaturliste):
„Die Männer von der ‚Einheit' [dem RFB, d. Verf.] hatten kein gutes Gefühl bei dieser Bundesgenossenschaft, und noch heute erinnere ich mich des ungläubigen Staunens von Scherlinski (ich glaube, so lautete sein Name), dem Führer des RFB vom ‚Fischerkiez', als er von dem Beschluß der Berliner NS-Gauleitung hörte, sich an ‚unserem Streik' zu beteiligen.
‚Dett hat uns noch jefehlt', meinte er.
‚Jetzt baldowern se unsre letzten Schlupfwinkel aus...'"

Alfred Scherlinsky geriet 1933 für zwölf Jahre in Haft, d. Verf.

Mit diesen Hinweisen sollte aber keine einseitige Schuldzuweisung verbunden werden, denn die Demokratie war – wenn auch aus anderen Gründen – genau so wenig verankert bei Teilen des gebildeten Bürgertums, im Universitätsbereich (S. 348ff.), der Justiz oder den Kirchen (S. 206) und der Reichswehr (S. 177).

Dennoch: Wie unbeliebt und ungeübt demokratisches Verhalten in Deutschland zweifellos war, man darf über allen Mißständen, Versäumnissen und Halbheiten nicht die Anhänger der Weimarer Republik in Berlin übersehen. Aufgeklärtes liberales Bürgertum, modern denkender Adel, jüdische Geistigkeit und freiheitliche Arbeiterbewegung prägten diese Stadt. In Grenzen galt dies selbst noch nach der sogenannten NS-Machtergreifung – gegen die ‚braune Flut'.

Die Kultur- und Künstlerwelt der Metropole Berlin stand dem Nationalsozialismus vor 1933 ohnehin weitgehend ablehnend gegenüber. Viele ihrer Repräsentanten waren auf Grund ihrer Kunstauffassung oder jüdischen Herkunft 1933 sofort zu fliehen gezwungen. In der Preußischen Akademie der Künste (Pariser Platz 4) gab es dennoch vereinzelt Protest. Der Schriftsteller Heinrich Mann und die Bildhauerin Käthe Kollwitz hatten 1932/33 – zusammen mit Albert Einstein – einen Aufruf des Internationalen Sozialistischen Kampfbundes (S. 82) unterschrieben, der die Arbeiterparteien zu einem gemeinsamen Handeln bewegen wollte (s. S. 13). Im Zeichen der „Machtergreifung" und „Gleichschaltung" durch den Nationalsozialismus wurden die beiden Künstler zum Austritt gedrängt.
Bald darauf erklärten ihren Austritt Stadtbaurat Martin Wagner sowie die Schriftsteller Ricarda Huch und Alfred Döblin.

Einer jener herausragenden Künstler, der resigniert und wohl auch vom NS-Rummel angewidert aus der Akademie ausschied, war der Meister des deutschen Impressionismus, der Berliner Ehrenbürger Max Liebermann. (Er besaß ein Atelier dicht am Brandenburger Tor – wenn man von Tiergarten kam gleich linker Hand.)

Albert Einstein Heinrich Mann
ERNST TOLLER ARNOLD ZWEIG
Kaethe Kollwitz Frh. v. Schoenaich

u. a.
haben einen dringenden Appell erlassen:
KPD und SPD sollen sich auf
Grund gemeinsamer Kandidatenlisten zu einem Einheitsblock zusammenschliessen

Geistesarbeiter! Schriftsteller, Künstler, Lehrer, Aerzte, Ingenieure, Techniker, Studenten

Wie steht Ihr zu diesem Vorschlag?
Wie zur antifaschistischen Aktion?

Wollt Ihr Euch in die antifaschistische Einheits-Front einreihen?
Und wie soll diese Einheitsfront formiert werden?
Arbeit und Zukunft steht auf dem Spiel!
Es droht Entmündigung durch die Dunkelmänner der Reaktion!

Darum — nehmt Stellung zu diesen Fragen in der großen

Unkostenbeitrag: –,30 Rm
Erwerbslose: –,15 Rm

Es sprechen
Johannes R. Becher
Mario Hodann
Walter Hammer
Otto Lehmann-Russbuldt
Dr. Joh. K. Konig
Karl Olbrisch
Theodor Plivier
Dr. Fritz Schiff
Kurt Kläber

öffentlichen Kundgebung
aller Geistesarbeiter und freien Berufe
Montag, den 18. Juli 1932, abends 20 Uhr
in den Spichern-Sälen, Spichernstr. 2 U Bahn Nürnberger Platz

Linkskartell der geistigen Arbeiter und freien Berufe

Herausgeber: Erich Lange, S 14, Stallschreiberstr. 5
Druck: Heinr. Schiftan Nachf., S 14, Stallschreiberstr. 27

Max Liebermann (1847–1935), dessen Witwe später ein Opfer der Judenverfolgung wurde, erklärte am 11. 5. 1933:
„Ich habe während meines langen Lebens mit allen meinen Kräften der deutschen Kunst zu dienen gesucht. Nach meiner Überzeugung hat Kunst weder mit Politik noch mit Abstammung etwas zu tun. Ich kann daher der Preußischen Akademie der Künste, deren Ordentliches Mitglied ich seit mehr als 30 Jahren und deren Präsident ich durch zwölf Jahre gewesen bin, nicht länger angehören, da dieser mein Standpunkt keine Geltung mehr hat. Zugleich habe ich das mir verliehene Ehrenpräsidium der Akademie niedergelegt."

Die tiefe Ablehnung der „nationalsozialistischen Revolution" (die doch wohl eher eine Gegenrevolution zum 9. November 1918 darstellte) sollte bereits im Frühjahr 1933 auch viele jener Berliner ins Exil treiben, die sich auf unterschiedliche Weise um die Kultur und Ausstrahlung der Stadt verdient gemacht hatten. In Mitte und Tiergarten gewohnt bzw. gearbeitet hatten unter anderem:
Der Intendant, Regisseur und „Theaterzauberer" Max Reinhardt (Deutsches Theater, Schauspielhaus), sein experimentierfreudiger und links-revolutionär eingestellter Kollege Erwin Piscator (Volksbühne), der Dramatiker Bertolt Brecht, der zusammen mit dem Komponisten Kurt Weill 1928 die „Dreigroschenoper" im Theater am Schiffbauerdamm zur Welturaufführung brachte, die Starjuristen Dr. Erich Frey (Bellevuestraße 21/22), Dr. Alfred Apfel (Friedrichstraße 59–60) und Prof. Dr. Max Alsberg (Nollendorfstraße 1), der Leiter des Antikriegs-Museums (Parochialstraße 29) Ernst Friedrich und der Sexualwissenschaftler Magnus Hirschfeld (In den Zelten 10). Die Wirkungsstätten der beiden Letztgenannten wurden von der SA zerstört, Friedrich ins KZ verschleppt.

Verhaftet im Frühjahr 1933: (von rechts nach links) Ludwig Renn, Carl von Ossietzky und Ernst Torgler, der Vorsitzende der KPD-Reichstagsfraktion.

Ludwig Marcuse (s. Literaturliste) berichtet von der letzten Zusammenkunft des „Schutzverbandes deutscher Schriftsteller" am 17. Februar 1933. Einer der Hauptredner, der Publizist Carl von Ossietzky, führte dabei aus:
„‚Die Gegenrevolution hat kampflos die Höhen besetzt. Sie beherrscht das Tal, und wir leben im Tal.' …
[Marcuse:] Bei jedem Geräusch an der Tür sahen wir hoch und erwarteten nationale Schüsse. Ossietzky war kein Redner. Er hielt sich am Tisch fest, senkte den Kopf, hob nur wenig die dünne Stimme. Er hatte nichts von einem Volks-Tribun. Er war auch in dieser Beziehung: das Gegenbild des böhmischen Trommlers [Hitler, d. Verf.]. Trotzdem entflammte er den überfüllten Saal nicht weniger als der vom roten Bart her in Flammen stehende gewaltige Redner Mühsam."

Schon zehn Tage später (S. 23) wurden Carl von Ossietzky und Erich Mühsam verschleppt. Ein schwerer Leidensweg lag vor ihnen. Viele ihrer Kollegen und Freunde konnten dagegen noch rechtzeitig fliehen.

Carl Zuckmayer beschreibt in seinen Erinnerungen die damalige Atmosphäre in Deutschland:
„Meine Frau konnte keine Nacht mehr schlafen – sie erwartete das harte Pochen an unserer Tür, sooft sie den Hauslift gehen hörte. Warnungen kamen von allen Seiten, selbst von solchen früheren Freunden, die sich auf den neuen Kurs ein-

gestellt hatten, aber uns doch eine Art von Treue hielten. Die meisten Menschen, die man verehrte, hatten Deutschland bereits verlassen. Reinhardt und Jessner mußten zurücktreten. Heinrich und Thomas Mann, Bruno und Leonhard Frank, Arnold Zweig, Döblin, viele andere waren nach den verschiedensten Richtungen unterwegs. ‚Jüdische Prominente' wie Kortner und Deutsch mußten über Nacht packen und abreisen, nachdem man einige ihrer Kollegen aus den Garderoben heraus verhaftet hatte."

Jene NS-Gegner, die 1933 in Deutschland blieben, sahen die kommenden Gefahren zunächst wohl kaum in ihrer ganzen Tragweite, wie folgende Aussagen belegen:

Der Schauspieler Rudolf Platte (1904–1984) erinnert sich 1983:
„Ich hatte damals mit Werner Finck zusammen die ‚Katakombe', ein politisches Kabarett. Wir haben alle geglaubt: Ein Vierteljahr – dann ist alles vorüber, dann hat sich die Sache erledigt. Wir waren eine große Clique, vielleicht ein bißchen linkslastig, aber von einer restlosen politischen Instinklosigkeit. Es waren ja vorher auch so viele andere [Regierungs-]Wechsel gewesen. Daher unsere Überzeugung: Das dauert nicht lange. Wir haben uns auch gar nicht darum gekümmert, und auch eine Textzeile, an die ich mich noch erinnere, wurde weitergesungen: ‚Im Traum hab' ich den Hitler gesehen'."

Werner Finck sperrte man 1935 (zusammen mit Walter Gross) ins KZ Esterwegen, d. Verf.

Der Boxer Max Schmeling (* 1905) berichtet 1983:
„Wie ahnungslos waren ich und meine Freunde über das, was uns bevorstand. Manchmal scherzten wir in unserer Runde: Hitler könne, wenn er in Deutschland scheitern sollte, ein großer Entertainer in Amerika werden. Schließlich zog er bei seinem großen Auftritt wie ein Zirkusstar in die Arena, begleitet von Fahnen und Fanfaren, vom Trommelwirbel und großem Tusch...
Das Erwachen kam bald. Vom Frühjahr 1933 an vermißten wir im Roxi, bei Aenne Maenz im Romanischen Café, jede Woche einen aus unserer Runde. Molldauer, mein jüdischer Schneider, der seine Werkstatt Unter den Linden hatte, war der erste. Dann fehlte Fritz Kortner, dann Ernst Deutsch, dann Ernst-Josef Aufricht. Dann war Richard Tauber weg, schließlich Albert Bassermann."

All die hier Genannten sowie jene, von denen auf den folgenden Seiten berichtet wird, sollten von uns nicht vergessen werden. In der einen oder anderen Weise haben sie Beispiele von Humanität und Bekennermut, Zivilcourage und Charakterstärke gegeben und damit dem Widerstand in Berlin eine ganz eigene Note verliehen.

Der eine fragt: Was kommt danach?
Der andre fragt nur: Ist es recht?
Und also unterscheidet sich
der Freie von dem Knecht.

Theodor Storm.

Sozialdemokraten gegen Gewalt und Diktatur

Für die Republik

Die letzten Jahre der Weimarer Republik hatten für die SPD ganz im Zeichen des Bemühens um die Erhaltung der demokratischen Verfassung gestanden. Um die Machtergreifung der NSDAP zu verhindern, war die Sozialdemokratie bereit gewesen, die sozial sehr harte Politik des Reichskanzlers und Zentrumspolitikers Heinrich Brüning durch Tolerierung parlamentarisch abzusichern (1930 – 1932). Dies führte zu Wählerverlusten, meist zugunsten der KPD, und zu innerparteilichen Auseinandersetzungen: 1931 spaltete sich ein Teil des linken Parteiflügels ab und bildete die (einflußlose) Sozialistische Arbeiterpartei (S. 72ff.).
In ihrem Kampf um den Bestand der Republik sah sich die SPD zuletzt fast völlig auf sich gestellt: Gemäßigte bürgerliche Parteien, mit Ausnahme des katholischen Zentrums, verloren ihre Anhängerschaft größtenteils an die antidemokratisch-nationalistische Rechte. (Eine Minderheit ging zur SPD.) Doch auch die KPD bot sich trotz allem „Antifaschismus" – samt blutigen Zusammenstößen mit der SA – nicht als Bündnispartei an. Die Kommunisten kämpften nicht für die Republik, sondern für Rätediktatur und „Sowjet-Deutschland". Als Hauptfeind galt ihnen die als „sozialfaschistisch" diffamierte SPD.
Immer mehr Berliner Arbeitslose strömten als Wähler und Aktive zur KPD. Nicht wenige von ihnen blickten – Zeitzeugen zufolge – mit Neid, ja Haß, auf qualifizierte Facharbeiter und öffentliche Bedienstete (Bewag, Gasag, Arbeitsämter, Bezirksverwaltung), die noch in Lohn und Brot standen und zur SPD hielten.
Die Sozialdemokratie setzte trotz verzweifelter, hitziger Massenstimmung und zunehmender Gewalttätigkeit auf den Straßen, besonders der Innenstadt, weiterhin auf die Macht des Parlamentarismus und auf den Glauben an Vernunft und politische Aufklärung. Sie hielt daran selbst in Zeiten fest, in denen der Parlamentarismus durch die extreme Linke und Rechte blockiert wurde und die Regierung nur noch mit Notverordnungen arbeitete. „Außerparlamentarische Experimente" lehnte die SPD strikt ab.

„Eiserne Front" in Bereitschaft

Zur Sicherung von Versammlungen und Demonstrationen hielt sich die 1924 in Magdeburg gegründete Republikschutztruppe „Reichsbanner Schwarz Rot Gold" bereit. Sie galt als überparteilich, denn auch liberaldemokratische Kreise und Zentrumsanhänger wirkten mit. (Die Berliner Geschäftsstelle befand sich in der Sebastianstraße 37–38.) Doch in der Industriemetropole Berlin stellten die sozialdemokratischen Arbeiter das weithin größte Kontingent der Aktiven, es waren weit über 10000.
1931 bildeten Reichsbanner, Gewerkschaften, SPD und Arbeitersportler einen kampfentschlossenen republikanischen Verband, die „Eiserne Front". Ihr Wahrzeichen, drei Pfeile, sollte die geeinte Arbeitersolidarität symbolisieren (s. das Titelbild).

Es war das letzte Aufgebot zum Schutz der sterbenden Weimarer Republik. Am 9. November 1918 hatten gerade sozialdemokratisch gesonnene Arbeiter die Republik erkämpft. Auch beim Niedergang der ersten deutschen Demokratie war in diesen Kreisen noch der größte Verteidigungswille vorhanden.

Reichsbanner-Demonstration im Lustgarten (Frühjahr 1931)
Bildhintergrund: Berliner Schloß (Apothekenflügel)

Um den 20. Juli 1932

Als am 20. Juli 1932 das rechtskonservative Reichskabinett Papen die preußische Landesregierung Braun-Severing (SPD) durch einen Staatsstreich („Preußenschlag") davonjagte, lehnten vor allem die sozialdemokratischen Gewerkschaften einen Aufruf zum Streik oder gar zur bewaffneten Gegenwehr ab. Für einen Kampf gegen die Reichswehr erschien ihnen das republikanische Lager von vornherein als Verlierer. In aussichtsloser Lage wollte man kein Blut vergießen. Kampfbereite Anhänger wurden auf die Zukunft vertröstet: Das Zeichen zum „Losschlagen" komme im rechten Augenblick.
Diese Haltung stieß auch in der Reichshauptstadt auf Protest. Berlins Reichsbannerführer Arthur Neidhardt forderte den Einsatz der „Eisernen Front" zur Abwehr des Staatsstreiches. Die Polizeiführung (Grzesinski, Heimannsberg) stand zum Handeln bereit, wartete aber vergeblich auf die entscheidenden Befehle von Innenminister Carl Severing. Allein psychologisch wirkte das kampflose Kapitulieren, so verantwortungsbewußt die Gründe auch gewesen sein mögen, verheerend auf die einsatzbereite, opferwillige Anhängerschaft.

Walter Bremer (* 1904) erinnert sich 1992:
„Am S-Bahnhof Börse (heute Hackescher Markt) hatten wir im nahen Bürohaus Börse (Burgstraße) auch ein Vereinszimmer der Sozialistischen Studentenschaft. Bei einigen Zusammenkünften war der Pressesprecher des Berliner Polizeipräsidenten und führende Reichsbannerfunktionär Theodor Haubach (SPD) zugegen. Leihweise hatte er von seiner Dienststelle am Alexanderplatz mehrere Pistolen (Parabellum) besorgt und unterrichtete uns in deren Handhabung und Funktionsweise.

Auch dadurch sollten wir auf die Verteidigung der Weimarer Republik vorbereitet werden.
Als der reaktionäre Reichskanzler Franz von Papen am 20. Juli 1932 die preußische Landesregierung Braun-Severing (SPD) absetzte, was einem Verfassungsbruch gleichkam, waren wir bereit, gemeinsam mit der preußischen Polizei und – falls sie wollten – auch den Gewerkschaften, dies zu verhindern bzw. wieder rückgängig zu machen.
Ja, wir wollten – wie der Innenminister Severing ursprünglich angekündigt hatte – 'nur der Gewalt weichen'. Das nahmen wir sehr wörtlich. Auch ich besaß eine Waffe und hätte sie genutzt.
Aber wir warteten vergeblich auf unseren Einsatz."

Albert Grzesinski (r.) und Franz Künstler (l.)

Max Fechner (1892–1973) war preußischer Landtagsabgeordneter und führender Berliner Sozialdemokrat. Er berichtet 1965:
„In diesem Zusammenhang kann ich auch daran erinnern und zur Ehre des damaligen Polizeipräsidenten (also 1932) Grzesinski [sagen], daß er uns sehr behilflich war bei dem Erwerb von Waffen und daß er uns auch selber solche zur Verfügung stellte. Diese Waffen wurden im Vorwärtsgebäude und auch in den meisten Gewerkschaftshäusern gelagert. Zur Bestätigung dieser Tatsache erinnere ich an eine Besprechung, die ich etwa ein halbes Jahr vor dem Tode von Wilhelm Koenen mit ihm hatte. ... [Er] bestätigte mir, daß Grzesinski mit ihm über diese Sache gesprochen hatte. Das beweist also, daß ernsthaft der Wille vorhanden war, den bewaffneten Kampf aufzunehmen, und Grzesinski erklärte das in einer Sitzung des Berliner Bezirksvorstandes der SPD, daß es möglich ist, weil Teile der Reichswehr und die meisten Polizisten auf dieser Seite stünden und den Kampf aufnehmen würden."

Als Hauptbeteiligte beim Waffentransport nennt Max Fechner u. a. den Berliner Reichsbanner-Leiter Arthur Neidhardt, ferner Albert Brych, Richard Küter und Otto Schönfeldt, d. Verf.

Der Berliner Schlosser Albert Brych (1891 – 1969) war führender Funktionär im Gauvorstand des Reichsbanners Berlin-Brandenburg. Er galt wegen seiner großen Fähigkeiten in der Führung und Lenkung bei Demonstrationszügen als „militärischer Leiter" der Republikschutzorganisation. Er zählte auch zu jenem Kreis in der Reichsbannerführung, der sich am 20. Juli 1932 mit Waffengewalt zur Wehr setzen wollte. Waffenverstecke waren dafür von ihm angelegt worden.

Sein Sohn, Jochen Brych, erklärt 1992:
„Vater berichtete immer wieder davon, daß Berliner damals bereit waren, sich militärisch zu wehren. In Absprachen mit zuverlässigen demokratischen Kräften innerhalb der Polizei hatte die Gauleitung Berlin-Brandenburg ein Waffenlager angelegt. Es bestanden feste Pläne für den Einsatz, und es waren Absprachen getroffen worden, daß im entscheidenden Augenblick wichtige Zentren – wie etwa das Post- und Telegrafenhauptamt – zu besetzen waren.
Man war dafür bewaffnet.
Darüber hinaus bestanden neben Kontakten innerhalb der Stadt – wie etwa zur Gauleitung des Roten Frontkämpferbundes – Verbindungen zu anderen potentiellen Widerstandszentren im Reich wie Hamburg, Leipzig und dem Ruhrgebiet. Doch es kam nicht zum Kampf. Die Enttäuschung über das Verhalten Severings, der sich nicht an die Vereinbarungen hielt, ging sehr tief.
Mein Vater sagte wiederholt: ‚Es hätte damals vermutlich ein Blutvergießen wegen der unklaren Rolle der Reichswehr geben können, aber die Nazis wären nicht an die Macht gekommen!'
Es war vermutlich bald nach den deprimierenden Ereignissen um den 20. Juli 1932, daß Vater mit dem Einbunkern der Waffen begann."

Horst Ehlert (* 1917) berichtet 1992:
„Die Ereignisse um den 20. Juli 1932 habe ich nie vergessen! Man hatte uns Reichsbannermänner zum sogenannte Objektschutz bei der BEWAG und beim Fernmeldeamt eingeteilt. Hier harrten ‚Eiserne Front', Schutzformation (Schufo), Stammformation (Stafo) und wir Jungbanner, als die besonders kämpferischen Gruppen unter den Reichsbannerkameraden, aus. Wir warteten auf die entsprechenden Befehle. Doch dann kam die große Enttäuschung: Innenminister Severing ‚wich der Gewalt', die nur aus zwei Personen bestand, die ihn verhafteten. Dabei besaß die Preußische Polizei über 60000 Mann; zusammen mit Tausenden Reichsbannern im Gau Berlin-Brandenburg hätte die Reichswehr bestimmt einen schweren Stand gehabt. Sicher hätten wir Opfer in Kauf nehmen müssen, aber diese Unterlassungssünde kostete nach 1933 unendlich mehr!"

Der Kellner Kurt Fischer (* 1911), 1932 Vorsitzender der Sozialistischen Arbeiterjugend (SAJ) von Mitte, erinnert sich 1986:
„Der 20. Juli 1932 war – aus meiner Sicht – ein Schicksalsdatum! Wir Reichsbannerleute waren damals alarmiert worden und lagen im Haus der Kriegsversehrten, am Kai zwischen Waisenbrücke und Jannowitzbrücke, in Bereitschaft. Wie viele wir gewesen waren, ist schwer zu sagen, denn es befanden sich mehrere 10er Gruppen in den Büroräumen.
Gegen Abend kam dann Theodor Haubach, der wohl an der entscheidenden Leitungssitzung teilgenommen hatte, sehr niedergeschlagen zu uns und teilte uns den entsprechenden Beschluß mit. ‚Also Kameraden, geht nach Hause. Der Vorstand hat beschlossen, wir lassen uns nicht provozieren! Wir konzentrieren uns auf die kommende Wahl.'

Nach diesem 20. Juli sahen wir dann die drohende Katastrophe kommen. Im gewissen Sinn lag hier die Geburtsstunde der Widerstandsgruppe 'Roter Stoßtrupp' (S. 53 ff.). Wir – ein Kreis gleichgesinnter Freunde aus der Sozialistischen Studentenschaft und dem Reichsbanner – wollten gerüstet sein, wenn es zur Machtübernahme durch die Nazis käme."

Franz Meyer (1906–1983), nach dem Krieg Kreuzberger Abgeordneter (SPD), berichtet 1983:
„Jungbanner und Schufo-Mitglieder haben am 20. Juli 1932 im SPD-Parteihaus in der Lindenstraße 3 mit Gewehren in Bereitschaft gelegen, um das Gebäude zu verteidigen. Aber die Führung war zu vorsichtig und stellte den Kampf zurück. Man sagte uns: ‚Genossen, es gibt doch sonst tausend und abertausend Tote.'
Bestimmt wäre es zu Toten gekommen. Und selbst wenn die KPD 1932 (oder 1933) mitgemacht hätte, die Reichswehr mit ihren Waffen wäre stärker gewesen. Doch wären wir Deutschen 1945 vom Ausland nicht besser behandelt worden? Man denke an die Sozialisten in Österreich, die sich 1934 tapfer zur Wehr setzten. Trotz ihrer Niederlage verfügten sie *danach* über ein großes Ansehen.
Es ist die Tragik der deutschen Arbeiterbewegung, daß sie sich, mit Ausnahme der Niederschlagung des Kapp-Putsches 1920, niemals ihre Freiheit erkämpft hat."

Massenprotest im Lustgarten

Bei der Reichstagswahl am 6. November 1932 wurde die KPD mit 31% stärkste Berliner Partei, die Sozialdemokraten erhielten 23,2%. In Mitte bekam die SPD 22,2% der Stimmen und die KPD 34,5%, in Tiergarten entschieden sich 21,7% der Wähler für die SPD und 27,2% für die KPD.

Berlins SPD-Vorsitzender Franz Künstler analysierte zum Jahreswechsel 1932/33 in der Funktionärszeitung „Unser Weg": „Das neue Jahr bringt die endgültige Niederlage des Nationalsozialismus!"
Bald nach der Ernennung Hitlers zum Reichskanzler (30. Januar 1933) veranstalteten SPDnahe Organisationen im Stadtzentrum (Lustgarten) eine eindrucksvolle große Kampfdemonstration der freien Berliner Arbeiterschaft: 200 000 Menschen protestierten am 7. Februar gegen die neugebildete Hitler-Regierung. Der Reichstagsabgeordnete und SPD-Vorsitzende Otto Wels rief ihnen zu: „Gestrenge Herren regieren nicht lange! ... Disziplin und Geschlossenheit! Das ist es, was die Eiserne Front zusammenhält." Der „Vorwärts" schrieb am nächsten Tag optimistisch: „Berlin ist nicht Rom. Hitler ist nicht Mussolini. Berlin wird niemals die Hauptstadt eines Faschistenrechts werden. Berlin bleibt rot!"

Die neue Reichsregierung aus rechtskonservativen und nazistischen Kräften hatte sofort für Anfang März 1933 Neuwahlen anberaumt. Hitlers Bürgerkriegsarmee, die SA, verstärkt den Terror gegen Andersdenkende und politische Gegner. Der preußische Innenminister Hermann Göring ernannte SA-Männer zu „Hilfspolizisten" und ermuntert die Polizei zum Gebrauch der Schußwaffe.
Übergriffe und Verbote folgten Schlag auf Schlag.
In dieser Atmosphäre wagte das Reichsbanner noch einmal einen öffentlichen Protest:

Morgenausgabe

Nr. 369
A 182
49. Jahrgang

Wöchentlich 75 Pf., monatlich 3,25 M. (davon 87 Pf. monatlich für Zustellung ins Haus) im voraus zahlbar. Postbezug 3,97 M. einschließlich 60 Pf. Postzeitungs- und 72 Pf. Postbestellgebühren. Auslandsabonnement 5,65 M. pro Monat; für Länder mit ermäßigtem Drucksachenporto 4,65 M.

Bei Ausfall der Lieferung wegen höherer Gewalt besteht kein Anspruch der Abonnenten auf Ersatz.

Erscheinungsweise und Anzeigenpreise siehe am Schluß des redaktionellen Teils.

Vorwärts

Berliner Volksblatt

Zentralorgan der Sozialdemokratischen Partei Deutschla

Sonntag
7. August 1932
Groß-Berlin 15 Pf.
Auswärts 20 Pf.

Redaktion und Verlag: Berlin SW 68, Lindenstr. 3
Fernspr.: Dönhoff (A 7) 292—297. Telegramm-Adr.: Sozialdemokrat Berlin.

Vorwärts-Verlag G. m. b. H.

Postscheckkonto: Berlin 37 536. — Bankkonto: Bank der Arbeiter, Angestellten und Beamten, Lindenstr. 3. Dt. B. u. Disc.-Ges., Depositenk., Jerusalemer Str. 65/66

Warnung!

Wer mit dem Faschismus spielt, der spielt mit Deutschlands Untergang!

Hitlers Privatsoldaten *sengen und brennen* an allen Ecken und Enden des Reichs. Inzwischen bereitet sich die Regierung darauf vor, mit Hitler über seinen *Eintritt in die Regierung* zu verhandeln. Gibt es einen Kulturstaat in der Welt, in dem Aehnliches erlebt wurde?

Man verschanzt sich hinter die Ausrede, die Mordanschläge und Brandstiftungen seien von der Führung nicht gewollt. Eine schöne Regierungspartei, die ihre Anhänger nicht am Morden und Brandstiften hindern kann! Aber ist diese Ausrede nicht eine offensichtliche Unwahrheit? Im ganzen Reich wird nach einem einheitlichen Plan gearbeitet — wo ist die Zentralstelle, die diesen Plan ausgeheckt hat und durchführen läßt?

Hitler hat sich oft gerühmt, daß in seiner Partei *nichts gegen seinen Willen* geschehen könne — und es wäre in der Tat grotesk, wenn diesem Möchtegern-Diktator seine eigene SS. und SA. auf der Nase herumtanzen dürfte. Wäre dem wirklich so, dann müßte man Adolf Hitler als verhandlungsunfähig betrachten. Ist es aber anders, dann muß jede Regierung und jede Partei, die mit Hitler verhandeln will, ihm sagen, daß er seiner Partei erst *das Morden verbieten* muß, wenn er *mitregieren* will!

•

Der Reichspräsident ist auf die Verfassung vereidigt. Neu ernannte Minister leisten den Eid auf die Verfassung in seine Hand. Wer will dem Reichspräsidenten zumuten, Leute zu vereidigen, die ihren Eid nur schwören, um ihn zu brechen? Die Nationalsozialistische Partei macht aus ihrer schnöden Verachtung der Verfassung und der Gesetze kein Hehl. Sie negiert sogar die selbstverständliche Grundlage des Rechtsstaats, die Gleichheit aller vor dem Gesetz. Gewiß, die Absicht, sie zu zivilisieren, sie an Verantwortung zu gewöhnen, ihr Gelegenheit zu positiver Arbeit zu geben und damit ihre Anhängerschaft von dem Wunderglauben zu heilen, in dem sie befangen ist, wird jedem politisch Denkenden verständlich sein. Aber es scheint, daß Herr v. *Schleicher* sich sehr überschätzt, wenn er sich einbildet, diese Erziehungsarbeit leisten zu können. Bisher hat alles Entgegenkommen nur die Wirkung gehabt, daß sich die Verbrechen gehäuft haben und daß die Ansprüche immer unverschämter geworden sind. Kein Zweifel, daß in der Nationalsozialistischen Partei starke Kräfte tätig sind, die überhaupt jede verantwortliche Mitarbeit ablehnen und dafür auf Wegen der Gewalt die *Alleinherrschaft* erstreben.

Sie wollen die Staatsgewalt von außen zermürben und von innen zerstören. Dazu brauchen sie Zeit, und nur darum wollen sie verhandeln.

•

Das Verbot für Beamte, der Nationalsozialistischen Partei anzugehören, ist aufgehoben worden. Die Propaganda kann ungestört in den Beamtenkörper, in die Polizei und die Reichswehr eindringen. Triumphierend meldet der „Angriff", daß am Freitagabend ein Verbrüderungsfest zwischen der Berliner SA. und etwa *fünfzig Polizeibeamten* stattgefunden hat. Begrüßungsreden wurden getaucht, schließlich marschierten die Beamten, von Offizieren geführt, an dem Grafen *Helldorf*, dem Helden des Kurfürstendamms, im Parademarsch vorbei. Wenn der „Angriff" von fünfzig Beamten spricht, so werden es noch weniger gewesen sein, und fünfzig Beamte sind in dem großen Polizeiheer Berlins ein winziges Häuflein. Die ungeheure Mehrheit der Beamten steht dem neuen System innerlich ablehnend gegenüber, sie hat durchaus nicht den Wunsch, unter dem Oberkommando des Grafen *Helldorf* auf Beförderung zu dienen. Sie wissen aber auch, daß jeder Beamte, der treu zur Republik steht, auf schwerste Schikanen gefaßt sein muß. So ist ein Zermürbungs- und Zersetzungsprozeß eingeleitet, der über kurz oder lang zu einer völligen Entwaffnung der Staatsgewalt gegenüber dem Hochverrat von rechts zu führen droht.

Geht dieser Zersetzungsprozeß eine Weile weiter, so wird auch für eine *Reichswehr*, die „fest in der Hand ihrer Führer" ist, zum Schutz der Staatsordnung nichts mehr zu tun sein. Die Reichswehr — immer vorausgesetzt, die optimistischen Auffassungen ihres Ministers bestätigten sich — kann im Fall gewaltsamer Zusammenstöße nur eingesetzt werden, um die Polizeikräfte zu unterstützen; ihre Wirksamkeit setzt voraus, daß die Polizei gegen die Verfassungs- und Gesetzesbrecher in der richtigen Front steht.

Im übrigen weiß jedermann, daß die Reichswehr keineswegs darauf brennt, für die bestehende verfassungsmäßige Ordnung ihr Blut zu verspritzen. Bei ihr findet die nationalsozialistische Propaganda einen besser vorbereiteten Boden als bei der Polizei.

Auch Groener glaubte sich seiner Reichswehr sicher, bis sie ihm eines Tages unter Schleichers Führung davonmarschierte. Herr v. Schleicher mag aufpassen, daß sie nicht auch ihm entgleitet!

•

Die sozialdemokratischen Arbeiter sind politisch genug geschult, um den *Gegensatz* zu sehen, der zwischen der gegenwärtigen Regierung und der Nationalsozialistischen Partei besteht. Sie sehen ihn nur vielleicht besser, als die Regierung ihn sieht, die sich einbildet, sie könnte den Faschismus durch sanftes Entgegenkommen und durch Verzicht auf alles, was ihn reizen könnte, an den Staat herangewöhnen und zu einem gesetzlichen Leben erziehen. Der Faschismus wird um der treuen Augen des Herrn v. Schleicher willen seine Pläne und Ziele nicht aufgeben, er wird fortfahren, aufs Ganze zu gehen, und erst dort halt machen, wo er auf einen *Willen* stoßen wird, der härter ist als der seine.

Daß dieser Wille der Wille der Regierung Papen-Schleicher-Gayl sein werde, können jetzt nur noch Kinder glauben. Unter diesen Umständen ist es wirklich schlimmste Heuchelei, wenn die Rechtspresse aufgeregt tut, weil der *sozialdemokratische Parteiausschuß* am Freitag die Möglichkeiten eines besseren *Selbstschutzes* erörtert hat. Neugierig fragt sie, was unter diesem Selbstschutz zu verstehen ist. Nun, darunter ist das zu verstehen, was beispielsweise gestern vor fünf Wochen zur Anwendung kam, als unsere Reichsbannerwache die braun kostümierten Landfriedensbrecher aus dem „*Vorwärts*"-*Gebäude* hinauswarf. Es wäre ein Irrtum, wollte man glauben, daß man den *deutschen* Arbeitern italienisch kommen darf!

•

Die Wahlen heute vor einer Woche haben gezeigt, daß der Nationalsozialismus zwar die bürgerlichen Mittelparteien hinwegfegen konnte, daß er aber an die Arbeitermassen links von der Mitte nicht heran kann. Wir berufen uns in diesem Falle gern auf das unverdächtige Zeugnis der „Kreuzzeitung", die schreibt:

> *Wenn die drei großen politischen Gruppen*, in die das deutsche Volk gespalten ist, vorhanden sind, erstens in der nationalen Rechten, zweitens in dem politischen Katholizismus und drittens in der *sozialistischen Linken*, so ergibt eine Betrachtung der Reichstagswahlen von 1924 bis zum 31. Juli 1932, daß der Mandatsanteil der ersten Gruppe von 40,7 Proz. auf 45,3 Proz., also um 4,6 Proz. gestiegen ist, während die dritte Gruppe auf Kosten der Demokraten eine Steigerung des Mandatsanteils um 2,2 Proz., nämlich von 34,3 Proz. auf 36,5 Proz. erreicht wird. Man ist danach durchaus berechtigt zu sagen, daß die Reichstagswahl vom letzten Sonntag keine Ueberraschung und eine wesentliche Veränderung der politischen Gliederung des deutschen Volkes nicht gebracht hat. **Die drei großen Fronten stehen im wesentlichen fest.**

Das ist richtig — leider nur mit der Einschränkung, daß die Front der „sozialistischen Linken" eben keine „Front", sondern durch den Kommunismus gespalten ist. Ohne den Kommunismus gäbe es keine faschistische Gefahr! Aber deswegen bleibt die *deutsche Arbeiterklasse* doch bei einer *geschichtlichen* Entscheidung — und in einer solchen stehen wir — ein Faktor, der nicht übersehen und über den nicht hinweggeschritten werden kann, wenn man nicht die Grundlagen des Staates und der Wirtschaft zerstören will.

Das ist keine Drohung, aber eine Warnung! Wer mit dem Faschismus spielt, der spielt mit *Deutschlands Untergang*!

Bomben im Arbeiterviertel

Schweigsame Polizei — Die SA. als Täter erkannt

Braunschweig, 6. August. (Eigenbericht.)

Der terroristische Anschlag auf die Arbeiterwohnungen in der Lange Straße hat insgesamt *30 Häuser beschädigt*. Die Sprengstücke sind durch die geschlossenen Fensterläden in die Wohnungen gedrungen. Ein in der Parterrewohnung im Bett liegender Kohlenhändler wurde durch ein Sprengstück am Oberschenkel *schwer verletzt*.

Die Polizei, die über die Untat bis heute abend noch *keine Zeile veröffentlicht* hat, war gezwungen, drei Personen unter Tatverdacht zu verhaften. Es handelt sich, wie wir erfahren, um drei schwerbewaffnete Nationalsozialisten. Der eine, ein gewisser *Hantel* aus Rendsburg, wurde als *antifaschistisch verkleideter Motorradfahrer* erkannt, der seit einigen Nächten die Straßen Braunschweigs mit einer gefälschten Autonummer unsicher macht. Hantel entging mit knapper Not der Lynchjustiz der empörten Massen. Seine beiden Komplicen sind ebenfalls *auswärtige* SA.-Leute, und zwar stammt einer aus Frankfurt a. M. Alle drei haben in der Braunschweiger SA.-Kaserne am Torwall ihr Domizil.

Die Spuren des Attentats, seiner Vorbereitung und der Anschläge der letzten Nächte weisen nach diesem Hause, wo Munition, Waffen und Sprengstoff in Hülle und Fülle vorhanden sein dürften. Obwohl diese Tatsachen stadtbekannt sind, hat Klagges' Polizei noch niemals dies Verbrecherasyl durchsuchen dürfen. Haussuchungen fanden stets in Arbeiterwohnungen statt. Um von der Schuld der Nazis, die derartige Verbrecher zu „Hilfspolizisten" im Lande Braunschweig machen wollen, abzulenken, hat das Parteiblatt des Herrn Klagges die Stirn, Kommunisten der Tat zu bezichtigen. Die Eiserne Front wird die terroristischen Akte zum Anlaß eines scharfen Protestes beim Reichsinnenministerium nehmen.

Nächtlicher Feuerüberfall in Pommern.

Auf Reichsbannerführer und kommunistischem Funktionär.

Stolp, 6. August.

Gegen die Wohnungen des Kreisvorsitzenden des Reichsbanners Bonnke und des kommunistischen Führers Meier wurden heute früh gegen 3 Uhr mehrere Schüsse abgegeben, verletzt wurde niemand.

Nach dem Feuerüberfall wurde ein Motorradfahrer beobachtet, der in schnellem Tempo davonfuhr.

Kundgebung am 19. 2. 1933 im Lustgarten – Höltermann spricht

Letzter Reichsbanneraufmarsch Februar 1933

Horst Ehlert (* 1917) erinnert sich 1992:
„Noch ein letztes Mal wurde von uns öffentlich Kampfbereitschaft demonstriert: Am 19. Februar 1933 – Hitler war schon knapp drei Wochen Reichskanzler – sammelten sich mehr als zehntausend Kameraden zu einer Großdemonstration im Lustgarten. Unser Treffpunkt war der Schießplatz in Tegel. Schutzformation, Stammformation und Jungbanner waren feldmarschmäßig angetreten. Alle Kameraden kamen aus dem Raum Berlin – Brandenburg. Als Ersatzwaffen trugen wir Spaten. Vom Schießplatz aus marschierten wir über die Müllerstraße ins Stadtzentrum in Vierer-Reihen. In der Artilleriestraße (heute Tucholskystraße) wurde aus einem SA-Lokal auf uns geschossen. Allein aus Schöneberg-Friedenau – unserem Kreisverband – wurden dabei drei Kameraden verletzt, zwei von ihnen erhielten Bauchschüsse. Die Polizei schirmte uns danach besser ab, und der Zug setzte sich wieder in Bewegung.
Die Protestveranstaltung im Lustgarten war dann sehr eindrucksvoll, es waren auch viele 'Zivilisten' dabei. Es waren so viele gekommen, daß sich die Massen über den ganzen Lustgarten bis zum Gendarmenmarkt verteilten."

Der Reichsbannervorsitzende Karl Höltermann erklärte bei der Kundgebung: „Regierungen kommen und gehen... Nach Hitler kommen wir!"

Fritz Gelbart (* 1905) berichtet 1992:
„Das Foto [s. o.], auf dem der Reichsbanner-Bundesvorsitzende Höltermann bei seiner Ansprache festgehalten wird, erinnert mich an unsere letzte große Demonstration im Lustgarten vor dem Kaiserschloß im Februar 1933, an der ich teilnahm. Auf dem Rückmarsch wurden wir beschossen, und ein Kamerad der Reichsbannerkameradschaft Wilmersdorf wurde verwundet und fiel auf der Straße um."

Franz Meyer (1906–1983), damals in Friedrichshain aktiv, nach dem Krieg Kreuzberger Abgeordneter, erinnert sich 1983:
„Schon am Abend des 30. Januar wurde mancher Genosse abgeholt. Reichsbanner lag in Alarm. Auf dem Heimweg von Veranstaltungen lauerte SA uns schon auf. Besonders schlimm ging es nach dem letzten Reichsbanneraufmarsch am 19. Februar 1933 zu, bei dem der bekannte Flieger Ernst Udet als Mitglied unserer Flugformation ‚Sturmvogel' über dem Lustgarten kreiste.
Als wir in unsere Heimatbezirke abzogen, kam es dann am Andreasplatz zu einer großen Schlacht. Mit anderen verschleppte man mich ins SA-Lokal ‚Keglerheim', wo wir gewaltig zusammengeschlagen wurden. Mir war mit schweren Schaftstiefeln in die Nieren getreten worden. Zum Glück kam ... Polizei und holte uns raus."

Hubertus Prinz zu Löwenstein, Leiter der Jugendformation des Reichsbanners, berichtet in seinen Erinnerungen:
„Am 19. Februar fand im Lustgarten die letzte Massenkundgebung des Reichsbanners statt. Vor der Rednertribüne am Seiteneingang des Schlosses hatte ich 1 000 Vortruppjungen aufgestellt. Jedesmal, wenn das Wort ‚Freiheit' fiel, brachen die Menschenmengen in Beifallsstürme aus. ...
Als sich die Massen verliefen, zog ich mit meinen 1 000 Vortruppjungen in geschlossenen Reihen zum Gendarmenmarkt."
Seinem Tagebuch zufolge sagte er dort:
„Die Gespenster der Sklaverei sind aus ihren Gräbern herausgekommen, und es gibt nichts, was sie nicht bringen können. Militärdienst, Jahre Eures Lebens in Kasernen, Tod und Gefängnis für alle, die ihren Idealen treu bleiben."

Um dem sich abzeichnenden Terror zu entgehen, emigrierten führende Funktionäre: neben Prinz zu Löwenstein auch der Reichsbannerführer Höltermann sowie Berlins Gauführer Neidhardt.

Ihre engen Kampfgefährten (S. 17), Schutzpolizeikommandeur a. D. Heimannsberg und Polizeimajor Heinrich, wurden verschleppt. Der Schlag von SA und NS-Staat gegen Sozialisten und Republikaner weitete sich bald zum Kampf gegen alle freiheitlichen Verbände und schließlich zu deren Unterdrückung aus. Auch die große Polizeigewerkschaft „Schrader-Verband" – Sitz Lützowstraße 73 in Tiergarten – wurde verboten, ihre führenden Vertreter, der Vorsitzende Schrader und der Sekretär Winkler, mußten ins KZ und verloren durch die Haft ihr Leben.

Der 27. Februar 1933

Am 27. Februar 1933 trafen sich mehrere tausend Berliner Sozialdemokraten im Sportpalast (Potsdamer Straße Ecke Pallasstraße) zu ihrer letzten Kundgebung vor dem Verbot der Partei. Als der Chefredakteur des „Vorwärts", Friedrich Stampfer, im Referat ausführte, daß man – in Anspielung auf die Nazis – nicht viel wissen müsse, um „Antimarxist" zu sein, wurde die Versammlung aufgelöst.
Werner Nagel, ein Teilnehmer, berichtete: „Als wir aus dem Sportpalast rauskamen, stand draußen schon die SA und machte Jagd auf uns."
In derselben Nacht brannte der Berliner Reichstag. Die symbolische Gewalttat eines einzelnen – von der Regierung absichtsvoll den Kommunisten zugeschoben – wurde zum willkommenen Anlaß, um an Hand längst vorbereiteter Listen Funktionäre von KPD und SPD sowie mißliebige Intellektuelle und Juden gefangen zu nehmen und zu verschleppen (S. 14, 92).

Viele Berliner hatten damals den Eindruck – der auch fünf Jahrzehnte danach durch Zeitzeugen so wiedergegeben wurde –, daß Kreise der Berliner SA selbst die wahren Hintermänner gewesen sind. (Diese Ansicht ist aber durch den Historiker Professor Hans Mommsen weitgehend widerlegt.)
Kommunisten und Nationalsozialisten lasteten sich die Untat gegenseitig an. Der spektakulär aufgemachte „Reichstagsbrandprozeß", bei dem der Hauptangeklagte Georgi Dimitroff, ein bulgarischer Kommunist, mit viel Zivilcourage auftrat, endete mit einer peinlichen Niederlage für die NS-Regierung. Im Exil hielten KPDnahe Emigrantenkreise um Willi Münzenberg (S. 82) und Otto Katz mit Dokumentationen und Gutachten dagegen, die allerdings auch nicht frei von Manipulationen und Peinlichkeiten waren: So war man sich nicht zu schade, den Reichstagsbrandstifter van der Lubbe als einen von seinen (angeblichen) homosexuellen SA-Freunden benutzten Primitivling zu charakterisieren.
In der illegalen Propaganda der Arbeiterparteien spielte der Reichstagsbrand und seine vermeintlichen Hintermänner von nun an eine wichtige Rolle, um die Gewaltherrschaft der NS-Bewegung „zu entlarven".

SPD trotzt dem Ermächtigungsgesetz

Trotz stärksten Terrors erreichte die NSDAP bei der Reichstagswahl am 5. März 1933 nicht die absolute Mehrheit. Die Ablehnung war in einigen katholischen Hochburgen noch größer als in Groß-Berlin, wo die Hitler-Bewegung 34,6 Prozent – gegenüber 43,9 Prozent im Reich – erhielt.
Versammlungsverbote, Besetzungen von Parteigeschäftsstellen, Unterdrückung von Presseerzeugnissen und Verschleppungen von Mitgliedern und Funktionären zerrissen das Band zwischen den Sozialdemokraten immer mehr. Viele gaben aus Angst oder Opportunismus ihre Parteibücher zurück, so berichten alte Funktionäre noch heute verbittert.
Noch einmal, am 23. März 1933, bekam die SPD die Gelegenheit, öffentlich zu protestieren. Zur Abstimmung des die demokratische Verfassung außer Kraft setzenden sogenannten Ermächtigungsgesetzes wurde gegenüber dem zerstörten Reichstagsgebäude eine Parlamentssitzung in der Kroll-Oper, einst eine renommierte Stätte modernen Musiktheaters, anberaumt. Die Atmosphäre war gereizt und gespenstisch. Morddrohungen lagen in der Luft. Kommunisten hatte man die Teilnahme verboten und verhaftet. Sozialdemokraten – soweit nicht verhaftet – waren noch geduldet, wurden aber massiv bedrängt zuzustimmen, so wie es alle anderen Parteien beabsichtigten.

Der Redakteur Josef Felder (* 1900), letzter Überlebender der SPD-Reichstagsfraktion, berichtet 1981:
„Als wir zur Abstimmung hinübergingen in die Krolloper, da war plötzlich eine Menschenmenge im Tiergarten vor uns. Die hatten die Nazis besorgt. Nur ein schmaler Gang war von der Schutzpolizei freigehalten worden. Aus der Menge kamen Rufe wie eine Brandung: ‚Wir fordern das Ermächtigungsgesetz von Euch, Ihr Schufte, Ihr Schurken, Ihr Hochverräter.'
In der Kroll-Oper standen ganz plötzlich und gegen jedes Recht eine Anzahl von Eingeladenen der Naionalsozialisten um unsere Sitze herum, um uns halblaut zu sagen, 'wir würden schon drankommen, und es würde aus uns noch Kleinholz gemacht werden'. Es war [Parlamentspräsident] Göring, der im Hinblick darauf, daß die Gesandten und Botschafter der fremden Mächte in den Rängen der Oper saßen, immer wieder seinen eigenen Rowdies abwinken mußte, wohl damit nichts passiert und vor der Weltöffentlichkeit hier kein Skandal inszeniert würde."

Otto Wels ergriff für die SPD das Wort und erklärte die Ablehnung des Gesetzes: „Freiheit und Leben kann man uns nehmen, die Ehre nicht. ...
Die Verfassung von Weimar ist keine sozialistische Verfassung, aber wir stehen zu den Grundsätzen des Rechtsstaats, der Gleichberechtigung, des sozialen Rechts, die in ihr niedergelegt sind. ...
Wir deutschen Sozialdemokraten bekennen uns in dieser geschichtlichen Stunde feierlich zu den Grundsätzen der Menschlichkeit und der Gerechtigkeit, der Freiheit und des Sozialismus. Kein Ermächtigungsgesetz gibt ihnen die Macht, Ideen, die ewig und unzerstörbar sind, zu vernichten. ... Das Sozialistengesetz hat die Sozialdemokratie nicht vernichtet. Auch aus neuen Verfolgungen kann die deutsche Sozialdemokratie neue Kraft schöpfen. Wir grüßen die Verfolgten und Bedrängten, wir grüßen unsere Freunde im Reich. Ihre Standhaftigkeit und ihre Treue verdienen Bewunderung. Ihr Bekennermut, ihre ungebrochene Zuversicht verbürgen eine hellere Zukunft."

Anpassungstendenzen

Parallel zu diesem letzten öffentlichen Protest bereitete sich ein Teil der Parteiführung bereits auf die Emigration vor. Eine heimlich beauftragte Gruppe, die Parteisekretäre Alfred Nau, Fritz Heine und Rudi Leeb, transferierte Bankvermögen und wichtige Unterlagen vom Hauptsitz der Partei in der Kreuzberger Lindenstraße 3 ins Ausland.
Es war deprimierend für Gesinnungstreue, daß sich im Frühjahr 1933 in führenden Partei- und Gewerkschaftskreisen Anpassungstendenzen zeigten. Hatte man beim Ermächtigungsgesetz noch mutig „nein" gesagt, so stimmte der Rest der durch Verhaftung und Auswanderung geschrumpften Reichstagsfraktion im Mai bereits Hitlers „Friedensresolution" zu.

Als besonders herber Schlag erwies sich der Aufruf des sozialdemokratisch geführten Gewerkschaftsbundes ADGB zu Hitlers „1.-Mai-Feier" auf dem Tempelhofer Feld. Nur eine Minderheit um den Angestelltengewerkschaftler Siegfried Aufhäuser (S. 44f.) und den Berliner Metallarbeiterführer Max Urich lehnte derartiges „Wohlverhalten" zum Schutz der Organisation entschieden ab. Die historische Entwicklung danach gab ihnen recht: Am 2. Mai 1933 besetzten die Nazis die Gewerkschaftshäuser; das Vermögen der Mitglieder wurde beschlagnahmt, die Spitzenfunktionäre verfolgt. Zeitzeugen berichten, daß der Gewerkschaftsführung im Frühjahr 1933 auch international Hilfe angeboten worden war, die man – nicht zuletzt der stellvertretende Bundesvorsitzende Peter Grassmann – jedoch ausschlug.

Der Landtagsabgeordnete Max Fechner (1892–1973) zählte damals zur Führung der Berliner SPD und des Reichsbanners. Er berichtet 1964 in einem Interview:
„Es kamen [nach der Ernennung Hitlers] Citroen und Zouhou [französische Sozialisten, d. Verf.] nach Berlin und haben verhandelt mit dem Allgemeinen Deutschen Gewerkschaftsbund, nicht mit Theodor Leipart, sondern mit Peter Grassmann. Die haben uns Waffen angeboten zur Unterstützung des bewaffneten Widerstandes, weil es ja bekannt geworden war, daß bei uns diese Absicht bestand. Aber Grassman hat es abgelehnt mit der Bemerkung ‚Wir haben eine legale Entwicklung' …"

Gerhard König (* 1915) erinnert sich 1992:
„Auf Einladung der Gewerkschaftsjugend war um 1931 eine Gruppe von 30–40 Mann der sehr kämpferischen ‚Schutzbündler' aus Österreich nach Berlin gekommen. Sie hatte aus ihrer Heimat flüchten müssen. In der Berliner Gewerkschaftszentrale am Engelufer waren Übernachtungsmöglichkeiten, Tagungsräume und preiswerte Beköstigung für sie zur Verfügung gestellt worden.
Man vermittelte ihnen wohl auch Arbeitsstellen. Die Schutzbündler – etwa dem deutschen Reichsbanner vergleichbar, nur eben viel energischer – waren eindrucksvolle Agitatoren, blau uniformiert und betont auf militärische Abwehr aus. Jeder dritte Satz lautete bei ihnen: ‚Die Arbeiterklasse muß sich mit Waffen zur Wehr setzen!'
Am 2. Mai 1933 sah ich dann, wie SA bei der Besetzung des ADGB-Hauses circa 100 Gewehre, 6 Maschinengewehre und Munition herausschleppte."

Tatsächlich wehrten sich 1934 in Österreich besonders Wiener Arbeiterkreise – allerdings erfolglos – mit einem Aufstand gegen den Rechtsextremismus, d. Verf.

Die Besetzung und Zerschlagung der Gewerkschaften konzentrierte sich in Berlin besonders auf die Bundesleitung (Wallstraße) und den Berliner Sitz (Engelufer). Augenzeugen berichten von den Ereignissen 1933:

Kurt Stillmann (* 1916) erklärt 1990:
„Seit 1919 wohnten wir direkt gegenüber dem Fischerkiez am Märkischen Ufer in einer Straße, die damals ‚Neu-Kölln am Wasser' hieß. Unser vorderes Zimmer schaute zum Wasser hinaus, zur Inselbrücke, und unser hinteres genau auf den Hof des Hauptsitzes des Allgemeinen Deutschen Gewerkschaftsbundes

ADGB-Gewerkschaftshaus Wallstraße

(ADGB). Dort befanden sich auch die Garagen. Der Cheffahrer wohnte in einem Anbau neben uns. Als Kind sah ich den Sekretärinnen bei der Arbeit zu.
Am 2. Mai 1933 erschienen mehrere große grüne Kommandowagen. Als ich vor die Tür trat, war die ganze Ecke bereits umstellt. Es wurden Papiere rausgetragen und Menschen dirigiert; ein Teil wurde verhaftet. Vater erkannte unter ihnen den ADGB-Vorsitzenden Leipart und einen anderen führenden Funktionär, der dann später in der Schweizer Emigration eine gewisse Rolle spielte. (Der Name ist mir leider entfallen.)
Das Haus wurde innerhalb kürzester Zeit ‚übernommen'. Da man es schon bald darauf umbauen wollte, wurden wir und andere Mieter in irgendeiner Form rausgesetzt. So zogen wir in die Alexandrinenstraße 84."

Abram Plotkin, ein ausländischer Gewerkschaftsführer, der sich am 2. Mai 1933 vergeblich um telefonische Verbindungen bemüht hatte, berichtete 1933 über seine gerade in Berlin gemachten Beobachtungen:
„Fünfzehn Minuten später war ich beim Sitz der ADGB-Hauptzentrale [Wallstraße]. Er war von drei Seiten von SA-Feldpolizei* umstellt. Der enge Mitarbeiterstab und Dokumente der Gewerkschaften wurden auf Polizeifahrzeuge aufgeladen. Schnellen Fußmarsches war ich zehn Minuten später beim neugebauten

Sitz des Metallarbeiterverbandes in der Alten Jakobstraße. Auch hier die gleiche Beobachtung. Ich eilte in ein Taxi und fuhr zum Michaelkirchplatz..., wo am Engelufer das [Berliner] Gewerkschaftshaus war. Die Straße war abgesperrt und das Gebäude von beiden Seiten von SA-Feldpolizei* umstellt, während die Vorderstraße von [unbewaffneten] Nazis abgeriegelt worden war. Das war das Ende. Jeder Führer der einunddreißig Einzelorganisationen war festgenommen worden und die wichtigen Sekretäre der Hauptzentrale ebenfalls.
Martin Plettl [vom Bekleidungsarbeiterverband], mit dem ich persönlich verbunden war, Otto Schweizer von der Sparte der Ingenieure und Techniker, Alwin Brandes von den Metallarbeitern, Husemann von den Bergarbeitern, Carl Volmershaus, der Leiter des Brandenburger Gebiets, Otto Engel, der Organisator der Landwirtschaftsbeschäftigten, [ferner] Franz Furtwangler, Walter Maschke, Frau [Gertrud] Hanna, Kuno Broecker sowie die beiden Präsidenten des Allgemeinen Deutschen Gewerkschaftsbundes Theodor Leipart und Peter Grassmann: jeder führende Funktionär wurde festgenommen, aber nicht von der Polizei, sondern durch SA-Feldpolizei*.
Fünfzig Personen waren an diesem Morgen davon betroffen, die anderen Verantwortlichen holte man sich in den folgenden Tagen. Und dies allein in Berlin – wie viele mögen wohl in ganz Deutschland festgenommen worden sein? Vermutlich wird es niemand genau wissen. Einige Tage sperrte man die Verhafteten in Nazi-Kasernen, dann kamen sie in städtische Gefängnisse."
* Der von mir aus dem Englischen übersetzte Text spricht von „Nazi military", d. Verf.

Paul Ibscher (1910–1985) erinnert sich 1983:
„Von 1929 bis zum 27. Mai 1933 war ich in der Expeditionsabteilung der zentralen SPD-Zeitung des ‚Vorwärts' als Radfahrer tätig, konkret gesagt war ich der Bote zwischen der SPD-Zentrale Lindenstraße 3 und den Hauptstellen der Gewerkschaftszentralen, wenn es um Korrekturen für den Druck u. ä. ging.
Als das Berliner Gewerkschaftshaus [Engelufer] besetzt wurde, geriet auch ich in die Hände der SA. Unglücklicherweise hatte ich auch noch Ausweise meiner Gewerkschaftsjugendgruppe ‚Südost' dabei. Als der SA-Mann Pieper diese Unterlagen sah, sagte er ‚so etwas suchen wir gerade!' ... Durch die Hilfe eines anderen SA-Mannes konnte ich die Anschriften aber dann doch noch vernichten. Dann mußte ich für zwei Tage in Haft ins als provisorisches Gefängnis umfunktionierte ehemalige Antikriegsmuseum (Parochialstraße). Dort wurden mir u. a. so viele Haare ausgerissen, daß nur wenige übrig blieben: ein Büschel in Hakenkreuzform. Ich sollte auch das Deutschlandlied singen, entgegnete aber, daß sie mich schon überzeugen müßten, wenn sie mich gewinnen wollten. In der Arbeiterjugend hatte ich nämlich andere Texte gelernt."

Erich Pickert (1900–1984) berichtet 1983:
„Bis zur Zerschlagung der Gewerkschaften war ich hauptamtlicher Leiter der freigewerkschaftlichen Jugendzentrale in Berlin. Unser Sitz war am Engelufer, im Haus des Allgemeinen Deutschen Gewerkschaftsbundes von Groß-Berlin. Hier wirkte früher der Vorsitzende des Berliner Gewerkschaftskartells Gustav Sabbath und dann sein Nachfolger Robert Bredow. Das Gebäude gliederte sich in Vorderhaus und Quergebäude, zur Adalbertstraße gab es eine Hofausfahrt. Als das Gebäude am 2. Mai 1933 von SA besetzt wurde, trieb man uns hinten im Hof zusammen, nach vorne hätte es wohl zu viele Zeugen gegeben. Ich habe

Parochialstraße 29

2. Mai 1933: SA besetzt die Berliner Gewerkschaftszentrale (Engelufer)

damals – wie meine mitbetroffenen Kollegen – damit gerechnet, daß man uns erschießt. Aber die Polizei hat es unterbunden, und wir kamen wieder frei. Ich als Jugendsekretär war auch nur ein kleiner Fisch, aber der Berliner Metallarbeiterführer Max Urich galt den Nazis als gefährlich, den nahmen sie in Haft.
An der illegalen Arbeit beteiligte ich mich danach nicht, hielt aber zu meinen früheren Kollegen aus dem Gewerkschaftsjugendsekretariat (Erich Schley, Walter Möller) weiterhin engen Kontakt."

Anna Jacobi erzählt 1992:
„Mein Vater Wilhelm Eickhoff war Heizer im Berliner Gewerkschaftshaus am Engelufer. Mit seiner Familie wohnte er im Seitenflügel des Gebäudes. Als SA das Haus am 2. Mai 1933 besetzte, holte man Vater aus dem Keller, stellte ihn an einen Baum und bedrohte ihn. Voller Entsetzen dachten wir, er würde nun erschossen. Doch er kam dann wieder frei.
Wir mußten das Haus verlassen und zogen in eine Weddinger Laubenkolonie (Seestraße). Vater lebte von nun an von seiner kleinen Rente."

Robert Bredow (1885–?), Berlins letzter Vorsitzender des Allgemeinen Deutschen Gewerkschaftsbundes (ADGB), berichtet 1945 über seine erlittenen Verfolgungen:
„Nach 1933 war ich einige Jahre erwerbslos, dann machte ich mich in der... Versicherungsbranche selbständig. Im Laufe der Zeit wurde ich fünfmal verhaftet: einmal sieben Tage, einmal einen Tag, einmal vier Wochen, dreizehn Wochen KZ Sachsenhausen, einmal dreieinhalb Wochen.
Außerdem [erhielt ich] des öfteren Besuche der Polizei und Hausdurchsuchungen. Meine Frau ist den Aufregungen erlegen und 1942 verstorben.
Bemerken möchte ich noch, daß meine Gewichtsabnahme circa 85 Pfund beträgt."

Robert Bredow wurde 1946 in eine Heilanstalt eingeliefert, d. Verf.

Verschleppung führender Funktionäre

Das endgültige Verbot der SPD am 22. Juni 1933 war begleitet von einem entsetzlichen Blutbad, das SA-Männer unter führenden Reichsbanner- und Parteifunktionären des Berliner Stadtbezirks Köpenick anrichteten („Köpenicker Blutwoche").
Fast die gesamte Berliner SPD-Leitung wurde darüber hinaus von einer großen Verhaftungswelle erfaßt. Das zentrale Partei- und „Vorwärts"-Verlagshaus Lindenstraße 3 war bereits besetzt und verwüstet, als im Juni Spitzenfunktionäre, Parteisekretäre, Reichs- und Landtagsabgeordnete und Stadtverordnete von ihren Arbeitsplätzen und aus ihren Wohnungen geholt wurden. Mit diesen terroristischen Maßnahmen, „Schutzhaft" genannt, wollte man nicht zuletzt die Anhängerschaft der SPD einschüchtern.

Wilhelm Riese (1888–1962) erinnert sich 1947:
„[Ich]... wurde im Jahre 1920 zum Vorsitzenden des Kreises Berlin-Mitte gewählt. Diesen Posten bekleidete ich bis zum Juni 1933, das heißt bis zur Auflösung der Partei. Außerdem war ich noch als Bezirksverordneter und Bezirksverordnetenvorsteher, als Stadtverordneter und seit 1930 auch als 2. Vorsitzender der Berliner Stadtverordnetenfraktion der SPD tätig. Im Jahre 1927 trat ich als Abteilungsleiter bei den Berliner Gaswerken ein. Diese Position bekleidete ich bis zur Machtübernahme durch die Nazis. ...

Wilhelm Riese

Paul Hennig

Im Juni 1933 wurde ich verhaftet, erst vierzehn Tage im [Polizeigefängnis] Alexanderplatz untergebracht, sodann im Gefängnis Spandau sechs Wochen interniert. Anschließend stand ich circa neun Monate unter Polizeiaufsicht, d.h. ich mußte mich jeden Tag in der Zeit von 9.00 bis 16.00 Uhr auf dem zuständigen Polizeirevier melden, so daß es mir unmöglich war, eine geregelte Arbeit aufzunehmen. Nach dem 20. Juli 1944 wurde ich wieder verhaftet und vierzehn Wochen im Konzentrationslager in Sachsenhausen festgehalten."

(Der Buchdrucker Wilhelm Riese war 1933 auf Grund der Verfolgungen gezwungen, seine Wohnung in Mitte, Kesselstraße 4, aufzugeben und nach Pankow zu ziehen.)

Heinz Hennig (* 1911) berichtet 1984:
„Mein Vater, der Berliner Stadtverordnete, SPD-Vorsitzender von Tiergarten und Leiter der 12. Abteilung (Wiclefstraße), Paul Hennig (1876–1965), hatte im Ersten Weltkrieg zu jenem Kreis oppositioneller Metallarbeiter bei den Firmen AEG Turbine und Ludwig Loewe gezählt, die mit der SPD brachen und die Unabhängige Sozialdemokratische Partei (USPD) gründeten. 1919 war er wegen Beteiligung an der Revolution (Kreis um Ledebour) vier Wochen inhaftiert. Als sich der linke USPD-Flügel 1920 mit der KPD zusammenschloß, ging mein Vater diesen Weg nicht mit, sondern kehrte mit der USPD-Minderheit zur SPD zurück.
1930 eröffnete er in der Jonasstraße einen Lotterie-Laden.
1933 wurde Vater als führender Tiergartener SPD-Politiker von der Straße weg verschleppt. Zusammen mit einem Genossen Kaper sperrte man ihn in irgendeinen SA-Keller in Tiergarten (S. 33) oder Wedding.

Dort peitschte man ihn, bis er bewußtlos wurde. Nachdem eine kalte Wasserdusche ihn wieder wachgemacht hatte, wurden die Quälereien fortgesetzt.
Meine Schwester mußte zu diesem Quartier, um Papiere und Schlüssel zu holen. Heimlich warnte sie dort ein SA-Mann vor den Nachforschungen eines gerade abwesenden sadistischen Schlägers. Daraufhin haben wir unsere Wohnungstür (Wiclefstraße 35/36) verbarrikadiert und lebten ständig in Angst.
Vater mußte bei der Entlassung unterschreiben, daß man ihm nichts angetan hatte. Danach suchte er den jüdischen Arzt Dr. Sternberg auf. Der fertigte Fotos des Verletzten an und sollte bescheinigen, daß die Verwundungen von brutalen SA-Leuten stammten. Aber er hatte selbst zu viel Angst und schrieb als Ursache ‚Auf Grund von Schlageinwirkungen'. Aus Furcht vor weiteren Repressalien, etwa Hausdurchsuchungen, schafften wir belastende Dinge weg, darunter Schallplattenaufnahmen mit Ernst Busch.
Tatsächlich zeigte uns dann ein scharfer Nazi im Haus an, weil er die Nebengeräusche unserer Aquariumspumpe als Lärm einer illegalen Druckerei deutete.
Als alle Bewohner des Vorderhauses flaggen sollten, zogen wir ins Hinterhaus.
Das Lotteriegeschäft hatten wir bereits 1933 abgeben müssen, und Vater fand lange Zeit keine Arbeitsstelle. Erst Mitte der 30er Jahre kam er bei Siemens in Spandau unter. Trotz allem hielt er Kontakt zu treuen Parteigenossen und besuchte auch Treffen, die als Sängerfeste (S. 42f.) getarnt waren. Ich erinnere mich noch an die Warnung, keine Namen zu notieren sowie den Satz:
‚Am stärksten bist du für dich allein!'"

In der Moabiter Stromstraße 42 wohnte Heinrich Umlauf, ein langjähriger Gewerkschaftsfunktionär, der vor 1914 wiederholt ausgesperrt worden war und der nach dem Ersten Weltkrieg als Vertrauensmann und Betriebsrat (Metall) wirkte.

Der Fräser Heinrich Umlauf (1881–?), ein langjähriger Partei- und Gewerkschaftsfunktionär des alten Ledebour-Reichstagswahlkreises Moabit – Wedding, erinnert sich 1946:
„1917 wählten mich die Genossen zum Schriftführer des Bezirksverbandes von Groß-Berlin, einen Posten, den ich bis zu meiner Abführung ins Konzentrationslager Spandau und Brandenburg (Juni) 1933 ausübte. Nach meiner Entlassung (September) aus dem KZ versuchte ich mich als Reisender, hielt dabei die Verbindung mit meinen Genossen aufrecht und wurde dann 1934 zwangsweise meinem alten Beruf in der Rüstungsindustrie (Firma F. Werner, Marienfelde) wieder zugeführt."

Der Kaufmann Heinz Stegner (1890–1962) zählte zu den führenden SPD-Funktionären im Stadtzentrum. Er war Kassenwart bei der Reichsbanner-Leitung von Berlin-Brandenburg, Abteilungsvorsitzender und stellvertretender Kreisleiter der Sozialdemokraten in Mitte. Er wohnte Dircksenstraße 1 bzw. Blumenstraße 99.

Heinz Stegner (1890–1962) erklärt 1946:
„Meiner politischen Tätigkeit wegen wurde ich nach der Machtergreifung durch die Naziverbrecher verfolgt und konnte mich einer Verhaftung durch die SA-Horden nur dadurch entziehen, daß ich mich monatelang nicht in meiner damaligen Wohnung aufhielt, sondern mich bei Bekannten und Gesinnungsfreunden versteckt gehalten habe.

Heinz Stegner

Nachdem ich im Mai 1933 arbeitslos geworden war, ist es mir mit Hilfe eines guten Freundes gelungen, ab Februar 1934 als kaufmännischer Angestellter wieder in der Privatindustrie unterzukommen. Anfang November 1944 wurde ich, weil meine Frau Jüdin ist, auf Veranlassung der Gestapo zur Organisation Todt ‚dienstverpflichtet' ..."

Als Bauhilfsarbeiter zog er sich dort bei der Zwangsarbeit bleibende gesundheitliche Schäden zu, d. Verf.

Folter und Mord im Ulap
Tiergarten, Alt-Moabit Ecke Invalidenstraße

In der Straße Alt-Moabit 4–10 befand sich ein großes Restaurant innerhalb des Geländes des Universum-Landesausstellungsparks, kurz Ulap genannt. Hitlers Bürgerkriegsarmee richtete im Februar/März 1933 an dieser Stelle eine ihrer berüchtigten Folterstätten ein. (Willi Wollschläger erinnert sich, mit etwa 30 Häftlingen im Keller eingesperrt gewesen zu sein.) Intellektuelle, Juden und Funktionäre von SPD und KPD wurden hierher verschleppt und grausam gequält. Mehrere von ihnen verloren dabei ihr Leben.

Dr. Werner Rosenstock berichtet:
„Dort feierte der Sadismus seine Orgien, und man sah, wie die Gefangenen mit blutunterlaufenen Striemen auf den Rücken aus den Folterkellern herausgebracht wurden."

Wir haben an anderer Stelle bereits von Opfern der Gewalt berichtet, die in diesem sog. wilden KZ leiden mußten (S. 38, 96). Es waren viele Sozialdemokraten aus Mitte und Tiergarten unter ihnen.

Kurt Fischer (* 1911), zeitweilig SAJ-Vorsitzender von Mitte, erinnert sich 1986: „Nach den März-Wahlen 1933 wurde eine große Gruppe aktiver Sozialdemokraten der SPD des Bezirkes Mitte zum ‚Ulap'-Gelände verschleppt und dort mißhandelt, darunter viele Genossen, die mit Plakaten vor den Wahllokalen gestanden haben. Ein ehemaliger Funktionär, der zur SA übergelaufen war, *soll* eine Liste entsprechender Anschriften mitgenommen haben. So viel ich erfuhr, hatte die SA an die hundert Menschen dorthin verschleppt. (Ein anderes berüchtigtes wildes KZ war das umfunktionierte Antikriegsmuseum in der Parochialstraße.) Es hieß damals, der Kassierer der 4. SPD-Abteilung von Mitte, Bereich Stralauer Straße, soll an den Mißhandlungen zugrunde gegangen sein. Er und andere Verschleppte waren die ersten Opfer, von denen man damals erfuhr. Es waren die ersten Schreckensmeldungen."

Der Gewerkschafter Josef Mühlmann (1882–1966), von 1918 bis 1933 SPD-Kreisvorsitzender von Pankow, berichtet 1946:
„Am 16. Mai 1933 wurde ich auf Anzeige einiger der NSDAP angehörenden Angestellten der AEG, Friedrich-Karl-Ufer, zum Ulap geholt und dort schwer mißhandelt. Ich war der letzte Betriebsratsvorsitzende der gesamten AEG, und wir hatten bei den vielen Entlassungen der Jahre 1930/32 stets dafür gesorgt, daß immer die Nazis zuerst entlassen wurden, bevor andere Kollegen gehen mußten. Dann wurde ich zum Polizeipräsidium gebracht und dort aber am nächsten Tage infolge meines Körperzustandes entlassen."

Josef Mühlmann wurde 1939 und 1943 erneut verschleppt und gequält, d. Verf.

Am 19. März 1933 notierte man bei der Politischen Polizei folgende Vermißtenmeldung durch Rechtsanwalt Falk:
„In der Nacht zum Sonnabend sind in Berlin ein Rechtsanwalt Joachim und sein Bruder, ein praktischer Arzt gleichen Namens, von uniformierten SA-Leuten, die nicht Hilfspolizisten waren, aus ihrer Wohnung herausgeholt und nach dem Landesausstellungspark am Lehrter Bahnhof verschleppt [worden]. Gestern abend ist der Arzt aus der Haft entlassen und berichtet, daß er, ebenso wie sein Bruder, durch Prügel usw. verletzt worden wäre."
Rechtsanwalt Falk, dem zuvor auf dem Polizeipräsidium erklärt worden war, Joachim würde nach einigen Tagen wieder „zum Vorschein kommen", sorgte sich nicht zu Unrecht um das Schicksal seines sozialdemokratischen Kollegen. Der Jurist Günther Joachim war der Berliner SA nämlich zutiefst verhaßt, denn er hatte vor Gericht siegreich den Freispruch für seine Mandanten, angeklagte Reichsbannermänner (S. 16), die mit der SA in tätliche Auseinandersetzung verwickelt gewesen waren, erwirken können. Rechtsanwalt Günther Joachim wurde im Ulap so grausam gequält, daß er nach wenigen Tagen den Mißhandlungen erlag.

Auch im letzten Jahr der NS-Herrschaft im April 1945 sollten an dieser unseligen Stelle (S. 381) erneut Menschen durch Mordterror ihr Leben verlieren.

Illegale Parteigruppen (1933–1935)

Nachdem der wilde Terror der SA mit „schauerlicher Rasanz" (Thomas Mann) zugenommen und besonders die bekannten Funktionäre von SPD und Gewerkschaften erfaßt hatte, kamen für die illegale Arbeit nun hauptsächlich öffentlich eher unbekannte Aktive in Frage.

Viele junge Funktionäre aus Mitte, man denke an den Vorsitzenden der 2. Abteilung Willi Strinz und den Kreisvorsitzenden der Sozialistischen Arbeiterjugend (SAJ) Kurt Fischer, hatten sich bereits vor dem Parteiverbot einer neuen politischen Richtung, dem „Roten Stoßtrupp", angeschlossen (S. 53ff.). Auch in Tiergarten waren diesem Beispiel bekannte Jugendfunktionäre gefolgt, so der Arbeitersportler Kurt Krause und nicht zuletzt Karl Marx, einst langjähriger Vorsitzender der Tiergartener SAJ (S. 41). Die Genannten wirkten durch illegales Untergrundmaterial weiterhin in ihre alten Kreisverbände hinein, aber die geheime Parteiarbeit der SPD mußten andere tragen. Sie wurden ein kleines Häufchen Verschworener, denn die Sozialdemokratie war durch die Verfolgungen und die sich ausbreitende Angst zunehmend „atomisiert" (Kurt Schumacher). Hinzu kam, daß viele aus Furcht oder Opportunismus schnell ihren Frieden mit den neuen Machthabern schlossen.

In Mitte fiel die ehemalige Parteiorganisation fast völlig aus. Dies lag zum großen Teil daran, daß etwa zehn Funktionäre des „Roten Stoßtrupps" aus dem Stadtzentrum kamen, der dort und im Friedrichshain seine Hochburg besaß.
Zudem war Mitte größtenteils Regierungs- und Geschäftsviertel. Arbeiterkreise wohnten eher am Rande. Unter den Ärmsten der Armen im Fischerkiez (S. 298f.) und im nördlichen Teil von Mitte neigte man vor 1933 eher zur KPD. Kurt Fischer berichtet, daß in seiner alten SPD-Parteiabteilung, Dönhoffplatz, viele Mitglieder von Beruf Hausmeister waren. Aus diesen Kreisen kamen nur selten Widerstandskämpfer.

Anders sah es dagegen im Kreisverband Tiergarten aus. Besonders Moabit hatte eine gemischte Bevölkerungsstruktur mit zahlreichen Facharbeitern, die traditionell die Wählerschaft und die Funktionärsschicht der SPD stellten. Die KPD, die auch in Moabit eher eine Partei der Arbeitslosen war, hatte ihre Hochburgen im roten Beusselkiez: Rostocker-, Wittstocker- Berlichingenstraße.

SAJ Moabit

Gerhard Schlegel
NW 87, Jagowstraße 4b

Gerhard Schlegel (1903–1983) wirkte bis zum Verbot 1933 als letzter Werbebezirksleiter (Kreisvorsitzender) der SAJ von Tiergarten. Er hatte einen früher sehr einflußreichen und eher privilegierten Vater: Friedrich Schlegel (1872–1946) war in den 20er Jahren Direktor der neugegründeten BEHALA (Verwaltung des Westhafens) und Bezirksvorsitzender der Berliner SPD gewesen. Sein Nachfolger wurde Franz Künstler, der als früherer USPD-Anhänger eher ein Vertreter des linken Parteiflügels war (siehe die Neukölln-Darstellung dieser Reihe).

Gerhard Schlegel zählte zu den „gemäßigten" Kräften innerhalb der Parteijugend, deren Berliner Mehrheit unter Erich Schmidt einen revolutionär-marxistischen Kurs verfolgte und für ein gemeinsames Vorgehen der Arbeiterparteien stritt.

Der kaufmännische Lehrling Schlegel gehörte der Republikschutztruppe Reichsbanner an und war bis zum Verbot im Arbeitersportverein (SV Moabit) aktiv.

Nach der Zerschlagung der SPD zählte Schlegel, der seinen Arbeitsplatz auf Grund der „Säuberungen" verlor, zu jenen führenden SAJ-Kreisen, die sich am gemäßigten Reichsvorstand um Gustav Weber und Theo Wiechert orientierten. Dort war man bemüht, die alte Organisation in verdeckter Form wieder aufzubauen und illegales Material zu verbreiten. Die Gruppe flog bereits im Dezember 1933 auf, Schlegel wurde verhaftet und im Prozeß gegen Theo Wiechert mitangeklagt.

Gerhard Schlegel (1903–1983) berichtet 1982:
„Im nachhinein ist es mir noch immer unverständlich, wie ich in diesen Prozeß geraten konnte, wahrscheinlich hat mich jemand verpfiffen.
Großartig illegal gearbeitet habe ich nämlich nicht. Ich organisierte lediglich einige Treffen von 20–30 Moabiter SAJlern bei Wochenendausflügen im Juli und August 1933. Natürlich wurde dabei politisch diskutiert, doch ich verbreitete kein illegales Material. Bereits im Juni 1933 hatte die SA versucht, in meine Wohnung einzudringen, bekam aber das Schloß nicht auf.
Im Dezember erfolgten dann Hausdurchsuchung, etwas Literatur nahm man mit, und Verhaftung. In der Prinz-Albrecht-Straße begann die Vernehmung zunächst vernünftig. Durch meine Fähigkeit, einen Text von oben lesen zu können, konnte ich ein Verhörprotokoll einsehen und nannte nur bekannte Namen. Doch dann hieß es: 'Nimm mal deine Brille ab und geh in den Nebenraum!' Dort schlug man mich mit Eichenknüppeln.
Das habe ich nie vergessen.
Anschließend brachte man mich ins KZ Columbia-Haus. Bei der Untersuchung meines zerschundenen Rückens sagte der Arzt nur:
‚Der hat genug.'"

Nach sechs Wochen, der Rücken sollte wohl erst einigermaßen geheilt sein, kam er ins Untersuchungsgefängnis Moabit. Durch Einsatz der Rechtsanwälte Wille (S. 46ff.) kam er unter vorgeschobenen Argumenten schon vor dem Prozeß frei.

Gerhard Schlegel:
„Beim Kammergerichtsprozeß gegen Wiechert und andere erlebte ich die Brüder Wille als sehr mutige Anwälte. Sie imponierten mir sehr!
Durch die offene Schilderung der in der Gestapo-Haft erlittenen Torturen, wobei besonders die mitangeklagten Mädchen weinten, entstand eine bedrückende Atmosphäre im Gerichtssaal. Jeder Mißhandelte trug vor, was ihm geschah. Damals, im August 1934, ließen sich Richter noch davon ansprechen.
Es gab mehrere Freisprüche. Doch die danach angestrengte ‚Strafsache gegen Unbekannt‘ zur Ergreifung der Folterer verlief im Sande. Vielleicht ist es verständlich, daß ich nach dem Schock des Erlebten die illegale Arbeit einstellte."

Moabiter SAJler kamen nach 1934 nur noch in persönlich-privater Form zusammen. (So berichtet es auch Fritz Flohr, der sich mit anderen im „Freien Seglerverband" fand. Hilde Schönrock hat ein ehemaliges Arbeitersportgelände bei Königs Wusterhausen als Treffpunkt in Erinnerung.) Trotzdem war Gerhard Schlegel mit seinem Freund, dem Parteisekretär Bruno Lösche, daran beteiligt, den „rassisch" verfolgten Fürsorger Georg Mendelsohn ins Ausland entkommen zu lassen, wo er allerdings unter tragischen Umständen aus dem Leben schied.
(Gerhard Schlegel wirkte nach dem Krieg viele Jahre als Tiergartener Bezirksverordnetenvorsteher und Präsident des Landessportbundes.)

Tiergartener Reichsbanner

Die Republikschutztruppe Reichsbanner in Tiergarten war bis zum Verbot 1933 in mehreren Kameradschaften organisiert: „Arminus" (um die Markthalle), „Stephan" (Wohnbereich Stephanstraße), „Hansa" (Hansa-Viertel) und „West" (die gehobene Wohngegend am Magdeburger Platz), wobei die letztgenannte Gruppe am schwächsten war und nur vereinzelt hervortrat. (In den späten 20er Jahren war Franz von Puttkammer hier noch sehr aktiv).
Der Tiergartener Kreisverband zählte mehrere Sozialdemokraten und bürgerliche Demokraten jüdischer Herkunft in seinen Reihen. Vielleicht war das der Grund, weswegen der Aderlaß 1933 durch Auswanderung und Flucht besonders groß war. Einige Reichsbanner, wie Kurt Freitag und Karl Marx, stießen zudem zum Roten Stoßtrupp. In Mitte wechselte fast der gesamte aktive Funktionärsstamm (S. 60f.) dorthin über.

Max Wolf (1905–1989) erinnert sich:
„Wir Reichsbanner hatten in Moabit auch keinen geringen Ärger mit den Kommunisten. So 1931 oder 1932 war es, als Kamerad Bech von einem Bauchschuß getroffen wurde. Vermutlich war aus dem KPD-Verkehrslokal Oldenburger Straße auf ihn gezielt worden.
Die Musikgruppe unserer Organisation wurde 1933 von den Nazis einverleibt. Der ‚Übertritt‘ soll aber nicht lange gut gegangen sein. Einer der bekanntesten Reichsbannermänner, Tommi Rosenow, – der Schwiegersohn des SPD-Landtagsabgeordneten Karl Weiner – war nämlich in SA-Uniform als Kurier über die Grenze gegangen und hatte illegales Material besorgt."

Helmut Rosenow

Hans Hennig (* 1911) berichtet 1984:
„Tommi Rosenow war einer der bekanntesten Reichsbanner in Moabit. Der schlanke junge Mann riskierte bei vielen Einsätzen immer Kopf und Kragen, besaß wohl auch einen Hang zum Abenteuer.
Er ging sogar in die Tschechoslowakei und brachte von Exil-Kreisen der SPD illegale Schriften. Wir rieten ihm noch, diese Dinge zu unterlassen. Ich bin sicher, daß er in Haft geriet."

Bei dem von den Zeitzeugen hier genannten Widerstandskämpfer handelt es sich um Helmut Rosenow (1908–1967) aus der Wilsnacker Straße 43 in Moabit. Als Zeitungsfahrer und illegaler Nachrichtenleiter des Reichsbanners war er wiederholt in gefahrvoller Mission unterwegs und hielt die Verbindung zwischen den Berliner Genossen um Alfred Markwitz (S. 40) und Dr. Richard Mischler und dem Exilvorstand der SPD in Prag aufrecht. Trotz mehrerer Verhaftungen zwischen 1933 und 1938, strenger Verhöre und Mißhandlungen (Ulap), setzte er seine Untergrundarbeit fort, überbrachte geheime Nachrichten, schmuggelte Flugblätter nach Berlin und konnte Verfolgten bei der Flucht ins Ausland helfen, bezeugen frühere Weggefährten anerkennend. (Nach dem Krieg wurde er wegen seines Einsatzes für die SPD von Ost-Berlin aus in die Sowjetunion verschleppt und mehrere Jahre eingesperrt.)

Nach dem Verbot der demokratischen Parteien und Verbände suchten die Reichsbannerführer Theodor Haubach (S. 10) und Karl Heinrich, ein früherer Polizeimajor und Kommandeur der Bannmeile um den Reichstag, bereits im Herbst 1933 wieder Kontakt zu den versprengten und verunsicherten Anhängern. Besonders Theo Haubach unternahm im Reich große Anstrengungen, um die verbliebenen Reste der zerschlagenen Organisation zu retten und deren Kampfkraft zu nutzen. In Groß-Berlin soll er mit Heinrich 1933/34 über 1 000 Aktive gesammelt haben. Dabei waren Spandau und Wedding wichtige Stützpunkte. Man hatte aber auch im Norden der Stadt zahlreiche

Anhänger (siehe die Pankow/Reinickendorf-Broschüre und besonders die Spandau-Darstellung dieser Reihe.)

In Moabit war Otto Matthes, Lessingstraße 32, der Kontaktmann der Widerstandsgruppe. Er bemühte sich um die Gewinnung von Sympathisanten und sammelte Geld für die Untergrundarbeit. (Otto Matthes war im Mai als Angestellter der AOK in Rathenow entlassen worden. Seinen Vater, den Bürgermeister von Herzfelde, hatte die SA ins KZ Oranienburg verschleppt. 1934 siedelte Otto Matthes deshalb nach Berlin über und eröffnete in Moabit einen Milchladen.)
1935 flog ein Teil der Berliner Gruppe auf, hauptsächlich die Spandauer Freunde. In diesem Zusammenhang wurde auch Otto Matthes im Juni 1935 verhaftet und „verhört". Da man ihm nichts nachweisen konnte, wurde er im Prozeß „Ackermann u. a." im August 1936 freigesprochen.

Otto Matthes berichtet 1949: „1937 bauten meine Eltern am Möllensee, hier lagen einst die Zeltplätze vom Reichsbanner, und so konnten wir unsere Arbeit wieder aufnehmen. Material und ‚Vorwärts' erhielten wir von Scharfschwerdt* (Hohen Neuendorf), nach dessen Verhaftung von einzelnen Berliner Gruppen. Der Kampf um Recht und Freiheit war unser Ziel."

* Zur Gruppe Scharfschwerdt siehe die Pankow-Reinickendorf-Broschüre dieser Reihe, d. Verf.

(Dr. Moritz Blum berichtet, daß Otto Matthes in den 40er Jahren verfolgte Juden mit Lebensmitteln unterstützte.)

Dr. Fitzner in „Schutzhaft"
NW 87, Levetzowstraße 21

Regierungspräsident Dr. Wilhelm Fitzner (1891–1950) aus Landsberg an der Warthe war bereits im Juli 1932 (S. 17 ff.) durch Reichskanzler Franz von Papen wegen seiner republikanischen Gesinnung entlassen worden. Seine Pension wurde ab 1933 zum Teil einbehalten.
Auch nach dem Verbot der SPD hielt der überzeugte Demokrat weiterhin den Kontakt zu gesinnungstreuen Freunden. Auf Grund dieser von der Gestapo beobachteten Verbindungen nahm ihn die politische Polizei am 14. Juni 1935 wegen des Verdachts der Vorbereitung zum Hochverrat fest. Wie seine Familie berichtete, blieb er sechs Monate in „Schutzhaft".

Ulrich Fitzner (* 1924) berichtet 1956 über seinen Vater:
„Er war ein sog. politisch Unzuverlässiger, wurde 1935 in Schutzhaft genommen und kam während dieser Zeit ins KZ Sachsenhausen. Die Haft dauerte über sechs Monate. Meine Mutter, die mit meinem Bruder und mir mittellos zurückblieb, erlitt infolge dieser Belastungen und infolge der rücksichtslosen Verhöre und Hausdurchsuchungen einen Nervenzusammenbruch und wurde in ein Sanatorium eingewiesen. Noch bevor mein Vater entlassen war, sie war inzwischen wieder zu Hause, jedoch nicht geheilt, starb sie, da sie einen Blutsturz erlitt."

Wilhelm Fitzner starb 1950 an den Folgen der im KZ erlittenen Herzerkrankung.

Gruppe Zienau/Hirschberg (8. SPD-Abteilung)

Bis die Stadtverwaltung am Ende der 30er Jahre Bezirksgrenzen neu steckte, reichte Tiergarten im Süden über den Bülowbogen bis zum Sportpalast (Potsdamer Straße). In diesem Bereich, der heute einen Teil Schönebergs einschließt, war bis 1933 die 8. Abteilung der Tiergartener SPD aktiv. Neben der Moabiter Abteilung 12 um Paul Hennig (Wiclefstraße), die traditionelles Arbeitermilieu repräsentierte, zählte die 8. Abteilung nicht zuletzt durch die Geschäftswelt der Potsdamer Straße auch intellektuelle Anhänger der SPD. Rechtsanwalt Joachim (S. 34), der sein Büro in der Potsdamer Straße hatte, wurde schon im März 1933 Opfer des Terrors.
Aus dieser Abteilung gingen mit dem Journalisten Oswald Zienau und dem ehemaligen Richter Michael Hirschberg zwei im frühen Widerstand der SPD sehr aktive Intellektuelle hervor, die weit über den Bezirk hinaus, nach Schöneberg und Wilmersdorf, Einfluß ausübten. Oswald Zienau wirkte an der Herstellung von Untergrundschriften („Proletarischer Pressedienst") mit, während Michael Hirschberg besondere Verbindungen zu Schöneberger Reichsbannerkreisen unterhielt. Ihr Treffpunkt war das Café „Imperial".

Oswald Zienau wurde im Januar 1934 verhaftet und im Kammergerichtsprozeß Wiechert u. a. (1934) zu zweieinhalb Jahren Gefängnis verurteilt. Durch die beim „Verhör" erlittenen Mißhandlungen ein Leben lang gezeichnet, emigrierte er nach der Haft, starb aber schon bald nach Kriegsende.

Michael Hirschberg nahm die Gestapo 1935 fest. Man verurteilte ihn im SPD-Prozeß „Markwitz – Löffler" zu einer mehrjährigen Strafe. Der Sozialdemokrat jüdischer Herkunft, der unter den Folgen der „Verhöre" und der schweren Haftarbeit sehr litt, kam 1937 im Zuchthaus Brandenburg ums Leben.

Gertrud Marx

Moabit, Stephanstraße 19

Enge Verbindungen zur 8. Abteilung unterhielt die Moabiter Sekretärin Gertrud Marx. Die frühere Frauenleiterin der 13. SPD-Abteilung, deren Ehemann Karl Marx (S. 66) wegen illegaler Arbeit für den Roten Stoßtrupp Ende 1933 eingesperrt wurde und 1937 an Entkräftung starb, rückte in den engen Vorstand der illegalen Berliner SPD auf. In den – nacheinander – von Alfred Markwitz und Alfred Lowack geführten Bezirksleitungen oblag ihr der Aufbau und die Betreuung der Hilfsfonds zur Unterstützung von Familien Inhaftierter. Sie war auch daran beteiligt, informelle Kontakte zur „Roten Hilfe" der KPD zwecks gegenseitiger Unterstützung aufzunehmen. (Ein bemerkenswerter Vorgang, wenn man sich erinnert, wie sich Sozialdemokraten und Kommunisten einst bekämpft hatten.)

Bei der Weitergabe von Untergrundschriften und der Sammlung von Geldern für den Unterstützungsfonds konnte sich Gertrud Marx in Tiergarten ganz besonders auf den Kraftfahrer Karl Kohlhause aus der 8. Abteilung stützen. (Er wurde wegen eines anderen Verfahrens 1935 acht Monate inhaftiert.) Kohlhause war ein enger Mitarbeiter Michael Hirschbergs.

Gertrud Marx (1904–1989) wurde am 2. Februar 1936 verhaftet und nach dreizehnmonatiger Untersuchungshaft im Prozeß gegen Alfred Lowack u. a. freigesprochen. Allerdings verschleppte man sie anschließend ins KZ Moringen. Anfang April 1937 entlassen, verhaftete man sie bei Kriegsbeginn erneut und sperrte sie bis Mitte 1940 in das

KZ Ravensbrück. Zwischen beiden KZ-Aufenthalten war ihr der aus der Haft entlassene Ehemann im Dezember 1937 wegen der erlittenen Entbehrungen buchstäblich unter den Händen weggestorben. (Gertrud Marx wirkte nach dem Krieg zunächst als Bürgermeisterin von Neuruppin und danach von Birkenwerder.)

Gertrud und Karl Marx

Zwischen Illegalität und Solidarität

Die oben beschriebenen Formen illegaler Arbeit waren allerdings nicht typisch für das Verhalten gesinnungstreuer Sozialdemokraten unter den Bedingungen der NS-Diktatur. Wie es der Nachkriegsvorsitzende der SPD, Franz Neumann, ausdrückte, war das Verteilen illegaler Schriften und die aktive Untergrundarbeit nur das Werk „elitärer Gruppen".

Eine größere Minderheit der einst fast 100 000 Mitglieder umfassenden SPD Groß-Berlins wählte andere Formen, um den unterdrückten Ideen und Werten die Treue zu bezeugen. Einige Historiker sprechen bei diesem Verhalten eher von „Widerstehen" als von aktivem Widerstand.
So kam man zu Gesangsveranstaltungen des früheren „Jungen Chores" (S. 43) zusammen oder wählte die Teilnahme an Beerdigungen verfolgter Sozialdemokraten als Ausdruck stummen Protestes (S. 49).
Frühere Mitglieder von Parteiabteilungen, Sportgruppen oder der Sozialistischen Arbeiterjugend (SAJ) – S. 37 – kamen zu Wochenendausflügen zusammen, um sich dort frei austauschen zu können.

Werner Hoffmann (1914–1985), Enkelsohn des früheren preußischen Kultusministers (USPD) und führenden Freidenkerfunktionärs Adolf Hoffmann, Blumenstraße 22, erinnert sich 1982:
„Mehrere Freunde der alten SAJ-Leitung aus Mitte – wie Karl Neugebauer, Claire Schirmer und Bruno Schüler – hielten auch nach dem Verbot lange zusammen. Bis 1934/35 bekamen wir auch noch illegales Material, etwa den ‚Vorwärts' in Kleinformat, aber als die Verbreiter wie Kurt Fischer (S. 63) u. a. verhaftet waren, blieb das aus. Doch wir pflegten den Kontakt weiter, trafen uns beispielsweise zum Skat. In Mitte wohnten damals auch mehrere Genossen jüdischer Herkunft, einige blieben durch sogenannte Mischehen geschützt, andere konnten noch rechtzeitig emigrieren."

Heinz Stegner, früher stellvertretender Kreisvorsitzender von Mitte (S. 32f.), engagierte sich auch nach dem Verbot der SPD für seine Partei und besonders seine alte Abteilung 4 (Bereich Stralauer Straße).

Friedrich Bernau berichtet 1956 über Heinz Stegner, seinen früheren SPD-Abteilungsvorsitzenden:
„Durch Machtantritt des Naziregimes verlor er seine Stellung, ... hat aber seine Tätigkeit innerhalb der Partei illegal weitergeführt. Stegner war besonders maßgeblich daran beteiligt, daß wir bei besonderen Anlässen wie Geburtstagsfeiern, Begräbnissen und Ausflügen zusammenkamen, wobei Diskussionen gegen das Hitlerregime geführt wurden. Bei diesen Zusammenkünften wurden circa drei Jahre lang noch unregelmäßig Beiträge kassiert, die nach Prag gesandt wurden. Ein gewisser Lehmann, der seinerzeit in der Ackerstraße wohnhaft war, kassierte diese Beiträge. Willi Obst (S. 67) übergab gelegentlich bei solchen Zusammenkünften an die Genossen Flugblätter, die dann an die Bevölkerung weitergegeben wurden. Auch Heinz Stegner hatte Flugblätter erhalten. ...“

Der frühere stellvertretende SPD-Vorsitzende von Köpenick, Friedrich Klatt, berichtet 1948 über einen illegalen Kreis ehemaliger Stadtbediensteter, die 1933 NS-“Säuberungen“ zum Opfer gefallen waren:
„... in meiner Eigenschaft als Leiter der 'Rechtsschutz- und Betriebsräte'-Abteilung des früheren Gesamtverbandes der öffentlichen Betriebe war ich mit Wilhelm Riese [bis 1933] im engen Kontakt, der damals schon die Stellung eines Arbeitsplatzleiters der Personalabteilung der Gasag bekleidete (S. 30).
In der illegalen Zeit stand ich als Führer der illegalen Widerstandsbewegung des Gesamtverbandes der öffentlichen Betriebe (Deckname ‚Kaffeesieb‘) mit Riese in Fühlung, und zwar mit der illegalen Gruppe Riese, Dannenberg, Sasse, Mühlmann (S. 34). Sasse gehörte als ehemaliger Angestellter des Gesamtverbandes der öffentlichen Betriebe ebenfalls meiner Gruppe an.
Ich kann von Riese nur behaupten, daß er sich in der aktivsten Weise der illegalen Arbeit gewidmet hat, insbesondere durch seine Tätigkeit als Vertreter für Spirituosen, und diese Tätigkeit benutzt hat, um illegale Zeitschriften zu verbreiten. Auch in der gemeinsam verbüßten Haftzeit im Konzentrationslager Sachsenhausen war Riese einer der aufrechtesten Kämpfer.“

Hildegard Schönrock (* 1910), ein ehemaliges Mitglied der Tiergartener SAJ (S. 37), berichtet von einem Treffpunkt gesinnungstreuer Berliner Sozialdemokraten in Mitte:
„Bis zum Krieg haben wir uns eigentlich immer noch ab und zu getroffen. Da war zum Beispiel der frühere ‚Junge Chor‘ in Berlin. Der hatte in der Singakademie [h: Maxim Gorki Theater] immer in jedem Jahr irgendein Chorkonzert. Und das war auch so ein Treffpunkt, da traf sich alles, was so am Rande noch überall so hing, das ging dann dahin. Dies wußten die Nazis auch ganz genau, das [Treffen] wurde immer überwacht. Aber sie haben eigentlich nie jemanden rausgeholt. ...
Ich erinnere mich daran, bei diesen Treffen verfolgte Sozialdemokraten wie den ehemaligen Berliner Vorsitzenden Franz Künstler [S. 49] und die Reichstagsabgeordnete Clara Bohm-Schuch gesehen zu haben. Mit einem Lied, das damals vorgetragen wurde, pries man ‚das Durchstehen‘.“

Berliner Singe-Gemeinschaft in der Singakademie
Bildmitte: Heinz Tiessen

Herta (* 1908) und Walter (* 1903) Hahn erinnern sich 1993:
„Hervorgegangen aus der Arbeiter-Singbewegung, nannten wir uns seit 1933 nicht mehr ‚Junger Chor', sondern ‚Berliner Singe-Gemeinschaft'. Die Leitung blieb bei Prof. Heinz Tiessen, einem wunderbaren Lehrer.
Zwischen 1933 und 1945 wurde man bei uns nur aufgenommen, wenn man einen Bürgen mitbrachte, und so konnten wir unsere Gruppe von Spitzeln freihalten. Wöchentlich wurde in der Schule Weinmeisterstraße geübt. Besonders beliebt und beachtet waren die zwei Jahreskonzerte in der Singakademie (h. Maxim Gorki Theater). Jedes Chormitglied (wir kamen aus den verschiedensten Richtungen der Arbeiterbewegung, die meisten jedoch aus der SPD) erhielt eine Anzahl Karten für den Vertrieb und wurde sie reißend los. Die Singakademie faßte etwa 300 Zuhörer. Es waren große Erlebnisse; so wurde der Rütli-Schwur lange beklatscht."

Herbert Arndt (1906–1994), damals bei der Reichsbank tätig, berichtet 1981:
„Die Solidarität war *der* große Aktivposten der Partei – erst recht nach dem Verbot der SPD. So kamen wir sonntags vormittags im Restaurant Baarz (S. 102) in der Mittelstraße [Ecke Friedrichstraße 57–59] zusammen. Der frühere SPD-Vorsitzende Franz Künstler erschien auch.
Wir leisteten dadurch keinen Widerstand, wollten aber den Kontakt untereinander halten. Aus dieser solidarisch-freundschaftlichen Beziehung heraus spendeten wir auch Geld für die illegale Parteiarbeit."

Oppositionelle Angestelltengewerkschafter
NW 87, Jagowstraße 4a – Wohnung von Dr. Otto Suhr
Moabit, Rathenower Straße 74 – Wohnung von Bernhard Göring

Im Bezirk Tiergarten lag – durch zahlreiche hier wohnende führende Gewerkschafter – ein gewisser Schwerpunkt der gewerkschaftlichen Angestelltenbewegung.
Siegfried Aufhäuser (1884–1969), der engagierte Führer dieser recht jungen Interessenvertretung einer wachsenden sozialen Schicht, lebte im Hansa-Viertel, Tile-Wardenberg-Straße. 1933 zählte er zu jener Minderheit in der deutschen Gewerkschaftsführung, die sich vergeblich gegen die Stillhalte-Politik des ADGB wandte und auch den Aufruf zu Hitlers Mai-Feier ablehnte (S. 26). Als Aufhäuser im Frühjahr 1933 emigrierte, wurde er von seinen Tiergartener Freunden mit einem großen Essen verabschiedet.
Auch Dr. Otto Suhr, wissenschaftlicher Gewerkschaftsangestellter und nach dem Krieg Regierender Bürgermeister (SPD), war im Hansa-Viertel zu Hause. Es war Suhr, der den jungen Kultursoziologen Siegfried Kracauer bei seiner Pionierarbeit über „Die Angestellten" (1930) wissenschaftlich beriet.

Susanne Suhr (1894–1989) erinnert sich 1983:
„Ich kam Mitte der 20er Jahre mit meinem Mann nach Berlin. Wir wohnten dann bis 1933 in einem Eckhaus an der Spree, Tile-Wardenberg-Straße, Eingang Jagowstraße 4a. Nachbarn waren eine junge Offiziersfamilie: Helmuth Stieff, mit dessen Frau ich in der sozialen Hilfe für arme Leute tätig war, wurde später Opfer der Verschwörung des 20. Juli 1944.
Dr. Aufhäuser, der Leiter der Angestelltenbewegung, war auf den jungen Wissenschaftler Dr. Otto Suhr aufmerksam geworden und holte ihn zu sich. Sein Arbeitsbereich war bis 1933 das Gebiet 'Theorie und Praxis'.
Daneben war mein Mann wie sein Freund Professor Reichwein (S. 54) in der Erwachsenenbildung und ganz besonders als Dozent an der Hochschule für Politik (S. 54) tätig. Eine enge Freundschaft verband ihn auch mit dem Rechtsberater der Gewerkschaften, Dr. Ernst Fraenkel (S. 46f.).
Politisch organisiert war Otto Suhr bei den Tiergartener Sozialdemokraten. Er trat auch Ende Februar oder Anfang März 1933 als ihr letzter Versammlungsredner auf – die Veranstaltung wurde übrigens von der Polizei aufgelöst.
Die Angestelltenbewegung mit Dr. Aufhäuser an der Spitze hatte sich sowohl am 20. Juli 1932 (S. 17ff.) – bei dem sich mein Mann für den Generalstreik aussprach – als auch im April 1933 jeglicher Resignation oder gar Kapitulation widersetzt."

Durch die Zerschlagung der Arbeiterbewegung arbeitslos geworden, war Dr. Suhr gezwungen, sich aus finanziellen Gründen ein anderes Quartier zu suchen, hielt aber die Verbindungen zu seinen illegalen Kollegen aufrecht. Darüber hinaus stand er im regen Gedankenaustausch mit intellektuellen Gegnern des Nazismus, darunter Juristen wie Ernst Fraenkel sowie führenden Absolventen und Lehrern der ehemaligen Hochschule für Politik wie Theodor Heuss. Dr. Suhr mußte wiederholt vor drohenden Verhaftungen untertauchen. Auch seine Frau war als Halbjüdin nicht ungefährdet.

Motor der illegalen Angestelltengewerkschafter in Berlin war der Handlungsgehilfe Bernhard Göring (1897–1949), der zudem bis 1933 zur Spitze des ‚Bundes der religiösen Sozialisten Deutschlands' zählte, jener kleinen Minderheit, die sich sowohl dem Christentum als auch dem Sozialismus verbunden fühlte, zwei „Lagern", die damals eher im scharfen Gegensatz zueinander standen.

Otto Suhr

Bernhard Göring

Erna und Herbert Ebner, zwei alte Tiergartener Freunde von Göring, erinnern sich 1984 an ihn:
„Bernhard Göring war bis 1933 als Nachfolger von Karl Bublitz (S. 49) Leiter des Tiergartener Angestelltenverbandes (ZdA) und ehrenamtlicher Präsident der ‚Religiösen Sozialisten'. In beiden Gruppen blieb er auch nach deren Verbot sehr aktiv.
So beteiligte er sich am Kampf der Bekennenden Kirche (BK). Einmal holten wir in seinem Auftrag aus Kreuzberg, Alte Jakobstraße, von einer zentralen Stelle Unterlagen der BK ab und verteilten sie an Kirchengemeinden.
Auch zu dem Theologen Emil Fuchs, einem bekannten ‚Religiösen Sozialisten' [und bedeutenden Quäker], hielt er enge Verbindung. Sie trafen sich wiederholt bei Herrn Jahn, dem ehemaligen Direktor der zerschlagenen Arbeiterbank in Tempelhof. [Dort fand sich ebenfalls der frühere Kultusminister Adolf Grimme ein – siehe die Steglitz/Zehlendorf-Broschüre dieser Reihe, d. Verf.]
Nach unserem Eindruck, viel sprach Bernhard Göring natürlich nicht darüber, war er besonders im gewerkschaftlichen Widerstand engagiert. Mit seinem Zigarrenladen hielt er sich dabei finanziell über Wasser."

Herbert Ebner (1908–1990) wirkte bis zu seiner Pensionierung als Oberregierungsrat beim Berliner Wirtschaftssenator, d. Verf.

In der Tat unterhielt Bernhard Göring zu mehreren illegalen Kreisen Verbindung, darunter zu ausländischen Gewerkschaftern.

Bernhard Göring (1897–1949) notierte 1946:
„Meiner Verhaftung am 2. Mai 1933 entging ich durch vorübergehende Abwesenheit ... [von meiner] Wohnung. Ab Mai 1933 führte ich die illegale Gruppenarbeit

der Angestelltenverbände in Berlin und im Reich. Ständige Verbindungen mit Amsterdam..., Kopenhagen (Julius Hansen), Prag (Klein und Aufhäuser), wiederholt in Holland und Dänemark. 1937 wurde ich verhaftet und vier Tage in der Prinz-Albrecht-Staße mit den oben Genannten [Gottfurcht, Petersdorf...] vernommen. ...
Bei den Vorarbeiten zur 20.-Juli-Aktion [1944] Führung der Angestelltengruppe. ... Am 18. Juli 1944 noch Schlußbesprechung mit Wilhelm Leuschner.
An der [illegalen] Gruppenarbeit der Grimme-Gruppe beteiligt (Luftfahrtministerium). Bei wiederholten Verhaftungswellen ... [von] Arbeitergruppen: 1935 des Reichsbanners, 1936 ‚Neu Beginnen', 1939 Kriegsausbruch ect.; oft durch glückliche Umstände, vor allem durch Schweigen der Verbindungsmänner, verschont geblieben; oft monatelange Beobachtung durch Gestapo. Trotzdem bis 1939 Auslandsreisen und Reisen im Reich unter Tarnung als Gruppenteilnehmer etc. ..."

Beim Auffliegen gewerkschaftlicher Widerstandsgruppen – man denke an Hermann Schlimme, Richard Barth, Walter Maschke, Otto Eichler und nicht zuletzt den ermordeten Freund Wilhelm Leuschner – war Berhard Göring sehr ernsthaft in Gefahr. Aber er konnte überleben. (Nach dem Krieg amtierte er als Stellvertreter des Vorsitzenden des FDGB in Berlin, verstarb aber bereits 1949.)

Demokratische Juristen

Besonders zwischen 1933 und 1938 taten sich in Berlin mehrere sozialdemokratische Juristen hervor, die mit hoher Zivilcourage und großer Ausdauer für Hunderte von Verhafteten eintraten und für deren Interessen kämpften.
Es waren die Rechtsanwälte – und Brüder – Werner und Dr. Gerhard Wille (Wedding, Behmstraße 1), Rechtsanwalt Heinrich Reinefeld (Schöneberg, Keithstraße 4) und der frühere Syndikus des Metallarbeiterverbandes, der Arbeitsrechtler Dr. Ernst Fraenkel (Tempelhof, Thuyring 50), der wegen seiner jüdischen Herkunft einen besonders schweren Stand hatte und 1938 emigrieren mußte (S. 64).
Diese vier Männer, die, was die Gestapo mißtrauisch vermutete, geheime Kontakte zum Exil-Vorstand der SPD unterhielten, arbeiteten in vielen Fällen eng und zum Wohl ihrer Mandanten zusammen.

Hildegard Feilen, verwitwete Reinefeld, erinnert sich 1992:
„Der erfahrene Jurist Dr. Ernst Fraenkel ging mit Heinrich Reinefeld und Werner Wille eine enge Verbindung ein, um vielen hundert Menschen helfen zu können. Durch Kuriere – wie der Sohn des emigrierten stellvertretenden SPD-Vorsitzenden Vogel und die Tochter des Rechtsanwalts Rosenfeld – standen sie mit Exil-Kreisen der Arbeiterparteien in Verbindung. Sie tauschten sich auch mit Gefängnispfarrer Poelchau sehr intensiv aus. (Er bat meinen Mann und mich, 1942 illegale Juden zu verbergen.)
Der brillante Arbeitsrechtsexperte Dr. Ernst Fraenkel, bei dessen Plädoyers im Sitzungssaal man hätte eine Stecknadel fallen hören können, gab sein reiches Fachwissen an seine jungen Freunde weiter, da ihm als Mann jüdischer Herkunft die Arbeitsmöglichkeiten zunehmend erschwert wurden."

Wiederholt führten die Wege der Juristen zum Polizeigewahrsam am Alexanderplatz, zum Landgericht, zur Untersuchungshaftanstalt Moabit (Alt-Moabit), zum Berliner Kammergericht (zunächst im Gebäude des Kriminalgerichts, Turmstraße 91, dann

Ernst Fraenkel

Heinrich Reinefeld

Gerhard Wille

Werner Wille

Elßholztraße) und in Ausnahmefällen auch zum Volksgerichtshof, der zunächst im Herrenhaus des Preußischen Landtags (Leipziger Straße) und dann in der Bellevuestraße 15 untergebracht war.
Besonders in den ersten Massenprozessen gegen die illegale Berliner SPD
- SAJ-Prozeß Wiechert u. a.
- SPD-Prozeß Hodapp u. a.
- SPD-Prozeß Hohnstädter u. a.,

als der Gestapoapparat noch in den Anfängen steckte und die Rechtsprechung nicht völlig „gleichgeschaltet" war, konnten sie durch das offene Anklagen der sadistischen Verhörmethoden (S. 36f.) beachtliche Erfolge für ihre gepeinigten Mandanten durchsetzen.
Sie vertraten auch die sozialen Interessen zahlreicher 1933 auf die Straße gesetzter Gewerkschafter (S. 42).
Man konzentrierte sich aber nicht allein auf sozialdemokratische Widerstandskämpfer, sondern setzte sich auch für die mißhandelten Anhänger der Sozialistischen Arbeiterpartei (SAP) – S. 72ff. –, des Roten Stoßtrupps (S. 66), der Neuköllner Gruppe „Parole" und für Mitglieder der KPD (S. 133) ein. So betreuten Reinefeld und Fraenkel erfolgreich fünfzig inhaftierte Frauen des Zuchthauses Jauer, die wegen angeblicher „Gefangenenmeuterei" verfolgt wurden.

Viele Zeitzeugen, die wir im Laufe von über zehn Jahren bisher befragen durften, rühmten das Wirken dieser Juristen, die oft in aussichtsloser Lage den Kampf gegen den totalitären Justiz- und Machtapparat aufnahmen. Für ihre verlassenen Schützlinge symbolisierten sie die einsame Stimme der Menschlichkeit inmitten tobender Gewalt.
Die vier Rechtsanwälte halfen auch vielen einzelnen. Sie versuchten „zwangsarisierten" Geschäftsleuten, die vom NS-Staat und seinen Profiteuren geprellt worden waren, beizustehen. Zuletzt gerieten die Anwälte selber zunehmend in Bedrängnis. Der NS-Staat war ihnen nach und nach auf die Spur gekommen und beschränkte ihre Zulassungen zu Verfahren. Ernst Fraenkel mußte wegen seiner jüdischen Herkunft 1938 emigrieren. Im Exil veröffentlichte er eine wichtige Analyse des NS-Systems: „Der Doppel-Staat".
Wie Dr. Fraenkel – siehe die Pankow/Reinickendorf-Darstellung dieser Reihe – hatte auch Werner Wille an der Untergrundarbeit sozialistischer Gruppen teilgenommen. Kurz vor seiner geplanten Festnahme (1938) glückte ihm noch die Flucht ins Ausland (USA). Rechtsanwalt Heinrich Reinefeld wurde 1940 zur Wehrmacht einberufen. Er verlor 1945 als Soldat das Leben. Allein Dr. Gerhard Wille konnte trotz mehrwöchiger Inhaftierung das Kriegsende in Deutschland erleben.
(Nach der Befreiung kehrte Ernst Fraenkel in seine Heimatstadt zurück und wirkte als renommierter Hochschullehrer an der Freien Universität.)

Verfolgte Parlamentarier

Sozialdemokratische Stadtverordnete, Landtags- und Reichstagsabgeordnete wurden zwischen 1933 und 1945 wiederholt in „Schutzhaft" genommen. Erste Verhaftungen trafen diese aktiven Demokraten der Weimarer Republik bereits im Frühjahr 1933 sowie nach dem Parteiverbot im Juni desselben Jahres. Wir haben an anderer Stelle bereits auf die Stadtverordneten von Mitte und Tiergarten, *Wilhelm Riese* und *Paul Hennig* hingewiesen (S. 31 f.). Als der Tiergartener Stadtverordnete *Hermann Clajus* (1891–1933), Direktor des Strandbads Wannsee, von seiner drohenden Verschleppung erfuhr, schied er aus Furcht freiwillig aus dem Leben.
Zu den in den folgenden Jahren wiederholt inhaftierten Sozialdemokraten gehörte auch der in Moabit sehr bekannte preußische Landtagsabgeordnete *Otto Meier* (1889–1962) aus der Altonaer Straße 8. Bis 1933 war er als Leiter der Pressekommis-

Karl Bublitz

Julius Moses

sion des „Vorwärts" an zentraler Stelle für einen wichtigen Bereich der Öffentlichkeitsarbeit verantwortlich. Wegen seiner Rednergabe und überzeugenden Gedankenführung schätzte man den Parlamentarier als Referenten in vielen Parteiversammlungen. Auf Grund seiner Überwachung fiel er für die illegale Arbeit aus, pflegte aber informelle Kontakte zu seinen alten Genossen (S. 41 f.). Als der Berliner SPD-Vorsitzende Franz Künstler an den Folgen von KZ-Haft und Zwangsarbeit 1942 verstarb, war O. Meier als Beerdigungsredner vorgesehen, zog sich aber wieder zurück. Die Beisetzungsfeierlichkeiten auf dem Friedhof in Baumschulenweg wuchsen sich trotzdem zu einem stillen Massenprotest aus, denn einige tausend Anhänger der unterdrückten Partei fanden sich zu einer „stummen" Demonstration ein.

Nach dem 20. Juli 1944 erfaßte eine neue Verhaftungswelle frühere Repräsentanten der ersten deutschen Republik. In Deutschland waren Hunderte betroffen. Zu den in Berlin Verschleppten gehörten die ehemaligen Stadtverordneten von Mitte, Wilhelm Riese (S. 30f.), und von Tiergarten, *Karl Bublitz.* Der frühere Angestelltengewerkschafter (Dortmunder Straße 3) verlor 1933 seinen Arbeitsplatz als Leiter des Arbeitsamtes Nord. Er galt bei den Nazis nicht allein auf Grund seiner politischen Einstellung als „belastet", sondern auch, weil er zu seiner Ehefrau – eine Schwester von Mathilde Jacob (S. 75) – hielt, die jüdischer Herkunft war. Karl Bublitz wurde in das KZ Sachsenhausen verschleppt und fand dort Anfang 1945 den Tod.

Sozialdemokraten jüdischer Abstammung hatten unter der nationalsozialistischen Gewaltherrschaft doppelt zu leiden: aus politischen und sogenannten „rassischen" Gründen.

Der angesehene Rechtsanwalt *Siegbert Loewy* (1876–1942) aus der Friedrichstraße 106 hatte der Stadtverordnetenversammlung ununterbrochen von 1920 bis 1933 angehört, er war Mitglied in der Vereinigung sozialdemokratischer Juristen und stellvertretendes Mitglied im preußischen Staatsrat. Er wurde im Juli 1933 von der Gestapo in „Schutzhaft" genommen und blieb einige Wochen eingesperrt. Danach mußte er verbittert feststellen, daß die Verfolgungsmaßnahmen gegen jüdische Juristen nicht vorübergehender Natur waren, sondern eine grundsätzliche Linie der „Gleichschaltung" und Ausgrenzung offenbarten. Seiner wirtschaftlichen Existenz beraubt, war der Vater minderjähriger Kinder gezwungen zu emigrieren. Nach Gestapo-Unterlagen soll die Familie Loewy 1936 ins Exil gegangen sein; 1940 bürgerte das NS-Regime sie aus. Das weitere Schicksal liegt noch immer im Dunkeln. Versicherungsunterlagen zufolge ist Siegbert Loewy wahrscheinlich 1942 verstorben.

Röschen Wollstein, geborene Marcuse, Michaelkirchplatz 18, leitete bis zum Verbot die Kreisorganisation der Arbeiterwohlfahrt in Mitte. Sie war langjährige Bezirksverordnete und dann 1933 Stadtverordnete des Bezirks. Auf Grund einer Denunziation wurde sie 1935 erstmals verhaftet. Als Betreiberin eines Verkaufsstandes in Neukölln hatte sie einen nazistischen Propagandaumzug mit den Worten kommentiert: „Ich dachte, die Idioten aus Dalldorf machen einen Ausflug". Zu ihrem Glück konnte man ihr diese Aussage nicht nachweisen. Trotzdem zu zwei Monaten Gefängnis verurteilt, entließ man sie, da die Strafe durch die Untersuchungshaft abgegolten war. 1940 verlor sie ihren Ehemann durch Krankheit. Zwei Jahre darauf (13. 8. 1942) verschleppte man sie mit einem der berüchtigten „Ost-Transporte" in Richtung Riga. Sie hat die Deportation nicht überlebt.

Dr. Julius Moses (1868–1942) vom Bundesratufer 9 war als praktischer Arzt, langjähriger Reichstagsabgeordneter und sozialdemokratischer Gesundheitspolitiker sehr angesehen. Paul Löbe berichtet in seinen Erinnerungen, daß der verfolgte Freund ihn wiederholt aufsuchte. Von Juni bis Dezember 1933 wurde er das erste Mal eingesperrt. Nach erneuter Verfolgung verhaftete man ihn am 7. 7. 1942 und schleppte ihn ins KZ Theresienstadt. Dort kam er am 24. September 1942 durch die Folgen der Deportation ums Leben (Foto S. 49).

Treffpunkt Museum
Mitte, Unter den Linden 5, Prinzessinnenpalais

Das Dienstzimmer des Pädagogen Adolf Reichwein (SPD), der am Museum für Deutsche Volkskunde im Prinzessinnenpalais wirkte, war von 1940 bis 1944 ein häufiger Treffpunkt für Regimegegner unterschiedlichster Gruppen.

Zur Zeit der Weimarer Republik war Reichwein (1898–1944) in der Erwachsenenbildung tätig. Von der Wandervogelbewegung und dem Religiösen Sozialismus geprägt, trat er 1930 unter dem Eindruck des erstarkenden Nazismus demonstrativ der SPD bei. Er wollte für die bedrohte Republik Partei ergreifen. Reichwein schätzte die preußische Regierung Braun-Severing und wirkte dort zweimal als Referent des preußischen Kultusministers Becker.
1930 kam er als Hochschullehrer an die Pädagogische Akademie Halle. Hier und an der Volkshochschule Jena bekam er engen Kontakt zu sozialistischen und kommunistischen Arbeiterkreisen. Ostern 1933 schlossen die neuen „Machthaber" die „rote Akademie" von Halle, Reichwein wurde entlassen. Für einige Jahre fand er nun Unterschlupf als Dorfschullehrer in Tiefensee bei Berlin. Trotz Beobachtung hielt er Kontakt zu Freunden früherer Wirkungsstätten (Halle, Jena, Berlin).
Noch vor dem Kriegsausbruch nahm Reichwein die Stellung eines Museumspädagogen im Berliner Volkskundemuseum, Unter den Linden 5, an. Die Nazis betrachteten Reichwein wohl auf Grund seiner Volkskundearbeit als „ihren Mann". Dadurch konnte er manchen Bedrängten beruflich unterbringen, aber auch selbst Dinge erkunden.
Als normale Museumsgäste getarnt, besuchten ihn viele Regimegegner, darunter Gewerkschafter wie Otto Suhr und Gefängnispfarrer Harald Poelchau, der wie Reichwein

Adolf Reichwein

ein „Religiöser Sozialist" war. Auch Helmuth J. Graf von Moltke (S. 185ff.) kam. Beide Männer kannten sich aus jungen Jahren von einem schlesischen Lager für Arbeiter und Studenten.
1941 war Reichwein dann das erste Mal in Kreisau, dem Gut und Familiensitz der Moltkes in Schlesien, zu Gast (siehe die Steglitz/Zehlendorf-Darstellung dieser Reihe). Es war besonders Reichwein, der innerhalb des oppositionellen Kreisauer Freundeskreises 1944 auf den Dialog mit den Kommunisten drängte. (Später hob auch die Anklageschrift hervor, daß seine illegalen Verbindungen vom konservativen Carl Goerdeler bis zu den Kommunisten reichten.) Damit war er wie kein Zweiter in die Rolle eines Mittelsmannes innerhalb des deutschen Widerstandes hineingeraten.
Wie anderen bedeutenden Mitgliedern der SPD war ihm spätestens in der Mitte der 30er Jahre klargeworden, daß ein isolierter Kampf der SPD, ja der gesamten Arbeiterschaft, gegen das NS-Regime offensichtlich aussichtlos war. So knüpften er und weitere führende Funktionäre zunehmende Kontakte zu oppositionellen bürgerlichen Kreisen (S. 189).
Was Adolf Reichwein von diesen und wohl auch von den meisten prominenten sozialdemokratischen Verschwörern unterschied, war sein Bestreben, 1944 die oppositionelle KPD zumindest ansatzweise mit einzubeziehen. Für diese Überlegungen konnte er den Kopf des sozialdemokratischen Widerstands, den früheren Lübecker Reichstagsabgeordneten Julius Leber, gewinnen. Nach einer Vorbesprechung kam es dann am 22. Juni im Südosten Berlins, Köpenicker Straße 76, zur Besprechung Lebers und Reichweins mit Saefkow und Jacob von der illegalen KPD-Leitung.

Rosemarie Reichwein berichtet 1985:
„Es war Julius Leber gelungen, das Zentralkomitee zu überreden mitzumachen. Das nächste Treffen ging dann hoch. Leber und mein Mann wollten, daß – wenn es zum Zusammenbruch des Nationalsozialismus käme – man nur die Nazis und nicht auch noch die Kommunisten gegen sich hat."

Diese Aktion, die zumindest die Billigung Claus Schenk Graf von Stauffenbergs fand, war in den Reihen der Verschwörer höchst umstritten.

> Rosemarie Reichwein:
> „Theodor Haubach (SPD) sagte damals zu meinem Mann:
> ‚Wenn du das machst, sind wir keine Freunde mehr!
> Du weißt, die KPD ist durchsetzt von Spitzeln.'
> Aber zu diesem Zeitpunkt hatte mein Mann schon diesen Kontakt aufgenommen. ... Zu mir sagte er noch:
> ‚Ich habe Kontakt zu den Kommunisten, wenn es schiefgeht, kostet es das Leben.'"

Durch einen Spitzel in der Reihen der KPD – Ernst Rambow, der Leiter von Anton Saefkows „Sicherheitsdienst" (S. 100) – wurde die zweite Besprechung am 4. Juli 1944 verraten. Leber und Reichwein mußten grausame Folter erleiden, denn die Gestapo vermutete bei ihnen umfassende Kenntnisse über Namen und Zusammenhänge. Adolf Reichwein wurde beim „Verhör" gewürgt. Als er zu sterben drohte, goß man ihm einen Eimer Wasser über den Kopf, wodurch ihm die Stimme versagte. Doch was die Nazis vom „Kreisauer Kreis" erfahren hatten, wußten sie weder von Reichwein noch von seinem Freund Leber.
Am 22. Oktober 1944 wurde Adolf Reichwein in Plötzensee hingerichtet.

Im Streit um die Einheit

Die Niederschlagung des 20. Juli 1944 führte auch zur Ermordung der fähigsten Köpfe der sozialdemokratischen Arbeiterbewegung. Man denke an den Lübecker Reichstagsabgeordneten Dr. Julius Leber, den Reichsbannerführer Dr. Theodor Haubach, den Gewerkschaftsführer Wilhelm Leuschner und eben Professor Adolf Reichwein.

Tausende andere waren durch die Jahre der Verfolgung ihrer Gesundheit beraubt, viele erlebten das Jahr 1945 nicht mehr.

Nach dem Ende der Gewaltherrschaft und der Befreiung von der Diktatur begann schon bald eine neue Zeit der Herausforderung für die Mitglieder der SPD. Im sowjetischen Sektor Berlins und in der sowjetischen Besatzungszone gerieten diejenigen Sozialdemokraten unter Druck, die sich der Vereinigung der beiden großen Arbeiterparteien SPD und KPD zur SED widersetzten. Frühere NS-Gegner wurden nun zum zweiten Mal verfolgt (S. 38).
Andererseits gab es aber auch zahlreiche SPD-Funktionäre – wie Max Fechner (S. 18) – , die in der Vereinigung einen Sinn sahen und auf einen besonderen deutschen Weg zum Sozialismus hofften, der das sowjetische Gewaltmodell nicht übernehmen wollte. Gerade aus Mitte und Tiergarten kamen dafür wichtige Fürsprecher: der Gewerkschafter Bernhard Göring, der ehemalige Landtagsabgeordnete Otto Meier, die angesehene Frauenfunktionärin Gertrud Marx, Mittes alter Kreisvorsitzender Wilhelm Riese einschließlich seines Stellvertreters Heinz Stegner und mehrere Widerstandskämpfer aus den Reihen des „Roten Stoßtrupps" wie Willi Obst und Kurt Krause, die sich – wie eine breite Funktionärsschicht um Willi Schwarz (S. 68) in Friedrichshain – für diesen Weg entschieden.
Doch es währte nicht lange, dann waren fast alle alten Sozialdemokraten, mit Ausnahme von Otto Grotewohl, einflußreicher Stellungen beraubt. Im Zeichen des „Bolschewismus" hatte der Apparat um Walter Ulbricht bald alles fest im Würgegriff; die Anfänge der SED wurden schnell „vergessen".

Der „Rote Stoßtrupp"

Ende April 1933, im Angesicht der katastrophalen Niederlage der Arbeiter- und Gewerkschaftsbewegung, meldete sich in der Reichshauptstadt eine bisher völlig unbekannte politische Stimme aus dem Untergrund: DER ROTE STOSSTRUPP.
Sprache und Anspruch der Widerstandsgruppe waren recht kühn. So hieß es in der Nummer 4 der Zeitung (7. Mai 1933):

> „Achtung! Rote Stoßtrupps!
> Die Gewerkschaften sind am 2. Mai erledigt worden. Die SPD wird in kürzester Zeit folgen. Schon heute ist die Organisation am Ende ihrer Kraft. Auch einige Reichsbannergaue haben sich bereits selbst aufgelöst.
> Genossen! Kameraden des Reichsbanners! Wir rufen euch auf, aus den aktivsten Kämpfern der SPD, des Reichsbanners, der Gewerkschaften, aus tüchtigen Mitgliedern anderer proletarischer Organisationen sofort Rote Stoßtrupps zu bilden. Schafft eine proletarische Elite, die später die Führung einer sozialistischen Massenbewegung übernehmen kann!
> Es gibt kleine Rote Stoßtrupps bereits in allen Teilen Berlins. Verdichtet das Netz. Überlaßt keinen brauchbaren Genossen der Verzweiflung! Holt ihn heran, zur Vorbereitung neuen Kampfes! Unseres Kampfes
> für eine wirkliche Einheitsfront!
> für die proletarische Revolution!
> für den sozialistischen Aufbau!"

Mitte – Zentrum für die Untergrundgruppe

Entstehung und Schwerpunkt dieser frühen Widerstandsorganisation sind eng verknüpft mit dem Stadtzentrum. Historischer Ausgangspunkt waren jene politischen Ereignisse am Ende der Weimarer Republik, die – besonders im Gefolge des 20. Juli 1932 – einige ihrer überzeugtesten Anhänger zu nüchterner Erkenntnis und vorausblickendem Handeln führten.

Die kampflose Preisgabe der letzten demokratischen Stütze – der preußischen Landesregierung Braun-Severing am 20. Juli 1932 (S. 17 ff.) – bezeichnete Rudolf Küstermeier rückblickend als die „Geburtsstunde" des Roten Stoßtrupps.

In Mitte wirkten noch 1932/33 mehrere republikanische Kräfte, die zur entschlossenen Verteidigung der Demokratie bereit waren. Gerade dieser Bezirk erwies sich als ein besonderes Zentrum der Republikschutztruppe „Reichsbanner Schwarz-Rot-Gold", die im Lustgarten wiederholt zu demonstrativen Bekenntnissen zur Verfassung aufgerufen hatte. Noch Anfang Februar 1933 waren dem 200000 Berliner und Brandenburger gefolgt. Bis zum 20. Juli 1932 bestanden engste Verbindungen zum Berliner Polizeipräsidium, wo mit Polizeipräsident Albert Grzesinski, seinem Stellvertreter Bernhard Weiß, Pressesprecher Theodor Haubach und nicht zuletzt dem Kommandeur der Schutzpolizei Magnus Heimannsberg (*dem* Idol vieler einfacher Polizeibeamter) kämpferische Anhänger der Weimarer Republik tätig waren.
Der Staatsstreich des rechtskonservativen Reichskanzlers Franz von Papen führte auch zur Absetzung dieser Persönlichkeiten und öffnete dem vorwärtsdrängenden Nationalsozialismus damit eine weitere Tür.

Auch an der Berliner Universität, die weder in der Mehrheit der Hochschullehrer noch in der Masse der Studentenschaft großes Interesse an der Republik zeigte, gab es eine Minderheit, die sich zur Verteidigung der Verfassung bekannte. Es waren Mitglieder sozialistischer und republikanischer Studentengruppen und eine kleine Gruppe demokratischer Akademiker, darunter der Staatsrechtler Hermann Heller (SPD).

Als besondere Wirkungsstätte dieses Kreises ist die „Deutsche Hochschule für Politik" anzusehen, die in der Schinkelschen Bauakademie am Werderschen Markt (Schinkelplatz 6) untergebracht war. Hier lehrten liberale Demokraten wie Dr. Theodor Heuss und demokratische Sozialisten wie Dr. Otto Suhr (S. 44f.), Dr. Ernst Fraenkel (S. 46ff.) und Dr. Franz L. Neumann, die auch intellektuelle Berater der Gewerkschaften waren. (Gründer der Hochschule war Ernst Jäckh. Er emigrierte 1933.)

Walter Bremer (* 1904) erinnert sich 1992:
„Ich war damals Mitglied des Reichsbanners und des Sozialistischen Studentenbundes und besuchte die Deutsche Hochschule für Politik in der Schinkelschen Bauakademie.
Diesen Ort erlebte ich als eine Stätte lebendiger demokratischer Bildung. In diesem Gebäude existierte unter der Leitung von Dr. Wolferts auch ein spezielles sozialpolitisches Seminar zur Ausbildung von Fürsorgern und Sozialpflegern. Zahlreiche Frauen und Männer, die später im Widerstand aktiv waren, wurden hier unterrichtet. Jede Woche freitags gab es sehr interessante öffentliche Aussprachen über aktuelle politische Themen. Staatsrechtler wie Franz L. Neumann und Ernst Fraenkel, Juristen wie Hans von Dohnanyi lernte ich als überzeugende demokratische Lehrer kennen.
1932 versuchten Nazis, zum Teil sogar in hier verbotener Uniform, Vorlesungen zu stören, darunter jene von Professor Landauer. Sie wurden von uns Reichsbannerkameraden deswegen wiederholt hinausgeprügelt."

Aus der Verbindung von sozialistischer Studentenschaft, deren Sitz im Bürohaus Börse in der Burgstraße war, und Republikschutztruppe Reichsbanner, die sich gemeinsam zu Demonstrationen im Lustgarten und zu politischer Bildungsarbeit an der Hochschule für Politik zusammenfanden, erwuchs ein Geflecht von Kontakten zwischen Arbeiterschaft und demokratischen Intellektuellen, das sonst in Berlin in dieser Dichte wohl kaum anzutreffen war.

Der Kellner Kurt Fischer (* 1911) – 1932 Vorsitzender der Sozialistischen Arbeiterjugend (SAJ) von Mitte – berichtet 1986:

„Über das Reichsbanner und die SAJ hatte ich Kontakt zum Sitz des Verbands der republikanischen Studenten. Deren Vorsitzender, der Jurist Curt Bley (SPD), wurde mir nach und nach zu einem guten Freund. Er referierte oft bei uns in der SAJ.
Wir erlebten gemeinsam den 20. Juli 1932 (S. 17ff.) und den 30. Januar 1933 und sahen die Katastrophe kommen. ..."

Zentrale Persönlichkeiten der illegalen Gruppenleitung lebten in Mitte, wo auch seit Sommer 1933 der „Rote Stoßtrupp" gedruckt wurde (S. 59f.):

„Deutsche Hochschule für Politik" in der ehemaligen Bauakademie
Berlin-Mitte, Schinkelplatz 6

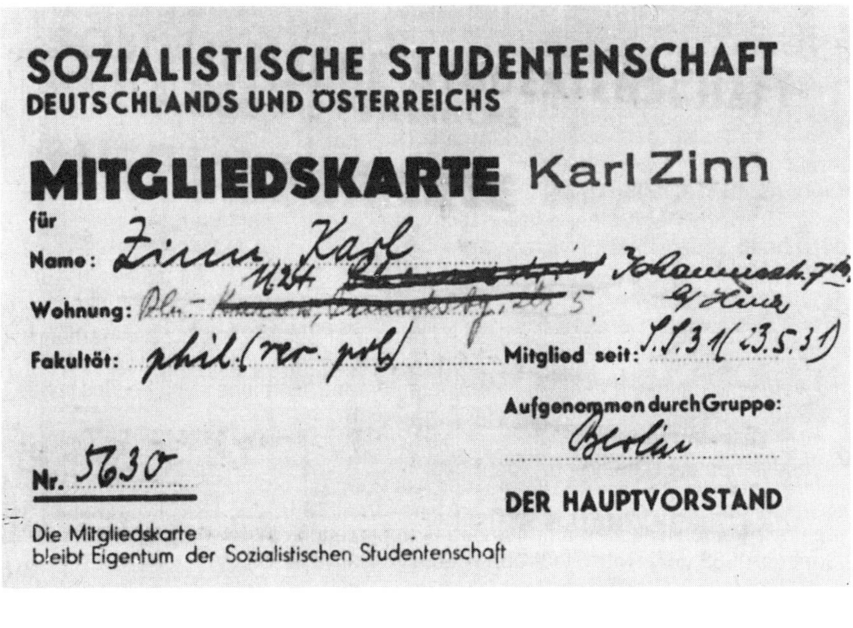

SOZIALISTISCHE STUDENTENSCHAFT
DEUTSCHLANDS UND ÖSTERREICHS

MITGLIEDSKARTE Karl Zinn

für

Name: Zinn Karl

Wohnung:

Fakultät: phil.

Mitglied seit:

Aufgenommen durch Gruppe:

Nr. 5630

DER HAUPTVORSTAND

Die Mitgliedskarte
bleibt Eigentum der Sozialistischen Studentenschaft

Der „Rote Stab“
Mitte, Friedrichstraße 129c – Wohnung von Rudolf Küstermeier

Die Leitung des „Roten Stoßtrupps“, den sogenannten Roten Stab, bildeten zunächst der Journalist und ehemalige wissenschaftliche Assistent Rudolf Küstermeier, der Jurist Curt Bley und Dr. Franz Hering, Berater des Gewerkschaftsführers Fritz Tarnow (Holzarbeiterverband).
Zu ihnen stießen dann: Diplom-Volkswirt Heinrich Spliedt, dessen Vater zur Führung des Gewerkschaftsverbandes der Tapezierer zählte, der Student der Volkswirtschaft und Bankangestellte Karl Zinn und der arbeitslose Kontorist Erwin Muths. Letzterer zog im Frühjahr 1933 in das Studentenheim Luisenstraße 19, dessen Leiter, der ehemalige Volkswirtschaftstudent Karl König, gleichfalls zu engeren Führungsaufgaben herangezogen wurde.
Als besonders wichtig für die Breitenwirkung der Untergrundarbeit erwies sich die enge Verbindung zu zwei einflußreichen SPD-Funktionären:
Willi Schwarz, Leiter einer SPD-Abteilung in Friedrichshain (Bromberger Weg) und Willi Strinz, SPD-Vorsitzender der 2. Abteilung in Mitte (Dönhoffplatz). Er hatte Ende Februar 1933 noch das Diplom an der Hochschule für Politik erlangen können.
Diese jungen Parteifunktionäre führten dem „Roten Stoßtrupp“ im Laufe der Monate viele Verteiler und Verbreiter der Untergrundschrift zu. Die (späteren) Kammergerichtsprozesse gegen Otto Eckert (Mitte) und Bruno Senftleben (Friedrichshain) weisen durch die Hauptangeklagten auch in diese Richtung.

Willi Schwarz (1902–1975) teil nach dem Krieg in einem Interview mit:
„Eine Freundesgruppe aus dem Leser- und Mitarbeiterkreis der ‚Blätter für den religiösen Sozialismus‘ hatte, als Hitler die Macht übernahm, bereits einen fertigen Plan für die illegale Arbeit entwickelt. Es waren vor allem Rudolf Küstermeister, Karl Zinn, Franz Hering und Curt Bley. Sie würde ich als die geistigen Urheber des Roten Stoßtrupps ansehen.
Der Plan der illegalen Arbeit wurde bei uns besprochen, und besonderen Wert legte man dabei auch auf mich, weil ich auf Grund meiner jahrelangen Zugehörigkeit zur Sozialistischen Arbeiterjugend (SAJ) und zur Partei (SPD) außerordentlich große Personenverbindungen hatte, die als Grundlage dienen sollten für den Aufbau der illegalen Organisation.“

Die Zusammensetzung der Gruppenleitung, des sogenannten Roten Stabes, wechselte. Dr. Franz Hering, der mit den leitenden Gewerkschaftlern am 2. Mai 1933 (S. 26) inhaftiert wurde, rettete sich nach seiner Entlassung ins Ausland. (Dort sammelte er in führenden Gewerkschaftskreisen Geld für die illegale Arbeit seiner deutschen Freunde und schleuste über den Hamburger Freihafen auch Untergrundmaterial ein.) Curt Bley schied im Sommer 1933 weitgehend aus der illegalen Arbeit aus, beendete – vermutlich mit einigen Konzessionen ans Regime – sein Studium und promovierte. (Er ging später in den auswärtigen Dienst, hielt aber noch einige frühere Verbindungen aufrecht, S. 67.)

Kurt Meglin (siehe ausführlich unsere Pankow/Reinickendorf-Broschüre), in den 20er Jahren Geschäftsführer des Bundes der weltlichen Schulgemeinden und danach Angestellter im Büro des Bezirksbürgermeisters von Prenzlauer Berg, wurde nach und nach zu einem vorzüglichen und erfindungsreichen Organisator der Gruppe.

Das Volksgerichtshofurteil gegen den „Roten Stab“ vom 27. August 1934 hebt hervor:

Willi Schwarz

Willi Strinz

Karl Zinn

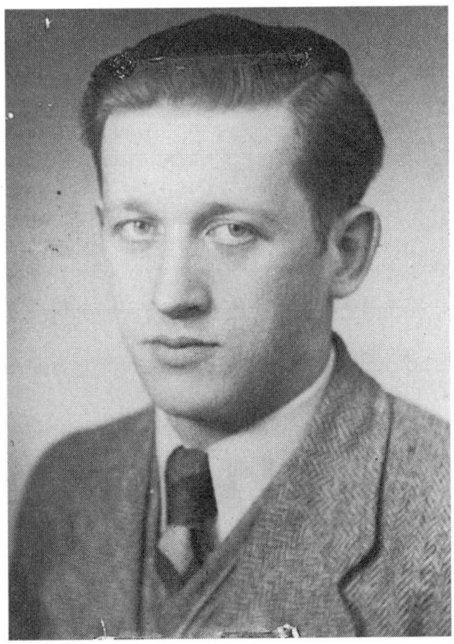

Erwin Muths

„Bei den genannten Führern handelt es sich um einen Kreis von Intellektuellen (Studenten), die unter Ausnutzung ihrer Verbindungen aus der Studienzeit und der früheren SPD bestrebt waren, die Organisation auf eine breite, sich über ganz Deutschland erstreckende Grundlage zu stellen und auch die notwendigen Verbindungen nach dem Ausland, insbesondere zu Emigrantenkreisen der ehemaligen SPD, anzuknüpfen, die insbesondere der finanziellen Unterstützung des Unternehmens dienen sollten."

Franz Meyer (1906–1983) berichtet 1983:
„Zahlreiche Mitglieder des Jungbanners und der Reichsbanner-Schutzformation kannten sich natürlich untereinander. So war Rudolf Küstermeier – eine straffe Persönlichkeit – im Bezirk Mitte beheimatet.
Küstermeier, Willi Schwarz und andere machten sich Gedanken darüber, wie der Kampf weitergehen könnte, wenn Hitler an der Macht sei. Sie schufen eine Organisation, die nicht mit der SPD verbunden war. Man bildete Fünfergruppen, die sich untereinander nicht kannten. Ich war einer der Gruppenführer in Friedrichshain, durfte aber nur zuverlässige Leute ansprechen, denn es war zu bemerken, daß die SPD irgendwie unterwandert war, da ihre heimlichen Klebeeinsätze überfallen worden waren.
Willi Schwarz besaß ein Motorrad, dessen Tank wurde zur Hälfte mit illegalem Material gefüllt. Damit ging es dann übers Land, weit in die Mark Brandenburg hinein."

Aufbau der Organisation

Rudolf Küstermeier, Curt Bley und Franz Hering hatten schon vor dem 30. Januar 1933 folgende Überlegungen für den Aufbau einer illegalen Organisation im Falle der NS-Regierungs- und Machtübernahme getroffen:

1. Aus den Lesern der geplanten Untergrundschrift „Roter Stoßtrupp" sollten geeignete Mitarbeiter gewonnen werden.
2. Sie sollten in sogenannten Roten Stoßtrupps von je fünf Mitgliedern zusammengefaßt werden.
3. Je ein Mitglied sollte der Verbindungsmann zur nächst höheren Einheit sein. Namen und Anschriften seien so weit wie möglich geheimzuhalten.
4. Sämtliche Mitglieder sollten ihren bisherigen Verbänden, soweit sie legal oder illegal weiterbestanden, verbunden bleiben.

Im April 1933 kam dann die erste Ausgabe des „Roten Stoßtrupps" heraus. Bis zur Zerschlagung im November/Dezember 1933 entfaltete die Gruppe starke Aktivitäten: Ungefähr alle 8 bis 10 Tage erschien die illegale Schrift, zunächst in einer Auflage von 60 bis 70 Exemplaren, später in einer Auflage von circa 1 500 Stück. Vom 28. April bis 8. November 1933 wurden insgesamt 26 Nummern in Berlin herausgebracht. Hinzu kamen einige Flugblätter, mit denen die Leser unter anderem aufgefordert wurden, bei einer Volksabstimmung am 12. November mit „Nein" zu votieren. Nach Schätzungen der Staatsanwaltschaft sollen insgesamt 40.000 Untergrundschriften verbreitet worden sein.
Die Widerstandsgruppe hielt ihre Mitarbeiter und Leser zu großer Vorsicht an.

Mitte, Burgstraße – Bürohaus Börse

So heißt es im „Roten Stoßtrupp“ Nr. 4:
„Vor allem: Gebt den Inhalt *mündlich* weiter! Immer und überall natürlich: Vorsicht! Vorsicht vor Spitzeln!
Nichts herumliegen lassen! Nichts in die Hände der Polizei fallen lassen! Kurz *Vorsicht! Vorsicht!*
Zugleich aber auch: *Mut und Entschlossenheit!* Die Führer unserer Organisationen sind sang- und klanglos abgetreten. Die Soldaten der Bewegung wollen weiterkämpfen. Wir blasen zum *Sammeln* und werden – zu gegebener Stunde – zu neuem Angriff aufrufen!“

Illegale Druckorte
Mitte, Burgstraße 27–30 (Bürohaus Börse)

Willi Schwarz:
„Bevor in der Burgstraße die Herstellung erfolgte, fand sie in der Bromberger Straße [Friedrichshain] in einer Kellerwohnung statt. Genosse Alfred Loose... war an der Herstellung beteiligt.“

Der „Rote Stoßtrupp“ wurde im Laufe der Monate April bis November an zahlreichen Stellen der Stadt gedruckt, darunter in einer großen Zahl von Privatwohnungen, die aber beim geringsten Verdachtsmoment sofort gewechselt wurden. Besonders verdient machte sich in diesem Zusammenhang das Ehepaar Johner in der Witzlebenstraße 40 am Lietzensee, das seine Wohnung für drei Monate zur Verfügung stellte.

Kurt Fischer (* 1911) erinnert sich 1986:
„Eines Tages im Frühjahr 1933, ich war gerade arbeitslos, hatte aber Kurse genommen, um mich als Lagerist und Expedient betätigen zu können, bot mir Curt Bley eine 'Beschäftigung' (im doppelten Sinn) im Bürohaus Börse an. Dort hatten die Verbände der republikanischen und sozialistischen Studentenschaft bis zum Verbot ihren Sitz. Curt Bley gehörte beiden Organisationen an. Das Bürohaus war ein mehrstöckiges, großes und langes Gebäude. Für die illegale Arbeit eignete es sich wunderbar, denn es verfügte über lange Flure, mehrere Ausgänge und Treppenhäuser und war schwer zu kontrollieren.
Hier kam ich mit Curt Bley, Karl König und Heinrich Spliedt zusammen. Zur Tarnung unterhielt man [Spliedt und König] eine Vertretung für Moor- und Fangopakkungen."

Dipl.-Volkswirt Heinrich Spliedt (* 1910) berichtet 1948:
„Nach Auflösung der sozialistischen Organisationen im Jahre 1933 nahm ich an der illegalen Arbeit der Sozialistischen Studentenschaft teil und stieß später zum ‚Roten Stoßtrupp'. Zusammen mit dem Studenten Karl König gründete ich eine Handelsfirma und mietete Räume im Bürohaus Börse. In diesen Räumen führten wir die Herstellung der Zeitung ‚Der Rote Stoßtrupp' durch und sorgten für die Weiterleitung an die Verteiler."

Kurt Fischer (* 1911) erinnert sich 1986:
„Vermutlich am Spittelmarkt kaufte ich mit Karl König einen Vervielfältigungsapparat, und wir begannen mit der Herstellung des illegalen Materials. Zwischendurch tauchte dann mal der eine oder andere vom ‚Roten Stab' auf, wenn sie mir zunächst auch unter anderem Namen vorgestellt wurden, so lernte ich sie doch näher kennen; zum Beispiel Rudolf Küstermeier und Karl Zinn, in dessen Wohnung in der Johannisstraße [7] kamen wir einmal wegen technischer Dinge zusammen, und dabei traf ich auf Willi Schwarz.
Ich wuchs dann zum Großverteiler des von mir mitgedruckten ‚Roten Stoßtrupps' heran. Bruno Senftleben und Ernst Schulze aus Friedrichshain erhielten etwas, anderes ging nach Neukölln usw. Vor der NS-Volksabstimmung (Völkerbundaustritt) am 12. November 1933 fuhr ich im Auftrag der Gruppe auch nach Frankfurt [a. M.] und gab dort Flugblätter ab.
Nach ersten Verhaftungen und dem unbestimmten Gefühl, selber bereits beobachtet zu werden, hat mich die Leitung aus dem Druckbereich herausgenommen. Ich habe dann nur noch kurz dem jungen Erwin Muths [* 1912] die Funktion der Maschine erklärt."

Erwin Muths war Absolvent des Köllnischen Gymnasiums (S. 157ff.), d. Verf.

Verbreitung und Verbindungen

Der „Rote Stoßtrupp" fand nicht nur in Berlin, sondern über ganz Deutschland Verbreitung. Neben Hamburg, Kiel, Kassel, Leipzig und Halle gelangte das Material auch nach Stettin und Breslau.
In der Reichshauptstadt kam eine große Zahl der Verteiler aus den Bezirken Friedrichshain (um Willi Schwarz) und Mitte. Großverteiler im Stadtzentrum und in Tiergarten waren: der Friseur Otto Eckert, Markgrafenstraße 62, – wie Willi Strinz und Kurt Fischer stammte er aus der alten SPD-Abteilung 2 (Dönhoffplatz) – der Arbeiter Hein-

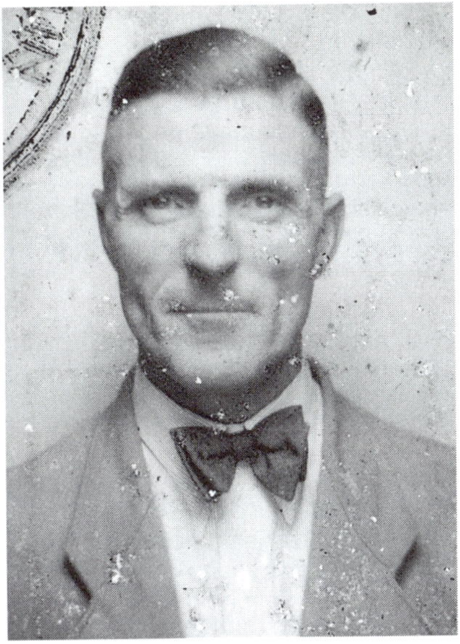

Heinrich Hüllenhagen

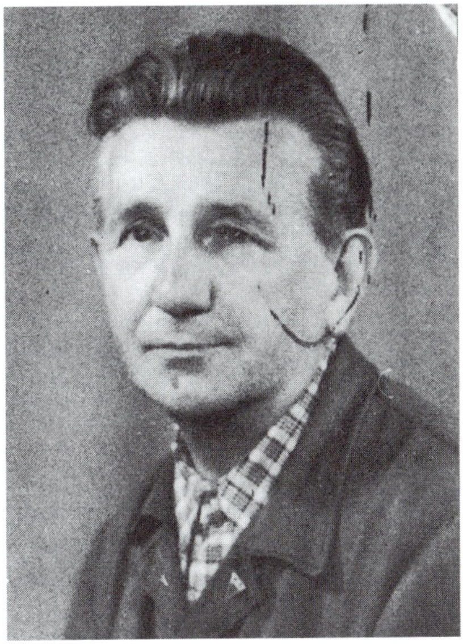

Otto Eckert

rich Hüllenhagen – ehemals Stabführer des Reichsbanners in Mitte – und der Werkzeugmacher Karl Marx (Foto S. 41), der lange Jahre SAJ-Gruppen in Tiergarten geleitet hatte.

Es gelang dem „Roten Stoßtrupp" aber auch, junge Angehörige der Radikal-demokratischen Partei für die Untergrundarbeit zu gewinnen. Es waren drei Funktionäre aus dem bürgerlichen Westen und Süden Berlins. Rudolf Küstermeier konnte (nach eigener Aussage) sogar auf die Verschwiegenheit des Internationalen Büros der Quäker (S. 278) rechnen, wo Corder Catchpool (S. 279) und Berta Bracy sich bereit zeigten, eine illegale Vervielfältigungsmaschine und Schreibmaschinen aufzubewahren. (Die Quäker haben u. a. auch später Angeklagten des Roten Stoßtrupps und deren Familienmitgliedern sehr geholfen.)

Rudolf Küstermeier (1903–1977) berichtet 1970, daß die Kontakte der Gruppe bald weit über den Kreis der SPD-nahen Organisationen hinausgingen: „Wir hatten Verbindungen zur SAP [S. 72 ff.] ... Wir haben zusammengearbeitet mit Trotzkisten [S. 78 f.], mit Versöhnlern [S. 112 ff.] und mit einigen anderen Splittergruppen aus der KPD, die sich gebildet hatten in Opposition gegen die damalige offizielle Politik der KPD. Bei dem Berliner BVG-Streik 1932, aber auch bei vielen Reichstagssitzungen und Reichstagsbeschlüssen ist deutlich geworden, daß die Politik der KPD in entscheidenden Fragen auf eine Zusammenarbeit mit der NSDAP hinauslief. Menschen in der KPD, die sich bei Kommunismus – Marxismus – Sozialismus noch etwas mehr gedacht haben, als politische Taktik zur Vernichtung des sogenannten Sozialfaschismus, arbeiteten zum Teil lieber mit uns als mit den illegalen Gruppen ihrer Parteil.
Wir hatten auch Verbindungen zu Otto Strasser [S. 81]."

Rudolf Küstermeier war neben dieser illegalen Aufgabe auch noch an eine andere „halblegale" gebunden. Er war führender Mitarbeiter von „Blick in die Zeit", einer zugelassenen Zeitschrift, die kommentarlos Pressestimmen – auch des Auslands – nebeneinanderstellte und so in einer Zeit der gleichgeschalteten Presse zur kritischen Informations- und Meinungsbildung beitrug. Im Vertriebsapparat waren viele frühere Sozialdemokraten tätig.

Verhaftungen

Je weiter der „Rote Stoßtrupp" seine Fühler ausstreckte, desto größer wurde die Gefahr, daß die Gestapo durch eine Unvorsichtigkeit oder einen Unzuverlässigen auf die Spur der Untergrundgruppe kam. Und so geschah es im November 1933. Es kam zu einem verheerenden Schlag:

Rudolf Küstermeier:
„Die entscheidende Tatsache war, daß mit der großen Verhaftungswelle jener Zeit – es sind, soviel ich weiß, in ganz Deutschland an die 240 Leute verhaftet und ungefähr 180 davon bestraft worden – der Apparat, den wir aufgebaut hatten, in seinen wesentlichen Teilen zerschlagen war. ...
Weitergeführt wurden die Versuche, Aufklärungs- und Widerstandszellen zu bilden und zu erhalten. Neu hinzu kam die Hilfsarbeit für die Verhafteten und ihre Familien. Einzelne kleine Zellen haben sich bis ganz zum Ende gehalten, bis 1945."

Kurt Fischer (* 1911) erinnert sich 1986:
„Ende November, Anfang Dezember 1933 kam ich mit Curt Bley an unserem festen Treffpunkt, dem Varieté Plaza (Friedrichshain, Küstriner Platz), wie immer während laufenden Vorstellungsbesuchs zusammen.
Er sagte zu mir: ‚Es ist irgendetwas passiert, die Telefonanschlüsse im Bürohaus Börse sind tot.'
Auf seinen Vorschlag hin fuhr ich am nächsten Morgen dorthin, denn ich kannte mich ja gut aus. Als ich den entsprechenden Flur an unserer Tür entlang ging, sah ich gleich, daß sie versiegelt war und verließ das Gebäude sofort. Danach suchte ich die Wohnung von Rudolf Küstermeier in der Friedrichstraße 129 auf. Es war das ‚Haus der Technik', die AEG und eine Universitätseinrichtung (Veterinäre) waren hier untergebracht. Küstermeier wohnte hinten im Gartenhaus. Aber ich sah, daß er nicht mehr dort war.
Curt Bley, dem ich nun alle meine Beobachtungen meldete, bot mir auf Grund seiner guten Verbindungen an, mich ins Ausland zu schleusen. Aber fürs Leben in der Fremde fühlte ich mich nicht geeignet.
Am 14. Dezember wurde ich dann verhaftet."

Heinrich Spliedt (* 1910) schreibt 1948:
„Im November 1933 wurde die Organisation entdeckt und der Kopf sowie der große Teil des Verteilerapparates verhaftet. Die näheren Umstände, die zur Entdeckung führten, sind noch nicht bekannt. Der Kopf der Organisation (7 Mann) wurde am 27. August 1934 durch den Volksgerichtshof wegen Vorbereitung zum Hochverrat verurteilt. Ich erhielt 18 Monate Gefängnis. Durch die Nichtanerkennung eines Teiles der Untersuchungshaft dauerte die Gefängnishaft insgesamt 20 Monate. Die Strafe verbüßte ich im Strafgefängnis Berlin-Tegel."

Rudolf Küstermeier

Kurt Fischer

Die Gestapo konnte bei ihrem raschen Zugriff keine geringen Erfolge erzielen: Karl Zinn führte in seiner Wohnung Johannisstraße 7 das Archiv des „Roten Stoßtrupps“, und damit fielen der Politischen Polizei alle Ausgaben in die Hände. Rudolf Küstermeier saß bei seiner Verhaftung gerade an den redaktionellen Arbeiten der neuen „Stoßtrupp“-Ausgabe und konnte damit die eigene Rolle kaum noch bestreiten. Im Gegenteil, mit beispielhafter Tapferkeit nahm er eine große Verantwortung auf sich und schützte damit viele Freunde.

Rudolf Küstermeier (1903–1977) berichtet 1970:
„Nach einigen nicht ganz leichten Tagen habe ich der Gestapo schließlich eine Schilderung gegeben, die in entscheidenden Punkten, vor allem hinsichtlich der Quellen meiner Informationen, sorgfältig überlegte, möglichst plausibel klingende Irreführungen enthielt, in der ich mich aber zu einer zentralen Stellung innerhalb des Apparates bekannte. Während der Verhöre war mir durch die Nennung von Namen und durch die Formulierung gewisser Fragen klar geworden, daß die Tätigkeit der Spitzengruppe, die damals in Berlin existierte, als beendet betrachtet werden mußte. Es war mir außerdem klar, daß alle anderen Verhafteten furchtbare Tage und Stunden durchmachen würden, solange die Gestapo nicht über die Spitze einigermaßen informiert war.
Das Schicksal dieser Genossen zu erleichtern, schien mir wichtig zu sein. Ich selber habe niemandem geschadet. Durch mich hat die Gestapo keine Namen, keine Adressen erfahren. Die Beamten waren dann auch zufrieden, als ich die Hauptverantwortung auf mich genommen hatte.“

Zum Glück der Angeklagten waren sogar heimliche Absprachen möglich:

Willi Schwarz (1902–1975) teilt in einem späteren Interview mit:
„Der alte Polizeiapparat war ja keineswegs völlig nazistisch orientiert. Wir haben das selber sehr deutlich gespürt, als wir inhaftiert waren und auf dem Alexanderplatz, im Polizeipräsidium, untergebracht waren, hatte man direkt den Eindruck, daß dort Polizisten... waren, die ermöglichten, daß jeder mit jedem wenigstens in der Freistunde zusammenkommen konnte, um Dinge zu besprechen und abzusprechen. Das war für die Verteidigung außerordentlich wichtig. Ja, wir haben es sogar einmal fertiggebracht, alle Angeklagten für den Volksgerichtshof zusammen in einem Zimmer unterzubringen, wo wir auf irgendein Verhör warteten und nun gleichfalls die Möglichkeit bestand, daß wir uns verständigten und dann durch mich auch praktisch den Rechtsanwalt Fraenkel als ersten orientierten, der sofort die Weichen stellte und auch nach Amsterdam und London fuhr."

Prozesse

Nach heutigen Erkenntnissen (1994) gab es in Berlin 1934 mindestens drei Prozesse gegen den „Roten Stoßtrupp". Die Verhandlung gegen die Führungsgruppe – den „Roten Stab" – fand am 27. August 1934 vor dem neu gebildeten Volksgerichtshof statt, der damals im Gebäude des Preußischen Landtages, Leipziger Straße 3, tagte.

Elisabeth Eberhard (1906–1989), damals verheiratete Küstermeier, erinnert sich 1984:
„Ich hatte mich wegen eines Rechtsvertreters für Rudolf Küstermeier an den mir gut bekannten Theodor Haubach gewandt. Wir trafen uns am Potsdamer Platz im Café Josty. Haubach empfahl mir Rechtsanwalt Ernst Fraenkel (S. 46ff.)."

Dr. Ernst Fraenkel schreibt 1951:
„Ich war 1927–1938 als Anwalt beim Kammergericht in Berlin zugelassen und habe während dieser Zeit Anwaltspraxis in Berlin ausgeübt. Im Winter 1933 wurde ich von Frau Elisabeth Küstermeier gebeten, mich mit dem im Untersuchungsgefängnis Berlin-Moabit befindlichen Rudolf Küstermeier in Verbindung zu setzen und mit ihm zu beraten, ob ich seine Verteidigung übernehmen solle.
...
Die ursprünglich vor dem Reichsgericht anhängig gemachte Anklage wurde späterhin an das Volksgericht übertragen. Der Präsident des Volksgerichts hat mir wenige Tage vor dem Verhandlungstermin die Befugnis entzogen, die Verteidigung in der mündlichen Verhandlung vorzunehmen. Auf mein Anraten hat Herr Küstermeier an meiner Statt Herrn Rechtsanwalt Heinrich Reinefeld [S. 46ff.] zu seinem Verteidiger bestellt."

Willi Schwarz:
„Unser Prozeß fand im Herbst 1934 in der Nähe des Potsdamer Platzes statt. Die Öffentlichkeit war nicht ausgeschlossen, und es war ein großer Saal voller Zuschauer – alles Genossen...
Jeder hatte auch noch die Möglichkeit zur persönlichen Äußerung. Keiner hat um Gnade oder milde Beurteilung gebeten. ... Bei der Urteilsverkündung erhielt Küstermeier zehn Jahre Zuchthaus, Zinn sieben Jahre Zuchthaus, Strinz [sieben] Jahre Zuchthaus und ich drei Jahre Zuchthaus."

Karl König wurde zu drei Jahren, Erwin Muths zu zwei Jahren und Heinrich Spliedt zu eineinhalb Jahren Gefängnis verurteilt.

10 Pfg.

BVZ Berliner Volks-Zeitung

Heute: DAS OHR DER WELT

• Dienstag, 28. August 1934 — MORGEN-AUSGABE — Nr. 404 – 82. Jahrgang

ERSCHEINT TÄGLICH ZWEIMAL. Sonntags, Festtags u. Montags einmal. Sonntags mit Kupfertiefdruck-Illustrierte „Volk im Bild". ABONNEMENTSPREIS wöchentl. 60 Pf., monatl. 2,50 RM (davon 50 Pf f. d. Zustell.) im voraus zahlb., durch die Post 2,50 RM monatl. inkl. 39 Pf. Postgebühr exkl. Zustell. Im Falle höh. Gewalt od. Verbots haben uns Bezieh. kein. Anspr. auf Nachlief. od. Ersatz d. entspr. Entgelts. ANZEIGENPREISE: Die 12gesp. Millimeterzeile 26 Pf. Nachlässe. Staffel C. Für kleine Anzeigen das Wort 18 Pf., das fettgedr. Wort 20 Pf. Sonstige Preise s. Anzeigenpreisliste Nr. 4 v. 1. 7. 34. Hauptexped. SW 19, Jerusalemer Str. 46–49. Fernspr. Stadtverk. Sammel-Nr. A 7. Dönh. 3440. Fernverk. Sammel-Nr. A 7. Dönhoff 4207, 8205. — Rudolf-Mosse-Code. — Postscheckkonto: Buch- u. Tiefdruck-Gesellschaft mbH. Berlin 8224. — Die Annahme von Anzeigen an bestimmten Tagen, in bestimmten Ausgaben oder an bestimmte Stellen wird nicht gewährleistet. Hauptschriftleiter: Franz Wynands, Berlin. Leiter der Anzeigen-Abteilung: Cord von Einem, Berlin-Friedenau; verantwortl. f. d. Inhalt d. Inserate: Bruno Scholz, Berlin. Für unverlangt eingen. Manuskr. übern. d. Red. k. Verantwortung.

7 BERLIN UNSICHER

INSERATEN- UND ABONNEMENTS-ANNAHME: Verlags-Haus, Berlin SW 19, Jerusalemer Strasse 46–49. Filialen: C 2, Königstrasse 19, N 58, Schönhauser Allee 73, N 65, Fennstrasse 1, N 54, Fehrbelliner Strasse 22, N 24, Linienstrasse 117, N 20, Böttgerstrasse 21, NO 55, Greifswalder Str. 197, O 34, Frankfurter Allee 346, SO 36, Glogauer Strasse 34, S 42, Oranienstrasse 60, W 50, Tauentzienstrasse 4, NW 40, Rathenower Strasse 3, Charlottenburg 4, Kantstrasse 34, Charlottenburg 1, Grünstrasse 8; Halensee, Kurfürstendamm 155/56; Köpenick, Rosenstrasse 1; Lichtenberg, Wartenbergstrasse 1; Lichterfelde-West, Hans-Sachs-Strasse 3; Neukölln, Berliner Strasse 76/77; Nogatstrasse 7; Niederschöneweide, Brückenstrasse 21; Schöneberg, Gothaer Strasse 16; Spandau, Breite Str. 66; Steglitz, Flensburger Str. 2; Tempelhof, Kaiserin-Augusta-Str. 69; Tegel, Berliner Str. 12; Wilmersdorf, Gasteiner Str. 9–10, Hohenzollerndamm 156; Breslau 1, Albrechtstr. 20; Potsdam, Charlottenstr. 14. — Druck und Verlag: Buch- und Tiefdruck-Gesellschaft mbH, Berlin SW 19.

Der „Rote Stab" vor dem Volksgericht

Prager SPD-Zentrale finanzierte / Zehn Jahre Zuchthaus für den Hauptangeklagten

In Berlin und im Reich war seit Juni vorigen Jahres in ständig steigender Auflage eine marxistische Hetzschrift unter der Bezeichnung „Der rote Stoßtrupp" verteilt worden. Die Polizei ging den Spuren der Verteiler nach und deckte ein ganzes System von Bezirken und Unterverteilungsstellen auf.

Als die geheimen Fäden, die zu einem „Führerkopf" in Berlin führten, restlos aufgedeckt waren, wurde der ganze illegale Apparat ausgehoben. Das Volksgericht gab das Strafverfahren gegen die Verteiler an das Kammergericht ab, das gegen mehrere Dutzend Angeklagte Gefängnis- und Zuchthausstrafen bis zu drei Jahren verhängte.

Die Mitglieder des Führerkopfes, der sich selbst als „Roter Stab" bezeichnete, hatten sich gestern vor dem 2. Senat des Volksgerichtshofes zu verantworten. Der geistige Führer des ganzen Unternehmens war der 30jährige Rudolf Küstermeier, der sich längere Zeit hindurch auch im Ausland journalistisch betätigt hatte. Er hatte Beziehungen aufgenommen zu verschiedenen Mitgliedern der sozialistischen Studentenschaft der Berliner Universität. Diese jungen, der SPD nahestehenden Akademiker verstand er schnell für seine hochverräterischen Pläne zu gewinnen. So gelang es ihm, einen illegalen Presseapparat aufzuziehen, der nach den Feststellungen der Polizei

nicht weniger als 40 000 Exemplare

der Hetzschrift „Der rote Stoßtrupp" im In- und Ausland verteilt haben soll.

Im Gegensatz zu den Angeklagten, die den hochverräterischen Charakter ihrer Tätigkeit abzuleugnen suchten, betonte der Vertreter der Reichsanwaltschaft in seiner Anklagerede, daß es sich hier um ein

höchst gefährliches Unternehmen handele,

das der Bildung einer neuen Umsturzpartei nahekomme.

Der „rote Stoßtrupp" habe als neue marxistische Bewegung, die er in Wahrheit sei, beabsichtigt, alle diejenigen jungen revolutionären Elemente zusammenzufassen, die mit der Führung durch die alten marxistischen Parteien unzufrieden waren und sich immer noch revolutionären Wunschträumen hingeben. Es handelt sich dabei vor allem um die Mitglieder der KPD-Opposition, der Sozialistischen Arbeiterpartei (SAP) und die Trotzki-Anhänger.

Diese Kreise waren nach den Plänen des „Roten Stabes" berufen, in naher Zukunft die proletarische Revolution durchzuführen, die die KPD diesen Staatsfeinden nach ihrer Meinung schuldig geblieben war.

Die Kampfschriften des „Roten Stabes" sind mit Greuelnachrichten über den Reichstagsbrand und sonstige tagespolitischen Ereignisse angefüllt und sind daher als besonders verwerfliches politisches Kampfmittel anzusprechen, da sie vor allem das Ansehen der nationalen Regierung und der hinter ihr stehenden Verbände zu untergraben und auch auf diesem Wege den Boden für einen gewaltsamen Umsturz vorzubereiten suchen. Besonders interessant dürfte die Feststellung sein, daß sich auch die nach Prag geflohene SPD-Leitung an der Finanzierung der hochverräterischen Umtriebe der Angeklagten beteiligt und ihnen etwa 1000 RM zur Verfügung gestellt hat.

Das Urteil lautete entsprechend dem Antrag des Reichsanwalts gegen den 30jährigen Hauptangeklagten Rudolf Küstermeier wegen Vorbereitung zum Hochverrat und Verbrechens gegen die Verordnung zur Abwehr heimtückischer Angriffe auf die Regierung der nationalen Erhebung vom 21. März 1933 auf zehn Jahre Zuchthaus und zehn Jahre Ehrverlust. Die beiden weiteren Mitglieder des „Roten Stabes", der 28jährige Karl Zinn und der 26jährige Willi Strinz, erhielten je sieben Jahre Zuchthaus und fünf Jahre Ehrverlust, während der 32jährige Willi Schwarz mit drei Jahren Zuchthaus davonkam. Die Strafen der restlichen drei Angeklagten bewegten sich zwischen eineinhalb und drei Jahren Gefängnis. Sieben Monate der erlittenen Untersuchungshaft werden allen Angeklagten auf ihre Strafe angerechnet.

28 Gebäude eingeäschert

Ein Friesheimer verhaftet — Motiv: wahrscheinlich Rache

Regensburg, 27. August.

In der Scheune eines Bauern in Geisling brach in der Nacht zum Montag Feuer aus, das in kurzer Zeit auf Wohnung und Stallung übergriff. Die Feuerwehr der benachbarten Ortschaft Friesheim war sofort zur Stelle und griff tatkräftig ein.

Während sie noch mit den Löscharbeiten beschäftigt war, traf die Nachricht ein, daß es auch in Friesheim brenne. Begünstigt durch heftigen Sturm, nahm das Feuer in Friesheim sehr rasch riesige Ausmaße an.

Als die Regensburger Feuerwehr am Brandherde erschien, standen fünf Wohnhäuser, neun Scheunen mit Erntevorräten und 14 Nebengebäude, also insgesamt 28 Gebäude, in Flammen. Die Wehren mußten sich auf die Rettung der von den Flammen noch nicht erfaßten Gebäude beschränken. Erst nach mehrstündiger angestrengter Tätigkeit der Löschmannschaften war die Gefahr beseitigt. Personen kamen nicht zu Schaden, das Vieh konnte noch rechtzeitig gerettet werden.

Die Erhebungen haben ergeben, daß das Feuer auf vorsätzliche Brandstiftung zurückzuführen ist. Ein Friesheimer wurde unter dem dringenden Verdacht, den Brand aus Rache angelegt zu haben, in Haft genommen.

300 thüringische Landsknechtstrommeln und Fanfaren für Nürnberg

Der Stellvertreter des Reichsjugendführers, Obergebietsführer Hartmann-Lauterbacher, hat vom Gebietsjugendführer 17, Thüringen, Karl Seele, für den Reichsparteitag in Nürnberg 300 Landsknechtstrommeln und Fanfaren angefordert. Außerdem stellt Thüringen wie jedes andere Gebiet noch 45 Landsknechtstrommeln und Fanfaren. Der besondere große Fanfarenzug von 300 Mann wird am Sonntag, dem 2. September, in Weimar zusammenkommen und bis zur Abfahrt nach Nürnberg auf allen Gebieten gründlich geschult werden. Auf der Stadion-Kundgebung im Rahmen des Reichsparteitages in Nürnberg werden die Fanfaren auf einer großen Tribüne gegenüber der Tribüne des Führers Aufstellung nehmen. Sie werden hunderttausende begeistern.

Liebe auf Beweis gestellt

Eine peinliche Frage

Wien, 27. August.

Die offizielle und offiziöse Presse fährt fort, von den europäischen Mächten wirtschaftliche Hilfe zu verlangen. Unter der Ueberschrift „Ein europäisches Interesse — eine europäische Verpflichtung" schreibt das christlichsoziale „Neuigkeitsweltblatt":

Es ist nicht einzusehen, warum Oesterreich allein mit seinen beschränkten Kräften und Mitteln dem großen und reichen Europa immer und immer wieder Tribut zahlen soll. Ist die Unabhängigkeit und Freiheit Oesterreichs den europäischen Staaten so viel wert wie es die internationale Oeffentlichkeit oft genug anerkannt hat, dann ist Europa zu praktischem Dank verpflichtet, dann hat es teilzunehmen an den Lasten, die in Oesterreich zu jener Kriegsbereitschaft notwendig waren, die den Frieden sichern mußte.

Bomben über Paris

Die Luftmanöver über der französischen Hauptstadt haben begonnen. Man erkennt die Seine und den Eiffelturm auf dem Bilde

Ein Kronprinz reist

Von unserem Stockholmer Korrespondenten

Was wäre der Welthandel, wenn es keine Kronprinzen gäbe! Der Prinz von Wales hat seinerzeit den Anfang gemacht mit jenen fürstlichen Repräsentationsreisen, die gleichzeitig dem Handel und Wandel der englischen Kaufleute einen schwunghaften Auftrieb geben sollten. Was machte es Seiner Königlichen Hoheit aus, in Buenos-Aires oder Kopenhagen in ein elegantes Herrenmodengeschäft zu gehen und bei seinem Einkauf leichthin zu fragen, ob auch englische Handschuhe oder Schlipse zu haben wären. Aber am nächsten Tag berichteten die Zeitungen der ganzen Stadt davon, und die Verkäuferin erzählte von der kleinen Szene mit dem „charming prince" ihr Leben lang. Eine wirksame und billige Reklame. Nunmehr will der schwedische Kronprinz sein Glück mit einer Orientreise versuchen, bei der auch gelegentlich von Geschäften gesprochen werden darf. Aber er fängt es ganz anders an.

Die Schaufenster des Stockholmer Hofjuweliers erstrahlen im Glanz aller der kostbaren Geschenke, die der Kronprinz seinen

Gastgebern in der Türkei, in Persien, Irak, Palästina, Aegypten und Abessinien zugedacht hat. Im Mittelpunkt stehen zehn riesige Pokale mit dem dekorativen Doppelmonogramm des Kronprinzenpaares, die den Staatsmännern und Hofleuten feierlich überreicht werden sollen. Weiter eine Anzahl eleganter Zigarettenetuis, schlicht und glatt, aber aus Gold mit dem bedeutungsvollen Monogramm in der Ecke, die, nach freundschaftlicher Unterhaltung von Mann zu Mann, dem persischen oder abessinischen Freunde Schwedens überreicht, die zukünftigen Bande enger ketten, als es ein im Orient weniger gewürdigter Orden vermag. Für die orientalische Damenwelt gibt es eine Reihe entzückender silberweißer Dosen für Puder oder Konfekt und zartgeschwungene schmale Goldbroschen. Alles im vornehm einfachen schwedischen Stil, der so gar nichts von orientalischer Pracht an sich hat. Aber der Orient hat sich modernisiert. Die Frauen gehen entschleiert, und die Türkei hat bereits mit Harem und Vielweiberei energisch Schluß gemacht; Autos durchqueren die Wüste, und Flugzeuge verbinden alle die märchenumsponnenen Städte aus Tausend und einer Nacht. Da bahnt sich denn auch eine merkwürdige Angleichung des künstlerischen Geschmacks an. Der Salonwagen, den sich der Schah von Persien kürzlich in Schweden hat herstellen lassen mit modernem Bad und Schlafraum, Radio und Telephon, in Elfenbein und Silber, ist ebenfalls bis auf das kostbare mit dem persischen Wappen geschmückte Porzellan nach modernem europäischen oder sagen wir besser internationalem Geschmack ausgestattet.

Die Reise des Kronprinzen von Schweden führt am 13. September von Stockholm über Messina nach Griechenland. Am 1. Oktober ist ein Empfang bei Mustafa Kemal Pascha in der Türkei vorgesehen. Dann geht es über Smyrna, Aleppo, Damaskus quer durch die syrische Wüste nach Bagdad, der Hauptstadt

Zwei Kammergerichtsprozesse richteten sich im Mai 1934 gegen:
Bruno Senftleben (1905–1976) und 25 weitere Angeklagte sowie Otto Eckert (1888 bis 1975) und 22 weitere Angeklagte.

Franz Meyer (1906–1983) erinnert sich 1983 an seinen Kammergerichtsprozeß: „Wir wurden als Lügner bezeichnet, weil wir alles abstritten. Unsere Anwälte waren unter anderem die Brüder Wille [S. 46ff.]. Sie hatten uns schon vor dem Prozeß geschult.
Ich war im ersten Kammergerichtsprozeß (Senftleben u. a.) angeklagt. Ich konnte meine Anklageschrift beiseiteschaffen. Ein Anwalt und SPD-Genosse schmuggelte sie dann raus. Viele von uns erhielten Zuchthausstrafen, ich bekam zwei Jahre."

Unter den Angeklagten, von denen einer sogar die eigene Ehefrau belastete, erwiesen sich manche andere als ganz besonders verschwiegen, so die früheren SAJ-Funktionäre Karl Marx aus Moabit und Kurt Fischer aus Mitte. Letzterer konnte seine gesamte illegale Drucktätigkeit verheimlichen. Der Hilfsarbeiter Willi Obst wehrte sich ebenfalls tapfer gegen alle Vorwürfe der Anklagebehörde. Ganz besonders zu würdigen ist der Invalide Willi Schmidt (1878–?), der lediglich angab, Untergrundschriften „an Unbekannte", die er durch Gespräche „auf der Straße" kennengelernt hatte und auf Grund seiner Blindheit nicht beschreiben konnte, weitergegeben zu haben. Man verurteilte den Gebrechlichen zu einem Jahr und drei Monaten Gefängnis.
Schwerbelastete Angeklagte bekamen in der Regel zwischen zwei und drei Jahren Zuchthaus. Kleinere „Täter" erhielten kurze Gefängnisstrafen. Manche wurden sogar freigesprochen.
Dies alles sagt nichts über Qualen und Torturen aus, die hinter vielen lagen: Der Werkzeugmacher Karl Marx, Stephanstraße 19, verstarb kurz nach der Entlassung (S. 41) an den Folgen von Mißhandlungen und zweijähriger Kerkerhaft. Karl Zinn erkrankte in der Haft schwer und wurde deshalb frühzeitig entlassen. Er kam am 23./24. August 1943 bei einem Bombenangriff um.

Andere Freunde überlebten den Kriegsdienst nicht, den sie meistens in Straf- und Bewährungseinheiten ableisten mußten: so der Tiergartener Schriftsetzer Kurt Freitag, Quitzowstraße 112, und der Angestellte Richard Broer aus Mitte, Schröderstraße 12, dessen Bruder Erich auf Grund seiner Mitwirkung beim „Roten Stoßtrupp" zehn Monate Untersuchungshaft und KZ durchlitt und ebenfalls ein Opfer des Krieges wurde.
Dagegen überlebten trotz verschärften „Wehrmachtsdienstes" Karl König – nach dem Krieg Berliner Wirtschaftssenator (SPD) –, Erwin Muths und Heinrich Spliedt vom „Roten Stab" sowie der Drucker des Stoßtrupps (Foto S. 63) Kurt Fischer und der Tiergartener Arbeitersportler Kurt Krause, Birkenstraße 54.
Der Hilfsarbeiter Willi Obst aus der Alten Schönhauser Straße 21/22, im Mai 1934 vom Kammergericht freigesprochen, wurde zwei Jahre darauf erneut festgenommen.

Willi Obst (1896–1961) berichtet 1946:
„Im Juli 1936 wurde ich wiederum verhaftet, und zwar in der alten Sache, da man herausbekommen hatte, daß ich an den Rechtsanwalt Werner Wille [S. 47] Gelder zur Unterstützung der politischen Gefangenen übergeben haben soll. Ich wurde anschließend von der Prinz-Albrecht-Straße in das KZ Columbia-Haus gebracht, verblieb dort bis Anfang September 1936 und kam von dort ins KZ Lichtenburg, verblieb dort bis zum 19. Oktober 1936 und kam dann nach Sachsenhausen. Dort wurde ich im Dezember 1936 entlassen."

Willi Obst

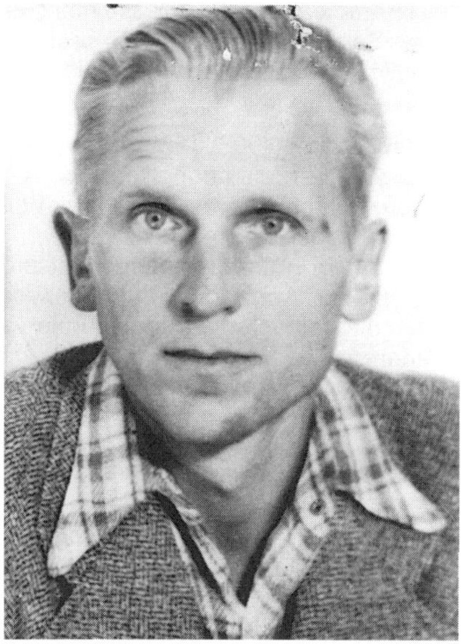

Kurt Krause

Mit Kriegsausbruch wurde Willi Obst wieder verhaftet, kam aber dank des Einsatzes seines Arbeitgebers wieder frei.
Der von Obst mitgetragene „Unterstützungsfonds“ für die politischen Gefangenen lag über viele Jahre in den Händen von Werner Rüdiger, Prenzlauer Berg. Er arbeitete dabei eng mit den Juristen Reinefeld und Wille (S. 46ff.) sowie Gertrud Marx (S. 40) von der illegalen Bezirksleitung der Berliner SPD zusammen.
Nach der Entlassung pflegten die meisten ehemaligen „Illegalen“ nur mehr persönliche Kontakte. Kurt Fischer konnte von seinem Freund Dr. Curt Bley, Mitarbeiter des Auswärtigen Amtes, aber immerhin vom bevorstehenden Hitler-Stalin-Pakt erfahren (1939).

Inhaftiert bis zur Befreiung

Aus dem Kreis des „Roten Stabes“ haben leider nicht alle den gefährlichen Verlockungen der Anpassung ans NS-Regime und dessen Vergünstigungen widerstanden. Ihnen gegenüber hatten Willi Schwarz und Rudolf Küstermeier bis zur Befreiung noch einen langen Leidensweg vor sich:
1939, nach nicht einmal zwei Jahren in der zweifelhaften Freiheit des „Dritten Reiches“, verschleppte die Gestapo Willi Schwarz erneut und sperrte ihn bis 1945 in das KZ Sachsenhausen.
Der Hauptverantwortliche des „Roten Stoßtrupps“, Rudolf Küstermeier, wurde vom Zuchthaus ins Konzentrationslager, wo er Furchtbares durchlitt, überstellt.
Um Rudolf Küstermeier aus der Haft freizubekommen, ging seine Frau, die tagsüber im Katholischen Hilfsbüro Dr. Margarete Sommer (S. 273ff.) tätig war, weit über hundertmal zum Berliner Polizeipräsidium. Schließlich fand sie bei Polizeirat Rottau Verständnis und Hilfe.

Aber beide wußten, daß die Berliner Gestapo ebenfalls an diesen Gefangenen „interessiert“ war. Durch einen entlassenen Mithäftling erfuhr Frau Küstermeier, daß ihr Mann im „Arbeitserziehungslager“ Großbeeren war und machte sich dorthin auf die Suche.

Elisabeth Eberhard (Foto S. 274) erinnert sich 1984:
„Mannshoher Draht umfaßt ein weites Feld mit Baracken. Als ich das Lager betreten wollte, setzte mir die SA zu und bedrohte mich tödlich. Aber ich konnte trotzdem zum Lagerarzt vordringen, und der verschaffte mir Zutritt. So durfte ich wenigstens vom Fenster der Baracke aus hineinsehen. Dort lagen die Häftlinge nackt auf dem Boden, unter ihnen Rudolf Küstermeier mit Fleckfieber. Danach erkrankte er auch noch an Typhus. Ich durfte zunächst wenigstens Essen abgeben.
Täglich ging ich von nun an zur Gestapo. Und tatsächlich habe ich ihn dann in der zweiten Jahreshälfte 1944 zur ‚Hauskrankenpflege‘ für ein Vierteljahr freibekommen.
Tagsüber arbeitete ich weiter im Bischöflichen Ordinariat.
Rudolf Küstermeier beging den Fehler, an russische Schwestern im KZ zu schreiben und sie einzuladen. Daraufhin wurde er wieder verhaftet und ins KZ Sachsenhausen gesperrt.“

Erneut wandte sich Elisabeth Küstermeier an Polizeirat Rottau, der ihr auch diesmal half. Man konnte die Verlegung des Häftlings in das Konzentrationslager Bergen-Belsen erwirken. Immer wieder rang sie auch mit der Gestapo und gefährdete dabei ihr eigenes Leben. Ohne Rottaus Hilfe, der sich wegen tiefer Schuldverstrickung 1945 das Leben nahm, wäre sie beinahe selber umgekommen.
Rudolf Küstermeier konnte am 15. April 1945 in Bergen-Belsen durch die britische Armee befreit werden.
(Von 1946 bis 1950 war er Chefredakteur der „Welt“, dann erster deutscher Jounalist in Israel. Der christlich-jüdischen Versöhnung widmete er viele Jahre seines Lebens.)

Auch für Willi Schwarz bedeutete das Kriegsende die Befreiung aus der Konzentrationslagerhaft. Er wurde erster Kreisvorsitzender der SPD in Friedrichshain, kämpfte für die Vereinigung mit der KPD, verlor aber in der SED nach und nach an Einfluß.

Unabhängige Sozialisten

Kleine sozialistische Gruppen, häufig aus radikalen Teilen der Arbeiterjugend und linksintellektuellen Kreisen hervorgegangen, waren sich im Gegensatz zu SPD und KPD frühzeitig über die Folgen einer NS-Regierungsbildung und -Herrschaft im klaren und stellten sich dementsprechend schnell auf konspirative Formen des Widerstandes um. Deshalb konnten sie, im Unterschied zu den starren großen Organisationen der Arbeiterbewegung, relativ lange unentdeckt im Untergrund wirken. Auch an sie sowie einzelne unabhängige Sozialisten sei hier erinnert.

Rudolf Michaelis in „Schutzhaft"

Rudolf Michaelis (1907–1990) arbeitete bis März 1933 als archäologischer Rekonstrukteur bei den Staatlichen Museen zu Berlin. Dann wurde er als „Staatsfeind" entlassen.
Politisch organisiert war er bei der Freien Arbeiter Union Deutschlands (FAUD), einer kleinen linksradikalen, aber antidiktatorischen Gruppe, deren Berliner Landesverband er leitete (siehe auch die Neukölln-Darstellung dieser Reihe). Michaelis kam von Mai bis Dezember 1933 in „Schutzhaft" am Alexanderplatz. Dort stieß er auch auf zwei Gesinnungsfreunde aus der FAUD, Berthold Cahn und Fritz Scherer, die beide in der Wadzeckstraße in Mitte wohnten. Letztgenannter wurde im Dezember 1933 entlassen, mußte aber im Prozeß gegen den älteren Freund als Zeuge auftreten. Er tat es in einer Form, die den anderen nicht belastete. Cahn erhielt eineinhalb Jahre Haft und wurde in der Pogromnacht vom 9. November 1938 erschossen.

Rudolf Michaelis kam im Dezember 1933 frei. Dies verdankte er seinem früheren Chef, Professor Walter Andrae, Direktor der Vorderasiatischen Abteilung der Staatlichen Museen zu Berlin. Der weltbekannte Altertumsforscher, Ausgräber Babylons und Assurs, hatte sich zwar im Mai 1933 vergeblich gegen die Entlassung seines jungen Mitarbeiters ausgesprochen, doch er konnte ihn immerhin aus der „Schutzhaft" freibekommen.
Ein haßerfüllter Gefängniswärter sagte zu Michaelis:
„Du Schwein hättest ins KZ gehört."
Rudolf Michaelis verließ noch am selben Tag Deutschland. Im Exil beteiligte er sich am Freiheitskampf des spanischen Volkes und geriet deshalb im Oktober 1939 in Barcelona erneut in Haft. Ein Militärtribunal verurteilte ihn zu zwanzig Jahren Kerker. Doch im Juni 1946 konnte er nach Deutschland zurückkehren.
(1946–1948 wirkte er als Verwaltungsdirektor der Staatlichen Museen zu Berlin, danach vier Jahre als Direktor der Verwaltungsschule in Ost-Berlin.)

Neu Beginnen (NB)

Mitten in den Schrecken der ersten Monate des Hitler-Regimes erregte im September 1933 eine Schrift mit dem Titel „Neu beginnen!" unter Sozialisten erhebliches Aufsehen. Im Ausland gedruckt und verbreitet, gelangte eine getarnte Ausgabe auch in den deutschen Untergrund und wanderte durch die Hände vieler Suchender. Im Gegensatz zu den meisten Zeitgenossen rechneten ihr Verfasser Walter Löwenheim und seine Gruppe mit einer längeren terroristischen Herrschaft des Faschismus.
Statt sich in waghalsigen Widerstandsaktionen zu verschleißen, zog es dieser elitäre Kreis vor, qualifizierte Kräfte für eine Erneuerung der Arbeiterbewegung zu sammeln und bereitzuhalten. Untereinander oft nur durch Decknamen bekannt, trafen sie sich in kleinen Gruppen, um die politische Situation zu analysieren. Darüber hinaus sammelten sie Informationen über die Stimmung in den Betrieben, über Rüstungsanstrengungen und die Entwicklung der Gesellschaft, um ein möglichst realistisches Bild von den Zuständen in Deutschland zu erlangen. (So konnte der Wissenschaftler Alfred Sohn-Rethel auf Grund seiner Tätigkeit beim ‚Mitteleuropäischen Wirtschaftstag'-Büro Schöneberger Ufer 39 – über expansionistische Ziele von Industrie und Handel berichten.)

Columbushaus am Potsdamer Platz, Ecke Bellevuestraße (l.)

Im Columbushaus, dem modernen Bürogebäude von Erich Mendelsohn am Potsdamer Platz, Ecke Bellevuestraße, befand sich hinter geheimen Schrankfächern versteckt zeitweise das Archiv der Widerstandsgruppe.
Walter Löwenheim, ein früherer Anhänger des sogenannten rechten KPD-Flügels bzw. der Versöhnler (S. 112ff.), bildete seit 1929 in Berlin eine geheime Gruppe, die zunächst nur „Org" genannt wurde.
Mit einer scharfsinnigen Analyse zog sie eine kritische Bilanz über die Entwicklungstendenzen der Zeit: Im internationalen Faschismus wurde eine große Gefahr gesehen, der die Arbeiterbewegung nicht gewachsen schien. Man meinte, die Deutschland dro-

hende totalitäre Zukunft könnte weder von der auf Wahlen fixierten „reformistischen“ SPD noch von der von Moskau abhängigen, dogmatischen KPD verhindert werden. Löwenheim und einige Freunde sammelten mit konspirativen Methoden zuverlässige und qualifizierte Mitarbeiter. Sie wurden geistig – im Sinne der Gedanken Löwenheims – geschult und mit den Methoden illegaler Arbeit vertraut gemacht. Ihr Auftrag war es, zunächst innerhalb der Arbeiterorganisation für ein einheitliches Vorgehen zu wirken. Doch die Gruppe war viel zu klein, und ihre Anhänger saßen zudem nicht in den Schaltzentralen der Apparate der Arbeiterbewegung.
Anfang 1933 umfaßte die „Org“ rund hundert Personen, hinzu kamen etwa zweihundert Sympathisanten an der Peripherie. Es fällt auf, daß viele Aktive linke jüdische Intellektuelle waren. (Siehe den Wilmersdorf-Band der Reihe.)

Aus universitären Kreisen stießen der Vorsitzende der Sozialistischen Studentenschaft (SSt) Bernhard Taurer und sein Stellvertreter Heinrich Jakubowicz (später Henry Hellmann) zu Neu Beginnen. Als besonderer Gewinn erwies es sich, daß der junge Dr. Richard Löwenthal, ein ehemaliges Mitglied der Kommunistischen Studentenfraktion (S. 106), engagierter Anhänger der Gedanken Löwenheims wurde. Löwenthal, ein scharfsinniger Kopf und begabter Redner, kam aus dem Kreis der Assistenten des sozialistischen Theoretikers Dr. Fritz Sternberg (S. 73), war aber weder dessen kritikloser Anhänger, noch wurde er ein blinder Gefolgsmann Löwenheims.

1934 reifte bei Löwenheim die Überzeugung, daß weitere illegale Arbeit sinnlos sei, denn die Diktatur hatte sich sehr verfestigt. Ein tiefer Schock für Regimegegner war auch die Saarabstimmung im Januar 1935, als 90,5% der Wähler für (den Anschluß an) Hitler-Deutschland votierten.

Der Begründer der „Org“ hielt es angesichts dieser Entwicklung für wirksamer zu emigrieren und im Ausland gegen den Faschismus tätig zu werden. Doch gegen die Absicht, die Gruppe zu liquidieren, regte sich eine Opposition. Sie wurde getragen von Karl Frank (Kopf der Auslandsleitung von Neu Beginnen), dem Wissenschaftler Richard Löwenthal und Werner Peuke, einem erfahrenen Arbeiterfunktionär.

Nach getrennten Zusammenkünften von NB-Mitgliedern wurde Löwenheim („die alte Leitung“) für abgesetzt erklärt. Mit zahlreichen Anhängern verließ er Deutschland, unter ihnen die Gefährten Wiskow, Schleiter und Hellmann.
Kurz darauf gelang der Gestapo ein empfindlicher Schlag gegen Neu Beginnen. Den Zugriff erleichterten aufgefundene geheime Aufzeichnungen der Löwenheim-Gruppe, die, in einem Koffer verpackt, im Müggelsee versenkt worden waren.

In drei Berliner Prozessen wurden 1936/37 insgesamt 36 Personen angeklagt (siehe besonders die Wilmersdorf- und Neukölln-Darstellungen dieser Reihe). Das Kammergericht verhängte mehrjährige Gefängnis- und Zuchthausstrafen, wobei die aus der KPD hervorgegangenen NB-Anhänger in der Regel strenger bestraft wurden als die ehemaligen Sozialdemokraten.

Während Richard Löwenthal (1908–1991) kurz vor der Verhaftungswelle (1935) ins Ausland ging, war Werner Peuke in die Hände der Gestapo gefallen.
Der Arbeiterfunktionär, dessen politischer Schwerpunkt in Mitte und Kreuzberg lag, wo er noch mehrere Anhänger und Freunde aus alten KPD-Zeiten besaß, war wiederholt in Auslandsmission auch in Prag gewesen und hatte dort mit ihm gut bekannten kommunistischen Spitzenfunktionären wie Walter Ulbricht und Herbert Wehner konferiert. Enttäuscht von deren Halsstarrigkeit war Peuke ergebnislos nach Berlin zurückgekehrt, denn von der neuen „Volksfrontlinie“ war bei der KPD wenig zu spüren.

Werner Peuke

Richard Löwenthal

Am 13. April 1936 verhaftet, hatte Peuke unter den „Verhören" schwer zu leiden. Dies lag nicht etwa an seiner illegalen Arbeit für Neu Beginnen, von der die Gestapo gar nichts wußte, sondern an seiner früheren Zugehörigkeit zum Bezirksverband Mitte (Unterbezirk „Zentrum") der KPD. Die Politische Polizei suchte nämlich noch immer nach den Polizistenmördern vom Bülowplatz (1931) und jenen Tätern, die (angeblich) den SA-Führer Horst Wessel auf dem Gewissen hatten. Zu Unrecht wähnten die Gestapobeamten in Werner Peuke einen Mitwisser und folterten ihn grausam. Ohne Prozeß verschleppte man ihn dann bis 1939 ins KZ Sachsenhausen. Nach der Entlassung schloß er sich dem verbliebenen Kreis von Neu Beginnen in Berlin an, zu dem auch sein Freund Karl Elgaß (S. 91 f.) zählte. In Peukes Wohnung, Bülowstraße 24, kam es zu wiederholten Treffen. Peuke und Elgaß traten 1945 in die KPD ein, brachen aber nach einigen Jahren mit dem Kommunismus.
Richard Löwenthal, der bereits im Exil zu einem beachteten Theoretiker des undogmatischen Marxismus heranwuchs, erhielt nach 1945 zunehmende Bedeutung. Mit seiner Schrift „Jenseits des Kapitalismus" (1947) wies er vielen deutschen Sozialisten und Gewerkschaftern den Weg zwischen totalitärem Stalinismus und modernem Rüstungs- und Sozialstaat. Auch später hörte man in führenden Kreisen der SPD sehr auf seinen Rat.
Wie andere zurückgekehrte Emigranten – man denke an Ernst Fraenkel (S. 46 ff.) und Ossip K. Flechtheim – prägte er nachhaltig Forschung und Lehre an der Hochschule für Politik (seit 1959 Otto-Suhr-Institut) der Freien Universität Berlin.

Anhänger der Sozialistischen Arbeiterpartei (SAP)

Die SAP, eine kleine sozialistische Partei, war erst 1931 entstanden. Obwohl sie bei Wahlen politisch völlig einflußlos blieb, zählte diese Gruppe zu den aktivsten Teilen der deutschen Arbeiterbewegung. Gemessen an der geringen Zahl der Mitglieder war der Anteil ihrer im Widerstand engagierten Anhänger bemerkenswert hoch.

Fritz Sternberg

Theodor Liebknecht

Im September 1931 wurden mehrere SPD-Reichstagsabgeordnete (Dr. Kurt Rosenfeld, Max Seydewitz) sowie zahlreiche Mitglieder und Funktionäre aus der SPD ausgeschlossen, weil sie sich massiv gegen die Kompromißpolitik ihrer Partei gestemmt hatten und die Tolerierung der Regierung Brüning (S. 16) ablehnten. Sie verlangten die Einhaltung des SPD-Wahlversprechens von 1928: „Kinderspeisung statt Panzerkreuzer."

Die aus der SPD Ausgeschlossenen, ihre Anhänger und Freunde, lehnten andererseits auch die Politik der KPD ab. Deren Spaltungspolitik, „Sozialfaschismusthese" und mangelnde innerparteiliche Demokratie hielten sie für ebenso verhängnisvoll wie den „Reformismus" der SPD.
Am 4. Oktober 1931 beschlossen die Oppositionellen auf einer Reichskonferenz in Berlin die Gründung der „Sozialistischen Arbeiterpartei Deutschlands" (SAPD). In der Folgezeit schlossen sich der Organisation verschiedene kleine Gruppen der sozialistischen Linken an, die zwischen SPD und KPD zuvor keine Heimat gefunden hatten.
Mit Fritz Sternberg besaß die SAP einen unabhängigen marxistischen Theoretiker, der wie Leo Trotzki und August Thalheimer (KPO) zu den eindringlichen Warnern vor der großen Gefahr des Nationalsozialismus zählte.
Solange dafür noch eine Chance bestand, warb und kämpfte die SAP für die Einheitsfront der Arbeiter gegen den Faschismus. Sie machte sich andererseits über die tatsächliche Entwicklung keine Illusionen, sondern bereitete sich auf die Illegalität, auf Verbot und Verfolgung vor.

Der Bezirksverband Mitte der SAP war nicht allein wegen seiner zentralen Lage von besonderer Bedeutung. Bis zum Februar 1933 wohnten hier so prominente Anhänger wie der Theoretiker Dr. Fritz Sternberg (S. 79) und der Rechtsanwalt Theodor Liebknecht (Chausseestraße 121). Sie mußten vor dem Terror der SA fliehen.
Nicht zuletzt an der Berliner Universität Unter den Linden hatte die Linkspartei 1931 mehrere Anhänger gewinnen können.

Der Jurist Herbert Komm (1909–1993) – nach dem Krieg Präsident des Berliner Landessozialgerichts – erinnert sich 1986:
„Ich begann, Ende der 20er Jahre Jura zu studieren. 1928 oder 1929 wurde ich Mitglied der SPD. Ungefähr zur selben Zeit trat ich der Sozialistischen Studentenschaft (SSt) bei; diese entfaltete eine rege politische Tätigkeit und zählte zu den von ihr für interne Diskussionsabende wie für Großveranstaltungen gewonnenen Referenten so prominente Experten wie den Staatsrechtler Hermann Heller sowie die Arbeitsrechtler und Gewerkschaftssyndici Ernst Fraenkel und Franz Neumann. (Mit Dr. Fraenkel blieb ich auch in der illegalen Zeit verbunden.)
Ich war von Anfang an in den Bann der Parteilinken (Paul Levi, Engelbert Graf, Kurt Rosenfeld, Max Seydewitz und die Geschwister Siemsen) geraten. Viele von ihnen verließen 1931 die SPD und gründeten die SAP, denn sie waren aufgebracht über die Tolerierungspolitik der SPD gegenüber Reichskanzler Brüning und befanden sich in scharfer Ablehnung der vor allem von Fritz Naphtali, dem sozialwissenschaftlich führenden Kopf der Gewerkschaften, begründeten These, die seit 1929 herrschende Wirtschaftskrise sei nicht das Endstadium des Kapitalismus, sondern eine der dann zyklisch auftretenden Depressionen ohne qualitativen Unterschied zu den vorangegangenen, aber letztlich stets überwundenen Konjunkturbaissen des kapitalistischen Systems.
Mit mir wechselten aus dem Kreis der SSt u. a. Werner Eckstein, Hans Ils, Theo Lustig und Hans Steinitz zur SAP über.
1933 kam es dann durch die NS-Machtergreifung zu einem tiefen Einschnitt. Etwa zwanzig Jurastudenten der sozialistischen Studentenschaft waren jüdischer Herkunft. Sie waren gezwungen, Deutschland zu verlassen. Einigen von ihnen – wie Theo Lustig und Hans Steinitz – gelang es noch, nach der Emigration das Studium in der Schweiz zu beenden und dort zu promovieren.“

Die Bildung von Widerstandsgruppen der SAP und die Verteilung illegalen Materials, das zum Sturz des Regimes aufrief, hatte gerade wenige Monate gedauert, als die Gestapo schon die ersten Verhaftungen vornahm.
So wurde auch das Mitglied der Berliner SAP-Leitung *Hermann Reich* (1886–1955) festgenommen. Der frühere Geschäftsführer der „Deutschen Volksrechtshilfe“ war ein erfahrener alter Arbeiterfunktionär, der von Juni 1920 bis Mai 1924 auch dem Deutschen Reichstag als Abgeordneter, zunächst der USPD, dann der SPD angehört hatte. Am 28. August 1933 verhaftet (Dircksenstraße 42), durchlitt er grausame Gestapotorturen. Im Hauptprozeß gegen die illegale SAP (Max Köhler und Genossen) zu eineinhalb Jahren Gefängnis verurteilt, wurde er im Dezember 1934 aus der Haft entlassen. (Er nahm später wieder Kontakt zu illegal Tätigen auf. 1942 erhielt er eine kürzere Gefängnisstrafe auf Grund des „Heimtücke“-Paragraphen. 1944 zog man den fast Sechzigjährigen noch zur Wehrmacht ein. Bei der Bewachung von Gefangenen eingesetzt, konnte er ausländischen und deutschen Häftlingen durch Lebensmittel helfen. Hermann Reich – Foto S. 75 – verstarb 1955 unbeachtet in großer Armut.)

Neben dem o. g. Volksgerichtshofsprozeß gegen die Reichs- und die Berliner Leitung der SAP kam es – siehe die Neukölln- und die Pankow/Reinickendorf-Darstellungen dieser Reihe – immer wieder zu Prozessen gegen Untergrundgruppen dieser kleinen, aber ungemein aktiven Organisation.
Auch Funktionäre aus dem Bezirk Tiergarten waren davon wiederholt betroffen.

Der 1933 entlassene Bankangestellte *Paul Walter*, Paulstraße 33, war im Norden Berlins Leiter der illegalen Partei und unterhielt u. a. zu den Verantwortlichen in Wedding und Mitte (Ltr. Franz Modrack) Verbindungen, denen er Untergrundschriften und Rat-

Walter Jacob

Hermann Reich

schläge zukommen ließ. Der Sozialist jüdischer Herkunft mußte nach seiner Festnahme (November 1933) furchtbare „Verhöre" über sich ergehen lassen. Zu eineinviertel Jahr Gefängnis verurteilt (wie Franz Modrack), steckte man ihn nach Strafverbüßung noch ins KZ. Er emigrierte sofort nach seiner Entlassung und ließ in Deutschland viele Familienangehörige zurück, die später Opfer des Massenmords an den Juden wurden.

In demselben Kammergerichtsprozeß wie Paul Walter wurde auch die Stenotypistin *Ilse Joel* aus der Lessingstraße 28 (Hansa-Viertel) zur Verantwortung gezogen. Sie erhielt ein Jahr Gefängnis, da sie Kurierdienste für den Unterbezirk Westen geleistet, Beiträge bezahlt und verbotene Schriften bezogen hatte. (Über ihr weiteres Schicksal ist uns nichts bekannt.)

Nicht verurteilt, aber verfolgt und mißhandelt, wurde der „nichtarische" Moabiter Klempner *Walter Jacob.* Sein Geschäft in der Levetzowstraße 13a war Anlaufstelle für Kuriermaterial, das von unauffälligen „Kunden" abgeholt wurde, berichtet der Sohn Rolf Jacob. Zum Glück blieb dies bei der Gestapo, die Walter Jacob Anfang Dezember 1933 festnahm, unentdeckt. Während der qualvollen Haft im KZ Columbia-Haus und der Prinz-Albrecht-Straße wurde ihm sehr zugesetzt. Aber er konnte seinen Anteil an der illegalen Arbeit verheimlichen und kam im Sommer 1934 wieder frei.
Durch seine Ehe mit einer „Arierin" geschützt, konnte er die Zeit der Judenverfolgung – darunter die Haft in der Rosenstraße (S. 320ff.) – überstehen, mußte aber miterleben, daß seine Schwester Mathilde Jacob (Altonaer Straße 11), Rosa Luxemburgs frühere Sekretärin, ein Opfer des Massenmords wurde.
(Der Schriftsteller Heinz Knobloch hat Mathilde Jacob, der stillen Helferin prominenter Sozialisten, ein liebevolles Denkmal gesetzt. – Siehe dazu auch unsere Neukölln-Darstellung.)

Die SAP in Tiergarten stützte sich von 1932 bis 1934 besonders im Hansa-Viertel (S. 287) auf eine größere Gruppe aktiver junger Leute, die mit der sozialdemokratischen

Arbeiterjugend (SAJ) gebrochen hatte. Viele von ihnen waren jüdischer Herkunft und mußten schon bald nach 1933 Deutschland verlassen. Andere, wie Kurt Bitterling, stellten 1934 die illegale Propagandaarbeit ein, weil sie keinen Sinn mehr in ihr sahen. Zwei junge Frauen, *Anneliese Pruss* (* 1914) und *Gertrud Rekittke* (* 1916), waren die Radikalsten der alten Gruppe „Hansa" und setzten die illegale Arbeit in ihrem Charlottenburger Betrieb (Deutsche Hollerith AG) fort. Daneben engagierte sich die Büroangestellte Anneliese Pruss, Stromstraße 52, wie ihr Gesinnungsfreund, der Fensterputzer *Hans Timm*, Bremer Straße 57, aber weiterhin im eigenen Wohnbezirk. Während die junge Frau als Leiterin der Moabiter Gruppe Kontakte zu führenden Funktionären wie dem Journalisten Walter Fabian hielt und von ihnen Untergrundmaterial für Sympathisanten entgegennahm, war der Arbeiterportler Hans Timm ganz besonders an dem Versuch beteiligt, die Basis der Anhängerschaft der Widerstandsgruppe in Tiergarten auszubauen. Wiederholt tagten Gesprächskreise in seiner Wohnung in Moabit-West. Timm stand zudem in enger Verbindung zum Kreuzberger Büroboten Georg Kohlmey und anderen mittleren Funktionären des SAP-Apparates.
Die Freunde wußten nicht, daß sie durch einen früheren Arbeitskollegen von Anneliese Pruss, der sich als Gestapospitzel „S 3" auch noch in Kreisen der illegalen SPD und der Quäker umtat, bereits ausgehorcht wurden.
Am 10. Januar 1935 griff die Politische Polizei dann zu, als sich Georg Kohlmey mit den jungen Moabitern in der Turmstaße traf.

Georg Kohlmey (* 1914) erinnert sich 1988:
„Als der Gestapospitzel glaubte, er hätte alle Mitglieder der Gruppe erfaßt, wurden wir am 10. Januar 1935 bei einem Treffen ausgerechnet am Kriminalgericht Moabit (Turmstraße), und zwar in dem gegenüberliegenden Aschinger-Lokal, wo wir gerade zusammensaßen und das Material austauschen wollten, verhaftet. Sechs Gestapo-Leute stürmten mit großem Hallo und gezogener Pistole ins Lokal. Einige Gäste haben sich über diese Vorgehensweise sogar beschwert und gerieten daraufhin in die Verhaftungsaktion hinein, wurden aber wieder laufen gelassen. Wir dagegen landeten auf dem Alexanderplatz."

Etwa eine Woche darauf wurden auf Grund eines Schriftstücks auch Kohlmeys Kreuzberger Freunde Voffrei und Zahlbaum festgenommen und ins Polizeipräsidium verschleppt.

Willi Zahlbaum (* 1914) berichtet in seinen Aufzeichnungen darüber:
„Der ... Bau des Polizeipräsidiums wirkte inmitten der Stadt wie eine Festung. Nachdem wir durch die Zufahrt vom Alexanderplatz auf einem der acht Höfe die Leitstelle der Berliner Gestapo erreicht hatten, trieb man uns über Treppen und Flure zum Vernehmungszimmer des Gestapokommissars Klier; ein brutaler Typ, hoch gewachsen, von kräftiger Statur, so wie die SS und der Sicherheitsdienst ihn bevorzugte. Empfangen wurden wir mit lautstarken Drohungen. Einschüchterung gehörte zur Methode der psychischen Entkräftung der Inhaftierten. Uns war aber auch bewußt, daß es viel schlimmer kommen konnte. Als Georg Kohlmey hereingeführt wurde, sahen wir, womit gerechnet werden mußte. Sein Gesicht war von Mißhandlungen gezeichnet. ..."

Wenige Monate darauf (Juni 1935) fand bereits der Prozeß vor dem Berliner Kammergericht statt. Von den Tiergartnern erhielten Anneliese Pruss 1 Jahr und 9 Monate Gefängnis, Gertrud Rekittke 1 Jahr und 6 Monate, Hans Timm 2 Jahre und 6 Monate Zuchthaus.

Hans Timm

Die junge Anneliese Pruss erkrankte auf Grund der erlittenen Mißhandlungen und der Entbehrungen in der Haft (Barnimstraße) so schwer, daß sie schon wenige Jahre nach der Entlassung, etwa 1938, an Tbc verstarb. Das Schicksal ihrer Moabiter Freundin, Gertrud Rekittke, die ebenfalls beim „Verhör" gequält worden war, ließ sich nicht genau ermitteln. Auch sie starb schon sehr früh, bald nach Kriegsbeginn.
Hans Timm wurde 1942 zur Strafeinheit 999 einberufen, konnte aber überleben.

Musikstudent Walter Michaelis
Mitte, Tieckstraße 39

Der 1915 geborene Musikstudent Walter Michaelis arbeitete schon in jungen Jahren im Jugendverband der SAP mit und übernahm eine verantwortungsvolle Funktion. Noch in der legalen Zeit setzte ihn der Berliner Leiter des Sozialistischen Jugendverbandes (SJV), Herbert George, für die Auseinandersetzungen mit den sozialdemokratischen und kommunistischen Jugendorganisationen ein.
Nach dem Verbot der SAP verließ er aus Sicherheitsgründen seine elterliche Wohnung und kam abwechselnd bei Freunden unter. Er entging dadurch den Verhaftungswellen der Jahre 1933 und 1934, war aber gezwungen, im Oktober 1934 ins Ausland (Holland, Norwegen) zu gehen. Dort beteiligte er sich an der Jugendarbeit der SAP-Auslandsleitung. In deren Auftrag kehrte er, ausgerüstet mit einem falschen Paß, als norwegischer Student im November 1935 nach Berlin zurück. In enger Zusammenarbeit mit dem Reichsverbindungsmann der SAP, Herbert Heerklotz, und der illegalen Berliner Leitung betreute er Untergrundgruppen im Norden und Osten der Reichshauptstadt. Nachdem Heerklotz – siehe den Pankow/Reinickendorf-Band der Reihe – am 29. Januar 1936 verhaftet worden war, floh Michaelis erneut nach Norwegen. Ein Jahr darauf schickte ihn die Auslandsleitung nach Berlin zurück. Willy Brandt, der – ebenfalls als norwegischer Student getarnt – die SAP der Reichshauptstadt 1936 für einige Monate geleitet hatte, berichtet, wie besorgt Michaelis erneut nach Deutschland zurückkehrte. Der junge Mann fürchtete nämlich, im Falle seiner Verhaftung den

berüchtigten Gestapoverhören nicht standhalten zu können und dadurch Freunde zu verraten. Brandt riet ihm deshalb, sich vorsichtshalber eine „Legende" zurechtzulegen. Michaelis sollte in seiner Wohnung schriftliche Aufzeichnungen deponieren, die eine innere Abkehr vom Widerstand und eine Hinwendung zur Hitler-Bewegung offenbaren sollten.
Im Oktober 1937 zog Michaelis (nach Kurzaufenthalten zuvor) endgültig nach Berlin, Tieckstraße 39 in Mitte, und blieb mit der Auslandsleitung in Verbindung. Er informierte sie über die illegale Arbeit im Reich.
1939 soll er sich angeblich auf Anraten seiner Eltern den Behörden gestellt haben (Genaueres ist unbekannt.) Noch im selben Jahr tagte der Volksgerichtshof gegen ihn; und er hatte Glück. Die oben beschriebene „Legende" innerer Abkehr überzeugte seine Verfolger, zumal er sich inzwischen freiwillig zur Wehrmacht gemeldet hatte. Das Gericht verurteilte ihn am 28. November 1939 lediglich zu einem Jahr Gefängnis, da man der Ansicht war, die „Eigenart" des Falles erlaube eine „besondere Beurteilung".
Walter Michaelis hatte diese Hürde nehmen können, bezahlte aber den Kriegsdienst mit seinem jungen Leben.

Trotzkis Freunde
Mitte, Krausnickstraße 3 – Wohnung von Walter Haas (Foto S. 79)

Der kaufmännische Angestellte Walter Haas (* 1914) gehörte zu jener Richtung der Arbeiterbewegung, die sich besonders den revolutionären Ideen und Anschauungen des russischen Marxisten Leo Trotzki verpflichtet fühlte. Dieser Widersacher Stalins war ein scharfer Kritiker der Fehlentwicklung des europäischen Kommunismus' und nicht zuletzt der KPD. Er sagte ihr einen verhängnisvollen Weg in den Untergang voraus, weil sie die Gefahr des deutschen Faschismus nicht ernst genug nahm und dessen drohendes Schreckensregiment unterschätzte.
Obwohl Trotzkis deutsche Schriften vor 1933 viele Leser fanden (S. 106), blieb ihm und seiner kleinen Anhängerschar ein nachhaltiger Einfluß in Deutschland versagt. Nicht wenige seiner Berliner Freunde waren jüdischer Herkunft und mußten in den ersten Jahren der NS-Herrschaft fliehen, um drohender Verhaftung und Ermordung zu entgehen. Die, die blieben, bildeten kleine oppositionelle Gruppen und arbeiteten im Untergrund häufig mit der linkssozialistischen SAP zusammen. (Siehe die Charlottenburg-, Wedding- und Neukölln-Bände dieser Reihe.)

Walter Haas erinnert sich 1956:
„Ich schloß mich der trotzkistischen Oppositionsgruppe an, da die Parteien der Weimarer Koalition mir angesichts der drohenden Gefahr für den Fortbestand der Republik zu unentschlossen und nachgiebig erschienen und andererseits die Kommunistische Partei offenbar den Untergang der Republik tatenlos und mit Schadenfreude beobachtete. Nach dem Zusammenbruch der Republik setzte unsere Gruppe ihre Tätigkeit insgeheim durch regelmäßige Zusammenkünfte, Verbreitung von Flugschriften und dergleichen mit dem Ziel einer Sammlung der Gegner des Hitlerregimes und der Wiederherstellung der verfassungsmäßigen Zustände fort."

Walter Haas (* 1914) wurde bereits im Januar 1934 verhaftet und zu zwei Jahren Gefängnis verurteilt. Gegen Kriegsende zog man ihn noch zu einer sogenannten Bewährungseinheit ein.
(Von Februar 1949 bis Juli 1956 saß er erneut in Haft; diesmal in der DDR – wegen seiner Stellung gegen die stalinistische Gewaltherrschaft.)

Walter Haas

Dr. Franz Lebrecht

Der Wirtschaftswissenschaftler Dr. Franz Lebrecht (1901–1984) fand Anfang 1927 Arbeit bei der Deutschen Effektenbank (Kronenstraße), später war er am Hackeschen Markt bei einem anderen Kreditinstitut tätig.
Politisch stand der Sozialist jüdischer Herkunft dem marxistischen Theoretiker und Imperialismuskritiker Dr. Fritz Sternberg (S. 73f.) nahe. In dessen Umkreis lernte er mehrere linke Studenten wie Richard Löwenthal und dessen Freund Franz Borkenau kennen und schätzen. Sternberg wohnte in Mitte. Seine Wohnung Koblanckstraße 1/1a (h. Zolastraße), war häufiger Treff- und Diskussionsort suchender Intellektueller. Als Dr. Sternberg in Moskau war, um mit dem Spitzenfunktionär und Theoretiker Nikolaj Bucharin zu diskutieren, hütete Dr. Lebrecht die Wohnung in Mitte.

Während sich Dr. Sternberg 1931 der SAP anschloß und deren Theoretiker wurde, stand Dr. Lebrecht der Gründung einer kleinen Linksgruppe eher skeptisch gegenüber. Ähnlich Trotzki, dem er stark zustimmte, hoffte er auf eine Änderung der Politik der KPD.
Als Teilnehmer der großen Bülowplatz-Demonstration (S. 89) dachte er noch am 25. Januar 1933, Hitler käme nie an die Macht. Am 30. Januar 1933 erlebte er dann den Unmut von Arbeiterkreisen, die auf „Bonzen" schimpften, die keinen Generalstreik ausriefen.

Dr. Lebrecht verlor am 1. April durch „Arisierung" seinen Arbeitsplatz in der Rechtsabteilung einer Bank und schlug sich dann als Vertreter durch.

Franz Lebrecht erinnert sich 1983:
„Über das sowjetische Reisebüro (Unter den Linden) lernte ich arbeitslose Kommunisten kennen. Ich beteiligte mich an ihren Aktionen, entwarf Flugblätter mit, die irgendwo am Alexanderplatz [aus dem Zug] runtergeworfen wurden.

Man fühlte sich verpflichtet, etwas zu tun. Im Innersten war man getroffen, weil die Partei (KPD) nichts machte. Wir hatten keine Vorstellung davon, was auf uns zukam, wenn wir erwischt wurden. Viele KPD-Wähler waren Arbeitslose und keine ‚Marxisten', sie wollten lediglich das Bestehende verändern, hätten es auch von rechts her tun können."

Franz Lebrecht unternahm dann auch aus Pflichtgefühl eine Einzelaktion. Er legte am 1. Mai 1935, bei schlechtem Wetter, einen kleinen Blumenstrauß am zerstörten Grabdenkmal für Rosa Luxemburg und Karl Liebknecht in Friedrichsfelde nieder. Das Ehrenmal – noch am 15. Januar 1933 Stätte kommunistischer Großdemonstrationen – war längst abgetragen. Es waren lediglich gestapelte Steine davon übriggeblieben. Zwei Beamte in Zivil nahmen Dr. Lebrecht gleich dort in Empfang. Eine Woche lang verhörte man ihn am Alexanderplatz. Als er die Frage nach seinem Namen korrekt beantwortete, erhielt er Ohrfeigen: „Liebknecht heißt du!"
Viele Jahre KZ-Haft lagen nun vor ihm. Von Mai 1935 bis Februar 1937 sperrte man den Sozialisten ins KZ Lichtenburg. Er begegnete dort dem SPD-Politiker Carlo Mierendorff, dem Schauspieler Wolfgang Langhoff und dem Linkskommunisten jüdischer Herkunft Werner Scholem. Der war trotz gerichtlichen Freispruchs ins Lager gesperrt worden. Mit ihm und anderen freute sich Lebrecht über Georgi Dimitroffs Selbstkritik auf dem 7. Kommunistischen Weltkongreß (1935) und erhoffte davon eine grundsätzliche Änderung der Politik der KPD.
Während die Politischen im Lager abgesondert wurden und nach Buchenwald kamen, um dort ein neues KZ aufzubauen, transportierte man Franz Lebrecht und rund 65 andere „Juden" ins KZ Dachau. Dort betrug die Gruppe der „Nichtarier" dann 120 Mann. Nach dem „Anschluß" Österreichs kamen 1938 circa 2000 Juden hinzu. Haftgenossen im KZ waren der KPD-Abgeordnete Walter Stoecker, der 1939 im KZ Buchenwald umkam, und Rechtsanwalt Hans Litten, der 1938 in Dachau sein Leben ließ. Wenn – gelegentlich – Auslandsgruppen zur Besichtigung kamen, wurde ihnen etwas vorgespielt. Ausgesuchte Häftlinge (wie Werner Scholem) bekamen zuvor reichlich Essen und gute Kleidung, und an einer Baracke wurde ein „Blumenbeet" angelegt. Franz Lebrecht erinnert sich auch an eine einzelne Solidaritätsaktion. So versuchte er mit seinem Barackenführer Heinz Eschen, einem RFB-Mann, der 1938 ermordet wurde, den Juden ihr Los (durch Spenden) etwas zu erleichtern. 1938 überstellte die SS Dr. Lebrecht dann ins KZ Buchenwald.

Franz Lebrecht berichtet 1983:
„In Buchenwald traf ich auf Ernst Heilmann. Der SPD-Politiker wurde wie Werner Scholem (s. o.), der auch jüdischer Herkunft war, 1940 im Lager ermordet.
Ich lernte auch den ISK[S. 82f.]-Anhänger Siegbert Katz, einen kleinwüchsigen Mann, kennen, dem sehr zugesetzt wurde. Er verlor vermutlich sein Leben, als nach dem Attentatsversuch von Georg Elser jeder zehnte Jude in Buchenwald erschossen wurde.
Der Reichstagsabgeordnete der KPD Theodor Neubauer ist mir ebenfalls noch in Erinnerung. Er wurde schwer schikaniert, seine Entlassung immer wieder hinausgeschoben. Im April 1939 kam er dann frei, wurde aber Jahre später wegen Widerstands hingerichtet."

Franz Lebrecht litt unter der schweren Arbeit, besonders im Winter 1938/1939. Kriminelle Häftlinge, die sich selber bereicherten, ließen die politischen die schwersten Tätigkeiten machen, darunter die in der Baugruppe, in der auch viele Zeugen Jehovas (S. 282ff.) waren.

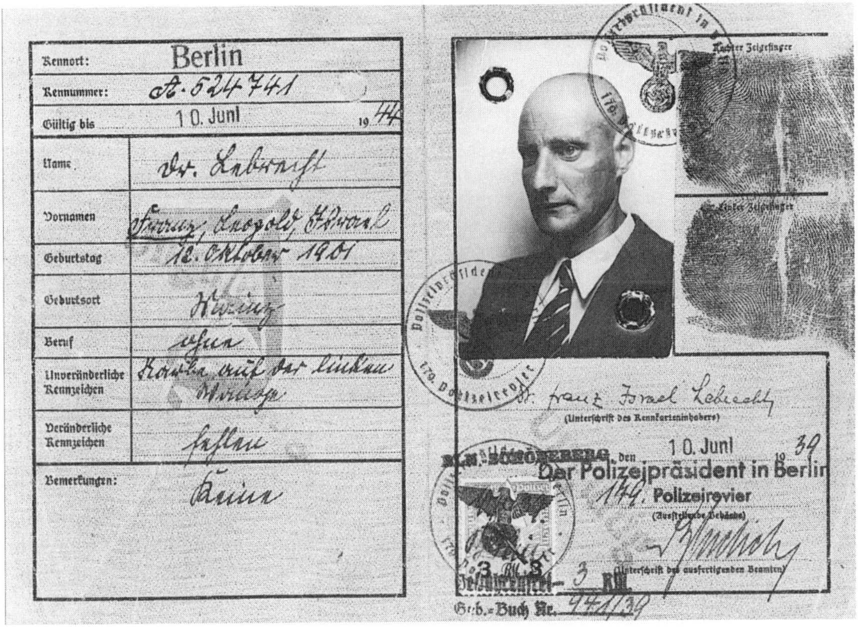

Kennort: Berlin
Kennnummer: A 524741
Gültig bis 10. Juni 1944
Name Dr. Lebrecht
Vornamen Franz, Leopold, Eduard
Geburtstag 12. Oktober 1901
Geburtsort [illegible]
Beruf ohne
Unveränderliche Kennzeichen Narbe auf der linken Wange
Veränderliche Kennzeichen fehlen
Bemerkungen: keine

Rechter Zeigefinger
Linker Zeigefinger

Dr. Franz Israel Lebrecht
(Unterschrift des Kennkarteninhabers)
Schöneberg, den 10. Juni 1939
Der Polizeipräsident in Berlin
144. Polizeirevier
(Ausstellende Behörde)
(Unterschrift des ausfertigenden Beamten)
Geb.-Buch Nr. 941/39

Mit der Auflage, Deutschland innerhalb einer bestimmten Frist zu verlassen, kam Dr. Franz Lebrecht im Juni 1939 frei. Das Paßfoto (s. o.) für den Ausweis wurde im KZ angefertigt. Nur zehn Tage hielt er sich noch in Berlin auf. Die tägliche Meldung im Polizeirevier am Wittenbergplatz gestaltete sich umgänglich und entgegenkommend. Dr. Lebrecht: „Am letzten Tag sagte der Beamte sogar zu mir ‚viel Glück, ich wollte, ich käme auch raus!'"
Der Wissenschaftler holte sich im Büro Kurfürstenstraße 115/116 (S. 330) beim berüchtigten SS-Beauftragten Adolf Eichmann den Paß ab und konnte per Schiff nach Singapur entkommen.
(Er lebte von 1939 bis 1959 in Australien und kehrte 1967 nach Deutschland zurück.)

Bei der „Schwarzen Front"

Mitte, Dorotheenstraße 58 – Wohnung von Bodo Gerstenberg

1916 in Berlin geboren, war der junge Bodo Gerstenberg schon früh in Kontakt zu politischen Kreisen geraten. Nach dem Abitur begann er ein Studium an der Hochschule für Bildende Künste. Als Heranwachsender in den Reihen eines national-revolutionären Jugendverbandes organisiert, schloß er sich in geheimer Mission oppositionellen Kreisen in der NSDAP und SA an. Dort bestand um die Brüder Strasser (und andere) zeitweise ein sogenannter linker Flügel „nationaler Sozialisten", die Hitlers Bündnispolitik mit Kreisen der deutschen Oberschicht ablehnten. Gleichgesinnte bildeten dann 1931 die „Schwarze Front", die an einem „nationalen" und „sozialistischen" Revolutionsmodell festhielt. Durch Vertrauensmänner versuchten sie immer wieder in die SA hineinzuwirken. So wurden in Moabit etwa 15 bis 20 Anhänger gewonnen, die sich zum oppositionellen SA-Führer Stennes bekannten.

Nach 1933 arbeiteten Exil-Kreise der „Schwarzen Front“ – siehe die Pankow/Reinikkendorf-Darstellung dieser Reihe – mit emigrierten Kommunisten wie Willi Münzenberg zusammen. Sie schleusten Untergrundmaterialien, die den unsozialistischen Charakter der NSDAP entlarven sollten, nach Deutschland.

Bodo Gerstenberg war in jener Gruppierung „Schwarze Front“/illegale KPD in Berlin tätig. Es war eine für die Beteiligten gefährliche Mischung, würde sie herauskommen! Zu seinem Glück kam die Gestapo nicht auf Gerstenbergs Verbindungen zur kommunistischen Arbeiterbewegung. 1938 zu zwei Jahren Zuchthaus verurteilt, wurde er 1942 – zwei Jahre nach seiner Entlassung – zur Strafeinheit 999 eingezogen. (Nach dem Krieg war er als Pressezeichner, politischer Karrikaturist und freier Grafiker tätig. Er verstarb 1991.)

Internationaler Sozialistischer Kampfbund (ISK)

In Neukölln, im Bezirk Mitte und im Norden Berlins lag der organisatorische und politische Schwerpunkt des ISK, einer kleinen Gruppe, die sich an den Grundsätzen des Philosophen und Sozialisten Leonard Nelson (gest. 1927) orientierte.
Im Gegensatz zu den Denkrichtungen des Marxismus ging die Gesellschaftslehre Nelsons von ethischen Forderungen aus, die den Menschen vor konkrete Aufgaben stellen sollte und ohne deren Erfüllung jede Bemühung um einen gesellschaftlichen Fortschritt ihren Wert verlieren würde.
Die Mitglieder des Kampfbundes zeichneten sich durch hohen Idealismus und großes Engagement aus. Der ISK verlangte von seinen Anhängern den Einsatz der ganzen Persönlichkeit: Enthaltsamkeit (auch in sexueller Hinsicht) und ein gesundes Leben, das auf Alkohol, Nikotin und Fleisch verzichtete. Diese Forderungen stählten zwar den eigenen Willen, sie stellten im Verbund miteinander aber andererseits sehr starke Anforderungen an den einzelnen. Allein schon dadurch blieb die Mitgliederzahl begrenzt. Dem ISK war diese Auslese wiederum sehr recht, denn er strebte keine Massenpartei an, sondern eine geistige Elite. Die Mitglieder des ISK waren entschiedene Gegner der Kirche („Freidenkerbewegung“), des Nationalismus und Militarismus. Sie engagierten sich ganz besonders im Bildungs- und Erziehungsbereich.

Gegen Ende der Weimarer Republik war es das Ziel des ISK, den Sieg des Faschismus durch ein einheitliches Auftreten der Linksparteien zu verhindern. Diese politische Stoßrichtung war den kleinen Gruppen der Arbeiterbewegung gemeinsam. Allerdings lehnten Anhänger der „Roten Kämpfer“ (S. 86f.) und von „Neu Beginnen“ (S. 70ff.) die Neugründung von Parteien – und damit die weitere Zersplitterung der Arbeiterbewegung – strikt ab. Damit standen sie den Plänen der KPD(0), der SAP und des ISK scharf entgegen.
Der ISK hatte im Gegensatz zu SPD-, aber auch KPD-Führungsspitzen die gewaltige Beschleunigung des Faschisierungsprozesses erkannt. Der Bund rechnete mit einer längeren Diktaturperiode und setzte den Kampf in der Illegalität fort. Um seine Anhänger und Freunde nicht zu gefährden, löste sich der ISK 1933 selbst auf. Doch im Ausland knüpften emigrierte ISK-Anhänger, wie der frühere Nelson-Sekretär Willi Eichler, Kontakte zur internationalen Gewerkschaftsbewegung. Deren antifaschistische Kampfschriften wurden von den Nelson-Bündlern im deutschen Untergrund verbreitet.
Viele 1933 arbeitslos gewordene Mitglieder des ISK, unter ihnen mehrere Pädagogen und Erzieher, fanden eine Beschäftigung im Drei-Türme-Seifen-Vertrieb und in den vegetarischen Gaststätten, die der ISK in einigen Großstädten unterhielt.
In Berlin befand sich so eine Gaststätte im Stadtzentrum, ganz in der Nähe des Roten Rathauses.

Ida Regeler

Betreiberin der ISK-Gaststätte

Aenne Bennemann (* 1899) war 1933 als Jugendamtsleiterin entlassen worden. Danach lebte sie in der ISK-Gemeinschaftswohnung Burgstraße 3 und arbeitete in der Gaststätte. Sie berichtet:
„Der Philosoph Nelson hatte zur Willensschulung unter anderem das vegetarische Essen verlangt. So unterhielt der ISK auch in Berlin eine vegetarische Gaststätte. In ihr arbeiteten (nacheinander) zahlreiche ISK'ler.
Das Eßlokal lag direkt gegenüber dem Rathaus im ersten Stock, Königstraße 52. Das erwirtschaftete Geld diente der Funktionärsausbildung und der Hilfe für Familien Inhaftierter.
Abgesehen von ISK'lern wie Fritz Grob (Berliner Leiter) und Fritz Eberhard (illegaler Reichsleiter) war auch die übrige Kundschaft interessant zusammengesetzt:
- Leitende Mitarbeiter des schräg gegenüberliegenden Warenhauses Israel (S. 303),
- Besucher der Sonntagsmatinee der 'Volksbühne' (Bülowplatz) und
- ‚Politische' [Nazi-Gegner], unter ihnen die Frau eines abgesetzten sozialdemokratischen Landrates und die Frau des bekannten Berliner Kommunisten Hans Jendretzky (S. 103f.), die immer wieder mit anderen Besuchern kam."

Die Gaststätte im Zentrum Berlins wurde 1934 eröffnet und zunächst von Frau Deppe und ab 1937 von Ida Krentler (spätere Regeler) geleitet. Mit dem Reingewinn des Restaurants ist die illegale Arbeit des ISK – siehe den Neukölln-Band der Reihe – finanziert worden.
Mit der großen Verhaftungswelle der Jahre 1937/38 kam die Untergrundarbeit zum Erliegen. Die zu kürzeren Haftstrafen Verurteilten nahmen nach der Entlassung die politischen Kontakte in lockerer Form wieder auf. Im Herbst 1944 besuchte eine 1937 emigrierte ISK-Anhängerin die Freunde in Berlin und forderte sie zur aktiven Untergrundarbeit auf. Aber ein Gestapospitzel konnte das Vorhaben aufdecken und so die erneute Festnahme Vorbestrafter einleiten. Zu ihnen gehörten auch der frühere ISK-Leiter Berlins Fritz Grob (der ins KZ kam) und sein Freund Heinz Scheer sowie die letzte Betreiberin der vegetarischen Gaststätte Ida Regeler. Sie konnten die Haft überleben.

Kuriere der KPD(0)
Mitte, Charité – Schwesternwohnheim

Erwin Forst (* 1908), Sohn eines Hermsdorfer Tischlers und Sozialdemokraten, begann 1928 ein Studium der Medizin. Als Mitglied der Sozialistischen Studentenschaft (SSt), deren leitende Funktionäre (seines Fachs) jüdischer Herkunft waren, kam er dabei auch in Kontakt mit kommunistischen Medizinern, so mit dem Weddinger Arzt Dr. Georg Benjamin, mit Neuköllns Gesundheitsstadtrat Richard Schmincke und der Wortführerin Minna Flake.

Erwin Forst freundete sich mit dem Studenten Alfred Bergmann, dem Sohn eines Rabbiners, an und wurde durch ihn in den Kreis der „Roten Studentengruppe" gezogen. Auch hier waren viele politisch aktive Mediziner jüdischer Herkunft.
Bergmann und Forst lehnten den antisozialdemokratischen Kurs der KPD ab und schlossen sich der „rechten" Kommunistischen Partei-Opposition um Heinrich Brandler und August Thalheimer an. A. Bergmann wurde Leiter der Studentengruppe.
1933 trennten sich die Wege der Freunde. Alfred Bergmann mußte (nach KZ-Haft) emigrieren, Erwin Forst sah sich zum Studienabbruch gezwungen und arbeitete zeitweise in der Versicherungsbranche. Im Oktober 1936 wagte er die Wiederaufnahme der Ausbildung zum Mediziner. Um formal eine Zugehörigkeit zum NS-System belegen zu können, trat er als begeisterter Motorradfahrer dem „Nationalsozialistischen Kraftfahrerkorps" (NSKK) bei.
An „scharfe" Nazis erinnerte er sich in der Studienzeit weniger, doch weit verbreitet fand er, „daß man geschwiegen hat" (S. 354). Selbst Dr. Groscurth, dem er während seiner Ausbildungszeit am Moabiter Krankenhaus begegnete (S. 87), hielt sich mit kritischen Äußerungen aus Vorsicht zurück. Der oppositionellen Arbeit sollte Erwin Forst auch auf ganz anderem Wege begegnen:
Mitte der 30er Jahre fand er anläßlich einer Motorradfahrt in die Schweiz seinen alten Freund Alfred Bergmann und dessen Frau Clärli, geborene Schmalz, eine Lehrerin, wieder. Entgegen dem Schweizer Asylrecht waren beide politisch (für die Auslandsleitung der KPD/O) tätig.

Erwin Forst (1908–1994) erinnert sich 1992:
„Meine Frau Hertha, geborene Krampe, und ich ließen sich als Kuriere gewinnen, darunter für politische Kontaktgruppen in Jugoslawien und der Tschechoslowakei. Wir brachten aber nur selten direkt illegales Material nach Deutschland, sondern stellten uns hauptsächlich als Anlaufadresse in der Reichshauptstadt zur Verfügung. Die Korrespondenz lief aber nicht über Hermsdorf, sondern ging – was unverdächtiger war – zu Hertha, die als Krankenschwester in der Charité wohnte.
Mal war es Schweizer Schokolade, in deren Einwickelpapier geheime Nachrichten verborgen waren, meistens jedoch unverfängliche Urlaubskarten, die mit Geheimtinte Geschriebenes enthielten. Eine uns namentlich Unbekannte aus Pankow holte die Karten immer ab.
Nach dem Polenfeldzug Anfang 1940 gingen wir dann hoch. Die Gestapo hatte eine Karte abgefangen."

Beim Verhör am Alexanderplatz konnten sich Hertha und Erwin Forst tatsächlich noch herausreden, die Dummen und Unwissenden spielen. Französische Urlaubsbekanntschaft hätte sie gebeten, Freunden, denen sie nicht schreiben durften, „hin und wieder" ein Lebenszeichen zu geben und die Briefmarken zukommen zu lassen.

Erwin Forst (l.) und Alfred Bergmann

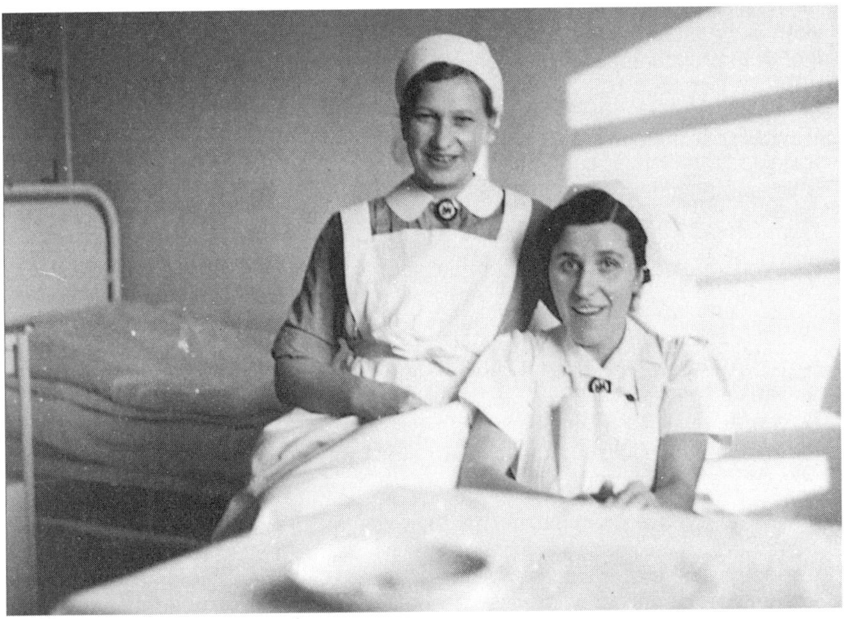

Hertha Forst (r.), geb. Krampe, in der Charité

Nachdem Hertha und Erwin Forst diese gefährliche Vernehmung überstanden hatten, stellten sie jede illegale Arbeit ein. Beide hatten bis dahin viel gewagt, nicht allein den Hoch-, sondern auch den Landesverratsvorwurf riskiert.

Für den Freund Dr. Alfred Bergmann war alles weniger glimpflich ausgegangen. Wie Forsts von der Pankowerin erfuhren, war er von einem Schweizer Arztkollegen denunziert und als „politisierender Ausländer“ daraufhin ausgewiesen worden.
Von der Gestapo gleich auf der Rheinbrücke in Basel in Empfang genommen und ins Gefängnis gesperrt, kam er im April 1940 ums Leben. Ob durch Mord oder Selbsttötung, um Freunde nicht zu verraten – er wurde ein Opfer des NS-Terrors!

(Dr. Erwin Forst wirkte nach dem Krieg viele Jahre als SPD-Gesundheitsstadtrat in Wilmersdorf.)

Ein Hilfegesuch der „Roten Kämpfer“

Die „Roten Kämpfer“ waren eine kleine linkssozialistische Widerstandsgruppe um Alexander Schwab und Dr. Karl Schröder (siehe ausführlich den Neukölln-Band dieser Reihe). Sie war im November 1936 aufgespürt worden. Aus Mitte wurde Alfred Engel (S. 364) verhaftet. Die Hauptverantwortlichen erhielten Zuchthausstrafen, weniger belastete Freunde dagegen Gefängnis.
Anfang der 40er Jahre nahmen mehrere entlassene Widerstandskämpfer, darunter der Kurier Ernst Froebel (* 1912), die illegale Arbeit in veränderter Form wieder auf.

Ein Freundeskreis von etwa zehn Personen begann, eine illegale Hilfsorganisation aufzubauen, um die soziale Not von Familien Verfolger zu lindern oder Illegale mit Geld und Lebensmitteln zu unterstützen. Durch Walter Kiesling, der sich gegen Kriegsende mit Hilfe der Schwedischen Kirche ins Ausland retten konnte, hatte Ernst Froebel Namen und Anschriften verfolgter jüdischer Familien erhalten. Im Auftrag der Leitung seiner Untergrundgruppe sollte Froebel diese Menschen ansprechen, um sie zu Spenden für die illegale Arbeit zu bewegen. Dafür suchte er das „Israelitische Krankenheim“ in der Elsässer Straße 85 (heute Wilhelm-Pieck-Straße 146) auf. Es war eine Einrichtung der orthodoxen jüdischen Gemeinde Adass Jisroel (S. 288).

Ernst Froebel 1989 im Rückblick:
„Es war um 1941, als ich am Rosenthaler Platz bei der Polsterfirma Kreß arbeitete. Nahebei war ein jüdisches Krankenhaus und Siechenheim. Aber eine NS-Kreisorganisation war auch in greifbarer Nähe.
Ich sollte nun dieses Krankenheim aufsuchen. Da die Juden damals schon den ‚Stern‘ tragen mußten, habe ich meine Aktentasche immer so gehalten, als ob ich ‚Sternträger‘ bin. Ihn mir anzuheften war mir zu riskant, falls ich in eine Kontrolle geriet. Ich nutzte immer meine Mittagspause für diese Gespräche. Es war schwierig mit den Menschen.
Zum Hintergrund unserer Aktion muß ich vielleicht verdeutlichen: Wenn jüdische Familien zum Abtransport etwa in die ‚Sammelstelle‘ Levetzowstraße mußten, wurden ihre Wohnungen versiegelt. Oft zogen später Nazifamilien ein und eigneten sich die wertvolle Einrichtung an. Darum baten wir sie, uns den zweiten Wohnungsschlüssel zu geben. Ich habe ihnen gesagt: ‚Die Nazis werden euch alles wegnehmen. Wir aber brauchen Wertsachen und Geld, um anderen zu helfen.‘
Ich fand nur einen, der seine Wertsachen freigab und habe die 50 fache Anzahl angesprochen.

Alle hatten berechtigte Angst, die Nazis erführen von unserer Aktion. Aber hauptsächlich haben sie alle noch geglaubt, sie kämen ‚nur' ins Arbeitslager und klammerten sich an die Hoffnung, irgendwann zurückzukehren."

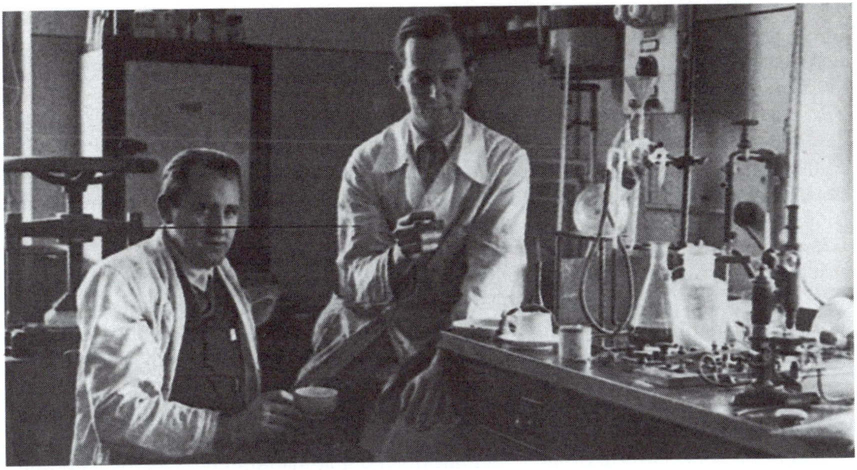

Georg Groscurth (l.) und Robert Havemann

Mediziner im Widerstand (Dr. Groscurth)
Tiergarten, Moabiter Krankenhaus (Turmstraße)

Kaum ein wissenschaftlicher Bereich, allenfalls noch der juristische, hat sich durch seine Verstrickung mit dem Nationalsozialismus so kompromittiert wie die Medizin. Viele hochbegabte Vertreter ihres Faches, sowohl an den Universitäten als auch in Kliniken, wie dem Moabiter Krankenhaus, waren, ungeachtet ihrer hervorragenden Arbeit, 1933 aus „rassischen" Gründen aus dem Amt gejagt worden. Selten fanden sich qualifizierte Nachfolger, wohl aber Neider, Konjunkturritter und Scharlatane. (Man denke dabei besonders an Vertreter sogenannter „Erbgesundheitslehre".)

Zwar betonen Zeitzeugen wie Dr. Erwin Forst (* 1908) und Dr. Helmut Winguth (* 1918), die beide aus sozialistischen Elternhäusern kamen und in den späten 30er Jahren ihr Medizinstudium absolvierten, daß scharfe Nazis unter den Klinikern eher eine Ausnahme waren und auch an der Charité viele Professoren eher nicht-nazistisch auftraten (S. 354 f.). Aber es gibt doch auch folgende bedrückende Tatsache und erschreckende Diskrepanz: Selbst ausgewiesene Fachleute wie Professor Erwin Gohrbandt, Leiter der Chirurgie am Moabiter Robert-Koch-Krankenhaus, der demonstrativ den Hitler-Gruß ablehnte und vielen Regimegegnern dadurch Mut machte, griff andererseits im Rahmen seiner Arbeit auch auf Erkenntnisse zurück, die auf Verbrechen („Experimenten") der Nazis basierten.
Geheimrat Ferdinand Sauerbruch (Charité) beispielsweise quälte sich sehr, daß ihm und anderen beratenden Chirurgen der Wehrmacht in den Kriegsjahren bei einer „wissenschaftlichen Demonstration" Ergebnisse von Experimenten mit Menschen (Gasbrandopfern) präsentiert wurden. Sauerbruch und seine Kollegen waren schockiert, aber keiner hatte den Mut, sein Wort gegen die Morde zu erheben. Andererseits aber ist bekannt, daß Professor Sauerbruch – siehe auch den Wilmersdorf-Band dieser

Reihe – Verfolgten beistand und wiederholt versuchte, deren Leben zu retten. Etwa im Falle des Juristen Hans von Dohnanyi (S. 183ff.), der durch die Haft Schwerkranke, fand zeitweise Schutz in der Charité.

Den Weg in den direkten Widerstand fanden unter den festangestellten Berliner Medizinern nur sehr wenige. Im Moabiter Robert-Koch-Krankenhaus war es Dr. Georg Groscurth. Hier hatte er im Dezember 1934 als Assistenzarzt der I. Inneren Abteilung begonnen und war später als Oberarzt zum stellvertretenden Leiter dieser Klinik geworden.
Mit ihm war auch der Physikochemiker Dr. Robert Havemann nach Moabit gelangt. Beide Freunde kannten sich aus der gemeinsamen Arbeit am Kaiser-Wilhelm-Institut (Dahlem), waren unabhängige Sozialisten und überzeugte Gegner des NS-Regimes. Sie konnten ihre Forschungen am Robert-Koch-Krankenhaus fortsetzen, wirkten aber auch noch auf ganze andere Weise: Das Laboratorium im Dachgeschoß des Ostpavillons wurde ein Treffpunkt von Menschen, die das NS-Regime zutiefst ablehnten. So trafen sich zu Kaffeerunden und offenen Gesprächen folgende Kollegen: die medizinisch-technischen Assistentinnen Ilse Kunze, Hedwig Logodszinski und Ina Meyer, die Volontärärztin Elsa Krause und Dr. Heinz Schlag, Oberarzt der II. Inneren Abteilung.

Dr. Groscurth und Dr. Havemann bildeten dann Anfang der 40er Jahre mit dem Dentisten Paul Rentsch und dem Architekten Herbert Richter einen Widerstandskreis, der sich später „Europäische Union“ nannte und in der Rankestraße 19 seinen zentralen Treffpunkt besaß (siehe ausführlich die Charlottenburg-Darstellung der Reihe).
Dieser Widerstandskreis unterstützte Juden, politisch Verfolgte und Zwangsarbeiter und bemühte sich besonders um eine illegale Zusammenarbeit von deutschen und ausländischen Gegnern des Nationalsozialismus mit dem Ziel, das NS-Regime zu schädigen und zu stürzen. Sie stellten auch Überlegungen zur künftigen Gestaltung Europas an, verfaßten Flugblätter und Diskussionspapiere.
In die illegale Arbeit mit ausländischen Arbeitern war auch der Moabiter Arzt Dr. Schlag einbezogen. 1943 kam Galina Romanowa, eine russische Lagerärztin, hinzu, die Kontakte zu Landsleuten unter den Zwangsarbeitern vermittelte.
Die „Europäische Union“ versuchte, ausländischen Gruppen zu helfen, besorgte Lebensmittel und Medikamente, warnte vor Razzien und Verhaftungen und leistete medizinische Unterstützung.
Nicht zuletzt nach dem Sturz Mussolinis wuchsen die Hoffnungen der Gruppe auf ein baldiges Ende der NS-Diktatur. Doch bevor die Organisation größere Aktivitäten entfalten konnte, wurde sie im September 1943 durch einen Spitzel verraten.

Die vier Hauptangeklagten, Groscurth, Havemann, Rentsch und Richter, verurteilte der Volksgerichtshof am 15./16. Dezember 1943 zum Tode. Von ihnen blieb allein Dr. Havemann am Leben, da er es mit Unterstützung von Freunden aus dem Heereswaffenamt (Prof. Wirth) vermochte, durch „kriegswichtige“ Forschungen seine Hinrichtung im Zuchthaus Brandenburg immer wieder hinauszuzögern. Ähnlich konnte der in einem anderen Prozeß zum Tode verurteilte Dr. Schlag durch den Einsatz seines Chefs (Prof. Siebert) gerettet werden.

(Robert Havemann engagierte sich nach dem Krieg im Sinne der SED und wirkte von 1950 bis 1964 als Professor an der Humboldt-Universität. Über eine inzwischen berühmte Vorlesungsreihe im Wintersemester 1963/64, die ihn Ämter und Funktionen kostete, entwickelte er sich zu einem couragierten Bürgerrechtler in der DDR. Er starb 1982 – von vielen bewundert und unvergessen.

Kommunistische Partei Deutschlands

Ernst Thälmann (r.) und weitere Mitglieder der KPD-Führung am 25. Januar 1933 am Karl-Liebknecht-Haus

Am 25. Januar 1933 waren rund 130 000 Menschen trotz klirrender Kälte einem Aufruf der Führung der KPD in Berlin gefolgt. Sie zogen in einer eindrucksvollen Massendemonstration am Hauptsitz der Partei, dem Karl-Liebknecht-Haus in der Weydingerstraße (Mitte), vorbei. Viele von ihnen waren äußerst ärmlich gekleidet, denn die Kommunisten, die es in Berlin auf fast ein Drittel der Wählerstimmen (31 %) brachten und damit die stärkste Partei in der Reichshauptstadt darstellten, waren im wesentlichen eine Partei der Arbeitslosen. Diese treuen und ergebenen Anhänger der KPD, die hier im Stadtzentrum an den Parteiführern wie Ernst Thälmann und John Schehr, Wilhelm Florin und Walter Ulbricht vorbeizogen, hatten wohl in ihrer überwältigenden Mehrheit das Gefühl „Hitler kommt nie an die Macht!".

Doch schon einen Monat danach hatte die Szene gründlich gewechselt:
Das Karl-Liebknecht-Haus (KLH), jenes symbolträchtige und legendenumrankte Gebäude im Stadtzentrum, von 1926 an Sitz des Zentralkomitees der KPD, wurde am 26. Februar 1933 (nach wiederholten Durchsuchungen zuvor) durch einen Willkürakt geschlossen. Die Büros der „Roten Hilfe" in der Dorotheenstraße 77/78 und der roten Arbeitersportler in der Münzstraße ereilte ein ähnliches Los.
In den Berliner Bezirken mehrten sich brutale Übergriffe der SA auf ihre politischen Gegner von der radikalen Linken, die nun zunehmend vogelfrei wurden. Und doch sollte das alles nur ein schreckliches Vorspiel für weit Schlimmeres sein. Nach dem

Reichstagsbrand, den die Hitler-Regierung demagogisch den Kommunisten anlastete (S. 23f.), wurde an Hand längst vorbereiteter Listen Jagd auf Juden, kritische Intellektuelle und bekannte Funktionäre der Arbeiterbewegung gemacht.
So traf Schlag auf Schlag eine irritierte und geschockte Partei, die sich bis zuletzt durch wortradikale Aufrufe und Erklärungen selbst betäubt hatte. Seit 1930 hatte sie jeder Reichsregierung das Etikett „faschistisch" angeheftet, selbst die Sozialdemokraten noch als „Sozialfaschisten" bekämpft und die Gewerkschaften gespalten („Revolutionäre Gewerkschaftsopposition"). Trotz gewalttätiger Auseinandersetzungen mit Hitlers Bürgerkriegsarmee, der SA, machten die Kommunisten von 1929 bis 1932/33 in erster Linie Front gegen die sterbende Republik, deren Erbe sie schon bald durch eine „proletarische Revolution" glaubten antreten zu können. Sie wetteiferten mit den extremen Rechten um „die nationale Befreiung", schreckten auch vor gemeinsamen Aktionen (S. 12) nicht zurück, kannten allerdings ein anderes Ziel, nämlich „Sowjet-Deutschland".
Der politische Kurs der KPD war mit zunehmender Abhängigkeit von Stalin immer sektiererischer und dogmatischer geworden. Zahlreiche Fraktionskämpfe und Ausschlüsse hatten bei der KPD zum Verlust vieler unabhängiger Köpfe sowie engagierter Gewerkschafter geführt. Die innerparteiliche Demokratie war weitgehend beseitigt worden, obwohl nach der Ausschaltung „linker" und „rechter" Oppositionsgruppen noch immer einzelne kleine Kreise, darunter die zur politischen Mäßigung neigenden „Versöhnler" (S. 112ff.), heimlich weiterbestanden.

Neben dem organisatorischen Hauptsitz der Partei, der von 1921 -1926 in der Rosenthaler Straße 38 (Hofgebäude) und danach in der Weydingerstraße (im KLH) lag, wohnten auch viele prominente KPD-Führer in Mitte und Tiergarten; so Paul Levi (Lützowufer 37), Werner Scholem (Klopstockstraße 7), Hermann Remmele (Kesselstraße 5), Ernst Schneller (Beusselstraße 44) und nicht zuletzt der einflußreiche Chef des Medien- und Propagandaapparates Willi Münzenberg (In den Zelten 9a). Mit Ausnahme Paul Levis, der schon früh mit Lenin und der KPD gebrochen hatte und sich 1930 im Fieberwahn aus einem Fenster stürzte, sollte das traurige Schicksal der anderen entweder vom nationalsozialistischen oder vom stalinistischen Terror gezeichnet werden. Innerparteilichen Einfluß besaß kaum noch jemand von ihnen.

Verfehlter Kurs

Im hitzigen Wahljahr 1932, dem Schicksalsjahr der Weimarer Republik (S. 17ff.), in dem es bei mehreren Wahlgängen wiederholt zu blutigen Auseinandersetzungen gekommen war, setzte die KPD ihren verhängnisvollen Kurs des Jahres 1929 fort und übte sich beim „Barrikadenkampf" im Revolutionsspiel. Waren es im Mai 1929 die Kösliner Straße (Wedding) und die Prinz-Handjery-Straße (Neukölln), hatte man sich diesmal die „rote Hochburg" in Moabit, die Rostocker Straße (S. 11), ausgesucht. Auch diese Aktion nährte, wie der Polizistenmord am Bülowplatz (1931), allein den Haß zwischen sozialdemokratisch geführter Berliner Polizei und verzweifelten kommunistischen Arbeitern und sollte andere, die sich als „starke Hand" anboten, profitieren lassen.
Wiederholt hatte der kritische Publizist Carl von Ossietzky vor dieser verhängnisvollen Polarisierung zwischen linker Arbeiterschaft und demokratischer Stadtverwaltung gewarnt. Man hörte nicht auf ihn.
Selbst die Gründung der „Antifaschistischen Aktion" durch die KPD 1932 konnte nicht darüber hinwegtäuschen, daß die Partei auf Grund ihrer Verbohrtheit im wesentlichen unter sich blieb. Auch die in der Berliner Parteiorganisation im Herbst 1932 vorgenommene Umstellung auf die „Illegalität", die Bildung von über 100 Kleinbezirken, schuf durch das Zerreißen traditioneller Zusammenhänge nicht mehr Sicherheit, sondern Aufregung und Verwirrung. Mitten in diese Umstellung platzte der 30. Januar 1933.

KPD-Demonstrationszug (am Neuen Mark) zum Lustgarten

Innerhalb weniger Wochen, verschärft nach dem Reichstagsbrand (27./28. Februar 1933), wurde die KPD als erste deutsche Partei von einer Welle der Gewalt erfaßt und überrollt. Zeitzeugen erinnern sich:

Ein Parteifunktionär berichtet

Der Metallarbeiter Karl Elgaß (1900–1985) war von 1930 bis 1932 technischer Mitarbeiter bei der KPD-Bezirksleitung von Berlin-Brandenburg und besaß dadurch enge Kontakte zum Führungsapparat bzw. seinen Verantwortlichen: zunächst Wilhelm Pieck und Hans Pfeiffer, danach Walter Ulbricht und Albert Kuntz. Innerparteilich neigte er zu den „Versöhnlern" (S. 112ff.).

Karl Elgaß erinnert sich 1983 an die Ereignisse 50 Jahre zuvor:
„Ende 1932 wurde ich vom ZK zum Instrukteur für Schlesien eingesetzt und arbeitete dabei eng mit Gustel Sandtner zusammen. Vom 5. Februar bis 5. März 1933 machte ich als KPD-Kandidat für den preußischen Landtag Wahlkampf in Schlesien. Die SA hat der Partei dort schon 1932 durch eine Mordserie schwer zu schaffen gemacht. Es gelang mir, mit der SPD und der ‚Eisernen Front' zu einem guten Verhältnis zu kommen – doch wir waren den bewaffneten Nazis nicht gewachsen.
Am 7. Februar 1933 tagte das ZK mit den Abgeordnetenkandidaten. Mit einigen Genossen traf ich mich zuvor an der Sternwarte Treptow. Als Wandergruppe getarnt, kamen wir alle im Sporthaus Ziegenhals bei Berlin zusammen. Nach drei Stunden platzte die Sitzung, denn es kam jemand, der mitteilte, daß das Treffen bekannt geworden sei.

Am 27. Februar 1933 saß ich dann noch einmal mit etwa zwanzig Spitzenfunktionären in einem Lokal am Alexanderplatz, als der Ober gegen 19.00 Uhr meldete, der Reichstag brenne. Wir zahlten und gingen fort.
Um 24.00 Uhr war ich in meinem vorbereiteten illegalen Quartier. Um 1.00 Uhr in der Nacht wollte man mich bereits aus meiner ‚offiziellen' Wohnung holen, berichtete mir später meine Frau. Wir mittleren Funktionäre waren auf Illegalität getrimmt worden. Ich besaß acht bis zehn Ausweichquartiere, darunter die Nachtfahrt mit dem Zug nach Schlesien. Wie andere Abgeordnete und KPD-Spitzenfunktionäre wurde ich schon bald steckbrieflich gesucht.
Die Partei als Organisation war 1932 nur in der Theorie auf die Illegalität unter dem Faschismus eingestellt, nicht aber real in der Praxis (S. 90).
Im Mai 1933 kam ich in Kontakt mit dem im Februar 1934 ermordeten John Schehr, Nachfolger des verhaftete KPD-Vorsitzenden Ernst Thälmann. Ich sagte ihm: ‚Wir sind in Schlesien so gut wie bankrott' und erhielt zur Antwort: ‚Tretet kurz und versucht, in die Nationalsozialistische Betriebszellenorganisation (NSBO) zu gehen'. Den gleichen Rat gab mir auch Walter Ulbricht. Ich war von dieser Strategie entsetzt, denn wie wirkte es auf die breite Masse der Arbeiter, wenn die Kommunisten zu den Naziorganisationen übergingen – und sei es aus heimlichen Gründen!
Den Generalstreik-Aufruf vom 30. Januar 1933 hielt ich schon damals für sinnlos, denn Polizei und Wehrmacht waren übermächtig. Richtig war dagegen die Warnung ‚Wer Hindenburg wählt, wählt Hitler, wer Hitler wählt, wählt den Krieg!'"

Auch der KPD-Vorsitzende Ernst Thälmann, als Typ des aufrechten und stolzen Arbeiters bei der breiten Masse der kommunistischen Wählerschaft sehr beliebt, aber kein Mann, der sich einem Stalin grundsätzlich widersetzte, nahm die Gefahren nicht ernst genug.

Heinz Riegel (* 1903) gehörte damals dem KPD-Geheimapparat an. Er berichtet 1983:
„Ich leitete bis Ende 1933 den sogenannten Militärapparat der KPD (um Hans Kippenberger) im Südwesten Berlins. Meine Aufgabe bestand darin, Adressen für geheime Treffen bereitzustellen und die Lagerung illegalen Materials und von Waffen mit zu organisieren.
Durch einen hochdekorierten ehemaligen Offizier jüdischer Herkunft wurde mir der Kontakt zu einer Schauspielerin vermittelt, die mit einem Adligen verheiratet war. Das Ehepaar führte in Dahlem ein großes Haus mit anschließenden Pferdestallungen und bekam viel Besuch. Jedenfalls hatten wir diese Stätte als Versteck für Ernst Thälmann bereitgehalten, denn in diesem großen Haushalt wäre er nicht aufgefallen.
Aber Thälmann weigerte sich, zu einem ‚Baron' zu ziehen und wählte lieber das Quartier in Charlottenburg bei alten Freunden in Alt-Lietzow 11. Und dort ist er verraten [und am 3. März verhaftet] worden."

Stätten des Terrors

In Berlin war es Anfang März 1933 in den Arbeiterbezirken wie Wedding und Neukölln, Prenzlauer Berg und Friedrichshain gerade noch möglich, verhaltene Wahlpropaganda zu betreiben. Aber es gehörte bereits sehr viel Mut dazu.
Nach der Reichstagswahl vom 5. März, die bereits mit Einschüchterungen und tätlichen Übergriffen einherging (S. 23f.), wurden der KPD die letzten Reste ihrer Bewegungsfreiheit genommen. Ihre Presse durfte schon längst nicht mehr erscheinen.

Nun erkannte man ihr auch ihre Mandate ab, die Funktionsträger wurden verhaftet, die Partei faktisch verboten.

Zeitzeugen (siehe auch die Seiten 28 f., 33 f.) erinnern sich an herausragende Stätten des Terrors in Mitte und Tiergarten:

- das ehemalige Karl-Liebknecht-Haus (Fotos s. o.)
- die Kaserne Kleine Alexanderstraße (Foto S. 95)
- das SA-Lokal Huttenstraße 3.

Gertrud Worner (* 1911) berichtet 1992:
„Ich arbeitete bis Februar 1933 als Sekretärin der Berliner Bezirksleitung. Nach der Zerschlagung der KPD wurde das Karl-Liebknecht-Haus zum SA-Quartier gemacht.
Man brachte mich zum Verhör in die Kaserne General-Pape-Straße [SA-Feldpolizei], dort wurde ich von [Alfred] ... Kattner* vernommen. Dieser Mann gehörte noch kürzlich zur Sicherungsgruppe des Karl-Liebknecht-Hauses (!) und wußte daher über viele interne Dinge gut Bescheid.
Trotzdem gelang es mir, mich rauszureden. Den mir beim Verhör angebotenen Kaffee lehnte ich aber sicherheitshalber ab.
Ende 1933 tippte ich zusammen mit Luise Sattler in einem Vorort im Süden Berlins von Freitag abend bis Sonntag spät die 300seitige Thälmann-Anklageschrift ab. Montag früh mußte das heimlich beiseite geschaffte Dokument wieder an seinem angestammten Platz im Anwaltsbüro liegen."

* Kattner soll 1933 u. a. das Versteck von Ernst Thälmann verraten haben. Anfang Februar 1934 wurde er (Hermann Weber zufolge) von Geheimbeauftragten der KPD deshalb umgebracht, d. Verf.

Heinz Albrecht (* 1910) erinnert sich 1982:
„Ich wurde am 3. Mai 1933 in Charlottenburg, Goethestraße 13, durch die Gestapo verhaftet. Bei der Hausdurchsuchung fand man noch 20 bis 25 Exemplare der illegalen ‚Roten Fahne', die mein Zwillingsbruder entgegen meinem Protest in der Wohnung aufbewahrt hatte. Man suchte eigentlich ihn, der Mitglied der KPD war, und nicht mich, der ich zur SAP gehörte, aber da wir uns sehr ähnlich sahen, glaubte man mir nicht.
Wir trafen dann im ehemaligen Karl-Liebknecht-Haus, das nun nach dem umgekommenen SA-Führer Horst-Wessel-Haus benannt wurde, wieder aufeinander und wurden beide gefoltert. Man fesselte uns an Wandhaken, der Rücken wurde blutig geschlagen, der Kopf schwoll durch die Mißhandlungen riesig an, die Augen wurden dadurch ganz klein. Nachdem ich diese Torturen überlebt hatte, kam ich ins Polizeipräsidium und dann ins Untersuchungsgefängnis Moabit."

Karl Elgaß (1900–1985) war bis 1932 technischer Mitarbeiter der Berliner Bezirksleitung (S. 91 f.). Er berichtet 1983:
„Ich wurde am 14. Juni 1933 festgenommen und durch mehrere Haft- und Folterstätten geschleift. Zunächst geriet ich in Breslau in die Hände von Landsknechten um den SA-Führer Heines. Bei der Haft wurde ich so geschlagen, daß mich meine eigene Frau, auf der Wartebank sitzend, nicht erkannte. Dann kam ich ins ehemalige Berliner Karl-Liebknecht-Haus. Das Geschrei und Gebrüll der Gefolterten blieb mir unvergessen! Zu meinem Glück kam ich bald zur Abteilung IA (Politische Polizei) ins Polizeipräsidium am Alexanderplatz."

Nach Verbüßung einer Zuchthausstrafe schleppte man Elgaß (S. 72) danach noch ins KZ Sachsenhausen, wo er im April 1939 ‚probeweise' entlassen wurde, d. Verf.

Nahe dem ehemaligen Karl-Liebknecht-Haus wurde in der Kaserne in der Kleinen Alexanderstraße im Frühjahr 1933 ebenfalls ein sog. wildes KZ eingerichtet. Die Schreie der dort Gefolterten waren noch auf der Straße zu hören, berichtet der Tischler Max Fürst (s. Literaturliste), der nahebei wohnte.

Karl Winkel (* 1901) erinnert sich 1982:
„Ich wurde im Februar 1934 von SA-Feldpolizei verhaftet und in ihr Quartier, die Katakomben der Garde-Grenadier-Kaserne, Kleine Alexanderstraße, verschleppt [s. Luftbild S. 95]. Von insgesamt 57 Festgenommenen des Unterbezirks Südost war ich der 54ste. Weil ich den Mißhandlungen, bei denen mir ein Ohr kaputtgeschlagen, das andere gestört wurde, insofern widerstand, als ich nichts aussagte, nannte man mich ‚Genosse Ich-weiß-nicht'.
Anschließend überstellte man mich noch ins KZ Oranienburg. Dort wurde ich nachts ‚verhört'. Im März 1934 brachte man mich wieder nach Berlin zurück und sperrte mich nun in Polizeigewahrsam am Alexanderplatz ein. Als ‚Besinnungsmaßnahme' mußte ich hier bei Verhören halbtotgeschlagene Kameraden hinterher wegtransportieren. Nach einem halben Jahr verschärfter Einzelhaft im Untersuchungsgefängnis Moabit wurde ich dann im Oktober 1934 zu zwei Jahren Gefängnis verurteilt."*

* Siehe die Wedding-Broschüre dieser Reihe, d. Verf.

Kaserne in der Kleinen Alexanderstraße (links schräg) und S-Bhf. Alexanderplatz (r.)

Alfons Blankenburg (* 1905) berichtet:
„Anfang Februar 1934 wurde die illegale Bezirksleitung (Kreuzbergs), darunter auch ich am 4. Februar, durch Verrat eines sogenannten Polizeispitzels verhaftet. Wir wurden von der bekannten Feldpolizei verhaftet und nach deren Kaserne in der Kleinen Alexanderstraße gebracht. Von den Folterungen und Mißhandlungen brauche ich wohl nichts zu erwähnen, denn das dürfte ja genügend bekannt sein. Nach außen hin war der Vernehmungsleiter der Kriminalbeamte Hampel von der früheren IA im Polizeipräsidium, aber der wirkliche Vernehmer war der berüchtigte Feldpolizei-Bulle Sturmführer Gnieshammer. Tag und Nacht Vernehmungen. Der Genosse Erich Blume hat sich nach einer besonders schweren Nachtvernehmung aufgehängt. Er konnte diese Mißhandlungen, sage Folterungen, nicht mehr aushalten. ...
Nach 27 Tagen kam ich aus dieser Hölle heraus und nach dem Polizeipräsidium hinüber. Hampel war mein Lebensretter; nach weiteren 5 Tagen nach Moabit. Nach über 8 Monaten Untersuchungshaft kam am 10. und 11. Oktober 1934 der Termin vor dem Kammergericht."

Alfons Blankenburg erhielt 2 Jahre Zuchthaus, d. Verf.

Erwin Wegner (* 1923) erinnert sich 1983:
„In unserem Wohnhaus, Huttenstraße 3, war auch ein SA-Lokal, ein ehemaliges Tanzlokal. Wenn man über den Hof ging, lag es geradezu. Oft hörte man hier 1933 Menschen schreien. Ich fand auch wiederholt blutige Taschentücher und zerstörte Brillen, wenn ich morgens zur Schule ging.
Huttenstraße 5 wohnte ein Kommunist, der auch dort mißhandelt worden war. Wenn SA durch die Huttenstraße zog, wurde Zuschauern, die nicht den Arm zum Hitlergruß hoben, ins Gesicht geschlagen, wie ich selber sah.
Unserem Wohnhaus gegenüber wohnte der berüchtigte Moabiter Ortsgruppenleiter Krause. Er führte eine wahre Schreckensherrschaft und hat auch später viele Menschen denunziert."

Aus einem Erinnerungsbericht aus dem Jahre 1948 über den Moabiter Widerstandskämpfer Gerhard Kellotat (Calvinstraße 4):
„Am 29. 10. 1912 in Berlin geboren, Klempnerlehrling, Kommunistischer Jugendverband, Roter Frontkämpferbund.
Nach der Machtübernahme Hitlers setzte Kellotat anfangs mit mehreren Genossen aus Moabit illegal die politische Arbeit durch Herstellung von Flugblättern und Verbreitung derselben fort. Am 27. Mai 1933 wurden Kellotat sowie seine Mitarbeiter, die Genossin Gertrud Nitsche, Huttenstraße 72, und Heinz Tonke, Werftstraße 13 von SA verfolgt. Genosse Tonke konnte entkommen. Kellotat und die Genossin Nitsche wurden in das Sturmlokal Hochmeister in der Huttenstraße [3] gebracht, wo Kellotat in einem Keller des Lokals an den Eisenträgern, die zur Lagerung von Bierfässer dienten, festgebunden und auf unmenschliche Art und Weise bis zur Bewußtlosigkeit geschlagen wurde. Kellotat, ein Revolutionär, verriet seine Kameraden nicht, obwohl man ihm mit Erschießen drohte und aufs neue die Folterungen fortsetzte.
Von dort wurden Kellotat und Nitsche am selben Abend, um 22.00 Uhr, nach dem Ulap [S. 33f.] gebracht, wo sie nach mehreren Vernehmungen nach drei Tagen entlassen wurden."
G. Kellotat geriet 1935 erneut in Haft. Er kam 1945 um, d. Verf.

Das Polizeipräsidium am Alexanderplatz war gegenüber den genannten Stätten des SA-Terrors 1933 hauptsächlich eine Art „Durchgangsstation" für Verhaftete, die zeitweise in einer Massenzelle im Keller untergebracht wurden.

Hermann Broschies teilte mit:
„Dieser Keller, in dem sogenannte Kurzinhaftierte gefangengehalten wurden, befand sich im Polizei-Präsidium rechts gegenüber der S-Bahn an der Dircksenstraße. ...
Dort waren keine sanitären Einrichtungen vorhanden (für 40–50 Mann ein Kübel für große und kleine Bedürfnisse). Das gab immer viel Krach mit den ‚Schiens', den politischen Aufpassern, aber auch mit anderen Eingesperrten. Hierunter befanden sich auch kriminelle Elemente, die Schlägereien zu provozieren versuchten."

Die entscheidenden „Verhöre" der Gestapo wurden in der frühen Phase des NS-Terrors hauptsächlich in der berüchtigten Prinz-Albrecht-Straße geführt. Später zog die Berliner Gestapo allerdings in einen Teil des Polizeipräsidiums und schließlich in die Burgstraße 29/30 (S. 312) und wütete auch dort.

1933 blieben die Haftbedingungen im Polizeipräsidium am Alexanderplatz, nicht zuletzt durch einige ältere Beamte aus der Zeit der Republik (S. 64, 364), noch erträglich. Aber auch hier gab es Plagen, die die Geschundenen zusätzlich quälten: das Polizeigefängnis war nämlich stark verwanzt!

Karl-Ludwig Schulze-Iburg erinnert sich:
„Ich erwachte in dieser Zelle an einem Septembermorgen nach einer Nacht, in der mich ein Polizeiflitzer aus dem Columbia-Haus gebracht hatte. Das armselige Häuflein Mensch, das aus mir gemacht worden war, fieberte und wurde vom Polizeisanitäter (im Gefangenenjargon Sani-Schien genannt) zunächst in eine Sani-Zelle gebracht. Der Sani-Schien war redlich bemüht, meine Platzwunde zu heilen und das Fieber zu beseitigen.

Nach einigen Tagen war ich wieder einigermaßen auf den Beinen. In der Enge der Krankenzelle plagte mich aber eine entsetzliche Langeweile. Mit dem Reinlichkeitsdruck versuchte ich aber dagegen anzugehen. Mehrmals am Tage wischte ich alles in der Zelle befindliche auf. Dabei wurde das eiserne Bettgestell besonders behandelt, denn Wanzen sind blutrünstige Plagegeister. Davon gab es dort unzählige.
Sobald vom Turm der Parochialkirche das Porzellanglockenspiel ... als Abendsegen ... [verklungen war], machten sich die[se] Blutsauger bereit, ihre Opfer anzuzapfen."

Verfolgte Stadtverordnete

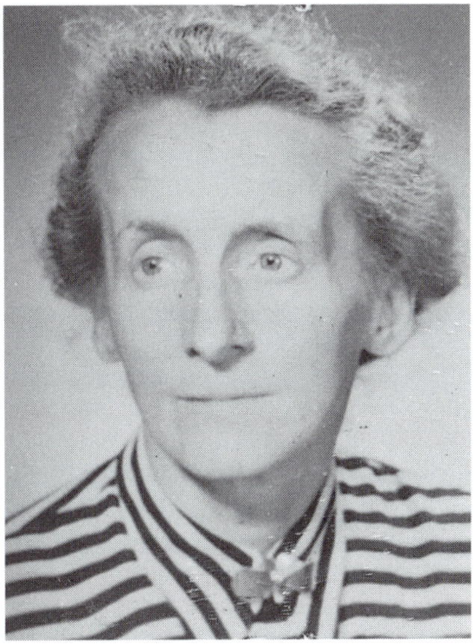

Mitte März 1933 war eine Sitzung der neu-"gewählten" Stadtverordnetenversammlung anberaumt worden, die von der NS-Presse mit den Worten angekündigt wurde: „Heute Stadtverordnetenversammlung ohne Kommunisten." Obwohl die NS-Zeitungen ausführten, daß es auf Grund der „Aufklärungsarbeit" kein Kommunist wagen würde, das Berliner Parlament im Roten Rathaus zu betreten, ließen sich einige, wie Karl Salzsieder aus Buch oder Martha Herz (Foto nebenan) aus Wedding, nicht einschüchtern, wurden aber sofort festgenommen und eingesperrt. Wir wissen bis heute (1994) nicht genau, wie viele Stadtverordnete der KPD Mitte März 1933 überhaupt noch in der Lage waren, zu dieser Sitzung zu kommen: So saß der Mechaniker Franz Wisnewski, Elsässer Straße 28, bereits seit dem 28. Februar in „Schutzhaft" und wurde erst am 23. September 1933 entlassen.
Eine Stadtverordnete aus Mitte, Hilde Radusch, führende Reichsfunktionärin der kommunistischen Gewerkschaft der Post- und Staatsbediensteten (S. 120), geriet im April zunächst ins Polizeigefängnis und dann in die Frauenhaftanstalt Barnimstraße, wo man sie erst am 27. September 1933 entließ.

Hilde Radusch (* 1903) – Foto S. 329 – berichtet 1981:
„Unter uns Gefangenen befanden sich auch Frauen, die im KZ Columbia-Haus, einer Stätte, mit der uns gedroht wurde, mißhandelt worden waren. Ich bat die geschlagenen Frauen, den Mithäftlingen die schwarzen Striemen auf ihrem Rükken zu zeigen, damit niemand hinterher sagen könne, er habe nichts von Folter mitbekommen.
Einer Abgeordneten aus dem Ruhrgebiet, einer gewissen ‚Maulchen', hatte man beim ‚Verhör' sogar Glassplitter in die Augen getan.
Der Sekretärin der Bezirksleitung der KPD, einer unter uns sehr beliebten jungen Frau, die nur ‚Lore von der BL' [Berliner Leitung] hieß, wurde beim Verhör sehr zugesetzt, denn sie sollte ihre Kenntnisse über den KPD-Funktionärsstamm weitergeben. So stellte man sie an die Wand und immitierte Erschießungen. Wegen der täglichen Abholung bekam sie ganz irre Augen.

Ich konnte mich beim Verhör durch offensives Auftreten, was totalitären Regimen wohl imponierte, Punkte sammeln und weigerte mich sogar, das Protokoll zu unterschreiben. Nach der Entlassung (27. September 33) mußte ich mich bis Anfang Dezember wöchentlich dreimal bei der Polizei melden."

Wie Hilde Radusch war später auch ihr Fraktionskollege, der Lehrer Fritz Seidel (Schwedter Straße 250), verschleppt worden. Er blieb von April bis Mai 1937 im KZ Sachsenhausen. (Sein weiteres Schicksal ist unbekannt.)
Der kaufmännische Angestellte Karl Dröll (1897–1969), gleichfalls aus Mitte, gehörte der Stadtverordnetenversammlung von 1930 bis 1933 an. Nachdem der Kommunist nach drei Monaten Haft aus Plötzensee entlassen wurde, emigrierte er über Holland in die UdSSR, war aber auch dort Verfolgungen ausgesetzt.
Wie rücksichtslos und sadistisch die SA selbst gegen Frauen vorging, zeigt das Beispiel der Spandauer Stadtverordneten Emma Thomas (1884–1969). Sie wurde so fürchterlich zusammengeschlagen, daß sie wegen eines Wirbelbruchs ins Krankenhaus kam. Nach dem 20. Juli 1944 verschleppte man die Gepeinigte im Rahmen der Verhaftungsaktion „Gewitter" (S. 49) erneut ins KZ.
Trotz Verhaftung von Emma Thomas, bei der Martha Herz (s. o.) wegen Ausbombung untergekommen war, gelang es der Weddingerin noch, der eigenen Festnahme zu entgehen. Martha Herz lebte danach illegal. (Martha Herz hatte nach 1933 einen Kreis von Gleichgesinnten in Mitte und Wedding gebildet.)

Der NS-Terror kostete bereits 1933 Berliner Parlamentariern das Leben. Ein Weddinger KPD-Stadtverordneter, der Former Hermann Scheffler (1893–1933), wurde am 18. März zusammen mit einem politischen Freund verschleppt und bald darauf in der Polizeikaserne Chausseestraße 95–98 in Mitte erschlagen:

Der mitverschleppte Freund erinnert sich:
„Schon auf der Polizeiwache in der Zingster Straße wurden wir beide unerhört geschlagen. Dieses wiederholte sich auf dem Polizeiamt noch mehrere Male, und zwar so furchtbar, daß Scheffler, mit dem ich in einem Raum war, wiederholt zusammenbrach. Ich wurde beauftragt, Wasser zu holen und ihn damit zu begießen. Er ist danach wieder zu sich gekommen, brach aber vor meinen Augen zusammen und wurde von Polizeibeamten herausgeschleppt. Ich hatte den Eindruck, daß Scheffler schon in meinem Beisein gestorben war. Daß der Totenschein die Angabe ‚innere Verblutung' aufweist, ist mir verständlich, weil ich mit ansehen mußte, wie Scheffler tatsächlich totgeschlagen wurde."

Am historischen 9. November 1918 hatten an dieser Stelle, den damaligen Kasernen des Garde-Füsilier-Regiments („Maikäfer-Kaserne") in Mitte, revolutionäre Arbeiter für den Sturz der Monarchie gekämpft. Dabei war der sozialistische Jugendfunktionär Erich Habersaath ums Leben gekommen. Am Beginn der NS-Zeit war dieser Ort nun erneut blutbefleckt. (Siehe aber zum Jahr 1944, S. 152).

Schauspieler Hans Otto ermordet
NW 87, Hansa-Ufer 6 (zuletzt Landhausstraße)

Unzählige Menschen wurden 1933 frühe Opfer der nationalsozialistischen „Machtergreifung", ohne daß ihr Schicksal je aufgeklärt werden konnte. Manchmal blieb we-

Hans Otto

Hermann Scheffler

nigstens der Name in der Erinnerung anderer festgehalten, so vom Arbeiter Ewald Vogt aus Mitte, Anklamer Straße 5, der von der SA verschleppt, am 20. August 1933 im KZ Columbia-Haus ermordet wurde.

Für alle diejenigen, die von uns aus Unkenntnis vergessen werden, sei stellvertretend an den Leidensweg eines Mannes erinnert, der durch seine Widerstandshandlung, seine Persönlichkeit und sein qualvolles Ende vielen nachdenklichen Menschen im Bewußtsein blieb: der Schauspieler Hans Otto.
Hans Otto, am 10. August 1900 in Dresden geboren, wurde 1930 an das Staatliche Schauspielhaus am Gendarmenmarkt berufen. In seinem Fach zählte er gewiß zu den hoffnungsvollen künstlerischen Begabungen, wenn auch nicht zur ersten Garde der Schauspieler in der Stadt. Zudem war er ein begeisterter und von seiner politischen Überzeugung durchdrungener junger Mann. Durch sein Eintreten für die KPD war er recht bekannt, allerdings standen damals sehr viele Schauspieler gefühlsmäßig „links" – so auch Heinrich George (S. 359), der zeitweise der „Revolutionären Gewerkschaftsopposition" der KPD angehörte.
1933 fehlte es nicht an Stimmen, die Hans Otto vor einem Bleiben in Deutschland warnten. Doch sein ausgeprägter Optimismus und sein Verantwortungsgefühl ließen ihn weder dem Rat seines Freundes, des Schauspielers Paul Bildt, noch dem Beispiel seines engen Kollegen Wolfgang Heinz folgen und emigrieren. Er beteiligte sich am illegalen Widerstandskampf der KPD in Mitte (S. 102), obwohl Hausdurchsuchungen bereits erste Warnzeichen setzten. Auch die Entlassung aus dem Staatstheaterverband schüchterte Hans Otto nicht ein.
Am 14. November ergriff die SA den Schauspieler. Tage furchtbaren Leidens lagen vor Hans Otto, denn er wurde durch mehrere SA-Kasernen gezerrt und mißhandelt. Zuletzt befand er sich in ihrem Hauptsitz Voßstraße. Mithäftlinge rühmten, daß der Gequälte noch Kraft und Liebe aufbrachte, um andere zu pflegen.

Der Schauspieler Paul Bildt stellte Nachforschungen nach dem Verschleppten an, stieß aber nur auf taube Ohren. Intendant Hanns Johst ließ sich gar nicht erst sprechen.
Bewußtlos und mit mehreren Schädelbrüchen lag Hans Otto zuletzt im Staatskrankenhaus, wo er am 24. November 1933 den Verletzungen erlag. Staatlicherseits verbreitete man, der Schauspieler hätte Selbstmord begangen.

Frühe Widerstandsgruppen

SA- und Staatsterror drückten die KPD immer mehr in die Defensive, denn von ihren opferbereiten Anhängern fürchtete das NS-Regime noch am ehesten Widerstand. Er sollte sofort im Keim erstickt werden. Und obwohl, wie Herbert Ebner (S. 45) berichtet, in der Wald- und der Wiclefstraße in Moabit kommunistische Schalmeienkapellen zu den Nazis überliefen und auch in der tiefroten Rostocker Straße – ähnlich dem Fischerkiez (S. 298 f.) – schon im März 1933 viele Hakenkreuzfahnen aus den Fenstern hingen, sollte die Rechnung doch nicht ganz aufgehen.
Immer wieder bildeten sich verschworene Kreise der KPD; nach Massenverhaftungen und der Zerschlagung früher Oppositionsgruppen fanden sich verbliebene Reste erneut zusammen und arbeiteten illegal weiter.
Besonders gefährdet waren 1933 die Anhänger des „Roten Frontkämpferbundes", die der SA durch Saalschlachten und Gegendemonstrationen von Angesicht zu Angesicht bekannt waren. So geriet der Moabiter Kraftfahrer *Willi Schwarz*, Sickingenstraße 39, ein in Charlottenburg und Tiergarten sehr bekannter Führer der „Roten Jungfront", 1933 in das KZ Columbia-Haus und in die Untersuchungshaftanstalt, weil man nach jenen Verantwortlichen suchte, die Schuld am Tode des Hitlerjungen Herbert Norkus trugen, der bei einem politischen Überfall in Moabit 1932 ums Leben gekommen war. (Als „Hitlerjunge Quex" wurde das Opfer durch einen Propagandafilm, in dem auch Heinrich George mitwirkte, verherrlicht.) Willi Schwarz kam nach zehn Monaten wieder frei, geriet aber 1944 wegen „Zersetzung der Wehrkraft" erneut in Bedrängnis. Im Juli wegen „Fahnenflucht" zu 8 Jahren Zuchthaus verurteilt, konnte er auf dem Transport fliehen und sich bis Kriegsende verbergen.

Der Schuhmacher *Ernst Rambow* (Ufnaustraße 15), ein wichtiger Berliner Funktionär im geheimen Nachrichtenapparat der KPD unter Hans Kippenberger, mußte nach seiner „Schutzhaft" Ende Februar bis Juni 1933 Berlin verlassen und beteiligte sich an der Untergrundarbeit in Hamburg. Am 14. 12. 1933 erneut festgenommen, litt er unter sehr schwerer Folter. 1934 zu sechs Jahren Zuchthaus verurteilt, kam Rambow schließlich 1940 nach Berlin zurück. Im illegalen Apparat der KPD rückte er zuletzt zum Abwehrbeauftragten und engen Vertrauensmann von Anton Saefkow auf, stellte dann seine intimen Kenntnisse allerdings der Gestapo zur Verfügung (S. 52).

Der Arbeiter *Robert Kroh* wirkte bis 1933 als Betriebsrat im (eher national getönten) Vergnügungsetablissement „Haus Vaterland" am Potsdamer Platz.

Robert Kroh (1886–1955) erinnert sich 1945:
„Als Funktionär [der KPD] im Berliner Bezirk 2, Tiergarten, machte ich mehrere Funktionärskurse mit und beteiligte mich an den Bezirksparteitagen...
Bald nach meiner Anstellung im Haus Vaterland wurde ich zum Betriebsrat gewählt. Auch wurde ich Mitglied der Internationalen Arbeiterhilfe, des Roten Frontkämpferbundes und der Roten Hilfe. Nach mehrjähriger Tätigkeit wurde ich dann im Jahre 1933... in Schutzhaft genommen.

Ludwig Marmulla

Robert Kroh

Nach der Entlassung aus der Haft war alles zerschlagen. Viele Genossen waren noch in Haft oder im Konzentrationslager. Wir, die wir draußen waren, mußten uns vorsehen, denn wir wurden überall beobachtet und bespitzelt."

Robert Kroh schloß sich daher dem illegalen Widerstand der „Roten Hilfe" in Pankow an und unterstützte die Familien inhaftierter politischer Freunde. Im November 1936 verurteilte man ihn zu zwei Jahren Zuchthaus. Die Haft zerrüttete seine Gesundheit für immer.

Der Schlosser *Wilhelm Streiber*, von 1928–1933 als „Roter Betriebsratsvorsitzender" und KPD-Betriebszellenleiter bei der Moabiter Firma Typograph, Huttenstraße 17–19, als Gewerkschafter aktiv tätig, arbeitete nach der Zerschlagung der Arbeiterbewegung mit gesinnungstreuen Genossen illegal weiter. Dies führte am 7. September 1933 zu seiner Verhaftung im Betrieb. Durch glückliche Umstände war es ihm zuvor möglich gewesen, seine Freunde rechtzeitig zu warnen. Er wurde vom 7.9.1933 bis zum 22.12.1933 im KZ Columbia-Haus festgehalten. Dank seiner Verschwiegenheit und der Disziplin seiner Betriebskollegen konnten alle Verbindungsleute geschützt werden. Nach seiner Entlassung blieb er jedoch längere Zeit arbeitslos.

Bereits Ende 1933 zerschlug die Gestapo den Versuch, die illegale kommunistische Metallarbeiter Organisation aufzubauen. (Siehe ausführlich die Pankow/Reinickendorf-Darstellung dieser Reihe.)
In Verfahren vor dem Berliner Kammergericht (Lentzsch u. a.) wurden 1934 aus Mitte der Metallschleifer *Willi Boremski* (Schönholzer Straße 5) zu eineinhalb Jahren und der Werkzeugmacher *Bruno Poek* (Tieckstraße 6) zu zwei Jahren Gefängnis verurteilt, weil sie Untergrundschriften verbreitet und Sympathisanten gegen das NS-Regime gesammelt hatten. Der Instrukteur für Moabit *Ludwig Marmulla* bekam ebenfalls eineinhalb Jahre Gefängnis . Alle überlebten die Jahre der Verfolgung.

Wilhelm Kowalewski aus der Invalidenstraße 15 hatte für den illegalen Kommunistischen Jugendverband verbotene Druckschriften verbreitet und erhielt 1935 im Berliner Massenprozeß „Czech und Genossen" eine einjährige Gefängnisstrafe ohne Anrechnung der Schutzhaft. 1941 zur Wehrmacht eingezogen, hielt der Schneider weiterhin Kontakt zu alten Freunden wie Hans Pardon und Kurt Ehlert. Durch mündliche Propaganda und Abhören verbotener Sender versuchten sie, besonders Soldaten für die Gegnerschaft zum Regime zu gewinnen.

Kurt Warnat, Schönhauser Allee 40a, kam aus der SPD, schloß sich im Widerstand aber kommunistischen und national-revolutionären Kreisen an. So bezog er 1934 von Beppo Römer (S. 135), den er seit 1929 kannte, Untergrundschriften. Durch seine Arbeitsstelle, das Restaurant Otto Baarz (Mittelstraße 62/63), kam Warnat mit vielen Menschen zusammen und machte aus seiner Gegnerschaft zum NS-Regime keinen Hehl. Diese Gastwirtschaft war über viele Jahre eine Treffpunkt für oppositionelle Berliner (S. 43). Ehemalige Kunden bescheinigten dem Buffetier Warnat, daß er verbotene Flugblätter und Nachrichten verbreitete. Er arbeitete diesbezüglich auch eng mit dem Kellner Otto Haase zusammen, der schließlich 1944 wegen Untergrundarbeit bei Borsig (Gruppe „Mannhart") – siehe die Pankow/Reinickendorf-Darstellung – hingerichtet wurde.
Bis zur totalen Ausbombung des Lokals 1944 blieb Kurt Warnat dort beschäftigt. Er konnte überleben.

Gesinnungstreue Anhänger der verbotenen Arbeitersportbewegung (Fichte Berlin) berichteten, daß sie auch nach dem Verbot zu politischen Diskussionen im engen Freundeskreis zusammenkamen und vereinzelt Quartiere für Illegale zur Verfügung stellten. Am Arkonaplatz ging bereits sehr früh eine illegale Rotsport-Gruppe hoch, erinnern sich mehrere Zeitzeugen (darunter Erwin Klose). Die Oppositionellen hatten eine eigene Zeitung herausgegeben. Zur Tarnung ihrer Aktivitäten und um noch Unentschlossene für den Widerstand gewinnen zu können, traten sie dem Leichtathletikverein „Astoria" um Kurt Mantler bei. Nachdem die illegale Gruppe durch die Leichtsinnigkeit junger Anhänger aufgeflogen war, gerieten mehrere ihrer Funktionäre, darunter Paul Becker und Kurt Timm, in Haft.

Willy Rumpf (1903–1982), der von November 1933 bis März 1934 Politischer Leiter des Unterbezirks Stettiner Bahnhof war und deshalb – wie sein enger Mitverschwörer Paul Albert Ossenberg – drei Jahre Zuchthaus verbüßte, berichtet von einer größeren Verhaftungswelle bereits im Frühjahr 1934 gegen Mitglieder seines Unterbezirks in Mitte. (Willy Rumpf war von 1955–1966 Finanzminister der DDR.) Hierbei handelte es sich auch um Funktionäre, die sich im Rahmen der sogenannten Emigrantenkommission in der Fluchthilfe engagiert hatten. In diesem Zusammenhang sei besonders an den Zimmerer Ludwig Pfeiffer (1893–1963) erinnert, der viele Menschen ins rettende Exil brachte und dafür 10 Jahre ins KZ gesperrt wurde.

Ludwig Pfeiffer

Willy Rumpf

Dogmatismus und Sektierertum

Während in Konzentrationslagern schon Tausende deutscher Hitler-Gegner geschlagen, gequält und ermordet wurden und SA und SS unzähligen kommunistischen Funktionären auf den Fersen waren, beschloß im Mai 1933 das Zentralkomitee der KPD folgende Resolution:

„Das Proletariat hat keine Schlacht verloren, keine Niederlage erlitten... Es handelt sich nur um einen vorübergehenden Rückzug."

Selbst zu diesem Zeitpunkt, als große Teile ihrer Organisation zertrümmert waren, fand sich die KPD-Führung nicht bereit zuzugestehen, daß auch die deutsche Arbeiterbewegung 1933 eine folgenschwere Niederlage erlitten hatte, eine Niederlage, die den einst zahlenmäßig so starken kommunistischen Flügel einschloß.
Mancher Beobachter wird vermuten, derartige Selbsttäuschungen hätten sich unter dem Zwang blutiger Verhältnisse schon sehr bald gelegt? Leider nein, wie folgende Beispiele zeigen.
In der Reichshauptstadt agierten bis ins Frühjahr 1935 hinein zwei wichtige kommunistische Widerstandsgruppen:
einmal die deutsche *Landesleitung* (zuletzt um Adolf Rembte, Robert Stamm und Max Maddalena) und dann die *Bezirksleitung von Berlin-Brandenburg*, deren Zusammensetzung auf Grund wiederholter Verhaftungen bzw. der erzwungenen Emigration Verantwortlicher stark wechselte. Es sei aber in diesem Zusammenhang ganz besonders an Hans Jendretzky (S. 106), Paul Grzeschik, Erich Hanke und Anton Ackermann erinnert. Mit Ausnahme des Letzteren hatten die anderen langjährige Zuchthaus- und KZ-Strafen für ihren Widerstandskampf zu verbüßen. (Paul Grzeschik verstarb 1942 im Zuchthaus Sonnenburg.)

Erich Hanke

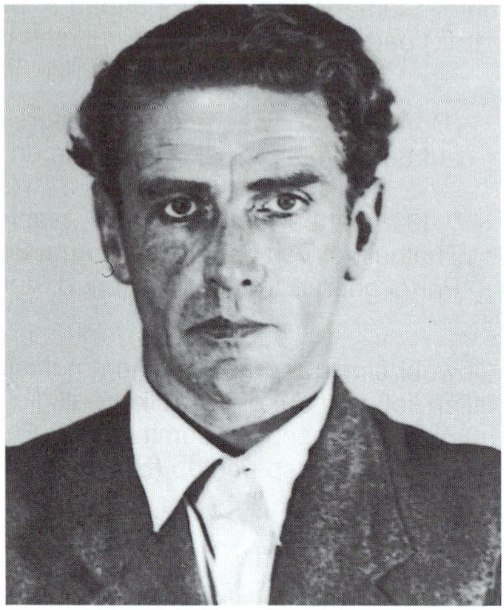

Hans Jendretzky

Die Bezirks- und die Landesleitung standen bis März 1935, dem Datum der Verhaftung von Robert Stamm und seinen Freunden, in engem Kontakt. So vertrat z. B. Robert Stamm die Berliner bei kommunistischen Zusammenkünften im Ausland.
Zwischen der Reichshauptstadt und Exil-Stützpunkten der KPD verkehrten Kuriere; Materialtransporte, Unterstützungsgelder und schriftliche Anweisungen gingen, wenn auch mit Unterbrechungen, wiederholt nach Berlin.
Dabei zeigten sich die Funktionäre in Berlin längst nicht mit allen Texten und Auslandsproklamationen der KPD einverstanden. Jedoch nicht, wie man meinen könnte, weil man im Exil nicht das gemeinsame Anliegen *aller* verfolgten Gruppen des Arbeiterwiderstandes betonte, sondern weil die Trennlinie zur SPD angeblich nicht deutlich genug gezogen wurde!

In einer Entschließung vom 25. März 1933 bezichtigt die Bezirksleitung der KPD die SPD der „praktischen Hilfestellung für den Faschismus."
Und noch im Juni 1934 rügte die Landesleitung der KPD aus Berlin einen Artikel von Hugo Eberlein, der später ein Opfer Stalins wurde, wegen (angeblich) „krassem Opportunismus", weil Eberlein kein Wort über die Sozialdemokratie und ihren „Verrat" geschrieben habe. Dabei hatte man in der Reichshauptstadt doch gewiß größere Sorgen, etwa die Spitzeltätigkeit ehemaliger Funktionäre wie Alfred Kattner (S. 93) und Helmuth Lass, die an der Verhaftung zahlreicher Genossen schuld waren.

Offensichtlich sah man die herrschende Gefahr noch immer nicht klar genug, denn voller Stolz meldete man 1934 aus Berlin folgende Leichtfertigkeit:

> „An dem Revolutionsdenkmal in Lichtenberg – Friedrichsfelde fanden im Januar große Demonstrationen statt.
> Tausende zogen am 15. Januar an dem Denkmal vorbei.
> Kränze wurden niedergelegt."

Auch im Arbeiterwiderstand wurde noch im Juli 1934 die Abgrenzung betont. So hieß es im Bericht der „Genossin B.“, der Instrukteurin für die Bezirke Moabit, Charlottenburg, Siemensstadt und Spandau in bezug auf die verhältnismäßig erfolgreiche (S. 112ff.) parteiübergreifende gewerkschaftliche Widerstandsarbeit bei Osram:

„Durch die Schwäche des Polleiters der Zelle sind die Rechten, Brandleristen*, auf dem Weg über die Rote Hilfe an unsere Genossen herangekommen.“

* 1928 hatten sich gemäßigte „rechte“ Kreise um Heinrich Brandler und August Thalheimer von der KPD getrennt und eine eigene gewerkschaftlich orientierte Partei gegründet, die KPD(O), d. Verf.

Obwohl eine internationale kommunistische Konferenz 1935 die ultralinke Strategie fallen ließ und auf eine „Volksfrontlinie“ umschaltete, taten sich viele deutsche Kommunisten sehr schwer damit (S. 71). Erst in den Kriegsjahren rückte man vom absoluten Führungsanspruch ab (S. 141ff., 149ff.).

Verstecke und Versteckte
Mitte, Am Zirkus Nr. 7 – Illegales Büro
Mitte, Burgstraße 27–30 – Illegales Archiv
Moabit, Calvinstraße 13 – Geheimer Treff

Das turbulente Leben im Stadtzentrum mit seinen vielen öffentlichen Einrichtungen im Universitäts- und Museumsbereich, seinen Vergnügungsstätten, Theatern, Geschäften, Hotels und Büros, alles durch unzählige sich kreuzende Verkehrswege verbunden, von In- und Auslandsbesuchern benutzt und bestaunt, bot der illegalen Arbeit vielfältige Tarnmöglichkeiten.
Wiederholt schuf der Untergrundapparat der KPD Verstecke in Gebäuden, die von zahlreichen Menschen aufgesucht wurden. So waren im Bürohaus Börse (Burgstraße 27–30), das auch vom „Roten Stoßtrupp“ (S. 59f.) genutzt wurde, von der Firma Stein zwei Räume angemietet worden, in denen in rund 400 Kisten ein großer Teil des Archivs der KPD lagerte.
Nicht weit entfernt, Am Zirkus Nr. 7, nahe dem Hackeschen Markt, unterhielt die illegale Gewerkschaftsorganisation RGO ein wichtiges Untergrundbüro. Zur Tarnung stand draußen „Zenith-Foto- und Filmlampen“ an der Tür. Tatsächlich waren in einem Raum Lampen untergebracht. Das eigentliche Büro war in einfacher Weise kaschiert, in Büromöbeln verborgen. So besaß das Kleiderregal mehrere Geheimfächer. Dort waren Schriftstücke, Zeitungen und Rundschreiben gelagert. Bedauerlicherweise fand die Gestapo bei ihrer Durchsuchung auch eine Liste mit Adressen.
Desgleichen gelang es der Politischen Polizei im Herbst 1933, ein illegales Büro der Landesleitung der KPD (Reich) – um Herbert Wehner und Wilhelm Kox – in der Calvinstraße 13 auszuheben.

Unter Mithilfe ausländischer Fischer versteckten Exil-Kreise der Arbeitersportbewegung Flugblätter in Gummibehältern, die unter Fischsendungen verborgen auf den Transport nach Berlin gingen. In der Reichshauptstadt nahmen eingeweihte Mitarbeiter der Markthallen im Zentrum die gefährliche Fracht vorsichtig in ihre Obhut und leiteten sie weiter.
Zahlreiche Funktionäre von RGO und Rotsportlern berichten, daß sie nach der gewaltsamen Schließung ihrer Geschäftsstellen (Münzstraße) regelmäßig wöchentlich zu-

sammenkamen. Kurt Brocke: „Wir trafen uns abwechselnd im Friedrichshain, in den Rehbergen, im Friedrichshagener Forst, manchmal auch in Lauben und Wohnungen." Dabei wurden Berichte entgegengenommen und Material verteilt. (Siehe zum Rotsport und der Gewerkschaftsarbeit auch die Pankow/Reinickendorf-Broschüre.)

Bereits im Oktober/November 1932 hatte das ZK der KPD durch den dazu beauftragten Kernmacher Eugen Schönhaar mit dem Aufbau eines illegalen Druckapparates für Deutschland begonnen. Ernsthaft in die Tat umgesetzt wurde das Vorhaben in Berlin von Mai/Juni 1933 bis Herbst des Jahres. Enge Mitarbeiter waren dabei der Ingenieur Paul Fähr und Karlheinz Stühler. Sie konnten bei folgenden Adressen verbotene Abzüge herstellen lassen: Lindenstraße 29, Prinzenallee 83, Große Frankfurter Straße bei O. Müller, Hollmannstraße 18, Eisenbahnstraße 26, Potsdamer Straße 134a, Blücherstraße 21 und Dresdener Straße 91.
All die genannten Orte wurden schon im Herbst 1933 verraten, die Verantwortlichen klagte man an. Eugen Schönhaar wurde zusammen mit Thälmanns Nachfolger John Schehr (S. 92) im Februar 1934 ermordet.
So bitter die Wahrheit ist, daß die Gestapo, nicht zuletzt durch ihre Agenten, vieles aufdecken konnte, so gab es doch auch Menschen, an denen selbst sie scheiterte: Im Februar verhaftete man den Politischen Leiter der KPD von Berlin – Brandenburg Hans Jendretzky (1897–1992) und den Bezirkskassierer Erich Schlegel (* 1902). Jendretzky war seit Mai 1933 flüchtig und verbarg sich zuletzt bei der Firma Lopp (Adlershof). Dem ehemaligen Landtagsabgeordneten und führenden Rotfrontkämpferbund-Funktionär vermochten die Verfolger nicht viel zu entlocken, die Anklageschrift war recht dünn und dürftig. Wie Schlegel erhielt er vom Kammergericht im September 1934 eine dreijährige Zuchthausstrafe. Anschließend an die Haft in Luckau steckte man ihn (Foto S. 104) zur „Verwarnung" noch ein Jahr ins KZ.
Nach der Zerschlagung der Saefkow-Gruppe war sein Leben ernsthaft in Gefahr. Das Schweigen Saefkows rettete ihn, und er wurde lediglich wegen „Nichtanzeige" mit drei Jahren Gefängnis belangt. (Er blieb bis ins hohe Alter mit wechselndem „Parteiglück" politisch aktiv. So war er der letzte Alterspräsident der Volkskammer der DDR.)

Bei den „Roten Studenten"

Unter den politisch „links" eingestellten Studenten an den Berliner Hochschulen, die insgesamt bis 1933 ohnehin nur eine kleine Minderheit darstellten, befanden sich die Anhänger der KPD noch einmal in der Minorität. Zusammengeschlossen in der Kommunistischen Studentenfraktion (KOSTUFRA) waren sie am Ende der 20er Jahre stark von den innerparteilichen Auseinandersetzungen betroffen und verloren so kluge und in makelloser Diktion argumentierende Köpfe wie den jungen Richard Löwenthal (der sich wie einige „Rechte" der Gruppe Neu Beginnen anschloß) oder den Medizinstudenten Alfred Bergmann (der zur Kommunistischen Partei-Opposition um Heinrich Brandler und August Thalheimer stieß).
Frühere Aktive wie Nathan Steinberger berichten 1992, daß der stalinistische Kurs mit seinen dogmatischen Denkschablonen unter den KOSTUFRA-Mitgliedern keineswegs ungeteilte Zustimmung fand. Die Warnungen eines kommunistischen Dissidenten wie Leo Trotzki, der die KPD in eindrucksvollen Schriften vor dem rein antisozialdemokratischen Kurs warnte und das drohende Verhängnis vorhersah, wurden sehr wohl gelesen: „Aber zu mehr als einem Nebeneinander mit den sozialistischen Studenten (S. 74) reichte es nicht", erinnert sich Nathan Steinberger.
Bereits vor der NS-"Machtübernahme" wurden mehrere Studenten der KPD wegen radikalen politischen Auftretens von den Universitäten verwiesen. Das Jahr 1933 erwies sich im doppelten Sinne als schwerer Aderlaß, denn zu der allgemein einsetzenden Verfolgung der Kommunisten kam hinzu, daß besonders bei den Medizinern ein

[Anfang Juli 1934.]

Alle Macht den Räten! Es lebe Rätedeutschland!

Arbeiter! Werktätige!

Augen auf! – Laßt Euch nicht von neuem täuschen!

Was sich am 30. Juni abspielte, ist von weittragender Bedeutung für jeden von Euch. Es geht nicht um die Schweinereien, Luxusautos, Korruptionsgeschichten, § 175-Affairen der gestürzten und ermordeten SA-Führer; das sind nur Vorwände; es geht umdas ganze werktätige Volk, das in noch härtere Fron und in verschärfte Unterdrückung durch die in- und ausländischen Kapitalisten gepreßt werden soll. Der Traum der SA von einem „deutschen Sozialismus" unter Hitler ist ausgeträumt Das Finanzkapital fordert von seinen Agenten Hitler, Göring, Göbbels einen klaren Kurs auf Erfüllung seiner Befehle. Die „Säuberungsaktion" mit dem überfallsmäßigen Mord auf die alte Garde der SA-Führer soll die Empörung und den Haß des Volkes auf einige unbequeme SA-Führer ablenken, alle SA-Männer einschüchtern, die Durchführung der neuen Hunger- und Terrormaßnahmen und der nationalen Verratspolitik Hitlers erleichtern.

Arbeiter, Werktätige, seid auf der Hut!

Reichswehr und Polizei standen marschbereit. Hitler hatte mit ihnen das Bündnis gegen seine SA-Männer von langer Hand geschlossen. Die Aktion gegen die SA, der seit langem geplante Mord an Hitlers engsten Freunden von der obersten SA Führung, sind die blutige Demonstration für die pünktliche Erfüllung der Forderungen der deutschen Trust- und Finanzgewaltigen und ihrer Verbündeten in Paris und London, durch die Hitlerregierung. Die alten nationalistischen Freikorpsführer, die zuvielwissenden Kumpane, die Reichstagsbrandstifter, wurden ohne Gericht und Prozeß von Hitler u. Göhring nach alter Mörderart für immer stumm gemacht.

Anderthalb Jahre faschistische Hitlerdiktatur brachte trotz aller ausländischen Reklamereisen völlige außenpolitische Isolierung, die zu einer Katastrophe zu führen drohte. Das Finanzkapital fordert Schluß mit der Kraftmeierei und den kriegslüsternen Phrasen von „Ehre und Gleichberechtigung", fordert zurück zu der Verhandlungspolitik, zurück zum Völkerbund, zur Allianz mit England, Polen und anderen Staaten gegen die Sowjetunion. Die Botschafter Englands und Frankreichs forderten als Garantie für die Wendung die Entwaffnung und Umstellung der SA. Hitler sagte das schon im April zu und erfüllte jetzt diese Befehle des deutschen und internationalen Finanzkapitals, beugte sich dem Versailler Diktatvertrag und der Völkerbundspolitik.

Anderthalb Jahre faschistische Hitlerdiktatur machten für die Massen die kommunistische Feststellung verständlich: Hitler führt Deutschland in die Katastrophe. Unter Führung der KPD rüstet sich die Arbeiterklasse zum Kampf. Im Volk wächst lawinenhaft Haß, Empörung und Unzufriedenheit. Die SA wurde unter dem Druck der klassenbewußten marxistischen Arbeiterschaft und auf Grund aller Tatsachen zu einem immer unzuverlässigeren Instrument der faschistischen Diktatur. Das Unternehmertum war in der Durchführung der notwendigen Maßnahmen auf Abbau der Löhne, Erhöhung der Ausbeutung gehemmt, weil auch SA- u. NSBO-Leute sich immer mehr dem Kampf der KPD anschlossen. Jetzt soll die Bahn frei gemacht werden für neue Senkung der Löhne, Unterstützungen, Renten, der ganzen Lebenshaltung. Die alte millionenstarke SA, durch deren Glauben an eine bessere Zukunft, durch deren Opfer Hitler in den Regierungssessel rutschte, wird jetzt entwaffnet und aufgelöst, Hnnderte SA-Leute wurden ermordet. Eine kleine Polizei-SA, unter unmittelbarer Führung der staatlichen Polizei soll an die Stelle treten. Der Wille des nationalen und internationalen Finanzkapitals ist für Hitler das Gesetz zum Handeln.

Die faschistische Diktatur, der die Millionenbasis ihrer für die Kapitalisten unzuverlässig werdenden Soldaten zerrinnt, vertauscht sie mit den Bajonetten und Maschinengewdhren der Pölizei, weil es gilt, mit allen Mitteln die Politik des Finanzkapitals auf rücksichtslosere Durchführung der Politik des Hungers, der Ausbeutung und des Krieges gegen das werktätige Volk durchzusetzen und alle Versuche zur Verwirklichung der sozialistischen Hoffnungen der SA-Männer im Keime zu ersticken. Arbeiter, Werktätige, Euch sollen die Schläge treffen, die jetzt von der Reaktion, von den Unternehmern und Junkern vorbereitet werden. Deshalb rufen wir Euch zu:

Werft Euch der neuen Welle des Terrors und der verschärften Ausplünderung entgegen!

Entfesselt den Sturm des Widenstandes gegen die faschistische Diktatur im Land!

Die Hitlerdiktatur wird immer schwächer u. sie wird von einer Krise in die andere fallen. Im Betrieb werden die Unternehmer jetzt angreifen wollen. Arbeiter, zeigt ihnen die Faust! Jetzt heißt es: Schluß mit jedem Lohnabbau! Fordert Eure alten Löhne und Akkorde! Fordert: Runter mit den hohen Preisen!

hoher Anteil von ihnen jüdischer Herkunft war. So wie es auch bei den Anhängern der sozialistischen SAP der Fall war (S. 74), mußten viele jüdische Studenten Deutschland verlassen oder waren gezwungen, das Studium aufzugeben. Nach Auskunft von Günther Nobel (S. 296) waren einige hundert Mitstudenten von diesem politischen Schicksal betroffen.

Einzelne Studenten schlossen sich Untergrundgruppen außerhalb der Universität an. So der Historiker Ernst Engelberg (* 1909) – im Wintersemester 1931/32 kommissarischer Reichsleiter der Kostufra –, der nach Abschluß seiner Dissertation bei Gustav Mayer (bzw. nach dessen Entlassung bei Hermann Oncken, S. 348f.) illegale Arbeit für die KPD im Norden Berlins leistete. Vier Tage nach seiner Promotion, im Oktober 1934, wurde er verhaftet und schließlich zu 1 ½ Jahren Zuchthaus verurteilt. Er berichtete uns 1993, daß er noch während seiner Untersuchungshaft in Moabit durch den ihm gut bekannten Leiter der Heeresbibliothek (Ecke Wilhelm- und Dorotheenstraße), einen deutschnationalen NS-Gegner, mit wissenschaftlicher Literatur versorgt wurde.

Trotz allem blieben auch nach 1933 an der Technischen und an der Friedrich-Wilhelms-Universität (Unter den Linden) kommunistische Gruppen erhalten und griffen mit den Mitteln der illegalen Propaganda den NS-Staat und die große Mehrheit der ihm willfährigen Professoren (S. 348) an. Vor allem aber bemühten sie sich, die sozialen Interessen der breiten Studentenschaft aufzugreifen, um dadurch neue Anhänger zu gewinnen. So protestierten sie gegen die Verminderung der Zahl der Studierenden, finanzielle Belastungen, Ausbildungsverschlechterungen und nicht zuletzt staatlich verordnete „Kasernierung", da Studenten zu mehrmonatigen Arbeitslageraufenthalten mit propagandistischem „Unterricht" zwangsmäßig herangezogen wurden.

Die kleine Gruppe der „Roten Studenten" an beiden Berliner Hochschulen in Charlottenburg und Mitte war, wie allgemein beim frühen kommunistischen Widerstand üblich, an die illegale Bezirksleitung der Berliner KPD angebunden. Ihr Kontaktmann, mit Decknamen „Erich" und „Emil" war der Journalist *Erich Lodemann* (1909–1944). Vor 1933 gehörte er dem „Bund proletarisch-revolutionärer Schriftsteller" an und unterhielt zahlreiche Verbindungen zu universitären Kreisen, was sich mit Beginn der Illegalität als von großem Nutzen erwies.

Erich Lodemann und seine Freunde wagten in den ersten beiden Jahren der NS-Diktatur wiederholt riskante Flugblattaktionen in der Staatsbibliothek, dem Lesesaal der Universität und selbst auf der Berliner Funkausstellung 1934.
Sie gaben eine Vielzahl von Protestblättern und Untergrundschriften heraus, einige Titel lauteten: „Antifaschistische Korrespondenz", „Der Sozialist", „Informationsdienst" und „Der Rote Student".

Die Staatspolizei hielt in ihrem Schlußbericht vom 26. Juni 1935 dazu fest:
„Am 1. 8. 1934 fanden in der Universitätsbibliothek, am 26. 8. 1934 in der Funkhalle, am 7. und 8. 11. 1934 in der Staatsbibliothek in der Hochschule für Politik sowie in der Halle der Universität Bölleranschläge statt.
Am 1. 8. 1934, gegen 12.00 Uhr, wurde im Lesesaal der Universitäts-Bücherei Dorotheenstraße ein Papierböller mit kommunistischen Streuzetteln zur Explosion gebracht. Der Explosionskörper war auf der Galerie der Bücherei aufgebaut und durch schwarzes Papier bekleidet, daß er nicht auffiel.
Am 26. 8. 1934 explodierte auf der Galerie der Halle VI der Funkausstellung ein Sprengkörper. In der Blechbüchse befanden sich kleine rote Sowjetsterne mit KPD-Schlagzeile.

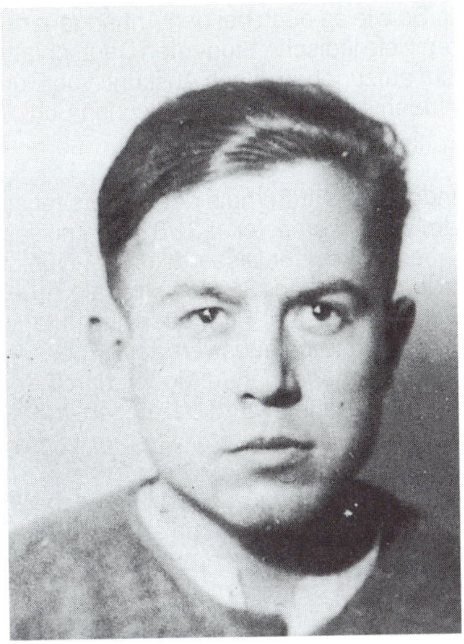

Wilhelm Girnus

Erich Lodemann

Am 7. 11. 1934 erfolgten im großen Lesesaal der Staatsbibliothek und im Treppenhaus der Deutschen Hochschule für Politik kommunistische Demonstrationen durch Explosionen von Sprengkörpern, die Zettel kommunistischen Inhalts verteilten. Die Sprengladungen waren in Buchattrappen untergebracht.
Eine dritte völlig gleiche Sprengladung ist am 8. 11. 1934 in der Halle der Universität niedergelegt worden, ohne daß es zu einer Explosion kam."

Die Aufregung über diese Aktionen war immerhin so stark, daß eine Sonderkommission eingerichtet wurde. Der eigentliche Verantwortliche für die Bölleranschläge, der Jurastudent Horst Taleikis, hatte jedoch im November 1934 fliehen können.

Zum Kern der Aktiven gehörten: *Gerhard Fuchs* (Sohn des bekannten Pfarrers und Religiösen Sozialisten Professor Emil Fuchs), *Klaus Gysi* (der 1935 emigrieren mußte), *Joachim Schwelien* (zur Tarnung Mitglied der SA), *Horst Taleikis* (er konnte wie Gerhard Fuchs noch vor der Verhaftung entkommen) sowie *Heinz Kirchgatter*, *Fritz Opel* und *Wilhelm Girnus*, gegen die sich später ein Prozeß richtete.
Fritz Opel spielte insofern eine besondere Rolle, als er zusätzlich enge Verbindungen zu einer anderen, der oppositionellen Gruppe „Max" besaß. Sie umfaßte – in der Sprache der Gestapo – „Relegierte, Ausländer und Juden" und galt den strengen KPD-Anhängern als ideologisch unzuverlässig, da „trotzkistisch".
Wilhelm Girnus dürfte von allen Genannten die ernstesten politischen Erfahrungen hinter sich gehabt haben. Der Studienassessor war wegen seiner Zugehörigkeit zur KPD Ostpreußens bereits 1933 gemaßregelt worden und wurde wegen „kommunistischer Umtriebe" im Juli 1933 in „Schutzhaft" genommen. Nach seiner irrtümlichen Entlassung floh er im April 1934 nach Berlin und lebte hier illegal (Wichertstraße 41). Am 11. März 1935 nahm ihn die Gestapo fest; erst am 3. Juli 1935 überstellte sie ihn in die Untersuchungshaft.

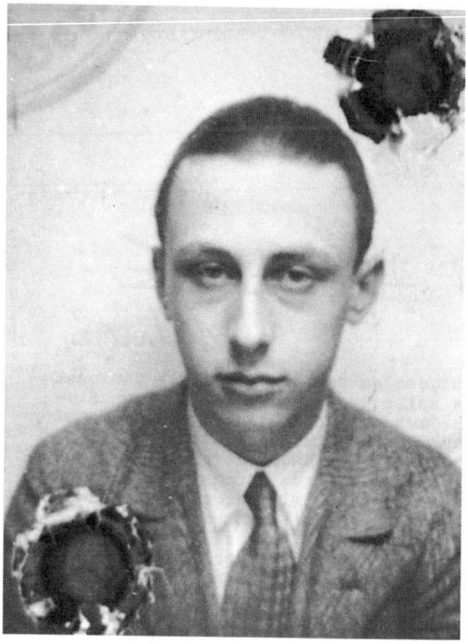

Fritz Opel

Joachim Schwelien

Während Heinz Kirchgatter und Fritz Opel bereits am 17. November 1934 festgenommen worden waren, kam die Gestapo erst später auf die Spur von Wilhelm Girnus, den sie schließlich auf Grund einer Aussage des seit dem 4.12.1934 einsitzenden Studenten Joachim Schwelien (1913–1976), der Girnus' Quartier besorgt hatte, am 11. März 1935 verhaftete.
Viele andere Freunde der illegalen Studentengruppe konnten fliehen, aber vom engen Kern verurteilte der Volksgerichtshof am 12. Februar 1937:

Heinz Kirchgatter	zu 5 Jahren Zuchthaus
Fritz Opel	zu 3 Jahren Zuchthaus
Wilhelm Girnus	zu 5 Jahren Zuchthaus
Käthe Fuchs bekam	1½ Jahre Gefängnis wegen Beihilfe

Fritz Opel (1912–1973), den Rechtsanwalt Reinefeld (S. 46f.) verteidigt hatte, emigrierte nach seiner Entlassung im August 1938 in die Schweiz. Nach dem Krieg wirkte er nach seiner Promotion als Vorstandssekretär der IG Metall.
Wilhelm Girnus (1906–1985) kam nach Verbüßung seiner Zuchthausstrafe umgehend ins KZ Sachsenhausen und wurde erst 1945 befreit. Er wurde später in der DDR Staatssekretär; zuletzt Hochschulprofessor.
Vom dritten Leitungsmitglied, Heinz Kirchgatter, konnte leider nur ermittelt werden, daß er nach der Haft emigrierte und im Exil verstarb. Dies berichtete Joachim Schwelien, der eine 3½jährige Zuchthausstrafe und anschließende Schutzhaft (4 Wochen) verbüßte und 1942 zu einer Strafeinheit eingezogen wurde. (Er wirkte nach dem Krieg u.a. als ARD-Korrespondent.)
Ihr Kontaktmann zur Berliner KPD-Leitung Erich Lodemann (1909–1944) erhielt in einem ganz anderen Verfahren eine dreieinhalbjährige Zuchthausstrafe. Kurz vor Kriegsbeginn freigelassen, fand er schon bald wieder Anschluß an den illegalen KPD-Apparat. Wegen Widerstands für die Gruppe um Robert Uhrig (S. 135ff.) nahm man ihn im Februar 1942 fest. Nach längerem KZ-Aufenthalt wurde er am 24. Oktober 1944 im Zuchthaus Brandenburg hingerichtet.

D E R R O T E S T U D E N T

Sondernummer

~~2 Exempl. ges.~~
Anlage 2

Der Deutsche Student unter Hitler

Bekanntlich haben die deutschen Studenten bei dem Kampf des National
sozialismus um die Macht keine geringe Rolle gespielt. Innerhalb der Stu-
denten, die aus dem Mittelstand kommen, aus den Schichten der unteren und
mittleren Angestellten u d Beamten , aus dem werktätigen Bauerntum und
den Hanwerker-und Kaufmannskreisen, die unter dem Nachkriegsregime beson
ders stark litten, fasste der Nationalsozialismus zuallererst Fuss. Zusam-
men mit den von der Front zurückkehrenden, demobilisierten und arbeitslo-
sen jungen aktivistischen Offizieren bildeten sie die ersten führenden
Kader der NSDAP, ~~die/ihre/s/~~ ihr weltanschaulich-politisches Ferment. Ru-
dolf H e s s trat als Student der NSDAP bei und Hitler schildert mit be-
sonderer Genugtuung dass sein erster SA Sturm unter der Führung von Hess
sich aus aktivistischer , radikaler Studentenjugend zusammensetzte. Man
denke auch an die grosse Rolle, die der Horst Wesselkult und sein Ueber-
tritt von den Korporation n zu der SA in der Propaganda des Nationalsozia
lismus gespielt hat.

Diese Mittelstandsjugend war wirtschaftlich und gesellschaftlich
durch Kriegselend und Inflation entwurzelt. Viele studierten einfach nur
weil sie damit für eine Zeit lang irgendwie beschäftigt waren und die un-
mittelbare Entscheidung über ihre Zukunft hinausschieben konnten. Aber ir-
gend eine Auss icht auf Beschäftigung nach erfolgtem Studium bestand für
sie nicht. Der Glorienschein, mit dem das Studentenleben und die Akademi-
kerlaufbahn vor dem Kriege umgeben waren, das Gefühl die nationale Elite
zu bilden, waren durch das wirtschaftliche,politische und kulturelle ~~Leben~~
~~das~~ Elend der Nachkriegszeit unwiderruflich zerstört. Auch sie bekamen die
Macht des Hungers zu spürenn und die Macht des.... Geldes.

Der Zusammenbruch des deutschen Imperialismus, die feige Kapitulation
des deutschen Bürgertums und seiner sozialdemokratisch-jesuitischen Knech
te vor dem Ententeimperialismus machten den aktivsten Teil der Mittelstand
jugend und an ihrer Spitze die Studenten zu den glühendsten Verfe chtern d
eines neuen fanatischen Nationalismus, der sich nicht mehr mit den Grenzen
und der Macht von 1914 begnügen wollte, sondern durch die Schaffung ein s
allmächtigen Grossdeutschland für immer einer nationalen Katstrophe wie 19
1918 vorbeugen wollte. Die nationalistische Begeisterung dieser Jugend,di
zu der grössten Opfern bereit war, ist echt gewesen. Diese Jugend und die
Klügsten unter ihnnen wollten noch mehr. Die Katastrophe von 1918, das
Wirtschafselend und die gewaltigen sozialen Erschütterungen der Nachkrieg
zeit hatten ih nen gezeigt, welche tiefen Klassengegensätze das deutsche
Volk spalteten. Aber die Arbeiterklasse erwies sich zu schwach und zu un-
reif für ~~einen~~ Sturz des Bürgertums, der Klassenkampf schien sich als ei
falscher und sehr blutiger Weg zur sozialen Befreiung erwiesen zu haben
und so suchte diese verratene und enttäuschte Jugend einen anderen,~~neuen~~
vermeintlich neuen Weg zum Sozialismus den weg der K l a s s e n v e r-
s ö h n u n g : D I E V O L K S G E M E I N S C H A F T.

Das ist die Geburt des "Nationalen Sozialismus" gewesen und nur Dummköl
pfe können sich über den guten Glauben jener Jugend lustig machen. Ihre
Begeisterung und ihr Kampfeswille ist echt gew sen. Kampf gegen die Heg.
monie des französischen Imperialismus, gegen Versailles, gegen Tribute und
Reparationen, Kampf gegen die kapitalistische Knechtschaft und die Weima
rer Erfüll ngspolitik, nationale und soziale Freiheit waren die Losungen
dieser Jugend. U d die Studenten spielten in dieser Jugend die führende
Rolle: Die nationalsozialistischen Führer schmeichelten ihnen als der
nationalen Elite die im Dritten Reiche zur weltans haulichen und politi-
schen Führung des deutschen Volkes berufen sei. Wie konnte der deutsche
Student von dieser Perspektive nicht begeistert sein?

Und heute nach 2 Jahren nationalsozialis tscher Regierung, wie ist

„Rote Studenten" traten mit ähnlich spektakulären Aktionen nicht mehr hervor. Erst in späteren Jahren spielten kommunistische Universitätsangehörige im Rahmen der „Roten Kapelle" wieder eine gewisse Rolle (S. 144).

Unterbezirke der KPD hochgegangen:

Nach dem Verbot der verschiedenen Massen- und Nebenorganisationen der KPD (Arbeitersport, Rote Hilfe, Jugendverband, Revolutionäre Gewerkschaftsopposition) hatten deren gesinnungstreue Funktionäre zunächst versucht, in Anbindung an den illegalen Apparat der KPD eine möglichst in die Breite gehende Widerstandsfront aufzubauen. Dabei schreckte man auch nicht vor Kurzdemonstrationen, Streikaufrufen, Verkauf illegaler Schriften und der Anlegung namentlich geführter Spendenlisten zurück (siehe die Pankow/Reinickendorf-Broschüre dieser Reihe). Dafür zahlten die Kommunisten einen hohen Preis. Besonders in den Arbeiterbezirken gingen von 1934 bis 1936 weit über 1 000 Aktive hoch. So wurden allein im Unterbezirk Südost (Kreuzberg) ungefähr 130 Menschen angeklagt. Zweihundert Personen erfaßte die Geheime Staatspolizei, als sie illegale Parteiorganisationen im Stadtzentrum (S. 119ff.) zerschlug.
In zwei Prozeß-Gruppen:
Urbschat u. a. (Unterbezirk „Zentrum" der illegalen KPD) und
Modrak u. a. (Unterbezirk „Stettin" der illegalen KPD)
wurden Kommunisten zur Verantwortung gezogen, die sich in Mitte und Teilen angrenzender Bezirke engagiert hatten. Herbst 1936 zerschlug die Politische Polizei den Unterbezirk Moabit der KPD. Er stand in enger Verbindung zum Nachbarbezirk Schöneberg (Gruppe Nordwest). Auch hier traf die Verhaftungswelle über 100 Widerstandskämpfer, wobei die Tiergartener hauptsächlich im Verfahren Lonnerstädter u. a. (Unterbezirk Moabit der illegalen KPD) angeklagt wurden.
Gerade diese Gruppe ist ein Beispiel dafür, daß der Widerstand der KPD keineswegs überall gleichförmig und mit ungeeignetem Untergrundmaterial (S. 107) verlief:

Die Versöhnler (Unterbezirk Moabit)

„Versöhnler" nannte man in der alten KPD eine innerparteiliche Strömung, die sich noch einen gewissen politischen Realismus und vor allem auch eine gesamtgewerkschaftliche Orientierung bewahrt hatte. Insofern setzte sie jene „rechte" Linie von Heinrich Brandler und August Thalheimer fort, die die spalterische RGO-Politik abgelehnt hatte und aus der Partei gedrängt worden war (S. 105).
Der frühere Gewerkschaftssekretär und kommunistische Landtagsabgeordnete Max Frenzel (1893–1985), der wegen seiner Kritik am ultralinken Parteikurs sämtliche Führungsfunktionen verloren hatte, und seine Freunde, die „Versöhnler" Edu Wald und Paul Gräfe, bildeten nach 1933 oppositionelle Arbeitergruppen in Moabit und bei den Siemens-Betrieben (zu diesen siehe die Spandau-Darstellung dieser Reihe).
Durch kluges und umsichtiges Vorgehen innerhalb der Arbeiterschaft und durch erfolgreiche illegale Untergrundzeitungen wie „Siemens-Lautsprecher" und „Moabiter Arbeiterzeitung", die konkrete Probleme aufgriffen und sich von wirklichkeitsfremden Phrasen weitgehend freihielten, gelangen eindrucksvolle Erfolge illegaler Arbeit.

> Aus einer Anklageschrift vom 5. Mai 1937 heißt es über die illegale KPD:
> „Im Unterbezirk Moabit sind bereits seit 1933 illegale Kräfte am Werk gewesen, die sich um den Neuaufbau des Unterbezirks bemüht haben. Eine führende Rolle spielte spätestens seit dem Jahre 1935 der flüchtige frühere Gewerkschaftssekretär und kommunistische Landtagsabgeordnete Max Frenzel, der in dem übergeordneten Abschnitt der KPD tätig war. ...

Max Frenzel

Seit dem Jahre 1934 stellte der UB Moabit eine eigene Hetzschrift, die
‚Moabiter Arbeiterzeitung'
im Abzugsverfahren her. Es handelt sich um eine der wenigen örtlichen Hetzschriften, die in Berlin noch bis zum Herbst 1936 in regelmäßigen Abständen erscheinen konnte und zur Verbreitung gelangte. Sie hatte eine Auflage von etwa 150 Stück und wurde für 10 Pfennig je Stück vertrieben."

Max Frenzel konnte sich mit seinen Freunden in Moabit auf einen besonders aktiven und klugen Mitarbeiter stützen: den Journalisten Dr. Siegfried Lonnerstädter. Der Kommunist jüdischer Herkunft war 1927 nach Berlin gekommen und der KPD 1931 beigetreten.

Im Archiv der Staatspolizei heißt es mit Datum vom 6. Dezember 1932 über ihn: „Gilt als eifriger Agitator für KPD und RGO. Leiter des Erwerbslosen-Ausschusses im UB Süd. Soll als zentraler Referent für den Bezirksausschuß der Erwerbslosen herangezogen werden."

Dr. Siegfried Lonnerstädter, der in Moabit zunächst als Organisationsleiter eingesetzt war, hat die illegale Arbeit aber tatsächlich lange Zeit weitgehend allein geleitet und schrieb auch viele Artikel der „Arbeiterzeitung". In der letzten Phase der Untergrundarbeit wurde ihm von Max Frenzel aber Paul Gräfe als Politischer Leiter Moabits zur Seite gestellt.

Die Anklageschrift vom 5. Mai 1937 wirft Dr. Lonnerstädter zusätzlich vor: „Ferner hat Lonnerstädter Betriebszellen in den Werken Osram, Turbine und bei der Firma Bolle in Moabit aufgezogen und betreut, wie er selbst dem Angeschuldigten Jahnke mitgeteilt hat. Auch der oben erwähnten Zeugin Leonie Behrmann gegenüber hat Lonnerstädter von seiner Arbeit in den Betrieben und von der Betriebszelle bei der Firma Osram gesprochen."

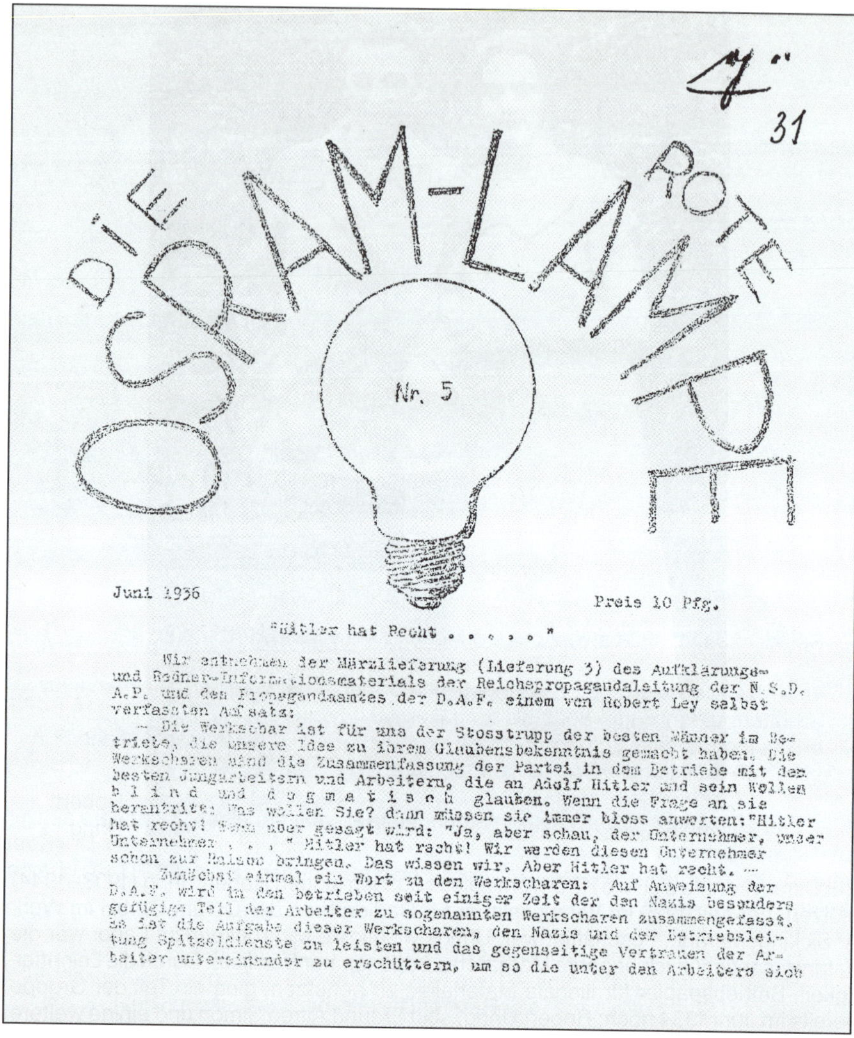

DIE ROTE OSRAM-LAMPE

Nr. 5

Juni 1936 Preis 10 Pfg.

"Hitler hat Recht . . . . . "

Wir entnehmen der Märzlieferung (Lieferung 3) des Aufklärungs- und Redner-Informationsmaterials der Reichspropagandaleitung der N.S.D.A.P. und des Propagandaamtes der D.A.F. einem von Robert Ley selbst verfassten Aufsatz:

– Die Werkschar ist für uns der Stosstrupp der besten Männer im Betriebe, die unsere Idee zu ihrem Glaubensbekenntnis gemacht haben. Die Werkscharen sind die Zusammenfassung der Partei in dem Betriebe mit den besten Jungarbeitern und Arbeitern, die an Adolf Hitler und sein Wollen b l i n d und d o g m a t i s c h glauben. Wenn die Frage an sie herantritt: Was wollen Sie? dann müssen sie immer bloss anworten: "Hitler hat recht! Wenn aber gesagt wird: "Ja, aber schau, der Unternehmer, unser Unternehmer . . . " Hitler hat recht! Wir werden diesen Unternehmer schon zur Raison bringen. Das wissen wir. Aber Hitler hat recht. –

Zunächst einmal ein Wort zu den Werkscharen: Auf Anweisung der D.A.F. wird in den betrieben seit einiger Zeit der den Nazis besonders gefügige Teil der Arbeiter zu sogenannten Werkscharen zusammengefasst. es ist die Aufgabe dieser Werkscharen, den Nazis und der Betriebsleitung Spitzeldienste zu leisten und das gegenseitige Vertrauen der Arbeiter untereinander zu erschüttern, um so die unter den Arbeitern sich

„Die Rote Osramlampe", eine Betriebszeitung der KPD mit längerer Tradition, schrieb im Februar 1936:

„Das werktätige Volk wurde von Hitler betrogen!
Jeder Tag offenbart immer mehr, daß die Lage der werktätigen Massen immer schlechter wird. Die Löhne sinken, die Preise steigen. Mittelständler und Bauern geraten in immer tiefere Schuldknechtschaft, Kultur und Wissenschaft werden zerstört. Die wirkliche Intelligenz wurde mundtot gemacht oder des Landes vertrieben, die Gläubigen werden verfolgt. Mit unerhörtem Terror, Meuchelmorden, Folterungen wehrloser Gefangener, Bluturteilen schwerster Art und dem Henkersbeil wird gegen die Opposition vorgegangen, um die Herrschaft des Faschismus zu sichern."

Robert Uhrig

Bei Osram konnte sich die KPD nicht zuletzt auf den jungen Robert Uhrig (1903–1944) stützen, der seit 1929 im Versuchslabor für Radioröhren der Osram GmbH im Werk A, Sickingenstraße, beschäftigt war. Uhrigs wichtigste Mitarbeiterin im Labor war die naturwissenschaftlich begabte Margarete Lange (später Beinlich). Durch die Leichtfertigkeit, Betriebspapier für illegale Materialien zu benutzen, ging ein Teil der Gruppe bereits im Juni 1934 hoch: Robert Uhrig, sein Freund Alfred Simon und einige weitere Kommunisten wurden festgenommen. Uhrig erhielt im November 1934 eine Zuchthausstrafe von einem Jahr und neun Monaten. (Er faßte etwa ab 1938 die verschiedenen Restgruppen der zerschlagenen illegalen KPD zu einer Untergrundorganisation zusammen – S. 135 ff. – und erhielt für diesen erneuten Widerstand die Todesstrafe.)

Doch auch nach Robert Uhrigs Verhaftung arbeitete der oppositionelle Arbeiterkreis bei Osram weiter. Das wenig sektiererische Auftreten der Kommunisten bei Osram, die das *gemeinsame* Anliegen der verschiedenen Richtungen des Arbeiterwiderstandes in den Vordergrund stellten, bereitete linientreuen Dogmatikern der KPD allerdings Sorgen (S. 105). Um den Einfluß „rechter" Kommunisten im betrieblichen Widerstand zurückzudrängen und den dogmatischen Führungsanspruch der Partei wieder zum Tragen zu bringen, entsandten Exilkreise der KPD 1936 den Spitzenfunktionär Walter Ehlen – siehe den Neukölln-Band der Reihe – nach Berlin. Doch er wurde schon bald nach seinem Eintreffen festgenommen.

Bis Ende des Jahres 1936 gelang es der Geheimen Staatspolizei, den Kreis um die „Moabiter Arbeiterzeitung" fast restlos zu zerschlagen. Max Frenzel hatte rechtzeitig fliehen können, wurde jedoch drei Jahre später bei der Besetzung der CSR festgenommen. (Siehe die Pankow/Reinickendorf-Broschüre.)
Moabits Politischer Leiter Paul Gräfe (* 1903), der neben seiner Werkzeugmachertätigkeit (unter anderem bei Osram und Siemens) volkswirtschaftliche und arbeitsrechtliche Studien betrieb, war bereits im August 1936 verhaftet worden. Nach längeren Gestapoverhören (Prinz-Albrecht-Straße) sperrte man ihn in Untersuchungshaft (Tegel). Von dort infolge einer Verwechslung am 27. 1. 1937 irrtümlich entlassen, glückte ihm die Flucht nach Schweden.
Damit verblieb von den drei Hauptverantwortlichen lediglich Dr. Lonnerstädter in den Händen der Politischen Polizei. Im Mai 1937 klagte man ihn zusammen mit sieben Moabitern wegen der Vorbereitung zum Hochverrat an:

Johannes Skorsetz

Wilhelm Feind

Es handelte sich dabei um den Motorenschlosser Otto Schröder, den Metallarbeiter Wilhelm Feind, den Postbetriebsarbeiter Friedrich Jahnke, den Schlosser Johannes Skorsetz, den Kraftwagenführer Raimund Faller, den Kraftdroschkenfahrer Paul Rikowsky und die Arbeiterin Anne Trill.
Die meisten von ihnen erhielten kürzere Haftstrafen. Lediglich der frühere Reichsbannermann und Sozialdemokrat Johannes Skorsetz, Stephanstraße 33, mußte zweieinhalb Jahre Zuchthaus verbüßen und wurde Ende Dezember 1942 zur Strafeinheit 999 eingezogen. Ein Arbeiter, Paul Rikowsky, war sogar von seiner eigenen Ehefrau angezeigt worden. Der Dreher Wilhelm Feind, Berlichingenstraße 9, mußte nach Verbüßung seiner eineinhalbjährigen Zuchthausstrafe in späteren Jahren auch noch ein Volksgerichtshofverfahren wegen „Wehrkraftzersetzung" durchstehen, konnte aber überleben. Dagegen brachte dem Kraftwagenführer Raimund Faller, Birkenstraße 8/9, das gleiche Delikt die Todesstrafe ein. Im Prozeß „Lonnerstädter" war er mit zwei Jahren Zuchthaus davongekommen. Am 10. August 1943 erneut verhaftet, verurteilte man

ihn wegen „Wehrkraftzersetzung“ zum Tode und richtete ihn am 27. März 1944 in Brandenburg hin.
Der Hauptangeklagte Dr. Siegfried Lonnerstädter wurde zu zehn Jahren Zuchthaus verurteilt. Vor der Strafverbüßung holte man ihn aus der Haftanstalt und sperrte ihn ins KZ. Zunächst kam er nach Dachau. Wie sich sein Leidensweg im einzelnen weitergestaltete, wissen wir zwar nicht, aber der Kommunist jüdischer Herkunft kehrte – nach Auskunft des Sohnes, der zudem seine Mutter durch die NS-Zeit verlor, – nie mehr zurück.

Der Unterbezirk Moabit der KPD blieb trotz dieses Aderlasses einer gewissen Tradion parteiübergreifenden Arbeiterwiderstandes treu: Um den parteilosen Arbeiter Friedrich Klemstein (S. 150ff.) wirkte über viele Jahre eine sehr erfolgreiche illegale Gruppe der „Roten Hilfe“. Die Aktiven waren ursprünglich aus Arbeitersportgruppen von Zeltplätzen in Saatwinkel hervorgegangen, wo man auch nach Errichtung der NS-Diktatur relativ sicher zusammenkommen konnte.

Friedrich Klemstein, Leiter des Sporthauses der Wassersportler, und politische Freunde wie der Klempner und Boxer Arnold Munter (S. 294) hatten eine überzeugende und nach außen ungefährliche Idee, um an ausreichende Gelder zu gelangen, die für die Unterstützung von Familien inhaftierter Arbeiter verwandt werden konnten:

Arnold Munter (* 1912) – Foto oben 2. v. l. – erinnert sich 1991:
„Es war etwa Ende April/Anfang Mai 1933, als sieben Personen im Sporthaus der Wassersportler in Saatwinkel vertraulich beisammensaßen: Fritz Klemstein als parteiloser, dann fünf kommunistische und ich als sozialdemokratischer Arbeitersportler.
Fritz sagte zu uns:
‚Ihr wißt, wie es aussieht, wie viele Männer schon verschleppt, teilweise bereits ermordet sind. Ihre Frauen sitzen mit den Kindern zu Hause und erhalten keine Unterstützung.‘
Daraufhin haben wir eine illegale ‚Rote-Hilfe‘-Gruppe gebildet und tarnten sie als ‚Seglerclub‘, ‚Paddelverein‘ und Lotterieverein ‚Glückstern‘.
Um viel Geld zusammenzubringen, organisierten wir große Kulturabende für bis zu 1 000 Menschen. Mit rund vierzig Mitwirkenden studierte ich selbstgeschriebene Programme wie ‚Berlin um 1900‘ ein und trat auch selber als Paul Lincke auf. Wir kamen im ‚Moabiter Schützenhaus‘ (Plötzensee), im Kasino Nordend und sogar im Lehrervereinshaus am Alex zusammen.
1939 flog der Kreis auf. Zum Glück stand mein Name (auf Empfehlung Klemsteins) nicht im Vereinsregister bei der Anmeldung.“

Mit Kriegsausbruch mußte die Arbeit weitgehend eingestellt werden. Arnold Munter zog sich wegen seiner teilweisen jüdischen Herkunft aus Sicherheitsgründen zurück. Friedrich Klemstein verlegte das Schwergewicht seiner Untergrundtätigkeit nun auf die Betriebsebene (S. 135ff.). 1944 verhaftet, richtete man ihn 1945 hin. Sein Freund Arnold Munter war bereits 1942 „wegen staatsfeindlicher und kommunistischer Umtriebe" in Gestapohaft (Burgstraße) geraten. Man deportierte ihn ins KZ Theresienstadt. 1945 rettete ihm die Rote Armee gerade noch das Leben. Seine Schwester, die einst bei den Revuen und Festabenden der „Roten Hilfe" mitgewirkt hatte, wurde Opfer des Massenmordes an den Juden.

Dasselbe politische „Schicksal" ereilte die frühere Stadtverordnete *Ottilie Pohl* (Beusselstraße 43). Diese alte Arbeiterfunktionärin (geb. 1867) gehörte zu einer Gruppe Moabiter Frauen, die aktiv an der Arbeit der Roten Hilfe beteiligt war und dafür Hausdurchsuchungen, Verhöre und Haft auf sich nahm. Sie unterstützten die Angehörigen inhaftierter Widerstandskämpfer und besorgten für illegal lebende Antifaschisten Lebensmittel, Geld und Quartiere. Die hochbetagte Ottilie Pohl wurde deshalb im August 1940 festgenommen und erst Ende 1941 entlassen. Im Jahr darauf verschleppte man sie wegen ihrer jüdischen Herkunft ins KZ und ermordete sie schon wenige Monate darauf. 1944 wurde *Johanna Hinz* aus Siegmunds Hof mit ihrem Ehemann wegen Vorbereitung zum Hochverrat und „Feindbegünstigung" angeklagt und zum Tode verurteilt, weil sie einen illegalen sowjetischen Fallschirmabspringer beherbergt hatten. *Rosa Lindemann* (*1876) – eine ehemalige Stadtverwordnete wie Ottilie Pohl – berichtet, daß sie und andere Frauen aus den Reihen der „Roten Hilfe" auch die Untergrundarbeit der Saefkow-Gruppe (S. 149ff.) unterstützt hatten.

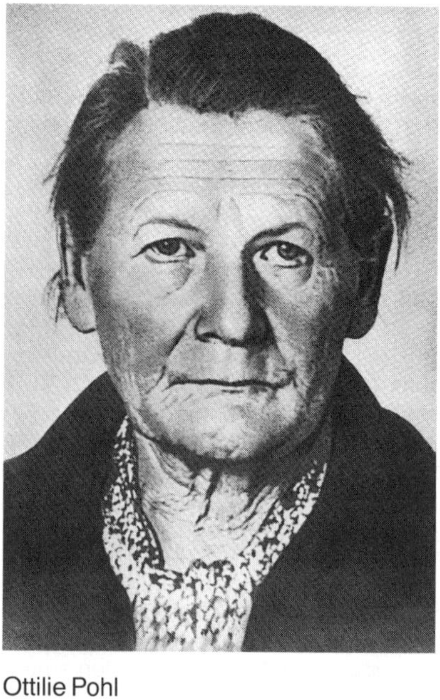

Ottilie Pohl

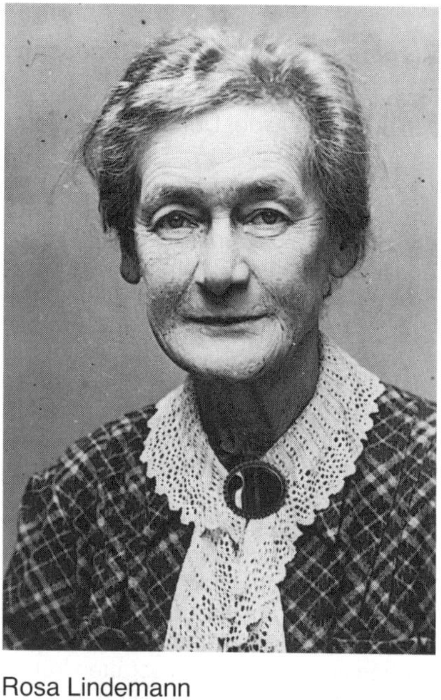

Rosa Lindemann

Mitte, Invalidenstraße – Stettiner Bahnhof

Margarete Kaufmann und Genossen

Am 6. April 1938 verurteilte der Volksgerichtshof im Hauptverfahren gegen die führenden Funktionäre der Unterbezirke „Zentrum" und „Stettin" (auch „Stettiner Bahnhof"):

> Die Stenotypistin Margarete Kaufmann (Linienstraße 154a)
> zu 15 Jahren Zuchthaus,
> den Expedienten Gustav Urbschat (Prenzlauer Promenade 122)
> zu 8 Jahren Zuchthaus und
> den Bauarbeiter Willi Reinke (Müllerstraße 162a)
> zu 12 Jahren Zuchthaus.

Allein Gustav Urbschat (S. 124) konnte die Jahre der Verfolgung überleben:
Willi Reinke verstarb am 24. Juni 1942 im Zuchthaus Brandenburg, Margarete Kaufmann (Foto S. 124), die als Kommunistin jüdischer Herkunft doppelt „belastet" war, wurde Ende 1942 in ein Vernichtungslager verschleppt und dort ermordet.

Das oben genannte Hauptverfahren schloß eine große Verhaftungswelle vom Juli 1936 und zahlreiche Prozesse (darunter Modrak und andere) ab, durch die annähernd zweihundert Menschen wegen illegaler Arbeit im Stadtzentrum (nebst anliegender Bereiche) zur Verantwortung gezogen worden waren. (S. 125ff.)
Die Aussagen des früheren KPD-Funktionärs Rudolf F., der die Gestapo in die Wohnungen und zu den Arbeitsstätten früherer Mitverschwörer geführt hatte, trugen erheblich zu den umfangreichen Verfolgungsmaßnahmen bei.

Obwohl die Stadtmitte durch das Regierungsviertel und die Bank- und Geschäftswelt nun wirklich kein Arbeitermilieu darstellte, haben die Kommunisten doch auf vielfältige Weise auch in diesem Teil der Reichshauptstadt illegale Arbeit geleistet.
Dabei umfaßte die Organisation des Unterbezirkes Zentrum allein Betriebsgruppenarbeit bei Banken, Warenhäusern, Hotels und Staatseinrichtungen (s. u.). Hier waren die Kommunisten allerdings sehr viel schwächer vertreten als in den Wohngebieten (S. 122ff.), die dem Unterbezirk Stettiner Bahnhof zugeordnet waren und die einen Schwerpunkt des kommunistischen Widerstands in der Mitte der 30er Jahre bildeten.

Illegale berichten von der Untergrundarbeit

Der gelernte Bankbeamte *Johannes Puhlmann* (1897–1975) arbeitete von Januar 1926 bis Juni 1931 (Entlassung) als Büroangestellter beim Berliner Landgericht und danach bis 1933 im Karl-Liebknecht-Haus. Anschließend war er arbeitslos.

Johannes Puhlmann erinnert sich 1945:
„In der Revolutionären Gewerkschaftsopposition (RGO) war ich Leiter der Gruppe Justizangestellte in Berlin und Preußen und Mitglied der Berliner Bezirksleitung der Gruppe ‚Post und Staat' der RGO. Zusammen mit den Genossen Gerhard Jurr, Hilde Radusch [S. 97] und Herbert Vieth redigierte ich die RGO-Zeitung ‚Post und Staat'. Speziell für die Justizangestellten versah ich die Redaktion der oppositionellen antifaschistischen Zeitung ‚Die Einheit'. Seit Juli 1926 war ich Mitglied der KPD. Zunächst gehörte ich einer Straßenzelle des Unterbezirks Charlottenburg an, um bald eine zentrale Sammelzelle für die Berliner Gerichte zu bilden, die dem Unterbezirk Zentrum angeschlossen war und die Zellenzeitung ‚Der Justizspiegel' herausgab. Ich war bis zu meiner Verhaftung Politischer Leiter dieser Zelle. Die meisten Zellenmitglieder waren allerdings fristlos entlassen worden. In der Illegalität war ich Agitprop[-Leiter] zunächst im Unterbezirk Zentrum, später im Unterbezirk Stettiner Bahnhof. Wir gaben die UB-Zeitung ‚Hammer und Sichel' und die Funktionärszeitung ‚Der Bolschewik' heraus."

Johannes Puhlmann wurde Anfang Juni 1936 verhaftet und zusammen mit dem Politischen Leiter Willi Gabriel am 22. Juli 1937 zu je 12 Jahren Zuchthaus verurteilt, d. Verf.

Josef Bittner (1909–1993) war 1932 auf Anraten seines leitenden Funktionärs in Moabit, Paul Nitschke, im Hinblick auf die drohende Illegalität nach Mitte gezogen. Dort eröffnete er an der Hanke- Ecke Linienstraße ein kleines Spirituosengeschäft, das später zu einem wichtigen Untergrundstützpunkt (S. 122) wurde:

Josef Bittner – von 1936 bis 1940 inhaftiert – berichtet aus der Arbeit:
„Bei einer Stadtteilleitersitzung 1934 beim Genossen Jänicke in der Jablonskistraße 35 lernte ich auch den Leiter des Unterbezirks [Willi] Gabriel und den Verantwortlichen für Agitation und Propaganda, Johannes Puhlmann, kennen. Ferner waren da noch die Stadtteilkassiererin Genossin Hannchen Manschwitat und auch Genosse Buttgereit. Das war im September 1934. Nach einem Lagebericht, den Genosse Puhlmann gab, wurde meine Aufgabe innerhalb der Gruppe festgelegt. Mein Laden sollte Anlaufstelle für Kuriere sein und auch als Poststelle für den ganzen Unterbezirk genutzt werden. Es wurden die Treffs mit dem Kurier vereinbart, der zentrales Schriftmaterial der KPD aus Prag mitbrachte. Von meinem Lokal aus wurden dann die einzelnen Stadtteile und auch die Jugendgruppe beliefert."

Johannes Puhlmann

Josef Bittner

Vermittelt über die jeweils Verantwortlichen, belieferten die Unterbezirke (in der Regel) die Stadtteilgruppen mit illegalem Material. Teilweise stellte man dort aber auch selber Flug-, Streu- und Klebezettel her. Jede Stadtteilorganisation setzte sich aus verschiedenen Parteizellen zusammen. Über sie wurde das Untergrundmaterial verbreitet und zum Teil verkauft, um die illegale Arbeit mit zu finanzieren.
Dabei wurde man nicht nur in den Arme-Leute-Quartieren im Norden und Südosten von Mitte aktiv, sondern wagte sich auch in die Warenhäuser Tietz und Wertheim.

Josef Bittner, in dessen Laden (Hankestraße), zeitweise ein Abziehgerät stand, erzählt über Ereignisse im Oktober 1935:
„Die Flugzettel wurden in den Warenhäusern auf den Treppen von der obersten Etage ausgestreut, und ehe sie auf den Boden fielen, war der Akteur in der Menge, die im Warenhaus einkaufte, verschwunden. Polizei und Gestapo waren sehr aufgebracht, daß sie niemanden feststellen konnten und es uns gelungen war, in solchen Mengen Flugzettel zu verbreiten."

Nachdem Josef Bittner (S. 120) nach Mitte gezogen war, lernte er dort u. a. Gustav Buttgereit kennen. Nach gegenseitigem Prüfen der politischen Einstellung gaben sie sich als Gesinnungsgenossen zu erkennen:
Der Maurer *Gustav Buttgereit* (* 1907) aus der Lothringer Straße 66/67 war in wechselnden Funktionen im Bezirk Mitte äußerst aktiv und betreute zuletzt eine sog. Jugendgruppe, die von den „Roten Studenten" Gerda Klöppel (S. 125) und „Frank" geleitet wurde.
Zunächst wirkte Buttgereit im Gebiet Gormannstraße. (Zu Ehren einer Kampfgefährtin trug dieser Stadtteil später den Namen „Sonja Spitz"). Wie Gustav Buttgereit berichtet, wurden von seiten der KPD in den ersten Monaten des NS-Regimes die traditionel-

len Formen der „Agitation“ fortgesetzt: Hofpropaganda, Malen von Kampfparolen sowie Kleben und Verteilen von Streuzetteln. Obwohl im Wohngebiet nur sehr wenige organisierte Arbeiterschaft wohnte, aber Unterschicht und ein etwas anrüchiges Milieu anzutreffen waren, wurde doch niemand der Aktiven denunziert. Nach dem Verbot der „Roten Fahne“ verbreitete man lediglich die illegale Zeitung „Rund um den Ochsenkopp“ (Bereich Alexanderplatz). Verschleppungen in Konzentrationslager rissen schon bald erste Lücken in die Reihe der entschlossenen Gegner. Gustav Buttgereit wurde im August 1933 in das SA-Lokal Schwedter Straße gebracht und dort schwer mißhandelt, da man von ihm den Standort der illegalen Druckerei erfahren wollte. Durch glückliche Umstände und persönliche Klugheit kam er doch noch frei. Nach einer Zeit der Zurückgezogenheit, in die auch der Wohnungswechsel fiel, übernahm er Anfang 1934 von Josef Nawrocki (S. 130f.) wieder die alte Stadtteilleiterfunktion. Wiederholt traf er nun mit seinem Verbindungsmann zum Unterbezirk Stettiner Bahnhof, Johannes Puhlmann (S. 120) zusammen und entfaltete eine rege Untergrundtätigkeit.

Buttgereit suchte seine früheren Genossen auf, gewann einige Verängstigte zurück und setzte vermehrt illegale Schriften ab. Es ergaben sich allerdings Probleme durch die Verhaftungen Heinrich und Oskar Lenkeits (Rosenthaler Straße 69), denn nun mußten ein neuer Stützpunkt für das Abziehgeräte und eine Postanlaufstelle erkundet werden. Beides fand sich beim rührigen Josef Bittner in der Hankestraße (S. 120). Neben dem Org.-Leiter des Unterbezirks, J. Puhlmann, bekam er auch Kontakt zum Politischen Leiter Ernst Thiele (S. 125).

Gustav Buttgereit (1907–1990) erinnert sich an eine spektakuläre Aktion: „Wir lösten auch Aktionen im Kaufhaus Wertheim, Rosenthaler Straße, aus. Ein Brett wurde im Lichtschacht des Kaufhauses angebracht, ein kleiner Sandbeutel auf dem einen Ende befestigt, ein kleines Loch in den Sandbeutel gebohrt, damit er sich langsam entleerte, und so schwirrten die Flugblätter im ganzen Kaufhaus durch den Lichtschacht. Wir entfernten uns in dieser Zeit aus dem Kaufhaus.“

Gustav Buttgereit wurde am 6. Juni 1936 verhaftet, später vom Kammergericht zu einer Zuchthausstrafe verurteilt, aber erst 1945 aus dem KZ befreit.

Emma Schlank (später Heyden) kam wie Gustav Buttgereit aus der kleinen, etwa 25 Personen umfassenden, aber äußerst aktiven KPD-Wohnparteizelle 229. Sie hatte ihr Tätigkeitsfeld rund um die Gormannstraße, dort, wo es auf dem zentralen Arbeitsamt wiederholt zu hitzigen Debatten unter den Arbeitslosen kam. Bis 1933 hatten die Kommunisten ihren Treffpunkt im Lokal Krautwedel, Linienstraße 63.

Mehrere ihrer Mitglieder gerieten bereits in den ersten Monaten der NS-Herrschaft in SA-Haft, andere mußten fliehen. Trotz vorausgegangener Verfolgungen setzte ein harter Kern (H. Lenkeit, G. Buttgereit) die illegale Arbeit fort. Mancher Mitverschwörer erlag den Folterungen der Gestapo: so Hannchen Manschwitat (Alte Schönhauser Straße 16), die auf Grund grausamer Verhöre (vermutlich) Ende der 30er Jahre das Leben verlor. Andere konnten die gefährliche Zeit bei der Politischen Polizei und vor Gericht durch großen Mut, glückliche Umstände und die Solidarität höherer Funktionäre durchstehen. Zu ihnen gehörte die Frauenleiterin der alten Parteizelle Emma Schlank (1888–1975) aus der Rückertstraße 2, später Grenadierstraße 38/39.

Gustav Buttgereit

Emma Schlank

Gustav Buttgereit erinnert sich 1977 gegenüber Gertrud Ryssowski:
„Ich war schon im Brandenburger Zuchthaus, als Emmas Prozeß stattfand. Bei einer Großaktion der Gestapo war sie durch Denunziation verhaftet worden. Als Entlastungszeuge vom Verteidiger angefordert, wurde ich nach Moabit überführt. Ich hatte Erfolg, es gelang mir, wesentliche Belastungen gegen sie zu entkräften. Emmas Strafmaß fiel danach geringer aus als erwartet – dreieinhalb Jahre Zuchthaus. Sie war eine tapfere Frau, auch vor den Nazirichtern. Für ihr vorbildliches kämpferisches Verhalten verdient sie hohe Achtung.“

Nach der Entlassung suchte und fand sie wieder Anschluß an illegale Gruppen. So arbeitete sie eng mit Josef Bittner (S. 120) zusammen und stellte ihre Wohnung in Kreuzberg für Treffen von Anhängern Robert Uhrigs (S. 135ff.) und Anton Saefkows (S. 149ff.) zur Verfügung. Erneut bewies sie Gesinnungstreue und Zivilcourage.

Im Warenhaus Wertheim (Leipziger Straße 131) besaßen die Unterbezirke in *Gertrud Crusius* eine zuverlässige und wichtige Mitarbeiterin. Sie konnte diverse Materialien (Papier usw.) für illegale Drucktätigkeiten herbeischaffen. So arbeitete sie dabei auch eng mit dem Unterbezirk „Südost“ (S. 132f.) zusammen. Wiederholt fanden sich im Warenhaus Prominente, etwa Familie Hindenburg, ein.

Gertrud Crusius teilt dazu mit:
„Diese ‚illustren‘ Kunden betraten das Kaufhaus von der Voßstraße aus über die sogenannte Hohenzollerntreppe. Wenn ihr Besuch angekündigt war, hatten wir für diese Kundschaft besondere Klebezettel in dem Flur der Hohenzollerntreppe angebracht, um unseren Widerstand gegen die faschistische Entwicklung in Deutschland zu zeigen.

Gustav Urbschat

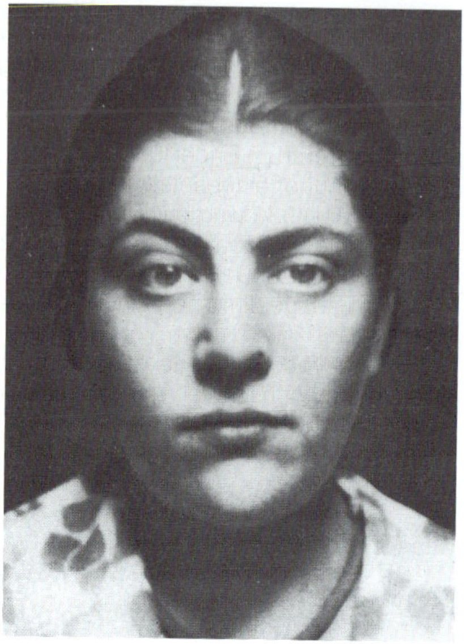

Margarete Kaufmann

1934 ließ das Luftfahrtministerium bei Wertheim Stempel anfertigen. Als Genosse Paul Pawslowski das erfuhr, wurde er sofort mein Kunde. Und an ihn entlieh ich für eine Nacht die Stempel und Faksimiles, die das Luftfahrtministerium bei uns hatte anfertigen lassen. Sie dienten der Anfertigung dringend benötigter Ausweispapiere für unsere Genossen."

Gertrud Crusius wurde 1935 bei Wertheim entlassen. (Zur Schwierigkeit der illegalen Arbeit in Warenhäusern siehe auch S. 300.) Sie hielt aber weiter Kontakt zu früheren Kolleginnen und erhielt betriebsinterne Informationen. Ähnlich eher „informell" waren Elli Pfennig beim Postscheckamt und Anneliese Just bei der Deutschen Reichsbank (Werderscher Markt) tätig.

Gustav Urbschat (1901–1982), der einzige Überlebende des VGH-Prozesses gegen die zentrale Leitung (Margarete Kaufmann wurde im KZ ermordet), berichtete davon, daß die Widerstandskämpfer auch Verbindungen zu Großverwaltungen und Betrieben unterhielten:
„Unsere illegale Zeitung ‚Die Wahrheit' erschien monatlich in einigen hundert Exemplaren. Sie wurde von den Betriebszellen der uns angeschlossenen Betriebe übernommen und verteilt. Eine Anzahl dieser Nummern ging auch in bestimmte Wohngebietszellen. ... Ich selbst war auch verantwortlich für die Betreuung der Betriebszellen aller Bankbetriebe in Berlin Mitte und der Zelle im Postscheckamt. Für das Postscheckamt war Genossin Elli Pfennig mein Verbindungsmann. So schrieb sie auch einige Male die Zeitung auf Wachsmatrizen, sie übertrug auch Manuskripte, die ich ihr übergeben hatte. ... Zu unserem Bereich gehörte auch die Betriebszelle ‚Margarine-Union'. Das war ein großer An-

gestellten-Betrieb, zu dem ich über einen holländischen Genossen Verbindung hatte. Für die Verbindung zu den übrigen Betriebszellen der Staatsbetriebe war Genosse Reinke verantwortlich.
Nach meinem Ausscheiden auf Beschluß der Leitung aus der Arbeit des Unterbezirks Zentrum Ende 1935 wurde ich als Propagandaleiter im Unterbezirk Stettiner Bahnhof eingesetzt.
Am 8. Mai 1936 wurde ich nach einem Zusammentreffen mit Vertretern der Betriebszelle ‚Autobahn' abends um 22.00 Uhr auf der Straße in der Nähe des Hochbahnhofs Danziger Straße... von der Gestapo festgenommen. Es hatte sich herausgestellt, daß ein Spitzel der Gestapo mich verraten hatte."

Gustav Urbschat wirkte nach dem Kriege viele Jahre in leitender Funktion an der Kunsthochschule Weißensee, d. Verf.

Massenprozesse

Über 130 Berliner wurden 1936/37 in 13 Kammergerichtsprozessen („Modrak und Andere") wegen illegaler Arbeit für den Unterbezirk Stettiner Bahnhof angeklagt. Dabei handelt es sich um folgende Verfahren gegen verantwortliche Funktionäre und Mitglieder von vier Stadtteilgruppen (Fotos S. 126):

Ernst Thiele (Holzmarktstraße 66) u. a.	– insgesamt 9 Personen
Max Packamohr (Pücklerstraße 12) u. a.	– insgesamt 8 Personen
Gerda Klöppel (Grolmannstraße 57) u. a.	– insgesamt 8 Personen
Erwin Allert (Memeler Straße 5) u. a.	– insgesamt 11 Personen
Karl Pawlack (Strelitzer Straße 25) u. a.	– insgesamt 11 Personen
Willi Kunzig (Zionskirchplatz 13) u. a.	– insgesamt 9 Personen
Gustav Klamm (Griebenowstraße 8/9) u. a.	– insgesamt 11 Personen
Leonhard Zilinski (Fehrbelliner Straße 40/41) u. a.	– insgesamt 9 Personen
Günther Heinze (Linienstraße 137) u. a.	– insgesamt 10 Personen
Paul Pinkau (Luisenstraße 60) u. a.	– insgesamt 12 Personen
Josef Nawrocki (Straßburger Str. 24) u. a.	– insgesamt 8 Personen
Arthur Hilzheimer (Görschstraße 50) u. a.	– insgesamt 9 Personen
Willi Behrendt (Schwedter Straße 21) u. a.	– insgesamt 11 Personen

Zwei weitere Verfahren („Normann und Andere") beschäftigten sich mit 19 Personen, die 1936/37 im Zusammenhang mit der illegalen Arbeit der Roten Hilfe im UB Stettiner Bahnhof verhaftet worden waren. Die jeweiligen Hauptangeklagten, der Schlosser Erich Normann und der Schneider Abraham Sobel, erhielten vier bzw. zweieinhalb Jahre Zuchthaus. Das Berliner Kammergericht hob in seinem Urteil gegen die Rote Hilfe den Anteil von Kommunisten jüdischer Herkunft am Widerstand hervor. Viele von ihnen kannten sich durch ein von Abraham Sobel (Linienstraße 52) geführtes Lokal.

Dazu führt das Kammergericht am 12. März 1937 aus:
„Sie sind miteinander befreundet und verkehrten in einem Lokal, das von Sobel geführt wurde und seiner Mutter gehörte. Es wurde im Sommer als Eisdiele und im Winter als Speisewirtschaft geführt. In dem Lokal verkehrten viele Juden und Kommunisten. Daraus ergab sich, daß Sobel einen großen Bekanntenkreis von jüdisch-kommunistisch eingestellten Personen hatte."

Leonhard Zilinski

Günther Heinze

Max Dierich

Arthur Hilzheimer

Zu ihnen gehörte auch der staatenlose Händler Joseph Kwacz (Dragonerstraße 15), den man zu vier Jahren Zuchthaus verurteilte. Sein „Verbrechen" und das seiner jungen Freunde, die ebenfalls harte Strafen erhielten, hatte hauptsächlich darin bestanden, illegale Schriften entgegengenommen und kleine Geldbeträge für die Unterstützung von Familien Verhafteter gespendet zu haben.
Durch den hohen jüdischen Bevölkerungsanteil im Norden und Osten von Mitte spielten Juden in der Widerstandsarbeit der KPD dort eine stärkere Rolle als in den meisten anderen Unterbezirken der Partei.
Gustav Urbschat (S. 119ff.), der mehrere Texte für die Unterbezirke Zentrum und Stettiner Bahnhof verfaßt hatte, trat wohl auch im Gedenken an seine Mitkämpfer – darunter die Spitzenfunktionäre Margarete Kaufmann (S. 119) und Wolfgang Toller (Bezirksleitung), die später Opfer des Massenmords an den Juden wurden, – dem Antisemitismus selbst beim Gestapoverhör deutlich entgegen.

Gustav Urbschat erklärte im Mai 1937 schriftlich gegenüber den Verfolgungsbehörden:
„In dem Artikel ‚Die Schande der Judenpogrome' in Nr. 4 der ‚Wahrheit' stelle ich die Verantwortung der Regierung für die Tumulte am Kurfürstendamm fest und sage, daß es eine Schande sei, daß in einem so hochentwickelten Lande wie Deutschland eine Judenverfolgung in so blutigen Formen möglich sei. Ich versuche in Erinnerung an den jüdischen Ursprung des Christentums und an Männer wie Spinoza, Mendelssohn u. a., nachzuweisen, daß die Juden keine minderwertige Rasse seien, und daß man sich deshalb gegen ihre Ächtung wenden müsse."

Im Unterbezirk Zentrum wurden dem Abschlußbericht der Geheimen Staatspolizei zufolge – neben den o.g. – über 50 weitere Personen festgenommen, mehrere nach dem Verhör aber wieder freigelassen. (Die meisten wurden jedoch später verurteilt, häufig zu Zuchthausstrafen.) Diese Quelle nennt „den Polen" *Hugo Lewert* als Kassierer des Unterbezirks. Der Schneider *Johann Reiss* (Köpenicker Straße 113a) zahlte Beiträge und nahm Schriften entgegen, die Aufwartefrau *Helene Rohde* (Blumenstraße 91) zog bei Straßentreffs Mitgliedsbeiträge ein, der Arbeiter *Karl Klinkbeil* überließ seine Wohnung (Brauner Weg 112) wiederholt Spitzenfunktionären des UB für Treffen und verkaufte dem Arbeiter *Christian Knopf* (Dragonerstraße 4) und anderen Sympathisanten Untergrundmaterial. Der Hoteldiener *Wilhelm Heyder* (Marienstraße 9) eröffnete ein Zigarrengeschäft und brachte dort heimlich Widerstandsschriften in Umlauf. Sie wurden ihm vom leitenden Funktionär *Julius Wordelmann* (Kesselstraße 40) gebracht. (Wordelmann geriet in den folgenden Jahren wiederholt in Haft, darunter ins KZ. Zuletzt war er an der illegalen Arbeit der Saefkow-Gruppe beteiligt und verlor deshalb sein Leben.) Besonders der Kellner *Max Dierich* (S. 126) bezog von Heyder Propagandamaterial und stellte seine Wohnung (Christinenstraße 5) für Gemeinschaftsempfänge des verbotenen Moskauer Senders zur Verfügung. Der Straßenfeger *Fritz Schäfer* (Meyerbeerstraße 5) betätigte sich als Kurier der UB-Leitung und betreute auch eine Zelle der KPD. In seiner Wohnstraße belieferte er die Stepperin *Elise Benzin* (Meyerbeerstraße 5) und den Wäscheverleihbesitzer *Georg Selbiger* (Meyerbeerstraße 5) mit Untergrundschriften. *Else Schönherr* aus der Kaiser-Wilhelm-Straße 30 arbeitete ebenfalls als Kassiererin im Unterbezirk Zentrum. Der Hoteldiener *Franz Vettorazzi* (Rückertstraße 3) wurde bei seiner Festnahme mit einem Koffer voller „Hetzschriften" angetroffen, die er vorgab, unter einer Bank am Koppenplatz (Mitte) gefunden zu haben. Als ähnlich verschwiegen erwiesen sich auch andere Verhaftete, denn die Gestapo kreidete dem Schlosser *Hermann Schönherr* (Kaiser-Wilhelm-Straße 30) an: „... gab nur das zu, was ihm bewiesen werden konnte." Desgleichen hieß es über den früheren Politischen Leiter des UB Zentrum *Julius Walt* (Lychener Straße 6), daß er kein „offenes Geständnis" abgegeben habe und noch immer „kommunistischen Wahnideen" verpflichtet sei (Fotos S. 128).

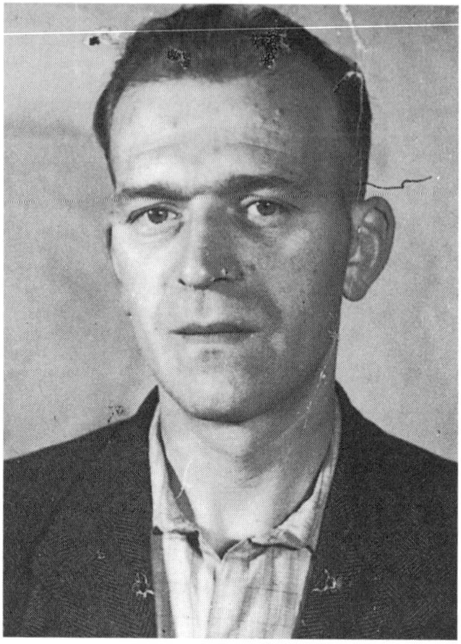
Hugo Lewert

Julius Walt

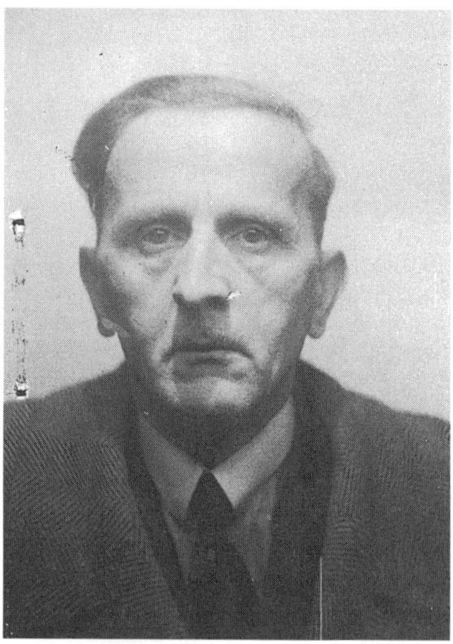
Franz Vettorazzi

Kasimir Modrak

Stark belastete Funktionäre – wie Hugo Lewert oder Hermann Schönherr – erhielten längere Zuchthausstrafen. Anschließend verschleppte man sie ins KZ. Dort verlor Hermann Schönherr noch vor der Befreiung das Leben.
Doch selbst weniger belastete Aktive bestrafte das NS-Regime mit einigen Jahren Zuchthaus, wobei ein Teil der Haft im Moorlager durchlitten werden mußte.

In die große Verhaftungswelle der Gestapo (Mai/Juni 1936) gerieten viele Menschen, die nur sehr begrenzt – manchmal gar nicht – mit dem Widerstand der KPD in Mitte verbunden waren. Die Gruppe „Bahnpost" des Unterbezirks Zentrum bestand beispielsweise aus fünf bis sechs Postangestellten verschiedener Berliner Bahnpostämter. Bei der Reichsbank war es auch nur eine Handvoll Aktive.
Zu den Festgenommenen – einer sogenannten KPD-Jugendgruppe – zählte der junge Werkstudent Arnold Bauer, der bereits 1935 wegen seiner abweichenden politischen Einstellung von der Universität relegiert worden war. Vereinzelt hatte er für kommunistische Exilschriften kleine Artikel verfaßt und an Zusammenkünften im Ausland teilgenommen.
Auch er (wohnhaft in Charlottenburg) wurde von der Verhaftungswelle, vermutlich wegen seines Kontaktes zu Johannes Puhlmann (S. 120 ff.), erfaßt und in einem Verfahren der Prozeß-Reihe „Modrak und Andere" quasi als KPD-Mitglied des Unterbezirkes Stettiner Bahnhof behandelt und zu über einem Jahr Gefängnis verurteilt. Sein folgender Bericht veranschaulicht, wie sehr sich die Polizeizentrale am Alexanderplatz (S. 131) durch den Einzug von Gestapo seit 1933 verändert hatte.

Polizeihaft am Alexanderplatz

Arnold Bauer (* 1909) erinnert sich 1992 an seine Haft im Jahre 1936:
„Zwischen den Haftstätten gab es sehr große Unterschiede. ... Am Alexanderplatz wurde mit Gestapomethoden – und die waren damals Terrormethoden – wie Prügel und erpreßte Geständnisse gearbeitet. Tegel war dagegen Strafhaft und Moabit Zwischenstation: Untersuchungshaft. Doch schon da wurde korrekt verfahren, also entsprechend der alten preußischen Justiz.
Dagegen war der Alexanderplatz als Gestapo-Dienststelle berüchtigt. Alexanderplatz bedeutete oft auch Isolationshaft. Manche haben hier bis zu zwei Monaten gesessen. Ich habe drei Wochen Isolierhaft durchlitten, das war schlimmer als die eineinhalb Jahre Gefängnishaft, die folgten. Es hieß, drei Wochen nicht aus der Zelle herausgelassen zu werden, nicht einmal zum sogenannten Freigang [in den Hof], auch nicht zum Waschen oder zur Toilette. Ich erhielt lediglich den sogenannten Kübel und eine Waschschüssel – weiter nichts. Die Zelle war so eng; ursprünglich war sie gedacht für vorläufig Festgenommene, darunter Mörder. Nach der Vorschrift durfte man nicht länger als 48 Stunden dort zubringen. Ich erinnere mich noch daran, daß ich nicht einmal die Arme ausbreiten konnte. Es war so eng, daß ich einen Arm angewinkelt halten mußte. Zudem war es sehr dunkel, praktisch eine Art Dunkelhaft. Nach den Prügeleien bei den sogenannten Vernehmungen habe ich dann auf einem harten Lager liegen, aber kaum schlafen können, weil ich grün- und blaugeschlagen worden war.
Ja mich prügelte man, weil man mir meine mangelnden Kenntnisse nicht glaubte, der Vernehmungsbeamte hielt mich fälschlich für einen KPD-Funktionär. Man hat mich weichgeprügelt, damit ich Leute bekanntgebe. Ich habe es nicht getan, sondern nur Namen von Leuten genannt, von denen ich wußte, daß sie sicher im Ausland waren, nur damit sie aufhören zu prügeln. Glücklicherweise erfuhr ich den Terror nicht in seinen schärfsten Ausprägungen; viele sind dadurch in den Selbstmord getrieben worden, andere völlig zerbrochen.

Josef Nawrocki

Arnold Bauer

Es gab am Alex auch anständige Wachtmeister (S. 363 ff.). Beim Aufsichtspersonal waren schon welche darunter, nur hatten sie nichts zu sagen. Die Prügler kamen dagegen gleich mit der Peitsche an. Mit den Worten ‚komm mal raus' wurde man mit Stößen traktiert und mit dem Peitschenknauf durch die Gänge gestoßen, sie übernahmen sozusagen selber Wärterfunktion. Demgegenüber gab es angestammtes Personal, so zum Beispiel ein älterer Wärter, der mir die Zelle aufschloß und mich mitleidig ansah. Als ich um Tabletten bat, hat er sie mir besorgt und murmelte dabei bedauernde Worte. Diese Bediensteten waren vom NS-Regime mit übernommen worden, denn man konnte doch nicht alle ersetzen."

Arnold Bauer (* 1909) erhielt eineinhalb Jahre Gefängnis, seine Mitangeklagte (S. 125), die Jurastudentin Gerda Klöppel (* 1912), zweieinhalb Jahre Gefängnis.

Der „Lederne" (Josef Nawrocki)
Prenzlauer Berg, Straßburger Straße 24

Der Kunstformer Josef Nawrocki (1880–1941) hatte sich bereits in den 20er Jahren sehr aktiv in der Arbeiterbewegung betätigt. So wirkte er beispielsweise 1920 in Friedrichshagen führend bei der Niederschlagung des Kapp-Putsches mit. Den Arbeitersportler, der sich kommunalpolitisch im Bezirk Köpenick engagiert hatte, traf allerdings 1924, vermutlich wegen Beteiligung an kommunistischen Umsturzvorhaben, in Abwesenheit eine achtjährige Zuchthausstrafe. Er lebte lange illegal und hielt sich auch im Ausland auf. Nach Erlaß seiner Strafe (Amnestierung) kehrte er nach Deutschland zurück und betätigte sich im Rahmen der Bezirksleitung der KPD von Berlin-Brandenburg.

25

Geheime Staatspolizei

Staatspolizeileitstelle Berlin

Geschäftszeichen

Stapo C 2 b/ K. 2427/36

Vorladung

~~Zu Ihrer Vernehmung als Zeuge~~ — Zur Erörterung betr. Ihres Schreibens v. 1. 5. 38 an das Gen.Kdo.III

ersuche ich Sie — XXXXX — am Montag

dem 4. 7. 1938. in der Zeit zwischen 11,00 und 12.00 Uhr

im POlizeipräsidium Berlin- C 2, (Ortsteil)

Grunerstrasse Nr. 12 (Straße — Platz — Nr.) auf Zimmer 224

Stockwerk II , unter Vorzeigung dieser Vorladung zu erscheinen.

Ich bitte mitzubringen:

Ausweispapiere über Ihre Person

Sollten Sie Ihren Aufenthalt in der Zwischenzeit nach außerhalb verlegen, wird um Rücksendung der Vorladung unter Angabe des neuen Aufenthaltsortes gebeten.

Berlin- C 2, am 30. 6. 1938.

(Dienststelle)

Im Auftrage:

(Unterschrift) Weiß

Fernruf:

510023, App. 344

Din C 6 (114 × 162 mm)
Vordruck Pol. Nr. 68

Gleich 1933 geriet er in „Schutzhaft". Nach zwei Monaten freigelassen, suchte er Anschluß an die illegale Parteiorganisation im Zentrum und Norden Berlins und diente ihr in verschiedenen Funktionen, darunter als Org.-Leiter des Unterbezirks „Stettiner Bahnhof". Seine Decknamen waren „Walter" oder der „Lederne".
Wie viele seiner Genossen wurde er 1936 festgenommen.
Da es für Josef Nawrocki bereits die zweite Verhaftung war und man zu Recht bei ihm Leitungskenntnisse vermutete, setzte die Gestapo dem Kommunisten beim „Verhör" sehr schwer zu. Weil er fürchtete, über sich die Kontrolle zu verlieren und Namen zu nennen, unternahm er einen Selbstmordversuch, um seine Kampfgefährten zu schützen. Sein Leben konnte zu diesem Zeitpunkt gerade noch einmal gerettet werden. Die Foltermethoden wurden eingestellt. Am 15.7.1937 verurteilte ihn das Berliner Kammergericht (S. 125) zu acht Jahren Zuchthaus.
Gesundheitlich geschwächt, setzte ihm die Zuchthausarbeit so zu, daß er im April 1941 in der Haftanstalt Sonnenburg verstarb.

Milda und Paul Voß

Obwohl der politische Schwerpunkt dieser beiden führenden Funktionäre der Leitung des Unterbezirkes Südost hauptsächlich in Kreuzberg lag, wirkten sie doch über das Zeitungsviertel auch in den südlichen Teil von Mitte hinein (S. 123).
Milda Voß (1894–1964), eine gebürtige Baltin, war schon in jungen Jahren zum linken Flügel der Arbeiterbewegung gestoßen. Mit ihrem Mann Paul Voß lebte sie nicht allein in einer Ehegemeinschaft, sondern auch in einer politischen Kampfgemeinschaft.
Paul Voß (1885–1942) arbeitete als Steindrucker bei der Firma Büxenstein im Zeitungsviertel und engagierte sich auch als Betriebsratsvorsitzender. Seine Frau war bis Ende 1932 in der Sowjetischen Handelsvertretung (Lindenstraße) tätig.
Bereits am 30. Januar 1933 setzte für beide eine harte Zeit der Verfolgung ein. Weil Milda Voß einen Aufruf zum Generalstreik verteilte, verurteilte sie das Schöffengericht von Berlin-Mitte im März d.J. „wegen Aufforderung zur Arbeitsniederlegung in Tatein-

heit mit der Aufforderung zum Ungehorsam" zu einer kürzeren Gefängnisstrafe. Milda Voß, Zeitzeugen beschreiben sie als furchlos und sehr couragiert, nahm selbst vor Gericht kein Blatt von den Mund und sprach von einem „lächerlichen Feldzug" der Nazis. Ihre Strafe saß sie in der Frauenhaftanstalt Barnimstraße ab.
Im Jahr darauf, am 21. 7. 1934, wurde ihr Ehemann, der im Betrieb wegen der Verbreitung illegaler Schriften denunziert worden war, verhaftet und vom Kammergericht zu zwei Jahren Gefängnis verurteilt. Seinem anwaltlichen Vertreter, Dr. Gerhard Wille (S. 46 ff.), entzog man einen Tag vor der Verhandlung das Mandat und bestellte statt seiner einen Offizialverteidiger, der dann aber von Wille in einer „Nachtsitzung" bestens präpariert wurde.
Nach seiner Entlassung, einen Tag vor Beginn der Olympischen Spiele, nahm Paul Voß zusammen mit seiner Frau die illegale Arbeit wieder auf. Sie wirkten an maßgeblicher Stelle in der Leitung des Unterbezirkes Südost und empfingen dafür Auslandskuriere der KPD, die Untergrundschriften überbrachten. Kurz nach der Geburt ihrer zweiten Tochter Ingrid wurden sie am 5. November 1937 festgenommen. Über zweihundert Menschen gerieten damals bei der Zerschlagung des Unterbezirks in Haft, etwa einhundertdreißig klagte man an. Selbst der siebzehnjährigen Tochter Senta Voß wurde mit endlosen Verhören zugesetzt.
Paul Voß mußte beim Gestapoverhör am Alexanderplatz schlimme Mißhandlungen erdulden. Sein Gebiß zerbrach in mehrere Teile. Auch auf die Gesundheit der Wöchnerin nahmen sie keine Rücksicht. Im Oktober 1938 verurteilte der Volksgerichtshof Paul Voß zu 5 und Milda zu 15 Jahren Zuchthaus. Während der Ehemann im Juli 1942 in der Haftanstalt Sonnenburg an Entkräftung starb, konnte seine Frau im Februar 1945 von einem Transport fliehen und in der Illegalität überleben.
(Nach der Befreiung arbeitete sie in der Pressestelle der Polizei. In der DDR war diese eigenwillige und unabhängige Kommunistin eher vergessen.)

Ein Kurier warnt
Mitte, Klosterstraße

Der Bildhauer Heinz Worner (* 1910) hatte seine Jugend in armen Verhältnissen in der Elsässer Straße 19, Seitenflügel, verbracht. Den Vater verlor er im Ersten Weltkrieg, die Mutter starb, als er neunzehn war. Künstlerisch interessiert, erlernte er den Bildhauerberuf. Sowohl durch den Bruder seiner Mutter als auch durch Kollegen der Kunstgewerbeschule am Schlesischen Bahnhof (Andreasstraße) kam er in Kontakt zu politischen Gruppen und wurde in Friedrichshain Mitglied im Arbeitersportverein Fichte. 1931 trat er der KPD in Mitte bei.
1933 geriet er mit anderen Sportkameraden in eine Verhaftungswelle der SA (Rigaer Straße), kam aber weitgehend unbehelligt nach sechs Wochen frei. Heinz Worner: „Wer dagegen Kommunist und Jude war, war ganz schlimm dran – fast ein Todeskandidat!"
1934 zog der Künstler, der im Dezember 1933 der Reichskulturkammer für bildende Künste beitreten mußte, in ein Atelier in der Klosterstraße Ecke Grunerstraße. (Es trat die Nachfolge der alten Kunstgewerbeschule in der Prinz-Albrecht-Straße an, die nun von der Gestapo in Besitz genommen worden war.) Etwa vierzig Kollegen waren mit ihm in der Klosterstraße tätig. Sehr viele von ihnen lehnten den Nationalsozialismus und seine Kunstauffassung aus tiefster Überzeugung ab. Heinz Worner erinnert sich dabei nicht zuletzt an Gespräche mit Käthe Kollwitz, die sich jedoch auch über die politische Entwicklung der Sowjetunion sehr bedrückt zeigte.

Durch Skiurlaube im Riesengebirge kam der Bildhauer wieder in Kontakt mit kommunistischen Exilkreisen. Er erklärte sich bereit, sein Atelier als Anlaufstelle für Kuriere zur Verfügung zu stellen.

Heinz Worner

Heinz Worner erzählt 1992:
„Alle vier Wochen kam jemand, der illegales Material um den Bauch gebunden hatte. Ein anderes Mal traf ich jemanden am Alexanderplatz, der als Erkennungszeichen verschiedene Zeitungen trug. Weihnachten 1936 verabschiedete sich der Kurier, denn er wollte am Spanischen Bürgerkrieg teilnehmen. Sein Nachfolger war mir durch seine Aufdringlichkeit und Neugierde nicht geheuer. Ostern 1937 rief mich mein Freund Willi Siehler an und riet mir dringend, ins Ausland (CSR) zu fliehen.
Ein Jahr darauf kehrte ich dann noch einmal mit illegalem Parteiauftrag nach Berlin zurück. Ich stand damals, was ich erst nach 1945 erfuhr, auf den Fahndungslisten der Gestapo. Ich sollte die Genossen vor Bert warnen, der in der Grenz- und Kurierarbeit der KPD tätig war.
Schwierig war für mich die Quartierfrage zu lösen. Mal kam ich bei meinem Onkel in Zepernick unter, mal vier Tage in einer Laube in Hirschgarten. Kurzzeitig verbarg mich auch einer meiner vier Berliner Kontaktleute (Oberschöneweide). Geschockt war ich allerdings durch seine Äußerung: ‚Schlimmstenfalls hauen die mir die Rübe ab!'
Bei meinen vier Treffen, darunter in der Chausseestraße, sagte ich jeweils: ‚Nehmt Euch in acht vor Bert.'
Nach einer Woche kehrte ich nach Prag zurück."

(Nach Einmarsch der deutschen Truppen 1938 konnte er über Polen nach England entkommen. Heinz Worner: Von 500 Kommunisten, die aus der CSR flohen, erreichten etwa 350 das rettende Exil. Andere, wie Walter Bartel und Max Reimann, litten bis 1945 im KZ.)

In den Reihen Robert Uhrigs

AEG Turbine – Moabit, Huttenstraße 12–16
Ludwig Loewe & Co – Moabit, Huttenstraße 17–20
Franz Mett – Mitte, Mulackstraße 8, Wohnung

Trotz der Zerschlagung fast aller Berliner Unterbezirke der KPD in den Jahren 1935/36 (siehe S. 112), war es dem politisch vorbestraften Berliner Werkzeugdreher Robert Uhrig (1903–1944) gelungen, aus kleinen verbliebenen Zirkeln bis Kriegsbeginn erneut einen illegalen Apparat mit Betriebsstützpunkten zu bilden.

Nach der Entfesselung des Zweiten Weltkrieges führten Hitlers militärische Anfangserfolge und sein Pakt mit Stalin (1939–1941) auch unter Kommunisten zu Desillusionierung und Resignation. Der Widerstand kam vielerorts zum Erliegen. Erst der deutsche Überfall auf die Sowjetunion ließ die Kommunisten wieder derart aktiv werden, daß man von erfolgreichen Versuchen sprechen kann, die illegale Parteiorganisation mit vielen Stützpunkten in wichtigen Betrieben erneut aufzubauen.
Die größte, zum Schluß 200 Mitglieder umfassende illegale Gruppe in Berlin wurde von Robert Uhrig geführt. Er hatte 1933 eine KPD-Zelle bei Osram in Moabit (S. 115ff.) geleitet und war nach seiner Verhaftung bis 1936 im Zuchthaus. Es gelang ihm, etwa 1938 damit beginnend, langsam ein Kontaktnetz aufzubauen, das nicht allein über 20 Betriebszellen unterschiedlicher Stärke umfaßte, sondern auch in Beziehung zu anderen großen deutschen Städten stand. Das Organisationsgeflecht war immerhin so effektiv geknüpft, daß sogar größere Versammlungen (getarnt als Ausflüge) abgehalten wurden.
Eine erhebliche Erweiterung erreichte das ursprünglich als Betriebsgruppe organisierte Unternehmen, als 1941 der Zusammenschluß mit zwei anderen illegalen Untergrundkreisen glückte. Es handelte sich um den national-revolutionären Kreis von Josef Römer (einem ehemaligen Offizier, der sich Ende der 20er Jahre der KPD angenähert hatte und nach 1933 lange inhaftiert war) und den des Nordberliner Arbeiterfunktionärs Walter Budeus. (Siehe die Pankow/Reinickendorf-Broschüre.)
Uhrigs Gruppe leistete bis Februar 1942 in vielen Berliner Rüstungsbetrieben oppositionelle Arbeit. Ihr Untergrundmaterial („Informationsdienst") berichtete über örtliche Mißstände und Verflechtungen betrieblicher Produktionsabläufe mit der Rüstungs- und Kriegswirtschaft des NS-Staates und rief die Arbeiter zur Sabotage auf. Uhrig stützte sich in wichtigen organisatorischen Fragen auf zwei kommunistische Arbeiter, die er in der gemeinsamen Haft im Zuchthaus Luckau kennengelernt hatte: den Isolierer Kurt Lehmann (1906–1944) und den Metallarbeiter Franz Mett (1904–1944) aus der Mulackstraße 8 in Mitte.

Beide Vertraute (Fotos S. 137) betreuten den „technischen Apparat" und gewannen zusätzlich mehrere geeignete Leute für die illegale Arbeit.
Franz Mett war im November 1934 das erste Mal wegen Widerstandes für die KPD in Haft geraten und mußte eine dreijährige Zuchthausstrafe verbüßen. Nach der Entlassung stellte er sich wie sein ehemaliger Haftgenosse *Kurt Lehmann*, ein gewitzter Berliner Arbeiter, dem Freund Robert Uhrig zur Verfügung. *Franz Mett* oblag nicht zuletzt die Verantwortlichkeit für die Störung der Produktion in den Rüstungsbetrieben AEG Turbine, Kabelwerk Oberspree, Knorr Bremse und Bamag Meguin.
Die Zahl der Aktiven in der Uhrig-Gruppe war in den verschiedenen Betrieben unterschiedlich. In der AEG-Verwaltung (Friedrich-Karl-Ufer) war der Charlottenburger Kommunist *Erich Kurz* (1895–1944) als Sanitäter im Werkluftschutz tätig. Bei der Deutschen Reichsbank (Werderscher Markt) wirkte *Reinhold Becker* vorsichtig auf einige Kollegen ein. Bei Ludwig Loewe, Huttenstraße 17–20, dagegen bestand um den umsichtigen Arbeitersportler *Friedrich Klemstein* (S. 117) ein größerer Kreis von Kollegen.

Stärkere Aktivitäten waren auch bei der AEG Turbine, Huttenstraße 12–16, zu verzeichnen. Hier wirkte *Walter Siemund* (1896–1944), ein früherer ‚roter Betriebsrat' und langjähriges KPD-Mitglied. Ein größeres Spendenaufkommen zur Unterstützung antifaschistischer Arbeiter dürfte ein gewisser Hinweis auf eine aktive Betriebsgruppe dort sein. 1940 standen sechs Kollegen des Betriebs in einem Kammergerichtsprozeß unter der Anklage der Vorbereitung zum Hochverrat. Sie hatten sich 1934/35 zu Diskussionen getroffen und illegale Schriften der KPD entgegengenommen bzw. verbreitet. Die Strafen fielen wegen der weit zurückliegenden Tatzeit (s. o.) relativ milde aus.

Für die Osram GmbH trat der Instrukteur *Wilhelm Rietze* (1903–1944) im Auftrag der Gruppe Uhrig hervor und beeinflußte gegnerisch gesonnene Arbeiter.
In der Damenkleiderfabrik Alfred Fisch, Leipziger Straße 66, hatte der Kommunist *Wilhelm Böse* (1883–1944) die Position eines Truppenführers der Betriebsfeuerwehr inne und bildete in vormilitärischer Ausbildung „Werkschärler" aus. Diese Vertrauensstellung sicherte ihm manche Einblicke und viele persönliche Kontakte.

Irmgard Klauß, die Witwe Cäsar Horns (S. 154), machte uns auf das Schicksal ihres ermordeten politischen Freundes *Heinz Müller* (1911–1943) aufmerksam: Der „halbjüdische" Kommunist aus der Brunnenstraße 187 in Mitte, ein sensibler und literarisch gebildeter junger Mann, verbüßte bis Ende der 30er Jahre eine Haftstrafe wegen Widerstandsaktivitäten für die KPD. Auch nach seiner Entlassung traf er sich mit Gesinnungsgenossen – wie Heinz Lehmann und Ewald Köller – zu politischen Diskussionen und verbotenem Radioempfang. Heinz Müller besaß darüber hinaus Verbindungen zu illegal lebenden jüdischen Kommunisten und zum Untergrundapparat der KPD (Sicherungsgruppe). 1942 wurde der Arbeiter verhaftet. Irmgard Klauß erhielt deshalb im Mai 1942 eine Vorladung zur Gestapo (Burgstraße). Dort machte sie die folgende Beobachtung.

Irmgard Klauß (* 1919) erinnert sich 1993:
„Ein Bild aus der Burgstraße wird mir ewig in Erinnerung bleiben. Als ich mich beim Pförtner meldete, fuhr ein Lastwagen mit Frauen durch die Toreinfahrt, die Frauen blutüberströmt."

Frau Klauß konnte das etwa vierständige Verhör auf Grund eigenen Geschicks und der Verschwiegenheit des Verhafteten sicher überstehen, blieb jedoch über die Lage von Heinz Müller lange im unklaren. Dann, im Jahr darauf (1943), erhielt die Mutter des Verschleppten eine Todesnachricht aus dem KZ Auschwitz.

Die Zerschlagung der Gruppe Uhrig im Februar 1942 auf Grund mehrerer Gestapospitzel führte zu einer großen Verhaftungs- und Prozeßwelle. Insgesamt verloren 78 Menschen ihr Leben. Neben dem Leiter Robert Uhrig waren es von den oben genannten Mitkämpfern: Franz Mett, Kurt Lehmann, Erich Kurz, Walter Siemund, Wilhelm Rietze, Heinz Müller und Wilhelm Böse sowie aus dessen Betriebsgruppe bei der Firma Fisch Max Pohle und Georg Klinner, die beide im KZ umkamen.

Nach der Verhaftung von Walter Siemund hatte Richard Reinicke zusammen mit Kurt Riemer die illegale Betriebsgruppenarbeit bei der AEG Turbine weitergeführt. Auf Grund anderer Spuren wurde er im September 1943 mit seiner Frau Anna und Sophie Klopsch festgenommen. Kurt Riemer kam ins KZ, desgleichen Anna Reinicke und Sophie Klopsch, die man nach Ravensbrück verschleppte. Anna Reinicke erlebte die Befreiung nicht mehr.

Franz Mett

Kurt Lehmann

Walter Siemund

Wilhelm Böse

Andere Mitverschwörer von Robert Uhrig dagegen konnten Haft und Verfolgung überleben:
Der Kellner *Hugo Seidel* aus Mitte, Weinbergsweg 4, hatte bereits in den 30er Jahren eine dreijährige Zuchthausstrafe wegen kommunistischen Widerstands verbüßt. Am 4. Februar 1942 griff man erneut nach ihm, konnte dem Kellner aber nichts nachweisen. Wieder entlassen, schloß er sich einem illegalen Kreis an und wurde im August 1944 zum dritten Mal verhaftet. Verurteilt zu acht Jahren Zuchthaus (Saefkow-Gruppe), befreite man ihn schließlich am 27. April 1945 im Zuchthaus Brandenburg.

Der Dreher *Willi Klopsch* (1903–1986) war mit seinem Wohnort Moabit sehr eng verwachsen. Hier hatte er sich in der legalen Zeit für die KPD und die Gewerkschaft öffentlich betätigt und war vielen Menschen bekannt geworden. Nach 1933 konzentrierte er seine politische Tätigkeit auf die illegale Betriebsarbeit bei der AEG Turbine. Robert Uhrig wurde ihm ein enger Freund, dem er vertrauensvoll auch die eigene Wohnung, Huttenstraße 30, für illegale Besprechungen zur Verfügung stellte. Daneben beteiligte er sich an der Sammlung von Unterstützungsgeldern und der Verbreitung illegalen Materials. Der Volksgerichtshof verurteilte ihn (Foto nebenan) deswegen zu fünf Jahren Zuchthaus. Seine Frau Sophie verbüßte zwei Jahre KZ-Haft.

Willi Klopsch (1903–1986) berichtet 1945:
„Zu unserem Prozeß, welcher unter dem Namen Sonderaktion Berlin [Robert Uhrig und andere] ging und vor dem Volksgerichtshof in Potsdam vor dem 5. Senat geführt wurde, wurden 30 Angeklagte zum Tode und 18 Angeklagte bis zu 15 Jahren Zuchthaus verurteilt. Dieser Prozeß war in vier Gruppen eingeteilt: ABCD. Ich selber gehörte der Gruppe B an. ... 27 Mann wurden vom Kammergericht in Landsberg verurteilt. Meine Frau Sophie wurde am 9. September 1943 verhaftet, da sie im Verdacht stand, mich in meiner illegalen Tätigkeit unterstützt zu haben. Man konnte sie nicht auf die Anklagebank schicken, weil keine Beweise vorlagen. Tatsache ist, daß meine Frau nach meiner Verhaftung illegal weiterarbeitete. Man steckte sie bis Kriegsende ins KZ Ravensbrück."

(Als Spitzel der Gestapo, die die Verhaftungen ausgelöst hatten, nennt Willi Klopsch: „Hans Kurtz und zwei mir Unbekannte mit Spitznamen Buckel-Willi und Leo", 'Buckel-Willi' hieß Willi Becker, d. Verf.)

Beim „Kampfbund" (1942/43)
Mitte, Ohmstraße 10 – illegaler Treffpunkt bei Hans Schwenke

Der in Emden (Ostfriesland) geborene Dreher Hans Schwenke zählte zu einem rund hundert Personen umfassenden Widerstandskreis, der sich hauptsächlich auf eine starke oppositionelle Betriebsgruppe beim Motorenwerk von Daimler-Benz in Marienfelde stützte und im Mai 1943 hochging.

Wie Erich Häumann, ein früherer Mitarbeiter, berichtete, sollen die bei Daimler Aktiven und Verhafteten etwa die Hälfte der u. k. (unabkömmlich) gestellten deutschen Stammbesatzung ausgemacht haben. Diese Facharbeiter wurden für qualifizierte Arbeiten in der Panzermotorenproduktion oder zur Anleitung von Zwangsarbeitern und Kriegsgefangenen benötigt.

Die Anklageschrift A (gegen Ewald Reinke u. a.) vom 25. Mai 1944 hebt hervor: „In den Jahren 1939/1940 gründete der vom Oberreichsanwalt beim Volksgerichtshof verfolgte Erich Prenzlau mit einigen Gesinnungsgenossen in Berlin den ‚Kampfbund' als kommunistische Organisation zu dem Zwecke, frühere KPD-Mitglieder und Sympathisierende zu werben. Unter den Mitgliedern wurde ein Monatsbeitrag erhoben. Es fanden regelmäßige Zusammenkünfte statt, und für die Mitglieder wurde die Hetzschrift ‚Rote Fahne' und die Betriebszeitung ‚Arbeiter- und Soldatenräte' herausgegeben. Besonders tatkräftig wurde die Werbung seit 1942 betrieben. Es wurde nunmehr eine illegale KPD gegründet, deren Auffangorganisation der Kampfbund bildete. Die Organisation wurde geleitet von Prenzlau zusammen mit Wilhelm Jakob, Gustav Dziobaka und Ernst Kühn, gegen die sämtlich ein Verfahren vor dem Volksgerichtshof schwebt. Die Organisation wurde neu gegliedert, es wurden neben den monatlichen Beiträgen Spendenlisten in Umlauf gesetzt und einmal im Jahre eine Lotterie veranstaltet; der Erlös wurde dem Kampffonds zugeführt. Die Mitglieder wurden ferner aufgefordert, langsamer zu arbeiten und sich krank zu melden, um hierdurch der Rüstung Schaden zuzufügen. Es wurden regelmäßig Treffs in Lokalen und Wohnungen abgehalten, wobei Prenzlau und Jakob Ansprachen hielten."

Der Dreher Hans Schwenke (1909–1944) aus der Ohmstraße 10 fand vermutlich erst spät den Weg zur illegalen Arbeit. Der Krieg sowie Gespräche im Kollegenkreis werden die entscheidenden Anstöße dazu gegeben haben. Über den Dreher Erich Krause, der bei Daimler-Benz in Marienfelde sehr aktiv war, und dessen Vertrauten, Wilhelm Jakob, erhielt Hans Schwenke (spätestens) 1943 Kontakt zur illegalen KPD-Gruppe „Kampfbund". Sie traf sich in einer Kneipe in der Landsberger Allee Nr. 9.

Bald darauf übernahm Hans Schwenke die Organisierung eines eigenen Gesprächskreises, der dann in seiner Wohnung in Mitte, Ohmstraße 10, zusammenkam. Man tarnte die Treffen als gesellige Runden nebst musikalischer „Einlagen". So erschienen neben Erich Krause (Klosterstraße) Fritz Kannenberg (Ohmstraße), Kurt Schöne (Neukölln) und Erich Häumann (Magazinstraße). Ein- oder zweimal kam auch Wilhelm Jakob vorbei.

Über diesen Kreis hinaus unterhielt Hans Schwenke Kontakte ins Zwangsarbeiter- oder Kriegsgefangenenlager in der Petristraße (Fischerkiez). Von dort aus sollen Informationen über die deutsche Rüstungswirtschaft an die Rote Armee weitergeleitet worden sein.

Ehepaare Schwenke (l.) und Krause (r.)

Der Sohn Hans Schwenke (* 1934), Mitglied des Berliner Abgeordnetenhauses, berichtet 1992:
„Ansonsten machte sich mein Vater Gedanken über die Zukunft nach dem Krieg. Er glaubte an eine Karriere als Tenor, nahm Gesangsausbildung und war stolz auf sein hohes C. Er las Darwin und Hegel, die beiden kleinen Büchlein über die Entstehung der Arten und über die Dialektik fand ich noch in Vaters Buchbestand. Er war, darüber berichtete mir meine Mutter, sehr skeptisch gegenüber kommunistischen Prophetien. Eine Welt ohne Geld und voller Neider habe er sich nicht vorstellen können, und Neider werde es wohl immer geben...
Als die Mitglieder der Widerstandsorganisation im Mai 1943 verhaftet wurden, befand sich mein Vater zur Kanonierausbildung in Breslau. Er wurde erst wenige Tage nach seiner Heimkehr inhaftiert. Im August 1944 wurde er zum Tode verurteilt. Das Gnadengesuch wurde, so berichtete mir meine Mutter, mit größtem Sarkasmus abgelehnt.
‚Solche Köpfe müssen rollen', soll ihr ein gewisser Dede gesagt haben, und ‚Sie sind noch jung, Sie finden noch einen Mann und einen Vater für Ihre Kinder'.
Am 22. September 1944 wurde er in Plötzensee enthauptet."

Wie viele führende Mitglieder des „Kampfbundes" verloren der Dreher Erich Krause aus der Klosterstraße 65/67 und der Kunstmaler Walter Sichert aus der Fischerstraße 31 in Mitte das Leben. Von den Teilnehmern des Gesprächskreises in der Ohmstraße wurde auch Kurt Schöne zum Tode verurteilt, während Fritz Kannenberg (Ohmstraße 6) und Erich Häumann (Magazinstraße 2) Haftstrafen erhielten. Fritz Kannenberg verstarb allerdings am 15. Januar 1945 im Zuchthaus Sonnenburg. Erich Häumann (1907–1992) konnte überleben.
Von insgesamt über 40 Verhafteten wurden 21 zum Tode verurteilt.

Arvid und Mildred Harnack

Anhänger der „Roten Kapelle“

Tiergarten, Woyrschstaße 16	– Wohnung von Dr. Arvid und Mildred Harnack
Mitte, Charitéstraße 7	– Wohnung von Friedrich Schauer

Um kaum eine andere Erscheinung des innerdeutschen Widerstandes sind so heftige Debatten geführt und so viele Legenden gestrickt worden wie um die sogenannte Rote Kapelle. Erst neueste Forschungsergebnisse der Gedenkstätte Deutscher Widerstand ermöglichen nun endlich eine nüchterne Analyse.

Gewisse Überschneidungen der Untergrundtätigkeit der Berliner Widerstandsgruppe um Dr. Arvid Harnack und Harro Schulze-Boysen mit einer westeuropäischen sowjetischen Spionageorganisation führten oft zu verzerrten Darstellungen der tatsächlichen Motive der in der Reichshauptstadt wirkenden Oppositionellen. Allerdings kann nicht bestritten werden, daß neben der herkömmlichen Widerstandsarbeit in führenden Kreisen die Überzeugung verbreitet war, daß man bei einem Gegner wie dem Nationalsozialismus auch die Zusammenarbeit mit der UdSSR – und sei es über Funkkontakte – suchen sollte. So gab die Widerstandsgruppe Informationen aus Wirtschaft und Wehrmacht nach Moskau weiter und warnte 1941 auch vor dem bevorstehenden Überfall. Doch Stalin schenkte dem keinen Glauben.

Ursprünglich stammt die Bezeichnung „Rote Kapelle“ aus der Sprache der Verfolgungsbehörden („Kapelle“ war das Symbol für eine feindliche Spionagetruppe.) Inzwischen wurde aus diesem diffamierenden „Kriegsnamen“ ein Ehrentitel.
Ein besonderes Merkmal dieser Organisation war, daß sie in Berlin ein breites soziales Spektrum umfaßte: Adel, gebildetes Bürgertum, Arbeiterfunktionäre, Proletarier sowie Intellektuelle, Jugendliche und viele Künstler. Parteifunktionäre aus der Gruppe um Robert Uhrig (S. 135 ff.) fanden sich mit nationalrevolutionären Sozialisten, Christen

und Humanisten zusammen, wobei die Nichtkommunisten zumindest gefühlsmäßig zum Sozialismus tendierten. Den Antibolschewismus der Nazis lehnten sie ebenso entschieden ab wie deren Nationalismus und Antisemitismus. Auf Grund der vielschichtigen Zusammensetzung könnte – aus heutiger Sicht – die Berliner Gruppe daher als *einziges* erfolgreiches Beispiel kommunistischer „Volksfront"-Strategie bezeichnet werden.
Wie demonstrativ national wichtige Verantwortliche gesonnen waren, belegt ein Flugblatt mit dem Titel „Die Sorge um Deutschlands Zukunft geht durch das Volk!" (Es wurde nach einem Entwurf von Harro Schulze-Boysen und John Sieg entwickelt und in Berlin im Winter 1941/42 verteilt.) Darin fordert die Gruppe ein befreites Groß-Deutschland in den Grenzen vom Frühjahr 1939, also einschließlich der durch die Zerschlagung der ČSR gewonnenen Gebiete.
Wie die meisten Widerstandsgruppen baute sich die Berliner „Rote Kapelle" ursprünglich auf Freundeskreise mehr oder weniger politisch engagierter Gegner des NS-Systems auf, die nach und nach verknüpft wurden. Zu zahlreichen, eher intellektuellen Kritikern des Nazismus, unter ihnen mehrere Künstler, kamen ab 1936, durch den Kontakt Dr. Arvid Harnacks zum Neuköllner Kommunisten John Sieg vermittelt, in der praktischen Untergrundarbeit erfahrene und oft vorbestrafte KPD-Mitglieder wie Herbert Grasse und Eugen Neutert hinzu.

Mit Beginn des Zweiten Weltkriegs 1939 und besonders durch den Überfall auf die Sowjetunion 1941 nahmen die Verbindungen und Besprechungen eine neue Qualität an. Die organisatorischen Voraussetzungen für eine weitverzweigte und effektiv arbeitende Untergrundgruppe wurden geschaffen, wobei man aus Sicherheitsgründen die verschiedenen Bereiche der illegalen Arbeit streng gegeneinander abschottete. Nur der sogenannte „innere Kreis" besaß einen Überblick über die einzelnen Tätigkeitsfelder: Herausgabe der illegalen Zeitung „Die innere Front", Herstellung von Untergrundmaterialien (siehe die Neukölln-Darstellung dieser Reihe), Verteilung, Erarbeitung zeitgeschichtlicher Berichte, Analyse des Nazismus, Anwerbung neuer Mitglieder, Kontakte zu Zwangs- und Fremdarbeitern, Zersetzung der Rüstungswirtschaft, Betriebszellen- und Spionageverbindungen zum internationalen Agentenring der UdSSR. Funkvorhaben, zu denen besonders Hans Coppi den Mut aufbrachte, kamen dabei über vergebliche Versuche kaum hinaus.

Das Stadtzentrum spiegelt auf sehr besondere Weise die vielfältigen Aktivitäten der Gruppe wieder:

- Dr. Arvid Harnack arbeitete seit 1935 im *Reichswirtschaftsministerium (S. 362)*, Harro Schulze-Boysen – siehe den Charlottenburg-Band der Reihe – im *Reichsluftfahrtministerium (Leipziger Straße)*. Beide konnten in ihren Behörden geheime Vorgänge erkunden und weitergeben.
- Mildred Harnack, eine gebildete Amerikanerin – in den frühen 30er Jahren war sie mit Martha Dodd, der Tochter des damaligen amerikanischen Botschafters, befreundet –, fand in der *Auslandswissenschaftlichen Fakultät der Berliner Universität* (S. 355f.) eine Beschäftigung als Literaturdozentin und Übersetzerin. Auch sie war eine entschlossene Gegnerin des Nazismus und vermochte es, durch ihre geistige und persönliche Ausstrahlungskraft, Menschen zu gewinnen.
- Libertas Schulze-Boysen wurde 1936 Dramaturgin in der Kulturfilmzentrale des *Reichspropagandaministeriums*. Auch sie konnte ihre beruflichen Kontakte und Einblicke für die illegale Arbeit nutzen.
- Oberleutnant Harro Schulze-Boysen nahm Verbindung zu „Alexander Erdberg", (d.i. Korotkov) einem Mitarbeiter der *Sowjetischen Botschaft* (Unter den Linden), auf und konnte ihm geheime Pläne und Informationen der Nationalsozialisten übermitteln.

Mitte, Leipziger Straße – Reichsluftfahrtministerium

Mitte, Oranienburger Tor – Lokal „Bärenschenke“

– Am Oranienburger Tor befand sich das Lokal *„Bärenschenke“* (Foto S. 143), ein von vielen Ausländern bevorzugtes Lokal, in dem Mitglieder der „Roten Kapelle“ vorsichtig Kontakte aufnahmen, um in Zwangsarbeiterkreise hineinwirken zu können.

– Die *Wohnung* des Ehepaares *Harnack* in der Tiergartener Woyrschstraße 16, heute Genthiner Straße, wurde wiederholt für Zusammenkünfte und gegnerische Gesprächskreise genutzt.
Dr. Harnack stammte aus einer bekannten Berliner Gelehrtenfamilie. Der Jurist und Nationalökonom war ein überzeugter Anhänger der Planwirtschaft. (Er organisierte im August/September 1932 auch eine Studienfahrt in die UdSSR.)
Gleich nach Beginn der NS-Herrschaft versammelten er und seine amerikanische Frau Mildred Menschen um sich, die die Hitler-Diktatur ablehnten. Man betrieb marxistische Schulungen und suchte verstärkt Kontakte zur illegalen KPD, so zu John Sieg 1936 (s. o.). Noch vor Beginn des Krieges vermittelte Harnacks Freund Adam Kuckhoff die Verbindung zum dynamischen Harro Schulze-Boysen. Beide verknüpften ihre Gruppen (1940/41).

– In der *Charitéstraße 7* lebte der wegen Widerstandes für den Kommunistischen Jugendverband (Kreuzberg) politisch vorbestrafte Architekt *Friedrich Schauer*. Er gehörte dem Freundeskreis um Willi Schürmann-Horster an, in dem sehr viele junge Künstler zusammengeschlossen waren. Einige von ihnen entwickelten sich nach und nach zu entschlossenen Gegnern des Regimes.

– Im Betrieb *AEG Turbine* (S. 151) arbeitete von 1938 bis zu seiner Einberufung im Mai 1942 *Karl Behrens* als Ingenieur. Als junger Mann war er 1929 der SA beigetreten. 1931 schloß man ihn aber dort bereits aus. Über Freunde am Abendgymnasium lernte er sehr früh Arvid Harnack kennen. Behrens, inzwischen Mitglied der KPD geworden, teilte Harnacks Bindung an die Sowjetunion und wurde ihm ein enger Gefährte. Er versuchte, seine Fähigkeiten auch für den Funkbereich zu verwenden – ein, wie wir jetzt wissen, eher mißglückter Zweig der Widerstandsaktivitäten der Gruppe.

– Mehrere Studenten der *Berliner Universität* gehörten zur jungen Anhängerschaft des illegalen Kreises. Man denke an Heinrich Scheel und Horst Heilmann, die aber 1940/41 die Hochschule wieder verließen, sowie Liane Berkowitz und Ursula Goetze.

– *Erwin Gehrts* (1890–1943), Oberst der *Luftwaffe*, war als Anhänger der Bekennenden Kirche (S. 206 ff.) schon früh in Gegnerschaft zur NS-Ideologie geraten. Seit 1935 diente er der Luftwaffe in verschiedenen Bereichen, darunter als Sachbearbeiter beim Inspekteur der Aufklärungsflieger. Zuletzt wirkte er als Gruppenleiter beim Chef des Ausbildungswesens der Luftwaffe. Es gelang Harro Schulze-Boysen, Erwin Gehrts (Reichsluftfahrtministerium) durch beharrliche Überzeugungsarbeit dazu zu bringen, ihm Hintergrundinformationen über Aufgabenstellung und Zielsetzungen der Luftwaffe zur Verfügung zu stellen.

– *Horst Heilmann* (1923–1942) begann im Herbst 1940 ein Studium an der Auslandswissenschaftlichen Abteilung der Friedrich-Wilhelms-Universität (S. 355 ff.). Dadurch lernte er nicht allein Mildred Harnack (s. o.), sondern auch Harro Schulze-Boysen kennen. Angezogen von dessen starker Persönlichkeit wurde er schon bald zu einem engen Freund und Mitarbeiter des Oberleutnants.
Durch seine Freiwilligen-Meldung gelangte Heilmann in den Nachrichtenapparat der Wehrmacht und wurde schließlich in die *Dechiffrierabteilung des Oberkommandos des Heeres* versetzt. Dadurch konnte er dem Verschwörerkreis die Funkschlüssel einiger Sender und andere hochbrisante Informationen übermitteln.

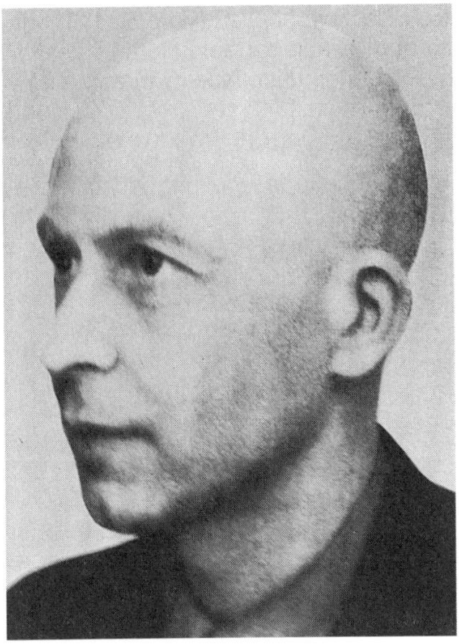

Philipp Schaeffer

Ilse Stöbe

– Der Sinologe *Dr. Philipp Schaeffer* (1894–1943), der in der Dorotheenstraße 19 in Mitte wohnte, hatte bereits eine fünfjährige Haftstrafe wegen Widerstands für die KPD hinter sich, als er nach seiner Entlassung (1940) über seinen Freund Wilhelm Guddorf – einen führenden Berliner Kommunisten mit Kontakten zum illegalen KPD-Apparat in Hamburg – Anschluß an die Gruppe um Dr. Harnack und Schulze-Boysen fand. (Guddorf arbeitete übrigens bei der angesehenen Buchhandlung Gsellius in Mitte, Mohrenstraße 52.) Der Sinologe war kein blinder Parteigänger der KPD, sondern hatte sich bereits im Zuchthaus kritisch mit den Schauprozessen Stalins auseinandergesetzt.
Dr. Schaeffer, der 1933/34 über Joachim Schwelien (S. 109f.) Verbindungen zu den „Roten Studenten" unterhielt, beteiligte sich nicht allein an den inhaltlichen Debatten der Verschwörer, sondern wirkte auch an der Verbreitung ihrer Untergrundschriften mit. Ostern 1942 verunglückte er bei dem Versuch, ein jüdisches Ehepaar aus Steglitz vor dem Selbstmord zu retten und verbrachte deshalb die letzten Monate vor der Festnahme im Krankenhaus.

– In der Informationsabteilung des *Auswärtigen Amtes* war die Journalistin Ilse Stöbe (1911–1942) tätig und arbeitete dort mit dem Diplomaten und NS-Gegner Rudolf von Scheliha (S. 182f.) zusammen. Ausgebildet beim liberalen „Berliner Tageblatt", wirkte die junge Frau in den 30er Jahren als Auslandskorrespondentin in Warschau. Mit ihrem Freund und Kollegen Rudolf Herrnstadt (einem Kommunisten, der auch als heimlicher Informant des Spionagedienstes der Roten Armee tätig war) kam sie in Kontakt zu ausländischen Journalisten und einigen Mitarbeitern der deutschen Botschaft, die ebenfalls die NS-Bewegung ablehnten. Nach Kriegsbeginn kehrte die junge Frau nach Berlin zurück und wurde 1940 und vermutlich auch 1942 Mitarbeiterin der Informationsabteilung des Auswärtigen Amtes. Nach dem deutschen Überfall auf die SU – vor dem Ilse Stöbe in nach Moskau übermittelten Nach-

richten vergeblich gewarnt hatte – stellten sich Kontaktschwierigkeiten zu den sowjetischen Partnern ein, die daraufhin Fallschirmagenten entsandten.
Mit ihrem Arbeitskollegen aus der Informationsabteilung und letztem Lebensgefährten, Carl Helfrich, wurde Ilse Stöbe schließlich am 12.9.1942 verhaftet. (Die junge Frau verurteilte man später wegen Landesverrats zum Tode, ihr Freund mußte ohne Prozeß bis Kriegsende im KZ leiden.)

Der illegale Kreis flog im Herbst 1942 auf.
Es dürfte die Nazis wohl entsetzt haben, daß diesmal die NS-Gegner nicht allein in Betrieben und Arbeitervierteln zu Hause waren, sondern auch Vertraute in staatlichen Behörden besaßen (Dr. Harnack war zur Tarnung sogar der NSDAP beigetreten.)
Innerhalb weniger Wochen wurden über einhundert Menschen festgenommen. Mehrere von ihnen mußten grausame Folterungen über sich ergehen lassen. Einige hielten dem nicht stand und sagten aus. Andere wiederum verrieten sich und ihre Freunde aus Unerfahrenheit. Bereits im Dezember 1942 fand der Hauptprozeß gegen Schulze-Boysen und Harnack statt. Es wurden viele Todesurteile ausgesprochen. Es gab aber auch Haftstrafen. Jene vergleichsweise milden Urteile gegen Mildred Harnack und Erika Gräfin Brockdorff weigerte sich Hitler anzuerkennen und ließ sie ebenfalls in Todesurteile umwandeln. So wurden auch diese beiden Frauen in Plötzensee enthauptet. „Und ich habe Deutschland so geliebt", äußerte Mildred Harnack noch kurz vor ihrem Tode.

Zu einer Gruppe von noch einmal vierzig Menschen, die den Tod fanden, zählten auch viele junge Frauen. Unter ihnen waren Hilde Coppi (1909–1943) und die Studentin Liane Berkowitz (1923–1943), die in der Haft Kinder zur Welt gebracht hatten.
Die Leichen der Hingerichteten erhielt das Anatomisch-biologische Institut der Berliner Universität. Der Anatom Hermann Stieve (Charité), der sich geradezu auf Leichen ermordeter Frauen spezialisiert hatte, nahm daran seine gynäkologischen Sektionen vor.

Liane Berkowitz

Hilde Coppi

Volksgerichtshof
2. Senat

Es wird gebeten, bei allen Eingaben die nachstehende Geschäftsnummer anzugeben

Geschäftsnummer:

10 J. 13/43g
2 H 100/43

[Stempel: ... Berlin NW 40, Lehrter Str. 3 — 15. JULI 1943 — Tageb. Nr. — Anlage]

Berlin W 9, den 11. Juni 1943
Bellevuestraße 15

[Stempel: 14 JULI 1943]

Haftbefehl.

Der Architekt Friedrich Kurt Schauer aus Berlin NW 7, Charitéstr. 7, geboren am 29. Januar 1913 in Berlin, verheiratet, vorbestraft, ist in Untersuchungshaft zu bringen.

Er ist dringend verdächtig, in den Jahren 1939 bis 1942 in Berlin fortgesetzt und gemeinschaftlich mit anderen durch dieselbe Handlung

1.) das hochverräterische Unternehmen, mit Gewalt die Verfassung des Reiches zu ändern, vorbereitet zu haben, wobei die Tat

a) darauf gerichtet war, zur Vorbereitung des Hochverrats einen organisatorischen Zusammenhalt herzustellen oder aufrechtzuerhalten,

b) auf Beeinflussung der Massen durch Herstellung und Verbreitung von Schriften gerichtet war,

2.) im Inland es unternommen zu haben, während eines Krieges gegen das Reich der feindlichen Macht Vorschub zu leisten oder der Kriegsmacht des Reiches Nachteile zuzufügen,

Verbrechen nach § 80 Abs. 2, § 83 Abs. 2, 3 Nr. 1 und 3 §§ 91 b, 47, 73 StGB.

Fluchtverdacht ist wegen der Höhe der zu erwartenden Strafe und auch deshalb gesetzlich begründet, weil ein Verbrechen den Gegenstand der Untersuchung bildet.

gez. Diescher Hauer Preußner.

Ausgefertigt:
Berlin, den 11. Juni 1943
[Unterschrift], Amtsrat
als Urkundsbeamter der Geschäftsstelle.

An
Herrn Friedrich Kurt Schauer,
zur Zeit in der Haftanstalt "Zellengefängnis"
in Berlin NW,
Lehrterstraße.
durch den Herrn Leiter

Nur ganz wenige der stark Gefährdeten konnten diesen Rachefeldzug überleben. Zu ihnen zählte der wegen Widerstands für den Kommunistischen Jugendverband politisch vorbestrafte Architekt Friedrich Schauer (Foto nebenan). Er hatte zum Diskussions- und Schulungskreis um Willi Schürmann-Horster gehört, der sich im Atelier von Ruthild Hahne in der Nachodstraße 25 traf. Im August 1943 tagte der Volksgerichtshof (Bellevuestraße) gegen diese Gruppe. Um den Kopf Friedrich Schauers zu retten, konstruierte dessen Anwalt einen vermeintlichen Ausstieg seines Mandanten aus der illegalen Arbeit.

Friedrich Schauer (* 1912) erinnert sich 1988:
„Unser Prozeß in der Bellevuestraße 15 war eine absolute Farce. Der Hauptangeklagte Willi Schürmann-Horster war offensichtlich bei den ‚Vernehmungen' physisch sehr gepeinigt worden. Als er das beim Volksgerichtshof zur Sprache bringen wollte, unterbrach der Gerichtsvorsitzende sofort die Verhandlung und führte aus: ‚Was ich jetzt sage, kommt nicht ins Protokoll! Schürmann, Sie können sich ihre Aussage sparen, wir wissen, daß man unter Umständen ohne körperliche Torturen von Kommunisten nie etwas erfährt.' Nach diesen Worten wurde die Verhandlung wieder eröffnet und damit war klar, daß – mit meiner Ausnahme – das Gericht schon eindeutige Vorstellungen besaß.
Mein Anwalt versuchte zu begründen, daß ich nach Beginn des Kriegs mit der Sowjetunion nicht mehr illegal gearbeitet habe und davor als Kommunist kein Interesse daran gehabt haben konnte, ‚imperialistische Staaten' wie Frankreich und England zu begünstigen. Er wollte auf diesem Wege den mich gefährdenden Faktor der Feindbegünstigung wegkriegen. Tatsächlich war ich auch gegen den Vorschlag Schürmann-Horstes auf Bildung eines illegalen Dreierkopfes in unserem Kreis gewesen, aber nicht aus Angst, sondern weil ich das Mittel für untauglich hielt.
Im Prozeß sagten dann Schürmann-Horster, Wolfgang Thiess und ganz besonders Karl Böhme zu meinem Gunsten aus: Ich sei angeblich generell gegen illegale Arbeit gewesen. So konnte man mich bei Gericht nur wegen Nichtanzeige belangen, aber von dem allesentscheidenden verschärfenden Faktor der Feindbegünstigung kam ich (mit acht Jahren Zuchthaus) frei.
Als wir nach der Verhandlung mit der ‚Grünen Minna' zum Untersuchungsgefängnis zurückgebracht wurden, hat Karl Böhme zu mir leise gesagt:
‚Der einzige, den wir retten konnten, warst Du.'"

Anton Saefkow und Genossen
AEG Turbine, Huttenstraße 12–16
Ludwig Loewe, Huttenstraße 17–20

Nach der Verhaftung der Uhrig-Gruppe (S. 135ff.) unternahm es der politisch vorbestrafte Anton Saefkow 1943 zusammen mit Franz Jacob, eine neue Inlandsleitung aufzubauen. Es gelang ihnen, ein Kontaktnetz zu knüpfen, das in über 70 Berliner Betrieben illegale „Zellen" unterhielt. In Moabit waren es vor allem die Firmen AEG Turbine und Ludwig Loewe.
Neben der allgemeinen politischen Agitation lag die Hauptaufgabe der Saefkow-Gruppe im Aufruf zur Sabotage der Rüstungswirtschaft, um den Zusammenbruch der NS-Diktatur und damit das Ende des Krieges zu beschleunigen.
Über den Fahrer der Schwedischen Botschaft, Arved Lundgren, einem „linken" Sozialdemokraten, stand man in schriftlichem Kontakt – gedeckt als Diplomatenpost – mit KPD-Exilkreisen. Lundgren unterstützte die Berliner Freunde auch durch Lebensmittel und hielt ein Versteck bereit.

Bei ihrer illegalen Arbeit, die 1944 durch den erfahrenen Hamburger Kommunisten Bernhard Bästlein verstärkt wurde, griff die Saefkow-Gruppe besonders auf frühere KPD-Mitglieder zurück. Viele von ihnen hatten bereits eine Gefängnis- und Zuchthausstrafe verbüßt. Man bemühte sich erfolgreich darum, sozialdemokratische und parteilose Arbeiter an sich zu binden. Einberufene Genossen versuchten, innerhalb der Wehrmacht Anhänger für den Untergrundkampf zu gewinnen. Hierbei taten sich besonders Cäsar Horn, Helmuth Wagner und Gerhard Kaun hervor:

Gerhard Kaun (1911–1944) aus der Fehrbelliner Straße 28 verbüßte bereits 1933 eine kürzere Haft wegen Verteilens illegaler Flugblätter. 1941 zur Wehrmacht eingezogen, diente er als Obergefreiter im Heeresbekleidungsamt Berlin (Lehrter Straße 57). Seit 1942 unterhielt er Kontakte zu Anton Saefkow und beschaffte aus seiner Dienststelle Ausrüstungsgegenstände und Waffen.
Von Cäsar Horn, der in einer Spandauer Kaserne diente, und dem illegal lebenden Helmuth Wagner wurde Kaun über die Ziele des „Nationalkomitees Freies Deutschland" (NKFD) – einem Zusammenschluß kommunistischer Exilkreise mit gefangenen deutschen Wehrmachtsangehörigen in der Sowjetunion – informiert. Dessen Programm deckte sich mit Saefkows allgemeinen Zielen eines möglichst breiten Bündnisses zum Sturz der NS-Diktatur, ohne die Nennung traditioneller kommunistischer Ziele wie die Diktatur des Proletariats.

Aus der Anklageschrift gegen Friedrich Klemstein und andere vom 1. Dezember 1944:
„Im Sommer 1943 begann in Berlin eine Anzahl führender kommunistischer Funktionäre, unter Ausnutzung früherer illegaler Beziehungen erneut eine straffe kommunistische Organisation aufzuziehen, die vor allem in den Betrieben und in der Wehrmacht verankert sein sollte. Die Organisation nahm bis zum Sommer 1944 ein erhebliches Ausmaß an und unterstützte in der Propaganda die zersetzenden Bestrebungen des im feindlichen Ausland gebildeten ‚Nationalkomitees Freies Deutschland (NKFD)'."

In ihrer Betriebsarbeit stützte sich die Saefkow-Organisation auf erfahrene Organisatoren:
So wirkte im Telefunken Röhrenwerk in Moabit, Sickingenstraße, mit Erich Kurz („Sewin") ein alter Funktionär des Roten Frontkämpferbundes, der nach 1933 (wie Erwin Reisler) zum Kern des Abwehr- und Sicherheitsapparates der Berliner KPD-Nord gerechnet werden kann. 1937 dienstverpflichtet nach Moabit, bildete er aus Stammkollegen und reklamierten Soldaten eine überparteilich zusammengesetzte Gruppe. Man bemühte sich in den Kriegsjahren besonders um enge Kontakte zu Zwangsarbeitern.

Erich Kurz: „Bei den ukrainischen Arbeiterinnen war es notwendig, sie vor unüberlegten Sabotagehandlungen zu bewahren . . . , [einem] Akt, der nicht nur die Täter, sondern eine ganze Arbeitsschicht der Gestapo ausgeliefert hätte."

(Am Kriegsende konnten Kurz und seine Freunde die Sprengung von Betriebsanlagen durch SS-Männer verhindern.)

Größere Betriebszellen unterhielt die Saefkow-Organisation bei Ludwig Loewe – wo Friedrich Klemstein und sein Kreis die Zerschlagung der Uhrig-Gruppe überstanden hatten – und bei der AEG Turbine: Hier wirkten unter anderem Wilhelm Leist (Foto S. 153), Wilhelm Bösch (Foto S. 151) und Richard Klotzbücher.

Erwin Wegner (* 1923), dessen Mutter mit Wilhelm Leist zusammenlebte, erinnert sich 1983:
„Wilhelm Leist (1899–1945) hatte schon nach 1933 einmal mit der Gestapo zu tun gehabt, aber man konnte ihm damals nichts nachweisen. Für mich zählt er zum Typ des gebildeten Arbeiters, denn er hatte Hitlers ‚Mein Kampf' gelesen und mit vielen kommentierenden Anmerkungen versehen. ‚Wenn man einen

Wilhelm Bösch

Karl Behrens

Gegner hat, muß man ihn studieren, um seine Gegenmaßnahmen treffen zu können', sagte er zu mir.
Mit anderen qualifizierten Kollegen bildete er in seinem Betrieb, AEG Turbine, eine illegale Gruppe. Man stand in radikaler politischer Gegnerschaft zum NS-System und zum Krieg. Durch Zufall wohnte ich einmal einem ihrer Treffen bei. Auf Fronturlaub zu Hause, hatte mich Wilhelm Leist zu einer Zusammenkunft mitgenommen. Ich stand aber wegen meiner Uniform abseits. Sie saßen ganz locker am Bahnhof Gesundbrunnen auf Bänken, spielten Zufallskontakte, tauschten dabei aber ihre Erfahrungen aus. Vielleicht waren auch Kollegen anderer Betriebe dabei. Ich erfuhr auch von Treffen im Wald. Später wurden auch Flugblätter verbreitet.
Durch Wilhelm Leist und meine eigene frühere Tätigkeit bei der AEG lernte ich fast alle Oppositionellen kennen. Neben Wilhelm Leist waren es Richard Klotzbücher (Personalabteilung), Walter Siemund (Meister), Gustav Sadranowski und Karl Müller (beide vermutlich Schlosser), den Maschinenschlosser Wilhelm Bösch, Otto Lang (vermutlich im Büro tätig) und den Ingenieur Karl Behrens sowie Walter Hohmann. Alle verloren ihr Leben*."

* Walter Siemund im Rahmen der Uhrig-Gruppe (S. 136f.) und Karl Behrens durch Mitwirkung in der „Roten Kapelle" (S. 144), d. Verf.

Friedrich Klemstein aus der Gotzkowskystraße 35 in Moabit war ein umsichtiger und in der Illegalität erprobter Arbeitersportler. Seit vielen Jahren stand er mit dem illegalen Apparat der KPD in enger Verbindung (S. 117) und bildete auch eine effektiv und konspirativ arbeitende Betriebsgruppe bei der Firma Loewe, Huttenstraße 17–20.

Der Anklageschrift zufolge konnte sich Friedrich Klemstein auf etwa 40 Vertrauenspersonen und annähernd 100 Sympathisanten stützen. Der Volksgerichtshofprozeß gegen den Kreis der Loewe-Kollegenschaft (insgesamt 12 Personen, einer davon kam von der Firma Bamag) nennt folgende Namen: Schweißer Friedrich Klemstein, Dreher Erich Janke, Einrichter Max Jacoby, Transportarbeiter Gustav Boguslawski, Dreher Hans Schulz, Hilfsschlosser Paul Nowak, Bauschlosser Gerhard Hildebrandt, Revisor Willy Kolbe, Revolverdreher Otto Schwandt, Chemiker Dr. Adolf Hofmann (Leiter des Laboratoriums), Bohrer Ernst Mehlhase und den Maschinenbauer Kurt Sempf.
Aus der Reihe der hier Genannten ragt der Dreher Hans Schulz (1898–1945) insofern hervor, weil der frühere Arbeitersportfunktionär aus Borsigwalde über alte Verbindungen Kontakte zu Kurt Winkler von der Waffenmeisterei der Polizeikaserne Chausseestraße (S. 98) besaß. Dort soll es mehrere gegnerisch eingestellte Schutzpolizisten gegeben haben. (Winkler wurde nach der Verhaftung schwer mißhandelt.)
Bei der Zerschlagung des Uhrig-Kreises blieb Klemstein mit seinen Freunden weitgehend unbehelligt, doch als die Saefkow-Organisation durch den Spitzel Rambow – Anton Saefkows Abwehrbeauftragter (S. 100) – hochging, gab es für Klemstein keine Rettung mehr: am 18. September 1944 nahm man den Schweißer fest.

Die Anklageschrift vom 1. Dezember 1944 wirft ihnen vor:
„Die Angeschuldigten Klemstein, Janke, Jacoby, Boguslawski, Schulz, Nowak und Hildebrandt haben durch ihre illegale Tätigkeit die ihnen aus ihrer politischen Vergangenheit, aus den Hetzschriften oder den Erörterungen mit kommunistischen Funktionären bekannten Umsturzziele der KPD und des NKFD bewußt gefördert und damit Vorbereitung zum Hochverrat begangen. Klemstein, der im umfangreichen Maße als Funktionär illegal gearbeitet, Hetzschriften verbreitet und vielfach defaitistische Äußerungen gemacht hat, ist gleichzeitig der Feindbegünstigung und der Wehrkraftzersetzung schuldig. Auch dem Angeschuldigten Schulz fällt im Hinblick auf den Umfang und die Art seiner illegalen Betätigung Feindbegünstigung zur Last.
Die Angeschuldigten Kolbe, Schwandt, Hofmann, Mehlhase und Sempf, die nicht aktiv mitgearbeitet haben, sind der Verletzung der Anzeigepflicht schuldig."

Am 2. Februar 1945 sprach der Volksgerichtshof die Todesstrafe für Friedrich Klemstein und Hans Schulz aus. Während Hofmann und Mehlhase freigesprochen wurden, erhielten die übrigen acht Angeklagten Zuchthausstrafen. Die beiden Arbeitersportler Klemstein und Schulz richtete man am 20. April 1945 im Zuchthaus Brandenburg hin. Zehn Tage zuvor verlor ihr Kampfgefährte aus dem Nachbarbetrieb, der AEG Turbine, Wilhelm Leist, in Plötzensee das Leben.

Erwin Wegner (* 1923) hatte ihn davor noch einmal sehen können. Er erinnert sich 1983:
„Ich durfte ihn für zehn Minuten sprechen. Fast hätte ich ihn nicht wiedererkannt. Er kam angeschlurft wie ein alter Mann. Die Finger waren gebrochen. Er versuchte, mir etwas mitzuteilen, vermutlich, wo Dinge versteckt worden waren, aber es klappte nicht. Irgendjemand hörte immer zu.
Wilhelm Leist und seine Kollegen (S. 151) haben für ihre Idee ihr Leben gelassen. Um Verbrechen zu verhindern, haben sie ihr Leben gelassen.
Für mich stellten sie eine Art Arbeiterintelligenz dar. Sie standen zwar in radikaler Gegnerschaft, das heißt aber nicht, daß sie zum Ziel hatten, was in der DDR Wirklichkeit wurde."

Friedrich Klemstein

Wilhelm Leist

Adolf Hofmann

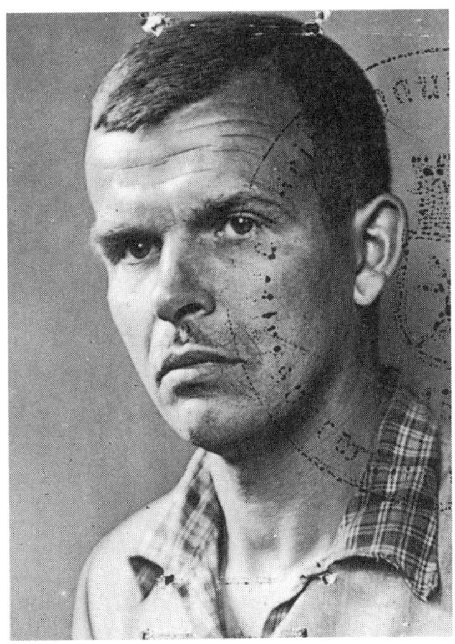

Gerhard Hildebrandt

Cäsar Horn (Bildmitte oben), Ehepaar Reisler (links daneben)

Versuchte Gefangenenbefreiung
Tiergarten, Bellevuestraße 15 – Sitz des Volksgerichtshofes (VGH) – Foto S. 204

Erwin Reisler (* 1911) zählte zu den aktiven Resten der alten Arbeitersportler im Norden Berlins. Er und seine Freunde mußten miterleben, wie einer ihrer begabtesten Mitkämpfer, der Feldwebel Cäsar Horn, durch die Zerschlagung der Saefkow-Gruppe in die Hände der Gestapo gekommen war. Cäsar Horns militärisches Wissen, seine Verbindungen und nicht zuletzt seine große Persönlichkeit waren von unverzichtbarem Wert. Sollte sich die Chance zur Befreiung ergeben, hatten die Freunde im nahen Tiergarten Waffen versteckt, um sich den Fluchtweg notfalls freischießen zu können.

Erwin Reisler (* 1911) erinnert sich 1992 an Hand von geheimen Tagebuchaufzeichnungen:
[Oktober 1944]
„Es ist Cäsars zweiter Prozeß. Ich habe den Auftrag der Partei, am Prozeß teilzunehmen. Ich begleite Cäsars Frau (S. 136). Mir ist nicht wohl bei der ganzen Geschichte. Ich soll in der Verhandlungspause, wenn die Häftlinge in den Aufbewahrungsraum geführt werden, mit Cäsar und dem mitangeklagten Genossen Werner Deckers ein Gespräch führen. Die Häftlinge bewachte nicht die SS, sondern hier hatten Moabiter Wachtmeister die Aufsicht. Wir hatten auch nicht die Hoffnung aufgegeben, einen Teil der verhafteten Genossen zu befreien… Als sich die Tür in der Bellevuestraße hinter uns schloß, glaubte ich nicht mehr daran, dieses Gebäude wieder als freier Mann verlassen zu können.
Die Genossen freuten sich mächtig, als sie uns sahen. … Sie zeigten im Prozeß eine tapfere Haltung. Cäsers Folterknecht, der hier als Zeuge geladen war, interessierte sich für mich. Er befragte Cäsars Frau, Irmgard Horn, in der Pause, wer ich wäre. Sie wies mich als ihren Schwager aus. Wenn er wüßte, daß ich ‚Alex' (Deckname) bin! Aber auch der Apparat der Gestapo funktionierte nicht mehr. Es kommt nicht zur Aussprache mit Cäsar. Die Anwesenheit des Gestapomannes läßt die Moabiter Leute viel sorgfältiger acht geben. Der Verteidiger gibt sich alle Mühe. Es soll ein Deutschnationaler sein. Werner Deckers erhält 7 Jahre Haft. Cäsar soll nach dem Willen dieses Volksgerichtshofes sein Leben lassen. Wir atmen auf, als wir die Zwingburg in der Bellevuestraße verlassen können. Wir sind andererseits tieftraurig. Unsere einzige Hoffnung für Cäsar und alle unsere zum Tode verurteilten Genossen bleibt das Vordringen der Sowjetarmee."

Widerstand am Kriegsende (Gruppe Lenkeit)
Mitte, Rosenthaler Straße 69 – illegaler Treffpunkt bei Lenkeit

Die Verhaftungswelle und Prozeßserie gegen die Saefkow-Gruppe kostete etwa 60 Menschen das Leben. Zu ihnen zählte Kurt Klinke aus Mitte, Egon-Schultz-Straße 18 (damals Strelitzer Str.). Wegen Widerstands bei Siemens verhaftet, verstarb er an den Folgen der Gestapofolter.

Über hundert Verdächtige gerieten in Haft. Mehrere von ihnen, man denke an politisch vorbestrafte Spitzenfunktionäre wie Hans Jendretzky (S. 103f.) oder den Gewerkschafter Roman Chwalek, mußten um ihr Leben fürchten und wurden hauptsächlich durch das Schweigen ihrer Hauptkontaktleute (Saefkow, Jacob) gedeckt.

Trotz allem bestand der illegale Apparat der KPD in versprengten Resten noch immer weiter, so auch im Stadtzentrum. Hier hatte sich um den Kellner Heinrich Lenkeit (1888–1967) eine Gruppe Aktiver halten können, weil ihre verhafteten Freunde Julius Wordelmann (S. 127), Willi Heinze (beide verloren ihr Leben) und Hugo Seidel (S. 138) sie deckten. Aus Sicherheitsgründen wurden im Oktober 1944 aber alle Verbindungen „nach oben" abgebrochen.

Bei der Gruppe Lenkeit handelte es sich meistens um politisch vorbestrafte Funktionäre der alten Unterbezirke Stettiner Bahnhof und Zentrum – siehe S. 119ff. – wie Heinrich Lenkeit (dreidreiviertel Jahre Zuchthaus), Josef Bittner (knapp vier Jahre Haft), Hermann Beuck (mehrmals KZ) und Max Dierich (vier Jahre Zuchthaus).

Unter den Bedingungen fast pausenloser Bombardierung, zunehmender Zerstörungen und Ausufern der Gewalt im Zeichen des „Endkampfes" trafen sich die Oppositionellen zu politischen Erörterungen (Schulungen) und sammelten Kleidung und Lebensmittelmarken für Illegale, KZ-Häftlinge und Zwangsarbeiter. Man versteckte auch Deserteure, die um ihr Leben fürchten mußten (S. 379).

Heinrich Lenkeit (1888–1967) – Foto s. oben – berichtet:
„Der Keller unserer Wohnung in der Rosenthaler Straße 69 wurde im April 1945 ein Sammelpunkt überlebender Antifaschisten und Soldaten in Zivil.
Da der Keller gleichzeitig Durchgänge zu den Straße zwischen Linien- und Kleiner Rosenthaler hatte, konnte eine Anzahl Leute Unterkünfte finden. Tagtäglich donnerten Detonationen eingeschlagener Geschosse auf den Straßen. Berlin war nur noch Rauch und Flammen. Am 2. Mai 1945, früh zwischen 6.00 und 7.00 Uhr wurde es plötzlich still. Es ist kaum möglich, das auszudrükken, was die Menschen im Keller empfanden. Ich rief Frauen, Männern und Kindern zu, daß der Krieg ein Ende gefunden hätte und ging nach oben auf die Straße..."

Schule und Jugend

Junge Menschen nahmen auf vielfältige Weise am Widerstand gegen das nationalsozialistische Unrechtsregime teil. Viele von ihnen bildeten in den verschiedenen Gruppen der Arbeiterorganisationen (S. 53ff., 75ff.), aber auch bei der Bekennenden Kirche (S. 236ff.) und beim Militär (S. 189) das vorwärtstreibende Element. Jugend war an vielen Stellen des deutschen Widerstands der Motor der Bewegung, andererseits führte deren Unerfahrenheit manchmal zu unüberlegten Schritten (S. 102, 169).

In diesem Abschnitt unseres Berichts wollen wir uns allerdings allein jenen gesonderten Gruppen Jugendlicher widmen, die für sich und oft auf jugendspezifische Weise aktiv wurden.

Am Beginn steht das Jahr 1933 mit seinen tiefgreifenden Veränderungen, die sich für viele junge Menschen besonders im Schulbereich spürbar auswirkten. Dabei greifen wir sehr verschiedene pädagogische Einrichtungen heraus, um einen möglichst breiten Eindruck gewinnen zu können. Es sei in diesem Zusammenhang hervorgehoben, daß es vor 1933 selbst in Berlin nur wenige deutlich pro-republikanisch ausgerichtete höhere Schulen gab.

Auflösung „weltlicher Schulen“

In den 20er Jahren richtete die Berliner Stadtverwaltung etwa 60 moderne Schulen im aufklärerischen Geist der Republik und der Reformpädagogik ein. Hier wurde versucht – fern von überkommenen Erziehungspraktiken und unter Heranziehung aktueller Unterrichtsthemen – neue Wege zu erproben. Entsprechend einer alten liberalen und der traditionellen Forderung der sozialistischen Arbeiterbewegung nach der Trennung von Kirche und Staat wurde an sogenannten weltlichen Schulen, die bis zur 8. Klasse gingen, das Fach Religion durch das Fach Lebenskunde ersetzt. In diesem Zusammenhang sind besonders die zehn „Lebensgemeinschaftsschulen“ zu erwähnen. In ihnen wirkten Lehrer, Eltern und Schüler zusammen.
Diese hauptsächlich von der Sozialdemokratie eingeleiteten Bemühungen um die Demokratisierung des Schulwesens, unter anderem durch die Erschließung von Bildungsmöglichkeiten für die Arbeiterschaft, waren damals höchst umstritten. Dabei muß man bedenken, daß auf Grund eines politischen Kompromisses, den die Anhänger dieser Bildungsmaßnahmen durch die politischen Mehrheitsverhältnisse einzugehen gezwungen waren, lediglich an einer geringen Zahl der Berliner Schulen die Reformen zur Anwendung kamen. Dies geschah hauptsächlich in den Arbeiterbezirken Wedding, Friedrichshain und Neukölln, aber auch in Reinickendorf, Spandau, Pankow und Tiergarten.
Die Hitlerregierung zerschlug diese Schulen. Lehrer wurden verjagt, entlassen oder – wenn sie noch jung waren – zur „Bewährung“ versetzt. Die schulische „Säuberungspolitik“ des NS-Systems bedeutete nicht nur für die bestraften Pädagogen einen tiefen Lebenseinschnitt, sondern betraf gerade auch die Schüler auf besondere Weise.

Rolf Jacob (* 1923) erinnert sich 1993:
„Wie andere Kinder aus sozialistischen Elternhäusern (S. 157ff.) besuchte ich die weltliche Schule in der Waldenserstraße. Rektor war Herr Blanck, Klassenlehrer Otto Warlich (1902–1988). Beide standen der SPD nahe. Ich erinnere mich an eine freie Unterrichtsatmosphäre ohne Schläge und Gewalt. Warlich duzte sich sogar mit einigen älteren Jugendlichen!

Köllnisches Gymnasium, Inselstraße Ecke Wallstraße

Bei schönem Wetter hatten wir Unterricht in der freien Natur, etwa auf der Vogelwiese in der Jungfernheide. Unser Klassenlehrer war eine Künstlernatur, die Musik spielte eine starke Rolle bei ihm. (Nach dem Krieg wirkte er als Professor an der Hochschule für Musik.) Er war groß, schlank und jugendbewegt gekleidet, mit Sandalen an nackten Beinen.
Mit dem Machtantritt der Nazis ging unsere Schule sang- und klanglos unter. Warlich äußerte sich dazu in etwa so: 'Jetzt weht ein anderer Wind. Wir können uns nicht mehr so frei unterhalten wie früher, müssen auch andere Themen behandeln.'
Schon bald darauf blieb Otto Warlich weg. Unsere Schule wurde aufgelöst und wir Kinder auf andere Schulen in Moabit verteilt."

Köllnisches Gymnasium/Kaempfschule
Mitte, Inselstraße Ecke Wallstraße

Die von Dr. Siegfried Kawerau (1886–1936) geleiteten Aufbauschulen in der Inselstraße sind eine heute leider weitgehend vergessene Lehranstalten, obwohl sie, was die reformorientierte und demokratische Ausrichtung betrifft, der bekannten Neuköllner Karl-Marx-Schule, die ebenfalls viele spätere Widerstandskämpfer zu ihren Absolventen zählte, nicht nachstanden.

Der Pankower Alfred Schulz (* 1909) berichtet sich 1991:
„Von 1922 bis 1926 besuchte ich die Aufbauschule Köllnisches Gymnasium, Insel- Ecke Wallstraße. Eingeschult wurde ich von Prof. Dr. Henschel, einem eindrucksvollen älteren Pädagogen. Dessen Nachfolger wurde bald darauf [bis 1926] der frühere kommunistische Stadtverordnete Franz Goss, der zuvor die

Kaempf-Oberrealschule geleitet hatte, die nun dem Köllnischen Gymnasium angegliedert worden war. Goss war ein hervorragender Pädagoge, er hatte einen ausgesprochenen ‚Goethe-Kopf'. Von ihm, der auch mein Deutschlehrer war, erbte ich eine Lessing-Begeisterung.
Auch der KPD-Landtagsabgeordnete Dr. Fritz Ausländer unterrichtete an dieser Schule. Die Lehrer waren überwiegend links bis liberaldemokratisch. An lediglich einen pro- bzw. vorfaschistischen Lehrer kann ich mich noch erinnern. Es war Dr. Herzog. Der wurde jedoch bald von den Schülern rausgegrault.
Das angesehene Köllnische Gymnasium war neben dem Gymnasium ‚Zum grauen Kloster' (Klosterstraße) *das* Gymnasium reicher, wohlhabender bürgerlicher Kreise Berlins. Es wurde in der Weimarer Republik durch den Einfluß der Arbeiterbewegung zu einer fortschrittlichen Bildungseinrichtung, die sich auch der Arbeiterkinder – ohne finanzielle Belastung der Eltern – annahm. Hier durften nur begabte Kinder her; sie wurden in sechs, statt wie sonst üblich in neun Jahren zum Abitur geführt. Wider eigene Erwartungen bestand ich die dreitägige Aufnahmeprüfung im Stadtverordnetensaal, mußte aber aus sozialen Gründen mit 17 Jahren (‚Primareife') die Bildungsstätte, an der sehr angestrengt gearbeitet wurde, leider wieder verlassen."

Der Kreuzberger Willi Zahlbaum (* 1914) – S. 76 – erinnert sich 1994:
„Die drei Jahre, in denen ich (ab April 1927) die Kaempf-Oberrealschule besuchte, wurden für mich zu einem prägenden Erlebnis. Direktor der Lehranstalt war Dr. Siegfried Kawerau (SPD). Der entschiedene Kriegsgegner war ein warmherziger und bescheidener Mann mit hohen pädagogischen Idealen.
Methoden demokratischer Selbstverwaltung – etwa die Einrichtung eines Schülerparlaments und die Herausgabe einer kleinen Schülerzeitschrift – sollten mit Unterstützung fortschrittlicher Pädagogen dabei helfen, bei uns das Gefühl für Eigenverantwortlichkeit und die Verpflichtung zur Anteilnahme am politischen Leben herauszubilden.
Dies zeigte sich ganz besonders am Geschichtsunterricht von Dr. Andrich. Wir wurden nicht ausnahmslos mit Faktenwissen gefüttert, sondern lernten nach gründlicher Vorbereitung eigene Meinungen und Standpunkte so differenziert wie möglich zu entwickeln.
Unvergessen sind mir auch die jährlichen Nie-wieder-Krieg!-Veranstaltungen zum 1. August in der Aula mit prominenten Gastrednern wie dem Leiter des Antikriegs-Museums (S. 29) Parochialstraße, Ernst Friedrich. (1933 geriet er in Haft.)"

Der Reinickendorfer Gerhard Gossa (* 1915) berichtet 1993:
„Von 1929 bis 1933 besuchte ich die Aufbauschule Köllnisches Gymnasium, eine pädagogische Einrichtung für begabte Arbeiterkinder. Es herrschten dort ziemliche Leistungsanforderungen. Am Beginn stand ohnehin die Eignungsprüfung. Man mußte viel pauken, denn von der Grundschule hatte man nicht viel mitbekommen.
Es gab jährliche Verfassungsfeiern. Auch die letzte große Sonnenwendfeier bei Nauen ist mir noch in Erinnerung. Der Schuldirektor Kawerau war auch dabei und sah zu. Persönlich habe ich keinen direkten Kontakt zu ihm gehabt, weiß aber, daß er schon bald nach der Bildung der Regierung Hitler gehen mußte. Er wurde in ein wildes KZ-Lager verschleppt und furchtbar zusammengeschlagen. So viel ich hörte, verstarb er daran. Siegfried Kaweraus kommissarischer Nachfolger wurde ein Mann des Kollegiums, Dr. Petzold.

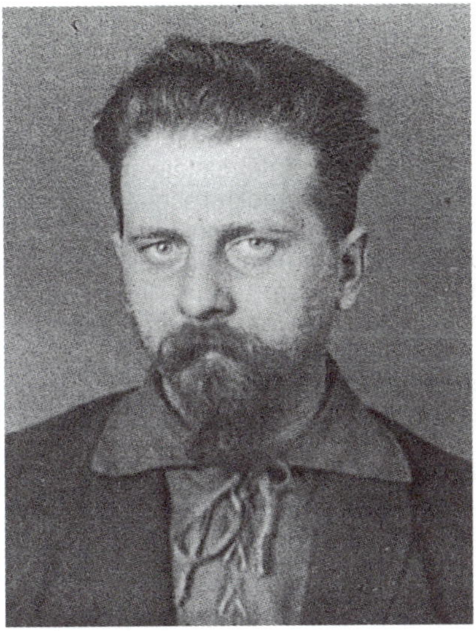

Siegfried Kawerau

Gerhard Gossa

Bis zu meinem Abgang im März 1933 kam es wiederholt zu Auseinandersetzungen innerhalb der Schülerschaft, denn es gab einige sehr gewalttätige junge Nazis. Besonders ein gewisser Hesse versuchte immer wieder zu provozieren. Als Klassensprecher bin ich deshalb mehrmals mit ihm ins Bolzen gekommen. Dr. Petzold lud mich daraufhin ins Rektorenzimmer. Um mir die schwierige Lage, in der sich die Reformschule mittlerweile befand, zu verdeutlichen, öffnete er die Schublade seines Schreibtisches und zeigte mir die Waffen, die man Nazi-Schülern abgenommen hatte: Stahlruten, Schlagringe und sogar eine Pistole.

Vom Lehrerkollegium kamen 1933 nicht allein Dr. Kawerau und mein Deutschlehrer Dr. Ausländer in SA-Haft, sondern auch zahlreiche Mitschüler jüdischer Herkunft. So aus den höheren Klassen, darunter angehende Abiturienten: Franz Baron, Salli Blank, Horst Rosenzweig, die Brüder Berger und mein Freund Rudi (eigentlich Rubin) Weinmann, dessen Eltern in der Synagoge Oranienburger Straße einen Platz besaßen. Was aus meinen jüdischen Lehrern Dr. Sternberg (Englisch), Dr. Rabau (Mathematik) und Dr. Rosenberg (Klassenlehrer) wurde, weiß ich nicht, denn ich verließ die Schule im März 1933 mit mittlerer Reife. Sie mußten die Schule bestimmt verlassen. [Der Historiker Dr. Rosenberg emigrierte, d. Verf.]
Als ich im Herbst 1933 ins KZ Columbia-Haus kam, erfuhr ich von Zellengenossen, daß mein Schulfreund Rubin Weinmann bereits vor mir hier inhaftiert gewesen war. Später erhielt ich dann aus dem Ausland eine verschlüsselte Überlebensmeldung, die wohl von ihm stammte."

Zum Schicksal von Gerhard Gossa und Dr. Fritz Ausländer, die schlimme Qualen durchlitten, siehe die Pankow/Reinickendorf-Broschüre dieser Reihe, d. Verf.

Jüdische Schüler konnten noch 1934 unbehelligt das Abitur machen, berichtet Ernst Laske (Tel Aviv). Dr. Siegfried Kawerau, über dessen weiteres Schicksal nur wenig bekannt ist, erlag 1936 den Folgen von Mißhandlungen in der KZ-Haft.

Friedrich-Ebert-Oberrealschule
Mitte, Kleine Frankfurter Straße 6 (heute: Berolinastraße)

Nahe dem Alexanderplatz befand sich von 1927 bis 1933, in einem unscheinbaren Gebäude untergebracht, eine als fortschrittlich geltende moderne pädagogische Einrichtung, die den Namen des ersten Reichspräsidenten trug.

> Wolfgang Eckert (* 1912) erinnert sich 1993:
> „Diese Schule wurde unter uns Schülern fast wie ein Geheimtip gehandelt. Wenn sich auch die jugendlichen Erwartungen und Wunschvorstellungen von Freiheit und Mitbestimmung im späteren Alltagsbetrieb nur teilweise verwirklichen ließen, im Vergleich zu den vorherrschenden autoritären Schulsystemen war die Friedrich-Ebert-Schule tolerant, sozialliberal und elitär. Sie erfreute sich des besonderen Mäzenatentums des Preußischen Kultusministers Adolf Grimme, der in keinem Semester versäumte, seine Gründung fördernd zu besuchen und mit uns Primanern Kontakte aufzunehmen, wobei signierte Buchgeschenke sowie Zuschüsse zu Wanderfahrten die Regel waren. Obwohl sich die Schule zu den hehren Zielen der Weimarer Republik – speziell durch aufwendige Feierlichkeiten zum Nationalfeiertag (jeweils am 11. August) – bekannte, war sie jedoch im Gegensatz zu ihrem verpflichtenden Namen fast schäbig in einem ehemaligen Wohnkomplex der Kleinen Frankfurter Straße provisorisch untergebracht, mit dem sich nie erfüllenden Versprechen eines zukünftigen repräsentablen Schulneubaus innerhalb der City."

Nicht zuletzt auf Grund ihrer Lage besaß die Einrichtung einen hohen Anteil jüdischer Schüler, deren Eltern als vermögende Kaufleute und Geschäftsinhaber rund um den Alex wohnten bzw. tätig waren. Es gab aber auch einen zunehmenden Einfluß von NSDAP-Mitgliedern, berichtet Wolfgang Eckert.
Die Friedrich-Ebert-Schule stand in einer gewissen Rivalität zur betont linken Karl-Marx-Schule (siehe den Neukölln-Band der Reihe). Jüdische Kaufleute, die die pädagogische Einrichtung in Mitte mit einem Förderverein unterstützten, wollten damit sowohl ein Gegengewicht zum heraufziehenden Nationalsozialismus schaffen, als sich auch von der – in ihrer Sicht – stark „marxistisch" geprägten Neuköllner Schule abgrenzen. Allerdings gab es auch an der Friedrich-Ebert-Oberrealschule gewisse kommunistische Tendenzen, so durch die Söhne von ungarischen Emigranten der kommunistischen Regierung Béla Khun (wie Paul Alpari, Sohn des ehemaligen Außenministers Julius Alpari). Zeitweiliger Schüler war auch der junge Nachwuchsschauspieler bei Erwin Piscator und spätere Verleger Helmut Kindler (S. 366).

> Wolfgang Eckert (* 1912), der damals als Schülerobmann dem Förderverein angehörte, schreibt 1993:
> „Schon im Herbst 1932 kündigte sich der nahende Untergang dieser mit so viel Hoffnungen und Erwartungen in neue Lehrmethoden gegründeten Reformschule an. Unter den Schülern bekämpften sich mit verbalen Beschimpfungen und wüsten, blutigen Schlägereien die marxistische gegen die nationalsozialistische Glaubenspartei, was auch im Lehrerkollegium zur Spaltung der Geister führte. Nach der NS-‚Machtergreifung' wechselte der Schulleiter, Herr Lauche (SPD), noch schnell das Parteibuch und soll auf Drängen seines Stellvertreters, Dr. Griepentrog, versucht haben, die zahlreichen jüdischen Schüler aus dem Unterricht zu entfernen. Es geschah in der irrationalen Hoffnung, seine Schule dadurch erhalten zu können. Doch das Aus kam schnell. Im ‚Dritten Reich' war kein Platz für diese Schule; sie wurde aufgelöst."

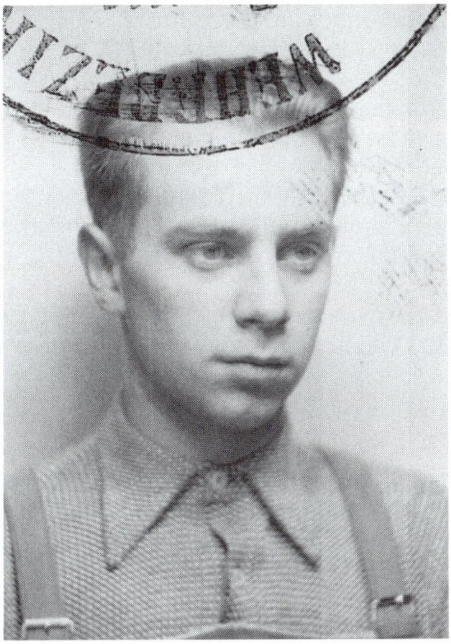

Kurt Stillman

Luisenstädtisches Realgymnasium
Mitte, Sebastianstraße 26

Kurt Stillmann (* 1916) berichtet 1990:
„Nach dem Besuch der Volksschule in der Schmidstraße bekam ich ein Stipendium zum Besuch des Luisenstädtischen Realgymnasiums in der Sebastianstraße. Diese Lehranstalt bildete sich viel darauf ein, daß der erste Kommandant des großen Luftschiffes ‚Graf Zeppelin', Hugo Eckener, aus ihren Reihen hervorgegangen war. Wenn der nach Berlin kam und es gab irgendeine Veranstaltung, erhielten wir dafür sogar schulfrei. Einen Tag vorher richteten wir alle das Gebäude her.
1932 änderte sich unsere eigentliche eher humanistische Schule durch den Wechsel des Direktors. Ein strenger Nazi hielt Einzug.
Mir wurde eigentlich erst Ende 1932 bewußt, daß ich zwar links stehe, daß mir das aber gar nichts nützte, denn ich wurde einfach als *mosaisch* eingestuft: So gab Dr. Köhler (SA-Mann) auch Mathematik in unserer Klasse und sagte ‚Na, a^2 plus b^2 in Klammern ist? Na Stillmann, auch sie wissen es nicht? – Dann sagen sie es in Hebräisch!' Da fing fast die ganze Klasse an zu lachen, und ich stand da wie ein begossener Pudel. Ich konnte doch gar kein Hebräisch, wußte nur, daß es die Sprache der Juden ist. Der Nazilehrer machte mich einfach zum gezielten Gespött.
Nur zwei in der Klasse hatten den Mut und gesellten sich von nun an zu mir, denn niemand wollte neben mir sitzen: ein jüdischer Mitschüler und ein junger Mann adliger Herkunft, namens von Arnault.
Da ich 1933 mein Stipendium nicht mehr verlängert bekam, mußte ich zwei Monate vor Abschluß der mittleren Reife die Schule verlassen."

Siehe zu seinem weiteren Weg die Seite 298, der Verf.

Sophienschule (Lyzeum)
Mitte, Weinmeisterstraße 16/17

Zeitzeuginnen, die 1933 Höhere Mädchenschulen im Bezirk Mitte besuchten, erinnern sich an spektakuläre Fälle „politischer Säuberungen":
So berichtet Alice Zadek (s. Literaturliste), daß an der Luisenschule, Ziegelstraße 12, die beliebte Studienrätin Dr. Elisabeth Abegg (SPD) entlassen und durch einen PG ersetzt wurde. (Die Sozialdemokratin und Quäkerin setzte sich in den Kriegsjahren sehr für verfolgte Juden ein.)

Auch in der Sophienschule (Weinmeisterstraße), einem Mädchengymnasium, wurde 1933 die schwarzrotgoldene Fahne verbrannt und die Naziflagge aufgezogen.

Eva-Marie Koneffke, geb. Klug, erinnert sich 1992:
„Ich besuchte das Sophien-Gymnasium von 1930 bis zu seiner Auflösung 1936. Es war eine klassische bürgerliche Bildungseinrichtung, eher liberalen Zuschnitts, die sich aber aus der Politik weitgehend heraushielt.
Unsere Schule besaß einen hohen Anteil von Mädchen jüdischer Herkunft, die aus allen Teilen Berlins kamen, um diese gutbürgerliche Lehranstalt zu besuchen.
Im Jahr 1933 gab es gerade für das Sophien-Gymnasium existentielle Veränderungen. Es betraf sowohl eine Minderheit republikanisch und humanistisch gesonnener Lehrer als auch die Schülerschaft selbst. Direktor Dr. Ernst Lichtenberg wurde nicht zum Oberstudiendirektor befördert, weil er sich weigerte, der NSDAP beizutreten. Pädagogen jüdischer Herkunft, wie Dr. Anger, warf die Schulbehörde hinaus.
Unser wunderbarer Deutschlehrer Dr. Paul Altenberg (1890–1960) wurde, weil er nicht völlig ‚arisch' war, zurückgestuft und durfte keine Hauptfächer mehr unterrichten. Unvergessen ist mir auch unser Lateinlehrer Dr. Erich Korte. Wegen seiner engagierten demokratischen Einstellung wurde der Sozialdemokrat zunächst 1933/34 zwangspensioniert, kehrte dann aber später wieder zurück*. (1943 machten die Nazis ihm einen Prozeß und verurteilten ihn zu Zuchthaus.)
An Stelle dieser unvergessenen Pädagogen kamen dann einige NS-Lehrer zu uns, zu denen sich einige ‚Umfaller' gesellten. 1936 wurde unsere Schule auf Grund des erzwungenen Abgangs der vielen jüdischen Mitschülerinnen aufgelöst."

* Zum Schicksal von Dr. Erich Korte siehe die Spandau-Darstellung dieser Reihe, d. Verf.

Margot Jacob-Philipp, die 1939 auswanderte und heute als Anwältin in Paris tätig ist, berichtet 1989:
„Mein Deutschlehrer Dr. Paul Altenberg war von all unseren Lehrern die Perle der Weisheit und Menschlichkeit. ... Er hatte auch eine eigene, frauenfreundliche Vorstellungswelt: ‚Ihr seid von der Natur reicher beschert worden als die Jungen. Ihr besitzt genau so viel Verstand wie sie, außerdem aber noch euren gesunden Instinkt. Bewahrt ihn euch. Er ist eurer kostbarstes Gut'.
Aber gerade für diesen außergewöhnlichen Deutschlehrer haben die Nazis sich dann eine Sonderfolter einfallen lassen, nachdem sich herausstellte, daß nicht sämtliche seiner vier Großeltern ‚arisch' waren ... Plötzlich war er unwürdig geworden, Hauptfächer zu unterrichten. ...

Schülerinnen der Sophienschule mit Dr. Paul Altenberg

Das tragischste Band an die Sophienschule sollte mich an unsere Mathematiklehrerin Margarete Draeger knüpfen. Als eingefleischte Demokratin hatte sie während des Unterrichts von der Frauenbewegung gesprochen, von Gertrud Bäumer, auch von ihrer Werkstudentenzeit. ... Als Protestantin [erzogen], war ihr ihre ‚nicht-arische Herkunft' unbekannt gewesen. Sie wurde umgehend aus dem Staatsdienst entlassen. Dies [geschah] ... um so kampfloser, als ihr ‚arischer' Ehemann, den sie als Werkstudentin miternährt hatte, sich nun schleunigst von ihr scheiden ließ. Sie schadete ihm bei seiner Karriere als Ingenieur bei der AEG. ...
Zum Judentum überzutreten, um wenigstens an jüdischen Schulen unterrichten zu dürfen, lehnte sie ab. Sie sei nun mal als Protestantin großgezogen worden und hätte es nicht nötig, Dinge ohne Überzeugung zu tun. Hingegen widmete sie sich in Zusammenarbeit mit Pastor Grüber der Fürsorge von ‚nicht-arisch christlichen' Kindern (S. 254ff.). ...
Die Quäker halfen ihr beim Organisieren der Auswanderung ihrer Schützlinge. Auch sie selbst hoffte, eines Tages mit Hilfe der Quäker in England Aufnahme zu finden. Es ist ihr nicht gelungen. Es ist den Nazis gelungen, sie dort, wo sie während des Krieges Unterschlupf gefunden hatte, zu verhaften und zu deportieren. Zurückgekehrt ist sie niemals."

Zum Büro Grüber und zu Margarete Draeger siehe die Seiten 252ff.

Kirschner-Oberrealschule
Moabit, Zwinglistraße 2

Im Bezirk Tiergarten gab es damals mehrere höhere Schulen, so für Jungen in der Bochumer, der Wilsnacker und der Zwinglistraße sowie am Schleswiger Ufer; für Mäd-

chen das Dorotheen-Lyzeum und das Kleist-Lyzeum (S. 289). Darüber hinaus unterhielt die jüdisch-orthodoxe Gemeinde Adass Jisroel in Siegmunds Hof ein Realgymnasium für Jungen und ein Lyzeum. Da beide Einrichtungen Reifeprüfungen abhalten durften, wechselten nach 1933 auch Kinder nicht-orthodoxer Elternhäuser an diese Schulen. (Wodurch die Lehranstalten bald überfüllt waren.)
Nach Erinnerungen von Dr. Werner Rosenstock (* 1908) besuchten die meisten jüdischen Schüler das Friedrichs-Werdersche Gymnasium (Bochumer Straße 8). Zahlreiche jüdische Eltern aus dem Hansa-Viertel bevorzugten trotz der Entfernung aber die Kirschner-Oberrealschule in Moabit, weil sie den Schwerpunkt auf moderne Sprachen und Naturwissenschaften legte.

Dr. Werner Rosenstock (* 1908) erinnert sich:
„Der Anteil der jüdischen Schüler, insbesondere im Realgymnasialzweig, belief sich bis zur Obersekundareife auf etwa ein Drittel oder ein Viertel, in den drei höheren Klassen war er geringer. Das Verhältnis zwischen jüdischen und nichtjüdischen Schülern war im allgemeinen nicht eng. Dies hatte seinen Grund darin, daß der Unterschied zwischen den beiden Gruppen nicht nur in der Verschiedenheit der konfessionellen Zugehörigkeit und Herkunft bestand, sondern auch in der wirtschaftlichen Situation. Die meisten jüdischen Schüler wohnten im Hansa-Viertel und gehörten dem Mittelstand an, während die meisten nicht-jüdischen Schüler im kleinbürgerlichen Moabit wohnten, wobei es natürlich Überschneidungen nach beiden Richtungen gab. Es war daher zu verstehen, daß viele Nicht-Juden die besseren Lebensumstände ihrer jüdischen Mitschüler beneideten. ...
Dieser Unterschied, verbunden mit einem meist ohnehin vorhandenen Antisemitismus, wirkte sich auf die Atmosphäre aus, und viele nicht-jüdische Schüler traten später der NSDAP bei. Die meisten Lehrer waren politisch rechts eingestellt. Als zum Beispiel bei einer Abiturientenfeier ein jüdischer Schüler in seiner Rede auf den Jahrestag der Märzrevolution von 1848 hinwies, verließen mehrere Lehrer unter Protest die Aula, und die Rede wurde abgebrochen. Interessant ist aber, daß einige dieser Lehrer sich nach 1933 konstant wehrten, mit den Nazis zu paktieren. Umgekehrt warfen sich einige Lehrer, die als verhältnismäßig fortschrittlich galten, später den neuen Machthabern begeistert in die Arme.
Die Schule hatte zwei jüdische Lehrer. Einer von ihnen war der Neuphilologe Dr. Kurt Lewent. Er... konnte sich noch zu Anfang des Krieges nach New York retten... Der andere, ... Dr. Erich Löwenthal, ... wurde ein Opfer der Verfolgung."

Entnommen dem Lesebuch: „Juden in Berlin" (siehe die Literaturliste S. 391)

Eine ganz andere soziale Erlebniswelt als die des gehobenen Bürgertums im Hansa-Viertel stellte für Jugendliche das Milieu von Prostitution und Kriminalität nördlich vom Alexanderplatz dar. Hier, wo sich – wie im Bereich des Schlesischen Bahnhofs (heute Hauptbahnhof) in Friedrichshain – die Berliner Unterwelt zu sogenannten Ringvereinen wie „Immertreu" und „Hand in Hand" zusammengeschlossen hatte und Geselligkeiten pflegte, waren viele gestrauchelte und verzweifelte Jugendliche in „Cliquen" zu finden. Sie gaben ihnen, unter der Leitung sogenannter Cliquen-Bullen, ein Stück Geborgenheit und Familienersatz.
Unter den Cliquen, die außerhalb der Stadt am Stienitz-See ihren Treffpunkt hatten, ragte im Norden Berlins eine Gruppe ganz besonders hervor, weil sie verdeckte politische Ziele aufwies:

Clique Morgenstern/Edelweißpiraten
Mitte, östlicher Teil der Linienstraße – sogenanntes Ludenlokal „Kellner Max“

Erwin Reisler (* 1911) berichtet 1992:
„Ein jüdischer Genosse – mit Decknamen Fritz Moskau – bildete in den frühen 30er Jahren aus geeigneten Mitgliedern des kommunistischen Jugendverbandes und der Roten Jungfront eine sogenannte Gegen-Clique, die ‚Clique Morgenstern‘. Sie war am Gesundbrunnen und im Norden des Bezirks Mitte (Acker-, Swinemünder- und Bernauer Straße) zu Hause. Es war unsere Aufgabe, in die kriminellen Cliquen hineinzuwirken und dort für die politische Arbeit wertvolle und geeignete Jugendliche ‚abzuschöpfen‘. Sie waren alle arm wie wir, bildeten aus dem Gemeinschaftsstreben heraus Gruppen, die am Wochenende ins Umland hinausfuhren, die dort klauten und sich prügelten. Sie Lumpenproletariat zu nennen, halte ich nicht für treffend, besser wäre es, in ihnen junge Proleten zu sehen, die noch in der Entwicklung waren. Wir versuchten, die besten Kräfte dort für unsere antifaschistische Politik zu gewinnen.

Um an sie heranzukommen, suchten wir sie auch in einem sehr bekannten Luden- und Zuhälterlokal, beim ‚Kellner-Max‘ in der östlichen Linienstraße auf. Das Foto (unten) zeigt uns in unserer spezifischen Kleidung: Unterhemd grün, Oberhemd weiß, später auch als Kluft von 'Edelweißpiraten' bekannt.

Nach 1933 wurden wir zerschlagen. Die SA ermordete Fritz Moskau im Lokal Prinzenallee [siehe die Wedding-Darstellung dieser Reihe]. Ein Teil unserer Gruppe ging in die SA und wurde beim sogenannten Röhm-Putsch 1934 umgebracht. Wir anderen schlossen uns verschiedenen Untergruppen der KPD an. Einige zogen sich auch völlig zurück.“

Swing-Jugend

Mitte, Friedrichstraße Ecke Mohrenstraße – Treffpunkt im Tanzlokal „Imperator“

Neben den „Edelweißpiraten“ (s. o.) und den „Cliquen“ stellte die „Swing-Jugend“ eine weitere Form der Jugendkultur dar, die belegt, daß dem NS-System Teile der Großstadtjugend in einem begrenzten Bereich außer Kontrolle gerieten. Diese Jugend wehrte sich gegen Zwang und Drill.

Aus den Arbeitervierteln (Wedding), aber auch aus den bürgerlichen Bezirken (Charlottenburg, Wilmersdorf) wird berichtet, daß Jugendliche in Gruppen zusammenkamen, um bei verbotener „undeutscher“ Musik wie Jazz und Swing zu „hotten“ (tanzen).

Manfred Omankowsky (* 1927) erinnert sich 1990:
„Unsere Gruppe kam weniger aus theoretisch-politischen Motiven zusammen, sondern entstand aus dem natürlichen Protest gegen den staatlichen Zwang. Unsere äußeren Merkmale waren die langen Haare, die Werbung für ‚Welthölzer‘, die wir oben am Schlips trugen, und ganz besonders die Sammlung verbotener Swing-Platten. Wir trieben einen wahren Plattenkult. Am Alexanderplatz konnte man in einem Geschäft ‚unter dem Ladentisch‘ verbotene US-Platten kaufen. Das allgemeine Tauschverhältnis war: 10 alte Platten = 1 Swing-Platte. Im Sommer unternahmen wir Ausflüge mit dem Paddelboot und hörten im Schilf heimlich Swing-Musik. Manchmal klaute uns HJ die Platten.
In der Friedrich- Ecke Mohrenstraße war das Tanzlokal ‚Imperator‘, ein bekannter Treffpunkt (s. Foto oben), denn hier spielte Kurt Wittmann den ‚Tiger Rag‘.“

Die Kapelle von Kurt Wittmann im Tanzlokal „Imperator“ (Friedrichstraße 67) erwies sich besonders in den 30er Jahren als wahrer Publikumsmagnet, was nicht nur an einigen gewagten Musiknummern, sondern auch daran lag, daß der Tanzkapellenleiter ein Original und Showmann war. So trat er beim „Tiger Rag" – einer Zugnummer – mit einem Tigerkopf auf. Es gelang Kurt Wittmann, der seine Ansagen in unverfälschtem Berlinerisch mit Witz und Humor vortrug, seine Anhänger fast die ganzen Kriegsjahre über zu erfreuen. Andere Lokale hatten längst schließen müssen. Einem Freund soll Wittmann Ende August 1944 deshalb einmal in der Bellevuestraße auf dem Weg zur Probe eilend zugerufen haben: „Die entartete Kunst hat gesiegt!"

Jüdische Jugendbewegung

Das Jahr 1933 gab der jüdischen Jugendbewegung einen erheblichen Auftrieb. Gerade weil die gesellschaftliche Ächtung an Schärfe gewann, entstand besonders auch bei den jungen Menschen das Bedürfnis, sich zusammenzuschließen. Im Hansa-Viertel bildeten sich durch die enge Nachbarschaft zahlreiche jüdische Jugendverbände verschiedenster Richtungen. Sie begannen, sich mit der jüdischen Identität auseinanderzusetzen. Häufig trafen sie sich am Sonntag um acht unter der Uhr am Bahnhof Bellevue, um „auf Fahrt" zu gehen.
Ähnliche Prozesse entwickelten sich auch in anderen jüdischen Kreisen Berlins, etwa bei den Werkleuten, die aber bereits sehr früh einen auf einen eigenen jüdischen Staat ausgerichteten Kurs einschlugen.

Hanna Nehab (Israel, Hasorea) berichtet uns 1984:
„Unsere damalige Jugendbewegung, die Werkleute, beschloß Anfang 1933, unsere politische Richtung zu ändern und zionistisch – [also auf die Gründung eines eigenen jüdischen Staates ausgerichtet, d. Verf.] – zu werden und einen Kibbuz zu gründen.
Bis dahin war es das Ziel gewesen, in Deutschland – vorerst in Berlin – ein jüdisch-sozialistisches Volksheim zu gründen, ähnlich dem, das Anfang der zwanziger Jahre im Geiste von Martin Bubers Lehre von Gemeinschaft und dialogischem Leben bestanden hatte.
Doch die ersten Überfälle auf unsere Versammlungen und Fahrten lehrten uns, daß es dafür in Deutschland keine Möglichkeiten [mehr] geben würde. Da uns der Bau einer echten Gemeinschaft das Hauptziel war, das wir auch über die Parteipolitik stellten, zogen wir uns sofort aus allen Parteizugehörigkeiten heraus und beschränkten uns auf die jüdischen Organisationen. Das ist der Grund, daß keiner danach im Widerstand tätig war oder überhaupt in deutscher, preußischer oder Berliner politisch aktiver Formation. Einige [bekannte] Mitglieder des Berliner Widerstandes waren als Halbwüchsige mit uns im selben Bund, Kameraden, aus denen dann später die ‚Werkleute' wurden, und zwar sehr aktiv.
...[So] sagten einige Mitglieder der Herbert-Baum-Gruppe [nach ihrer Verhaftung] aus, daß sie [einst] zu den Werkleuten gehört hatten."

Der Kibbuz Hasorea ist ein von deutschen Juden gegründeter Kibbuz (1934). Viele von seinen Mitgliedern kommen aus Berlin. Die Gründungsmitglieder stammten aus der jüdischen Jugendbewegung „Werkleute", d. Verf.

Ein Freundeskreis um Siegbert Kahn
Mitte, Köpenicker Straße Ecke Michaelkirchstraße

Wir haben oben bereits darauf hingewiesen, daß sich „rassisch" bedrohte Jugendliche unter dem Zwang der bedrückenden Verhältnisse verstärkt mit jüdischer Sprache und Kultur sowie dem Gedanken eines eigenen jüdischen Staates (Zionismus) vertraut machten.

Siegbert Kahn

Eine Minderheit junger Juden blieb dagegen, solange es möglich war, der verfolgten deutschen Arbeiterbewegung verbunden:
So traf sich in der Köpenicker- Ecke Michaelkirchstraße von 1936 bis 1938 beim Hutvertreter Günter Stillmann ein Kreis junger Kommunisten jüdischer Herkunft. Zu ihm zählte – neben Günter Stillmann und seiner späteren Frau Ilse – Siegbert Kahn (1909–1976) als die bestimmende Persönlichkeit der illegalen Gruppe. Er war bereits 1933 verhaftet worden und erlitt schwere Mißhandlungen im Konzentrationslager. Von der NS-Justiz wegen Widerstandes für den KJVD 1934 zu zwei Jahren und neun Monaten Zuchthaus verurteilt, verdankte er seine Entlassung dem Vorwand, auswandern zu wollen. Tatsächlich setzte er danach die Untergrundarbeit aber fort. Die Freunde kamen zu gesellschaftlichen Analysen und theoretischen Diskussionen zusammen, sammelten aber auch Gelder zur Unterstützung von Familien Inhaftierter.

1938, besonders nach den Pogromen des 9./10. November 1938 (S. 302ff.), verschärfte sich die Situation für die jüdischen Kommunisten derart, daß viele von ihnen die Rettung in der Emigration suchen mußten.
(Siegbert Kahn gründete und leitete nach dem Kriege zusammen mit Jürgen Kuczynski das Deutsche Wirtschaftsinstitut.)

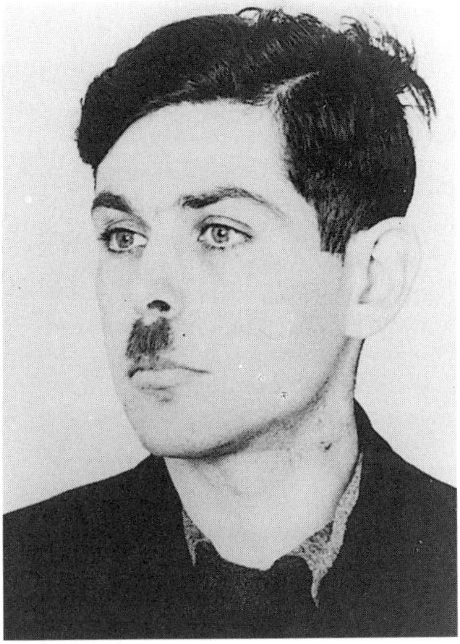

Martin Kochmann

Sala Kochmann

Gruppe Baum
Mitte, Gipsstraße 3 – Treffpunkt bei Sala und Martin Kochmann
Mitte, Rombergstraße – Treffpunkt bei Siegbert Rotholz

Um den Elektriker Herbert Baum entwickelte sich in den 30er Jahren ein weiterer Widerstandskreis junger Menschen, von denen die meisten jüdischer Herkunft waren und dem Kommunismus nahestanden. Zunächst blieb die Gruppe den traditionellen Formen des KPD-Widerstandes verpflichtet. Man verteilte Flugblätter, sammelte Gelder für Verfolgte und traf sich zu Diskussionen in kleinem Kreis.
Der zunehmende antisemitische Terror führte aber dazu, daß die Gruppe immer mehr auf die Mitglieder jüdischer Herkunft begrenzt blieb, die zudem durch die Verpflichtung zur Zwangsarbeit ein stark eingeengtes Leben führen mußten. Im begrenzten Umfang bemühten sie sich, in ihren Arbeitsstätten, wie etwa Siemens (siehe die Spandau-Darstellung dieser Schriftenreihe), Sabotage zu betreiben, um die Kriegsproduktion zu behindern.
Spektakulär und nur von der engen Leitung um Herbert Baum entwickelt, verübte die Gruppe am 18. Mai 1942 im Berliner Lustgarten einen Brandanschlag auf die Nazi-Propagandaausstellung „Das Sowjetparadies". Während die unmittelbare Wirkung des Anschlags recht bescheiden blieb, erwiesen sich die politischen Folgen dagegen als sehr einschneidend: Wenige Tage nach der Aktion wurde Herbert Baum verhaftet und in der Untersuchungshaft ermordet. Nach grausamen Mißhandlungen richtete man 28 Menschen, darunter das Ehepaar Kochmann und Siegbert Rotholz, in Plötzensee hin. Hunderte Berliner Juden wurden zudem aus Rache ermordet.
Viele Opfer standen erst im 19. und 20. Lebensjahr. Von 50 weiteren zu hohen Zuchthausstrafen Verurteilten wurden einige im Konzentrationslager ermordet.

Zwei Zeitzeugen erinnern sich an ihre ermordeten Freunde aus dem Bezirk Mitte:

Ernst Feulner (* 1908) erinnert 1981:
„Ich lernte Herbert Baum in der Fichte-Wandergruppe ‚Warschauer Ring' kennen. Dort war er *die* herausragende, prägende Persönlichkeit. Fast alle von uns kamen aus einfachen Verhältnissen.

Aus dem jugendlichen Drang heraus, 1933 etwas gegen die Hitler-Regierung tun zu müssen, begannen wir, illegales Schriftenmaterial der KPD, das teilweise aus dem Ausland kam (und mir nicht immer geeignet schien), zu verbreiten. Unabhängig davon trug ich oft ein Stück Kreide bei mir und malte in unbeobachteten Momenten ‚Hammer und Sichel' aufs Straßenpflaster und an Mauern. Neben dieser Form der Propaganda betrieben wir in unserer Gruppe auch Schulung. So lasen wir beispielsweise die kleine Schrift ‚Lohn – Preis – Profit' von Karl Marx.

Unser Kreis traf sich meistens in Wohnungen, darunter bei Kochmanns in der Gipsstraße 3. Aus Sicherheitsgründen hielten wir die Teilnehmerzahl aber klein. Unter uns waren mehrere Gruppenmitglieder jüdischer Herkunft, die sich – wie wir! – dieser Tatsache aber erst durch die zunehmende Diskriminierung bewußt geworden sind. Ich erinnere mich noch gut an Sala Kochmanns Aussage: ‚Ich fühle mich zwar nicht als Jüdin, aber wenn man mir mein Judentum nimmt, dann bin ich Jüdin!' Das imponierte mir sehr. So lehnte sie es auch später ab, dem Vorschlag zu folgen, bei ihrem ‚arischen' Aussehen einen Juden verbotenen Kinobesuch zu riskieren. Aus Stolz entgegnete sie: ‚Nein, ich bin Jüdin und muß mich auch so verhalten.'

Ich erlebte aber auch manche Illusion bei meinen Freunden. Herbert Baum weigerte sich, als ich es ihm vorschlug, ins Ausland zu gehen. Er sah sich als Kopf der Gruppe in besonderer Verantwortung und glaubte wohl zudem an die baldige Niederlage des Faschismus. Sich abzusetzen entsprach ohnehin nicht seinem kämpferischen Naturell. Nach der Teilung Polens durch Hitler und Stalin (1939) sagte Sala Kochmann zu mir, ihre Mutter sei nun das sechste Mal ‚umgesiedelt' worden. Nun, im Sozialismus (Stalins), werde sie endlich ruhig leben. Auch das war leider eine Illusion!

Für die sogenannten Arier wurde es mit den Jahren aus Sicherheitsgründen immer schwieriger, mit Genossen jüdischer Herkunft zusammen zu kommen. Früher gab es diese Unterschiede unter uns nicht, aber die politische Entwicklung nach 1938/39 zog es nach sich: Die Juden wurden zunehmend isoliert (Zwangsarbeit), und uns Nicht-Juden zog man zum Wehrdienst ein. Trotzdem traf ich beim Heimaturlaub wiederholt auf meine alten Freunde. Herbert Baum riet mir, unbedingt zu den feindlichen Linien überzulaufen. Ein Vorschlag, der so ganz seinem draufgängerischen Charakter entsprach.

Eine zusätzliche Isolierung des Kreises wurde durch die Tatsache hervorgerufen, daß Baum Kommunist war und dem religiösen Judentum der Jüdischen Gemeinde fernstand. Der Anschlag auf die antisowjetische Ausstellung im Lustgarten offenbart auch eine gezielte politische Tat.
Bei meinem letzten Gespräch mit Herbert erfuhr ich, daß er ‚eine große Sache' vorhabe, aber möglichst viele Genossen raushalten wolle.
Ich glaube, die Gruppe flog durch einen Spitzel auf."

Mitte, Gipsstraße 3

Gerda Lüth (* 1915), geborene Fichtmann (S. 318) berichtet 1991:
„Ich bekam über zwei Wege Kontakt zur Gruppe Baum: Mein erster Mann, Willi May, arbeitete als Mechaniker bei Siemens und lernte unter den vielen jüdischen Zwangsarbeitern Herbert Baum, Ellen Compart und Ursel Ehrlich kennen. Man traf sich dann auch in der Freizeit, ganz besonders am Prendener See.

Neben dieser Verbindung entwickelte sich dann noch ein Kontakt zu Siegbert Rotholz. Meine Schwester Minna Hermann lebte nämlich in der Keibelstraße 3, mitten in einem von vielen armen Juden bewohnten Gebiet nördlich des Alexanderplatzes. Um die Ecke, Rombergstraße [heute Mendelssohnstraße], war Siegbert Rotholz zu Hause. Bei ihm kamen wir wiederholt zusammen. Er konnte wunderbar singen, trug Arbeiterlieder und jüdische Lieder vor. An der politischen Arbeit war ich – obwohl durch sogenannte Mischehe geschützt und auf Grund meiner Kinder ohnehin gebunden – insofern beteiligt, als ich die Aufgabe bekam, falsche Papiere und illegale Quartiere bereitzuhalten.
Vom Brandanschlag erfuhr ich erst hinterher. Ursel Ehrlich, die mit Lothar Salinger verlobt war, kam zu mir und berichtete völlig gebrochen, daß ihr Freund deswegen abgeholt worden war. Wir versuchten noch, S. Rotholz zu warnen, aber es war schon zu spät. Es muß ein Verräter in der Gruppe gewesen sein.
Hochschwanger lud man mich zur Gestapo, Burgstraße, vor. Ich wurde wegen meiner dort vorliegenden angeblich verlorengegangenen Ausweise verhört und geschlagen. (Die fremden Bilder darauf gab ich als Aufnahmen von mir an.) Auf Grund meiner Schwangerschaft und des Attestes eines Arztes blieb ich dann doch unbehelligt, aber meine Schwester Minna wurde abgeholt und ermordet. Desgleichen meine Eltern Clara und Leo Fichtmann.“

Zu den Opfern der Baum-Gruppe zählten auch die Schwestern Alice (* 1923) und Hella (* 1921) Hirsch, die längere Zeit in Mitte, Linienstraße 220, gewohnt hatten.
Beide kamen aus der jüdischen Jugendbewegung und stießen 1938 zum Kreis um Herbert Baum, in dem sich besonders Hella Hirsch zu einer aktiven Mitarbeiterin entwickelte.
Am 8. Juli 1942 verhaftet, verlor auch das junge Geschwisterpaar schon im Jahr darauf das Leben. Alice Hirsch, verurteilt zu drei Jahren Zuchthaus, wurde im KZ Auschwitz ermordet, Hella Hirsch in Plötzensee hingerichtet.

„Chug Chaluzi" (Pionierkreis)
Mitte, Prenzlauer Straße 12 – Treffpunkt bei Familie Beck
(heute: Karl-Liebknecht-Straße, Höhe Hirtenstraße)

„Chug Chaluzi" (Pionierkreis) nannte sich eine kleine Gruppe jüdischer Jugendlicher, die zunächst vom zionistischen Lehrer Jizchak Schwersenz (* 1915) – er lebte seit August 1942 illegal – und danach von Gad Beck (* 1924) geleitet wurde. (Siehe auch den Charlottenburg-Band dieser Reihe.)
Der illegale Kreis bildete sich am Abend der berüchtigten „Fabrikaktion" vom 27. Februar 1943 (S. 320). In erster Linie half man untergetauchten Freunden, besorgte Nahrungsmittel, Kleidung, Verstecke und falsche Papiere und wahrte den Zusammenhalt in der Gemeinschaft. Von den Massenmorden in Auschwitz erfuhr diese Gruppe erst 1944 durch ausländische Freunde, die Anfang des Jahres auch Schwersenz zur rettenden Flucht verhalfen. Der Pädagoge hatte bis dahin 17 Monate in Berlin unter falschem Namen in ständig wechselnden Quartieren gelebt, darunter auch bei Familie Fleischmann in Moabit, Essener Straße 23, die später selber Opfer des Massenmords wurde.
Einige Anhänger des Pionierkreises wurden durch Verrat verhaftet und ins Todeslager verschleppt, die meisten anderen Freunde in Berlin konnten aber überleben. Nach Schwersenz' Flucht Anfang 1944 leitete der junge Gad Beck den Kreis, der etwa 30 bis 40 Peronen umfaßte, allein weiter. Seine elterliche Wohnung, Prenzlauer Straße 12, war ein häufiger Treffpunkt.

Gad Beck erinnert sich 1984:
„Wenn 30 [illegale lebende] Juden sich halten konnten, so bedeutet das, daß ihnen mindestens von 250 Nichtjuden geholfen wurde: Dirnen, Homosexuelle und Typen, die es absolut nur für Geld machten (aber auch die begaben sich ja für uns in Gefahr), Kirchenleute – gar keine Frage. Eigentlich Leute aus allen Kreisen. Und sie taten es voll bewußt. ... Das ist für mich die wahre Widerstandsbewegung, das sind für mich die wahren Helden!"

Gad Beck zählte im März 1943 zu den Häftlingen in der Rosenstraße. Er und auch sein Freund Baron Löwenstein de Witt kamen mit etwa 2000 anderen durch öffentlichen Protest frei (S. 320ff.). Aber im Februar 1945 geriet er durch einen jüdischen Spitzel erneut in die Hände der Gestapo. Sie sperrte ihn in den Keller des Sammellagers Schulstraße. Nach einem Bombenangriff verschüttet, brachte man den Schwerverletzten ins nahe Jüdische Krankenhaus. Durch Hinauszögern der Behandlung konnten ihn die Ärzte bis Mai 1945 schützen. Er überlebte auch die Auflösung des Gefängnisses.
(Gad Beck emigrierte nach Israel. Später nach Berlin zurückgekehrt, leitete er zeitweise die Jüdische Volkshochschule.)

Karl-Heinz Kapinos
(etwa 1941)
am Schiffbauerdamm

„Edelweißpiraten" wehren sich
Mitte, Marienstraße 7 – Treffpunkt

Nicht nur bündische Gruppen (siehe die Wedding- und Charlottenburg-Darstellungen dieser Reihe), sondern gerade auch die sogenannten „Edelweißpiraten" (S. 165) wehrten sich gegen Zwang und Drill der HJ. Einer ihrer Aktiven, er wohnte damals am Schiffbauerdamm 6/7, berichtet von seinen Erlebnissen:

Karl-Heinz Kapinos (* 1929) erinnert sich 1991:
„Durch meinen Onkel Heinrich Kröplin, Klopstockstraße, der Kellner im ‚Adlon' und im ‚Bristol' war, wurde ich frühzeitig gegnerisch beeinflußt. Ich führte dann einige heimliche Botengänge für ihn aus. So brachte ich 1944 wiederholt Material zu einem Offizier nach Halensee, der im Bendlerblock (S. 177) tätig war. Onkel Heinrich erfuhr manche Hintergrundinformation durch Belauschen eines Goebbels-Klüngels aus dem Propagandaministerium (Wilhelmstraße), der sich zum Zechen im ‚Bristol' einfand.
Ich war auch in einer Gruppe, die resistent gegen die Hitlerjugend war. Wir nannten uns ‚Edelweißpiraten'. (Auch der Begriff ‚Luden' ist mir in Erinnerung).

Unser Erkennungszeichen, ein Edelweiß, trugen wir vorsichtig unter dem Revers verborgen. Dieses Symbol spielte auf die Gebirgsjäger an, die als Gegner der Nazis galten. Ich lehnte schon damals jede Diktatur ab.

Der Wirkungsbereich unserer zwölf bis zwanzig Mann starken Gruppe erstreckte sich von Mitte bis zum Wedding. Dieser nördliche Bezirk war das besondere Zentrum. Besonders der Kiez um die Pharussäle (Müllerstraße 142) war unser Quartier. Wir in Mitte waren sehr aktiv gegen die Hitlerjugend eingestellt. Jede Woche unternahm die HJ nämlich ihre Aufmärsche. Wer dabei als Jugendlicher nur am Rande stehenblieb, wurde verprügelt. Mich und andere Freunde holte man mit Fußtritten aus der Wohnung zum HJ-Dienst.

Unser heimlicher Treffpunkt war ein Kanal im Tiergarten, etwa hinter dem heutigen sowjetischen Ehrenmal, der dadurch entstanden war, daß man den Spreeverlauf für den U-Bahnbau umgestaltet hatte. Hier befand sich nun unser Unterstand (Bunker).

Wir unternahmen verschiedene Aktionen: So warnten wir, verkleidet als HJ-Führer, am Bahnhof Friedrichstraße ankommende Jugendliche vor der HJ. Wir halfen auch Menschen, die in Not waren. Zum Beispiel durch Bombenangriffe Geschädigte oder desertierte Soldaten, die wir in unserem Unterstand versteckten. Auch einige mit ‚OST' gekennzeichnete osteuropäische Zwangsarbeiter versteckten wir solange bei uns, bis wir an neue Quartiere kamen. Wir brachten sie zur Straßenecke Diedenhofer-Ecke Belforter Straße am Wasserturm, wo sie sich in einem Keller melden sollten. Den dort wartenden Mann (einer Kohlenhandlung) bekamen wir nie zu Gesicht.

Ein anderer Treffpunkt von uns war der ‚Akademische Keller', Marienstraße 7. Es war ein Kellerlokal [Gastwirt E. Päsicke]. Hier war man in freier Atmosphäre.

Als einziges Gruppenmitglied wurde ich im Oktober 1944 verhaftet und bis ins Jahr 1945 hinein ins KZ Sachsenhausen, in ein Nebenlager für Jugendliche, gesperrt. Dort entlassen, mußte ich Panzergräben ausheben und wurde sogar noch als Soldat eingezogen."

Karl-Heinz Kapinos war von 1953 bis 1965 unter dem Vorwand, für die Amerikaner spioniert zu haben, in der DDR inhaftiert, d. Verf.

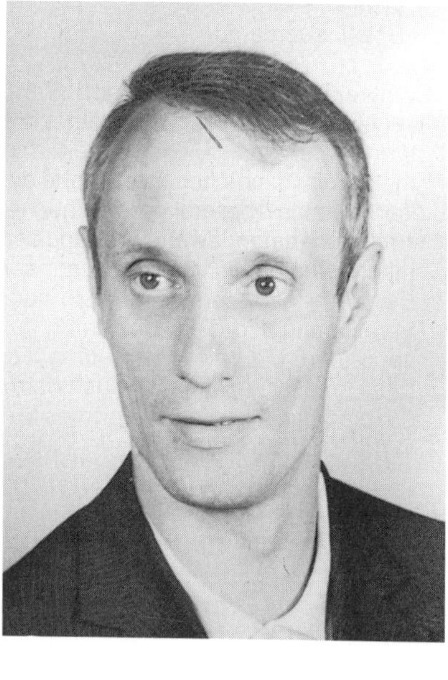

Karl-Heinz Kapinos

Jugendprotest im alten Arbeitermilieu
Moabit, Emdener Straße

An eine andere Form des Protestes Jugendlicher 1944/45 erinnert sich der 1928 geborene Werner Foß, dessen jüdische Familie seit 1942 untergetaucht in Moabit lebte (S. 335ff.).

Werner Foß (* 1928) berichtet 1993:
„In der Emdener- und der Waldenserstraße und im anliegenden Bereich wohnten viele ehemalige linke Arbeiterfamilien, die einst der KPD nahestanden. Zu mehreren Jugendlichen aus diesen Kreisen hatte ich näheren Kontakt. Man kannte mich aber nur als 'Werner – ausgebombt in Charlottenburg'. (Die seit 1943 zunehmenden Bombenangriffe veränderten die Stadtsituation durch vermehrte Unübersichtlichkeit zugunsten von uns Illegalen.)
Es handelte sich um keine festorganisierte Gruppe, sondern war eher eine lose Vereinigung von gleichgesinnten Jungen, die sich untereinander kannten und vertrauten. Man hörte verbotene Sender und tauschte diese Nachrichten aus. Manchmal schmissen wir auch dem NS-Ortsgruppenleiter Krause (Waldstraße 55) die Scheiben ein, ein anderes Mal schrieben wir mit Kreide an Häuserwände in der Stromstraße die Parole ‚Nieder mit Hitler'."

Militärische und bürgerliche Gegner

Der „Ungeist" der Bendlerstraße
Tiergarten, Bendlerstraße 14 (heute: Stauffenbergstraße)

Im südwestlichen Teil des Bezirks Tiergarten, im sogenannten „Alten Westen" (S. 220), lag seit 1938 in einem riesigen Gebäudekomplex, der sich von der Bendlerstraße bis zum Landwehrkanal erstreckte, die zentrale Verwaltung des deutschen Militärs.

Wenn man in alten Jahrgängen der radikal-demokratischen Wochenschrift „Die Weltbühne" blättert, die von Carl von Ossietzky herausgegeben und nicht zuletzt von Kurt Tucholsky mit vielen justiz- und militärkritischen Artikeln und Glossen bereichert worden ist, stößt man auf Warnungen vor dem „Ungeist" der Bendlerstraße. Damit war die Reichswehr gemeint, die von 1921 bis 1935 an dieser Adresse (Bendlerstraße 14) residierte.
Das deutsche Militär stand nicht gerade in dem Ruf, zu den Anhängern der Weimarer Republik zu zählen; im Gegenteil, wie im Justizapparat wirkten auch hier überwiegend jene unseligen Kräfte, die noch immer vordemokratischen Traditionen verhaftet waren und die eine Rückkehr zur Monarchie sowie die Wiederaufrüstung ersehnten. Gerade die letztgenannte Forderung traf mit ähnlichen Interessen der nationalistischen Hitler-Bewegung zusammen, obwohl man in Offizierskreisen den sozialrevolutionären Forderungen des „linken" NSDAP-Flügels (S. 81) sehr distanziert-mißtrauisch gegenüberstand, ja überhaupt besonders über das primitive und vulgäre Gehabe der SA die Nase rümpfte. (Dies berichtet u. a. Carl Aken, dessen Mutter in der von Herrn von Reznicek geleiteten Dechiffrierabteilung des Reichswehrministeriums tätig war.) Man darf nicht vergessen, daß die NS-Parteigänger überwiegend aus einfachen Schichten kamen, führende Militärs dagegen häufig aus dem Adel und gehobenen-bürgerlichen Kreisen entstammten.
Eine Schlüsselfigur im politischen Ränkespiel „hinter den Kulissen" war Generaloberst Hans von Seeckt. Als Chef der Heeresleitung (1920–1926) hatte er die Reichswehr im Sinne monarchistischer Tradition geformt und verhinderte gezielt die Integration in das demokratische System. Bei linksradikalen Unruhen griff das Militär forsch ein, um den Bestand des Staates zu garantieren, beim Hitler-Putsch in München 1923 dagegen verlegte sich von Seeckt auf das Verhandeln, um die innere Einheit der Reichswehr zu sichern, in der teilweise mit dem Rechtsradikalismus sympathisiert wurde.

Trotz aller Distanz zur Weimarer Republik und besonders zu den antimilitaristischen Bestrebungen der politischen Linken darf man die Reichswehr nicht vorschnell als antisowjetisch abstempeln. Im Gegenteil, besonders in den 20er Jahren gab es eine geheimgehaltene recht kooperative Zusammenarbeit zwischen den Streitkräften beider Länder. Diese half Deutschland, die Grundlagen für die spätere Einführung von Waffensystemen zu schaffen, die der Reichswehr auf Grund der Bestimmungen des Versailler Friedensvertrages versagt waren.

Was das Militärprogramm der NS-Bewegung betraf, allem voran die Remilitarisierung und die Aufrüstung, stand man in Reichswehrkreisen 1933 der neugebildeten Hitler-Bewegung überwiegend positiv gegenüber. Doch eine geschlossene Zustimmung gab es auch hier nicht (S. 178). Der letzte (demokratische) Reichskanzler und Reichswehrminister Kurt von Schleicher versuchte sogar, Hitlers Berufung zum Reichskanzler zu verhindern, wurde aber vom rechtskonservativen Politiker Franz von Papen und seinen Freunden aus dem Umkreis des greisen Reichspräsidenten Paul von Hindenburg intrigant ausgeschaltet.

Wider alle Erwartungen sollte dem Nationalsozialismus aus Kreisen der Wehrmacht (wie die Reichswehr seit 1935 hieß) ein gefährlicher Gegner erwachsen. Obgleich dieser Widerstand sich spät formte und erst am 20. Juli 1944 deutlich in Erscheinung trat, waren seine realen Chancen gleichwohl größer als die aller anderen Gruppen, die den frühen Widerstand prägten.
Es war ein qualvoller Lern- und Entwicklungsprozeß, der sich über viele Jahre erstreckte und vornehmlich von Teilen der jungen Offiziersgeneration getragen wurde. Sie fand Halt an jenen wenigen Beispielen von Zivilcourage, die ihnen einige ältere Generäle gaben. Viele Vorbilder fanden sie allerdings nicht.

Kurt Freiherr von Hammerstein-Equord

Kurt Freiherr von Hammerstein-Equord war einer der wenigen führenden Militärs, die von Anfang an zu den erklärten Gegnern Hitlers zählten.

Der am 26. September 1878 als Sohn eines Forstmeisters geborene Mecklenburger war im 1. Weltkrieg Generalstabsoffizier gewesen. Der ersten deutschen Republik diente er als Mitarbeiter im Stab von Reichswehrminister Gustav Noske. Als es im März 1920 darum ging, die Demokratie gegen den reaktionären Kapp-Putsch zu schützen, gehörte er zu den Verteidigern der jungen Republik, obwohl einer der führenden Putschisten, General von Lüttwitz, sein Schwiegervater war.

Nach der Ablösung von Seeckts als Chef der Heeresleitung (1926) wirkten mit Wilhelm Heye und seinem Mitarbeiter von Hammerstein zwei Persönlichkeiten im Reichswehrministerium, die dem parlamentarischen System viel weniger fremd gegenüberstanden als große Teile des übrigen Militärs.

1930 wurde von Hammerstein zum Chef der Heeresleitung und General der Infanterie ernannt. Er trug dem Reichspräsidenten die Bedenken der Heeresleitung gegen eine Reichskanzlerschaft Hitlers vor.

Zusammen mit dem Reichswehrminister und Reichskanzler Kurt von Schleicher versuchte er vergeblich, Hitlers „Machtergreifung“ zu verhindern und wenigstens die Reichswehr dem totalen Einfluß der Nazis zu entziehen.

Mit Werner von Blomberg, dem Reichswehrminister der Regierung Hitlers, stimmte von Hammerstein nicht überein. Da er sich dem Regime nicht unterwerfen wollte und auch gegen die rasche Aufrüstung war, trat er am 1. Februar 1934 zurück. (Resigniert hatte er bereits am 1. Oktober 1933 um den Abschied gebeten.)
Es war Ausdruck seiner Zivilcourage, daß er 1934, entgegen dem Befehl des Reichswehrministeriums, in Uniform an der Beerdigung des von den Nationalsozialisten ermordeten Generals von Schleicher teilnahm.
Von Hammerstein unterhielt vielfältige Kontakte zu oppositionellen zivilen und militärischen Kreisen.

Wenige Tage nach Beginn des Zweiten Weltkrieges wurde er zum Oberbefehlshaber der Armeeabteilung A ernannt. Der Sitz des Hauptquartiers war Köln, und zwar im Haus des Industriellen Otto Wolff, einem frühen Gegner Hitlers. Wieder zählte von Hammerstein zu jenen oppositionellen Militärs, die handeln wollten. Um die Ausweitung des Krieges aufzuhalten, beabsichtigten sie, Hitler auszuschalten. Von Hammerstein erklärte sich bereit, den Diktator nach Köln zu locken und festzunehmen. Doch Hitler kam nicht.
Ein Vorhaben der Verschwörer war gescheitert – nicht zum letzten Mal.

Schließlich wurde von Hammerstein auf Grund seiner oppositionellen Haltung im Oktober 1939 der Stellung enthoben.
Gegenüber einem Vertrauten äußerte er einmal in Hinblick auf den ausbleibenden Widerstand der hohen Generalität: „... mich alten Soldaten haben diese Leute zum Antimilitaristen gemacht".
Am 24. April 1943 starb General von Hammerstein.

Frau Maria von Hammerstein unterstützte viele verfolgte jüdische Mitbürger. Ihre Söhne nahmen aktiv am Widerstand teil. Ludwig von Hammerstein beteiligte sich als junger Offizier am mißglückten Staatstreich vom 20. Juli 1944 in der Bendlerstraße. Dort gehörte er zu einer Gruppe von Offizieren, die für Sonderaufträge Stauffenbergs vorgesehen waren (S. 200).

Ludwig von Hammerstein berichtet von den Verfolgungen, die die Familie erleiden mußte:
„Mein Bruder Kunrat – in Köln ebenfalls untergetaucht – und ich wurden im Dezember 1944 mit Bild im Kriminalpolizeiblatt als ‚Fahnenflüchtige Wehrmachtsoffiziere' zur Festnahme ausgeschrieben. Mein Bruder Franz wurde schon im August verhaftet, dann meine Schwester Helga und später meine Mutter und meine jüngste Schwester. Die Gestapo vermutete zu Recht, daß sie uns indirekt halfen."

Ludwig von Hammerstein überlebte bis zur Befreiung am 26. April 1945 in der Oranienstraße 33 in Kreuzberg im Untergrund.
(Nach dem Krieg wirkte er viele Jahre als Intendant des RIAS Berlin, sein Bruder Franz als Studienleiter an der Evangelischen Akademie Berlin.)

Generaloberst Ludwig Beck

Generaloberst Ludwig Beck war seit 1938 die zentrale Gestalt des militärischen und bürgerlichen Widerstandes.
Der am 29. Juni 1880 in Biebrich am Rhein geborene Berufssoldat wirkte seit 1911 im preußischen Generalstab. Nach dem Ende des Ersten Weltkrieges wurde er in verschiedene Kommandos der Reichswehr berufen.
Auf Grund seiner außerordentlichen Fähigkeiten machte er rasch Karriere. Am 1. Oktober 1933 ernannte ihn der Reichswehrminister zum Chef des Truppenamtes. Vom 1. Juli 1935 an übte er die (neu geschaffene) Funktion des Generalstabschefs des deutschen Heeres aus.

Kritiker heben hervor, daß der konservative Beck die Aufrüstungspolitik Hitlers begrüßte und tätig unterstützte. Geprägt von den Werten der preußischen Monarchie, fand auch Hitlers Anstrengung, die Position einer Großmacht für Deutschland zurückzugewinnen, seine Sympathie. Als glänzender und überlegter strategischer Planer hielt er begrenzte Kriege für machbar.
Die abenteuerlichen und aggressiven Kriegspläne der NS-Führung jedoch ließen Generaloberst Beck 1937/38 zunehmend auf Distanz gehen. Den Auftakt dazu bildete die „Fritsch-Affäre". Hitler hatte am 5. November 1937 bei einer Zusammenkunft mit dem Kriegs- und Außenminister sowie den Oberbefehlshabern der Wehrmachtsteile (Heer, Luft, Marine) seine rücksichtslosen Absichten offenbart. Die Tschechoslowakei sollte zerschlagen, „Lebensraum" im Osten erobert werden. Die von dieser Sitzung an Hand stichwortartiger Notizen angefertigte Niederschrift wurde nach dem aufzeichnenden Oberst „Hoßbach-Protokoll" genannt.

Neben Kriegsminister von Blomberg war es besonders der Oberbefehlshaber des Heeres, Generaloberst Werner Freiherr von Fritsch (1880–1939), der es in der Besprechung wagte, diese Kriegspläne scharf zu kritisieren. Dadurch wurde er für die NS-Führung nicht mehr tragbar. Unter dem verleumderischen Vorwurf der Homosexualität versuchte man, den Kritiker zu belasten. Anfang Februar 1938 wurde Fritsch entlassen und Blomberg, den man ebenfalls durch eine Intrige ausschaltete, nahm wegen „angegriffener Gesundheit" den Abschied.
Diese schmutzigen Affären stießen bei weiten Kreisen des Offizierskorps auf Empörung und vermehrten nun den kleinen Kreis derjenigen, die zu einer Entmachtung des „Führers" neigten. Generaloberst Beck zählte zu ihnen. Man begann nun, intensive Kontakte zu oppositionellen bürgerlichen Kreisen aufzunehmen.

Der zweite tiefe Konflikt, der den Widerstand von Militärs erstarken ließ, war Hitlers offenkundige Absicht, ein fremdes Land (die Tschechoslowakei) zu zerschlagen. Für den Fall eines Angriffs hatten Widerstandskreise Umsturzpläne vorbereitet.
Generaloberst Beck versuchte, durch Denkschriften und in Besprechungen die NS-Führung von ihren unverantwortlichen Plänen abzubringen.

Aufzeichnung Becks vom 16. Juli 1938, konzipiert als Gedächtnisstütze für einen Vortrag vor den Spitzen der deutschen Wehrmacht:

„Es ist ein Mangel an Größe und an Erkenntnis der Aufgabe, wenn ein Soldat in höchster Stellung in solchen Zeiten seine Pflichten und Aufgaben nur in dem begrenzten Rahmen seiner militärischen Aufträge sieht, ohne sich der höchsten Verantwortung vor dem gesamten Volk bewußt zu werden. Außergewöhnliche Zeiten verlangen außergewöhnliche Handlungen!"

Während der Sudetenkrise trat Ludwig Beck aus Protest am 18. August 1938 zurück. Dieser couragierte Schritt des strategischen Planers des deutschen Heeres machte ihn zur zentralen Gestalt oppositioneller militärischer und bürgerlicher Kreise.
Die Sorge vor einer drohenden nationalen bzw. militärisch-politischen Katastrophe trieb Beck – mit anderen Militärs – in die Opposition. Es bildeten sich erste Keime einer Staatsstreichplanung.
Becks nobler und stiller Charakter brachte ihm im Laufe der kommenden Jahre die Anerkennung auch anderer Widerstandskreise, darunter sozialdemokratischer und gewerkschaftlicher.

Über die Wandlung der politischen Vorstellungen Ludwig Becks schrieb 1946 der angesehene Historiker Professor Friedrich Meinecke (s. Literaturliste):
„Wie wenig reaktionär Beck selbst gesonnen war, weiß ich aus meinen mit ihm geführten Gesprächen. In dem letzten... Gespräche vom Mai 1944 meinte er, daß man nach der zu erwartenden Endkatastrophe eine antinazistische Einheitspartei gründen müsse, die von der äußersten Rechten bis zu den Kommunisten reiche..."

Seit 1941 liefen in Becks Lichterfelder Villa, Goethestraße 24, viele Fäden der Opposition zusammen. Wäre der 20. Juli 1944 erfolgreich verlaufen, sollte Ludwig Beck deutsches Staatsoberhaupt werden.

Oppositionelle Diplomaten
Mitte, Wilhelmstraße 74–76

Wie in Kreisen der Abwehr (S. 183ff.) und in der Bendlerstraße (S. 177ff.) fanden sich auch im Auswärtigen Amt nur wenige, die sich der Gegnerschaft zum NS-Regime verpflichtet fühlten.
Hauptsächlich waren es auch hier Vertreter der jungen Generation, darunter Erich Kordt, die konspirative Aktionen wagten: In erster Linie waren sie Ende der 30er Jahre bemüht, durch Einflußnahme auf die politische Meinungsbildung im Lande oder durch Beeinflussung von außen, den Kriegs- und Eroberungsplänen des NS-Staates entgegenzuwirken. Abgesandte der Opposition drängten 1938 die britische Regierung vergeblich, Hitlers außenpolitischen Forderungen nicht nachzugeben.
Zwar deckte der Staatssekretär im Auswärtigen Amt Ernst Freiherr von Weizsäcker (1882–1951) seine jungen Mitarbeiter, war aber selbst kein Mann des Widerstandes. Im Gegenteil, er vertrat fragwürdige politische Ziele. So bestand gewiß sein Hauptanliegen vor 1939 darin, den Ausbruch eines Krieges zu verhindern; doch expansionistische Bestrebungen gegenüber Ostmitteleuropa vertrat auch er.
Seine oppositionellen jungen Mitarbeiter verlagerten ab Mitte 1940 ihre Aktivitäten auf andere Kreise: etwa Adam von Trott zu Solz und Hans-Bernd von Haeften, die zum „Kreisauer Kreis" – siehe dazu den Steglitz/Zehlendorf-Band der Reihe – stießen, oder Theodor Kordt, der in die Schweiz versetzt wurde und dort gegnerisch tätig war. (Von Haeften und Adam von Trott zu Solz verloren wegen ihrer Beteiligung an der Verschwörung des 20. Juli 1944 später ihr Leben.)

Von Weizsäcker, der bis 1943 im Amt blieb, wollte durch sein Ausharren subjektiv Schlimmeres verhüten, verstrickte sich dadurch allerdings immer tiefer in die Machenschaften des sogenannten Dritten Reiches. (Im Nürnberger „Wilhelmstraßen-Prozeß" verurteilte man ihn 1949 zu sieben Jahren Haft.)

Unabhängig von den oben genannten oppositionellen Diplomaten, gab es einen leitenden Mitarbeiter des Auswärtigen Amtes, der einen höchst individuellen Weg der Gegnerschaft einschlug, dem aber in der Nachkriegszeit die Anerkennung lange Zeit versagt blieb:
Rudolf von Scheliha (1897–1942), Sohn eines Rittergutsbesitzers aus Schlesien, war schon in seiner Studentenzeit antisemitischen Tendenzen entgegengetreten. 1922 ins Auswärtige Amt übernommen und 1927 zum Legationssekretär ernannt, wirkte er in verschiedenen deutschen Gesandtschaften und Botschaften. Seit 1932 war er in Warschau tätig. Selbst Mitglied der NSDAP (Eintritt am 1.7.1933), unterhielt er jedoch freundschaftliche Beziehungen und Kontakte zu sozialistisch eingestellten Journalisten und zu anderen Regimegegnern, darunter zum politischen Korrespondenten des „Berliner Tageblatts" (und Kommunisten) Rudolf Herrnstadt und dessen Mitarbeiterin und Lebensgefährtin Ilse Stöbe (S. 145).
Auch nach den berüchtigten Nürnberger Rassegesetzen pflegte von Scheliha weiterhin die Beziehung zu jenen Korrespondenten jüdischer Herkunft, die offiziell nun nicht mehr zugelassen waren. Darüber hinaus setzte sich der Diplomat für die Freilassung und Ausreisemöglichkeit von Verfolgten ein und zählte wie der deutsche Botschafter in Warschau Hans-Adolf von Moltke und Botschaftsrat von Wühlisch zu denjenigen Stimmen, die vor dem Ausbruch eines Krieges warnten.
Im August 1939 kehrte von Scheliha aus Polen nach Berlin zurück und wurde Referatsleiter in der Informationsabteilung des Auswärtigen Amtes, wo ihm die „Beobachtung

Adam von Trott zu Solz

Rudolf von Scheliha

und Bekämpfung der polnischen Hetzpropaganda" übertragen wurde. Insgeheim nutzte er jedoch seine Kenntnisse von Vorhaben und Verbrechen des NS-Regimes, um Betroffenen – besonders aus der polnischen Intelligenz – zu helfen. Mitarbeiter seiner Abteilung waren dabei Dr. Carl Helfrich und Ilse Stöbe.
1941 zum Legationsrat I. Klasse ernannt, übertrug man ihm im Jahr darauf die Verantwortung für die Gruppe „Länderreferate". 1941/42 nutzte er mehrere Reisen in die Schweiz zur Weitergabe von Predigten des Bischofs von Münster Graf von Galen gegen die „Euthanasie"-Morde; auch unterstützte er die Verbreitung von Informationen über den geplanten Massenmord an den Juden. Er soll sich auch an Umsturzplänen – vermutlich im Kreis um Henning von Tresckow – beteiligt haben.
Am 29.10.1942 im Büro des Personalchefs des Auswärtigen Amtes verhaftet, klagte man ihn sowie seine Mitarbeiterin Ilse Stöbe (die zum Kreis um Harnack/Schulze-Boysen gehörte) des Landesverrats an. Der Diplomat wurde am 22.12.1942 in Plötzensee hingerichtet. Auch Ilse Stöbe (S. 145f.) verlor an diesem Schreckensort ihr Leben.

Im Amt Abwehr
Tiergarten, Tirpitzufer 72–76 (heute Reichpietschufer)

In der militärischen Abwehr wirkten mit General Hans Oster und seinem engen Mitarbeiter, dem Juristen Hans von Dohnanyi, zwei wichtige Persönlichkeiten des Widerstandes. Ihr Chef, der für viele undurchschaubare Admiral Wilhelm Canaris, ließ sie in seinem Schutz gewähren.
Admiral Wilhelm Canaris war seit Januar 1935 Chef der Abwehrabteilung des Kriegsministeriums (später Amt Ausland/Abwehr des OKW) und damit Leiter des militärischen Geheimdienstes. Die bis dahin eher kleine Behörde baute er systematisch aus. Dies führte bald zu anhaltenden Kompetenz- und Machtkämpfen mit dem Sicherheitsdienst (SD) der SS, obwohl Canaris sich mit dessen Leiter Heydrich lange Zeit persönlich gut verstand.

Dem NS-Regime stand der Admiral zunächst keineswegs ablehnend gegenüber. Schon in der Weimarer Republik hatte der Sympathisant des Kapp-Putsches Verbindungen zu rechtsextremen Kreisen. So hielt er zum Beispiel auch später freundschaftliche Beziehungen zum spanischen Diktator Franco aufrecht.
Canaris bekam zunehmend intensivere Kontakte zur NS-Führung und somit Einblick in deren üble Verbrechen. Obwohl bei diesem kultivierten Mann die ernsten Zweifel wuchsen, verhinderten vermutlich seine ausgeprägte Angst vor dem Kommunismus und die Furcht vor einem totalen Untergang des Deutschen Reiches den völligen Bruch mit dem NS-Regime. Den Werten der konservativ-aristokratischen Zeit vor dem Ersten Weltkrieg verpflichtet, hoffte Canaris, der Nationalsozialismus ließe sich „zähmen“ und in die „gemäßigtere“ Form eines autoritären Machtstaates überführen.

Die Idee, deutsche Juden mit einem Stern zu kennzeichnen, stammte (1935/36) von Wilhelm Canaris. Als Teil eines totalitären Systems waren auch Kräfte seines Abwehrdienstes in Unrechtstaten verwickelt. Andererseits ist es unbestreitbar, daß der Admiral wichtige Männer der Opposition, darunter seinen Stabschef General Hans Oster und dessen rechte Hand, Hans von Dohnanyi, deckte und schützte. Zahlreiche Hilfsmaßnahmen und Verbindungen belegen Canaris' Gegnerschaft und seine Sympathien für einen Umsturz, doch er selbst war kein aktiver Verschwörer.

Von Dohnanyi (1902–1945), ein Schwager Dietrich Bonhoeffers, war Jurist (S. 54). Als enger Mitarbeiter des Reichsjustizministers bekam er früh Einblicke in den Unrechtscharakter des NS-Regimes. Er versuchte, einzelnen Opfern zu helfen und sammelte Dokumente, die Rechtsbrüche belegten. Wegen seiner Gegnerschaft zur „Rassengesetzgebung“ drängte ihn die NSDAP 1938 aus dem Amt. Während einer anschließenden Tätigkeit beim Reichsgericht in Leipzig (als Reichsgerichtsrat) forderte ihn Hans Oster, mit dem er inzwischen bekannt geworden war, im Herbst 1939 für das Amt Ausland/Abwehr des OKW an. Beide arbeiteten von nun an sehr eng zusammen.

General Oster wirkte seit 1933 in der militärischen Abwehrorganisation. Er baute die Auslandsabteilung zu einem Zentrum Oppositioneller aus. Es war Hans Oster (1888 – 1945), der im Winter 1939/40 niederländische und norwegische Regierungskreise vor dem drohenden deutschen Überfall warnte. Zusammen mit Dohnanyi rettete Oster 1941 und 1942 mehreren Juden das Leben, indem man sie u. a. als vermeintliche Mitarbeiter der Abwehr in die Schweiz schleuste („Unternehmen Sieben“). Es fand die Unterstützung Canaris'. Canaris deckte auch die Aktion von Offizieren der Abwehrstelle Den Haag, die für Juden aus den besetzten Niederlanden Auswanderungsmöglichkeiten schufen. Zwischen Mai 1941 und Januar 1942 konnten so 468 Menschen (Deutsche und Niederländer) in Spanien und Portugal Rettung finden.
Die gegenüber der militärischen Abwehr ohnehin argwöhnische SS-Führung entdeckte einige der Manipulationen. Am 5. April 1943 wurde Dohnanyi wegen vermeintlicher „Devisenvergehen“ in seinem Dienstzimmer verhaftet. General Oster, der seinen Freund und Vertrauten vergeblich zu schützen versuchte, wurde seiner Funktion enthoben. Um den Juristen, der auch auf Grund der „Verhöre“ in der Haft schwer erkrankte, entbrannte ein Tauziehen mit der Gestapo. Professor Ferdinand Sauerbrauch bemühte sich, ihn in der Charité als Nichthaftfähigen vor weiterer Verfolgung zu schützen (S. 353), konnte sich aber nicht durchsetzen. Nach dem Scheitern der Verschwörung des 20. Juli 1944 war Dohnanyis Schicksal und auch das von Hans Oster besiegelt.

Durch Mißerfolge und Skandale im Amt belastet, verlor auch Canaris im Februar 1944 seine Funktion. Nach dem 20. Juli 1944 verhaftete man ihn, denn es hatte sich bei den Verfolgungsbehörden der Eindruck verdichtet, daß Canaris jahrelang zumindest ein Mitwisser von Umsturzvorbereitungen gewesen war.

Hans von Dohnanyi

Hans Oster

Unter der Folter zusammengebrochen, gestand ein Widerstandskämpfer: „Canaris war bestrebt, solche Leute ins Ausland zu bringen, die nicht mit dem nationalsozialistischen Regime einverstanden waren, darunter auch zahlreiche Juden, kirchlich Gebundene usw."

Noch kurz vor Kriegsende wurde der Admiral im KZ Flossenbürg ermordet. Mit ihm starben Hans Oster, Hans von Dohnanyi und Dietrich Bonhoeffer, der enge Kontakte zur Abwehr besaß.
Canaris ist bis heute wegen seiner Widersprüchlichkeit umstritten.

Helmuth James Graf von Moltke
Tiergarten, Derfflingerstraße 9 (bis März 1943),
danach in Lichterfelde

Der Jurist und geistige Kopf des Kreisauer Kreises zählt zu den angesehensten Persönlichkeiten des deutschen Widerstandes.
Am 11. März 1907 in Kreisau (Niederschlesien) geboren, war er der Urgroßneffe des preußischen Generalfeldmarschalls Helmuth Graf von Moltke.

Der junge Gutsbesitzer und Rechtsanwalt repräsentierte (wie Peter Yorck) das absolute Gegenteil des oft als Zerrbild dargestellten „reaktionären preußischen Junkers". Seine ausgeprägte soziale Einstellung heben Zeitzeugen und Biographen ebenso hervor wie die unbestechliche Persönlichkeit dieses wirklichen Demokraten und kultivierten Weltbürgers.

Welche Gefahren Deutschland und den anderen Nationen durch die Hitlerbewegung drohten, war ihm früher klar als vielen anderen. Freya von Moltke zufolge wählten sie

und ihr Mann bei der Wahl zum Reichspräsidenten (1932) nicht den konservativen Hindenburg, sondern den Kandidaten der KPD, Ernst Thälmann. Dies taten sie freilich nicht des kommunistischen Programms wegen, sondern aus Protest.
Freya von Moltke berichtet auch, daß die Bevölkerung von Kreisau es nicht verstand, warum sie und ihr Mann nicht für den Nationalsozialismus waren. Als Leute die Köchin fragten, warum Gräfin Moltke nicht der NS-Frauenschaft angehörte, erhielten sie zur Antwort: „Herr von Moltke hat gesagt, Hitler bedeutet Krieg!"

Moltkes Ahnung sollte bald bittere Wirklichkeit werden. – Mit Kriegsbeginn wirkte er als Sachverständiger für Kriegs- und Völkerrecht im Oberkommando der Wehrmacht. Durch enge Verbindungen zu oppositionellen Kräften im Amt Canaris konnte er nicht nur wichtige Kontakte zu antinazistisch eingestellten Militärs und Diplomaten sowie Vertretern von Weltmächten knüpfen, sondern auch deutschen und ausländischen Opfern der NS-Verfolgung helfen.

Der Diplomat Georg F. Kennan (* 1904), der von 1939 bis 1941 an der amerikanischen Botschaft in Berlin tätig war, berichtet in seinen Erinnerungen (s. Literaturliste) über seine Kontakte mit von Moltke:
„Moltke war ein hochgewachsener, gutaussehender, gebildeter Aristokrat, in jeder Hinsicht ein Mann von Welt und zugleich all das, was man logischerweise angesichts seiner amtlichen Funktion nie erwartet hätte: ein tiefreligiöser Mann von ungewöhnlichem moralischem Mut, ein Idealist und ein überzeugter Anhänger demokratischer Prinzipien. Bei unserer ersten Zusammenkunft traf ich ihn

in das Studium der 'Federalist Papers' vertieft; er suchte Anregungen für die Verfassung eines zukünftigen demokratischen Deutschlands. Es war ein Bild, das ich nie vergessen habe, wie dieser Sproß einer berühmten preußischen Offiziersfamilie, selber inmitten eines Weltkriegs für den deutschen Generalstab tätig, sich des Nachts allein den Schriften der Gründer unserer eigenen Demokratie zuwandte, um dort voll Bescheidenheit nach Ideen zu suchen, wie Deutschland aus seiner Verirrung und Verderbnis hinauszuführen sei. Für mich ist Moltke eine so große moralische Figur und zugleich ein Mann mit so umfassenden und geradezu erleuchteten Ideen, wie mir im Zweiten Weltkrieg auf beiden Seiten der Front kein anderer begegnet ist."

Zusammen mit seinem Freund Peter Graf Yorck von Wartenburg bildete Graf Moltke in den 40er Jahren einen bedeutenden Gesprächskreis, der sich der Erarbeitung von Grundsatzpapieren für einen künftigen demokratischen Staats- und Gesellschaftsaufbau im Geist christlichen und sozialistischen Denkens widmete. Auf Moltkes Gut in Kreisau (Schlesien) und Yorcks Wohnung in Berlin-Lichterfelde trafen sich 1942 und 1943 Anhänger unterschiedlichster Richtungen: Konservative und Sozialisten, Gutsbesitzer und Gewerkschaftler, Protestanten und Katholiken (siehe ausführlich den Steglitz/Zehlendorf-Band dieser Reihe).

Darüber hinaus gehörte Graf Moltke noch anderen, wenn auch weniger bedeutsamen Zirkeln und Gesprächskreisen an. So kamen zwischen 1941 und 1943 u. a. in der Tiergartener Alsenstraße 9 bei Hanna Solf, der Witwe des deutschen Diplomaten Wilhelm Solf, höhere Persönlichkeiten des damaligen Berlin, darunter auch Mitarbeiter des Auswärtigen Amtes, die das verbrecherische NS-System ablehnten, in lockerer Form zusammen. Man erörterte den Kriegsverlauf und die Hilfe ausländischer Kreise. Durch einen Gestapospitzel, der Vermittlungsdienste heuchelte, um Post unzensiert über die Schweizer Grenze zu bringen, wurde die Runde verraten.

Der Versuch, einen Freund, den Gesandten Otto Kiep (siehe den Wilmersdorf-Band dieser Reihe), vor der drohenden Verhaftung zu warnen, führte zur Festnahme Moltkes im Januar 1944.

Obwohl er an tatsächlichen Handlungen gegen den Staat überhaupt nicht beteiligt war und ein Attentat als Christ strikt abgelehnt hatte, bezichtigte man ihn nach dem 20. Juli 1944 des Hochverrats.
Allein seiner inneren Einstellung wegen erfolgte die Verurteilung zum Tode durch den Volksgerichtshof. Dessen Präsident Freisler machte es mit dem bemerkenswerten Satz deutlich: „Herr Graf, eines haben das Christentum und wir Nationalsozialisten gemeinsam, und nur dies eine: Wir verlangen den ganzen Menschen."

Am 23. Januar 1945 richtete man Moltke in Plötzensee hin.

Kurz vor seinem Tode schrieb er an seine Söhne:
„Ich habe mein ganzes Leben lang, schon in der Schule, gegen einen Geist der Enge und Gewalt, der Überheblichkeit, der Intoleranz und des Absoluten, erbarmungslos Konsequenten angekämpft, der in den Deutschen steckt und der seinen Ausdruck in dem nationalsozialistischen Staat gefunden hat. Ich habe mich auch dafür eingesetzt, daß dieser Geist mit seinen schlimmen Folgeerscheinungen, wie Nationalismus im Exzeß, Rassenverfolgung, Glaubenslosigkeit, Materialismus, überwunden werde."

General Friedrich Olbricht

General Friedrich Olbricht war eine Schlüsselfigur der Verschwörung. Ohne seine Rückendeckung hätte Stauffenberg am 20. Juli 1944 nicht agieren können.
Der 1888 als Sohn eines Mathematikprofessors geborene Sachse war Berufssoldat. Nach 1933 wurde er Stabschef der Dresdener Division und dann ab 1935 des in Dresden stationierten IV. Armeekorps. Bereits zu dieser Zeit unterhielt er freundschaftliche Beziehungen zu kritischen Militärs (Erwin von Witzleben, Hans Oster, Georg Thomas) sowie zum Leipziger Oberbürgermeister Carl Goerdeler. Schon in der Auseinandersetzung um die Fritsch-Affäre (siehe Seite 180) bemühte sich Olbricht um die Rehabilitierung des durch Intrigen gestürzten Generalobersten. Das Zögern und die Uneinigkeit der hohen Generalität befremdete Olbricht sehr.
Seit 1938 verdichtete und intensivierte er seine Kontakte zu oppositionellen militärischen und bürgerlichen Kreisen. Dort schätzte man den eher zurückhaltenden Mann als gebildeten, besonnenen und gradlinigen Charakter. Schon früh war er an Staatsstreichplänen beteiligt.
Entscheidend für spätere Planungen der Verschwörer war die 1940 erfolgte Berufung Olbrichts zum Chef des Allgemeinen Heeresamtes in Berlin, im Ostflügel des Bendlerblocks. Diese Position war eine der entscheidenden Schlüsselstellungen innerhalb der Kriegsspitzengliederung der Wehrmacht und übte zu erheblichen Teilen die kriegsministeriellen Funktionen im Oberkommando des Heeres aus (hebt Friedrich Georgi in seiner Olbricht-Studie hervor). Nun konnte Olbricht endlich an zentraler Stelle auf den Sturz Hitlers hinarbeiten. 1943 verständigte er sich mit den zur Tat drängenden jungen Offizieren Henning von Tresckow (Heeresgruppe Mitte) und Stauffenberg (seit Oktober 1943 Olbrichts Stabschef) dahingehend, daß im Allgemeinen Heeresamt die Vorbereitungen für den Staatsstreich getroffen werden sollten. Soweit es ihm möglich war, versuchte Olbricht, oppositionelle Offiziere in die verschiedenen Stäbe einzuschleusen.
Am 20. Juli 1944 zählte General Olbricht zu den Hauptverantwortlichen der Aktion im Bendlerblock.

Claus Schenk Graf von Stauffenberg

Oberst Claus Schenk Graf von Stauffenberg war 1943 und 1944 der eigentliche Motor der militärischen Verschwörung zum Sturz der Diktatur. In seiner Villa (Tristanstraße 8) tagte die „Grafen-Runde“: Widerstandskämpfer aus adligen Kreisen wie er und sein Bruder Berthold sowie Albrecht Ritter Mertz von Quirnheim (letzter Chef des Stabes bei General Olbricht), Caesar von Hofacker und Werner von Haeften. Alle verloren ihr Leben als Widerstandskämpfer.

Der am 15. November 1907 geborgene Schwabe stammte aus einer traditionsreichen Adelsfamilie. In kultivierter Atmosphäre aufgewachsen und streng katholisch erzogen, stand er in jungen Jahren im Bann des elitär-konservativen Dichters Stefan George. Trotz großer Liebe zur Welt der Kunst und Literatur schlug er 1926 eine Offizierslaufbahn ein. Wenn auch nicht enthusiastisch, begrüßte Stauffenberg zunächst die Etablierung des Nationalsozialismus. Besonders der Aufrüstung und der Rückkehr zur „Großmacht“ pflichtete er bei. Doch spätestens die Judenpogrome der „Reichskristallnacht“ im November 1938 ließen in ihm ernste Zweifel aufkommen, die durch spätere Eindrücke noch verstärkt wurden.

Nachdem sich Stauffenberg im Polen- und Frankreichfeldzug ausgezeichnet hatte, berief man den Hochbegabten im Juni 1940 in den Generalstab des Heeres. Nach und nach erfuhr der junge Offizier vom Unrecht, das den Juden und den Polen sowie später der russischen Bevölkerung und den gefangenen sowjetischen Soldaten angetan wurde. Er gewann intensive Kontakte zu jüngeren Offizieren wie Henning von Tresckow und Fabian von Schlabrendorff (Heeresgruppe Mitte), die entschlossen waren, den Diktator zu stürzen.

Tief enttäuscht vom Versagen der militärischen Führungsschicht, die Hitler willfährig diente, und unzufrieden mit den älteren konservativen Repräsentanten des Widerstandes (Beck, Goerdeler), drängten die „Jungen“ zur Tat.
Längst war die oppositionelle Gruppe über militärische und bürgerliche Kreise hinausgewachsen. Demokraten, Christen, Sozialisten und Gewerkschafter waren hinzugestoßen. Stauffenberg kam in den führenden Kreis der Verschwörer und kümmerte sich intensiv um deren Planungen. Er faszinierte viele, riß Zögernde mit.
Anfang 1943 an die Afrikafront versetzt, wurde er im April schwer verwundet. Er verlor ein Auge, die rechte Hand und zwei Finger der linken. Noch an das Krankenbett gefesselt, reifte der Entschluß, sein Leben ohne Rücksicht für den Sturz der Diktatur einzusetzen: Hitler durfte Deutschland nicht zugrunde richten!

Nachdem er mit der ärztlichen Hilfe von Prof. Sauerbruch halbwegs genesen war, wurde Stauffenberg nach Berlin zurückberufen. Zunächst wirkte er ab Oktober 1943 im „Allgemeinen Heeresamt“ als Stabschef unter General Olbricht – seit langem ein Mann der Opposition. Durch diese Tätigkeit erhielt Stauffenberg wichtige Einblicke in die Abläufe des militärischen Apparates. Er nutzte die Kenntnisse geheimster Vorgänge, um im Kontakt mit anderen Verschwörern einen detaillierten Umsturzplan zu entwickeln.

Operation „Walküre“ – der Plan des Umsturzes

„Walküre“ war ein nur der militärischen und politischen Führung bekannter Geheimplan der Wehrmacht. Für den Fall innerer Unruhen (durch Zwangsarbeiter oder Kriegsgefangene) sollte der Befehlshaber des Ersatzheeres mit den in Deutschland stationierten Truppen den Belagerungszustand ausrufen und die Armee das Kommando übernehmen.

Henning von Tresckow

Graf Stauffenberg (l.) und
Mertz von Quirnheim

Die Verschwörer formten diesen Plan für ihre Ziele um. Zunächst sollte der Diktator beseitigt werden. Damit würde die Bindung durch den militärischen Eid, den alle Militärs auf Hitler geschworen hatten, entfallen. Unter dem Vorwand, nach dem Ableben des „Führers" sei es durch einen Putschversuch von SS- und Parteiführern zu Unruhen gekommen, wollte man „Walküre" auslösen.
Es war beabsichtigt, wichtige Einrichtungen und NS-Machtzentralen handstreichartig zu besetzen und die dort Verantwortlichen festzunehmen. An ihre Stelle sollten Vertrauensleute des Widerstandes treten – berufen durch eine neue Führung in Deutschland, die sich aus Repräsentanten der Opposition zusammensetzen sollte: Beck (Staatsoberhaupt), Goerdeler (Regierungschef) und von Witzleben (militärische Leitung).
Für diesen Plan waren Befehle vorbereitet und Mitwisser – darunter in Berlin Stadtkommandant Paul von Hase und Polizeipräsident Graf Helldorf – informiert worden. Wie im besetzten Paris und in Wien, hielten sich in verschiedenen Teilen des Deutschen Reiches oppositionelle Offiziere bereit. Ihnen zur Seite standen „politische Beauftragte" unterschiedlicher Richtungen, die ebenfalls das Vertrauen der Verschwörer hatten. Carl Goerdeler, zu dessen Regierungsmannschaft Vertreter bürgerlicher, christlicher und sozialistischer Kreise zählten, sollte eine Regierungserklärung an das deutsche Volk abgeben, das Ende der NS-Diktatur verkünden und die Entschlossenheit kundtun, den schrecklichen Krieg zu beenden.

Attentatsversuche
Mitte, Unter den Linden 2, Zeughaus

Noch blieb offen, wie und durch wen Hitler getötet werden sollte. Die Durchführung eines Attentats erwies sich als ein schwieriges Vorhaben, denn die Sicherheitsvorkeh-

rungen waren so perfekt, daß kaum jemand mit einer Waffe in die Nähe des „Führers" gelangen konnte.
Doch hat es immer wieder Versuche gegeben, den Diktator mit Gewalt auszuschalten. An solchen Vorhaben beteiligten sich auch Offiziere, die bereit waren, sich dabei selbst zu opfern; so auch im Frühjahr 1943 im Zentrum Berlins.

Am 21. März 1943 besuchte Adolf Hitler eine militärische Ausstellung im Zeughaus. Ihr Organisator, Oberst Rudolf-Christoph von Gersdorff, sollte erbeutete russische Kriegswaffen vorführen. Der Offizier, ein zu allem entschlossener Widerstandskämpfer, war zum Selbstopfer bereit und trug eine Bombe mit einem 10-Minuten-Zünder bei sich. Es gelang ihm jedoch nicht, den Diktator für die dazu nötige Zeit festzuhalten. Hitler ging nicht ruhig durch die Ausstellung, sondern er hastete durch die Räume und hatte bereits nach drei Minuten den Ausgang erreicht. Von Gersdorff schaffte es gerade noch, den Zünder wieder auszuschalten. Der Anschlag war mißlungen. Weitere Versuche folgten: Durch Vermittlung des jungen von der Schulenburg (S. 200) kam es im Oktober 1943 im Militärlager Düppel zu einer Zusammenkunft Stauffenbergs mit Axel von dem Bussche. Im November erfolgte ein weiteres Gespräch. Dieser Offizier erklärte sich bereit, den Anschlag auszuführen. Er war in der Ukraine mit anderen Offizieren Augenzeuge von Massenerschießungen von Juden geworden. Schrecken, die ihn auf besondere Weise prägten.

Anläßlich einer Vorführung von Ausrüstungs- und Uniformstücken wollte von dem Bussche Sprengstoff bei sich tragen. Im entscheidenden Augenblick beabsichtigte er, die Bombe zu zünden, auf Hitler zu springen und ihn bis zur Explosion umklammert zu halten. Doch es gelang nicht, eine solche Vorführung zu arrangieren. Hitler vermied feste Zusagen und Verabredungen und durchkreuzte dadurch zahlreiche Attentatspläne.
Von dem Bussche wurde bald darauf schwer verwundet. Statt seiner stellte sich nun Ewald Heinrich von Kleist für einen Anschlag zur Verfügung, doch auch dieser Plan scheiterte.

Schließlich eröffnete sich für Stauffenberg selbst die Möglichkeit, das Attentat zu verüben. Am 1. Juli 1944 wurde er Chef des Stabes bei Friedrich Fromm, Befehlshaber des Ersatzheeres und Chef der Heeresleitung, und bekam in dieser Stellung durch die Teilnahme an Lagebesprechungen nun direkten Zugang zu Adolf Hitler.

Beim Sekretariat der Verschwörer

Tresckow und Stauffenberg hatten die Befehle für den Umsturz ausgearbeitet. Heimlich getippt wurden sie durch Margarete von Oven, die spätere Gräfin Hardenberg.

> Über ihre Kontakte mit Henning von Tresckow berichtete sie:
> „[Wir] trafen ... uns ... immer unter freiem Himmel, damit man nicht abgehört wurde. ... Wir haben uns meistens im Grunewald getroffen, und dort hat er mir diese Sachen erläutert, an Hand des Konzepts. Die habe ich dann in meiner Privatwohnung, Erdener Straße [4], geschrieben. Henning hatte verlangt, daß ich es mit Handschuhen schrieb – das war natürlich immer etwas mühsam – [und] daß ich das Konzept nie mit den bloßen Händen anfaßte."
> Der erste Befehl lautete:
> „‚Der Führer Adolf Hitler ist tot!' So fing es an, und dann ging es los. Ich muß sagen, daß mir das einiges Herzklopfen gemacht hat."

Der Arbeitsplatz Stauffenbergs

Die Schaltzentrale der Verschwörung
Tiergarten, Bendlerstraße 14 – Befehlshaber des Ersatzheeres
(heute: Gedenkstätte Deutscher Widerstand, Stauffenbergstraße)

Gerade erst zum Chef des Stabes beim Befehlshaber des Ersatzheeres ernannt, gerieten Stauffenberg und seine Mitverschwörer mit ihren Umsturzplänen unter zeitlichen Druck. Den immer näherrückenden Truppen der Alliierten mußte gezeigt werden, daß Deutschland sich aus eigener Kraft befreien kann (falls die Gegner überhaupt noch bereit waren zu verhandeln und nicht an der Forderung bedingungsloser Kapitulation festhielten).
Zudem war Anfang Juli 1944 Stauffenbergs Freund Julius Leber (SPD) zusammen mit Prof. Reichwein (S. 50ff.) in die Hände der Gestapo gefallen. Mit Zustimmung Stauffenbergs und Billigung eines Teils der Verschwörer hatten die beiden Sozialdemokraten Kontakt zur Leitung der illegalen KPD aufgenommen. Doch in deren Reihen saß ein Spitzel (S. 52). Er verriet die zweite Begegnung. Niemand wußte, wie lange die Verhafteten unter der Folter schweigen konnten.

Zweimal hatte Stauffenberg im Juli 1944 die Möglichkeit zum Anschlag vorübergehen lassen müssen. Er war entschlossen, bei der nächsten Gelegenheit zu handeln. Schon für Donnerstag, den 20. Juli, wurde eine militärische Besprechung angesetzt. Ort: Hitlers Hauptquartier „Wolfschanze" bei Rastenburg in Ostpreußen. Am Abend zuvor lagerte im Schrank der Stauffenbergschen Villa Sprengstoff.

20. Juli 1944

Der 20. Juli 1944 war ein heißer und drückender Tag.

Stauffenberg flog mit seinem Adjutanten Werner von Haeften nach Ostpreußen. Dort angekommen, setzte er kurz vor der Besprechung den Zündmechanismus der in seiner Aktentasche verborgenen Bombe in Gang. Er placierte sie in der Nähe des Diktators. Unglücklicherweise stellte ein Dritter die Tasche, kurz nachdem Stauffenberg den Raum verlassen hatte, zur Seite. Nach wenigen Minuten, schon auf dem Wege zum Flugzeug, vernahm er (um 12.42 Uhr) die Explosion und wähnte Hitler tot. Dies berichtete er auch Stunden später in Berlin.

Stauffenberg mußte schnell nach Berlin zurückkehren, denn hinsichtlich der Durchführung der „Walküre“-Aktion war er unentbehrlich.

Es war eine fast unüberwindbare Belastung des 20. Juli, daß Stauffenberg zwei Aufgaben zu lösen hatte, für die jeweils eine Persönlichkeit nötig gewesen wäre: Anschlag und Staatsstreichdurchführung. Aber nur er hatte aus dem engeren Verschwörerkreis Zutritt zum Führerhauptquartier Hitlers, und nur er besaß die wichtige Schlüsselstellung im Ersatzheer: die faktische Befehlsgewalt über die „Walküre“-Maßnahmen. Darum durfte er sich beim Anschlag nicht opfern.

Stauffenbergs Attentat mißlang. Hitler überlebte nur leicht verletzt den Bombenanschlag. In der entstandenen Verwirrung vergingen kostbare Stunden, ohne daß gehandelt wurde. Als die Verschwörer – nach Stauffenbergs Ankunft – schließlich daran gingen, „Walküre“ auszulösen, hatte sich die NS-Führung vom ersten Schock längst erholt und bereits Gegenmaßnahmen eingeleitet.

Ein tabellarischer Ablauf der Ereignisse versucht im folgenden, die Dramatik der Ereignisse in Berlin zu verdeutlichen:

Der 20. Juli 1944 in Berlin

12.42 Uhr	Explosion der Bombe im Führerhauptquartier (FHQu).
12.50 Uhr	Auf Befehl des 2. Adjutanten Hitlers, Oberstleutnant von Below, verhängt der Nachrichtenoffizier im FHQu, Oberstleutnant Sander, über das Führerhauptquartier eine totale Nachrichtensperre; er durchkreuzt damit den Plan der Verschwörer, der eine Unterbrechung der Fernsprech- und Fernschreibverbindungen *nach* Unterrichtung der Zentrale in der Berliner Bendlerstraße über den Ausgang des Attentats vorsah. Damit war eine wichtige Voraussetzung des Staatsstreiches nicht erfüllt.
13.15 Uhr	Oberst von Stauffenberg und dessen Adjutant von Haeften starten eine Minute vor Verhängung eines allgemeinen Startverbots von Rastenburg aus zum Rückflug nach Berlin.
14.00 Uhr	Himmler beordert telefonisch eine Untersuchungskommission des Reichskriminalamtes ins FHQu.
15.00 Uhr	Aufhebung der Nachrichtenblockade FHQu und Warnung an Operationsabteilung: Leitungen werden von SS überwacht!

15.15 Uhr — Generalleutnant Thiele informiert General Olbricht (Chef des Allgemeinen Heeresamtes im OKH) über die ungeklärte Lage im FHQu. Tenor: Bei einer Explosion seien mehrere Personen getötet worden. Die entscheidende Frage „Ist Hitler tot oder nicht?“ bleibt unbeantwortet.

15.50 Uhr — Auslösung des Umsturzes (Alarmplan 'Walküre') durch General Olbricht.

16.00 Uhr — Landung Stauffenbergs auf dem Feldflugplatz Rangsdorf, nördlich von Zossen, dem Sitz des OKH.

16.05 Uhr — Haeften unterrichtet Oberst Mertz von Quirnheim (Chef des Stabes bei General Olbricht) über das – seiner Überzeugung nach – erfolgreiche Attentat.

Mitte, Unter den Linden 1 – Stadtkommandantur

16.10 Uhr — Truppen des Stadtkommandanten von Hase werden alarmiert: Wachbataillon „Großdeutschland“, Heeresfeuerwerkerschule, Heereswaffenmeisterschule, Landesschützenbataillon 311 und 320.

16.10 Uhr — General Olbricht informiert Befehlshaber des Ersatzheeres (BdE), Generaloberst Fromm, über den Tod Hitlers und schlägt Auslösung des „Walküre“-Alarms vor. Fromm lehnt nach Blitzgespräch mit dem Chef des OKW Generalfeldmarschall Wilhelm Keitel („Hitler hat Attentat überlebt“) ab.

16.15 Uhr — Oberst Mertz alarmiert zwischenzeitlich Wache im Bendlerblock: Ein- und Auslaß nur mit Passierschein der Verschwörer.

16.20 Uhr — Polizeipräsident Graf Helldorf wird in die Bendlerstraße befohlen. Generaloberst Beck trifft in Zivil in der Bendlerstraße ein.

16.20 Uhr	Oberstleutnant Bernardis alarmiert Einheiten außerhalb Berlins: Panzergruppenschule Krampnitz, Infanterieschule Döberitz, Panzerlehrgang Groß-Glienicke, Fahnenjunkerschule Potsdam, Unteroffiziersschule Potsdam und Artillerieschule Jüterbog.
16.30 Uhr	Fernschreibübermittlung der „Walküre"-Befehle an alle Frontabschnitte und Wehrkreise.
16.35 Uhr	Eintreffen Stauffenbergs in der Bendlerstraße. Er berichtet vom Attentat, telefoniert mit seinem Vetter, Oberstleutnant Cäsar von Hofacker, in Paris: „Hitler ist tot!" – Beginn von „Operation Walküre" in Frankreich.
16.40 Uhr	Polizeipräsident Helldorf trifft in der Bendlerstraße ein. Beck verlangt, Helldorf von der ungeklärten Lage zu unterrichten.
16.50 Uhr	Stauffenberg bestätigt Fromm in Anwesenheit von Olbricht und Mertz von Quirnheim den Tod Hitlers und widerspricht der Keitel-Version (S. 194). Erregter Wortwechsel zwischen Fromm, Stauffenberg und Olbricht. Da Fromm sich weigert, die Putschisten zu unterstützen, wird er festgenommen.
17.00 Uhr	Beck fordert die Verschwörer auf, so zu handeln, als ob Hitler tot sei. Generaloberst Hoepner zum Nachfolger Fromms ernannt.
17.00 Uhr	Major Remer, Kommandeur des Wachbataillons „Großdeutschland", bespricht „Walküre"-Einsatzbefehle mit seinen Offizieren in der Kaserne Lehrter Straße. Marschbefehl nach „Walküre"-Plan bei allen Berliner Einheiten angekommen.
17.00 Uhr	General von Kortzfleisch – Kommandeur des Wehrkreises III (Berlin) – weigert sich, von Generaloberst Hoepner Befehle entgegenzunehmen. Beck ordnet Festnahme an und ernennt Generalleutnant von Thüngen zu dessen Nachfolger.
17.00 Uhr	Ein motorisiertes Lehr-Bataillon der Infanterieschule Döberitz unter Leitung von Major Jakob besetzt das Funkhaus in der Masurenallee.
17.10 Uhr	SS-Oberführer Dr. Piffrader (Reichssicherheitshauptamt) wird im Amtszimmer Stauffenbergs bei dem Versuch, diesen zu verhaften, überwältigt und festgenommen.
17.30 Uhr	"Walküre"-Befehl bei Einheiten der Umgebung Berlins angekommen.
17.30 Uhr	Erste Telefonverbindung Hitler – Goebbels kommt zustande. Auftrag: Rundfunkdurchsage.
17.30 Uhr	SS-Leibstandarte „Adolf Hitler" in Lichterfelde wird in Alarmbereitschaft versetzt, aber nicht in Marsch gesetzt.
17.30 Uhr	Ende des Befehlsempfanges für Offiziere des Wachbataillons.

17.30 Uhr	Major Jakob verlangt vom Intendanten der Reichs-Rundfunk-Gesellschaft, Glasmeier, ultimativ die Einstellung aller Sendungen. Glasmeier, mißtrauisch geworden, geht zum Schein darauf ein. In Wirklichkeit wurde der Sendebetrieb keine Minute unterbrochen.
17.35 Uhr	Leutnant Dr. Hagen, NS-Führungsoffizier und Referent im Propagandaministerium (Wilhelmstraße), schöpft Verdacht und erhält von Remer die Erlaubnis, bei Goebbels vorstellig zu werden.
17.50 Uhr	Hauptmann Klausing überbringt Fernschreiben Nr. 2 an Wehrkreiskommandos. Leutnant Röhrig, Offizier vom Dienst der Nachrichtenzentrale im Bendlerblock, kommen wegen Punkt 2c (Festnahme der KZ-Wachen) erste Bedenken.
18.10 Uhr	Hitler läßt im Auswärtigen Amt anrufen (ohne Ergebnis).
18.30 Uhr	Hitler fragt erneut bei Goebbels an, warum die Rundfunkmeldung ausbleibt.
18.30 Uhr	Eine 200 Mann starke SS-Einheit, vom Intendanten Glasmeier alarmiert, trifft im Rundfunkgebäude in der Masurenallee ein.
Ab 18.30 Uhr	Zweiter Befehl „Walküre“: Hoepner zum Befehlshaber des Ersatzheeres ernannt.
18.30 Uhr	Absperrung des Regierungsviertels durch Wachbataillon abgeschlossen: Propagandaministerium, Auswärtiges Amt, Gauleitung der NSDAP Berlin, Ministerium für Inneres, Stellvertreter des Führers, Reichskanzlei, Stabschef der SA, Reichsführer der SS, Wohnung Goebbels, „Völkischer Beobachter“, Sicherheitshauptamt, SS-Hauptamt, Abwehramt, 2. Wohnung Goebbels.
18.30 Uhr	Hitler ernennt Himmler zum Befehlshaber des Ersatzheeres.
18.35 Uhr	Telefongespräch zwischen Hitler und Remer (S. 195) im Amtszimmer von Goebbels in Anwesenheit von Rüstungsminister Speer. Hitler befiehlt Niederschlagung des Putsches.
18.45 Uhr	Sondermeldung aus dem Führerhauptquartier über den Rundfunk: Hitler lebt! Stauffenberg bestreitet bei pausenlosen Rückfragen die Rundfunkversion.
18.45 Uhr	Versuch, Remer durch Oberst Jäger, Panzerschule II, zu ersetzen, scheitert.
Bis 19.00 Uhr	Feuerwerkerschule hat im Zeughaus, die Waffenmeisterschule im Schloß Stellung bezogen.
19.00 Uhr	Drahtverbindung mit Heeresgruppe Nord, Befehl: Rückzug zur Düna vorbereiten.

Mitte, Regierungsviertel an der Wilhelmstraße (1936)

19.00 Uhr	Mertz von Quirnheim erhält vom Oberkommando des Heeres im FHQu verläßliche Nachricht: Hitler lebt!
19.00 Uhr	Erfolgloser Befehl an Stadtkommandanten: Stoßtrupp gegen Propagandaministerium und Festnahme Goebbels.
19.15 Uhr	Fernschreiben an alle Oberbefehlshaber aus dem FHQu: Hitler lebt!
19.15 Uhr	Leutnant Röhrig (S. 196) erhält Fernschreiben: „Rundfunkkommunique trifft nicht zu. Führer ist tot!" (von 19.45 bis 21.12 Uhr abgesetzt)
19.30 Uhr	Eintreffen der ersten Panzer von Krampnitz an der Siegessäule.
19.30 Uhr	Generalfeldmarschall von Witzleben trifft von Zossen, dem Sitz des OKH kommend, in den Bendlerstraße ein. Bis 20.15 Uhr Gespräche mit Beck, Olbricht und Stauffenberg.
19.45 Uhr	Leiter der Nachrichtenzentrale Bendlerblock meldet seinem Chef, Oberst Köllner, seine Bedenken.
20.00 Uhr	Mertz von Quirnheim fordert Befehlshaber Frankreich, Paris, zur weiteren Durchführung von „Walküre" auf und erklärt Keitel-Fernschreiben für ungültig.
20.15 Uhr	Witzleben sieht den Aufstand als gescheitert an und verläßt die Bendlerstraße.
20.15 Uhr	Verschwörer erhalten Nachricht von Unterredung Remer – Goebbels.
20.30 Uhr	Goebbels spricht vor Wachbataillon, nachdem es die Absperrung des Regierungsviertels aufgehoben hat.
20.30 Uhr	Generalkommandos Stettin und Wien melden Vorliegen von Gegenbefehlen aus dem FHQu.
21.00 Uhr	Rundfunk kündigt Ansprache Hitlers an.
21.30 Uhr	Panzergruppenschule II Krampnitz steht an der Siegessäule und erhält Gegenbefehl vom Inspekteur der Panzertruppen, zum Fehrbelliner Platz zu marschieren.
22.30 Uhr	Olbricht versammelt Offiziere seines Amtes und teilt sie zur Bewachung des Bendlerblocks ein, da die „Walküre"-Einheiten abgezogen sind.
22.40 Uhr	Oberstleutnant Pridun, Ia von Olbricht, sammelt gegen die Verschwörer eingestellte Offiziere.
22.40 Uhr	Oberst Müller von der Infanterieschule Döberitz verlangt und erhält von Olbricht Marschbefehl zum Angriff auf das Haus des Rundfunks und zum Schutz des Bendlerblocks. Dies sind die letzten Befehle der Verschwörer.

22.50 Uhr Stoßtrupp hitlertreuer Offiziere aus dem Bendlerblock dringt in Zimmer von Olbricht ein. Schußwechsel mit dem hinzukommenden Stauffenberg, der verwundet in sein Büro entkommt. Festnahme eines Teils der Verschwörer.

23.00 Uhr Eine Kompanie des Wachbataillons verstärkt die hitlertreuen Offiziere und riegelt den Bendlerblock ab.

23.15 Uhr Befreiung Fromms, der in seinem Dienstzimmer (Foto s. unten) Beck, Olbricht, Hoepner, Stauffenberg, Mertz von Quirnheim und Haeften verhaften läßt.

Damit war am Abend des 20. Juli der Aufstand gescheitert. Generaloberst Beck wurde die Möglichkeit zum Selbstmord gegeben; schwer verletzt erhielt er schließlich einen „Gnadenschuß". Oberst von Stauffenberg, sein Adjutant Werner von Haeften, General Friedrich Olbricht und sein enger Mitarbeiter Mertz von Quirnheim wurden fünf Minuten nach Mitternacht im Hof der Bendlerstraße 11–13 erschossen. Den Befehl dazu erteilte der Befehlshaber des Ersatzheeres Generaloberst Friedrich Fromm (später durch den Volksgerichtshof zum Tode verurteilt).

Friedrich Georgi schreibt über dessen Motive:
„Fromm ordnete die Erschießungen ohne ein Standgerichtsurteil an – sicherlich in dem Bestreben, alle Mitwisser zu beseitigen, die im Falle von Vernehmungen ihn selbst wegen seiner jahrelangen Mitwisserschaft hätten belasten können."

Bevor die Gewehrsalven im Hof des Bendlerblocks zu hören waren, vernahm man Stauffenbergs letzte Worte: „Es lebe das heilige Deutschland!"

Ein Grab in Schöneberg
Friedhof der St. Matthäus-Gemeinde, Großgörschenstraße

Diese ersten Opfer aus dem Kreis der Verschwörer des 20. Juli fanden auf dem Friedhof der Tiergartener St. Matthäus-Gemeinde (S. 220) in Schöneberg, Großgörschenstraße, eine vorläufige Ruhestätte, doch schon nach wenigen Stunden schaffte man die Leichname ins Krematorium Wedding. Ihre Asche wurde anschließend über Rieselfelder bei Berlin verstreut.
An die Männer des Widerstandes sollte kein Grab erinnern dürfen.

Beteiligte und Mitwisser des 20. Juli 1944

Nach dem Fehlschlag des Aufstandes begann eine große Verfolgungsjagd nach den Beteiligten, ihren Helfern und Mitwissern. Mehr als 650 Personen wurden verhaftet.

Über 130 Menschen erhielten vom berüchtigten Volksgerichtshof (VGH), der in diesem Fall sowohl in der Bellevuestraße 15 als auch im Gebäude des Berliner Kammergerichts (Elßholzstraße) tagte, das Todesurteil. Andere bekamen hohe Zuchthaus- und Gefängnisstrafen. Im Zuge der Sippenhaft sperrte man auch Familienmitglieder ein.

Unter den später hingerichteten Beteiligten und Mitwissern der Verschwörung des 20. Juli 1944 waren viele Berliner. Sie stießen zu verschiedenen Zeiten, aus unterschiedlichen Gründen und mit abweichender politischer Vergangenheit zum Kreis der Opposition:

Unter den Linden 1 wirkte neben dem Kronprinzenpalais von 1940 bis 1944 der Berliner Stadtkommandant *Paul von Hase*. Seit 1938 gehörte er zum Kreis der Verschwörer. Er sollte nach dem Anschlag durch das Berliner Wachbataillon das Regierungsviertel um die Wilhelmstraße absperren lassen und Knotenpunkte der Nachrichtenübermittlung besetzen.
Hans Ulrich von Oertzen hielt im Wehrkreiskommando III (Berlin) am Fehrbelliner Platz den Kontakt zur Bendlerstraße. Der enge Vertraute Henning von Tresckows beging nach seiner Verhaftung am 21. Juli 1944 Selbstmord.
Fritz-Dietlof Graf von der Schulenburg, ein junger Offizier und ausgezeichneter Verwaltungsexperte, unterhielt wichtige Verbindung zum Potsdamer Infanterie-Regiment 9. Nicht zuletzt auf Grund seiner Initiative standen am Abend des ereignisreichen Tages zwei Kompanien und eine Infanteriegeschützkompanie in voller Ausrüstung zur Verfügung. Er war eine Schlüsselfigur der Verschwörung. Mit anderen gleichgesinnten Alterskameraden befand er sich am Abend des 20. Juli 1944 in der Bendlerstraße. Einige Freunde – wie die Offiziere Fritzsche, von Kleist, von Oppen und Ludwig von Hammerstein – hielten sich zeitweise im Hotel Esplanade, Bellevuestraße 16–18, in Bereitschaft.
Zu den jungen Mitverschwörern zählte auch der 1920 geborene Offizier *Friedrich Karl Klausing*. Wie von der Schulenburg büßte Klausing seine Beteiligung am Umsturzversuch mit dem Leben.

Recht problematische, aber vielleicht unverzichtbare Bündnispartner für die Verschwörer waren zwei frühere Nationalsozialisten, die durch ihre Beteiligung an NS-Verbrechen sehr viel Schuld auf sich geladen hatten:
Arthur Nebe, Chef des Reichskriminalamtes A – von Juni bis November 1941 kommandierte er eine der mörderischen Einsatzgruppen der SS – besaß im Rahmen der „Walküre"-Aktion die Aufgabe, eine Gruppe zuverlässiger Kriminalbeamter bereitzustellen, die wichtige Funktionäre und Würdenträger des Regimes in Berlin verhaften sollten.

Paul von Hase

Fritz-Dietlof Graf von der Schulenburg

Eine bedeutende Aufgabe im Rahmen des Umsturzes kam auch auf den Berliner Polizeipräsidenten *Graf Helldorf* zu. Wie Nebe war er stark kompromittiert, konnte aber unter dem Einfluß seines früheren Stellvertreters (1937–39) Fritz-Dietlof Graf von der Schulenburg für die Pläne der Verschwörer gewonnen werden.
Wie der Stadtkommandant Paul von Hase sollte gerade auch der Polizeipräsident (Sitz Alexanderplatz) dafür sorgen, daß die Widerstandskämpfer die Kontrolle über das Regierungszentrum (Wilhelmstraße) bekamen und einflußreiche Anhänger des NS-Regimes umgehend ausschalteten. Zu denjenigen, die am 20. Juli versuchten, Truppenteile im Rahmen der „Walküre"-Aktion zu beeinflussen, zählte Olbrichts Adjutant *Fritz von der Lancken*. (Auch er wurde später dafür hingerichtet.)
Zwar setzte Paul von Hase am 20. Juli 1944 Verbände des Wachbataillons zur Absperrung des Regierungsviertels in Marsch, aber NS-treue Offiziere schöpften schnell Verdacht und vereitelten durch Gegenmaßnahmen schon nach wenigen Stunden die Umsturzpläne in der Reichshauptstadt (S. 195ff.).

So mißlang auch das Vorhaben, nach der geglückten Besetzung des Rundfunkgebäudes in der Masurenallee, den Sendebetrieb zu unterbrechen. Die Verschwörer konnten ihren Plan, mit Rundfunkansprachen die deutsche Bevölkerung wachzurütteln und für den Umsturz zu gewinnen, nicht mehr verwirklichen.

Neben den genannten Offizieren waren auch mehrere bürgerliche Gegner des Nationalsozialismus nach dem 20. Juli 1944 Opfer der Rachejustiz geworden:
Wilhelm zur Nieden (Tiergarten, Alsenviertel), bis 1933 Generaldirektor der gesamten städtischen technischen Betriebe Leipzigs und dort von der NSDAP aus dem Amt gedrängt, fand danach in Berlin mehrere Aufgaben als Gutachter und Sachverständiger, darunter für den Rechnungshof. Trotz gelegentlicher Konflikte mit dem Nationalsozialismus konnte er sich auf Grund seiner Sachkenntnis und Selbstlosigkeit gleichwohl behaupten und war ein geschätzter Experte auf dem Gebiet der Energiewirtschaft. Nach dem 20. Juli 1944 wurde es dem Wirtschaftsführer zum Verhängnis, daß er sich

1943 wiederholt mit dem (ihm von früher her bekannten) ehemaligen Leipziger Oberbürgermeister Dr. Carl Goerdeler getroffen und besprochen hatte und von ihm in Vorhaben und Planungen der Verschwörer eingeweiht worden war. Am 20. August 1944 verhaftet, verurteilte ihn der Volksgerichtshof am 18. Januar 1945 zum Tode. Obwohl sich die Vollstreckung des Urteils hauptsächlich durch die Kriegsereignisse hinauszögerte – der Volksgerichtshof (Bellevuestraße 15) war am 3. Februar 1945 zerbombt worden und sein Präsident Freisler dabei umgekommen – fand zur Nieden kurz vor der Befreiung doch noch den Tod, als die SS am 22./23. April 1945 politische Gefangene der Haftanstalt Lehrter Straße auf dem Ulap-Gelände ermordete.

Auch *Albrecht Haushofer* zählte zu diesen Opfern der letzten Stunde der Tyrannei. Der Professor an der Auslandswissenschaftlichen Fakultät (S. 356) und konservative Gegner des Nationalsozialismus war über viele Jahre ehrenamtlicher Mitarbeiter des Auswärtigen Amtes und schulte angehende Diplomaten. Die persönliche Bekanntschaft mit Verschwörern wie Ludwig Beck, Peter Graf Yorck von Wartenburg und Fritz-D. Graf von der Schulenburg führte dazu, daß er mehrere Vorschläge für ein vom NS-Terror befreites Deutschland erarbeitete. In der Erwartung des nahen Zusammenbruchs verbarg er sich nach dem 20. Juli 1944, wurde aber doch noch kurz vor Weihnachten in seiner bayerischen Heimat verhaftet. Am 22./23. April 1945 starb er unter den Kugeln der SS.

Prof. Dr. Rüdiger Schleicher, ein Schwager Dietrich Bonhoeffers, arbeitete als Direktor des Instituts für Luftfahrtrecht der Universität Berlin (Leipziger Platz 15) zusammen mit seinem Assistenten Dr. Hans John und gleichgesinnten Freunden bei der Lufthansa AG (wie Dr. Klaus Bonhoeffer und Dr. Otto John) und im Reichsluftfahrtministerium am Sturz des NS-Regimes mit. Schleicher, ein überzeugter schwäbischer Demokrat und früher Gegner der Diktatur Hitlers, hatte sich in den 30er Jahren für Juden und KZ-Häftlinge eingesetzt und war deswegen wiederholt von Vorgesetzten verwarnt worden. Eine Berufung ans Reichskriegsgericht lehnte der Wissenschaftler aus innerer Distanz zu den Grundsätzen der NS-Justiz ab. Seine Lehrstätte am belebten Leipziger Platz wurde auf Grund der sehr verkehrsgünstigen Lage zu einem unauffälligen Treffpunkt von Oppositionellen. Sein Assistent Dr. Hans John konnte mittels Dienstreisen mehrere Kontakte in andere Städte knüpfen. Nicht zuletzt ins Amt Abwehr (S. 183ff.) gingen wichtige Verbindungen, denn dort wirkte Prof. Schleichers Schwager Hans von Dohnanyi (S. 184). Nach dessen Verhaftung im Jahre 1943 übermittelten die Freunde aus dem Institut für Luftfahrtrecht dem engeren Kreis der Verschwörer geheime Nachrichten ihres Ministeriums und arbeiteten an Plänen für den Umsturz mit. Sowohl Rüdiger Schleicher als auch sein Assistent Hans John wurden nach dem 20. Juli verhaftet und schließlich wie Wilhelm zur Nieden, Albrecht Haushofer und Klaus Bonhoeffer kurz vor dem Kriegsende von der SS in Moabit ermordet.

Mit *Johannes Popitz* und seinem Freund *Jens Jessen* verlor die Berliner Universität (Unter den Linden) nach Albrecht Haushofer und Rüdiger Schleicher zwei weitere Professoren durch den Terror der NS-Diktatur. Doch im Gegensatz zu den oben genannten Persönlichkeiten bzw. der Familie Bonhoeffer vollzog sich bei Johannes Popitz der Übergang zum Kreis der Regimegegner nicht spontan und begann auch nicht bereits 1933. Der preußische Finanzminister Johannes Popitz, der seinen Amtssitz in Mitte, Am Festungsgraben 1, unterhielt, war Mitglied der NSDAP und zählte allein schon auf Grund seiner beruflichen Tätigkeit zu den höheren Repräsentanten des NS-Staates. Anfangs überzeugter Anhänger seiner Partei, stieß ihn jedoch die Gewaltherrschaft immer mehr ab. Seit 1938 gehörte der Monarchist Popitz zum konservativen Widerstandskreis um Carl Goerdeler. Popitz blieb in seinem Amt in dem Glauben, von hier aus seinen Einfluß nutzen zu können. Zusammen mit seinem engen Vertrauten, dem Finanzwissenschaftler Jens Jessen – wie Popitz Professor an dem Friedrich-Wil-

Rüdiger Schleicher

Hans John

helms-Universität –, hegte er den Plan, durch eine „Palastrevolution“ der rivalisierenden NS-Führer die Diktatur stürzen zu können. Popitz und Jessen (siehe auch den Steglitz/Zehlendorf-Band dieser Reihe) erarbeiteten zudem mit Ulrich von Hassell und Ludwig Beck (1940) den Entwurf eines „Vorläufigen Staatsgrundgesetzes“, der aber ein eher autoritäres Staats- und Verfassungsverständnis offenbarte.
Seit 1943 gehörte der preußische Finanzminister jedoch nicht mehr zum zentralen Kreis des Widerstandes. (1944 nannte keine Kabinettsliste der NS-Gegner mehr seinen Namen.) Dies mag nicht zuletzt daran gelegen haben, daß zunehmend jüngere Offiziere um Oberst Stauffenberg und sozialistisch-gewerkschaftliche Kreise ins Zentrum der Opposition traten und Carl Goerdeler und seine Freunde in den Hintergrund drängten (S. 189).
Obwohl Professor Popitz an der Verschwörung des 20. Juli selbst nicht beteiligt war, geriet er danach ebenso in die Verhaftungswelle wie sein Vertrauter, Professor Jessen. Beide wurden vom Volksgerichtshof zum Tode verurteilt und danach in Plötzensee hingerichtet.

Was immer man im Rückblick über die Fehler und Halbherzigkeiten der Beteiligten der Verschwörung des 20. Juli 1944 sagen mag, zwei wichtige Tatsachen sollten stets hervorgehoben und gewürdigt werden:

- Der 20. Juli 1944 war das einzige Ereignis des deutschen Widerstandes, das bisher zersplitterte Gruppen – von konservativen bürgerlich-militärischen Kreisen bis hin zu denen der Arbeiteropposition – in einer gemeinsamen Aktion zum Sturz der Diktatur und zur Beendigung des Mordens fand.
- In den nun folgenden neun Monaten starben bis zur Kapitulation mehr Menschen als in den Kriegsjahren seit 1939. Das Leben der meisten hätte gerettet werden können.

Tiergarten, Bellevuestraße 15 – rechts vom Hotel Esplanade

Tagungsorte des Volksgerichtshofes

Schöneberg, Elßholzstraße – Kammergerichtsgebäude

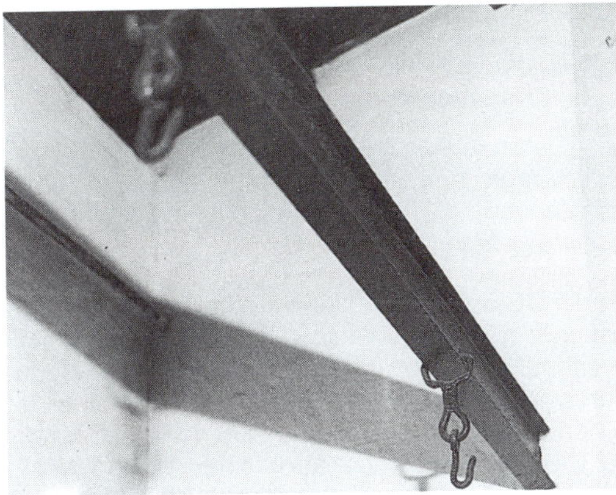

Sterben in Plötzensee

Viele der aktiven Verschwörer des 20. Juli 1944 fanden nach grausamen Verhören und entwürdigenden Schauprozessen vor dem berüchtigten Volksgerichtshof schließlich im Zuchthaus Plötzensee den Tod.
Das Rachebedürfnis der Nationalsozialisten und ganz speziell der Haß Adolf Hitlers führten dazu, daß nicht allein zahlreiche Gerichtsverhandlungen (mit verborgener Kamera), sondern auch mehrere Hinrichtungen filmisch festgehalten wurden.
Ein Gefängnisbeamter, dessen Integrität von deutschen und ausländischen Häftlingen (S. 365) bezeugt wird, war durch seine Tätigkeit Augenzeuge der furchtbaren Vorfälle geworden.

Hans Georg Hoffmann (* 1899) berichtete kurz nach dem Krieg:
„Stellen Sie sich einen kleinen Raum mit niedriger Decke und geweißten Wänden vor. Unter der Decke war eine Schiene angebracht, an der zehn große Haken hingen wie die, welche die Metzger brauchen, um ihr Fleisch aufzuhängen. In einer Ecke stand eine Filmkamera. Scheinwerfer gaben ein grelles, blendendes Licht wie in einem Filmatelier...
Die zehn Verurteilten wurden hereingeführt; sie hatten nur ihren Sträflingsanzug an und trugen Handschellen. Sie wurden in eine Reihe gestellt. Grinsend und unter Witzen machte sich der Scharfrichter zu schaffen. Er ist in seinen Kreisen für seinen Humor bekannt! Keine Erklärung, kein Geistlicher, keine Journalisten.
Auf ein Zeichen des Scharfrichters hin packten die beiden Gehilfen, zwei rohe Burschen, mit brutaler Gewalt den alten [Generalfeld-] Marschall von Witzleben ... Die beiden Henkersknechte rissen dem Marschall die Jacke vom Leib und legten ihm um den Hals, hinter die Ohren, eine ganz kurze dünne Schnur ...
Brutal schleppten sie den Greis unter die Schiene und hingen ihn an dem ersten Haken auf. Dann zogen sie ihm seine Hose aus. Nackt wie ein Wurm hing er da, schlug um sich und zappelte unter furchtbaren Schmerzen. Aber er hat nicht geschrien, er hat nicht einmal gestöhnt. Ein dünner Faden Blut floß ihm aus dem rechten Nasenloch.
Einer nach dem anderen, alle zehn, kamen dran ...
Das dauerte alles in allem fünfundzwanzig Minuten. Der Scharfrichter grinste dauernd und machte dauernd Witze. Die Filmkamera arbeitete ohne Unterbrechung. Denn Hitler wollte sehen und hören, wie seine Feinde starben."

Bekennende Kirche

„Deutsche Christen“ greifen nach der Macht

Der Nationalsozialismus und seine militanten Anhänger im Bereich des Protestantismus, die sogenannten Deutschen Christen (DC), hatten schon vor Hitlers Ernennung zum Reichskanzler (Januar 1933) versucht, sich die Deutsche Evangelische Kirche für ihre politischen Ziele gefügig zu machen.

Bereits 1932 traten die DC bei den Wahlen innerhalb der preußischen Landeskirche an und erhielten prompt ein Drittel der Sitze, darunter etliche in den Gemeindekirchenräten. Auch dieser schnelle Erfolg dürfte Hitler und seine Bewegung in der Einschätzung bestärkt haben, von diesem Teil der Gesellschaft sei keine Opposition zu erwarten und es werde den Deutschen Christen schon gelingen, durch Unterwanderung eine „nationalsozialistische Staatskirche“ zu schaffen. Die in ihrer Mehrheit eher national-konservativ eingestellte Deutsche Evangelische Kirche schien durch ihre starken Sympathien für Monarchie und Militär dafür die besten Voraussetzungen zu bieten.

Angezettelt von den Deutschen Christen, deren Gegner sich im Juli 1933 in der Liste „Evangelium und Kirche“ sammelten, setzte innerhalb der Kirche ein Kleinkrieg und Machtkampf ein, der sich von den Kirchenleitungsorganen (etwa dem Konsistorium für die Provinz Brandenburg einschließlich Berlin) bis auf die unteren Gemeindeebenen erstreckte. Um Predigtpläne, Raumvergabe, Gottesdienstordnungen, Kollektenabgaben und Disziplinarmaßnahmen wurde heftig gestritten.
Am 24. August 1933 beschloß die Berliner Provinzialsynode – gegen eine kleine Minderheit um Pfarrer Jacobi (Kaiser-Wilhelm-Gedächtniskirche) – die Übernahme staatlicher „Ariergesetzgebung“ durch die Kirche. Einen besonderen Höhe- und Wendepunkt im innerkirchlichen Kampf stellte die Altpreußische Generalsynode am 5./6. September 1933 im Preußischen Herrenhaus (Leipziger Straße 3) dar, die später auch „braune Synode“ genannt wurde. Als der westfälische Präses Karl Koch dort im Namen einer verschwindenden Minorität von DC-Gegnern die Bedenken der Opposition gegen den zentralistischen Umbau der Kirche und die Einführung des „Arierparagraphen“ vorbringen wollte, schlug ihm die geballte Ablehnung der starken Mehrheit, die keine Diskussion und Beratung zulassen, sondern eine Kundgebung abhalten wollte, entgegen. Koch wurde buchstäblich niedergeschrieen und verließ daraufhin mit seinen Getreuen die Versammlung.

Das machtgierige und rüde Vorgehen der Deutschen Christen führte bald darauf zu einer regelrechten Spaltung der Evangelischen Kirche. Auf Initiative politisch aufgeschlossener Pfarrer bildete sich dann um Pfarrer Gerhard Jacobi am 11. September 1933 eine oppositionelle Gruppe, der Pfarrernotbund, dessen Leiter Pfarrer Martin Niemöller (Dahlem) wurde. Die Mitglieder dieses Kreises setzten sich mit der von den Nazis installierten „Reichskirchenregierung“ auseinander und erhoben besonders gegen die Einführung eines „Arierparagraphen“ für die kirchlichen Mitarbeiter massiv Protest. Der Arierparagraph war eine Diskriminierung der evangelischen Gemeindemitglieder jüdischer Herkunft und stand dem christlichen Grundsatz entgegen, daß vor Gott alle Menschen gleich sind.

Aus dem Pfarrernotbund ging die sich als eigentliche Kirchenleitung der Evangelischen Kirche betrachtende Bekennende Kirche (BK) hervor.
Sie schuf sich auf Bekenntnis-Synoden (Kirchendelegiertenversammlungen) unter Verkündigung des „kirchlichen Notrechts“ eine vorläufige Leitung für Deutschland und

Berliner Notbundpfarrer (von l. nach r.):
Hildebrandt, Niemöller, Müller, Praetorius, Röhricht, Jacobi

einen eigenen Organisationsapparat, der bis auf die unterste Gemeindeebene reichte. Bezeichnenderweise spielte die mündige, selbständige Gemeinde, die unter aktiver Mitwirkung von Laien tätig war, in der Bekennenden Kirche eine zentrale Rolle, während die Deutschen Christen versuchten, die Kirche analog zum NS-Staat nach dem „Führerprinzip", also von oben nach unten, zu organisieren.

Ein Kampf zwischen Minderheiten

Die Mehrheit der Pfarrerschaft verhielt sich eher neutral und duldete damit die jeweils gegebenen Machtverhältnisse, so daß die Auseinandersetzungen weitgehend von zwei Gruppen, den Deutschen Christen und der Bekennenden Kirche, ausgetragen wurden. Dabei wußten die Deutschen Christen nicht allein den Nationalsozialismus als Ideologie, sondern auch den Staatsapparat samt der Politischen Polizei auf ihrer Seite.

Hatten die Gegner der Deutschen Christen anfänglich noch mit der Parole „Kirche muß Kirche bleiben" versucht, die Politik fernzuhalten, so gerieten die engagiertesten ihrer Vertreter durch den Sog der Auseinandersetzungen immer mehr in den Bereich des Widerstands.

Kritiker der Bekennenden Kirche heben dagegen hervor, daß die oppositionellen evangelischen Kreise nicht über den begrenzten Rahmen innerkirchlicher Auseinandersetzungen hinausgingen, daß sie die Verfolgung anderer Bevölkerungsgruppen nicht anprangerten und den NS-Staat in seiner Gänze nicht in Frage stellten.

Dazu führt Alt-Bischof Kurt Scharf – ab Ende 1935 Präses der Brandenburger Bekennenden Kirche – in einem Fernsehinterview 1984 rückblickend aus: „Der Widerstand der Bekennenden Kirche... wurde politisch empfunden, weil wir uns gegen Unrechtsmaßnahmen des Staates und der im Staat herrschenden Ideologie wandten. Er hatte natürlich auch politische Konsequenzen: In einem totalitären Staat ist ein Gottesdienst, wo kein politisches Wort fällt, politischer Widerstand, weil in diesem Freiraum der Totalitätsanspruch des Staates faktisch existenziell bestritten wird."

Ähnliches hob im November 1934 auch eine zeitgenössische Stimme hervor, der man gewiß keine Verherrlichung der Bekennenden Kirche unterstellen kann.

Die Kommunistische Partei Opposition (KPO) schrieb damals in ihrem auch im Untergrund verbreiteten Organ „Gegen den Strom":
„Die Kirchenopposition ist die erste offene Massenbewegung gegen den Totalitätsanspruch der faschistischen Diktatur. Sie zeigt, welche Wirkungen eine organisierte Aktion auszulösen vermag und muß die Arbeiter ermuntern, auch ihrerseits ihre Aktionen zu steigern."

Gewiß gab es innerhalb der BK unter den Pfarrern und Laien sehr unterschiedlich motivierte und engagierte Kräfte: „Gemäßigte" und „Radikale". Letztere, nach Pastor Niemöllers Wirkungsstätte (und der Lage mehrerer BK-Dienststellen) die „Dahlemiten" genannt, lehnten jede Zusammenarbeit mit „Neutralen", den DC sowie den Kirchenausschüssen (S. 248 f.) ab und wählten in ihren Erklärungen auch schärfere Formulierungen.

BK-Schwerpunkte in Berlin

Im Juni 1932 hatte der Charlottenburger Pfarrer Gerhard Jacobi eine Theologische Arbeitsgemeinschaft gebildet, in der sich wöchentlich bis zu 30 Pfarrer und Kandidaten der Theologie versammelten, die sich mit der „Neubesinnung der Theologie und Gestaltung des Neuaufbaus der Kirche" beschäftigten. Dieser diplomatisch-zurückhaltende Pfarrer Jacobi, und nicht etwa ein radikaler „Dahlemit", stand dann auch seit Ende 1933 als Leiter dem Berlin-Brandenburger Bruderrat vor. Als sein Stellvertreter wirkte ab Ende 1935 der Moabiter Pfarrer Hitzigrath (S. 247ff.). Er blieb als einziger Delegierter aus Mitte und Tiergarten im Führungsgremium der Berliner BK.
Wenngleich alle Gemeinden Berlins von den Auseinandersetzungen innerhalb der Kirche betroffen waren, so zeigten Dramatik und Härte des Kampfes doch regional sehr unterschiedliche Ausprägungen. Im Norden und Osten der Stadt waren vergleichsweise eher ruhige Verhältnisse, während im Süden (Dahlem, Lichterfelde) und in Spandau die Wellen hochschlugen. Im allgemeinen waren es eher die bürgerlichen und – von Pankow abgesehen – westlichen Gebiete der Reichshauptstadt, in denen die Bekennende Kirche dominierte. In den Arbeiterbezirken waren dagegen die Deutschen Christen stärker vertreten und sorgten auf ihre Weise für „Ruhe" in den Kirchengemeinden. Trotzdem gab es auch in proletarischen Gegenden eine Minderheit engagierter Bekenntnis-Christen. Besonders der Friedrichshainer Pfarrer Dr. Harnisch von der Samariter-Kirche, der auch Presseleiter des Pfarrernotbundes war, bot mit großer Zivilcourage den Deutschen Christen und den NS-Parteistellen die Stirn, geriet deshalb in Gestapohaft und kam u.a. in das berüchtigte KZ Columbia-Haus.

An die Nationalsynode
der Deutschen Evangelischen Kirche zu Wittenberg.

Die Nationalsynode von Wittenberg soll einen neuen Abschnitt in der Geschichte unserer evangelischen Kirche einleiten. In dieser Stunde erheben wir im Namen von 2000 evangelischen Pfarrern unsere Stimme.
Die Nationalsynode darf nicht durch ihr feierliches Gepräge den Anschein einer geeinten Kirche erwecken, solange die Gemeinden von tiefsten Gegensätzen zerrissen sind. Die Aufreißung der Gegensätze sehen wir als ein Gericht Gottes über unsere Kirche an. Wir wissen uns mit hineingestellt in dieses Gericht und wollen es mit allen tragen, die sich mit uns unter den Spruch Gottes beugen, damit der Herr Christus sich uns wieder zuwenden möge.

Die Nationalsynode tagt an der Stätte, an der Luther in seinen Invocavit-Predigten gegen die Verkehrung der Kirche Christi in falsches Wesen vom Evangelium her Einspruch erhoben hat. So dürfen wir erwarten, daß nicht alle Synodalen zu den heute umkämpften Fragen mutlos schweigen, zumal wir wissen, daß manche unter ihnen genau wie wir in ihrem Gewissen beschwert sind. Und wenn keiner von ihnen den Mut aufbringt, so fordern wir von den lutherischen Bischöfen, besonders von dem künftigen Reichsbischof, daß sie um der Wahrheit willen ein klares Wort sagen. Die Kirche darf auf ihrer ersten Nationalsynode sich nicht nur mit Worten zum Evangelium bekennen, sondern muß mit der Tat die ihr auferlegten Fragen evangeliumgemäß entscheiden.

Damit die Kirche nicht mit einer verborgenen Schuld ihren Weg beginnt, erklären wir um der Wahrheit und der Liebe willen Folgendes:

1. Die Art und Weise, in der neue Ordnungen in der Kirche eingeführt wurden und angewandt werden, hat schwere innere Not über ungezählte ernste Christen gebracht. Auf entscheidend wichtigen Synoden hat die jetzige Mehrheit den Vertretern der Minderheit die gründliche Beratung und freie Aussprache versagt, auch bei Fragen, die das innerste Wesen der Kirche und ihren Auftrag berühren. Das kirchliche Leben steht seit einigen Monaten unter dem Druck der Gewalt einer kirchlichen Gruppe. Es darf aber nicht sein, daß die Kirche Jesu Christi unter Verleugnung der brüderlichen Liebe durch Herrschaft der Gewalt zu einem Reich dieser Welt wird.
2. Unter stillschweigender Billigung des neuen Kirchenregiments sind auf landeskirchlichen Synoden Gesetze beschlossen und in Kraft gesetzt, die mit der Heiligen Schrift und dem Bekenntnis der Kirche im Widerspruch stehen. Hier ist insbesondere der Arierparagraph zu nennen. Wir stellen fest, daß mit der landeskirchlichen Einführung solcher Gesetze der Reichsgesetzgebung der deutschen Kirche vorgegriffen ist, und fordern von der Nationalsynode, daß sie ihre Vollmachten nicht anderen Instanzen abgibt, sondern selber derartige bekenntniswidrige landeskirchliche Gesetze aufhebt. Es darf nicht sein, daß das Evangelium durch menschliche Gesetze begrenzt oder gar außer Kraft gesetzt wird.
3. Das kirchliche Amt ist in höchstem Maße dadurch gefährdet, daß Pfarrer und Kirchenbeamte deswegen verfolgt werden, weil sie der in der Kirche zur Zeit herrschenden Gruppe nicht zu folgen vermögen. Hierdurch wird das Amt in einem Maße menschlichem Druck unterworfen, daß die Diener des Wortes in Gefahr stehen, das Gebot: „Man muß Gott mehr gehorchen als den Menschen!“ zu verletzen und Menschenknechte zu werden. Wir fordern von der Nationalsynode, daß sie durch klare Beschlüsse die volle Freiheit der evangelischen Verkündigung und ihrer Träger sicherstellt. Es darf nicht sein, daß sich die kirchliche Verkündigung menschlichen Ansprüchen beugt.

In dieser ernsten Stunde, da wir aus schwerer Gewissensnot diesen Protest aussprechen müssen, geloben wir vor Gott, alle unsere Kräfte daran zu setzen, daß die Heilsbotschaft rein und lauter unter uns verkündet werde als die Offenbarung des lebendigen Gottes in Christus.

Wir geloben, diesen unseren Auftrag als Diener des Wortes allein in der Bindung an die Heilige Schrift nach dem in den Bekenntnisschriften gewiesenen Verständnis auszurichten.

Wir geloben, in unserer Kirche dem Geist der Wahrheit und der Liebe nach bestem Vermögen Raum zu schaffen, aller Unwahrheit und Lieblosigkeit offen zu begegnen und durch unsern Dienst als Seelsorger für uns und unsere Gemeinden die Bruderschaft derer zu verwirklichen, die Christus angehören.

Wir werden also nicht aufhören, all das zu bekämpfen, was die Kirche in ihrem Wesen zerstört.

Wir werden nicht aufhören, gegen jede Verletzung des Bekenntnisses laut und weithin vernehmlich Einspruch zu erheben.

Wir werden nicht aufhören, in treuem Gehorsam gegen unser Ordinationsgelübde unbeirrt am Aufbau de[r] Deutschen Evangelischen Kirche zu arbeiten.

Wir vertrauen dem Herrn der Kirche und bitten ihn, er möchte unserer Kirche neues Leben aus seinem G[...] und seinen Frieden schenken!

Berlin, den 27. September 1933.

Bonhoeffer Burckhardt Figur Fricke Grüneisen Hildebrand Hildebrandt Hitzigrath
Jacobi Eduard Lindemeyer Friedrich Lindemeyer Link Messow Moldaenke Müller-Dahlem T[...]
Petersen Praetorius Puttkammer Schwebel Stupperich Wendland-Steglitz.

Frühe Protestnote Berliner Notbundpfarrer – September 1933

Der Berliner BK-Pfarrer und Kirchenhistoriker Walter Wendland (1879–1952) bemerkte zum Ausgang der Kirchenwahlen in Berlin 1933:
„Die Deutschen Christen hatten mit 80% Wahlerfolg gerechnet. Es ist ihnen nicht ganz gelungen. Ab und zu gab es selbst im Norden einige Gemeinden, in denen sich die Stimmen die Waage hielten, z. B. Segen*, Versöhnung** u. a. Vor allen Dingen in den westlichen Vororten erlitten die Deutschen Christen eine große Niederlage. Hier waren die Gemeinden gut durchorganisiert, und so prallte der Angriff der DC ab."

* Segenskirche (Prenzlauer Berg) ** Versöhnungskirche (Wedding)

Karl Barth warnt
Mitte, Singakademie (h. Maxim Gorki Theater) – Foto s. o.

Am 30. Oktober 1933 kam es im Zentrum der Stadt, in der ehrwürdigen alten Singaka-
demie, zu einer aufsehenerregenden Veranstaltung mit dem Theologen Professor
Karl Barth aus Bonn, der deutlich vor den Deutschen Christen warnte.
ein Vortrag „Reformation als Entscheidung" erschien schon bald darauf (November)
s Heft 1 der Reihe „Theologische Existenz heute!"
r die entstehende Kirchenopposition war die Herausgabe dieser Schrift von großer
chtigkeit, berichtet der Kirchenhistoriker Wilhelm Niesel. Karl Barth wurde damit zu
em der führenden Männer der sich bildenden Bekennenden Kirche. Seine War-
g vor den Irrlehren der DC richtete sich jedoch nicht direkt gegen die Maßnahmen
Staates, sondern war in erster Linie ein Aufruf zur Buße an die Kirche.

Kirchliche Opposition 1933

Grundsätzliches.

1. Der Protest richtet sich gegen die von den deutschen Kirchenregierungen vertretenen Lehre der D.C. weil sie Irrlehre und weil sie durch Usurpation zur in der Kirche herrschenden Lehre geworden ist.

2. Weil die Lehre und Haltung der D.C. nichts Anderes ist als ein besonders kräftiges Ergebnis der ganzen neuprotestantischen Entwicklung seit 17oo richtet sich der Protest gegen eine eingerissene und vorhandene Verderbnis der ganzen evangelischen Kirche.

3. Der Protest gegen die Irrlehre der D.C. kann nicht erst beim Arierparagraphen,bei der Verwerfung des A.T.,beim Arianismus der deutsch christlichen Christologie,bei dem Naturalismus und Pelagianismus der deutsch-christlichen Rechtfertigungs-und Heiligungslehre,bei der Staatsvergötterung der deutsch-christlichen Ethik einsetzen. Er muss sich grundsätzlich dagegen (als gegen die Quelle aller einzelnen Irrtümer)richten,dass die D.C. neben der Hl.Schrift als einziger Offenbarung Gottes das deutsche Volkstum,seine Geschichte und seine politische Gegenwart als eine zweite Offenbarung behaupten und sich damit als die Gläubigen eines "anderen Gottes" zu erkennen geben.

4. Der Protest gegen die kirchlichen Usurpation der D.C. kann nicht erst bei Anlass von Suspensionen und ähnlichen Einzelübergriffen der deutsch-christlichen Kirchenregierungen einsetzen.Er muss in Blick auf die Ereignisse des 24.Juni auf die Kirchenwahlen vom 23.Juli auf die Konstituierung und auf die Beschlüsse der Synoden im August und September die Rechtmässigkeit dieser Kirchenregierungen als solche in Abrede stellen.

5. Der Protest muss bei jeder einzelnen Aktion das Wesen und das Ganze der Krankheit der Kirche im Auge haben.Er kann im Einzelnen und gemeinsam nur da sinnvoll,ernsthaft und kraftvoll erhoben werden, wo man sich über das Wesen und über das Ganze dieser Krankheit im klaren und einig ist und wo man sie darum in ihrem Wesen und als Ganzes bekämpfen will.

6. Wer in einem dieser fünf Punkte anderer Ansicht ist,gehört selber zu den D.C. und sollte eine ernsthafte kirchliche Opposition nicht länger stören dürfen.

Berlin,16.November 1933 Karl Barth

\- - - - -   - - - - -

Wilhelm Niesel schreibt in „Kirche unter dem Wort“ (s. Literaturliste):
„Klar arbeitete Barth heraus:
‚Uns ist aufgetragen, in diesem Volk dem Wort Gottes zu dienen. Wir versündigen uns nicht nur an Gott, sondern auch an diesem Volk, wenn wir anderen Idealen und Aufgaben nachgehen‘.
‚Es liegt aber auch in der Natur dieses Auftrags, daß er keinem anderen Anliegen … untergeordnet oder nebengeordnet werden kann.‘
Barths Schrift wurde geradezu verschlungen. In einer Zeit der Hoffnungslosigkeit verhalf sie Unzähligen zu einer klaren Sicht, stärkte die Matten und befreite viele aus Verstrickungen, in die sie geraten waren.“

Pfarrer Rudolf Weckerling (* 1911) erinnert sich 1983 an Karl Barths Worte: „,Darum kann die Kirche, kann die Theologie, auch im totalen Staat keinen Winterschlaf antreten, kein Moratorium und auch keine Gleichschaltung sich gefallenlassen'.
Karl Barths damalige Worte klingen heute alle sehr harmlos, aber damals – im Angesicht der voll einsetzenden Propaganda – waren das unerhört brisante Sätze... Es ist eine typische Nachkriegslegende, daß die Christen in Deutschland alle Anti-Faschisten waren und alle immer schon für die Demokratie gewesen sind. Das absolute Gegenteil ist der Fall. ...
Der deutsche Protestantismus war auf alles andere vorbereitet, als auf eine kritische Auseinandersetzung mit dem Nationalsozialismus. Anders war es bei den Leuten, die durch Karl Barth beeinflußt, ein Selbstbewußtsein entwickelten und einen eigenen Auftrag des Christentums in dieser Zeit formulierten, der sich auch politisch auswirken mußte."

Karl Barth nahm bereits unmittelbar nach seinem Vortrag in der Singakademie Kontakt zum Kreis oppositioneller Pfarrer um Gerhard Jacobi auf. Doch die Verständigung stieß auf gewisse Schwierigkeiten, die wahrscheinlich weniger im Theologischen, als im Politischen lagen. Dem Hochschullehrer und Sozialdemokraten Karl Barth bedeuteten Republik und Ablehnung des Militarismus viel, demgegenüber dachten und fühlten zahlreiche oppositionelle Pfarrer, besonders der ehemalige U-Boot-Kommandant Martin Niemöller, anfänglich ganz anders. Er wählte noch 1933 die NSDAP und war damit kein Einzelfall (S. 251).
Wie tief die politischen Verstrickungen der Evangelischen Kirche gingen, mag folgender Blick ins Stadtzentrum deutlich machen.

Domgemeinde
Mitte, Lustgarten

Durch die enge Verbindung von Thron und Altar in Preußen-Deutschland sowie zusätzlich die örtliche Nähe zum Berliner Schloß war bis zur Revolution vom 9. November 1918 eine äußerst enge Verknüpfung des Berliner Doms mit dem Geschick des Kaiserhauses gegeben. Nach Errichtung der ersten deutschen Republik, die jegliche direkte kirchliche Einflußnahme auf die Leitung des Staates kappte, sollte diese Tradition ganz besonders in der Rolle des ehemaligen Hofpredigers Bruno Doehring fortleben. Er war überzeugter Monarchist und blieb dem Haus Hohenzollern auch persönlich treu verbunden.
Bruno Doehring (1879–1961) schloß sich der rechtskonservativen, antidemokratischen Deutschnationalen Volkspartei (DNVP) an und stimmte 1933 als ihr Reichstagsabgeordneter dem „Ermächtigungsgesetz" zu. Schon in den Jahren zuvor hatte sich der rednerisch Begabte wiederholt deutlich zu Worte gemeldet. Im August 1928 sprach er bei einer nationalen „Tannenbergfeier" in der alten Berliner Garnisonkirche (Neue Friedrichstraße), die bis 1918 unter dem Patronat des Preußischen Königs stand, und beschwor verblichenen Glanz. In den Worten der Deutschen Allgemeinen Zeitung ließ er dabei den alten „Geist jener Tage wieder aufleben". Auch in seiner Funktion als Domprediger mischte er sich von der Kanzel herab in die Politik ein. So wetterte er gegen die Sparpolitik von Reichskanzler Brüning, einem katholischen Zentrumsanhänger, und forderte 1931 zur Teilnahme am antidemokratischen Volksentscheid gegen die preußische Landesregierung unter Otto Braun (SPD) auf. Auch damit mißbrauchte er (und andere protestantische Kreise) die zentrale Berliner Predigtstätte als Ort der Propaganda antidemokratischer Kräfte, die den Sturz der Republik im Auge hatten.

Es ist gewiß kein Zufall, daß der Berliner Dom am 5. Februar 1933 Schauplatz eines unwürdigen Schauspiels wurde. Mit einer Trauerfeier gedachte die Regierung Hitlers im Stadtzentrum zweier am Abend des verhängnisvollen 30. Januar 1933 umgekommener Männer: eines katholischen Polizisten, der in Ausübung seines Dienstes fiel, und des Charlottenburger SA-Führers Maikowsky, eines berüchtigten Mörders, der unter ungeklärten Umständen ums Leben kam. Die Aufbahrung war vom Domkirchenkollegium abgelehnt worden. Die Leitung der Domgemeinde (die eine Personalgemeinde ohne Parochialgrenzen war) achtete im Vorfeld, bei der Genehmigung dieser Veranstaltung, zudem darauf, daß sich die NSDAP und ihr „Führer" nicht allein herausstellten, sondern der *„erreichte Zusammenschluß einer nationalen Front"* deutlich wurde. So überließ Oberdomprediger D. Burghart dann auch dem fanatischen NS-Pfarrer Hossenfelder den geistlichen Teil der Feier. (Die Luisenstädtische Kirchengemeinde hatte dagegen zuvor die Trauerdemonstration nicht genehmigt.)

In einem Protestschreiben schrieb Otto Lucht am 4. Februar 1933 an den Evangelischen Oberkirchenrat:
„Es dürfte wohl kein Zweifel bei allen einsichtigen nachdenklichen Menschen aller Grade bestehen, daß die morgige Feier nur eine Fortsetzung politischer Demonstrationen sein dürfte, die wir gerade in Berlin in so auffallend einseitig betonter Art in den letzten Wochen erlebten. Jede Partei stellt Glaubensthesen auf, jede will sich ihr Recht erkämpfen, es ist aber ein Stück aus dem Tollhaus, wenn jetzt der evangelische Dom in Berlin, der Zentralpunkt des ganzen Deutschen Reiches, zum politischen Welttheater umgeschrieben wird.
Jesus Christus warf aus dem Tempel die Wechsler und Pharisäer, das Domkirchenkollegium – ich kann es nicht fassen – soll die Absicht haben, nunmehr gerade das Gegenteil zu unternehmen?"

Und doch, schon Ende des Jahres 1933 begann die „nationale Front“ aus protestantischer Kirche und „Führerstaat“ zu bröckeln. Die vorwärtsstürmende deutschchristliche Bewegung (DC), die doch zunächst einen so überragenden Sieg bei den Kirchenwahlen errungen hatte, überzog ihre „frohe Botschaft von Rasse, Boden und Blut“ (so DC-Pfarrer Tausch) derart stark, daß empfindliche Risse ihren Aufstieg bremsten.
Am 7. Juni 1933 fand im Dom der erste „Bekenntnis“-Gottesdienst durch die Sydower Bruderschaft, die bereits im Mai die DC-Pfarrer aus ihren Reihen ausschlossen hatte, statt.
Am 13. November 1933 kam es im Berliner Sportpalast zu einer aufsehenerregenden Veranstaltung der DC. Als Zielscheibe bewußter Verhöhnung hatte man das Alte Testament gewählt. Man sprach vom „Rabbi“ Paulus und wollte einen „heldischen“ Jesus. Der Hauptredner (Studienrat Krause) forderte „...die Befreiung von allem Undeutschen im Gottesdienst... und die Befreiung vom Alten Testament mit seiner jüdischen Lohnmoral, von diesen Viehhändler- und Zuhältergeschichten...“
Diese Worte wirkten auch auf mild gestimmte Gegner wie ein Keulenschlag. In den Gemeinden brach offener Protest aus. Die sich streitenden Gruppen innerhalb der evangelischen Kirche trieben nun immer mehr auf eine endgültige Trennung zu.
Teile der DC brachen weg: So erklärten im Dezember 1933 Pfarrer Arnold Dannenmann vom Ostdeutschen Jungmännerwerk (mit Sitz an der Sophiengemeinde) und Pastor Wilhelm Philipps vom Evangelischen Johannesstift ihren Austritt, schlossen sich aber nicht dem Pfarrernotbund an.
Und auch verantwortliche Kräfte der Domgemeinde rückten von ihrer Nähe zur NS-Bewegung zumindest in Teilbereichen ab. Domprediger Bruno Doehring zog sich aus dem Kirchenkampf völlig zurück und konzentrierte sich streng aufs Religiöse.

Hildegard Reuter-Borowski (* 1917) erinnert sich 1992:
„Meine Mutter kannte den Domprediger Bruno Doehring noch aus Ostpreußen, wo ihn die Kaiserin gehört hatte und 1914 nach Berlin holte.
Er war zunächst mein Konfirmations- und später mein Traupfarrer. Den Nationalsozialismus lehnte er aus national-konservativer Sicht ab, aber er exponierte sich nicht lauthals, sondern hielt sich streng an die Bibel.“

Bruno Doehring (1879–1961) schreibt in seinen Erinnerungen:
„Als der Nationalsozialismus in das deutsche Volks- und Geistesleben einbrach, geriet die akademische Lehrfreiheit in eine ernste Krise. Wenn irgend tunlich, besetzte man die Lehrstühle mit Parteigenossen. Freilich einen gewissen Respekt hatte man zunächst immer noch vor der Wissenschaft. Das Bewußtsein war vorerst nicht ganz erloschen, daß sie ernst zu nehmen sei und daß man ihrer nicht wohl entraten könne. Und wer unter den Gelehrten [s. S. 237 f.] Weltklugheit genug besaß, erwarb das Parteiabzeichen, meist ohne sonderlichen Gebrauch davon zu machen. Man hatte dann eben sein Alibi. Mir widerstrebte das. Ich hätte es wahrscheinlich auch nicht erhalten, denn der ‚Führer‘ hatte, nachdem ihm meine Broschüre ‚Die Fehlleitung der nationalen Bewegung durch Adolf Hitler‘ vor Augen gebracht war, ergrimmt geäußert: ‚Dieser Doehring wird nie ein richtiger Nationalsozialist‘. Eins von den wenigen zutreffenden Worten, die über seine Lippen gekommen sind.“

Doehring verweigerte sich der totalen Vereinnahmung durch den Nationalsozialismus, aber den Weg zum Kampf der Bekennenden Kirche fand der Eigenwillige nicht. Es dürfte ihm widerstebt haben, sich einem „Bruderrat“ unterzuordnen, obwohl auch er bespitzelt und verhört wurde.

Doehrings Amtsbruder Oberkirchenrat Domprediger Willy Richter (1874–1938) nahm im Laufe des Kirchenkampfes eine ganz andere Haltung ein. Er wurde bereits im September 1933 Mitglied des Pfarrernotbundes und lehnte damit deutlich die Einführung des „Arierparagraphen" innerhalb der Kirche ab. (Foto s. o.)

Am 4. Januar 1935 beschwerte sich Frau Gertrud Schmidt über den Gottesdienst im Dom am 30. 12. 1934:
„Daselbst mußte man eine Kanzelrede über sich ergehen lassen, die zu beschreiben ich mir schenken möchte. Ich bin nicht gewillt, mir durch derartige Reden über den ‚Juden Jesus' meine Andacht stören zu lassen."

Eva Marie Koneffke (* 1919), damals Grenadierstraße 8, erinnert sich 1992:
„Obwohl ich eigentlich zum Bereich der Georgenkirche und Pfarrer Paul Torge gehörte, erhielt ich auf Wunsch der Familie Konfirmationsunterricht am Berliner Dom. Es war die Wirkungsstätte von Bruno Doehring. Als ehemaliger Hofprediger der kaiserlichen Familie war er sich seines Wertes bewußt. In der NS-Zeit hielt er sich allerdings zurück.
Mein Pfarrer dagegen, Oberdomprediger Willy Richter, war überzeugter Anhänger der Bekennenden Kirche. Er verachtete den Reichsbischof, der Hermann Göring und Emmi Sonnemann [am 20. 4. 1935] im Dom getraut hatte.
Richter war ein eindrucksvoller Mann – groß und schlank. Seine Gottesdienste waren überfüllt, man saß sogar auf den Stufen. Obwohl Gestapo seine Predigten bespitzelte, donnerte er regelrecht von der Kanzel herunter.
Willy Richter mußte wiederholt zum Verhör aufs Polizeipräsidium Alexanderplatz: Denunziert durch Mitkonfirmanden, wurden ihm mal spöttische Bemerkungen im Religionsunterricht vorgeworfen, mal hieß es, er zöge ‚Halbjuden' vor.
Wenn Richter verhindert war, unterrichtete Hilfsprediger Bernhard Schlauck, ein wissenschaftlich gebildeter Mann, der wie Richter im Sinne der Bekennenden Kirche von der Kanzel sprach."

Mitte 1936 ernannte man Willy Richter als Nachfolger D. Burgharts, der bereits am 9.5.1933 aus politischen Gründen von seinem Amt als geistlicher Vizepräsident des Evangelischen Oberkirchenrates zurückgetreten war, zum Oberdomprediger. Damit bildete Willy Richter ein Gegengewicht zum ehemaligen Magdeburger DC-Bischof Peter, der noch im selben Jahr Domprediger wurde.

Der relativ früh verstorbene Willy Richter († 1938) muß zeitweise eine führende Rolle als Sprecher der oppositionellen Berliner Bekenntnispfarrer gespielt haben, wie folgendes Dokument uns verrät:

DC-Bericht über eine Versammlung des Pfarrvereins in Groß-Berlin am 9. Januar 1935:
„Im Berliner Pfarrverein ist durch die Forderung von 114 Mitgliedern eine Generalversammlung durchgesetzt worden mit dem Zweck, den alten Vorstand zu stürzen und einen neuen Vorstand zu wählen. ...
In der Versammlung des Pfarrvereins am Mittwoch, dem 9. Januar 1935, wurde durch das rigorose Verhalten des Pfarrernotbundes die angebahnte Einigung über den Haufen geworfen. Domprediger Richter erklärte, daß er und seine Freunde den Frieden in der Kirche gar nicht wollten.
Es wurde eine neue Liste des Pfarrernotbundes eingereicht, in der die Deutschen Christen völlig ausgeschaltet waren.
In dem nun folgenden Wahlgang wurden die Deutschen Christen in brutaler Weise mit 110 zu 97 Stimmen majorisiert."

Das dem Dom eng verbundene Domkandidatenstift (Oranienburger Straße 76a) zur Ausbildung junger Geistlicher stand ebenfalls nicht im Bann deutsch-christlichen Denkens. Denunziationsschreiben machen deutlich, daß noch Mitte der 30er Jahre auch jüdische Geistliche (!) zu theologischen Diskussionen eingeladen wurden und damit keineswegs haßerfüllter Ausgrenzung anheimfielen.
Mehrere 1933 abgesetzte Geistliche (u. a. Generalsuperintendent Vits und Superintendent Ungnad) wirkten in das Kandidatenstift hinein, dessen Leiter, Dr. Wilhelm Schütz, der Fraktion der Bekennenden Kirche an der Sophiengemeinde angehörte (s. u.).
An der Sophiengemeinde wurde ohnehin ein Teil der praktischen Ausbildung der jungen Predigerkandidaten absolviert. Der Präses der Berliner BK, Gerhard Jacobi, lud ab März 1936 jeden Mittwoch den Berliner Bruderrat und Konvent zum Gottesdienst an die Sophiengemeinde.

Sophiengemeinde
Mitte, Sophienstraße 3

Eine ganz andere Tradition als die der engen Verzahnung von Kirche, Militär und Monarchie (s.o.) verkörperte das Gotteshaus der Sophiengemeinde in Mitte.
An dieser Stätte wirkte seit 1927 mit Pfarrer Paul Gerlach (1893–1945) ein führender Mann des 1931 gegründeten „Evangelischen Friedensbundes."
Während am Berliner Dom und in der Garnisonkirche (Neue Friedrichstraße 46) in den frühen dreißiger Jahren die Nähe zu Monarchie und Soldatentum betont wurde, war die kleine Sophienkirche bzw. ihr Gemeindehaus zentraler Treffpunkt evangelischer Friedensfreunde.
Zu den Unterstützern der o.g. pazifistischen Organisation gehörten 1931/32 Staatssekretär Dr. Wilhelm Abegg (preuß. Innenministerium), der bekannte Religiöse Sozialist Prof. Emil Fuchs, der Historiker Prof. Meinecke, Oberbürgermeister Dr. Sahm sowie

mehrere Berliner Rektoren und Pfarrer wie Bourquin (Wedding), Francke (Kreuzberg), Kreutzer (Methodisten Kirche) und Schowalter (Tegel).
Der Evangelische Friedensbund stellte sich folgende Aufgaben:

- Verkündigung der Friedensbotschaft des Evangeliums,
- unablässige Pflege und Förderung der Friedensgesinnung innerhalb der Gemeinden,
- Eintreten für den Friedensgedanken im öffentlichen Leben.

Die Berliner Ortsgruppe des Evangelischen Friedensbundes verbreitete mit ihren Einladungen und Aufrufen auch Mitteilungen des „Vereins zur Abwehr des Antisemitismus".
Mit ihren Proklamationen spielte diese kleine Gruppe innerhalb der damaligen Evangelischen Kirche allerdings die Rolle eines einsamen Rufers in der Wüste.
Das Jahr 1933 führte zum Verbot des Friedensbundes. Mehrere seiner Mitglieder wurden verfolgt.

Von der Sophiengemeinde schlossen sich Pfarrer Paul Gerlach und sein älterer Amtsbruder Ferdinand Vogel (* 1869) im September 1933 dem Pfarrernotbund an.
Bei den Kirchenwahlen im Juli 1933 erhielten die Deutschen Christen noch 59 Prozent, ihre Gegner („Evangelium und Kirche") 41 Prozent. Trotzdem gelang es der Kirchenopposition, auf Grund ihrer Pfarrerpersönlichkeiten und unterstützt vom Bruder- und Gemeindekirchenratsmitglied Dr. Wilhelm Schütz, dem Direktor des Domstifts (S. 216), sich gegenüber den DC durchzusetzen. 320 Mitglieder der Gemeinde besaßen die

„rote Karte“ und waren eingeschriebene Mitglieder der BK. Das Vereinsleben war gut entwickelt. BK-Schriften lagen auch in der Buchhandlung des im Kirchenbereich (Sophienstraße 19) untergebrachten Ostdeutschen Jungmännerwerkes (S. 214) aus.

Trotzdem hielt sich die BK-Sophiengemeinde im Kirchenkampf eher zurück, um das Verhältnis zum DC-Pfarrer Konsistorialrat Fahland und zu seinen Anhängern nicht völlig zu stören. Der Berliner Bruderrat rügte 1935 diese wohl etwas zu weit gehende Diplomatie, da man die Kollektenfrage ausschließlich in den Händen des DC-Küsters beließ und somit auch Bekenntnispfarrer die Kollekten der Reichskirche einsammelten. Zur Ehre eines Teils der Sophiengemeinde muß allerdings gesagt werden, daß sie auch in kritischer Zeit ihr Gotteshaus für „Judentaufen“ (S. 261) zur Verfügung stellte. Ein anderer Teil der Gemeinde zeigte getauften Sternträgern nach 1941 dagegen deutliche Ablehnung: So berichtet die Familie des Fotografen Abraham Pisarek (S. 331), daß sie unmißverständlich zum Verlassen der Kirche aufgefordert worden war.

Dreifaltigkeitskirche
Mitte, Mauer- Ecke Mohrenstraße

Die heute längst nicht mehr existierende alte Stadtkirche „Dreifaltigkeit“ in der südlichen Friedrichstadt war ein Gotteshaus ganz historischer Bedeutung. Kirchengeschichtlich ist sie eng mit dem Namen der Prediger Friedrich Schleiermacher (1809 bis 1834) und Professor D. Marheineke (1780–1846) verbunden. Darüber hinaus war das Gebäude von eigenem Gewicht, weil es nach der Reichsgründung (1871) mitten im damaligen Regierungsviertel um die Wilhelmstraße lag (S. 197).
Schleiermacher hatte einst den jungen Bismarck konfirmiert; sein späterer Amtsbruder, Pfarrer Ernst Dryander, konfirmierte und traute die Söhne des Kaisers. (Dryander wechselte danach ins Amt des Dompredigers, S. 212ff.)
Der Zusammenbruch der Monarchie und die Errichtung der ersten deutschen Republik bedeuteten gerade für diese Kirche, auch darin dem Schicksal des Berliner Doms verbunden, einen tiefen Einschnitt. Folgerichtig wandte sich die Gemeinde von der Politik ab und konzentrierte sich auf die Wohltätigkeit. Führende Repräsentanten der neuen Demokratie, man denke dabei besonders an die Sozialdemokraten, legten Wert auf die Trennung von Staat und (protestantischer) Kirchenmacht. Einzig der zweite Reichspräsident, Paul von Hindenburg, ließ die Welt untergegangener Werte wieder neu hervortreten, mit wenig glücklichen Folgen, wie wir alle wissen.
Den Deutschen Christen gelang es aber weder 1932 noch 1933, bei Kirchenwahlen eine Mehrheit der Sitze zu erlangen, obwohl doch Pfarrer Dr. Konrad Baumgarten in ihren Reihen organisiert war.
Dies dürfte am besonderen Gewicht dreier Persönlichkeiten gelegen haben. Es waren die Pfarrer:
Superintendent Friedrich Geest (1868–1940) und
Pfarrer Ernst Bronisch-Holtze (1890–1944), der zugleich Studentenpfarrer war,
und der Architekt Prof. Dr. Werner March (1894–1976), Patronatsältester im Gemeindekirchenrat (GKR) und beruflich seit 1933 Beauftragter des Baus des Olympischen Dorfes und Reichssportfeldes.
Es gelang diesen drei kirchenpolitisch eher ungebundenen Männern zu verhindern, daß die Deutschen Christen die Leitung der Gemeinde in die Hände bekamen. Bedingt durch die Nähe zum Regierungsviertel bedeutete diese Tatsache schon eine peinliche Niederlage für die nazistische Kirchenbewegung. Diese hatte natürlich versucht, ihre Widersacher auszuschalten. Reichspräsident Paul von Hindenburg unterband allerdings 1934 den Versuch, Superintendent Geest, der zudem sein persönlicher Seelsorger war, in den Ruhestand zu versetzen.

1934 war Hindenburg auch zugegen, als Bronisch-Holtze in seiner Eigenschaft als Studentenseelsorger am ersten Sonntag des neuen Semesters den traditionellen Eröffnungsgottesdienst vor Rektoren, dem Lehrkörper und Studenten abhielt.
Die Deutschen Christen ließen nichts unversucht, um an Dreifaltigkeit doch noch Fuß zu fassen. So wurden wiederholt durch den DC-Gauobmann, Pfarrer Tausch, Propagandaveranstaltungen abgehalten. Ihr Ziel erreichten sie trotzdem nicht.
Demgegenüber suchte die kleine Fraktion der Bekennenden Kirche (von 3000 Gemeindemitgliedern besaßen lediglich 68 die „rote Karte" der BK) die Nähe zu Superintendent Geest, in dessen Bibelstunden man auch ging. Geest stand wie sein Amtskollege, der Studentenpfarrer, der BK zwar nahe, lehnte den radikalen kirchenpolitischen Kurs Pastor Niemöllers, der vor Provokationen der Gewaltigen nicht zurückschreckte, ebenso ab wie die organisatorische Aufspaltung in verschiedene Fraktionen. Superintendent Geest wollte „für alle da sein" – was immer das hieß!
Trotz keines schlechten Abschneidens der DC bei den Gemeindewahlen 1933 gelang es den beiden neutralen Pfarrern und der BK-Fraktion (darunter der Kunsthändler Dr. Theodor Bauer und der Rechtsanwalt Horst Holstein) mit viel taktischem Geschick, die nazistischen Christen in den Gremien auszuschalten. So wechselte ein DC-Gemeinderatsmitglied auf die andere Seite, und die Deutschen Christen hatten zudem das Problem, für ausscheidende Kirchenälteste keine Nachrücker zu bekommen. Herausragend war vor allem der Einsatz von Sup. Geest und des Pfarrers Bronisch-Holtze, die dem Totalitätsanspruch der DC deutlich entgegentraten und sich und ihre Anhänger als einzig berechtigte Gemeindegruppe begriffen.

Die Deutschen Christen hatten bereits Ende 1933 mit der skandalösen Sportpalastkundgebung (S. 214) ihren Höhepunkt überschritten. Wie an anderer Stelle bereits er-

wähnt (S. 214), traten damals zahlreiche ihrer Mitglieder aus. Auch an Dreifaltigkeit setzte der Niedergang der DC ein. Zunächst spalteten sie sich, um dann Ende 1934 vollends aufgelöst zu werden. Ihr Gemeindepfarrer Baumgarten bemühte sich im Jahr darauf noch einmal um einen Neuanfang, scheiterte jedoch.
Dagegen schlossen sich die beiden anderen Gruppen näher zusammen. Unter der Leitung beider Pfarrer bildete man 1937 eine Arbeitsgemeinschaft, der unter anderem die Gräfinnen von Lehndorf, von Pestalozza, von Bülow und von Einsiedel angehörten.

Verglichen mit den sehr lebendigen BK-Gruppen in Dahlem, Spandau oder Pankow (siehe die entsprechenden Bände unserer Reihe) herrschten an Dreifaltigkeit eher ruhige Verhältnisse. Der Berliner Bruderrat der BK bemängelte 1935 in einem Besuchsbericht „etwas müde Aktivitäten", kam aber nicht umhin zu bescheinigen, daß die Gegner der DC die Gemeinde „fest im Griff" hatten. (Siehe ähnliche Verhältnisse an Sophien, S. 218)

Mit Beginn der 40er Jahre setzten für Dreifaltigkeit einschneidende Veränderungen ein.
Im Januar 1940 verstarb Sup. Geest einen Tag vor einem Gestapoverhör. Sein Amtsbruder Bronisch-Holtze, der sich mittlerweile für die Mitgliedschaft in der BK entschieden hatte, folgte 1942 einem Ruf an den Königsberger Dom und wurde damit gleichzeitig Superintendent von Königsberg-Stadt.
Bronisch-Holtze wurde am 10.6.1944 mit seiner Frau wegen Abhörens eines feindlichen Senders (von der Adoptivtocher) denunziert. Während die Ehefrau nach der Entlassung im Juni 1944 Selbstmord verübte, starb ihr Mann unter ungeklärten Umständen in der Nacht vom 19. auf den 20. Juli 1944 in Gestapohaft.

Nach dem Weggang Bronisch-Holtzes von Dreifaltigkeit 1942 zog sich auch dessen enger Vertrauter Prof. March aus der Gemeindearbeit zurück. Kurz vor der Zerstörung des Gotteshauses erhitzten sich die Gemüter noch einmal, als Pfarrer Herbst Gemeindepfarrer werden sollte. Anonyme Flugzettel, die im Oktober 1943 an den Kirchentüren und nahen Litfaßsäulen prangten, diffamierten den Geistlichen als Lügner und bezeichneten ihn als (angeblich) einflußreichen Anhänger der Bekennenden Kirche, der jüdische Propheten zum Vorbild erklärte. Auf Grund dieser Vorfälle nahm die oberste Kirchenleitung von der Berufung wieder Abstand.

Bei den schweren Bombenangriffen auf das Stadtzentrum und den südlichen Tiergarten (S. 371 ff.) am 23. November 1943 wurde auch die Dreifaltigkeitskirche zerstört. (Nach dem Krieg und der Teilung unserer Stadt lief die politisch-geographische Grenze mitten durch den Bezirk der Kirchengemeinde. Schließlich wurden auch die Ruinen des Baus abgetragen. Kein Stein erinnert mehr an den alten Standort.)

St. Matthäus
Tiergarten, Matthäikirchplatz

Im südlichen Tiergartenviertel, der gehobenen Wohngegend des sogenannten „Alten Westens", befand sich die Matthäusgemeinde. Inmitten dieser ruhigen Villengegend, wo nahebei im großen Bendlerblock wichtige Wehrmachtsdienststellen untergebracht waren (S. 177) und zudem mehrere ausländische Botschaften residierten, führte Pfarrer Erich Backhaus (1866–1946) eine aktive Bekenntnisgemeinde an. Von 9400 evangelischen Christen an St. Matthäus besaßen 250 die „rote Karte". Jedoch hatte die Kirchenopposition im führenden DC-Pfarrer Otto Eckert einen gefährlichen machtpolitischen Gegner (S. 222).

St. Matthäus war – auch durch ihre zwei Kirchhöfe im Bezirk Schöneberg (S. 200) – eine vermögende Gemeinde, obwohl auch zahlreiche Christen aus einfachen Bevölkerungskreisen kamen. Unter ihnen waren Hausangestellte und Arbeitslose, die meist jenseits des Landwehrkanals wohnten. Dort, im Bereich der Potsdamer Straße, kam auch Prostitution vor.
Wilhelm Burger hat in seiner Studie über die Gemeinde festgestellt, daß sich deren Kirchenblatt vor 1933 fast nur gegen das katholische Zentrum und die radikale politische Linke, nicht aber gegen die NSDAP aussprach, was dem allgemeinen „Trend" des mehrheitlich national-konservativen Protestantismus entsprach (S. 206). Allerdings warnte Pfarrer Backhaus bereits im Februar 1932 auch vor einem „Heidentum von rechts". Der Geistliche lag nicht zuletzt wegen seiner engagierten Tätigkeit bei der „Judenmission" (S. 259ff.) mit den Deutschen Christen in Konflikt, da für diese aus „rassischen Gründen" ein Jude durch Taufe niemals Christ werden konnte.
Neben Backhaus war der angesehene Generalsuperintendent der Neumark und Niederlausitz D. Ernst Vits Geistlicher in der Gemeinde. Er trat schon früh dem Machtanspruch der NSDAP innerhalb der evangelischen Kirche entgegen, als ein Teil der ihm unterstellten Pfarrer im südöstlichen und östlichen Teil Brandenburgs NS-Fahnen in der Kirche weihten bzw. weihen wollten. Vits Pfarrerfunktion an St. Matthäus und die in der Neumark waren in Personalunion verbunden.
Der dritte Pfarrer an St. Matthäus hieß Bernhard Seifert (1866–1945); der eher zurückhaltende Geistliche ging bereits 1934 in den Ruhestand.

Bei der Kirchenwahl 1932 erhielten die Deutschen Christen lediglich 20% an dieser Gemeinde, an der man sich mehrheitlich lieber für eine „unpolitisch-kirchliche Liste" konservativen Zuschnitts aussprach. Eher aus übergeordneten Gründen brach der Kirchenkampf dann auch 1933 auf die Tiergartener Gemeinde herein. Pfarrer D. Vits hatte in seiner Funktion als Generalsuperintendent mit anderen preußischen Amtskollegen (so die Gen.Sup. Wilhelm Haendler und Otto Dibelius) gegen die Gewaltmaßnahmen des Staates protestiert, der u. a. durch Einsetzung des Staatskommissars für die altpreußische Landeskirche, Jäger, und Ernennung von DC-Pfarrer Hossenfelder zum „Bischof" massiv in das Geschehen der Kirche eingriff. Die Generalsuperintendenten sprachen sich mit anderen auch gegen die Anordnung Jägers aus, am 2. Juli 1933 statt eines Bußgottesdienstes einen Dank- und Fürbittegottesdienst abzuhalten, zu dem auch noch die NS-Fahne aufgezogen werden sollte. (Kurz zuvor wurden die opponierenden Geistlichen auf Grund ihres anhaltenden Widerspruchs beurlaubt, schließlich das Amt des Generalsuperintendenten abgeschafft.) Trotz dieser einschneidenden Konfrontation mit dem Staat war die noch sehr zaghaft sich entwickelnde Kirchenopposition weit davon entfernt, sich als Gegner der „nationalen Erhebung" zu begreifen, im Gegenteil, nicht nur Pfarrer Backhaus, auch Otto Dibelius und Martin Niemöller bekannten sich dazu.

Nach einem Gespräch am 28.6.1933 mit Reichskanzler Hitler äußerte Pfarrer Backhaus in seiner Predigt vom 2. Juli 1933:
„Habe ich Hitler bisher verehrt, so habe ich ihn bei diesem Gespräch liebgewonnen."

Ganz im Sinne dieser positiven Einstellung zum neuen Staat einigten sich die kirchenpolitischen Widersacher bei den Kirchenwahlen 1933 auf eine Einheitsliste. Dabei stellten die Deutschen Christen und ihre Gegner um Pfarrer Backhaus lediglich wenige Sitze, die Mehrheit behielt der sogenannte „Bund der Mitte", also die nichtorganisierten Neutralen.

Freilich mußte Pfarrer D. Vits, Schwiegervater Pfarrer Heinrich Grübers (S. 251 ff.), seine Position aufgeben, denn er wurde in den Ruhestand versetzt. Im Dezember 1933 trat er dann dem Pfarrernotbund bei. An seine Stelle kam nun (auf Grund der Personalunion) DC-Propst Otto Eckert an die Matthäusgemeinde.
Die rüden Ausfälle seiner Parteigenossen in der berüchtigten Sportpalastveranstaltung (S. 214) stießen an St. Matthäus allerdings mehrheitlich auf Ablehnung. Dagegen gelang es ihm, Ende März 1934 vom Reichsbischof Müller ins Amt des Berliner Bischofs eingesetzt zu werden und den zögerlichen, aber ausgleichenden D. Karow damit zu verdrängen.
Auch an St. Matthäus, wo verschiedenen NS-Organisationen vermehrt Versammlungsräume überlassen wurden und die Nähe zu „Führer und Staat" zunehmend betont wurde, mischte sich der DC-Gewaltige kräftig ein: Ein Konflikt entzündete sich besonders um die Besetzung der frei werdenden Stelle von Pfarrer Seifert, in die Ekkert seinen vertrauten DC-Pfarrer Walter Mühlnickel schob.
Dagegen gab es zumindest aus den Reihen der BK verhaltenen Protest.

So schrieb Rechtsanwalt Dr. Solbrig am 2. 9. 1934 an den stellvertretenden Superintendenten des Kirchenkreises Friedrichswerder, Pfarrer Otto Schulz (Bethlehemsgemeinde):
„Als Mitglied der Matthäus-Gemeinde sehe ich mich genötigt, gegen die Berufung des Herrn Pfarrer Mühlnickel Einspruch einzulegen. Derselbe hat in seiner Predigt gestern abend den Text Matthäus XVI so gedeutet, daß er den Reichskanzler in Parallele mit Christus setzte ..., daß Bismarck sein Werk nicht vollendet habe, daß es aber jetzt geschehe.
Eine solche geradezu religiöse Verherrlichung in der Kirche hat der Herr Reichskanzler sich bekanntlich selbst nachdrücklich verbeten. Derartige Ausführungen mögen evtl. auf das Katheder eines Historikers gehören; sie sind politischen oder historischen Charakters. Doch in der Kirche will man etwas von Gott und nicht von den Menschen hören ..."

Diese Beschwerde und eine weitere von Frau Friedrich, die dabei von neununddreißig Gemeindemitgliedern unterstützt wurde, erreichten ihren Zweck allerdings nicht. Mühlnickel wurde 1935 offiziell berufen und im Jahr darauf Vorsitzender des Gemeindekirchenrates. Otto Eckert verlor 1936 einen Teil seines innerkirchlichen Einflusses, denn der Landeskirchenausschuß (S. 249) nahm ihm und anderen die Leitungsfunktion (und damit die Stelle an St. Matthäus, die an das Amt des Propstes gebunden war) und ernannte ihn zum Propst von Berlin und Pfarrer an der St. Nikolai-Kirchengemeinde (S. 225 ff.). Er kam 1940 bei einem Autounfall ums Leben.
Das Kirchenministerium versuchte damals mittels Einrichtung von sogenannten Kirchenausschüssen, die sich streitenden Gruppierungen BK und DC im Verbund mit den neutralen Pfarrern („Bund der Mitte") zusammenzufassen und war dafür bereit, radikale Exponenten abzuziehen (S. 248 f.).
An St. Matthäus trat nach dem Ausscheiden von Eckert eine gewisse Beruhigung ein. Allgemein waren DC-Pfarrer Mühlnickel und BK-Pfarrer Backhaus wohl auch an einem moderaten Umgang miteinander interessiert. 1937 mußte der Notbundpfarrer eine kurze Haft wegen des übergeordneten Streits um die Kollekten der Berliner BK verbüßen.
Backhaus' eigentliche Bedeutung als Mitglied des Pfarrernotbundes lag wohl auch eher jenseits seiner Gemeinde. Er war BK-Vertrauensmann und BK-Superintendent im Kirchenkreis Friedrichswerder I und hielt engen Kontakt zu seinen vertrauten Kollegen Dr. Violet (Friedrichswerdersche Kirche), Magerstädt (Kaiser-Friedrich-Gedächtnis-Kirche) und Rocha (St. Lukas-Kirche). Mit Ausnahme des sehr engagierten Pfar-

rers Violet (S. 242ff.) hielten sich die anderen genannten Bekenntnispfarrer sowie ihre Kollegen Otto Schulz und Walter Nordmann von der Bethlehemsgemeinde im Kirchenkampf alle eher zurück, besuchten BK-Konvente nur in Ausnahmefällen und verharrten auch sonst in Distanz. Trotzdem war besonders Pfarrer Nordmann, der erst 1935 nach Berlin kam, theologisch ein klarer Gegner der DC. (Im Juli 1939 hielten die Kreispfarrer der BK von Berlin und Brandenburg in der Bethlehemskirche einen Gottesdienst zum Gedenken an den zuvor im KZ Buchenwald ermordeten Pfarrer Paul Schneider ab.)
Erich Backhaus war nicht allein durch diese Vertrauensstellung Repressalien und Gestapoverhören ausgesetzt, sondern auch durch seine führende Mitarbeit in der verfemten „Judenmission" (S. 259ff.), wo er Religionsunterricht erteilte, gefährdet. Im Gegensatz zu vielen seiner Amtskollegen war Pfarrer Backhaus, der auch Verbindungen zum Büro Grüber (S. 252ff.) besaß, bereit, christliche „Nichtarier" zu beerdigen, zu taufen und zu trauen. Allein dieser Beistand für bedrohte Menschen dürfte die herausragendste Leistung dieses evangelischen Geistlichen gewesen sein.

Trotz aller Auseinandersetzung blühte das Gemeindeleben an St. Matthäus. Während die DC-Gruppe zunehmend unbedeutend wurde, erfreuten sich Einrichtungen der BK großen Zuspruchs. Über 250 Christen hatten die „rote Karte".
St. Matthäus wurde durch ihre besondere Lage im Botschaftsviertel wiederholt zur Stätte von Gedenkfeiern ausländischer diplomatischer Kreise, die hier unter anderem zu Traugottesdiensten zusammenkamen.
Ende der 30er Jahre beherrschte die Kirchengemeinde allerdings ein ganz anderes Problem. Die von Minister Albert Speer geplante Berliner „Nord-Süd-Achse" hätte zur Zerstörung bzw. Auflösung von St. Matthäus geführt. Erste Arbeiten für dieses Projekt, das dann nach Kriegsbeginn ‚vorerst' zurückgestellt wurde, zeigten bereits einschneidende Wirkungen: Im April 1939 wurde ein Teil des Gemeindehauses abgetragen, bald darauf sollte Plänen zufolge auch die Kirche folgen.

Obwohl der Kriegsbeginn diese Pläne Speers vereitelte, hatten die begonnenen Umsiedlungsmaßnahmen doch bereits die Zahl der Gemeindemitglieder um ein Drittel reduziert. Die fast restlose Vernichtung der Gemeinde bewirkte dann der Bombenkrieg. Bei den massiven Angriffen im November 1943 (S. 371 ff.) trafen das Stadtzentrum und den südlichen Tiergarten verheerende Zerstörungen, von denen sich St. Matthäus nicht mehr erholte.

Pfarrer Schubring (St. Marien) in „Schutzhaft"

Mitte, Neuer Markt

Im Zentrum des Bezirks Mitte stehen die ältesten Stadtkirchen Berlins, St. Marien und St. Nikolai. Beide sind sowohl durch die Geschichte als auch im unmittelbar praktischen Sinne durch die Zusammenfassung als ein Pfarrbereich eng miteinander verbunden. Zum Pfarrbereich gehörte auch die Klosterkirche. An den Kirchen wirkten mit den Notbundpfarrern Wilhelm Schubring und Pfarrer Hans Schwebel zwei Anhänger der Bekennenden Kirche, die aber beide große Individualisten waren und sich gegen eine allzu enge Einbindung in das oppositionelle Lager sperrten. Am 1. 10. 1936 kam dann der berüchtigte DC-Pfarrer Otto Eckert (S. 222) als Propst von Berlin an die Gotteshäuser. Die Bekenntnispfarrer erlebten den Kirchenkampf höchst unterschiedlich.
Beginnen wir mit St. Marien:
Politischer Übereifer fanatischer „Volksgenossen" brachte Pfarrer Wilhelm Schubring (1875–?) 1934 in sogenannte Schutzhaft. Der seit September 1918 an St. Marien wirkende Geistliche, der 1922/23 Mitglied der liberalen Deutschen Demokratischen Partei geworden war, hatte bei einer Predigt Äußerungen getan, die im Wortsinn verdreht den schnellen Zugriff der Staatspolizei hervorriefen.

Aus einer Aktennotiz des Evangelischen Oberkirchenrats vom 23. April 1934:
„Um die Anfrage vom 12. April der Gestapa aufzuklären, sprach ich heute mit Herrn Oberrat Gruhl [vom Konsistorium].
Herr Gruhl erklärte, daß auf Grund einer Predigt, die Schubring am 2. Weihnachtsfeiertage gehalten habe, er Anstoß bei seiner Gemeinde erregte. In dieser Predigt hat sich Pfarrer Schubring in dem Sinne gegen die Auslassungen des Ministers Goebbels über das Winterhilfswerk geäußert, daß es nicht so sei, als ob der Strom der Gaben und Spenden freiwillig dem Winterhilfswerk der NSDAP zugeflossen sei, sondern viele Spender eben unter Druck und weil es Mode sei ihre Gaben zur Verfügung gestellt hätten. Pfarrer Schubring sei daraufhin verhaftet und vernommen, und nach einer Verwarnung wieder entlassen worden. Kirchlicherseits wurde Pfarrer Schubring damals von Herrn Bischof Karow vorgeladen und verwarnt."

Tatsächlich hatte der Bekenntnispfarrer mutig unangenehme Wahrheiten ausgesprochen, indem er in seiner Predigt am 2. Weihnachtsfeiertag 1933 sagte:
„Aber wenn wir ehrlich sind, wissen wir, daß wir noch gar keine Volksgemeinschaft sind, sondern daß noch viele Große mit Recht darauf drängen, daß wir es werden. Wenn wir ehrlich sind, müssen wir erkennen, daß die erste Voraussetzung an der Gemeinschaft fehlt, das gegenseitige Vertrauen. Hört doch hin, was die Leute sagen. Man dürfe seine Meinung nicht mehr sagen, nicht einmal mehr im engsten Kreise der Freunde. Redet doch nicht so viele stolze Worte von dem Werk der Nächstenliebe, von Opfern, die man für die armen Volksgenossen bringe, wenn doch vielfach nur Angst und Zwang zu widerwilligen Gaben treiben. Das ist doch das erste, was im Lichte verschwinden muß, die Lüge."

Diese kritischen Äußerungen riefen zu allererst bei der DC-Fraktion an St. Marien (Herr Thieme, Pfarrer Evert) Unmut und Unruhe hervor. Als Sofortmaßnahme entzog man Schubring eine führende Tätigkeit bei der NS-Volkswohlfahrt. Die DC hatte den gegnerischen Pfarrer ohnehin im Visier, da er sie als „Heiden" bezeichnet hatte. Nun hatten sie endlich einen öffentlichen Vorfall, um massiv vorgehen zu können. Ihre Protestschreiben gingen bis zum DC-Reichsbischof, der seine Zustimmung für „Schutzhaftmaßnahmen" signalisierte.

Am 3. Januar 1934 notiert die Stapo:
„Pfarrer Schubring ist in Einzelhaft zu nehmen...".
Die Staatspolizei nahm die intensive Befragung mehrerer Augenzeugen vor. Einer glaubte, vom Pfarrer die Meinung gehört zu haben: „Das Heil kommt von den Juden", nahm die vermeintliche Beobachtung aber wieder zurück.
Schubring wurde am 5. Januar 1934 in Schutzhaft genommen. am 6. Januar aber, „nach entsprechender Verwarnung" wie es hieß, wieder entlassen.

Pfarrer Schubring führte zu seiner Entlastung (in der Haft) an:
„Ich darf hier darauf verweisen, daß ich am 1. Februar 1933 ganz freiwillig und im Gegensatz zu manchen damals noch ablehnenden kirchlichen Kreisen die Marienkirche für den Dankgottesdienst zu Hitlers Berufung zur Verfügung gestellt habe..."

Obwohl Pfarrer Schubring den Vorfall allgemein auf „Mißverständnisse" zurückführte und seinen „guten Willen" betonte, bekam er doch Ende 1934 erneut Ärger, weil die bei einem Gottesdienst anwesenden 45 SA-Männer nicht gebührend hervorgehoben worden waren und er auch den „Führer" beim Gebet vergaß. Die DC-Fraktion forderte daher Schubrings Ablösung.

Der Bekenntnispfarrer gehörte neben seiner Tätigkeit an St. Marien der Gruppe „Entschiedener Protestantismus", deren Geschäftsstelle auch an seinem Wohnort, Reinikkendorfer Straße 59, untergebracht war, an. Er schrieb mehrere Artikel im von ihm herausgegebenen „Berliner Protestantischen Volksblatt". So stellte er sich im September 1934 deutlich gegen die herrschende Meinung: „weil dieses artwidrige Evangelium in das deutsche Volk eingedrungen sei, sei der arische Mensch entartet". Er betonte dagegen, daß in jedem Menschen, ob „Jude" oder „Arier", gute und böse Kräfte miteinander kämpfen und daß das Christentum der Stärkung der positiven Anlagen diente.
(Über Pfarrer Schubrings weiteren Lebensweg wissen wir leider nichts. In der zweiten Hälfte der 30er Jahre war er jedenfalls nicht mehr an St. Marien tätig. Am 1. Mai 1943 trat er in den Ruhestand.)

St. Nikolai (Pfarrer Schwebel)
Mitte, Am Nikolaikirchplatz

An Berlins ältester Pfarrkirche, der zweitürmigen St. Nikolai im Herzen der Stadt, wirkte in den Jahren des Kirchenkampfes eine der eigenwilligsten Persönlichkeiten des Pfarrernotbundes der Reichshauptstadt: Hans Schwebel (1874–1942).

Da die Kirchengemeindeakten nach 1933 durch den Krieg als verloren gelten, seien Zeitzeugenaussagen herangezogen, um ein möglichst gerechtes Bild zu zeichnen.

Restaurator Max Brzyski (* 1903), bis 1957 unter Geheimrat Justi an der Nationalgalerie tätig, erinnert sich 1993:
„Es war 1936 zur Zeit der Olympischen Spiele, als das ‚Dritte Reich' vorübergehend vieles gelockert hatte. Archive und anderes wurden geöffnet, weil man annahm, daß es von Interesse ist. Es gab auch zahlreiche Veranstaltungen zur Berliner Geschichte, zu heimatkundlichen Themen. Erstmalig konnte ich den Turm der Parochialkirche besteigen und das Glockenspiel besichtigen.
Damals lernte ich auch Pfarrer Schwebel kennen, der Gruppen durch die Nikolai-Kirche führte. Er hatte eine erfrischende Art, war überhaupt nicht verkrampft. Dieser Geistliche war recht populär, denn er sprach einfach und schlicht. Eine weitere Eigenart war, daß er Besucher nach den Orten ihrer Herkunft fragte und nach deren Nennung sofort die bekannten Hauptkirchen dort nannte, so zum Beispiel von Angermünde. Pfarrer Schwebels historisches Interesse kam nicht von ungefähr. Sein Vater, der eigentlich berühmtere von beiden, Oskar Schwebel, war schriftstellerisch hervorgetreten. Er schrieb u. a. ein Buch ‚Die Geschichte der Stadt Berlin', in dem über den fürchterlichen Berliner Judenprozeß von 1510 berichtet wird. In einer havelländischen Kirche war damals eine Monstranz* gestohlen worden, und man hatte diese frevelhafte Tat den Juden anlasten wollen. Oskar Schwebel beschrieb den tatsächlichen Verlauf und nahm damit eine Ehrenrettung der Juden vor.
Daß Schwebels Sohn, Pfarrer Hans Schwebel, schon 1933 dem Pfarrernotbund, der sich für rasseverfolgte Christen einsetzte, beitrat, ist sicher auch aus diesem familiären Hintergrund zu verstehen.
Ich besuchte 1936 übrigens auch die kirchenpolitische Gegenseite und hörte mir Schwebels Amtsbruder Propst Otto Eckert (S. 222) in der Marienkirche an. Er war einer der übelsten Nazis."

* Monstranz = Gefäß zum Tragen und Zeigen des geweihten Abendmahlsbrotes, d. Verf.

Pfarrer Schwebel war wie die meisten seiner Kollegen kaum ein Anhänger der Weimarer Republik gewesen.

Ende Januar 1933 traf im Konsistorium eine Beschwerde ein, die Schwebels vermeintliche politische Propaganda anprangerte. Diesmal sollte er sich nicht nur für den Kaiser, sondern auch gleich für Adolf Hitler und seine Bewegung verwandt haben.

In der Sache handelte es sich um einen Vortrag in der Heinrich-Schliemann-Schule, Gleimstraße, am 28. Januar 1933. Thema: „Das deutsche Volkslied".

Ein Teilnehmer, Georg Bolte, hielt am 29. Januar 1933 u. a. fest:
„Pastor Schwebel führt etwa aus, daß er auf dem Nicolai-Friedhof in Berlin das Horst-Wessel-Denkmal eingeweiht habe, daß dort das Horst-Wessel-Lied gesungen [worden] sei und Hitler eine Parade abgenommen und dort eine Rede gehalten habe, woran Pastor Schwebel seine besondere Freude gehabt habe. Er wollte so die Entstehung des Volksliedes angeblich erklären; ferner, daß er am 27. 1. den Geburtstag des ehemaligen Kaisers gefeiert habe."

Pfarrer Schwebel entgegnete am 10. Februar 1933, daß er zwar die Verdienste des Kaisers („Seiner Majestät") bei der Förderung des Volksliedes hervorgehoben habe, bestritt aber die Parteinahme für die Hitler-Bewegung.

Hans Schwebel am 10. Februar 1933:
„Als Beispiel [für Lieder politischen Inhalts, d. Verf.] bezeichnete ich neben der Internationale das Horst-Wessel-Lied und erzählte, daß gelegentlich der (nicht von mir vollzogenen) Enthüllung des Grabdenkmals A. Hitler den Satz gesagt habe: Große Bewegungen schaffen sich ihre Lieder.
Hierauf erfolgte ein Zwischenruf: Das ist Politik.
Ich antwortete: ‚Wenn Sie nicht merken, daß das keine Politik ist, dann warten Sie bitte ab, bis Sie den Zusammenhang verstanden haben.'"

Wie immer man die Stichhaltigkeit von Schwebels Argumenten beurteilen mag, eine Propagandarede für die NSDAP konnte man ihm nicht anhängen. Lassen wir dafür auch einen der „Jungen Brüder" (S. 238) der Bekennenden Kirche zu Wort kommen:

Pfarrer Johannes Müller studierte 1933 in Berlin Theologie. Er erinnert sich 1983: „Sonntag nach Weihnachten 1932 – unmittelbar vor der Kippe – bin ich hier in Berlin zum Gottesdienst gegangen, in die Nikolai-Kirche, zu einem Original, dem Papa Schwebel. Der predigte über einen Text aus dem Philipper-Brief, wo es hieß:
‚Eure Lindigkeit lasset kund sein allen Menschen'.
[Schwebel:] ‚Allen Menschen? Wirklich *allen* Menschen? Auch den Kommunisten, auch den Nationalsozialisten? Natürlich nicht, denn es steht geschrieben: allen *Menschen*, nicht den *Über*menschen, nicht den *Unter*menschen.'
[Schwebel] war kein Nationalsozialist, war später Mitglied der Bekennenden Kirche. Als er einmal von der Gestapo verhaftet wurde, da sagte er, ich bin der Pfarrer, der Horst Wessel beerdigt hat. Der Vater von Horst Wessel war nämlich [bis 1922] sein Amtsbruder an Nikolai gewesen.
Dieser Nationalismus und Antikommunismus war das, was in der breiten evangelischen Christenheit als vorbereiteter Boden für den Nationalsozialismus da war. Es war ein wohl gedüngtes Feld, das auf den Ausbruch des ‚deutschen Frühlings' wartete."

Hans Schwebel war seit November 1933 Mitglied des Pfarrernotbundes. Seine Ablehnung des Antisemitismus steht wohl außer Zweifel (S. 226). Aber die Bekennende Kirche tat sich schwer mit ihm. Interne Berichte rügten, daß er weder an den BK-Pfarrkonventen teilnahm noch deren Fürbitte hielt oder gar ihre Kollektenwünsche berücksichtigte. Als Ursache für die mangelnde Bereitschaft Hans Schwebels, sich der Kirchenopposition mehr unterzuordnen, hielt man dort (1937) resignierend fest: „... bei Bruder Schwebel ist es wohl der eigenartige Individualismus dieses Bruders."
Und trotzdem, Pfarrer Schwebel blieb der Bekennenden Kirche (S. 209) verbunden und engagierte sich für sie in einem Maße, das viel von seiner Herzensgüte verriet.

Berlins Kirchenhistoriker und Bekenntnispfarrer von Prenzlauer Berg, Walter Wendland (1879–1952), schreibt in einem unveröffentlichten Text über den Kirchenkampf in der Reichshauptstadt, daß sich Pfarrer Schwebel im Konflikt mit der Staatspolizei befand, weil sich die NSDAP die evangelischen Kindergärten einverleiben wollte.

Walter Wendland: „Der weit bekannte Pastor Schwebel ist unter den Verhandlungen mit der Gestapo und den Polizeibehörden schwer krank geworden, um den Kindergarten der Kirche zu erhalten."

Dieser Kampf kostete offensichtlich die Gesundheit des Geistlichen. Er starb am 7. 1. 1942.

Die Kirchenleitung schrieb einige Tage später an die Witwe (Klosterstraße 40): „Weit über die eignen Gemeinden hinaus hat er durch die Gabe volkstümlicher Predigt einen großen Kreis sonntäglich unter seiner Kanzel versammelt. Durch seine [Gabe] anschaulicher Darstellung hat er viele, auch Fernstehende, für die Berliner Kirche gewonnen und bis zuletzt das Amt des Archivpflegers für den ältesten Berliner Kirchenkreis verwaltet. Hilfsbereit hat er auch die erhöhten Ansprüche der Kriegszeit im Pfarrdienst auf sich genommen und ist nun mitten in dieser schweren Zeit durch Gottes Ratschluß abgerufen worden.
Eine charakteristische Persönlichkeit der Berliner Kirche ist mit ihm heimgegangen."

Hans Schwebel

Eines mußte der historisch und kulturgeschichtlich interesssierte Geistliche durch seinen Tod im Jahre 1942 jedenfalls nicht mehr miterleben: die Zerstörung des alten Berlins durch den verschärften Bombenkrieg im November 1943. (1939 mußten die Gottesdienste ohnehin eingestellt werden.) Und auch die Kenntnis des Massenmords an den Juden blieb ihm, dessen Vater bereits der antisemitischen Hetze entgegengetreten war, erspart.

Aus den Akten des Kirchenkampfes

Vielfältige Einblicke in den Kirchenkampf in den Bezirken Mitte und Tiergarten verraten uns die Akten des Evangelischen Oberkirchenrates unter der Rubrik „Kirchenpolitische Vorgänge". Dabei sind die Informationen sehr unterschiedlich gestreut. Manchmal wird spärlich Wichtiges berichtet, ein anderes Mal Kleinigkeiten aus den Niederungen der Denunziation und Verdrehung ausführlich dokumentiert. Nur selten melden sich die Opfer (Laien, Bekenntnischristen) zu Wort, häufig dagegen die Anschwärzer.
So handelt es sich im folgenden auch nicht um Hochburgen der Bekennenden Kirche im Stadtzentrum, die es hier ohnehin nicht gab. Wir haben an anderer Stelle auf Pfarrer Violet (Friedrichswerder), Pfarrer Backhaus (St. Matthäus) und Pfarrer Hitzigrath (St. Johannes) hingewiesen. Pfarrer Schwebel (St. Nikolai) und Oberdomprediger Willy Richter wurden ebenfalls als Notbundpfarrer vorgestellt, die bis zuletzt durchhielten.

Gedenken wir nun der weniger bekannten Pfarrer, die ihren Kampf nach Errichtung der Kirchenausschüsse (S. 248f.) meistens eingestellt hatten bzw. resignierten.

Besondere Schwierigkeiten hatte die BK in Moabit an der *Reformationskirche* (Wiclefstraße). Sie lag im ehemals „roten Beusselkiez". Wie wir bereits aus den Wedding- und Neukölln-Bänden dieser Reihe wissen, besaß die Bekennende Kirche in den alten Hochburgen der Arbeiterbewegung nur selten eine größere Anhängerschaft. Die wechselseitige Konfrontation von Kirche und Arbeiterparteien, wobei die Freidenker-

und Gottlosenbewegung (Kirchenaustrittswelle) die eine Seite empörte, während sich die andere an der traditionellen Bindung von Thron und Altar erzürnte, führte dazu, daß Kirchengemeinden in den roten Arbeitergegenden besonders anfällig für nationalistische und rechtsextreme Bewegungen wie etwa die „Deutschen Christen“ waren.

An der Reformationskirche gehörte kein Pfarrer der BK an. Die BK-Notgemeinde traf sich in der Arminiusmarkthalle und fand Unterstützung durch den auswärtigen Vikar Helmut Witt. Ihre Anhänger sammelten sich um Herrn Diedrich und den Kirchenältesten Otto Eisenhardt, während sich die Deutschen Christen besonders auf Pfarrer Jakubski stützten. Dieser beschwerte sich bei „seinem“ Reichsbischof über (angeblich) „unerhörte, gröbliche Pflichtverletzungen“ Eisenhardts und erläuterte die Lage der Kirche mit den Worten: „In unserer Gemeinde war die Hochburg des Kommunismus. Noch im Juli 1932 wurden hier Barrikaden gebaut“ (S. 11). Auch sei die christliche Jugend von der kommunistischen wiederholt angegriffen worden. Zur Erinnerung an die jüngsten Ereignisse beabsichtigten die Deutschen Christen die Anbringung einer Gedenktafel und bat den Reichsbischof, dieselbe einzuweihen.
Im Oktober 1934 wandte sich der Gemeindekirchenrat an den Synodalverband und den Reichsbischof und bat darum, Otto Eisenhardt aus dem Amt als Kirchenältester zu entlassen. Das Begehren wurde auch von Pfarrer Lüders als zweitem DC-Geistlichen der Kirchengemeinde unterstützt.
Der kritisierte Laie hatte es nämlich gewagt, nach dem Abschiedsgottesdienst für Pfarrer Diettrich am 14. Oktober 1934 im Vorraum Flugblätter der BK gegen die Amtseinführung des Reichsbischofs, dessen Treiben als „Satanswerk“ bezeichnet wurde, zu verteilen. Eisenhardt blieb trotzdem im Amt. Den Deutschen Christen an der Reformationskirche war es nicht gelungen, das Konsistorium für diesen Einschnitt zu gewinnen. Die kleine Bekenntnisgruppe versammelte sich bis zum Kriegsende und führte über ihre Kassiererin Agnes Kotschi, Beusselstraße 57a, bescheidene Beiträge an den Berliner Bruderrat ab.
Nichts mehr hatte an dieser Gemeinde in den Jahren des Streits offenbar daran erinnert, daß vor 1933 der Religiöse Sozialist und Sozialdemokrat Pfarrer Professor Günther Dehn viele Jahre versucht hatte, die getrennten „Lager“, Arbeiterschaft und Kirche, zusammenzubringen.

Große Unruhe herrschte in den ersten drei Jahren des Kirchenkampfes an der *Heilandskirche*, die an der kleinen Thusnelda-Allee in Moabit schräg gegenüber dem Bezirksamt liegt.
Um den Notbundpfarrer Herbert Link, einem Mitglied der Sydower Bruderschaft (S. 214), hatte sich eine kämpferische Bekenntnisgemeinde gebildet, die dem DC-Pfarrer Karl Wurster trotzte und die Mehrheit im GKR erringen konnte. Obwohl das Konsistorium dem Notbundpfarrer zeitweise die Geschäftsführung wegen der scharfen kirchenpolitischen Gegensätze entzog und die BK damit aus den Gremien vertrieb, mußten die Deutschen Christen doch mehrere Niederlagen einstecken: So verloren sie durch Wegzug ihren erfahrenen Kirchenältesten, den Juristen Dr. Thel, und durch Übertritt (Dezember 1934) zum „Notbund“ den DC-Pfarrer Friedrich Kamlah. Da auch Pfarrer Friedrich Moller zur BK neigte und 1935 mit Pfarrer Georg Herzog ein vierter Gegner der DC als Geistlicher zur Heilandskirche kam, waren die Deutschen Christen stark im Nachteil. Im Oktober 1934 hatten sie im GKR (auf Grund der Stimmen der zur BK neigenden Pfarrer) bereits die Mehrheit verloren und führten nur noch in der Gemeindevertretung. Der Übertritt von Pfarrer Kamlah, der sowohl der NSDAP als auch den Deutschen Christen angehörte, zum Pfarrernotbund, war für seine frühere Glaubensbewegung besonders schwer zu verkraften, und so griff sie zur Dämonisierung des BK-Pfarrers Link, der Kamlah angeblich zu seinem „Werkzeug“ gemacht hätte.

Heilandskirche

Die Deutschen Christen konnten kurzzeitig triumphieren, als DC-Propst Eckert (S. 222) dem einzigen DC-Pfarrer die Geschäftsführung der Gemeinde übertrug (Juli 1934). Die NSDAP-Ortsgruppe „Arminius" hatte gefordert, Link das Amt wegen der „Erregung der Bevölkerung Moabits" zu entziehen. Tatsächlich setzte ihn das Konsistorium im Dezember 1934 aber wieder ins Amt ein. Die Auseinandersetzungen ließen allmählich nach.
Zwar gab es im Herbst 1937 noch einmal Konflikte, weil die BK-Gemeinde ihren Gegnern die Benutzung kirchlicher Räume untersagte, aber am Ende des Jahres hatten sich die Gemeindeverhältnisse wieder beruhigt. Im Januar 1938 stellte das Konsistorium befriedigt fest, daß sich an Heiland vier gemäßigte BK-Pfarrer „in die Ordnung fügen" und mit dem DC-Pfarrer zusammenarbeiten würden.
Umgekehrt rügte die Leitung der Berliner BK, daß ihre vier Pfarrer der Heilandskirche nur gelegentlich (Kamlah sogar nur sehr selten) an den BK-Konventen des Kirchenkreises teilnahmen und die Fürbitte auch nicht regelmäßig hielten. Auf seiten der DC hatte sich ihr Fraktionsführer, Kriminalsekretär Püschel, mit radikalen Kräften abgespalten. Er belästigte mit seinen langen Denunziationsschreiben und Eingaben sogar die Amtskirche, die ihn mahnte, sich zurückzuhalten. Für Sondergottesdienste mit dem ehemaligen Bischof Peter (S. 216) erhielt er keine Genehmigung.

Im April 1939 meldete das Konsistorium triumphierend, daß es an der Heilandskirche keine Bekenntnisgeistlichen mehr gäbe. Tatsächlich hatte der frühere Notbundpfarrer Link die BK-Gruppe selbstherrlich für „aufgelöst“ erklärt und sie dadurch zur „Notgemeinde“ (S. 245f.) gemacht.

Schleppend und bald erlahmend entwickelte sich der Kirchenkampf an der *Gnadenkirche* (Invalidenstraße 45/47), der *Erlöserkirche* (Wikingerufer Ecke Levetzowstraße), der *Heilig-Geistkirche* (Perleberger Straße 36) und der Kaiser-Friedrich-Gedächtniskirche im Hansa-Viertel (Händelallee).
An Erlöser sammelte Pfarrer Walter Streckenbach, an Heilig-Geist Pfarrer Max Schalke, an Gnaden Pfarrer Walter Ziehmann und im Hansa-Viertel Pfarrer Johannes Magerstädt die Anhänger der Bekennenden Kirche. (Die letztgenannten beiden alten Kirchen existieren heute nicht mehr.)

Von *Pfarrer Magerstädt* hatte die BK wohl mehr Engagement erwartet, denn er war stellvertretender Vertrauenspfarrer – S. 222 – seines Kirchenkreises (Friedrichswerder I). 1934 hatte ihn die Amtskirche wegen seiner Opposition sogar verwarnt. Das BK-Gemeindeleben in der gehobenen Wohngegend des Hansa-Viertels scheint größere Aktivitäten nicht gekannt zu haben. 1937 rügte Pfarrer Backhaus (S. 222f.) in einem Visitationsbericht über den BK-Kirchenkreis, daß Magerstädt Kanzelabkündigungen der Kirchenopposition nicht in der Kirche, sondern nur noch in internen Bekenntnisversammlungen verlese! Zudem habe er die „Freudigkeit am brüderlichen Zusammensein auch stark verloren.“
Während des Krieges, der 1943 zur Zerstörung der Kirche (Foto S. 233) führte, zog der Pfarrer zur Enttäuschung vieler Anhänger ganz aus Berlin fort. Die kleine BK-Gemeinde, nun betreut von Pfarrer Backhaus, führte noch 1944 über den Kassierer Franz Landsberg, Schleswiger Ufer 1, bescheidene Beträge an die Berliner BK ab.

Ähnliche Probleme wie mit der Kirche im Hansa-Viertel hatte die Berliner BK-Leitung mit der Gnadenkirche in der Invalidenstraße. Auch *Pfarrer Ziehmann* erschien nur selten zu den zentralen Zusammenkünften und hielt auch keine regelmäßige Fürbitte ab. Er hatte an seiner Kirchengemeinde gewiß keinen leichten Stand, denn die Geschäfte des GKR lagen in den Händen von DC-Pfarrer und DC-Gruppenleiter Kaumann. Von 25000 Gemeindemitgliedern gehörten lediglich 100 (!)der BK an. Dem Notbundpfarrer wurde sehr zugesetzt, man bespitzelte und denunzierte ihn. Das Konsistorium ermahnte ihn im September 1934, in gottesdienstlichen Veranstaltungen oder im unmittelbaren Anschluß daran „abfällige Beurteilungen“ zu unterlassen. Pfarrer Ziehmann schrieb noch im August 1934: „Die Hetzer, Störenfriede und Zerstörer des kirchlichen und Gemeindelebens sitzen ganz woanders“. Doch bereits schlichte Mitteilungen, wie der BK-Übertritt des Moabiter Pfarrers Kamlah (S. 230f.), wurden ihm verübelt. Auch die Beteuerung, die Treue zum „Führer“ und die Anhänglichkeit an den früheren Kaiser miteinander vereinbaren zu können, ließen ihn in der Gemeinde nicht Fuß fassen. Noch schlimmer traf es den BK-Organisten, der vom DC-Pfarrer und seinen Anhängern regelrecht terrorisiert wurde. Die Gnaden-Kirchengemeinde war in Berlin als eine der Hochburgen der Deutschen Christen bekannt.

Auch die Erlöserkirche und die Heilig-Geistkirche waren Sorgenkinder der BK:
Pfarrer Walter Streckenbach – Gründungsmitglied des Pfarrernotbundes und Vorsitzender des „Berliner Pfarrvereins“ – konnte an der *Erlösergemeinde* (Wikingerufer) von 10600 Gemeindemitgliedern 250 in der BK organisieren. 1935 trat der zweite Pfarrer Ernst Kornrumpf von den DC zur Bekennenden Kirche über, was deutsch-christlichen Kreisen einen ähnlichen Schock bereitet haben dürfte wie der gleichgelagerte Vorfall an der Heilandsgemeinde (S. 230).

Auf der anderen Seite stellte Pfarrer Streckenbach in den Jahren darauf seine oppositionelle Arbeit ein, wie das Konsistorium 1938 freudig festhielt. Nach der Einrichtung der Kirchenausschüsse (S. 248f.) hatten sich gemäßigte Kreise der BK mit der Amtskirche arrangiert.

An der *Heilig-Geistkirche* (Perleberger Straße 36) gehörte von drei Geistlichen nur einer, Max Schalke, zur Bekennenden Kirche. Dem Notbund trat er erst im Dezember 1934 bei. Als Geschäftsführender Pfarrer hatte er gegenüber einer großen DC-Mehrheit bestimmt keinen leichten Stand. Im Mai 1934 bat die deutsch-christliche Fraktion das Konsistorium um die Versetzung Schalkes, da dies im Verbund mit dem Wegzug von DC-Pfarrer Dr. Rump zur Überwindung der Spaltung in der Gemeinde beitragen würde.

Im Mai 1935 drohte Pfarrer Schalke ein Disziplinarverfahren, weil er im Gottesdienst Fürbitte für die ins Konzentrationslager gebrachten Geistlichen gehalten hatte. Diesbezüglich denunzierte ihn auch die DC-Fraktion mit Schreiben vom 12. Juni d.J. Da Max Schalke von Pfarrern gesprochen hatte, die „zu Unrecht“ ins KZ gekommen waren, habe er sich selbst „staatsfeindlich bewährt“.

1939 bestand an Heilig-Geist bereits eine „Notgemeinde“ (S. 245 f.). Sie wurde vom illegalen Pastor Birk betreut. Zwischen 140 und 150 (von knapp 17 000) Gemeindemitglieder besaßen die „rote Karte“ der BK. Zu internen Bibelstunden erschienen 60 bis 70 Gläubige.

Im Bezirk Mitte konnte sich die Bekennende Kirche neben Sophien (S. 216 ff.) und Friedrichswerder (S. 242 ff.), besonders an der St. Golgatha-Kirche (Borsigstraße 6) und der Zionskirche (Zionskirchplatz) auf mehrere Anhänger des Pfarrernotbundes stützen.

Die *Zionsgemeinde*, an der Dietrich Bonhoeffer 1931 seine „liebe Not“ mit undisziplinierten Konfirmanden aus Wedding und Mitte hatte, wurde durch den angesehenen alten Superintendenten Friedrich Richter (* 1870) geprägt. Ihm zur Seite stand Pfarrer Hermann Seedorf. Beide gehörten dem Notbund an. Trotz einiger kleiner Querelen herrschten im ganzen eher ruhige Verhältnisse. (Am 4. 6. 1933 hielt jedoch der kurz zuvor gewählte Reichsbischof Friedrich von Bodelschwingh seinen ersten Gottesdienst in dieser Gemeinde ab.) Von 31 600 evangelischen Gläubigen der Zionsgemeinde hatten lediglich 145 die „rote Karte“, und es bestand im GKR keine BK-Mehrheit. So beschloß man dort 1937 mit 10 : 9 Stimmen, Räume für eine „DC-Gottesfeier“ des Gaus Berlin zur Verfügung zu stellen, wogegen Superintendent Richter Einspruch erhob. Das Konsistorium gab ihm im Februar 1938 recht.

Ähnlich wie an der Heilandskirche in Moabit (S. 230) besaß die BK unter den Pfarrern an *St. Golgatha* (Foto s. u.) eine die Gegner beeindruckende Mehrheit. Alle drei Geist-

lichen – Georg Egel, Josef-Ulrich Freise und Paul Fricke (alle Tieckstraße 17) – gehörten dem Pfarrernotbund an. Von 18400 Gemeindemitgliedern hatten immerhin 433 die „rote Karte“. Die Bekennende Gemeinde betreute anfänglich die verwaisten kleinen Nachbargemeinden der BK, die Philippus-Apostel (Philippstraße) und die St. Johannes-Evangelist (Auguststraße).
Trotz der Stärke der BK an St. Golgatha schlugen keine Funken aus ihrer Überlegenheit, sondern sie schlief nach und nach ein. (Paul Fricke trat 1936 sogar aus dem Notbund wieder aus.)
Viel Streit gab es an St. Golgatha mit dem DC-Fraktionsführer Patay, unter anderem um die Besetzung von Gemeindehelfern. Die Bekenntnispfarrer beachteten auch insofern die Richtlinien der BK, als sie ihre dienstliche Post stets über den Berliner Bruderrat (Präses Jacobi) laufen ließen.

Abschließend sei aus dem unmittelbaren Zentrum der Stadt noch auf *St. Petri* und die *Parochialkirche* hingewiesen. Beide Gemeinden hatten wie St. Nikolai und Friedrichswerder (S. 242) sehr unter dem allgemeinen Bevölkerungsrückgang auf Grund vielfältiger Baumaßnahmen zu leiden. Dies lag nicht allein an der Errichtung der großen Reichsbank, sondern auch an der Umwandlung von Wohn- in Geschäftshäuser.
Nicht nur Friedrichswerder verlor zwei Fünftel der Gemeindemitglieder, auch die St. Petri-Kirche (Gertraudenstraße) beklagte ihre „Ausdünnung“. Zu Beginn des Kirchenkampfes entbrannte ein Streit um Pfarrer Dr. Habicht, der als Freimaurer und Notbundmitglied den besonderen Widerwillen der Deutschen Christen erregte. Dr. Habicht, geboren 1868, 1934 pensioniert, wurde aber von Pfarrer Violet (Nachbargemeinde Friedrichswerder) als Vertreter wieder aktiviert, sehr zur Erregung der dortigen DC.
Am 1. 10. 1936 gelangte DC-Konsistorialrat Walter Hoff als Propst von Cölln an St. Petri. Lange konnte er seine unselige Tätigkeit dort nicht ausüben, denn der Krieg warf seine Schatten bereits 1939 voraus. Dabei ereigneten sich bezeichnende Vorkommnisse: Im Juli verschob der Kirchenmusiker Adolf E. Schütz aus „außenpolitischen Gründen“ die Aufführung des „Englischen Zyklus“. Und am 6. September 1939 mußte der Künstler bereits die Orgelfeierstunde wegen der angeordneten Verdunklungsvorschriften verschieben.

Auch die kleine *Parochialkirche* (Klosterstraße 65/67) – eine sogenannte Personalgemeinde ohne feste Gemeindegrenzen – mit ihrem bemerkenswerten Glockenspiel, das sowohl Berlin-Interessierten (S. 226) als auch Häftlingen des Polizeigewahrsams am Alexanderplatz (S. 97) in Erinnerung geblieben ist, wurde von der Kirchenleitung zu den „aussterbenden“ Gemeinden gerechnet. Von Mitte des 19. Jahrhunderts bis Mitte der 30er Jahre hatte diese Kirche die Hälfte ihrer 8000 Seelen verloren. Früher gab es drei Pfarrer; diese konnten längst nicht mehr bezahlt werden, da die Gemeinde nicht zur Versorgung des Stadtsynodalverbandes gehörte. Bis 1923 war Pfarrer Hans Schwebel an der Gemeinde, wechselte dann aber zu St. Nikolai (S. 225).
Mit Herbert Kitscha wirkte ein gemäßigter „neutraler“ Pfarrer an Parochial.
Zunächst hatte sich Pfarrer Dr. Hans Böhm, der 1933 als geistlicher Hilfsarbeiter im Evangelischen Oberkirchenrat (EOK) „beurlaubt“ worden war, für Parochial beworben. Der sehr engagierte Notbundpfarrer (S. 245) scheiterte aber am Einspruch der DC-Fraktion. Doch selbst der zurückhaltende und loyale Herbert Kitscha bekam im März 1938 Unannehmlichkeiten, als eine Rüstzeit mit Jugendlichen in Beeskow von der örtlichen HJ (unterstützt von der Gestapo) aufgelöst wurde, obwohl die Zusammenkunft angemeldet worden war. Der GKR beschwerte sich wegen dieses Übergriffs bei höheren Parteistellen.
Schon bald schlug der Bombenkrieg ganz andere Wunden.
(Noch 1944 konnte man allerdings einen Trauergottesdienst für den 14. Glockenspieler von Parochial, Wilhelm Bender, halten.)

Bildung der illegalen Kirchlichen Hochschule (1935)

Auf Grund der Beschlüsse der Bekenntnissynoden von Dahlem, in deren Folge ein eigenes kirchliches Gefüge der BK entstand, mußte schließlich auch das Ausbildungswesen (1935) neu geordnet werden.

Der Zwang dazu ergab sich um so mehr, als die Geschicke der Theologischen Fakultät der Friedrich-Wilhelms-Universität seit 1933 zunehmend von Angst und Opportunismus gezeichnet waren. Hinzu kam, daß eine rigorose Säuberungs- und Personalpolitik das Vordringen der Deutschen Christen förderte. So wurde mit der Emeritierung von Professor Arthur Titus sein Lehrstuhl für Systematik mit Georg Wobbermin besetzt, der die in ihn gesetzten Erwartungen auch erfüllte, berichtet Eberhard Bethge.

1933 sah es an der Theologischen Fakultät noch längst nicht so düster aus wie man meinen könnte, obwohl man dort hinnahm, daß Professor Siegmund-Schultze, ein friedens- und sozialpolitisch sehr engagierter Theologe und Gegner des Antisemitismus, bereits im Sommer durch zwei Kripobeamte zwangsexiliert wurde.

Im November 1933 schrieben Professor Erich Seeberg als Dekan der Fakultät und Dr. Walter Dreß als Sprecher der theologischen Dozentenschaft an den Reichsbischof Ludwig Müller und baten mit besorgtem Blick auf die kirchlichen Vorgänge:
„Insbesondere ist sie [die Theologische Fakultät, d. Verf.] der Meinung, daß 'Richtlinien' der Deutschen Christen hierbei geprüft und ihr Verhältnis zu Lehre und Bekenntnis der Kirche klargestellt werden müßten."

Diese verhaltene Kritik am Ungeist der nazistischen Deutschen Christen ließ gerade auch innerhalb der Dozentenschaft immer mehr nach.

Schon beim Beginn des Sommersemesters 1933 deutete sich der allgemeine Umfall führender Akademiker an. Prof. Karl Bonhoeffer (Charité) schrieb rückblickend:
„(Ich habe) von offiziellen Feiern der Universität nur noch die erste Ansprache des Kultusministers Rust in der Universität mitgemacht. Leider haben bei dieser Gelegenheit weder ich noch andere Professoren den Mut gehabt, den Saal bei der verletzenden Haltung des Ministers gegenüber den Professoren zu verlassen."

Anfänglich hielten sich an der Universität noch einige Privatdozenten, wie der junge Dietrich Bonhoeffer und sein Schwager Dr. Walter Dreß, der auch Sprecher der Dozentenschaft war.

Bonhoeffer zählte zum radikalen Flügel der entstehenden Kirchenopposition und prägte an der Universität einen Kreis studentischer Sympathisanten wie A. Schoenherr, J. Winterhager und W.-D. Zimmermann (S. 240). Bereits im April 1933 war Bonhoeffer mit der Schrift „Die Kirche vor der Judenfrage" der Einführung des „Arierparagraphen" innerhalb der Kirche überzeugt entgegengetreten und stritt auch öffentlich – so am 22. Juni 1933 in der Neuen Aula der Universität – leidenschaftlich für seine Ansichten.

Demgegenüber wurden Walter und Susanne Dreß (eine Schwester Bonhoeffers) enttäuscht Zeugen der opportunistischen Haltung des Dekans der Theologischen Fakultät Prof. Erich Seeberg:

Susanne Dreß, geborene Bonhoeffer, erinnert sich 1984:
„Bei einer Fakultätsversammlung mit Damen hatte E. S. in meinem Beisein zu ihm [Walter Dreß] gesagt: ‚Wenn Sie jetzt nicht endlich bei den Deutschen Christen eintreten und mir damit weiter Schwierigkeiten machen, dann werde ich dafür sorgen, daß Ihnen der Staat die Bezüge sperrt.' Damals war das ein einfacheres Verfahren, mit wissenschaftlichem Nachwuchs umzugehen als heute. Dies Stipendium betrug monatlich 150,– Mark, und dafür hatte der Dozent außer seiner Vorlesung – die aber nur ein außerhalb des offiziellen Lehrplanes liegendes Thema haben mußte, weil sonst dem Ordinarius eventuell Kolleggelder entgehen könnten – noch das Proseminar des Fach-Ordinarius unentgeltlich zu leiten und die Arbeiten zu korrigieren. So hatten die meisten Dozenten noch nebenbei Pfarrvertretungen. Jetzt tauchten einige gestiefelte SA-Theologen auf, die Assistentenstellen bekamen, ohne ... [promoviert] zu haben. Die oft wesentlich älteren Dozenten als Dietrich Bonhoeffer und Walter Dreß, die z. T. verheiratet waren, eilten nun auch in die Reihen der Deutschen Christen, und S. hätte so gerne eine geschlossene Formation gemeldet. Da ihm das von uns vermiest wurde, war er sauer. Er sagte ... selbst, daß das Ganze ein übler Schwindel und nichts wie Phrase sei... Jetzt wäre es eben klug, mit Hitler zu marschieren. Meine jugendliche Entrüstung ging in einen physischen Ekel ihm gegenüber auf, besonders weil ich ihn auch von einigen ‚wunderschönen' frommen Predigten im Akademischen Gottesdienst kannte. Ich glaube, ich habe selten jemand so gehaßt wie diesen Herrn. Nicht um des Geldes, der 150,– Mark willen, sondern weil er versuchte, die Seele zu verderben."

Walter Dreß erhielt bald darauf (1936) eine Pfarrvertretung in Lichterfelde-Ost (siehe den Steglitz/Zehlendorf-Band). Wie sein Schwager Dietrich Bonhoeffer beteiligte er sich an der illegalen Arbeit der Kirchlichen Hochschule. Bonhoeffers Leitung des BK-Predigerseminars in Finkenwalde war dabei von überragender Bedeutung für die Entwicklung der Bekennenden Kirche in Berlin-Brandenburg.

BK-Predigerseminar mit Dietrich Bonhoeffer (unten 6. v. l.)

Aus den Kreisen der Privatdozenten hatte neben Walter Dreß auch Dr. Walter Künneth (Mitbegründer der Jungreformatorischen Bewegung im Mai 1933) dem Reichsbischof schließlich das Mißtrauen ausgesprochen. Auch dieser im Kirchenkampf eher gemäßigte Theologe mußte seine Aktivitäten letztendlich an einen anderen Ort, die Apologetische Centrale des Johannesstifts, verlegen. (Siehe den Spandau-Band dieser Reihe). In einer weit verbreiteten Schrift setzte er sich dort mit der NS-Ideologie auseinander. Im November 1935 wurden Dr. Künneth durch die Leitung der NS-Studentenschaft, die in Übereinstimmung mit dem Reichskirchenministerium handelte, die Vorlesungen unterbunden.

Und selbst der kirchenpolitisch sehr zurückhaltende ehemalige Hofprediger Bruno Doehring (S. 212ff.) vom Berliner Dom bekam keine Verlängerung für seine Tätigkeit als Privatdozent, weil er sich den Deutschen Christen und der Partei verweigerte.

Gegen derartige Entscheidungen sicherten sich andere Theologen an der Universität rechtzeitig ab. Reinhold Seeberg war einst als Vorkämpfer der positiven Theologie (als Gegengewicht zu Harnack) nach Berlin berufen worden. Walter Wendland: „Er hielt es für richtig, in vornehmer Zurückhaltung neutral zu bleiben" und wurde Mitglied der NSDAP.
Nach einer Statistik der BK vom August 1936 neigten von 400 Theologiestudenten 260 zur Kirchenopposition. Den Rest teilten sich die „Neutralen" und die Deutschen Christen.
Das Studium der Theologie an der Friedrich-Wilhelms-Universität wurde aber immer mehr von der Ideologie des Nationalsozialismus bestimmt. Daher war die BK gezwungen, eigene Ausbildungswege zu beschreiten.

Anfänglich glaubte man noch, das Problem durch Zusatzkurse lösen zu können. Die BK richtete in der Friedrichswerderschen Rosenstraße 5 Ergänzungsvorlesungen ein, die jedoch sofort von der Gestapo untersagt wurden. Danach siedelte man in den „Kinderrettungsverband" (Charitéstraße) über, bis auch dort der Unterricht unmöglich wurde. Pfarrer Walter Wendland: „Dann ging es in die Katakomben hinein."

Am 1. November 1935 wurden deshalb eigene kirchliche Hochschulen der BK in Berlin und Elberfeld eröffnet – und sofort verboten, desgleichen der Eröffnungsgottesdienst in der Dahlemer Jesus-Christuskirche. So mußte gezwungenermaßen auch hier der Weg der Illegalität gewählt werden. Bis zur Zerschlagung 1941 (siehe Seite 249) führte man den Ausbildungs- und Prüfungsbereich heimlich durch. Häufig unterrichteten die Lehrkräfte der von Hans Asmussen (bis 1937) geleiteten Berliner Kirchlichen Hochschule, darunter angesehene Theologen wie Prof. Günther Dehn und Lic. Wilhelm Niesel in Privatwohnungen, BK-Geschäftsstellen, Pfarrhäusern oder in der freien Natur, als Familienausflug getarnt.
Das Prüfungswesen lag in den Händen des sehr couragierten Spandauer Superintendenten Martin Albertz, der zugleich Leiter des Lehramtes der BK wirkte. Er war geradezu das Idol vieler „Junger Brüder". Anfänglich waren es in Berlin 60–70 Studenten, die die illegalen Vorlesungen hörten.

> Der Kirchenhistoriker Walter Wendland schreibt über sie:
> „Die wußten genau, daß die offizielle Kirche sie niemals anstellen würde, aber sie vertrauten darauf, daß Gottes Wort mehr Macht hat als eine von Menschen zurechtgemachte, neue Verkündigung...
> So wuchs ein neues Theologen-Geschlecht, das allein von der Bekennenden Kirche gestützt wurde."

Bestrafung von Studenten

Manche der „Jungen Brüder" der BK, die an der illegalen Kirchlichen Hochschule studierten, wollten ihr Studium an der Friedrich-Wilhelms-Universität trotzdem nicht aufgeben. Sie versuchten, gleichzeitig zu studieren. Dies wurde ihnen per Gerichtsverfahren (Mai 1937) von der Universität verboten.
Ostern 1937 nahm die Universitätsverwaltung die „Rückmeldung" von zwei Berliner Studenten (Siegfried Anz, Bernhard Schöne) und eines Potsdamer Kommilitonen (Hermann Andrae) für das kommende Semester nicht an, „weil sie den Nachweis einer erhöhten Bereitschaft im Dienst für Volk und Staat nicht erbrachten" und sich weigerten, in eine NS-Organisation einzutreten.

Bernhard Schöne, Sohn eines bekannten Professors der Medizin, richtete daraufhin auch im Namen der beiden anderen ein Schreiben an den Rektor der Universität. Darin begründete er die ablehnende Haltung, sich außerhalb des Studiums in einer Gliederung oder in einem Verband der NSDAP zu betätigen. Das Hauptargument war, daß die Partei die christliche Kirche unterdrücke und die Verkündigung des Evangeliums behindere.
Diese Haltung wurde als schwerer Verstoß gegen die Pflichten, „die dem Studierenden einer deutschen Hochschule im nationalsozialistischen Staat obliegen", aufgefaßt. Schon bald darauf mußten die drei Studenten die Universität verlassen. (Schöne und Anz wurden nach Kriegsausbruch zur Wehrmacht einberufen und kamen früh ums Leben.)

Ein noch härteres Urteil traf Dr. Adolf Freudenberg. Er war bis 1934 im diplomatischen Dienst des Auswärtigen Amtes tätig und begann danach das Studium der Theologie. Wegen seiner aktiven Mitgliedschaft in der Bekennenden Kirche wurde der ehemalige Beamte nicht allein von der Berliner Universität, wie die Obengenannten, sondern von jedem Studium grundsätzlich ausgeschlossen. Er ging daraufhin in die Schweiz und setzte sein Studium in Basel fort. Danach arbeitete er beim Flüchtlingsreferat des Ökumenischen Rates in Genf.
Auf Grund dieser allgemeinen politischen Entwicklung gelang es nur einer verschwindend kleinen Zahl junger Theologen der BK, sich akademisch weiterzubilden. Man denke dabei besonders an Dr. Gerhard Ebeling, der 1942 in Zürich promovierte und sich trotzdem noch im Berliner Kirchenkampf engagierte, so als führender Mitarbeiter des Berliner Bruderrates und illegaler Pfarrer in Hermsdorf. (Siehe den Pankow/Reinickendorf-Band dieser Reihe.)

Vorgeladen im Reichsministerium für die Kirchlichen Angelegenheiten

Mitte, Leipziger Straße 3 (ehem. Preußisches Herrenhaus)

Pfarrer Joseph Chambon zählte zu den Lehrern der illegalen Kirchlichen Hochschule, an der er Vorlesungen über Reformierte Kirchengeschichte hielt. Der Theologe war hugenottischer Herkunft, einer von mehreren Pfarrern der französisch-reformierten Gemeinde, die – neben einer kleinen Kolonie in Buchholz – am Gendarmenmarkt (Französisch-reformierte Friedrichstadtkirche) und an der Klosterkirche wirkte.
Der Bekenntnispfarrer hatte innerhalb der französisch-reformierten Gemeinde einen sehr schweren Stand. Ohne Rücksicht auf sein Alter und die angegriffene Gesundheit verwickelte man ihn in einen zermürbenden Kleinkrieg. Sein deutliches Engagement für die Kirchenopposition wurde schließlich zum Grund, ihn aus dem Amt bei der französischen Gemeinde zu drängen (1938). Um so bemerkenswerter dürfte der Mut des Kranken und Betagten gewesen sein, als er sich bei einer Vorladung ins Reichskirchenministerium (Leipziger Straße 3) mit folgenden Worten äußerte:

Im o.g. Reichsministerium notierte man am 17. März 1938:
„Ohne Gruß betrat Chambon die Diensträume und mußte von den Beamten auf die Grußpflicht hingewiesen werden. Er erhob daraufhin die rechte Hand und sprach: ‚Gott segne Adolf Hitler'."

Obwohl Chambon im November 1938 selber die Versetzung in den Ruhestand beantragt hatte, war er regelrecht rausgeekelt worden.
1939 wurde Pfarrer Maresch für den ausgeschiedenen Kollegen nachgewählt, doch auch gegen ihn, einen ehemaligen Logenbruder (Freimaurer), intrigierte der Gemeindevorstand. Resigniert zog sich Pfarrer Maresch im Juli 1943 zurück.
Professor Chambon wirkte nach dem Krieg wieder als Hochschullehrer an der Kirchlichen Hochschule in Zehlendorf.

Ein heimlicher Nachrichtendienst entsteht (W.-D. Zimmermann)
Tiergarten, Lützowstraße

Ende 1935 erhielt einer der „Jungen Brüder", Wolf-Dieter Zimmermann, ein Freund Dietrich Bonhoeffers und Sohn des Berliner Superintendenten Richard Zimmermann (S. 249), einen heiklen Auftrag.

Wolf-Dieter Zimmermann (* 1911) – Foto nebenan – erinnert sich 1987:
„Wilhelm Niesel vom Preußischen Bruderrat übertrug mir die alleinige Verantwortung für die Herausgabe eines illegalen Nachrichtendienstes. Niemand sagte mir, wie man so etwas macht. Es hieß nur:
‚Wenn Sie geschnappt werden, kennen wir Sie nicht!'
Ich tarnte das Nachrichtenblatt als ein Nazipapier. Ich dachte mir, wer lesen kann, wird daraus schon ersehen, was er wissen muß. So entstanden Blätter wie ‚Der Führer hat immer recht' oder ‚Der Nationalsozialismus will dein Gott sein'. Auf den ersten Blick war die Kritik nicht zu erkennen.
Die Herstellung mittels eines Vervielfältigungapparates erfolgte so: In einer Pension in der Lützowstraße, etwa in Höhe des Hotels Berlin, schräg gegenüber einer Stapo-Dienststelle, kehrte ich sonnabends gegen 19.00 Uhr mit einem Mädchen Arm in Arm ein. Bis früh um 4.00 Uhr arbeiteten wir an der Herstellung des Blattes. Gegen 5.00 Uhr in der Früh traf ich dann am Lehrter Bahnhof einen mir Unbekannten und übergab die Materialien.
Sie erschienen im vierzehntägigen Rhythmus etwa ein halbes Jahr in einer Auflage von mehreren Tausenden, wurden aber nie in Berlin verteilt."

Ähnlich wie dieser Informationsdienst arbeitete das illegale SPD-Blatt „Blick in die Zeit" (S. 62), d. Verf.

Ungefähr ein halbes Jahr konnte er seine geheime Aufgabe erfüllen, dann griff die Politische Polizei zu. Nach einigen Tagen Haft (Alexanderplatz) und längerem Verhör ließ man ihn jedoch wieder frei.
Wolf-Dieter Zimmermann legte 1938 sein 2. theologisches Examen bei der Bekennenden Kirche ab und wirkte danach als illegaler Pfarrer in Werder.

Rückblickend sagte er heute (1987) über seine damalige verbotene Tätigkeit:
„Worte wie ‚Widerstand', ‚Illegalität' wurden in unseren Reihen nicht benutzt, es waren eher Begriffe der ‚Linken'.

> Auch mit dem Wort ‚Demokratie‘ war es ähnlich. Derartiges spielte im innerkirchlichen Streit keine Rolle. Aufgewachsen in der nationalen Bürgerwelt hatten viele von uns die Weimarer Republik oder den ‚Pluralismus‘ als Zerstörung des Christentums wahrgenommen.
> Erst Mitte der 30er Jahre, mit dem sich verschärfenden Kampf des Staates gegen die 2. Vorl. Leitung der BK (Albertz, Böhm, Müller), begriff ich die Obrigkeit dann als Antichrist, gegen den ethische Gegnerschaft begründet war.“

(Wolf-Dieter Zimmermann wirkte nach dem Krieg als Rundfunkbeauftragter seiner Kirche.)

Charitépfarrer Schötz

Den Charité-Analen (Neue Folge, Band 10) entnahmen wir 1990 folgende dramatische Episode aus dem Leben des Krankenhausseelsorgers Schötz, der von 1935 bis 1945 als Charitépfarrer wirkte:

> „Vom damaligen 2. Charitépfarrer Schötz wird uns in einer Strafanzeige vom 5. September 1938 an den Generalstaatsanwalt beim Landgericht Berlin berichtet, wie er wenige Tage zuvor von fünf Polizeioffizieren und fünf anderen Polizisten, alles SA-Angehörige, in der S-Bahn als ‚Pfaffe‘ beschimpft, als Landesverräter bezeichnet und mit Handgreiflichkeiten belästigt wurde, weil er sich gegen deren ‚öffentliches gotteslästerliches Verhalten‘... zur Wehr gesetz hatte. Selbst in der Plenarsitzung des Evangelischen Konsistoriums war es damals zu Auseinandersetzungen unter den Konsistorialräten gekommen, weil Oberkonsistorialrat Siebert bei der Erörterung dieser Angelegenheit mit erhobener Stimme (gegenüber der Tat der Polizeioffiziere) ausgerufen hatte: ‚Das sind Schurken! Das sind die wahren Landesverräter!‘“

Pfarrer Dr. Bruno Violet (Friedrichswerdersche Kirche)
Mitte, Werderscher Markt

Wenn es im Stadtzentrum einen Ort gab, an dem oppositionelle Kirchengruppen eine Heimstätte fanden, dann war es bei Dr. Bruno Violet (1871–1945) von der Friedrichswerderschen Gemeinde.

Es war nicht in erster Linie die für alle Berliner zentral erreichbare Lage, sondern die besondere Aufgeschlossenheit dieses Geistlichen hugenottischer Herkunft. Wenn man zudem seine schwere Krankheit in Betracht zieht, ist sein Einsatz besonders bewundernswert.

Wie fast allen protestantischen Pfarrern war ihm der Widerstand nicht gerade in die Wiege gelegt. Im Gegenteil, besonders die Revolutionsunruhen, die er 1918/19 in seiner Kirche nahe dem Berliner Schloß und dem Marstallgebäude miterlebt hatte, dürften ihn nachhaltig politisch geprägt haben.

So äußerte er noch in einer Predigt am 31. Dezember 1933:
„Aber Größeres als mein armes Leben habe ich Deutscher in diesem Jahr geschaut: die Erhebung und Wiederbelebung meines Deutschen Volkes! Man kann das Jahr 1933 geschichtlich nicht anders bezeichnen als Adolf-Hitler-Jahr, das Jahr der Erhebung Deutschlands. Wir alle haben es freudig erlebt, wie unser Vaterland aus der ungeheuren Schmach und Würdelosigkeit, an die wir uns in 14 Jahren fast gewöhnt hatten, durch diesen Führer und Retter Deutschlands herausgerissen und emporgehoben wurde."

Zu diesem Zeitpunkt gehörte Bruno Violet bereits seit September 1933 dem Pfarrernotbund an. Er gab sich wie viele oppositionelle Christen (S. 212) der Illusion hin, die Gegnerschaft zum Gewaltregiment der nazistischen Deutschen Christen und die Ablehnung des Arierparagraphen innerhalb der Kirche sei mit einem positiven Bekenntnis zum NS-Staat zu verbinden. Erst nach und nach ging ihnen auf, daß „alles mit allem" zusammenhing.

Friedrichswerder war mit 1 100 Seelen eine kleine Gemeinde, die durch den Reichsbankneubau bzw. den Abriß vieler Wohnhäuser zwei Fünftel der Mitglieder verloren hatte. Ihr von Schinkel erbautes Gotteshaus war dagegen von eigener Bedeutung. Die Deutschen Christen hielten bis 1935 eine knappe Mehrheit in den Körperschaften, dann schieden zwei ihrer Vertreter aus, und die Verhältnisse waren umgekehrt.

Bereits 1933 setzten in der Gemeinde die Schwierigkeiten und Auseinandersetzungen ein, wobei Pfarrfrau Luise Violet trotz eigener Belastung ihren schwerkranken Mann anhaltend unterstützte. So schaffte sie es beispielsweise, die DC vom Frauenverein fernzuhalten.

Im Herbst 1934 erwirkten die Gegner des BK-Pfarrers erfolgreich dessen Absetzung, konnten seine Rückkehr aber nicht verhindern. Bruno Violet hatte am 12. August 1934 die Kanzelabkündigung des Reichsbruderrates der BK „Gegen das Kirchenregiment" verlesen und damit, nach Ansicht der offiziellen Kirchenleitung, öffentlich zum Ungehorsam aufgerufen. Die Zwangsbeurlaubung des Bekenntnisgeistlichen wurde nach drei Monaten am 18. Dezember 1934 wieder aufgehoben und der Betroffene zur Erhaltung des Gemeindefriedens angehalten.

Am Monatsende des Jahres 1934 legte die DC-Fraktion bereits ein neues „Sündenregister“ vor. Es beginnt mit der Vertreterregelung durch einen Treptower BK-Pfarrer:
„Nachdem er wieder im Amte ist, hat er zunächst wiederum den Pfarrer Dr. Habicht – früher an der St. Petrikirche hierselbst – als seinen Vertreter für die Feiertagspredigten am 26.12.34 und 1.1.1935 bestellt...
Dr. Habicht ist m.W. Freimaurer und Meister vom Stuhl gewesen. Nur durch seinen freiwilligen Rücktritt vom Amt an St. Petri soll – wie in unserer Gemeinde erzählt wird – man die Angelegenheit auf sich habe beruhen lassen. Es berührt eigenartig, daß der Pfarrer Dr. Violet den Pfarrer Dr. Habicht mit seiner Vertretung im Gottesdienst betraut. Damit stößt der Pfarrer Dr. Violet die Mehrheit der Gemeindevertretung zurück und verschärft von neuem die Gegensätze.
Ein recht merkwürdiger Vorfall hat sich am 24.12.34 (Heiligabend) bei Beginn der liturgischen Andacht in unserer Fr. Werderschen Kirche zugetragen. Ich bitte, diesen Vorgang zu untersuchen und gegen die Beteiligten, sofern sie sich Verstöße haben zuschulden kommen lassen, vorzugehen.
Am Heiligabend vor Beginn der liturgischen Andacht hielt ein unbekannter Pfarrer* im Talar eine Ansprache, in der er dem Sinn nach zum Ausdruck brachte, daß das alte Recht wieder hergestellt sei und daß er ihn (Violet) im Auftrage des Bruderrats der bekennenden Synode und im Namen des Vaters und des Sohnes und des Heiligen Geistes wieder in sein Amt einsetzte. Diese Ansprache erregte bei der Mehrheit der Gemeindekirchenvertretung großen Unwillen.“

* Beim Pfarrer handelte es sich um den BK-Superintendenten Dr. Bronisch, d. Verf.

Die Beschwerde- und Denunziationsschreiben rissen nun nicht mehr ab. So wurde dem BK-Pfarrer vorgehalten, die Konfirmanden nicht im Sinne des Dritten Reiches zu erziehen. „Der Deutsche Gruß ist bei Pfarrer Violet etwas Unbekanntes" kritisierte der Kirchenälteste der DC, Miermann.
Als besonders provozierend empfanden es diese Kreise auch, daß der Notbundpfarrer es wagte, eine nazistische Gemeindeschwester in den Ruhestand zu versetzen. Bruno Violet vermochte es sogar zu erreichen, daß einer seiner Gegner, der Münzinspektor Michel, mit einer Privatklage im April 1935 zur Verantwortung gezogen und zu 300,– RM Geldstrafe wegen Beleidigung verurteilt werden konnte.

Berlin. Friedrichs-Werdersche-Kirche.

Im Mai 1935 rächte sich die DC-Fraktion mit einer Meldung an die Geheime Staatspolizei, weil der Notbundpfarrer beim Sonntagsgottesdienst geäußert hatte: „Wer richtig betet und Glauben hat, der muß so beten, daß er auch die Pfarrer, die in Schutzhaft und im Konzentrationslager sitzen, in sein Gebet mit einschließt; denn diese Männer haben für ihren Glauben gestritten."

Nach Recherchen der Enkeltochter mußte auch Pfarrer Violet in den ersten Jahren des Kirchenkampfes Verhöre und Kurzhaft (bis zu drei Tagen) erdulden, berichtete seine ehemalige Hausangestellte.
1935 setzte seine aktive Mitwirkung bei der illegalen Kirchlichen Hochschule ein. Er beteiligte sich an Prüfungen und stellte die Kirche für Gottesdienste, Vorlesungen und Tagungen der BK zur Verfügung. 1937 wurden die Mitglieder des Reichsbruderrates der Bekennenden Kirche – darunter die Pfarrer Böhm, Müller, von Rabenau sowie Assessor Perels – im Gotteshaus verhaftet.
1941 war Bruno Violet erneut gefährdet, als die Kirchliche Hochschule zerschlagen, ihre Träger verhaftet und 23 Mitarbeitern der Prozeß vor dem Berliner Sondergericht I gemacht wurde.

Pfarrer Martin Albertz schreibt 1948 rückblickend über seinen Freund und Amtsbruder:
„Trotzdem er alt und leidend geworden war, hielt er in höchster Anfechtung dem Prüfungsamt die Treue. Da er selbst schon eine schwere Magenoperation durchgemacht hatte, verschonte die Staatspolizei ihn als einzigen des Prüfungsamtes von der Verhaftung und verurteilte ihn zu einer sehr hohen Geldstrafe. Mit hugenottischem Bekennermut stand er auch diese schwere Zeit durch."

(Im Januar 1943 wurde Dr. Violet zwangsweise in den Ruhestand versetzt; 1945 verstarb der Schwerkranke.)

1939 und 1940 kam es im Gemeindesaal von Friedrichswerder zu wichtigen Tagungen der Berliner Bekennenden Kirche:

Tagungen der Berliner „Notgemeinden"
Mitte, Oberwallstraße 21 – Gemeindehaus der Friedrichswerderschen Gemeinde

Notgemeinden (Saalgemeinden) entstanden, wenn Bekenntnispfarrer keinen Zutritt zu den offiziellen Kanzeln der Kirche hatten oder „illegale" junge Pastoren der BK nicht predigen durften.
Manchmal versuchte man, sich an BK-Nachbargemeinden anzulehnen oder wurde vom Berliner Bruderrat durch einen „illegalen" (d. h. ausgebildeten, aber nicht fest angestellten) BK-Pfarrer unterstützt. Gerade die Laien spielten in diesen Notgemeinden eine tragende Rolle.
Meistens handelte es sich um isolierte kleine Gruppen. Nur in seltenen Fällen, etwa in Spandau um Pfarrer Albertz, konnten sie sich auf ihren ebenfalls ausgesperrten Pfarrer stützen.
Auf Initiative von Bruderratsmitglied Sup. Martin Albertz schlossen sich die Notgemeinden im Juni 1939 zusammen, Pfarrer von Rabenau wurde mit ihrer Betreuung beauftragt. Zur ersten Zusammenkunft am 23. November, die von den Pfarrern von Rabenau und Ebeling geleitet wurde, erörterten die Teilnehmer folgende Gemeindeschicksale:
Spandau (St. Nikolai, Melanchthon und Haselhorst), Friedenau, Friedrichsfelde, Dahlem, Lichtenberg, Friedensgemeinde (N 58), Mariendorf, Marienfelde, Tempelhof, Reinickendorf (mit Wittenau und Hermsdorf), Johannisthal, Magdalenen (Neukölln) und Heilig-Geist (S. 233).
Insgesamt wurden 1939/40 33 Notgemeinden gezählt, später kam noch die Heilandskirche in Moabit (Thusnelda-Allee) hinzu, wie folgende Zuschrift an Pfarrer Dr. Jannasch, der zuletzt Betreuer der „Notgemeinden" Berlins war, zeigt.

Ernst Kube schreibt am 2. Januar 1941 an Pfarrer Jannasch:
„Die dortige BK-Gemeinde ist bereits vor einiger Zeit durch ihren BK-Pfarrer Link ‚aufgelöst' worden. Ein Teil der Gemeindeglieder hat diese Auflösung nicht mitgemacht... [und] sich zum Teil anderen BK-Gemeinden (Kaiser-Wilhelm-Gedächtnis) angeschlossen, zum Teil arbeiten sie im kleinen Kreis ohne jegliche Betreuung durch die BK weiter. Es kann nach meiner Überzeugung gar keinem Zweifel unterliegen, daß diese Rest-BK-Gemeinde einer besonderen Betreuung bedarf, zumal ihre treue und entschiedene Haltung unter den schwierigen Verhältnissen als verheißungsvoll angesehen werden muß. Seien Sie doch bitte so freundlich, hier irgendwie helfend einzugreifen! Vertreter der BK-Gemeinde Heiland ist der auch Ihnen bekannte Dr. Hans Möhle (Berlin NW 21, Bundesratufer 4)..."

Die Berliner Notgemeinden kamen zwischen 1939 und 1942 zu mehreren Tagungen und Rüstzeiten zusammen, davon mindestens zweimal im Friedrichswerderschen Gemeindesaal (Foto oben): am 23. November 1939 und am 24. Januar 1940. Der interne Schriftwechsel des Berliner Bruderrats der BK spricht noch im November 1940 von „planmäßigen" Zusammenkünften, wobei auch das „Goßner Missionshaus" in Friedenau, an dem Pfarrer Dr. Jannasch und Missions-Inspektor Lokies wirkten, wiederholt als Tagungsstätte diente.
Die Auswirkungen des intensiver werdenden Bombenkriegs dürften die Probleme und Sorgen im Laufe der 40er Jahre höchstwahrscheinlich verschoben haben (S. 371 ff.). Die Zerstörung vieler Kirchen schuf nun Gemeindenot ganz anderer Art.
1944 fiel auch das Pfarrhaus von Friedrichswerder den Bomben zum Opfer.

St. Johannis in Moabit
Alt-Moabit 24/25

Von den zahlreichen Kirchen, die das Bild Moabits prägten (S. 229ff.), kam Schinkels Vorstadtkirche „St. Johannis" im Kirchenkampf noch die größte Bedeutung zu.
In den ersten Jahren der kirchlichen Auseinandersetzungen gab es auch in anderen Gemeinden, besonders in der Heilandskirche (Thusnelda-Allee), starke Spannungen, doch ließen diese dann allgemein nach, als sich die Notbundpfarrer immer weniger hervorwagten (S. 231 f.).
Demgegenüber hielt Hellmut Hitzigrath (1891–1950) bis zum Zusammenbruch am Auftrag der BK fest. Er engagierte sich nicht allein in seiner eigenen Gemeinde, wo die Deutschen Christen 1933 dreiviertel der Sitze errangen, sondern war darüber hinaus BK-Superintendent von Moabit, Vertrauensmann aller Bekenntnispfarrer des Kirchenkreises Berlin Stadt II, der sich über Teile von Mitte und Moabit bis zum Wedding erstreckte, und wirkte an herausragender Stelle im Berliner Bruderrat der BK als stellvertretender Präses und Referent für Studenten.
Hitzigrath war eher ein bedächtiger Mann „von deutschnationaler Gesinnung und preußischer Strenge", berichtet sein Sohn Rüdiger. Diese Prägung war kein Zufall, denn der angehende junge Geistliche hatte von Oktober 1916 bis Ende März 1917 als Zivilerzieher an der Hauptkadettenanstalt in Lichterfelde gearbeitet. Nach Diensten in der Uckermark gelangte der junge Pastor 1926 nach Moabit. 1929 konnte der auf Grund der Pensionierung seines Vorgängers sogar in die erste Pfarrstelle aufrücken und dann mit seiner kinderreichen Familie ins gemeindeeigene Pfarrhaus ziehen. (Die mit seinem neuen Amt verbundenen Verwaltungspflichten haben ihm, einer Gemeindechronik zufolge, allerdings nicht sehr gelegen.)

Der 1932/33 ausbrechende Kirchenkampf sollte Hellmut Hitzigrath sehr herausfordern und auch stark gesundheitlich beanspruchen.
Der große Wahlerfolg der DC sowie Bespitzelungen und Denunziationen setzten ihm sehr zu. So machten seine Gegner aus folgender Äußerung im Bezirkshelferkreis: ein Kommunist, der sich durch Gottes Gnade bekehrte, sei ihm lieber als ein Nationalsozialist, der von Christus nichts wissen wolle – die gezielte Unterstellung „Ein Kommunist ist mir lieber als ein Nationalsozialist!“

Vielleicht gereichte es Hitzigrath zum Glück, daß angesichts derartiger Hetze der geschäftsführende Vorsitz der Gemeinde im April 1933 an den neutralen Pfarrer Werbeck überging. Trotzdem, auch er konnte nicht verhindern, daß die Deutschen Christen mit ihrer großen Mehrheit den Beschluß durchdrückten, die Kirchenleitung von Berlin-Brandenburg (Konsistorium) möge Hitzigrath beurlauben, „... da die Stimmung in der Gemeinde durch sein eigenes Verschulden äußerst gereizt ist.“
Bald darauf, am 21. September, verschärften diese ihre Forderungen und wünschten die Versetzung und sofortige Beurlaubung ihres Gegners. Trotz der Übernahme eines Teils der Kritik folgte die Kirchenleitung dem Ansinnen der radikalen Moabiter DC aber nicht. Im Februar 1934 unternahmen diese einen erneuten vergeblichen Vorstoß, um den Notbundpfarrer loszuwerden und leiteten ihren Protest diesmal nicht nur an die Kirchenbehörde, sondern auch an außerkirchliche Stellen wie die NSDAP-Ortsgruppe, den Reichsjugendführer und die Geheime Staatspolizei weiter. Es wird Hellmut Hitzigrath geholfen haben, daß sein übelster Gegenspieler, der Kirchenälteste und Kreisleiter Otto Winter, allein durch seinen rüden Ton und unsittlichen Lebenswandel die DC wiederholt kompromittierte.

Nach der skandalösen Sportpalastkundgebung (S. 214) wuchs das kleine oppositionelle Lager an St. Johannis dann doch an. Durch die Erweiterung um zahlreiche engagierte Laien entstand 1934 die Bekennende Gemeinde. In ihren Gottesdiensten wurden die Verlautbarungen der Kirchenopposition gegen das Gewaltregiment des Reichsbischofs verlesen, fand Fürbitte für verhaftete Christen statt. Auch die Gottesdienste Pfarrer Hitzigraths, der eher kein mitreißender Redner war, waren von zunehmend mehr Gemeindemitgliedern besucht. Die Zusammenarbeit mit dem neutralen Pfarrer Alfred Werbeck gestaltete sich kollegial. Mit den beiden anderen war sie mehr nüchtern und durchzogen von gelegentlichen Sticheleien, berichtete der Sohn.

Rüdiger Hitzigrath erinnert sich 1986 auch an einen Vertrauenskreis aus Moabit: „Einmal im Monat kam in Vaters Bibliothekszimmer der Männerkreis der Bekennenden Kirche zusammen. Es waren zwischen zehn und zwölf Personen. Unter ihnen waren Rechtsanwalt Cooper, pensionierte Kirchenvertreter wie George und Kirchner, der Altphilologe Professor Petri, Oberregierungsrat Küster, die Brüder Kastner, der Geschäftsführer vom Café Kranzler und Herr Diedrich, der als engagierter Laie an der Reformationskirche (S.230) im Beusselkiez wirkte.“

Über Moabit hinaus war Hellmut Hitzigrath neben der aufreibenden Arbeit im Berliner Bruderrat kirchenpolitisch und menschlich eng mit Pfarrer von Bargen von der Weddinger Osterkirche und Pfarrer Heinrichs aus Friedrichshagen verbunden.

Ende 1935 geriet die BK in eine gewisse Krise, denn der Kirchenkampf beruhigte sich insofern, als der Staat und die Amtskirche durch die Errichtung von Kirchenausschüssen (bis 1937) die sich streitenden Gruppen (einschließlich der zahlreichen Neutralen) in gemeinsamer Gremienarbeit zusammenführen wollten. Der radikale Flügel der BK, nicht nur Niemöller als Reichsgeschäftsführer des Pfarrernotbundes, sondern auch

führende Kreise wie Superintendent Martin Albertz (Spandau), Pfarrer Dr. Hans Böhm (Zehlendorf) und Pfarrer Fritz Müller (Dahlem) lehnten die Zusammenarbeit mit den Deutschen Christen strikt ab, da man diesen die Rechtmäßigkeit, sich Kirche zu nennen, abstritt.
Gemäßigte Kreise der BK, gerade auch in Moabit – z. B. Pfarrer Streckenbach –, willigten in den Kompromißvorschlag „Kirchenausschüsse" (1935) ein und beendeten für sich den Kirchenkampf auf Gemeindeebene. (Der ehemalige Sup. des Kirchenkreises Berlin-Stadt I, Richard Zimmermann, war Vorsitzender des Provinzialkirchenausschusses.)
Der Moabiter Pfarrer Hitzigrath hielt am strikten Trennungsstrich gegenüber den Deutschen Christen fest und beteiligte sich als Berliner Bruderratsmitglied auch an der Arbeit der illegalen Kirchlichen Hochschule (S. 236 ff.).
Am 15. Mai 1941 wurde er deswegen mit anderen führenden Frauen und Männern der BK verhaftet. Man warf ihnen vor, entgegen dem Verbot der Reichsbehörden an illegalen theologischen Prüfungen teilgenommen zu haben. Vom 12. bis 22. Dezember 1941 fand der Prozeß vor dem Berliner Sondergericht I statt. Die Hauptlast trug der Verantwortliche für die verbotene Ausbildungs- und Prüfungsarbeit, Pfarrer Martin Albertz, der ins Gefängnis Tegel mußte. Sein Amtsbruder Hitzigrath wurde zu drei Monaten Gefängnis verurteilt, die durch die Untersuchungshaft aber als verbüßt galten.

Rüdiger Hitzigrath berichtet 1986:
„Unser Pfarrhaus, Alt-Moabit 24/25, wurde damals wiederholt zur Zwischenstation für Besucher von inhaftierten Glaubensgenossen der nahen Haftanstalt. So erinnere ich mich an die Ehefrauen von Martin Albertz und Günther Harder. Für Assessor Perels, einer der Rechtsberater der preußischen BK, wurde ein dickes Buch in die Haft geschmuggelt. Friedrich Justus Perels war [1944] grausam gefoltert worden. Mutters Kommentar dazu, ‚diese Bluthunde', blieb mir unvergessen."

Insgesamt hatte Pfarrer Hitzigrath sieben Monate im Zellengefängnis Lehrter Straße 3 gesessen und nicht zuletzt gesundheitlich sehr gelitten. Obwohl er schon bald darauf einen Erholungsurlaub antreten mußte, schaffte er es, unmittelbar nach der Entlassung, am Heilgen Abend, noch die 2. Christvesper zu halten. Die Freude der Gemeinde über seine Rückkehr war bewegend, berichtet die Gemeindechronik.

Bei den verheerenden Luftangriffen des 23. November 1943 (S. 371) wurde die St. Johannis-Kirche und am 1. Februar 1945 auch das Gemeindehaus zerstört. Zu allem Unglück verlor die Pfarrersfamilie dabei auch ihren zwölfjährigen Sohn Siegward.

Der immer heftigere Bombenkrieg seit Ende 1943, die Evakuierung der Frauen und Kinder aufs Land und der immer irrsinnigere Terror der Nazis brachten die illegale Arbeit der Berliner BK vielerorts zum Erliegen: Ausweisungen, Rede- und Unterrichtsverbote, versiegelte oder kriegszerstörte Büros, Menschen auf der Flucht und Suche nach Ersatzquartieren. Man versuchte nur noch durchzuhalten bis zum Beginn einer neuen Ordnung. Im April 1945 verlor die Bekennende Kirche dann noch zwei große Persönlichkeiten: Dietrich Bonhoeffer wurde im KZ Flossenbürg, Friedrich Justus Perels auf dem Moabiter Ulap-Gelände (S. 381) ermordet.

Nach der Befreiung wurde Hellmut Hitzigrath als erster Pfarrer von St. Johannis Superintendent des Kirchenkreises Berlin Stadt II. Die Not der Nachkriegszeit und die Fülle seiner Aufgaben raubten ihm die letzten Kräfte. Am 23. September 1950 starb er, erst 59 Jahre alt.

In Sorge um protestantische „Nichtarier“

Die Verschärfung des antijüdischen Terrors in der zweiten Hälfte des Jahres 1938 (S. 299ff.) führte auch in den Reihen der Bekennenden Kirche zur verstärkten Sorge um die „nichtarischen“ Christen der evangelischen Kirche.

Bei der Berliner Bekennenden Kirche waren es besonders Sup. Pfarrer Martin Albertz (Spandau), Sup. Pfarrer Max Diestel (Lichterfelde), Pfarrer Adolf Kurtz (Schöneberg), Pfarrer Heinrich Grüber (Kaulsdorf), die Vikarin Klara Hunsche und die Lehrerin Charlotte Friedenthal, die sich des schwierigen Problems schon Jahre zuvor bewußt waren.

Marga Meusel und Charlotte Friedenthal vom Evangelischen Bezirkswohlfahrtsamt Zehlendorf der Inneren Mission bemühten sich seit August 1934 vergeblich um die Bildung einer zentralen Beratungsstelle. Bereits am 23. September 1935 lag dann der Steglitzer Bekenntnissynode der Altpreußischen Union eine Denkschrift der Sozialfürsorgerin Marga Meusel „Zur Lage der deutschen Nichtarier“ vom 10. Mai 1935 (abgeschlossen kurz vor dem Erlaß der antijüdischen „Nürnberger Gesetze“) vor. Das brisante Papier war durch Pfarrer Albertz der Versammlung zugeleitet worden. Doch die Synode beriet zwar die Frage der Taufe von Juden, gab aber die Denkschrift zur weiteren Beratung an den Reichsbruderrat, da Martin Niemöller meinte, „die Synode könne nicht für die gesamte Kirche sprechen“.

In den zentralen Kirchenleitungen war es immer wieder der abgesetzte Spandauer Superintendent Martin Albertz (S. 245, 249), der sich der Sorgen der christlichen „Nichtarier“ annahm. Dies war wohl kein Zufall, denn zum einen kam er als reformierter Pfarrer aus einer anderen religiösen Richtung als die deutschen Lutheraner mit ihrer traditionell starken Bindung an die weltliche Obrigkeit (S. 212ff., 218ff.), zum anderen war er schon *vor* 1933 politisch viel klarsichtiger als die meisten seiner nationalkonservativen Kollegen.

Heinrich Grüber

Martin Albertz

Rückblickend schreibt er am 16. Oktober 1945:
„Als ich 1930 Hitlers ‚Mein Kampf' las, war es mir klar, daß bei einem Sieg der NSDAP es zu einem schweren Zusammenstoß der Kirche mit dieser kommen müßte (Rasse und Propaganda). So habe ich von Anfang an in Kampfstellung gegen die NSDAP und die Weltanschauungen des dritten Reiches gestanden.
...
In der Vorläufigen Kirchenleitung [der BK] hatte ich auch die Sachbearbeitung der Fragen der evangelischen Nichtarier. Unter meiner Verantwortung entstand das Büro Pfarrer Grüber."

Als sich die Auswirkungen der antijüdischen Nürnberger Gesetze (1935) verdeutlichten, erörterten im Spätsommer 1936 im Gemeindehaus der Martin-Luther-Kirche (Lichterfelde) eine Gruppe führender Kirchenpolitiker die Notwendigkeit verstärkter Hilfsmaßnahmen. Bei der Besprechung waren zugegen: Friedrich Justus Perels (juristischer Berater der preußischen BK-Leitung), Superintendent M. Albertz und der Superintendent des südwestlichen Kirchenkreises Max Diestel. Diestels internationale Kontakte waren für die Auswanderungshilfe sehr wichtig, darüber hinaus übergab er hohe Geldbeträge für die Hilfsarbeit. (Siehe den Steglitz/Zehlendorf-Band dieser Reihe.) Der ebenfalls anwesende Kaulsdorfer Pfarrer Heinrich Grüber brachte eine besondere Sensibilität in die Erörterungen ein, denn in seiner nebenamtlichen Funktion als Pfarrer der holländischen Gemeinde hatte er vielfältige Notsituationen kennenlernen müssen, denn auswanderungswillige „Nichtarier" hatten sich besonders an ihn gewandt, weil sie hofften, er könne auf Grund seiner Verbindungen in die benachbarten Niederlande wirksam helfen. Heinrich Grüber (1891–1975), ursprünglich rechtskonservativer Herkunft und Mitglied des monarchistischen Frontsoldatenbundes „Stahlhelm" (und 1933 sogar der NSDAP), war vor allem ein Mann der Tat und ausgeprägten Hilfsbereitschaft. Auf Reichsebene drängte allen voran Pfarrer Hermann Maas aus Heidelberg die Bekennende Kirche in die Pflicht und zur Parteinahme für die verfolgten Christen jüdischer Herkunft.

Während auf katholischer Seite bereits der St. Raphaelsverein (Hamburg) bestand, und die Glaubens-Juden den Jüdischen Hilfsverein hatten, gab es bei der evangelischen Kirche nichts Entsprechendes.

Ab Sommer 1938 setzten dann die offiziellen Vorbereitungen zur Gründung des Büros Grüber ein. Dafür hatte der energische Kaulsdorfer Pastor einen direkten Auftrag der Spitze der Bekennenden Kirche (Albertz, Böhm, Müller) erhalten. Bereits im August 1938 bat Grüber Vertrauensleute des Pfarrernotbundes, die er über das Unternehmen informierte, um Mitarbeit und Schaffung von Ansprechstellen in den Kirchengebieten des Reichs. Er konnte schließlich 22 Hilfsstellen in 20 größeren Städten einrichten.

Nicht alles mußte der Kausldorfer dabei völlig neu entwickeln, denn er konnte sich auf erfahrene Persönlichkeiten aus den Reihen von Selbsthilfeinitiativen „nichtarischer" Christen (Paulusbund, Vereinigung 1937 e.V., Büro Dr. Heinrich Spiero) stützen. Besonders hervorzuheben sind in diesem Zusammenhang Dr. Spieros Hilfsstelle für christliche „Volljuden" – man verzeihe dem Verfasser die Verwendung so absurder Begriffsbildung -und das Büro Laura Livingstone. Die Engländerin, Schwägerin Bischof Georg Bells', entfaltete von Frühjahr 1937 bis zum Beginn des Krieges ihre segensreiche Emigrantenhilfe anfänglich bei den Berliner Quäkern (S. 278 f.) und später in Bürogemeinschaft mit Dr. Spiero.

Eine Bekannte schrieb über sie:
„Sie strahlte Güte und Sanftmut aus, aber zur gleichen Zeit kämpfte sie wie ein Tiger für Recht und Gerechtigkeit, [was] sie mit festem Glauben vertrat."

Das Büro Grüber
Mitte, Oranienburger Straße 20 und An der Stechbahn 3–4

Anfang Dezember 1938 wurde Heinrich Grüber von der englischen Judenmission deren Haus in der Oranienburger Straße 20 – gegenüber dem Monbijoupark – als Büro überlassen (Foto S. 255).

Die Pogromwelle des 9./10. November 1938 (S. 302 ff.) ließ die Zahl der Schutzbedürftigen und zur Ausreise Drängenden schon bald sprunghaft nach oben schnellen. Pastor Braune (Lobetal) und Pastor Grüber hatten in der Reichskanzlei kurzfristig die Genehmigung für ein kirchliches Hilfsbüro erhalten. Während dem Kaulsdorfer dabei besonders die Auswanderungshilfe zufiel, sorgte sich sein Kollege (als Vizepräsident des Centralausschusses der Inneren Mission) hauptsächlich um die fürsorgerische Betreuung derjeniger Alten und Kranken, die nicht mehr auswandern konnten.

Die Not der Verfolgten in Deutschland war bereits so groß, daß die Räume schon bald nicht mehr ausreichten. Am 25. 1. 1939 zog die Auswanderungsabteilung in eine kleine Seitenstraße gegenüber dem Berliner Schloß mit Namen: An der Stechbahn 3–4. (Etwa dort, wo das ehemalige DDR-Staatsratsgebäude an die Spree stößt.)

Mitte 1939 war das Büro Grüber allein in Berlin – also unabhängig von den Leitern der Hilfsstellen im Reich – auf 35 aktive Mitarbeiter angewachsen. (Bereits vor Beginn der Bürotätigkeit hatte Pfarrer Paul Mendelson die seelsorgerische Betreuung ausgeübt.)

In der Reichshauptstadt gab es 1939 folgende Gliederung des Büros:

Abteilung Auswanderung:
Leiter Paul Heinitz,
An der Stechbahn 3–4

Abteilung Altersheime:
Leiter Pfarrer Werner Sylten,
An der Stechbahn 3–4

Abteilung Kinderversorgung:
Leiterin Margarete Draeger,
Oranienburger Straße 20

Abteilung Wohlfahrt:
Leiter Dr. Richard Kobrak,
Oranienburger Straße 20

Abteilung Schule und Seelsorge:
Leiter Dr. Erwin Reisner,
Oranienburger Straße 20

Die Tätigkeit in zwei Büros hielt bis Oktober 1939 an, dann lag alles zentral An der Stechbahn. Pfarrer Werner Sylten, dem besonders die seelsorgerische Betreuung oblag, wirkte auch als Stellvertreter Heinrich Grübers.

Allein im Februar 1939 suchten *täglich* über 100 Schutzbedürftige die Auswanderungsabteilung auf. In übergreifender Zusammenarbeit der Kirchen und Religionsgemeinschaften (S. 269) konnte Tausenden die Auswanderung ermöglicht werden. Wenn sich das Ausland damals problembewußter und aufnahmewilliger gezeigt hätte, wäre die Rettungsaktion noch weit erfolgreicher ausgefallen. In kaum vorstellbarer, mühevoller Kleinarbeit und pausenloser rastloser Tätigkeit kämpften die Frauen und Männer des Büros um Einzelschicksale.

Zu ihren Mitarbeitern zählten neben dem besonders engagierten Schöneberger Pastor Kurtz, dessen Ehefrau „nichtarischer" Herkunft war, auch Berliner Bekenntnispfarrer, denen wegen „nichtarischer" Abstammung das Leben schwer gemacht worden war. Man denke an den Weddinger Pfarrer Paul Mendelson und den Kreuzberger Amtsbruder Willy Oelsner. Beide hatten ihre Ämter aufgeben müssen, Pfarrer Mendelson schon 1933.

Mitte,
An der Stechbahn

Pfarrer Grübers (1891–1975) große Tatkraft und sein diplomatisches Geschick im Umgang mit staatlichen Stellen und NS-Organisationen wurden stark gefordert, und es bleibt bewundernswert, daß er trotz allem auch noch die Zeit und Bereitschaft aufbrachte, einzelnen Trostsuchenden beizustehen.

Gisela Mießner, geborene Mannheim, erinnert sich 1992:
„Das Büro von Pfarrer Grüber war zunächst in der Oranienburger Straße und danach nahe dem Schloß, An der Stechbahn, untergebracht. Pfarrer Grüber gab uns wiederholt seelischen Halt. Äußerlich waren es lediglich Büroräume, doch wenn wir nicht mehr weiterwußten, gingen wir dorthin, um uns auszusprechen. Als lieber Mitarbeiter dort ist mir auch ein Herr Honig in Erinnerung.
Pfarrer Grüber hatte *immer* Zeit, wenn wir seinen Beistand erbaten. Er war gütig, äußerst vertrauenserweckend und besaß eine sehr volkstümliche Art, mit anderen umzugehen. Grüber wirkte auf uns damals fast übermenschlich, wie ein großer beschützender Vater."

Die „Familienschule"
Mitte, Oranienburger Straße 20 (Foto nebenan)

Im Gefolge der Pogrome vom 9./10. November 1938 wurde „nichtarischen" Kindern der Besuch der öffentlicher Schule nun völlig untersagt. Kinder, deren Eltern Glaubensjuden waren, besuchten in der Regel bereits jüdische Schulen. Damit betrafen die neuen staatlichen Zwangsmaßnahmen in erster Linie Kinder, die nun plötzlich zu „Juden" gestempelt wurden, weil ihre Eltern bzw. ein Elternteil jüdischer Herkunft waren. Tatsächlich handelte es sich größtenteils um christliche Kinder, die nun in großer Not waren. (Antisemiten hätten sie am liebsten in jüdische Schulen gesteckt.)

In einem Tätigkeitsbericht über die Arbeit seines Büros führte Heinrich Grüber folgendes aus:

Pfarrer Grüber am 24. 7. 1939 an den Evangelischen Oberkirchenrat:
„Es handelt sich nicht nur um die Durchführung der Auswanderung und Besorgung der Mittel für Fahrt und Landung, sondern auch um die gesamten Arbeiten der Wohlfahrt und Schule. Die offene Fürsorge wird von örtlichen Comités, in denen die Vertrauensleute der katholischen und evangelischen Hilfsstellen Sitz haben, durchgeführt. Für christliche Glieder der Reichsvereinigung [der Juden, d. Verf.] sollen besondere christliche Altersheime errichtet und unterhalten werden. Auch sind für die christlichen Schulkinder besondere Klassen im Rahmen der von der Reichsvereinigung zu gründenden Schulen vorgesehen. Wenn solche Schulklassen nicht möglich sind und christliche Kinder konfessionsjüdische Schulen besuchen müssen, ist ausreichender Religionsunterricht sichergestellt. Im allgemeinen soll versucht werden, den zerstreut wohnenden Kindern durch Unterbringung in Schülerheimen die Möglichkeit des Besuchs einer christlichen Schule zu geben. Die Aufstellung des Lehrplans und die Auswahl der Lehrkräfte erfolgt in Zusammenarbeit mit den beiden christlichen Hilfsstellen."

Bereits am 23. November 1938 hatte der Berliner Bruderrat der BK die Einrichtung eines eigenen Schularbeitskreises angeregt. Am 6. Januar 1939 ergriffen Pfarrer Adolf Kurtz und Vikarin Klara Hunsche den Vorschlag praktisch auf. Er wurde schließlich in freigewordenen Räumen des ersten Grüber-Büros, Oranienburger Straße 20, verwirklicht. Im August 1939 wurde hier mit 22 Schülern begonnen, im November 1939 war

die Zahl bereits auf 42 angewachsen. Im Juni 1940 betreute man 50 und im Februar 1941 schon mehr als 100 Kinder, ab Sommer 1940 auch in Räumen An der Stechbahn.

In Abstimmung mit dem Bischöflichen Ordinariat (S. 267 ff.) war die Schule im Laufe des Jahres 1939 eine gemeinsame evangelisch-katholische Einrichtung und umfaßte eine Grundschul-, zwei Aufbau- und zwei Klassen höherer Stufe. Seit Frühjahr 1940 trug sie den Namen „Familienschule“, da die pädagogische Einrichtung angeblich nicht alle staatlichen Anforderungen für Schulen erfüllte.

Klara Hunsche (Foto S. 256) schreibt über die Schule Oranienburger Straße 20: „Dort gab es einen Kirchensaal, in dem zwei Klassen nebeneinander unterrichtet wurden. Der Vater einer Schülerin baute eine schalldämpfende Schiebewand, die am Sonntag während des Gottesdienstes und bei anderen Gelegenheiten beiseite geschoben werden konnte. Dieser Raum war zugleich unser ‚Festsaal‘ und unsere ‚Turnhalle‘ ... Das kleine Haus stammte aus der friderizianischen Zeit. Oben waren Wohnungen, deren Bewohner zur Schule in Verbindung standen, und das Schulbüro.“

Klara Hunsche

Hildegard Kuttner

Die Schule wurde fast ausschließlich von Lehrerinnen betreut: zunächst Frieda Fürstenberg, Lilly Wolff, Käthe Bergmann und Margarete Draeger (S. 163), dann ab 1940 auch von Hildegard Kuttner und Rosa Ollendorf. Im letzten Jahr der Schule (1941) kam noch Lisa Eppenstein hinzu. Der katholische Religionsunterricht lag in den Händen von Schwester Maria Servatiae, der evangelische bei Hildegard Kuttner.

Berit Gehrig (* 1929) erinnert sich 1985 an die letztgenannte Pädagogin:
„Das war ein Fräulein, das nur für uns gelebt, nur mit uns gelitten hat. Sie war natürlich Jüdin*. Bis 1941, dann ist der Kontakt aufgehoben, die sind ja alle weggekommen. Ich weiß nicht, warum ich ihren Namen behalten habe.
Es war eine Traumfrau. Sie hat uns das Leben so erleichtert. Sie war so gütig, so gut zu uns gewesen. Was wir die Frau geliebt haben! Sie muß sehr religiös gewesen sein, sie hat immer alles zum Guten gewandt. Aus ihrem Mund kam nie etwas Böses. Die Nazis waren doch die größten Unmenschen. Sie aber hat versucht, immer alles einzupacken, nicht Haß aus uns zu schinden."

* Hildegard Kuttner war Protestantin mit z. T. jüdischer Herkunft, d. Verf.

Hildegard Kuttner (1901–?) erinnert sich kurz nach dem Krieg:
„... 1933... [wurde ich] ... wegen meiner nichtarischen Abstammung von der Schulamtsbewerberliste gestrichen... [Von] Januar 1936–30. September 1939 [unterrichtete ich] an der jüdischen Privatschule von Dr. Leonore Goldschmidt in Berlin-Schmargendorf bis zur Auflösung der Schule und dann unterrichtete ich von Ostern 1940 an der Familienschule Pfarrer Grüber für nichtarische-christliche Kinder, bis der Unterricht für jüdische Kinder 1942 verboten wurde. Ab 1941 durfte ich nur noch Religionsunterricht geben, da ich als ‚Mischling' keinen Un-

terrichtserlaubnisschein mehr für jüdische Kinder bekam. Nebenbei unterrichtete ich ‚schwarz' Mischlinge, die aus höheren Schulen ausgewiesen wurden. Dann mußte ich in den Fremdberuf. Ich lernte Stenographie und Schreibmaschine, war Sekretärin bei einem Wirtschaftsprüfer. ...
Inzwischen hatte nun aber 1942 das ‚Evakuieren' der Juden einen großen Umfang angenommen und brachte auch uns großes Leid. Viele nahe Verwandte und Freunde, auch befreundete Kollegen und Kolleginnen aus den jüdischen Schulen, wurden davon betroffen. Ich half so gut ich konnte. Durch ‚illegales' In-den-Arbeitseinsatz-bringen der Juden versuchte ich, ihre Evakuierung zu verhindern; den vor ihrer Evakuierung Verfolgten und einigen ‚illegal Lebenden' half ich mit viel Geld, Lebensmitteln von unseren Lebensmittelkarten, Ausweisen, verschaffte ihnen Quartiere, versteckte sie bei uns usw. Dies war nur möglich, da ich zum Helferkreis des nichtarischen Oberregierungsrates a. D. Franz Kaufmann gehörte, der im Februar 1944 wegen seiner Hilfe für die ‚illegal Lebenden' von der Gestapo erschossen wurde."

(Nach dem Krieg arbeitete Frau Kuttner als Lehrerin an der Sonderschule für Körperbehinderte im Oskar-Helene-Heim.)

Verbote und Verhaftungen

Der Kriegsbeginn führte auch zu einer entscheidenden Wende in der staatlichen Politik gegenüber den Juden (S. 311 ff.). Durch die allgemeine Entwicklung wurde es immer schwieriger, Schlupflöcher für die Auswanderung, etwa nach Brasilien oder Shanghai, zu finden. Mit dem Kriegseintritt der USA und dem Überfall auf die Sowjetunion (1941) gab es keine Rettung mehr ins Exil (vereinzelte Glückfälle ausgenommen). Im Oktober 1941 erfolgte schließlich das offizielle Auswanderungsverbot. Seit 1933 hatte die Hälfte der jüdischen Bevölkerung Deutschland verlassen. Nach Berechnungen von Dr. Hartmut Ludwig hat das evangelische Hilfsbüro von Dezember 1938 bis Anfang Oktober 1940 zwischen 1700 und 2000 Menschen bei der Auswanderung helfen können.

Der Gestapo, die bereits im Oktober 1939 mit der Deportation österreichischer Juden begonnen hatte, wurde das „Büro Grüber" und besonders auch ihr Leiter zunehmend lästig. Nachdem im Februar 1940 im alten deutschen Reich erstmals Juden massenweise aus Stettin und Schneidemühl verschleppt worden waren, hatte auch der Kaulsdorfer Pastor dagegen protestiert. Göring sah sich veranlaßt, zunächst weitere Maßnahmen zu stoppen. Bald darauf wagte sich Heinrich Grüber ein weiteres Mal nach vorne. Zusammen mit Hans von Dohnanyi und Kräften der Abwehr (S. 183 ff.) entwickelte er den Plan, in das südfranzösische Lager Gurs geschleust zu werden. Dorthin waren im Oktober 1940 Juden aus Baden, der Pfalz und dem Saarland deportiert worden, und Pfarrer Grüber wollte ihre Lage selbst erkunden.

Am 19. Dezember 1940 wurde er verhaftet und wenige Tage darauf ins KZ Sachsenhausen verschleppt. Das Büro wurde geschlossen, die Akten beschlagnahmt.

Pfarrer Werner Sylten, der seit Ende 1939 ohnehin immer mehr Arbeiten des Büros auf sich genommen hatte, mußte es nun auflösen. Die seelsorgerische Tätigkeit fand für wenige Wochen noch eine gewisse Fortsetzung.

Werner Sylten

Schließlich griff der NS-Staat auch nach Sylten, der zum Teil jüdischer Herkunft war. Er wurde am 27. Februar 1941 festgenommen. Nach dreimonatiger Untersuchungshaft deportierte man ihn Ende Mai ins KZ Dachau. Pfarrer Sylten wurde dann nach Hartheim verschleppt und dort vermutlich am 26. August 1942 vergast.
Im Auftrag Grübers führte nun Pfarrer i. R. Althausen (S. 259 ff.) die seelsorgerische Arbeit des Büros in der Illegalität weiter.

Auch für die Familienschule kam schon bald darauf das Ende. Zuvor hatten einige wenige mutige und beherzte Geistliche, wie der Schöneberger Pfarrer Burckhardt und Pfarrer Möller von der Neuköllner Stadtmission, noch Kinder konfirmiert. Die letzte Schulleiterin, Margarete Draeger, war gezwungen, die Arbeit immer mehr einzuschränken und Ende Juni 1942 die Schließung hinzunehmen.
Ende des Jahres 1942 tauchte die Pädagogin und Demokratin, die manchen unvergessen blieb (S. 163), unter, wurde aber doch entdeckt, im August 1944 nach Auschwitz deportiert und dort ermordet. Auch viele ihrer Schützlinge verloren so das Leben.

Margarete Draeger hatte während der Arbeit des Hilfsbüros – wie viele andere Kollegen – ihre eigene Rettung zurückgestellt und war schließlich selber ein Opfer der Verfolgungen geworden. Wie sie kamen ums Leben: Günther Heinitz, Werner Hirschwald, Max Honig, Ingeborg Jacobsen, Elisabeth Kayser und Richard Kobrak und sieben weitere Mitarbeiter.
Wie einige seiner Helfer überlebte auch Pfarrer Heinrich Grüber, den man am 23. Juni 1943 aus dem KZ Dachau entließ. Bei Androhung erneuter Deportation im Falle wiederholter Hilfe für „Rasseverfolgte" durfte er nach Berlin zurückkehren. Dort zeigte er sich vom Engagement des Berliner Bruderrats allerdings enttäuscht.

Eine organisierte illegale Hilfe der Bekennenden Kirche für Untergetauchte bzw. versteckte Juden gab es nicht, wohl aber einen großen Helferkreis um Franz Kaufmann aus den Reihen mehrerer Mitglieder der Dahlemer Gemeinde (S. 257) und um Cuno Horkenbach mit Christen aus Kreuzberg, Mitte und Tiergarten (S. 341 f.) sowie zahlreiche einzelne Initiativen.

(Heinrich Grüber wirkte nach dem Krieg als Beauftragter der Evangelischen Kirche bei der Regierung der DDR und widmete sich besonders der Aussöhnung zwischen Israel und Deutschland.)

Die verpönte Judenmission
Prenzlauer Berg, Kastanienallee 22

Kaum eine Einrichtung der evangelischen Kirche erregte wohl so den Widerwillen der Deutschen Christen und fanatischen Antisemiten wie die Judenmission. Ihre Idee, die Christwerdung eines Menschen jüdischer Herkunft, widersprach zutiefst der Rassenlehre, nach der ein „Jude immer ein Jude" blieb.
Schon in den Jahren der Weltwirtschaftskrise (1930) begann die Amtskirche, finanzielle Zuwendungen an die Judenmission empfindlich einzuschränken. Mit der Machtübernahme der Nationalsozialisten und ihrer deutsch-christlichen Parteigänger war die Arbeit der Judenmission besonders verpönt. Es gab nach 1933 immer wieder Auseinandersetzungen über den seit Jahren festgelegten „Sonntag der Judenmission", den letzten Sonntag im September, an dem man die Jahreskollekte sammelte. Besonders 1935 wurden einzelne Pfarrer – wie zum Beispiel Blenn (Spandau) und Mähl (Prenzlauer Berg) – wegen ihrer „Judenpredigten" durch die Gestapo verhört und durch das Konsistorium gemaßregelt.

Von allen Judenmissionseinrichtungen im Reich konnte sich die Berliner noch am längsten (bis Januar 1941) halten, war aber zuvor wiederholt von der Auflösung bedroht.
Da sich die Missionseinrichtung aus eigener Finanzkraft nach 1932 keinen hauptamtlichen Mitarbeiter mehr leisten konnte, ruhte die Last allein bei ehrenamtlich Tätigen, und hier waren es besonders die Pfarrer im Ruhestand

Wilhelm Knieschke,
Ernst Althausen und
Th. Burgstahler.

Das Komitee der Berliner Judenmission (u. a. die Pfarrer Backhaus, Schaeffer, Ulich und Sup. Richter) stand unter Leitung des Staatssekretärs a. D. Dr. Hoffmann. Unterstützung fand die Arbeit auch bei einigen Berliner Notbundpfarrern wie Gerlach (Sophien, S. 216 ff.) und Jungklaus (Pankow). Die kleine Einrichtung schwamm gegen den Strom der in Deutschland herrschenden Kräfte. Ihre Andachten und sonntäglichen Gottesdienste, musikalisch umrahmt u. a. von der Opernsängerin Lydia Borelli (Neukölln), wurden von der Gestapo überwacht; die gesamte Arbeit stand unter ständiger Beobachtung und lauernder Bedrohung.

Schon bald nach der „Reichspogromnacht" hatte SA die Geschäftsstelle in der Kastanienallee 22 besetzt und demoliert.

Eine Mitarbeiterin berichtet über den 11. November 1938:
„Gegen 10.00 Uhr abends etwa drangen 4–5 Männer in diese Räume ein, fragten uns in förmlich brüllendem Tone, was hier losgewesen sei und wo die Leute seien, die hier zur Bibelstunde gekommen sind. Wir antworteten, daß diese bereits nach Hause gegangen seien. Darauf verlangten sie von uns, ihnen sämt-

liche Räume zu zeigen. Plötzlich tauchten immer mehr und mehr Männer auf, so daß wir mit einem Mal von mindestens 12 Männern umringt waren, von denen ein Teil sämtliche Ausgänge bewacht hatte. Wir mußten uns an die Wand stellen und durften uns nicht von der Stelle bewegen. ...
Spinde wurden umgestürzt, Akten und Bücher herausgeworfen, das Bild ‚Die Kreuzigung Christi', geschnitzte Wandsprüche und dergleichen wurden von den Wänden herabgerissen und zertrümmert, resp. zertreten. Beide Räume boten ein Bild geradezu verheerender Zerstörungswut. Unvergeßlich werden uns die Augenblicke bleiben, als erstens sich einer der Männer auf eine von uns stürzte, das Arbeitsfrontabzeichen vom Mantel riß und die höhnische Bemerkung machte: in der Arbeitsfront sein und mit den Juden sympathisieren. Kaum war dieser Schreck überwunden, da wurde zweitens ein großer Rollschrank, der voll mit Akten und Schriften gestopft war, von einem anderen Mann – gleich wie eine Streichholzschachtel – umgestoßen. Angedrückt an diesen Schrank stand die oben Erwähnte und wäre beinahe von diesem erschlagen worden."

Ehepaar Althausen (Bildmitte unten)

Ein besonders hohes Risiko ging von allen Mitarbeitern der alte Pfarrer Ernst Althausen (1862–1946) aus Dallgow-Döberitz ein, dessen Eltern erst als Erwachsene getauft worden waren. Schon Ernst Althausens Vater Adolf hatte im Dienste der Judenmission gestanden. Sein Sohn, der 1934 in den Ruhestand getreten war, folgte 1935 seinem Beispiel. Im November 1938 suchte er im Lutherrock den päpstlichen Botschafter in Berlin (S. 270) auf und führte dort aus, daß die Pogrome nicht dem Willen des Volkes entsprächen. Er unternahm auch eine Eingabe gegen die Zwangsvornamensverordnung für Juden, in der er betonte, daß Israel ein Ehrenname sei. Seine Ehefrau Agnes war so mutig, bei staatlichen Stellen gegen den „Judenstempel" zu protestieren.
Am 23. Januar 1941 wurde die Judenmission endgültig geschlossen, da nach Aussagen der Geheimen Staatspolizei diese Arbeit „nicht mehr zeitgemäß" war.

Pfarrer Knieschke schrieb am 23. Januar 1941 an den Evangelischen Oberkirchenrat:
„Dem Evangelischen Oberkirchenrat melde ich hiermit, daß unser Missionsbüro – Gesellschaft zur Beförderung des Christentums unter den Juden – heute vormittag von der Gestapo geschlossen [wurde]. Aus welchen Gründen, hat man uns nicht gesagt. Die Gelder sind beschlagnahmt, die Bankkonten sollen gesperrt werden. Wir bitten die hohe Kirchenbehörde um Wahrnehmung unserer Interessen. Wir haben in unseren Räumen nichts als Mission getrieben, die Leute lange und gründlich vorbereitet und dann getauft. Auch haben wir früher Bibelstunden gehalten und jetzt noch alle 4 Wochen Gottesdienste, welche immer sehr gut besucht waren, sodaß die Kapelle manchmal kaum ausreichte. Der nächste Gottesdienst ist am 2. Februar. Was soll daraus werden?"

Nicht zuletzt Pfarrer Althausens Lage spitzte sich zu, nachdem in dem SS-Blatt „Das Schwarze Korps" im April 1941 öffentlich gegen ihn gehetzt worden war („Synagoge mit Christentünche").
Doch der Angegriffene setzte seine Missionstätigkeit zum Schutz von Juden fort. So taufte er in Lichterfelde (Martin-Luther- Kirche) und in Mitte (Sophiengemeinde).

Aus einem internen Aktenvermerk über eine Besprechung von Konsistorialrat Nordmann mit Pfarrer Althausen am 7. November 1941:

„[Althausen] erklärte, er habe von Pfarrer Grüber den Auftrag zur seelsorgerischen Betreuung jüdischer Christen erhalten und diesen Auftrag auch nach den bekannten Maßnahmen gegen Grüber und sein Büro aus Gewissensgründen erledigt. Bis vor einiger Zeit habe er in Berlin-Lichterfelde kirchliche Räume zur Verfügung erhalten. Jetzt stünde ihm kein Raum zur Verfügung. Er habe die betr. Christen zu Bibelstunden gesammelt, da sie sonst keinen Anhalt hatten. Er gab auch zu, etwa 50 Taufen nach eingehender Unterweisung bei dieser Arbeit vollzogen zu haben. Die Taufen sind alle registriert, jedoch nicht überall in den Wohnsitzgemeinden, da viele Gemeinden die Eintragung verweigert hätten.
Er erklärte weiter auf Befragen, daß er alle diese Taufanwärter darauf hingewiesen hätte, daß [durch den] Vollzug der Taufe an ihrer durch die Rassengesetze bestimmten Lage nichts geändert wurde. Er ist darauf hingewiesen worden, daß er durch die Tauftätigkeit Gefahr laufe, daß seine Arbeit als Wiederaufnahme der von der Staatspolizei verbotenen landeskirchlichen Judenmission angesehen würde.
Er meinte, ihm sei noch nichts verboten. Er würde auch wohl aus Gewissensgründen ein solches Verbot nicht beachten.
[Althausen] ist gesagt worden, daß er diese Arbeit auf sein persönliches Risiko hin betreibe."

Dieser Vermerk bekam drei Tage später noch den handschriftlichen Zusatz: „Wie die Dinge liegen, kann doch wohl am besten abgewartet werden, ob nicht das im Werke befindliche Abschieben der Juden die ganze Frage... gegenstandslos macht.", d. Verf.

Im März 1942 erhielt Ernst Althausen schließlich Redeverbot.
Seine Frau, die „nichtarischer" Herkunft war, mußte keinen Stern tragen, da die Ehe als „privilegierte Mischehe" eingestuft worden war.
Menschen, die deportiert werden sollten, unterstützte der Pfarrer soweit er konnte mit Sammlungen. Er half auch Illegalen.

Max Diestel

Eine frühe Reaktion der BK auf die Judendeportationen

Aus einem Schreiben des Berliner Superintendenten Max Diestel (S. 250f.) vom 20. Oktober 1941 an den Evangelischen Oberkirchenrat:
„Es ist Ihnen wohl bekannt geworden, daß in der Nacht vom Donnerstag auf Freitag der letzten Woche, wie berichtet wird, 1500 Juden in die Synagoge in der Levetzowstraße in Moabit von der Polizei zusammengeholt wurden, um am nächsten oder einem der folgenden Tage nach dem Osten abtransportiert zu werden. Es wird Ihnen ferner wohl bekannt sein, daß eine größere Zahl von Juden in der Erwartung des gleichen furchtbaren Schicksals steht.
Gestern wurde durch die Blockwalter ein Flugblatt verbreitet gegen die Juden, in dem es heißt: ‚Dann erkennst Du auch, daß jeder Deutsche, der aus falscher Sentimentalität den Juden irgendwie unterstützt, und sei es auch nur durch freundliches Entgegenkommen, Verrat an seinem Volke übt.'
Unter diesen Juden befinden sich zahlreiche Glieder der evangelischen Gemeinden in der Hauptstadt Berlin. Sie sind durch die Taufe die Brüder derer geworden, die nach Jesu Christi willen Gottes Kinder sind. Sie haben als Menschen, die sich innerlich längst von dem von der Partei und dem Staat bekämpften Judentum losgesagt haben, ihre Heimat weder im Ghetto noch in der Synagoge. Die Pfarrer sind verpflichtet durch ihre Ordination, für ihre Gemeindeglieder mit ihrem wahrhaftigen Zeugnis und ihrer helfenden Liebe einzutreten.
Was gedenkt der Vertrauensrat zu tun, um diese Not abzuwehren, diejenigen Pfarrer in ihrer Pflichterfüllung zu stützen und zu tragen, die um ihres Amtes willen verpflichtet sind, ihre Gemeindeglieder vor Unbill und Schaden zu schützen oder im Unglück zu trösten?"

Dieses Schreiben, das wohl kaum eine Antwort bekam, ist sicherlich in sich widersprüchlich, denn es ersucht allein um Schutz für *„christliche Nichtarier"*. (Schon die

Jungreformatorische Bewegung – eine Vorform der Kirchenopposition – hatte 1933 voller Widersprüchlichkeit geschrieben: 'Der Staat hat zu richten, die Kirche zu retten.')
Trotzdem stellt der Brief wenigstens *eine* kritische Reaktion auf den Beginn der Verschleppungen dar und folgte nicht dem Beispiel so vieler „evangelischer Normalverbraucher", einfach wegzusehen.

Wir haben an anderer Stelle bereits darauf hingewiesen, daß die illegale Hilfe für untergetauchte Juden auch innerhalb der Bekennenden Kirche wieder nur das Werk einzelner war. Der Dahlemer Helferkreis um Dr. Kaufmann blieb eine Ausnahme (S. 257). Und doch, es gab Geistliche, die ihr Wort öffentlich erhoben.

Pfarrer Hanschkatz klagt an

Der illegale Hilfsprediger Joachim Hanschkatz (* 1914) war in Berlin Zeuge von Deportationen geworden und hatte den Mut, vor der Gemeinde für die Verfolgten einzutreten. Hanschkatz bekam während seiner Zeit bei der Wehrmacht die Möglichkeit, sein 2. Theologisches Examen (1940) bei der BK abzulegen und erhielt im Wintersemester 1942/43 nochmals Studienurlaub, um zu promovieren. Seine Kameraden schätzten seinen offenen Charakter und seine Kameradschaftlichkeit. Er nahm verschiedene Kurzurlaube wahr, um vor Zivilgemeinden zu sprechen, darunter auch in Ostpreußen, wo von Gottesdienstteilnehmern (30. 5. 1943) hinterher darüber Beschwerde geführt wurde, daß er bei seiner Ansprache den Vergleich zwischen den Schutzbefohlenen der Bibel und inhaftierten Pfarrern wie Niemöller, Kriegsgefangenen und Verwundeten sowie Juden zog.

Er predigte über Jakobus 1. 22–27 und sagte „Wenn heute ein jüdischer Bruder an deine Tür klopft, so darfst du ihm nicht die Tür weisen."
Im Schlußgebet hielt er „Fürsprache für die verstoßenen jüdischen Brüder."
Vom Feldgericht im März 1944 angeklagt, führte er zu seiner Entlastung an:
„Er sei kurz vor der Predigt in Berlin gewesen und habe dort ‚Judenpogrome' erlebt. Aus diesem Grunde habe er es für sein Recht und für seine Pflicht gehalten, nunmehr auch im kirchlichen Sinne für die Juden einzutreten."

Pastor Hanschkatz erhielt drei Monate Gefängnis. Doch der Gerichtsherr genehmigte dieses eher milde Urteil nicht und verhängte im Wiederaufnahmeverfahren neun Monate verschärften Arrest sowie Rangverlust. Am 2. August 1944 kostete ihn der anschließende Dienst in einer Strafkompanie das Leben.

Der alte Pfarrer Ernst Althausen (S. 259 ff.) von der verbotenen Judenmission konnte dagegen trotz mancher Gefahren zusammen mit seiner Frau den Krieg überleben.

Sein Enkelsohn, Theologie-Dozent Dr. Johannes Althausen, erinnert sich an einen unvergessenen Gottesdienst:
„Nach dem Ende der NS-Diktatur sagte mein Großvater in seiner ersten Predigt: ‚Einunddreißig Jahre Krieg haben ihr Ende gefunden.'
Damit hatte er die Jahre vom Beginn des Ersten Weltkrieges bis zur Befreiung von der NS-Herrschaft als eine zusammenhängende Abfolge von Krieg und Gewalt angesehen."

Erich Klausener

Eine Mordtat erschüttert Berliner Gläubige
Mitte, Wilhelmstraße 79–80 (Ecke Voßstraße) – Reichsverkehrsministerium

Im Gegensatz zur evangelischen Kirche, die bereits 1933 in den Sog politischer Auseinandersetzungen geriet (S. 206ff.), wähnten sich die in Berlin nur eine Minderheit (11%) repräsentierenden Katholiken zunächst durch den Abschluß des Konkordats zwischen dem Vatikan und dem NS-Regime vor der „Gleichschaltung" geschützt. 1933 kam es in Berlin, darunter im Neuköllner Sportstadium, zu Großveranstaltungen katholischer Kreise, die wenig Distanz zum neuen Staat erkennen ließen.
Doch bereits im Juni 1934 wurde das katholische Berlin durch die Ermordung des Leiters der katholischen Laienbewegung, Dr. Erich Klausener, erschüttert. Klausener, der im Verlauf der sogenannten Röhm-Revolte als daran völlig Unbeteiligter mitermordet wurde, war den Nationalsozialisten, besonders Göring, zutiefst verhaßt. Dies berichtet auch Robert M. W. Kempner, der bis 1933 als Oberregierungsrat mehrere Jahre unter Dr. Klausener in der Polizeiabteilung des Preußischen Innenministeriums tätig war. Dr. Klausener zählte zu jener Minderheit engagierter Demokraten (S. 10), die sich bemühte, die preußische Polizei zu einer Stütze der Weimarer Republik zu machen. Schon unter Reichskanzler von Papen, der die freiheitliche Verfassung systematisch aushöhlte, Republikaner entließ (S. 10) oder aus dem Amt drängte, zeichnete es sich ab, daß Ministerialrat Dr. Klausener seine wichtige Funktion im Preußischen Innenministerium werde aufgeben müssen. Hermann Göring, von Reichskanzler Hitler auch zum Preußischen Innenminister gemacht, setzte Papens Vorhaben dann sofort in die Tat um: Dr. Klausener erhielt das wenig politische Amt der Schiffahrtsabteilung im Reichsverkehrsministerium.

Aber als Leiter der katholischen Laienbewegung blieb der unabhängige Mann ein ernst zu nehmender Unruhefaktor, der nicht zuletzt der „Gleichschaltung" der konfessionellen Arbeitervereine entgegentrat. Vor allem gelangen ihm wiederholt eindrucksvolle Massenveranstaltungen, so auch am 14. Februar 1934 die Begrüßungsfeier für den neuen Berliner Bischof Dr. Nicolaus Bares, zu der sich 14000 Gläubige im Sportpalast einfanden. Einige Monate darauf, am 24. Juni 1934, kamen sogar 60000 Menschen zur Rennbahn in Hoppegarten, als dort der 32. Märkische Katholikentag abgehalten wurde. Es ist bezeichnend, daß Dr. Erich Klausener dabei bereits nicht mehr als offizieller Redner vorgesehen war, sondern von seinem engen Laienbruder Publizistikprofessor Emil Dovifat (S. 349), einem begabten Redner, vertreten wurde. Allerdings ergriff Klausener als Leiter der Katholischen Aktion dann doch noch spontan das Wort zu einer Schlußansprache aus dem Stegreif. Dabei äußerte er die verhaltene Mahnung, daß das christliche Bekennen im 'Werktag des Lebens' mehr Gewicht habe als im Forum Gleichgesinnter.

Nur wenige Tage darauf, am 30. Juni 1934, ließ die NS-Bewegung Dr. Klausener in seinem Büro im Reichsverkehrsministerium (Wilhelmstraße) erschießen. Offiziell hieß es wieder einmal (S. 100), es läge Selbstmord vor. Briefe an den Reichskanzler Hitler, solche von Bischof Dr. Bares und der Witwe Hedwig Klausener, wurden einfach nicht beantwortet.

Gerade unter Berliner Katholiken geriet diese Schreckenstat, die einen ihrer beliebtesten Vertreter weggerissen hatte, zu einem ersten Wendepunkt im Verhältnis von Staat und Kirche in der Reichshauptstadt. Viele verloren nun ihre Illusionen.
Wirklich entscheidend wurde dann allerdings erst die Berufung von Konrad Graf von Preysing (1880–1950) zum Bischof von Berlin.

Der „Marmorbischof"
Mitte, Behrenstraße 66 – Bischöfliches Ordinariat (Foto S. 266)

Obwohl von Preysing eher im Schatten der bekannten katholischen NS-Kritiker, wie des Münsteraner Bischofs Graf von Galen, steht, zählt er doch zu den bemerkenswerten Opponenten aus den Reihen der Kirche.
Als von Preysing am 7. September 1935 in sein neues Berliner Amt eingeführt wurde, blieben die eingeladenen Vertreter von Reichsbehörden dieser Feier bezeichnenderweise fern.

Ganz gewiß handelte es sich dabei um eine demonstrative Geste, denn in den entsprechenden Kreisen in der Reichshauptstadt wußte man genau, daß ein erklärter Gegner des Nationalsozialismus das Amt des Berliner Bischofs übernahm. Gerade weil sich die deutsche Bischofskonferenz in peinlicher Weise wiederholt dem NS-Staat anbiederte, war von Preysings Haltung, der deutlich auf Distanz hielt und vor den drohenden Gefahren warnte, besonders auffällig. „Wir sind in den Händen von Verbrechern und Narren" und „Hitler bedeutet Krieg und den Untergang Deutschlands" – dies überliefert uns Wolfgang Knauft (s. Literaturliste) als frühe Einsichten des katholischen Würdenträgers. Zu diesem Zeitpunkt dachte noch nicht einmal Graf von Galen, der Münsteraner Bischof, derartig radikal.

Die Berliner Katholiken taten sich anfänglich allerdings etwas schwer mit ihrem obersten Hirten. Er war von zurückhaltender Art, kein mitreißender Redner oder gar Volkstribun; eher nach innen gekehrt und überhaupt nicht kämpferisch, verpaßte ihm der spöttische Berliner Volksmund daher den Spitznamen der „Marmorbischof".

Aber gerade dieser Mann trat – mitten im Zentrum und Regierungssitz – dem Nationalsozialismus zwar nicht lauthals, aber deutlich entgegen. Gestützt auf zwei vertraute und treue Mitarbeiter, Domkapitular Heinrich Heufers und Domvikar Walter Adolph, prangerte er wiederholt in Rundschreiben und Hirtenbriefen staatliche Übergriffe auf die katholische Kirche an. Im Bistum Berlin wurden auch keine offiziellen Danksagungen gebetet, als Hitler (zunächst) von Sieg zu Sieg stürmte. Im Gegenteil, von Preysing hielt Kontakte zu Gegnern des Nationalsozialismus wie Carl Goerdeler, Graf von Moltke und zuletzt auch Graf von Stauffenberg. Von Preysing hielt sich bei Protestschreiben nicht an die diplomatisch vorgeschriebenen Kanäle, sondern wandte sich auch direkt an den Klerus und die Pfarrämter des Bistums Berlin. Wiederholt wurden seine Verlautbarungen verboten. So erhob er sein Wort vor allem gegen die Euthanasie, als er in der St. Hediwgs-Kathedrale am 9. März 1941 ausführte: „Daß keine irdische Macht, auch nicht der Staat, das Recht hat, Unschuldigen das Leben zu nehmen."

Er konnte sich mit seinen Getreuen auch erfolgreich dem Ansinnen des Nationalsozialismus widersetzen, die kirchlichen Kindergärten des Bistums zu vereinnahmen.
In anderen Teilen Deutschlands sah es in diesem Punkt ganz entgegengesetzt aus. Weil der Berliner Würdenträger mit dem Anpassungskurs der Fuldaer Bischofskonferenz – man denke an das von Bischof Bertram (Breslau) an Hitler 1940 gesandte berüchtigte „Glückwunschtelegramm" während der ersten Kriegsphase – nicht einverstanden war, legte er aus Protest sein dortiges Amt, das Pressereferat, nieder.
Hitler wußte nur zu genau, wen er im Berliner Bischof vor sich hatte, und er titulierte diesen Kritiker 1942 bei einer Tischrede als „absolutes Rabenaas". Von Preysing zählte auch zu jenen Personen, die den Papst wiederholt auf das Schicksal der verschleppten Juden aufmerksam machten.

Als Anfang März 1943 die Bischofskirche ein Opfer des Bombenkriegs wurde, bemerkte von Preysing:
„Ja, die Kathedrale, aber das regt mich nicht so auf wie die 2000 Juden, die heute nacht wieder deportiert worden sind."

Im August 1938 hatte man in Berlin ein „Hilfswerk" eingerichtet, um den Katholiken jüdischer Herkunft zu helfen.

Das Hilfswerk
Mitte, Oranienburger Straße 13–14

Die antijüdischen Nürnberger Rassengesetze (1935) hatten dem staatlichen Antisemitismus neue Schärfe gegeben: Unabhängig von der Religionszugehörigkeit wurden „Juden" nun allein auf Grund von „Erbfolge" und „Blut" definiert. Das betraf somit nicht mehr allein die Glaubensjuden, sondern auch eine Minderheit in den großen Kirchen.
Dies mag folgendes Beispiel verdeutlichen: Pater Ulrich Kaiser am Dominikaner-Kloster St. Paulus in Moabit (Oldenburger Straße), hatte noch kurz vor dem Erlaß der o.g. berüchtigten Gesetze eine Ehe getraut, deren einer Teil jüdischer Herkunft war. Eigentlich mußte vor der kirchlichen Trauung die standesamtliche erfolgt sein, doch hatte man sich dem behördlicherseits widersetzt. Weil Pater Kaiser trotzdem dem Bund der Ehe den kirchlichen Segen gab, wurde er zu drei Monaten Gefängnis verurteilt. (Zu diesem Zeitpunkt war dies die Höchststrafe; nach Erlaß der Nürnberger Gesetze gab es dafür bereits Zuchthaushaft.)

Margarete Sommer

Im Gegensatz zur evangelischen Kirche, von Selbsthilfegruppen (S. 252) abgesehen, bestanden damals verschiedene katholische Einrichtungen, die eine gewisse Hilfe gewährten, so das im April 1934 gegründete Caritas-Notwerk, das bis 1935 unter dem Vorsitz des Berliner Bischofs Dr. Nicolaus Bares (1871–1935) stand und Stellenvermittlung für zwangsweise arbeitslos gewordene „Nichtarier", berufliche Umschulung und Hilfe für Ausreisewillige leistete.

Nachdem sich im Mai 1938 der Caritas-Verband gezwungen sah, die Unterstützung für rassisch Verfolgte einzustellen, um die gesamte caritative Arbeit nicht zu gefährden, blieb für die Auswanderungshilfe nur noch der St. Raphaels-Verein (Hamburg). Bestand er schon seit 1871, so nahm er die Aufgabe seit 1933 verstärkt für „Nichtarier" wahr, denen nun bei der Beschaffung von wichtigen Unterlagen (Ausweise, Pässe usw.) geholfen wurde. Die Berliner Zweigstelle, die sich in Mitte, Niederwallstraße 11, befand, zeigte sich durch den 1938 zunehmenden Andrang bald völlig überfordert.

Von Preysing schuf daraufhin 1938 für die Verfolgten das „Hilfswerk beim Bischöflichen Ordinariat Berlin", Oranienburger Straße 13/14. Es lag in den Händen von Dompropst Bernhard Lichtenberg und Dr. Margarete Sommer (seit 1939 Diözesanleiterin für die Frauenseelsorge). Beide wurden im Laufe der sich ausdehnenden Arbeit von sechs hauptamtlichen und zehn ehrenamtlichen Helfern unterstützt, die von ihrer Herkunft her (in der Sprache der Nürnberger Gesetze) „nichtarisch" waren. Zu ihnen zählte zum Beispiel Lieselotte Neumark. Die Fürsorgerin wurde 1943 im KZ Auschwitz ermordet.

Neben der seelsorgerischen Betreuung engagierte sich das „Hilfswerk" natürlich ganz besonders für die Rettung durch Auswanderung und arbeitete dabei in vorbildlicher Weise überkonfessionell mit dem evangelischen Büro Grüber (S. 252ff.) und dem Internationalen Sekretariat der Quäker (S. 278ff.) zusammen.

18.Februar 1941

Sr. Exzellenz
dem Hochwürdigsten Herrn
Herrn Dr. Konrad Graf von Preysing
Bischof von Berlin
Berlin W 8
Behrenstraße 66

Hochwürdigste Exzellenz
waren so liebenswürdig sich durch einen Brief an S.Exzellenz, den Herrn Botschafter von Spanien, für die Erteilung des Durchreisevisums an die uns von den Quäkern empfohlene Frau Wachtel nebst Tochter einzusetzen, und zwar ging die Bitte an Ew. Exzellenz dahin, der Herr Botschafter möge veranlassen, daß die Erteilung des Durchreisevisums in Madrid nicht brieflich, sondern telegrafisch eingeholt werde.

Das Büro der Quäker, welches Frau Wachtel betreut, hat uns unterdes mitgeteilt, der spanische Konsul habe ihm die Auskunft gegeben, daß auch die telegrafische Einholung des Durchreisevisums sehr lange daure, daß aber das Durchreisevisum erteilt werden könne, wenn vonseiten des Botschafters eine unmittelbare Anweisung vorliege.

Die Bitte des Quäkerbüros geht nun dahin, Ew. Exzellenz wolle den Herrn Botschafter bitten, dem spanischen Konsul eine solche Empfehlung zu erteilen. Das Büro der Quäker glaubt folgende Sicherheit für die realen Absichten, daß Frau Wachtel mit Tochter spanischen Boden nur zu dem Zweck das/Ziel zu erreichen, betreten will, geben zu können: Frau Wachtel konnte keinen Flugplatz mehr bekommen und wird daher vonseiten der Reichsvereinigung einem Auswanderertransport durch das besetzte Gebiet angeschlossen. Dies ist nur möglich, wenn feststeht, daß Frau Wachtel die Gattin eines nicht-arischen Mannes ist und die Reise zum Zwecke der Auswanderung nach dem Wohnsitz ihres Mannes antritt. Die Teilnehmer des Sondertransportes stehen ja auch unter besonderer Kontrolle.

/-Aus-
wanderungs-

Dem Hilfswerk ist Frau Wachtel nicht näher bekannt. Auskunft über sie vermag das Büro der Quäker, Prinz Louis Ferdinandstraße 7, Telefon: 16 1544 zu geben.

Das Hilfswerk gibt die Bitte des Quäkerbüros Ew. Exzellenz ergebenst weiter.

Ich verbleibe Ew.Exzellenz
stets sehr ergebener

---

21. 2. 41

Sr. Exzellenz
dem Hochwürdigsten Herrn
Herrn Dr. Konrad Graf von Preysing
Bischof von Berlin
Berlin W 8

Behrenstr. 66

Betr.: Frau Wachtel und Tochter.

Hochwürdigste Exzellenz,
erlaube ich mir, die erfreuliche Mitteilung zu machen, dass die Intervention Ew. Exzellenz erfolgreich war und Frau Wachtel am 20. 2. 41 vormittags noch zur rechten Zeit das spanische Durchreisevisum erhielt und auf diese Weise dem Sondertransport zur Erreichung ihres Schiffes noch angeschlossen werden konnte. Das Büro der Quäker bittet mich, Ew. Exzellenz den verbindlichsten Dank auszusprechen.

Für den Fall, dass Ew. Exzellenz dem Herrn spanischen Botschafter brieflich danken wollen, erlaube ich mir einen kurzen Entwurf beizufügen.

Ich verbleibe Ew. Exzellenz stets ergebener

Ein Beispiel aus dem Schriftwechsel des Hilfswerks

Nach einem Arbeitsbericht aus dem Jahre 1946 hatte das „Hilfswerk" insgesamt 3365 Menschen betreut, wovon etwa die Hälfte Katholiken jüdischer Herkunft bzw. Teilherkunft waren.
Nach der Verhaftung Bernhard Lichtenbergs (1941) stellte sich zwar Bischof von Preysing persönlich an die Spitze dieser Einrichtung, aber es war die energische Dr. Margarete Sommer, auf deren Schultern die Arbeit ruhte und die dem „Hilfswerk" auch den Namen „Büro Dr. Sommer" einbrachte. Bis zuletzt schaltete sich von Preysing durch Empfehlungsschreiben in Rettungsaktionen ein (siehe den Schriftwechsel vom Februar 1941 auf der Seite 269).
Nachdem die Auswanderungshilfe 1941 ihr zwangsweises Ende gefunden hatte (S. 311), mußte auch das Bischöfliche Ordinariat die Deportation von Schützlingen miterleben. Graf von Preysing nahm selbst noch in einigen Fällen die Taufe Erwachsener in seiner Privatkapelle vor und erwirkte die Genehmigung dafür, die heilige Kommunion in das „Sammellager" Große Hamburger Straße zu bringen; er bemühte sich auch durch eine Abschiedsmesse in der Kapelle des St. Hedwig-Krankenhauses (Große Hamburger Straße) einer jungen Frau, die bereits auf der Transportliste stand, ein wenig Zuspruch und Trost zu geben, aber den Zug der Unglücklichen vermochte er damit nicht aufzuhalten. Es zeichnete ihn und Frau Dr. Sommer aus, daß sie aus Gewissensqual in Berichten an den Papst (so im August 1942) auf die Deportationen aufmerksam machten (s.u.). Auch über das Büro des päpstlichen Botschafters in Berlin (Rauchstraße) gingen Hinweise über den Massenmord an den Juden nach Rom. Der von vielen erbetene deutliche Protest blieb aber aus. (Rolf Hochhuth hat darüber sein heftig diskutiertes Schauspiel „Der Stellvertreter" geschrieben.)

Aus einem Bericht von Frau Dr. Sommer für den Berliner Bischof (durch Kurier nach Rom weitergeleitet). Juli/August 1942:
„Seit dem 7. Juli gehen in jeder Woche 5 Transporte zu je 100 Menschen ab. Nur Samstag und Sonntag findet keine Abwanderung* statt. Es handelt sich um sogenannte interne und externe Alterstransporte, d.h. es werden sowohl die Alten aus den Heimen und Pensionen wie auch aus eigenen Wohnungen und möblierten Zimmern abtransportiert. Auch völlig Sieche und Kranke sollen, teilweise sogar auf Bahren, in Möbelwagen verladen und dann in die Sammelstellen getragen worden sein."

* Das Wort ‚Evakuierung' durfte nicht mehr gebraucht werden, d. Verf.

Wie bei der Bekennenden Kirche und den Quäkern gab es auch beim Bischöflichen Ordinariat keine zentral organisierte Hilfe für jene Gläubigen, die sich der Verschleppung durch Untertauchen und Verstecken entzogen. Wohl aber fanden sich in den Reihen der Kirche einzelne (S. 340), die dazu den Mut aufbrachten; so auch die Juristin Dr. Marianne Pünder (1898–1980) und ihre Freundin Marianne Hapig (1894–1973). In ihrem Büro im St. Hedwig-Krankenhaus (S. 275f.) führten sie eine kleine Kartei illegal lebender Jüdinnen, denen sie wechselnde Quartiere und Nahrungsmittel beschaffen konnten. Zehn bis zwanzig Helfer waren dafür oft notwendig (S. 172, 320).

Auch Elisabeth Eberhard (1906–1989), damals Küstermeier, die wohl engste Mitarbeiterin von Frau Dr. Sommer in den Jahren 1943–1945, berichtete davon, daß sie einigen illegal Lebenden Essen brachte und seelischen Beistand gab. Auch „Mischehepaaren" ließ sie ihre Hilfe angedeihen.
Elisabeth Eberhard: „Ich rechnete täglich mit meiner Verhaftung. Das Schicksal von Bernhard Lichtenberg stand allen besonders engagierten Katholiken drohend vor Augen."

Kanzelprotest (Bernhard Lichtenberg)
Mitte, St. Hedwigs-Kathedrale, Behrenstraße

Bernhard Lichtenberg (1875–1943), Mitglied des Friedensbundes Deutscher Katholiken, wirkte seit 1930 als Domkapitular und seit 1938 als Dompropst von St. Hedwig. Seine Zivilcourage ist berühmt.

So brachte er den Mut auf, nach den Novemberpogromen 1938 beim Abendgebet zu äußern:
„Was gestern war, wissen wir. Was morgen ist, wissen wir nicht, aber was heute geschehen ist, haben wir erlebt. Draußen brennt die Synagoge. Das ist auch ein Gotteshaus."

Der Geistliche – siehe auch den Charlottenburg-Band der Reihe – fühlte sich nicht zuletzt den katholischen „Nichtariern" besonders verpflichtet. Wiederholt sammelte er Geld und Kleidung für sie und ließ 1936 in der Berliner Bischofskirche Sonderkollekten für die Betroffenen halten.
Das „Hilfswerk" fand dann von 1938 bis 1941 einen außerordentlich engagierten und sensiblen Leiter in ihm.
Wie kein zweiter kirchlicher Würdenträger in Berlin wagte sich Bernhard Lichtenberg mehrmals öffentlich hervor. Aber auch Übelwollende hörten ihn sprechen und gaben seine Worte weiter.
Schließlich wurde er am 23. Oktober 1941 verhaftet. Vor dem Berliner Sondergericht erhob man gegen ihn Anklage.

Bernhard Lichtenberg (2. v. l.)

Am 22. Mai 1942 kam es zum Prozeß. Die NS-Justiz warf Lichtenberg vor: „Am 29. August 1941 hielt der Angeklagte in der St. Hedwigskirche eine Abendandacht, welcher zahlreiche Gläubige beiwohnten. Diese Andacht schloß er mit einem Gebet, in dem er u. a. erklärte:
‚Laßt uns nun beten für die Juden und die armen Gefangenen in den Konzentrationslagern, vor allem auch für meine Amtsbrüder.'
Hieran nahmen zwei Studentinnen, welche sich gerade in der Kirche befanden, Anstoß und erstatteten Anzeige. Die Anklage legt ihm deswegen zur Last, als Geistlicher in Ausübung seines Berufes in einer Kirche vor Mehreren Angelegenheiten des Staates in einer den öffentlichen Frieden gefährdenden Weise zum Gegenstand einer Verkündung gemacht zu haben."

Bernhard Lichtenberg stand auch beim Verhör und vor Gericht zu seiner deutlichen, ihn gefährdenden Kritik.

Das Sondergericht hielt zur Haltung des Geistlichen fest:
„Die Juden und nichtarischen Christen schließe er in sein Gebet ein, seit die Synagogen in Brand gesteckt und die jüdischen Geschäfte geschlossen worden seien; er sei damals über diesen ‚Vandalismus' entrüstet gewesen und habe deshalb beschlossen, für die Juden allabendlich mit zu beten. Seit wann er in den Abendandachten namentlich für die ‚armen Gefangenen in den Konzentrationslagern' und für seine Amtsbrüder eintrete, könne er nicht mehr angeben."

Auch nach über 50 Jahren liest man wohl solche Worte mit großer Bewunderung. Welche besonderen Antriebskräfte und Motive mögen den Dompropst bewegt haben? Eine Zeitzeugin und Vertraute erinnert sich:

Pfarrschwester Stephana – Lichtenbergs Haushälterin – erklärte 1984 gegenüber Guido Knopp:
„Dompropst Lichtenberg ist immer dann auf den Plan getreten, wenn er Gottes Recht verletzt und wenn er die Menschenrechte verletzt sah.
Er hat sich eingesetzt für die Ehre Gottes.
Bernhard Lichtenberg war kompromißlos, wo er glaubte, daß es Gott von ihm verlangte."

Dompropst Lichtenberg hatte Hitlers „Mein Kampf" gründlich studiert. Dabei notierte er, daß aus „falschen Grundsätzen falsche Taten" erwachsen.
Der Geistliche sorgte sich besonders um das Schicksal der Juden (S. 268) und politisch Verfolgten. Nachdem das Bischöfliche Ordinariat Berichte über die Zustände im KZ Esterwegen erhalten hatte, ließen die Schreckensnachrichten Lichtenberg keine Ruhe. Als mutigster der Ordinariatsherren ging er damit zu Hermann Göring, der sich jedoch nicht sprechen ließ. Daraufhin hinterlegte er den Bericht für den NS-Minister.

Pfarrschwester Stephana überlieferte folgenden Dialog:

Sie:	Sie sollen sich nicht aufregen.
B. Lichtenberg:	Aber wir müssen uns aufregen.
Sie:	Sie sollen sich nicht in Gefahr bringen.
B. Lichtenberg:	Hat Galen* danach gefragt beim Protest gegen die Euthanasie?"

* Im Anschluß an die Predigt des Bischofs von Münster, Graf von Galen, hatte Lichtenberg am 28. August 1941 schriftlich beim Reichsärzteführer Protest gegen die Tötungen erhoben, d. Verf.

Das Berliner Sondergericht verurteilte den Geistlichen am 22. Mai 1942 zu zwei Jahren Gefängnis. Bischof Preysing besuchte ihn wiederholt in der Haft. Man hoffte auf termingerechte Entlassung, zumal sein Gesundheitszustand zunehmend schlechter wurde. (Der Dompropst mußte wiederholt ins Gefängnislazarett.) Doch Lichtenbergs Überstellung ins KZ war längst beschlossen. Schon beim Verhör hatte man über ihn festgehalten: „eigenwilliger, unbelehrbarer Mann". Und so wurde der bereits Todkranke nach Verbüßung der Strafe erneut verschleppt.
Auf dem Weg ins KZ Dachau verstarb er bei einem Zwischenaufenthalt in Hof am 5. November 1943 im dortigen städtischen Krankenhaus. Trotz Geheimhaltung durch die Nationalsozialisten kamen Tausende zur Beisetzung Lichtenbergs auf den St. Hedwigs-Friedhof in Mitte. (Inzwischen ist das Grab in der Krypta der Kathedrale.)

Einsatz für politisch Verfolgte
Schönhauser Allee 182 – letztes Büro des Hilfswerks

Nahe der Herz-Jesu-Kirche in Prenzlauer Berg, Schönhauser Allee 182, hatte das „Hilfswerk" in der zweiten Etage des Gebäudes der Theresienschule seit 1939 ein sicheres Quartier gefunden.

Neben der Betreuung „katholischer Nichtarier" (hauptsächlich aus „Mischehen") kümmerten sich einige Mitarbeiter nun auch um – ihres Glaubens wegen – politisch Verfolgte.

Elisabeth Eberhard (1906–1989), damals verheiratete Küstermeier, kam 1943 zum engen Kreis von Dr. Margarete Sommer. Frau Eberhard besaß durch ihr Engagement seit 1933 (S. 67) und gute Bekannte Erfahrung in der Hilfe für Bedrohte und Eingesperrte. Durch Unterstützung von Freunden im Ausland hatte sie manchem zur Flucht verhelfen können.

Persönliche Empfehlungen brachten sie nun ins Bischöfliche Ordinariat.

Elisabeth Eberhard (Foto oben) erinnert sich 1984:
„Ich sprach zunächst mit Frau Dr. Sommer, die sich nach meiner beruflichen Tätigkeit erkundigte, und wurde danach zum Bischof gebeten.
Von Preysing äußerte:
‚Was Sie bisher getan haben, tun Sie nun im Namen der Kirche. Gehen Sie hin und verbreiten Sie Gottes Segen!'
Der Bischof war ein wunderbarer Mann, ‚ohne Furcht und Tadel'. Leider waren nur wenige Bischöfe so.
[Auch] Frau Dr. Sommer war eine eindrucksvolle Frau. Ihre etwas preußische Art, das ‚Sich-am-Riemen-Reißen', war wohl für die damaligen Verhältnisse die richtige Einstellung, denn die Hilfsstelle arbeitete unter äußerster Belastung.
Margarete Sommer sagte einmal zu mir: ‚Wenn mir etwas passiert, machen Sie die Arbeit weiter.'
Ich rechnete täglich mit meiner Verhaftung und legte mir bereits Antworten für die Verhöre zurecht."

Die kleine Hilfsstelle kümmerte sich durch geheime Botengänge (unter Umgehung des Postweges) auch um politische Häftlinge; so um die im KZ Ravensbrück eingesperrte Freiburgerin Gertrud Luckner, die vielen Juden den Weg in die Illegalität ermöglicht hatte.

Frau Eberhard wandte sich deshalb hilfesuchend an den Freiburger Bischof, fand aber nur wenig Interesse vor. Im Auftrag von Preysings nahm die junge Frau auch Kontakt ins KZ Sachsenhausen auf, denn dort saß ein Bruder des Münsteraner Bischofs Graf von Galen ein. Besonders im Gedächtnis blieb ihr ein katholischer Pfarrer, der auf Grund von Denunziationen sein Leben verlor.

Elisabeth Eberhard berichtet 1984:
„Pfarrer Dr. Wachsmann aus Greifswald wurde [im Dezember 1943] der Prozeß vor dem Volksgerichtshof gemacht. Alles war verdunkelt. Der Fall ging darauf zurück, daß Theologiestudenten, die ins Feld gingen, offen im Pfarramt Kritik geübt hatten.
Bei der Gerichtsverhandlung [Bellevuestraße] habe ich alles mit angehört, was Spitzel berichteten. Freisler sprach ein Todesurteil.
Pfarrer Wachsmann übermittelte mir einen Gruß an den Bischof und schrieb auch noch einen Brief an ihn. Zwei Sätze blieben mir in Erinnerung:
‚Ich habe die Kirche geliebt wie meine Schwester' und ‚Ich gehe jetzt zum Vater der großen Lichter.'"

Nach dem 20. Juli 1944
Mitte, Rosenthaler Straße 65 – Treffpunkt und Versteck
Mitte, Große Hamburger Straße 2–12, Büro Hapig im St. Hedwig-Krankenhaus

Trotz vertrauensvoller Kontakte Bischof von Preysings mit wichtigen Gegnern des Nationalsozialismus, darunter Oberst von Stauffenberg, war die katholische Kirche nicht direkt in die Verschwörung des 20. Juli 1944 eingebunden. Wohl aber hatten auch Katholiken zu den Aktiven gezählt und waren vom Rachefeldzug der Gestapo nach der Niederschlagung des Aufstandes betroffen.

Wegen des Verdachts von Verbindungen zum Widerstand fiel auch das Dominikaner-Kloster St. Paulus (Oldenburger Straße) in Moabit der Durchsuchung anheim. Am 27. Oktober 1944 wurden Pater Odilo Braun und seine Sekretärin verhaftet und bis zum 12. Februar 1945 festgehalten.
Tatsächlich aber lag ganz woanders, nämlich in der Rosenthaler Straße 65 in Mitte, ein geheimer Treffpunkt oppositioneller Katholiken. Albert Voß, der frühere Jugendführer der christlichen Gewerkschaften, betrieb hier ein Zigarrengeschäft. Ehemalige Aktive und Freunde der Bewegung, wie die Frauenreferentin Minna Amann und der anerkannte Sprecher christlicher Arbeiterfunktionäre, der Widerstandskämpfer Jakob Kaiser, fanden sich hier ein, tauschten geheime Nachrichten aus und berieten sich. Kurzzeitig tauchte auch Jakob Kaiser hier unter, als nach ihm gefahndet wurde.
Nahebei, im St. Hedwig-Krankenhaus, betrieben Marianne Pünder und Marianne Hapig ihre kleine Hilfsstelle, die sich nun mehrerer Inhaftierter der Verschwörung des 20. Juli annahm. Sie brachten ihnen Lebensmittel, frische Wäsche, versteckte Nachrichten und geistliche Literatur. Für die meisten Eingesperrten war dies die einzige humane Verständigung mit der Außenwelt.
Besonders Pater Delp, ein Mitglied des „Kreisauer Kreises" (S. 187), wurde von den beiden Katholikinnen in der Haft (Lehrter Straße 3) betreut. Die Blutspuren auf der Rückseite seines Hemdes offenbarten das Martyrium dieses Geistlichen.
Darüber hinaus hielten sie engen Kontakt zum katholischen Anstaltspfarrer von Tegel und Plötzensee, Peter Buchholz, und besorgten mehreren Frauen der in Berlin Inhaf-

tierten Quartiere, meistens in Klöstern und Ordenshäusern. Anna Hermes nannte Marianne Hapigs Büro „eine heimliche Beratungsstelle für die Angehörigen der Verschwörer des 20. Juli".

In der Adventszeit 1944 gelang es Pater Delp, trotz gefesselter Hände, Gedanken und Überlegungen aufzuzeichnen. Marianne Hapig schmuggelte diese Dokumente – später unter dem Titel „Im Angesicht des Todes" gedruckt – unter großer persönlicher Gefahr aus der Haftanstalt.

Alfred Delp:
„Noch etwas wissen von Christus und selber Christ sein wollen, das heißt heute, innerlich bereit sein müssen, die Verantwortung für das Ganze auf sich zu nehmen. In diesen Zeiten erträgt Gott nicht den Menschen, der da vor ihm erscheint und nur sein privates Anliegen vor ihn bringt und nur seine private Sorge ihm vorträgt."

Nach dem Krieg betreute Frau Dr. Sommer (1893–1965) die politisch und „rassisch" verfolgten Katholiken, die in Verstecken, Haftanstalten und Konzentrationslagern überlebt hatten.

Die Quäker

Eine Zeit besonderer Bewährung
Mitte, Prinz-Louis-Ferdinand-Straße 5 (heute Planckstraße 20)

Nahe dem Bahnhof Friedrichstraße, im Hinterhof eines alten bürgerlichen Wohnhauses, befand sich der Sitz der religiösen Gemeinschaft der Quäker. Diese international verbreitete Glaubensgruppe zeichnet sich durch absolute Gewaltlosigkeit und große humanitäre Hilfsbereitschaft aus. Es gibt für sie keine Menschen zweiter Klasse.

Der Nationalsozialismus, der Andersdenkende sowie politische und religiöse Minderheiten mit Gewalt verfolgte, forderte die Quäker ganz besonders zur Bewährung heraus. 1932 erklärte das NS-Blatt „Der Stürmer": „Zu dieser Sorte von Kreaturen, die sich zu Juden bekennen, zählen auch die Quäker."

Anna Sabine Halle berichtet 1984:
„Die Protokolle der Berliner Quäkerversammlungen erwähnen bereits 1926 öffentliche Veranstaltungen über Antisemitismus und ab 1931 zu Fragen der Judenverfolgung. Das Quäkertum war unbelastet von theologischen Erwägungen über die Abgrenzung gegenüber Juden und anderen Nichtchristen. Es entsprach auch seiner alten Tradition, ‚daß uns diese tief in die Geschichte unseres Volkes einschneidende Zeit nicht voll Unruhe finden darf, sondern durchdrungen von unseren positiven Aufgaben.' (9. April 1933).
Diese ‚positive Aufgabe' sah man sehr konkret: Am 2. Februar 1933 wird dem soeben von der SA demolierten Anti-Kriegs-Museum (S. 29) Geld geschickt, am 4. Januar 1934 werden Bücher an das KZ Lichtenburg gesandt, ‚wenn auch Bedenken bestehen, ob nicht eine derartige Stiftung die mittlere Anerkennung einer Einrichtung bedeutet, deren möglichst baldige Beseitigung zu wünschen ist.'"

In Berlin betätigte sich eine sehr kleine, aber ungemein aktive Gruppe der „Freunde" – wie sich die Quäker selbst nannten. (Die Deutsche Jahresversammlung der Quäker wurde erst 1925 gegründet.) Es waren rund 50 Personen, die sich auf vielfältige Weise bemühten, Bedrohten und Verfolgten beizustehen, indem sie sich zum Beispiel mit Gefährdeten trafen, etwa Sozialisten oder „Nichtariern".
So leitete die Sozialpädagogin Katharina Provinzki von 1938–1942 die Jugendgruppe der Berliner Quäker. Mit Ausnahme eines Kindes hatten alle politisch und rassisch verfolgte Eltern. Nachdem der Jugendkreis 1937 von der HJ überfallen worden war, mußten sich der sechzehnjährige Günther Gaulke und die gleichaltrige Anna Sabine Halle im Gestapohauptquartier für die Jugendarbeit mit Verfolgten verantworten.

Katharina Provinski schreibt 1984:
„Für die deutschen Quäker begann 1933 eine schwere Zeit. Mit ihrer religiösen Haltung, die in jedem Menschen etwas von Gott anerkennt, standen sie sofort im Gegensatz zur herrschenden Meinung der Nationalsozialisten. Sie, die Quäker, setzten sich nach ihren Möglichkeiten ein für die politisch und rassisch Verfolgten. In Berlin führte man innerhalb der Quäkergruppe zum Beispiel einen monatlichen Abend ein, der – zunächst gesellig – bei Tee und Gebäck begann,

um nachher einen Vortrag oder eine Lesung zu bieten für Menschen, die mit niemandem mehr gesellig zusammenkommen durften. ...
Für manche der Mitglieder im nationalsozialistischen Deutschland ergaben sich aus ihrer Haltung Schwierigkeiten. Sie mußten Verhöre bestehen, waren in Haft, sowohl im Gefängnis wie im Zuchthaus und Konzentrationslager. Das Quäkerhaus in Bad Pyrmont wurde beschlagnahmt und kam erst nach Kriegsende wieder an die Freunde zurück."

Heute, 1994, wissen wir, daß mehrere monatliche Abende der Quäker durch den Gestapospitzel „S3", der sich auch bei SPD und SAP (S. 76) einschlich, bespitzelt wurden.

Das Internationale Hilfsbüro

Das Büro der Religionsgemeinschaft war bis Kriegsbeginn in erster Linie ein „Internationales Sekretariat" und keine ausschließlich deutsche oder gar Berliner Einrichtung. Aber die Aktiven und ihre Mitarbeiter fanden sich in der gemeinsamen Hilfe für politisch und rassisch Verfolgte zusammen. Das vom städtischen Trubel etwas abseits gelegene Büro nahe dem Bahnhof Friedrichstraße wurde nach und nach zu einem unter Regimegegnern empfohlenen Ort der Zuflucht. Der Tischler Max Fürst schreibt in seinen Erinnerungen (s. Literaturliste): „Sie fragten nicht viel, sondern besorgten Papiere für England; sie schienen immer ruhig und ohne Hast, arbeiteten aber schneller als ich es für möglich hielt."
Im Laufe der 30er Jahre wurde die heutige Planckstraße 20 zu einer weltweit bekannten Adresse.
Obwohl die „Freunde" gewaltsamen Widerstand ablehnten, wählten sie doch auch Formen des offenen und direkten Protestes und schreckten nicht davor zurück, sich damit an höchste Parteistellen und staatliche Einrichtungen zu wenden.
Es wird den Quäkern seit 1933 geholfen haben, daß ihre Kinderspeisungen nach dem Ersten Weltkrieg *allen* (unterschiedslos von Religions- oder gar Parteizugehörigkeit) zur Verfügung gestanden hatten. Auf Grund ihrer grundsätzlich positiven Einstellung zu *jedem* Menschen pflegten sie auch im Umgang mit Nationalsozialisten die Form persönlicher Werbung und des Appells an das Gute im Einzelnen. Sie dokumentierten dies auch dadurch, daß sie auch in Not geratenen Mitgliedern der NSDAP halfen.
Mit dieser Haltung gaben sie manchem Sympathisanten, aber gerade auch ihren Gegnern, immer wieder gewisse Rätsel auf, ermöglichten durch ihre unkonventionelle Art aber auch immer wieder kleine Siege im Kampf um die Gesundheit und das Leben Verfolgter. Die Quäker öffneten manche Tür, die allen anderen Gruppen hermetisch verschlossen blieb.

Aus der Reihe der internationalen Helfer sind besonders die beiden Engländer Corder Catchpool (1883–1952) und Laura Livingstone (S. 252) hervorzuheben. Während sich Frau Livingstone mit nimmermüdem Engagement sehr erfolgreich in der Auswanderungshilfe betätigte und dort zu einem viel gerühmten „Motor" unzähliger Rettungsaktionen wurde, war C. Catchpool gleich 1933 durch das Elend der Verschleppten und Mißhandelten herausgefordert worden.
Er stand mit den Familienmitgliedern Verfolgter in enger Verbindung und gab ihnen, die allein dastanden, Trost und Beistand. Man denke an die Mutter von Rechtsanwalt Hans Litten oder die Ehefrau des Leiters des „Roten Stoßtrupps" Rudolf Küstermeier (S. 67).
Catchpool kümmerte sich mit seinem Freund Gilbert Mac Master auch um das Schicksal politisch Gefangener wie Carl von Ossietzky, Erich Mühsam und Ernst Reuter, der nach seiner KZ-Haft im Quäkerheim in Bad Pyrmont Genesung fand.

Corder Catchpool

Laura Livingstone

Immer wieder appellierten die Freunde an die Nationalsozialisten, sie mögen doch die Konzentrationslager schließen. Um zu helfen, suchte Catchpool wiederholt das direkte Gespräch mit Regimevertretern.

Der folgende Satz eines Freundes könnte ihm dabei als Leitwort gegolten haben:
„Während die Abgründe politischer Gegensätze sich erweitern, gilt es, Brücken für den Austausch kultureller und geistiger Beziehungen von Volk zu Volk offenzuhalten."

Manchem mag diese Einstellung bei einem Gegner wie dem Nationalsozialismus aus heutiger Erkenntnis vielleicht zu idealistisch vorkommen. Es gilt allerdings zu bedenken, daß in den dreißiger Jahren noch manche Rettungsaktion möglich gemacht werden konnte, die nach Kriegsbeginn keine Realisierungschance mehr besaß.
Außerdem würde man den Quäkern nicht gerecht werden, wenn man sie gar für „weltfremd" hielte. Sie zeigten wiederholt großen Mut und schreckten auch vor dem offenen Protest nicht zurück. Nur hielten sie es manchmal eben für erfolgversprechend, ganz eigene Wege der Hilfe zu suchen.

Sie orientierten sich an Jesus' Wort an seine Jünger (Matthäus 10,16):
„Siehe, ich sende euch wie Schafe mitten unter die Wölfe. Darum seid klug wie die Schlangen und ohne Falsch wie die Tauben."

Seit 1938 nahm die „Rettung durch Auswanderung" die meiste Kraft der kleinen Religionsgemeinschaft in Anspruch. Zunächst waren Roger Carter (1938/39) und Leonard Kenworthy (1940/41) die Träger der Arbeit, danach die Deutschen Olga Halle und Martha Röhn. Sie wurden von über zwanzig Helfern in ganz Deutschland und besonders vom „German Emergency Comittee", den Londoner Freunden, unterstützt. Die Gestapo setzte Olga Halle (Foto S. 280) wiederholt unter Druck und lud sie zu Verhören vor.

Während sich die Katholiken (S. 267ff.) und Protestanten (S. 252) um die „Rasseverfolgten“ ihrer Religionsgemeinschaft kümmerten und sich die „Reichsvereinigung“ der Juden ihrer Glaubensbrüder annahm, fühlten sich die Quäker besonders für die Dissidenten (die religiös Nichtgebundenen) verantwortlich. Dabei arbeiteten alle genannten Einrichtungen Hand in Hand (S. 269) für dasselbe Ziel und kämpften bis zuletzt (1941) noch um die kleinste Auswanderungschance, etwa nach Südamerika oder Shanghai. (Nach Recherchen von Dr. Hartmut Ludwig konnten mit Hilfe der Quäker in London allein 6000 Verfolgte bis Kriegsbeginn England erreichen.)

Olga Halle

Anna Sabine Halle beschreibt 1982 das Sekretariat:
„Die Lage dieses 1920 zentral am S-Bahnhof Friedrichstraße in der heutigen Planckstraße 20 eingerichteten Büros erwies sich später zur Zeit der NS-Verfolgung auf mancherlei Weise als günstig: Im ganzen Gebäudekomplex befanden sich kaum Privatwohnungen, das Büro erreichte man unauffällig über einen Hof, dann waren es nur wenige Stufen zu den im Parterre gelegenen Räumen.“

Nach 1939 wurde die Auswanderungshilfe immer schwieriger, schließlich versickerte sie 1941 zu einem schmalen Rinnsal und wurde noch im selben Jahr durch staatliches Verbot völlig unterbunden.
Aber die Rufe der Verzweifelten wurden immer eindringlicher, denn sie spürten, daß sich die Schlinge des NS-Staates immer mehr zuzog.

Katharina Provinzki erinnert sich 1984 an die letzte Phase der Auswanderungshilfe:
„Aus unserer religiösen Auffassung heraus, daß es keine Menschen zweiter Klasse gab, halfen wir so gut wir konnten.
Im Quäker-Büro haben sich zuletzt (1940/41) dramatische Szenen abgespielt. Menschen haben vor Olga Halle gekniet aus Angst und Sorge, weil die für die Ausreise notwendigen Übernahmescheine aus den USA so lange dauerten. Die Verzweifelten fürchteten, inzwischen auf den Transport zu müssen.“

(Zum Schicksal der Quäker-Familie Halle siehe den Steglitz/Zehlendorf-Band.)

Während des Krieges wurden im Quäker-Büro Paketsendungen für Lager und Ghettos sowie Hilfsaktionen für Kriegsgefangenenlager organisiert. Einzelne Quäker – wie Dr. Elisabeth Abegg (S. 162) – versteckten untergetauchte Juden. Auf Grund der Tatsache, daß zahlreiche Quäker aus dem Kreis der Religiösen Sozialisten stammten, bestanden viele persönliche Verbindungen zu oppositionellen Gewerkschaftern wie

Bernhard Göring (S. 44 ff.), Sozialdemokraten wie Ernst von Harnack oder die Gruppe um die Zeitschrift „Blick in die Zeit" (S. 62). Durch die enge Freundschaft mehrerer Quäker zu Harald Poelchau, der wiederholt Vorträge bei den Berliner Freunden hielt, ergaben sich gewisse persönliche und inhaltliche Beziehungen zum „Kreisauer Kreis" (S. 187), mit dem man das Leitmotiv der ethisch-moralischen Fundierung aller Politik teilte. Denkschriften oder Predigten katholischer oder evangelischer Kreise – etwa gegen die Tötung „lebensunwerten Lebens" – fanden große Resonanz in den Quäkergruppen und führten zu bewegten Aussprachen. Dadurch ermuntert, richtete der Berliner Gerhard Halle am 9. September 1940 an die Leitung der Berliner NSDAP einen ausführlichen, schriftlichen Protest gegen die „Euthanasie"-Aktion.

Die Freunde verteilten und verschickten trostsprechende Schriften, Gedichte und Sprüche, um den Menschen in einer von Gewalt erfüllten Zeit auch eine ganz andere Stimme nahezubringen. Zur Tarnung wählten sie dafür den Sammelnamen „Aus deutschem (auch nordischem etc.) Erbgut." Darunter war jener Spruch Wilhelm Raabes, der lange Zeit als Schmuck im Flur des Quäker-Büros, dort, wo die Besucher warteten, hing:

> „Das Ewige ist stille, laut die Vergänglichkeit.
> Schweigend geht Gottes Wille über den Erdenstreit."

In einem hundertfach verteilten Erbgutheft, das Worte Fridtjof Nansens enthielt, verbanden die Quäker die Bekräftigung eigener Verbundenheit zum Vaterland mit der Kritik am NS-Staat, in dem ausgeführt wird: „An der Liebe zur Heimat, zum Heimatland, zu unserem eigenen Volke, kommen wir nicht vorbei. Sie glüht in uns allen, seien wir Nationalisten oder Internationalisten, Bürger oder Kommunisten."

Warteraum im Büro der Quäker

Zeugen Jehovas

Prozesse gegen Zeugen Jehovas

Wegen ihrer Zugehörigkeit zu der kleinen Religionsgemeinschaft der „Ernsten Bibelforscher“, auch Zeugen Jehovas genannt, gerieten zwischen 1933 und 1945 mehrere Bürger aus Mitte in Haft.

Die „Internationale Bibelforschervereinigung“ (IBV) wurde durch staatliche Zwangsmaßnahmen im Frühjahr 1933 aufgelöst bzw. verboten. Trotzdem trafen sich die Mitglieder der Zeugen Jehovas zu geheimen Zusammenkünften und verbreiteten ihre Ideen in Wort und Schrift („Wachtturm“). Im Laufe der 30er Jahre kam es deshalb in Berlin zu zahlreichen Strafverfahren. So gab es beispielsweise 1937 einen Massenprozeß gegen 42 Angehörige dieser Glaubensvereinigung, in dem die meisten Angeklagten Gefängnisstrafen erhielten. Einige von ihnen standen wegen ihrer Treue zu ihrem Glauben mehrmals vor Gericht. 1944 kam es zu einem zweiten Berliner Massenprozeß; diesmals waren insgesamt 75 Angeklagte betroffen.

Keine Kirche oder Religionsgemeinschaft hat, gemessen an der Zahl ihrer Mitglieder, so viele Opfer des Widerstandes zu beklagen wie die Zeugen Jehovas. Der Grund für die brutale Unterdrückung war vor allem, daß diese Gemeinschaft den „ganzen Menschen“ verlangte und keine Kompromisse zuließ.

Die Zeugen Jehovas, die jeden weltlichen Eid ablehnten, verweigerten sich deshalb auch gegenüber der NS-Diktatur. Es wurde weder der sogenannte „Führergruß“ geleistet noch die geringste Verpflichtung dem NS-Staat gegenüber anerkannt. Besonders empfindlich reagierte das totalitäre System auf die konsequente Verweigerung des Wehrdienstes durch die Zeugen Jehovas. Für ihren Glauben nahmen sie wiederholt schwere Leiden auf sich. Mehrere ihrer Anhänger wurden nach Verbüßen einer kürzeren Haftstrafe in Konzentrationslager eingewiesen. Mithäftlinge berichten von der großen Standhaftigkeit der „Ernsten Bibelforscher“.

Zwischen 1933 und 1945 richteten sich mehrere Prozesse auch gegen engagierte Verfechter der Ideen der Zeugen Jehovas aus dem Zentrum Berlins.

Anna Blaudzun
Mitte, Kaiser-Wilhelm-Straße 31 (heute Karl-Liebknecht-Straße)

Die Köchin Anna Blaudzun (* 1872) besuchte mit ihrer Schwester Elisabeth seit 1928 die Versammlungen der Zeugen Jehovas. Sie kam mit ihren Glaubensbrüdern auch nach dem Verbot der kleinen Gruppe in Wohnungen zusammen und verbreitete illegale religiöse Schriften. In ihnen machten die Glaubenstreuen auch auf die Verfolgung der Zeugen Jehovas durch die Nazis aufmerksam.

Anna Blaudzun wurde am 27. Januar 1937 in ihrer Wohnung in Mitte festgenommen.

Anna Blaudzun berichtet 1951:
„Im KZ mußte ich als alte Frau schwere Arbeiten verrichten, und zwar Holzhakken, Wasser pumpen, schwere Gießkannen tragen usw. Dadurch ist meine Gesundheit schwer geschädigt worden, worunter ich noch heute sehr zu leiden

Anna Blaudzun

Richard Wuntsch

habe. Nach meiner Entlassung mußte ich mich während dreier Monate täglich bei der Polizei zur Kontrolle stellen, obwohl ich stark gehbehindert war und mich nur an zwei Stöcken fortbewegen konnte. In meiner Freiheit betätigte ich mich weiter illegal als ein Zeuge Jehovas und bin bis auf den heutigen Tag ein Zeuge Jehovas."

Als Hauptangeklagte in einem Prozeß gegen zwölf Zeugen Jehovas erhielt sie wegen Gruppenleitertätigkeit sechs Monate Gefängnis. Allerdings wurde sie nach Strafverbüßung aus der Frauenhaftanstalt Barnimstraße noch in die Konzentrationslager Moringen und Lichtenburg verschleppt und dort erst im April 1939 entlassen. Sie war damit über zwei Jahre eingesperrt worden.

Hauptangeklagter Richard Wuntsch
Mitte, Alte Schützenstraße 6 (Hof)

Der Polsterer und Dekorateur Richard Wuntsch (* 1898) geriet am 31. August 1936 in Haft, nachdem die Berliner Leitung der Zeugen Jehovas aufgeflogen war. Als Versammlungsleiter und Missionswart betreute er seine Glaubensbrüder im Zentrum, in der Danziger Straße und im Osten der Stadt.

Bevor man die Häftlinge ins Gefängnis Lehrter Straße überstellte, litt er über vier Monate in den Konzentrationslagern Columbia-Haus und Sachsenhausen.
Das Berliner Sondergericht verurteilte ihn schließlich als Hauptangeklagten in einem Massenprozeß am 28. Mai 1937 zu einem Jahr und zwei Monaten Gefängnis. Unter Anrechnung eines Teils der Untersuchungshaft entließ man ihn am 27. November 1937 aus dem Gefängnis Lehrter Straße. (Im Februar 1940 zur Wehrmacht eingezogen, leistete er dort Dienst als Kammerverwalter. Am 18. April 1946 kehrte er aus englischer Kriegsgefangenschaft wieder nach Berlin zurück.)

Ernst Varduhns Stuhlvermietung

Mitte, Sebastianstraße 17

Ernst Varduhn (* 1885), von Beruf Kraftfahrer, war ebenfalls in leitender Funktion bei den Berliner Zeugen Jehovas tätig. Als Bezirksverantwortlicher für den „Süden" oblag ihm unter anderem die Betreuung der Gruppen in Kreuzberg. Darüber hinaus betrieb er am Goldfischteich im Tiergarten eine Stuhlvermietung. Diese Stätte war bis zur Verhaftung Varduhns am 22. August 1936 *der* zentrale Berliner Treffpunkt seiner Glaubensbrüder, die hier verbotene Schriften erhielten. Auch Varduhn sperrte man vor Überstellung in die Untersuchungshaftanstalt in die Konzentrationslager Columbia-Haus und Sachsenhausen (Einzelhaft). Am 15. Juli 1937 verurteilte ihn das II. Berliner Sondergericht zu einem Jahr und drei Monaten Gefängnis. Nach der Verbüßung seiner Haft (15. Dezember 1937) wurde er nicht entlassen, sondern von der Gestapo ins Polizeipräsidium am Alexanderplatz überstellt und dort bis zum 18. Juli 1938 in Einzelhaft gehalten. Er zog sich so starke gesundheitliche Schäden zu, daß er zum Invaliden und Rentner wurde. 1944 als „wehruntüchtig" aus der Wehrmacht ausgeschlossen, konnte er die Zeit der Verfolgung überleben.

Opposition noch im KZ

Hildegard Seliger, geborene Mesch, wurde am 22. August 1936 zusammen mit Ernst Varduhn am Goldfischteich (s. o.) im Tiergarten verhaftet und am 29. Mai 1937 zu ein und einviertel Jahr Gefängnis verurteilt. Nach Strafverbüßung verschleppte man sie ins KZ Lichtenburg.

Dort weigerte sie sich mit anderen Glaubensgenossinnen, nach einer durch Lautsprecher übertragenen Hitler-Rede beim Horst-Wessel-Lied aufzustehen und die Hand zum „Deutschen Gruß" zu erheben. Zur Strafe erhielten die Zeugen Jehovas am folgenden Tag nichts zu essen.

Hildegard Seliger berichtet 1984:
„Drei Wochen später hielt Hitler wieder einen Vortrag. Diesmal sollten wir Jacken anziehen und Schemel mitnehmen, denn es ging in den Hof. Wir weigerten uns hinunterzugehen. Kurz darauf kam der Lagerkommandant mit der ganzen SS-Belegschaft und sämtlichen Aufseherinnen in den Saal gestürzt und trieb uns durch Schläge hinunter. Dabei wurden viele von uns verletzt. Am anderen Tag bekamen wir schweren Arrest für drei Wochen. Alle Privatsachen wurden uns weggenommen und sämtliche Tische herausgestellt. Für den ganzen Tag gab es Brot und Kaffee und jeden dritten Tag eine warme Mahlzeit. Da wir keine Arbeit bekamen, hatten wir viel Zeit, uns über die Bibel zu unterhalten und stärkten uns im Glauben und Vertrauen zu Jehova, unserem Gott. Während wir noch im Arrest waren, kam die dritte Rede Hitlers. Diesmal war die SS darauf vorbereitet, daß wir uns wieder weigern würden, sie uns anzuhören. Nachdem wir der mehrmaligen Aufforderung hinunterzugehen nicht nachgekommen waren, ging plötzlich die Tür auf und herein kam unter der Anführung des Lagerkommandanten der ganze Stab mit dem Feuerwehrschlauch. Mit einem dicken Wasserstrahl setzten sie den Saal unter Wasser und schwemmten uns in den Hof hinunter. Wir waren alle naß, doch mußten wir uns eine Stunde lang, im November, den Vortrag anhören. Doch Jehovas Schutz war mit uns, es wurde niemand krank. Wir durften nicht eher in den Schlafraum gehen, bis wir den pitschnassen Saal aufgewischt hatten. Es wurde Mitternacht. Der Arrest wurde um zwei Wochen verlängert."

Ernst Varduhn

Franz Fritsche

Hildegard Seliger mußte im Frühjahr 1939 ins neu errichtete KZ Ravensbrück. Dort weigerte sie sich mit anderen, Näharbeiten für die Wehrmacht zu verrichten und nahm dadurch erneut verschärfte Strafen auf sich. Insgesamt soll es 300 Zeuginnen Jehovas allein in diesem KZ gegeben haben. Frau Seliger kam erst am Kriegsende wieder frei (Siehe auch die Seite 286).

Haftstätten in Mitte

Zeugen Jehovas wurden im Stadtzentrum nicht allein am Alexanderplatz wiederholt inhaftiert. Zwei Gläubige berichten noch von anderen Stätten der Verfolgung.

Robert Zielke (* 1897), der am 22. Februar 1944 festgenommen worden war, erklärte 1952:
„Ich wurde von der Gestapo in einem Nebengebäude der ausgebrannten Synagoge in der Oranienburger Straße bis zum 12. März 1944 inhaftiert.“

Der Schlosser Franz Fritsche (* 1901) leitet bis zu seiner Verschleppung am 25. Januar 1944 die Berliner Gruppe der Ernsten Bibelforscher. Er lagerte sowohl in seiner Wohnung (Friedrichshain) als auch auf einem Laubengrundstück im Norden Berlins (siehe den Pankow/Reinickendorf-Band dieser Reihe) umfangreiches illegales Material. Die Gestapo sperrte ihn ins Gefängnis in der Großen Hamburger Straße (S. 312 ff.).

Franz Fritsche erinnert sich 1946:
„Während meiner Haftzeit in der ‚Großen Hamburger Straße' wurde ich Oberkalfaktor im Keller des dortigen Sammellagers. Die Zustände dort waren furchtbar; die Fenster bis auf kleine Löcher vermauert, so daß eine Luft in jenen Räumen war, die kein Mensch glaubte aushalten zu können. Zu jener Zeit befanden sich immer über 300 Häftlinge in den Kellern. Es gelang mir bei dem damaligen Lagerführer (der ein im großen und ganzen vernünftiger Mann war, auch später – so viel ich erfahren habe – von seinem Posten entfernt wurde, da er nicht ‚energisch' genug war), dadurch Erleichterung zu erlangen, daß [er] mir, gegen den Willen eines Teils der Bewachungsmannschaften, die Erlaubnis [erteilte], die Türen offen halten zu dürfen, d. h. der einzelnen Kellerräume. Bei der damals herrschenden Hitze waren die Häftlinge wie die Fliegen umgefallen, da es einfach unmöglich war, in der dort herrschenden dunstgeschwängerten Luft zu atmen. Es handelte sich ausschließlich um Ausländer. Ich war der einzige Deutsche zu jener Zeit im Keller."

Der Volksgerichtshof verurteile den bereits 1937 vorbestraften leitenden Funktionär Franz Fritsche am 30. November 1944 als Haupträdelsführer wegen Landesverrats, Feindbegünstigung und Wehrkraftzersetzung zum Tode. Als Zeuge für Folgeprozesse benötigt, konnte er allerdings überleben und wurde am 27. April im Zuchthaus Brandenburg befreit.

Verfolgung auch nach dem Ende der NS-Diktatur

Die Verfolgung der Ersten Bibelforscher nahm auch nach der Zerschlagung des Nazismus kein Ende. Dies sei an einem erschütternden Beispiel erläutert.
Der kaufmännische Gehilfe Ernst Seliger war im Juli 1936 in Hannover von der Gestapo verhaftet worden. Verurteilt zu sechs Monaten Gefängnis kam er im Juli 1937 ins KZ Sachsenhausen, wo er erst am 2. Mai 1945 befreit wurde. Trotz gesundheitlicher Beeinträchtigung nahm er schon im August des Jahres wieder die Werbetätigkeit für seine Glaubensgemeinschaft auf.

Ernst Seliger (* 1904–1985) berichtet:
„Im Dezember 1946 wurde ich als Prediger im Kreis Berlin eingesetzt und im Frühjahr 1949 im Kreis Leipzig. Am 2. November 1950 wurde ich in meinem Dienst als Prediger in Torgau verhaftet, diesmal von dem kommunistischen Regime. Am 5. Juli 1951 verurteilte mich das Landgericht Leipzig zu 15 Jahren Zuchthaus und 5 Jahren Sühnemaßnahmen, wovon ich völlig zu Unrecht fast 13 Jahre verbüßt habe. Seit dem 22. Oktober 1963 befinde ich mich wieder bei meiner treuen Frau [S. 284], die auch in der Hitler-Zeit acht Jahre und neun Monate und jetzt bei den Kommunisten volle 10 Jahre gelitten hat. Beide zusammen haben wir 40 Jahre und zwei Monate um unseres Glaubens willen in Haft zugebracht."

Verfolgung der Juden

Zwischen Hansa-Viertel und und Alexanderplatz

Nach einer Statistik aus dem Jahre 1927 lebten Mitte der 20er Jahre 17,9% – in Zahlen 30977 – der Berliner Juden im engeren Stadtzentrum und 9,2% – in Zahlen 15943 – im westlich anschließenden Bezirk. So betrug der Anteil der Juden an der Wohnbevölkerung 10,5% für Mitte und 5,6% für Tiergarten. Der Durchschnitt für Groß-Berlin betrug 4,3%, wobei die Berliner Bezirke Wilmersdorf (mit 13%) und Charlottenburg (mit 8,9%) die höchsten bzw. dritthöchsten Anteile mit Berlinern jüdischer Herkunft aufwiesen.

Auf den ersten Blick mag der jüdische Bevölkerungsanteil in Tiergarten mit 5,6% vielleicht nichts Außergewöhnliches ausdrücken, doch die weitaus meisten von ihnen lebten im vornehmen Hansa-Viertel. Diese gehobene bürgerliche Gegend am Rande des Tiergartens stach durch die soziale Zusammensetzung seiner Bewohner und die erlesene Wohnlage – in der Händelallee etwa lag der Quadratmeterpreis extrem hoch – erheblich vom eher kleinbürgerlichen Moabit und seinen roten Arbeitervierteln (Beusselkiez) ab. Noch größer war die soziale und wohl auch politische Kluft, wenn man die Bewohner des Hansa-Viertels in Beziehung zu jenem mehrheitlich osteuropäisch geprägten Judentum setzt, das nordöstlich des Alexanderplatzes lebte. Hier, in den teilweise engen und düsteren Armeleute-Straßen nahe der Hauptsynagoge Oranienburger Straße, wohnten nur sehr wenige begüterte jüdische Menschen.

Die oben angeführte Statistik ebnet nämlich jene großen Gegensätze ein, die zwischen dem seit Jahrzehnten eingesessenen und teilweise integrierten bürgerlich-jüdischen Mittelstand und Kleinbürgertum und jenem aus Osteuropa zugewanderten jüdischem Proletariat bestanden, das sozial, politisch und religiös abgesondert – fast in einer Art Ghetto – lebte.

Tiergarten, Hansa-Platz

Drei Zeitzeugen erinnern sich an das Hansa-Viertel:

Werner Rosenstock (* 1908) berichtet:
„Das Hansa-Viertel war kein Ghetto. Es läßt sich nicht etwa mit dem Londoner East End vor dem Krieg vergleichen, in dem das jüdische Element mit seinen religiösen und sprachlichen Besonderheiten eine von der Mehrheitsbevölkerung der Stadt abweichende Kultur repräsentierte. Es war ein Wohnbezirk, der durch seine zahlreichen, dem assimilierten Mittelstand angehörenden jüdischen Bewohner sein Gepräge erhielt ...
Es gibt keine Statistik über die Anzahl der Juden im Hansa-Viertel und ihren prozentualen Anteil an der Gesamtbevölkerung. Ihre verhältnismäßig hohe Zahl läßt sich aber indirekt daraus schließen, daß es wohl kaum ein Haus gab, in dem nicht mehrere jüdische Familien lebten. Beruflich und wirtschaftlich gehörten die Juden dem mittleren Mittelstand an. Das Großbürgertum war nur in einzelnen Straßen, zum Beispiel in der Brückenallee mit ihrer Aussicht auf den Bellevuepark, vertreten. Umgekehrt gab es auch Angehörige des niedrigen Mittelstandes, die in den Gartenhäusern wohnten. Im ganzen handelte es sich aber um eine homogene Schicht. Die meisten Familien waren selbständige Kaufleute...
...Soweit die Bewohner politisch und jüdisch interessiert waren, gehörten sie überwiegend der Demokratischen Partei und dem Centralverein [deutscher Staatsbürger jüdischen Glaubens] an. Die Vorstände der Bezirksgruppen beider Organisationen waren oft in hohem Maße personengleich ...
Die Synagoge der Hauptgemeinde befand sich in der Levetzowstraße*. Außerdem gab es noch einen privaten konservativen Synagogenverein unter der geistigen Führung von Rabbiner Dr. Heinrich Cohn in der Lessingstraße sowie später eine Synagoge der orthodoxen Trennungsgemeinde, Adass Jisroel, in Siegmunds Hof. Die weitaus überwiegende Zahl der Bewohner war liberal und gehörte der Hauptgemeinde an... Ein großer Teil der Juden hatte nur noch verhältnismäßig geringe religiös-jüdische Bindungen und besuchte die Synagoge meist nur an den höchsten Feiertagen oder aus besonderen Anlässen."

* Rabbiner Dr. Julius Lewkowitz, der seiner Gemeinde bis zuletzt die Treue hielt, wurde mit seiner Frau 1943 deportiert, d. Verf.

(Zitat entnommen aus „Juden in Berlin 1671–1945. Ein Lesebuch".)

Elisabeth S. (* 1926) erinnert sich 1992 an ihre Jugendzeit im Hansa-Viertel:
„Ich verlebte meine Kindheit und Jugend im vornehmen Hansa-Viertel, zunächst Klopstockstraße 49, dann Holsteiner Ufer 1. In diesem Teil des Bezirkes Tiergarten wohnten viele vermögende Familien, darunter zahlreiche Juden. Kinder, deren Väter Juristen, Pädagogen, Fabrikanten, Künstler, Professoren und Offiziere waren, – der Bendlerblock (S. 177ff.) lag nicht weit entfernt – zählten zu meinen Klassenkameradinnen.

In meinen Kinder- und Mädchenkreisen waren viele Altersgenossinnen jüdischer Herkunft, denn sowohl in der Privatschule Händelallee als auch in der Waldeckschule Burggrafenstraße hatte ich zahlreiche jüdische Klassenkameradinnen. Viele von ihnen haben sich noch mit ihren Eltern nach 1933 ins Ausland retten können, während es demgegenüber besonders die armen jüdischen Kreise (S. 290ff.) waren, die Opfer der Deportationen wurden.
Als die Waldeckschule aus finanziellen Gründen geschlossen werden mußte,

Levetzowstraße: (v. l.) Synagoge, Wohnhaus, Kleist-Lyzeum, Erlöserkirche

wechselte ich auf das Kleist-Lyzeum (Levetzowstraße), eine mir unangenehme, steife und strenge Lehranstalt. Erst nachdem ich die Schule mit der mittleren Reife verlassen hatte (1941), wurde die nebenstehende Synagoge Levetzowstraße zum berüchtigten Sammellager gemacht.
Im Hansa-Viertel gab es aber auch mehrere begüterte Familien, die dem heraufziehenden Nationalsozialismus schon vor 1933 anhingen."

Edeltraud Niesar (* 1927) berichtet 1993:
„Von 1937–1944 besuchte ich das Kleist-Lyzeum (seit 1938 Hansa-Schule) in der Levetzowstraße. Sehr viele meiner Mitschülerinnen kamen aus gehobenen bürgerlichen Schichten, darunter viele Offiziersfamilien des Hansa-Viertels und Kinder aus Diplomatenkreisen, die im Alten Westen lebten. Unsere pädagogische Anstalt war stockkonservativ, bewahrte uns aber dadurch in einem gewissen Sinne vor dem Nazismus. Es war ein altes humanistisches Lyzeum, das vielsprachig angelegt war. So lasen wir beispielsweise noch die alten Lateiner. Obwohl nach dem 9. November 1938 Juden vom Unterricht ausgeschlossen worden waren [S. 254], sind zwei meiner Mitschülerinnen teilweise jüdischer Herkunft gewesen. Ich habe nie erlebt, daß sie an meiner Schule diskriminiert wurden. Sie gehörten fest zur Klassengemeinschaft. Auch unsere alten Lehrer waren viel zu gebildet und universal, um dem Nazismus als Propagandisten zu dienen.
Von der Umwandlung der Synagoge Levetzowstraße in eine Sammelstelle der Deportierten habe ich nichts mitbekommen – vermutlich weil mein täglicher Schulweg genau entgegengesetzt, zur Gotskowsky-Brücke führte."

Zwischen den im Hansa-Viertel wohnenden, seit ein bis zwei Generationen in Berlin (mehr oder weniger integriert) lebenden – und ursprünglich aus den (damaligen) ostdeutschen Provinzen Posen und Westpreußen stammenden – Juden und jenen, die aus Osteuropa (Polen, Rußland) erst vor einiger Zeit nach Mitte zugezogen waren, zeigten sich sehr deutliche Unterschiede, die sich sogar in der Kleidung und Haartracht ausdrückten.
Im Gebiet nordöstlich von Hackeschem Markt und Alexanderplatz lag damals ein wichtiges Zentrum jüdischen Lebens der Reichshauptstadt (siehe zum Vergleich die Charlottenburg-Broschüre unserer Schriftenreihe). Die weithin sichtbare Synagoge in der Oranienburger Straße gab dem einen deutlich sichtbaren Ausdruck. Zahlreiche jüdische Kultur- und Bildungseinrichtungen (darunter in der Auguststraße 14–15) prägten den Bereich. Nur wenige Schritte von der Synagoge entfernt befanden sich die Hochschule für die Wissenschaft des Judentums (Artilleriestraße 14), das Jüdische Museum (Oranienburger Straße 31), ein Rabbinerseminar und mehrere kleinere Bethäuser.
Natürlich wohnte vereinzelt auch bürgerlicher Mittelstand in den Vorderhäusern mehrerer Straßen, aber typisch waren für diesen Teil von Mitte eher einfache Bevölkerungskreise. Der nördliche Bereich des Alexanderplatzes beherbergte zudem auch das anrüchige Milieu von Kriminalität und Prostitution. Die Mulackstraße war diesbezüglich besonders verrufen, aber auch der östliche Teil der Linienstraße mit seinen einschlägigen Treffpunkten von Zuhältern und „Ringvereinen" (S. 164f.) – wie sich damals Zusammenschlüsse von Einbrechern und anderen Kriminellen nannten.

Eva-Marie Koneffke (* 1919) berichtet 1992:
„Ich verbrachte meine Kindheit und Jugend im Bezirk Mitte, Grenadierstraße 8/ Ecke Schendelgasse, dort, wo im 19. Jahrhundert das sogenannte Scheunenviertel war. Mein Elternhaus war sowohl christlich als auch jüdisch. Mein Vater, Adolf (eigentlich Abraham) Klug, war kein orthodoxer Jude, hatte aber zahlreiche Kontakte zu seinen Glaubensbrüdern, denn er malte viele Reklameschilder für ihre kleinen Geschäfte.
Das damals schon bebaute Gebiet des ehemaligen Scheunenviertels und der benachbarte Bereich waren durch die Konzentration hier lebenden armen osteuropäischen Judentums fast zu einem Ghetto geworden. Diese Menschen, die vor dem Antisemitismus aus Rußland und Polen geflohen waren und die Absicht hatten, nach Amerika auszuwandern, waren auf ihrer Wanderung irgendwie in Berlin-Mitte hängengeblieben: Sei es, daß sie nicht mehr genug Geld für die Weiterreise hatten, sei es, daß sie gemerkt hatten, auch hier mit bescheidenen Geschäften ihr Leben fristen zu können.
Das allgemein stark jüdisch bewohnte Gebiet umfaßte: Grenadier-, Dragoner-, Alte Schönhauser Straße, quer dazu lief die Schendelgasse, des weiteren der Bereich U-Bahnhof Schönhauser Tor, ein Stück der Linienstraße, der Bülowplatz, die Volksbühne, das Karl-Liebknecht-Haus (bis 1933), ein Teil der Kaiser-Wilhelm-Straße, das Kino „Babylon" sowie Gips- und Mulackstraße. Hier lebten viele strenggläubige Juden. Ich sehe sie noch vor mir in Kaftan und Hut in der Grenadierstraße (Foto S. 292) an der Ecke stehen, redend und Geschäfte betreibend. Besonders in dieser Straße gab es viele kleine Betstuben. Kleintierhandel – darunter viel Geflügel in Käfigen – prägte besonders die Hirtenstraße. In meiner Wohngegend gab es auch zahlreiche kleine jüdische Läden, koschere Fleischereien und vorzügliche Backwaren. Besonders angesehen war das Café Dobrin (S. 343). In der Grenadierstraße standen zudem einzelne Obstwagen mit Früchten der Saison, auch Einzelhändler mit Knoblauch habe ich in Erinnerung.
Neben diesem Milieu gab es noch das der Prostitution, besonders in der Mulack- und Münzstraße, nicht zuletzt aber auch direkt bei uns in der Grenadierstraße und Schendelgasse.

Die Hochschule für die Wissenschaft des Judentums

Professor Ismar Elbogen bei einer Vorlesung

Eine der ersten Bildungsstätten des deutschen Judentums ist die in Berlin seit über 60 Jahren bestehende „Hochschule für die Wissenschaft des Judentums". Ursprünglich reine Forschungsanstalt, widmete sie sich später immer mehr der wissenschaftlichen Ausbildung von Rabbinern und Religionslehrern. Ihrem Lehrerkollegium gehörten immer die hervorragendsten Vertreter der jüdischen Wissenschaft an, unter ihnen David Cassel, Abraham Geiger, Ch. Steintal, S. Maybaum, E. Baneth, Eugen Täubler, A. S. Yahuda u. a. Heute steht an der Spitze der Hochschule Professor Ismar Elbogen, der in Gemeinschaft mit ersten jüdischen Gelehrten, wie Leo Baeck, Julius Guttmann, Ismar Freund und anderen mehr, die Tradition der Anstalt in glücklicher Weise fortsetzt. Die Zahl der ordentlichen Hörer betrug noch in den vergangenen Jahren über hundert und hat sich auch heute ungefähr auf diesem Stand gehalten. Besonders berühmt ist die Bibliothek der Hochschule, die 55 000 Bände umfaßt. Die Ergebnisse ihrer wissenschaftlichen Arbeit veröffentlicht die Hochschule regelmäßig in einer besonderen Schriftenreihe und in ihren Jahresberichten, die mit zu den wertvollsten wissenschaftlichen Beiträgen der jüdischen Geisteswelt zählen. Grade heute fällt der Hochschule eine besonders wichtige Aufgabe zu: die Erhaltung unseres Geistesguts in einer Zeit, die an sich die jüdische Jugend in andere Bahnen lenkt . . .

Im Seminar

Hörer beim Studium

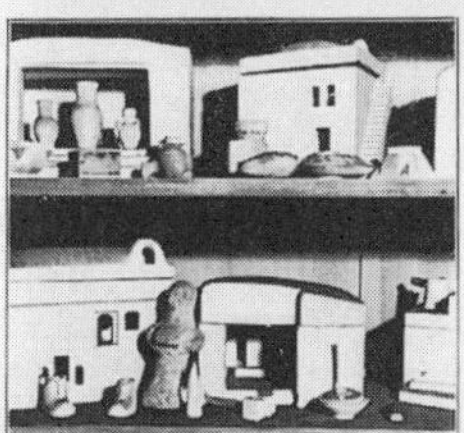

Nachbildungen palästinensischer Ausgrabungen zu Lehrzwecken

Bei der Ordnung der Bibliothek

Das jüdische Milieu blieb bis in die 30er Jahre hinein erhalten. (Für die Olympischen Spiele mußten übrigens die Häuser abgeputzt werden!) Aber seit 1933 gingen die Verfolgungen auch hier los: Morgens um 4 Uhr hielten Lastwagen und holten Strenggläubige ab, die dann mißhandelt wurden, indem Nazis ihnen die Bärte ausrissen, Haare abschnitten.
Bessere und assimilierte jüdische Kreise, die ich durch meine (spätere) Schule in Charlottenburg auch kennenlernte, rümpften eher die Nase, wenn sie von meiner Wohngegend hörten. Wer hier lebte, besaß weder Einfluß noch Geld, um noch rechtzeitig emigrieren zu können. So verloren fast alle ihr Leben.
Mein Vater Abraham Klug wurde 1942 verschleppt, 1945 befreit, verstarb aber schon in den 50er Jahren an den Folgen der KZ-Haft."

Heinz Krause (* 1921) erinnert sich 1992:
„1938 wohnte ich mit meiner jüdischen Mutter Minna Hermann, geborene Fichtmann, in der Keibelstraße 3. Diese Gegend war finstere Mitte. Unweit von uns, Grenadier- und Dragonerstraße, lebten viele sogenannte Ost-Juden. Ihr Verhältnis zu den deutschen Juden war nicht gerade das beste. Die deutschen Juden bezeichneten die anderen mit dem Schimpfwort ‚Planjes'. Die Ost-Juden entgegneten mit dem Begriff ‚Jäcken', weil die deutschen Juden Kragen und Jakken trugen und nicht mit dem Kaftan herumliefen.
Die deutschen Juden waren an erster Stelle Deutsche und dann Juden. Übrigens waren auch die nicht wohlhabenden deutschen Juden assimiliert, da gab es keinen Unterschied zu den vermögenden Kreisen, die in Charlottenburg, Wilmersdorf, Grunewald oder dem Hansa-Viertel lebten.
Gleich welcher sozialen Schicht: die deutschen Juden lehnten allein schon das äußere Auftreten der Ost-Juden mit Kaftan und Schläfenlocken ab. Man war eben assimiliert."

Zwischen GESTERN und MORGEN

Ein Berliner Bilderbogen

Die Sorge unserer Gegenwart gilt der Jugend, die einem arbeitsamen Leben entgegenschreiten will. Das Gestern blickt uns hier an aus den Räumen, in die es durch Jahrzehnte hineinwuchs. Hier, in unmittelbarer Nähe des Weltstadtgetriebes, eingeschlossen in das vergraute Häuserwerk der Straßen, in die Enge der Höfe, suchte dieses Dasein die ihm versagte Tageshelle im Lichterschein des Glaubens. Bis der Sturm des Heutigen auch durch diese Winkel fegte. Er braust um uns, hoffen wir, daß er die Wolken über uns auflichtet, damit die Sonne den Weg unserer Kinder ins Freie bescheint. Seht ihre unverzagten Mienen, ihre frohen Gesichter, ihre Freude an der Hände Arbeit, ihren Willen, den Körper zu stählen, ihre frühe Emsigkeit im Aufbau einer eigenen Welt! Blickt ihnen ins Auge; dann seht ihr, daß der morgige Tag euch ruft. Und schaut zurück um zu erkennen, was es heißt, vor dem Heute zu bestehen, dessen Bestimmung es ist, die Brücke zu einer besseren Zukunft zu schlagen!

phot. Kikoler Sonnenfeld

1. Drei Stockwerke „zu vermieten"; welchem Schicksal mögen die Berliner Juden, die hier wohnten, entgegengehn ... / 2. Ein Winkel im Jüdenhof. / 3. Auf dem Weg zur Synagoge. / 4. Ein Blick in den Hof Stralauer Straße. / 5. Aus engen Gassen blickt er unerschrocken in eine neue Zukunft. / 6. Kleinstadt in der Großstadt. / 7. Ecke im Krögel, der durch die Auflichtung der Altstadt beseitigt wird. / 8. Jugend beim Werkunterricht: sie will sich dereinst ihr Haus selbst zimmern. / 9. Jüdisches Sportmädel. / 10. Aufmarsch jungjüdischer Leichtathleten. / 11. Sinn für Farbe durch Malunterricht. / 12. Eine kleine Handarbeit für die liebeMutti. / 13. Besonnter Schulweg. / 14. Da gibt's aber was zu sehen! / 15. Für einen Sechser Eis. / 16. Frohe Gesichter in freier Luft.

Aus der Beilage des „Israelitischen Familienblatts" (1935)

Prof. Nathan Steinberger (* 1910) berichtet 1992:
„Ich stieß in den späten 20er Jahren zur kommunistischen Jugend durch meinen älteren Bruder. Ihm oblag damals die Leitung der Gruppe ‚Rosenthaler Vorstadt', ein Gebiet, das vom Rosenthaler Platz die Brunnenstraße hoch ging und auch noch die Elsässer Straße umfaßte. Hier wohnten viele arme Leute, aber nicht in erster Linie das industrielle Proletariat, das war damals nördlicher beheimatet.
Die Wohngegend meiner Kindheit und Jugend, der Bereich August- Ecke Rosenthaler Straße war eher durch arme Leute geprägt. Sie standen allerdings sozial eine Stufe höher als die im angrenzenden Gebiet des einstigen Scheunenviertels lebenden. Bei ihnen handelte es sich um aus Osteuropa kommende Juden, die mit ihrer spezifischen Art des Auftretens und religiösen Lebens bestimmten Straßen ein ganz eigenes Gepräge gaben.
Ich möchte sie nicht Orthodoxe nennen, denn an den religiösen Vorschriften hielten meine assimilierten Eltern auch fest. Nein, chassidisch* könnte man sie nennen oder, mit einem heutigen Begriff belegt, fundamentalistisch.
Es bestand damals eine soziale Kluft zwischen den schon seit längerem eingebürgerten deutschen Juden – viele von ihnen waren in der zweiten Häfte des 19. Jahrhunderts aus Posen gekommen – und den sogenannten Ostjuden aus dem Wohngebiet nördlich des Alexanderplatzes. Die deutschen Juden waren – in der überwiegenden Zahl – hypereifrige Preußen, die scharf gegen die ‚Ostjuden' standen, denen das ‚Stigma' des Judentums anhaftete. Den Fundamentalisten gefiel dagegen der fehlende ‚Stallgeruch' der assimilierten deutschen Juden nicht."

* mystische und fromme Glaubensbewegung von schlichter Lebensform, d. Verf.

Arnold Munter (* 1912) erinnert sich 1991:
„Als Sohn eines jüdischen Arbeiters wuchs ich mit vielen Geschwistern in großer Armut auf. Zeitweise wohnten wir in der Auguststraße und schließlich siebzehn Jahre in der Lothringer Straße 16. (1933 zwang man uns, hier auszuziehen.)
Schon als Heranwachsender sammelte ich 1923 erste politische Eindrücke. In diesem Jahr kam es in der von vielen armen Juden bewohnten Gegend nördlich von Alexanderplatz und Hackeschem Markt zu ersten Pogromen:
Bewaffnete Rechtsextremisten schlugen auf Juden ein. Mein Vater zog einen Verletzten schnell ins Haus, schützte und verband ihn. Mir wurde vermittelt, ich dürfe von dieser Hilfsbereitschaft nichts weitererzählen (1933 erlebte ich dann erneut, wie Juden, die durch ihre traditionelle Barttracht als solche erkennbar waren, von SA-Banditen gejagt und mißhandelt wurden.)
Als junger Mann schloß ich mich dann der Sozialistischen Arbeiterjugend (SAJ) und vor allem dem Arbeiterathletenbund an. Durch meine Sporttätigkeit, die mir (als Boxer) wiederholt bei Auseinandersetzungen mit der SA zugute kam, bemühte ich mich auch, jüdischen Menschen soweit es mir möglich war zu helfen: So trainierte ich auf Bitten älterer jüdischer Herren nach 1933 junge Berliner Juden sportlich, die aber schon bald darauf nach Übersee auswanderten. Leider hatten viele ältere Juden Illusionen und unterschätzten den Faschismus. Beispielsweise erinnere ich mich an ein Gespräch mit Herrn Naphtanel, der in der Linienstraße vis-à-vis der Grenadierstraße eine Bügelanstalt betrieb. Er pochte so sehr darauf, ein ‚guter Deutscher' zu sein, daß er glaubte, ihm könne niemand etwas anhaben: ‚Zu mir sollen sie mal kommen, ich habe im Ersten Weltkrieg zwei Verdienstmedaillen erhalten!'"

Arnold Munter (oben stehend, 4. v. l.) mit jüdischen Sportlern

Gewalttätige Übergriffe und Terror schon 1933

Die mit der NS-"Machtübernahme" nun staatlich bewußt betriebene Ausgrenzung und Verfolgung der Juden wirkte sich bereits 1933 – und damit deutlich wahrnehmbar für viele Berliner – in der Anwendung physischen Terrors aus.

Dabei ist nicht allein an die verstärkt nach dem Reichstagsbrand (27. Februar 1933) einsetzende Welle der Verschleppung einzelner prominenter jüdischer Künstler, Politiker, Ärzte und Akademiker zu denken oder an den Boykottaufruf zum 1. April 1933 – den, das kann man zur Ehre der Berliner sagen, viele demonstrativ mißachteten –, sondern an die direkte tätliche Bedrohung, der nun viele Juden, sei es an der Universität, sei es beim Betreten von Behörden oder ehemaligen Arbeitsstätten – etwa dem Krankenhaus Moabit, wo viele angesehene jüdische Ärzte wirkten, – ausgesetzt waren.

Nicht erst in den 40er Jahren, sondern bereits 1933 kam es im o. g. Gebiet um die Grenadierstraße zu Razzien und gewalttätigen Übergriffen. Die staatliche „Arisierungspolitik" und die direkte tätliche Bedrohung bildeten ein Klima der zunehmenden Angst. Uniformierte Nazis, die durch ihre Präsenz vor Gebäuden Hausverboten für „nichtarische" Rechtsanwälte und Richter vor Justizgebäuden unmißverständlich Nachdruck verliehen oder die Jagd auf bekannte (oder erkannte) jüdische Kommilitonen an der Universität machten, schufen schon vor der Verkündung entsprechender Gesetze die faktische Ausgrenzung der Juden. Prozentuale Zahlen bei sogenannten „Zulassungsbeschränkungen" für jüdische Schüler, Studenten und Akademiker offenbaren nicht den tatsächlich viel bedrohlicheren Alltag der Verfolgung.

Günther Nobel (* 1913) teilt 1992 mit:
„Ich begann 1931 mit meinem Studium in den Fächern Rechtswissenschaften und Nationalökonomie. Politisch schloß ich mich dem Sozialistischen Studentenbund an.
1931/32 kam es wiederholt zu gewalttätigen Auseinandersetzungen an der Universität. Es ereignete sich jede Woche etwas. Das rechte Lager war in vielfacher Überzahl. Einmal ging ich wegen meiner zerrissenen Jacke zum Rektor Kohlrausch – einem angesehenen Juristen –, doch der wollte nichts gegen die rechten Umtriebe tun. Bald nach der NS-Regierungsbildung wurde ich als Jude erkannt und aus der Universität geprügelt. Wegen dieser Lebensgefahr beendete ich mein Studium. Hunderte sind auf diese Weise faktisch relegiert worden."

Direkte Gegenwehr war unter den Bedingungen einer sich herausbildenden Diktatur wohl nur noch in den Anfangswochen möglich. Einzelne jüdische Persönlichkeiten und Gruppen hatten vor 1933 auf vielfältige publizistische Weise vor dem Nazismus gewarnt. Es gab sogar Organisationen, die sich tätlich zu Wehr setzten. Dabei ist zuallererst an jüdische Sportler zu denken:

Junge Sportler bilden jüdische Abwehrgruppe

Fritz Michael Meyer (* 1902) berichtet 1984:
„Mit Martin Zitrin – der später mit Frau und Tochter deportiert und wohl auch ermordet wurde – war ich Gründer des ehemaligen Jüdischen Boxclubs Makkabi Berlin und Leiter der damaligen Abwehr gegen antisemitische Belästigungen jüdischer Bürger.
Der Boxclub Makkabi entwickelte sich aus dem Turn- und Sportverein Bar-Kochba, den der städtische Lehrer Martin Zitrin als Oberturnwart leitete. Ende 1921 besuchte ich den Trainingsabend und wurde mit dem sympathischen Idealisten Martin Zitrin eng befreundet. Ich versuchte, mit ihm im Bar-Kochba eine Boxabteilung zu errichten, um Juden, die immer häufiger antisemitischen Pöbeleien ausgesetzt waren, körperliche Sicherheitsgedanken beizubringen.
Da die Leitung extrem zionistisch war und nichts für einen unpolitischen jüdischen Boxclub fühlte, gelang es mir, M. Zitrin zum Austritt und zur Gründung eines Boxclubs zu bewegen. In der Turnhalle der zehnten Realschule in Berlin, Auguststraße [21], begannen wir unser Training. Die Begeisterung strömte uns von allen Seiten zu. Die jüdischen Studenten und auch Sportler aus verschiedenen Vereinen kamen zu uns und machten uns bald zu einem großen Verein von ungefähr 2000 Mitgliedern. In den Listen der Amateurboxmeisterschaften in Berlin findet man viele Namen unserer Mitglieder... Förder- und Vorstandsmitglieder waren außer Zitrin und mir noch Dr. Hugo Bernhard (ein Hals-, Nasen- und Ohrenspezialist, in Berlin bekannt als ‚Säbel-Bernhard', weil der die meisten Mensuren aufzuweisen hatte), Jaques Landsberger... und unser Kampfmannschaftstrainer Bruno Goldstein.

Auf meine Initiative hin wurde eine Abwehrgruppe gegen antisemitische Belästigungen jüdischer Bürger gegründet. Ich empfing meine Freunde und verteilte Gummiknüppel, Lignos-Pistolen und Munition, darunter bis 1930 in meiner Wohnung Kaiser-Wilhelm-Straße 61, Ecke Burgstraße. Die Abwehr sei an einigen Beispielen erläutert: Als im Café König, Unter den Linden, auf der Straße an Tischen sitzende jüdische Gäste regelmäßig abends von Nazihorden angefallen wurden,

Jüdischer Boxverein – Fritz Michael Meyer (oben 3. v. l.)

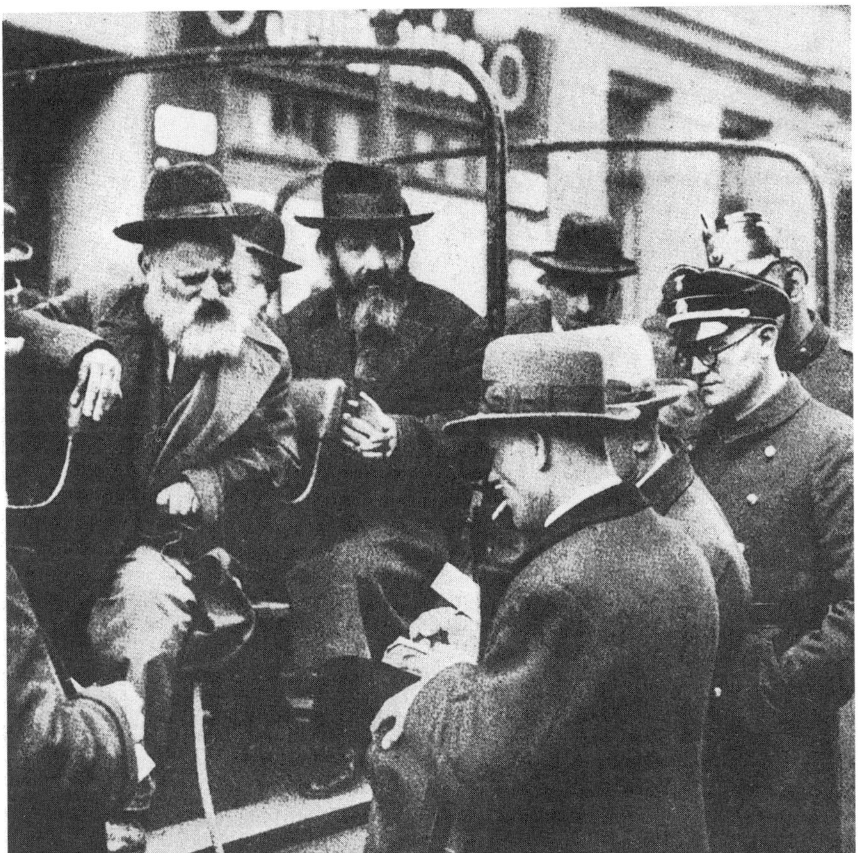

Berlin im April 1933 – Razzia in der Grenadierstraße

griff ich mit zehn Jungen meiner Boxgruppe ein: In wenigen Minuten waren die Störer weggelaufen und *diese* Überfälle fanden nun ein Ende. (Das Berliner Tageblatt berichtete darüber.) An hohen jüdischen Feiertagen wurden Gruppen von uns über die Bethäuser verteilt, um Schutz zu bieten. Auch die Bewachung der Grenadierstraße, wo viele bärtige Juden wohnten, war unser stetiges Gebiet. Da ich bei den Nazis trotz Tarnung langsam bekannt wurde, mußte ich am 1. April 1933 emigrieren.
Ich wäre froh, wenn die Nachkriegswelt erführe, daß viele Juden öffentlich gekämpft hätten, wären sie nicht von der Umwelt im Stich gelassen worden."

Antisemitismus auch im Arbeitermilieu

Der Antisemitismus wurde 1933 nicht allein durch die NSDAP, ihre Organisationen und Anhänger vertreten, sondern er stützte sich darüber hinaus auf tiefsitzende Ressentiments breiter Bevölkerungskreise – besonders des national-konservativen Bürgertums (Hitlers Bündnispartnern) und der Kirchen – aber er erfaßte auch gewisse Teile der Arbeiterschaft, wie die folgende Erinnerung eines Zeitzeugen belegt.

Kurt Stillmann (* 1916) – s. S. 161 – erinnert sich 1990:
„Ich verbrachte meine Kinder- und Jugendzeit im Fischerkiez (Fischerinsel), einer ausgesprochenen Arme-Leute-Gegend. Von einigen Hauseigentümern und gebildeten Arbeiterkreisen abgesehen, waren Armut und billige Prostitution hier sehr verbreitet. Doch viele Menschen dieser Kreise waren am Ende der Weimarer Republik eher Antinazis. Erst mit der Einführung des Arbeitsdienstes, der Organisation ‚Kraft durch Freude' und einigen anderen bescheidenen sozialen Maßnahmen wendeten sie sich. Vor 1933 waren unter den linken Organisationen allerdings die Kommunisten und nicht zuletzt die bekannte Solidaritätsküche der Roten Hilfe (Ohm- Ecke Köpenicker Straße) die stärkste politische Kraft im Umkreis. [Fischerstraße Ecke Friedrichsgracht befand sich das RFB-Lokal Hoppe, d. Verf.] Als Jugendliche schützten wir viele Aufmärsche der Kommunisten, die über die Dresdener-, Roß- und Breite Straße zum Lustgarten zogen.
Im Mai oder Juni 1933 war es dann, als mir drei ehemalige Gefährten aus dem Fischerkiez, mit denen ich einst Absperrungen für Ernst Thälmann vorgenommen, mit denen ich Wache gestanden und Geld und Sachspenden für die Solidaritätsküche gesammelt hatte, auf der Straße entgegenkamen. Doch sie weigerten sich, mir die Hand zu geben und schimpften: ‚Dreckige Judensau, mach eine Einbahnstraße, fahre nach Palästina, komm nicht mehr zurück und laß Dich ja nicht mehr hier blicken! Das nächste Mal schlagen wir Dich tot, damit du es nicht mehr wagen kannst, uns die Hand zu reichen!'*
Nach diesem Erlebnis war ich vollkommen bedient. Es dauerte auch nicht mehr lange, da sah ich sie – die ja alles arme Schlucker waren – in SA-Uniform. Alle (bis auf ganz wenige) dieser ehemaligen Gefährten waren braun geworden.
Bald darauf schloß ich mich in der Münzstraße 4 einem Vorbereitungsheim für junge jüdische Leute an, die nach Palästina gehen wollten. Wir bildeten uns in praktischen Berufen aus (Handwerker, Gärtner), erhielten aber auch (in der Lottumstraße 7) politische Schulung durch marxistische Literatur und lernten Hebräisch."

* Herbert Wehner berichtet (s. Literaturliste), daß der RFB-Führer vom Fischerkiez, Scherlinsky, 1932/33 (aus einer sogenannten Antibonzenstimmung heraus) den angeblich zu großen Einfluß von Juden im Karl-Liebknecht-Haus beklagte, d. Verf.

Mitte, Fischerinsel

Während Teile der jüdischen Bevölkerung bereits 1933 das Land verließen – verlassen mußten – glaubte die große Mehrheit gerade jener patriotischen Kreise (S. 294, 300), die im Ersten Weltkrieg für ihr deutsches Vaterland gekämpft hatten, zunächst noch durch ein gewisses Arrangement mit den neuen Verhältnissen mehr oder weniger zurechtkommen zu können. Auch die Gründung des „Jüdischen Kulturbundes" (1933), der dann durch vielfältige kulturelle Aktivitäten hervortrat, drückte Selbstbewußtsein und Selbstbehauptungswillen der deutschen Juden aus. (Siehe die Charlottenburg-Darstellung dieser Reihe.)

Die berüchtigten „Nürnberger Rassengesetze" (1935) und die (1937) verstärkt betriebenen Zwangsverkäufe jüdischer Geschäfte verdeutlichten schon bald eine neue Welle des NS-Terrors.
Es war übrigens die Masse der von Juden geleiteten kleinen und mittleren Betriebe und nicht Großindustrie, Warenhäuser und Banken, die zuallererst von der systematischen „Arisierung" erfaßt wurden. Bereits bis Juli 1938 war die Zahl der jüdischen Einzelhandelbetriebe von über 50000 (im Jahre 1932) auf noch 9000 zurückgegangen.

Beschäftigt in jüdischer Konfektion

Entgegen dem von der antisemitischen Hetze gezeichneten Zerrbild des (angeblich) raffgierigen und rücksichtslosen „Juden" hoben mehrere frühere Beschäftigte jüdischer Konfektion und Warenhäuser gerade das Gegenteil, nämlich die hohe soziale Gesinnung ihrer früheren Chefs hervor. (Ähnlich wurde dem Verfasser bei seinen zurückliegenden Recherchen zum Widerstand in den Arbeiterbezirken wiederholt vom selbstlosen Einsatz begabter jüdischer Ärzte berichtet, die sich aufopfernd um ihre Patienten kümmerten und auch den Ärmsten die beste Behandlung zukommen ließen.)
Im folgenden seien einige Erinnerungen wiedergegeben:

Frau Reuter-Borowski (* 1917) berichtet 1992:
„Meine erste Lehrstelle fand ich in dem angesehenen jüdischen Kaufhaus ‚Max Giesen', Turmstraße 42, Ecke Oldenburger Straße in Tiergarten. Ich genoß eine sehr gute Ausbildung, wanderte durch alle Abteilungen – von der Expedition bis zur Buchhaltung. Erst nach zwei Jahren durfte ich dann Kunden bedienen. Hauptsächlich handelte es sich um Damen aus dem nahen Hansa-Viertel, die man mit ‚gnädige Frau' anzureden hatte.
Nach Abschluß der Lehre (1934) wechselte ich als Vorführdame – so nannte man damals ein Mannequin – zum Hausvogteiplatz und war dort bei mehreren jüdischen Firmen tätig. Ich war zwei Jahre bei Adolf Wittkowski (Hausvogteiplatz 3–4) und danach bei Siegfried Bauchwitz, einer Konfektionsfirma, die auch das bekannte Warenhaus ‚Hermann Tietz' am Dönhoffplatz belieferte, angestellt. Als Tietz verkaufen mußte, machte sich dessen Geschäftsführer Hermann Süßkind selbständig und kaufte Bauchwitz auf (Jerusalemer Straße 31). Ich bediente dort und führte vor, von neun Angestellten war ich die einzige ‚arische'. In der Modebranche – in der ich auch den 9. November 1938 (S. 304 f.) erlebte – hielt man eher Distanz zum Nationalsozialismus. Es war eine sehr angenehme Arbeitsatmosphäre, und ich habe meinen Chef sehr gemocht. Als ich 1937 im Berliner Dom heiratete – Pfarrer Doehring (S. 212 ff.), mit dem meine Mutter von Ostpreußen her bekannt war, hielt die Predigt –, überraschte er uns alle mit seinem Besuch.
Süßkind war noch 1941 davon überzeugt, daß ihm als ‚deutschem Juden' und verdientem Weltkriegsteilnehmer nichts passieren könnte. Ich hörte dann nie wieder etwas von ihm*."

* Der 1885 geborene Geschäftsmann wurde nach Auschwitz verschleppt und ermordet, d. Verf.

Alice Michelson (* 1916) – s. S. 368 – erinnert sich 1992:
„Ich verließ mit 14 Jahren die Schule und lernte Verkäuferin, zuletzt bei der Firma F. V. Grünfeld, Leipziger- Ecke Mauerstraße. Es war ein Textilwarenhaus mit über 1 000 Mitarbeitern. Das Gebäude, in dem die Firma untergebracht war, wurde über zwei Stockwerke von uns belegt. Ein hoher Grad an Politisierung herrschte nicht gerade – am wenigsten unter der Angestelltenschaft. Grünfeld war ein bißchen ein vornehmes Geschäft. (Obwohl die Leipziger Straße nicht ganz so vornehm wie der Kurfürstendamm war.) Die Leitung des Unternehmens verstand es, sich das Personal durch gewisse soziale Leistungen gewogen zu machen. Es gab längere Mittagspausen, einen Ruheraum, Bücher, ein Sonnendach mit Liegestühlen und Sportgelegenheiten und nicht zuletzt eine gute Kantine. Viele Angestellte fühlten sich als etwas Besonderes als ihre Kolleginnen bei Wertheim und Tietz." (F. V. Grünfeld wurde 1938 „arisiert", d. Verf.)

JOHANNES JÄHNIG

JUGENDL. KLEIDER

ADEFA

BERLIN C 2, den
JERUSALEMERSTR. 19-20

HERMANN SÜSSKIND

KLEIDER - BLUSEN - COMPLETS

FERNSPRECHER A 6 Merkur 7850
BANK Dresdner Bank, Dep.-K. 64
Berlin SW 19, Jerusalemer Str. 24
POSTSCHECK Berlin Nr. 78073

BERLIN SW 19
JERUSALEMER STR. 31
DEN 31. 12. 1937.

ADOLF WITTKOWSKI

Blusen - Kleider

FERNSPRECHER: SAMMEL-NR. A 6 MERKUR 0452
BANK-KONTO: DEUTSCHE BANK U. DISCONTO-GES.
DEPOSITEN-KASSE F 2, HAUSVOGTEIPLATZ 11
POSTSCHECK-KONTO: BERLIN NW7, NR. 7515
TELEGR.-ADRESSE: AWITTKLEIDER BERLIN

BERLIN SW 19, den 30. September 1935.
Hausvogteiplatz 3-4

Hans Walther (* 1916) berichtet 1992:
„Ich absolvierte von 1933–1936 eine kaufmännische Lehre im traditionsreichen Berliner Kaufhaus ‚Israel' (Königstraße 7–14, Ecke Spandauer Straße) und war danach eineinhalb Jahre als kaufmännischer Angestellter dort tätig. Während dieser Zeit erlebte ich eine sehr fürsorgliche und sozial aufgeschlossene Atmosphäre. So ging Wilfrid Israel, der mit seinem eher stillen Bruder Herbert das Geschäft leitete, öfter durchs Haus und erkundigte sich persönlich bei seinen Mitarbeitern nach ihrem Wohl. Er tat es in keiner Weise anbiedernd, sondern blieb freundlich-distanziert, wozu auch seine sehr gepflegte Erscheinung beitrug.

Das Kaufhaus unterhielt in der Poststraße eine eigene Handelsbetriebsschule. (Sie wurde 1937 geschlossen.) Es waren auch Clubräume im Haus eingerichtet worden. Unter den rund 1 300 Beschäftigten gab es auch nationalsozialistisch gesonnene. Es kam wiederholt zu absurden Verwechslungen, wenn ‚typisch-arisch' aussehende Kollegen, wie Levi und Wachsner, von Kunden vertraulich als ‚Nichtjuden' angesprochen wurden oder andere Kunden – in der Annahme, bei Israel könnten keine Nazis arbeiten – um eine neutrale Lieferung der Ware baten, da im eigenen Haus ‚scharfe Nazis' wohnten. Unser Kaufhaus bot zwei Formen der Zustellung an: einmal in neutral gehaltenen Wagen und dann in solchen mit der Goldschrift ‚N. Israel'. Letztere wünschten manche ‚aus Daffke' – wie der Berliner sagen würde.

Gegenüber dem Haupteingang war übrigens am Berliner Rathaus ein Kasten mit dem widerlichen antisemitischen Hetzblatt ‚Der Stürmer' angebracht. Während der Olympischen Spiele 1936 wurde er allerdings verdeckt.

Nicht zuletzt wegen der befürchteten ‚Arisierung' verließ ich 1937 das Kaufhaus und ging bald darauf nach Dresden. Eine Freundin schrieb mir dann kurz nach dem berüchtigten 9. November 1938 (S. 306), Eindringlinge hätten bei ihnen wie die Vandalen gehaust. Wenige Monate danach wurde die seit 1815 bestehende Firma dann ‚arisiert'."

Wilfrid Israel (1899–1943), der mit seinen Eltern im noblen westlichen Tiergartenviertel (Hildebrandstraße 10) wohnte und dann eine eigene Wohnung in der Bendlerstraße bezog, kam aus einer konservativ eingestellten jüdischen Kaufmannsfamilie. (In den 20er Jahren gab es in Berlin drei berühmte, etwas extravagante Millionärskinder: Margot Klausner vom Schuhhaus Leiser, die Bankierstochter Lola Hahn-Warburg und eben Wilfrid Israel.) Wilfrid Israel blieb nicht zuletzt durch seine sozialistischen Neigungen seinen Zeitgenossen immer etwas rätselhaft. Doch er bewies hohe Zivilcourage und große Menschlichkeit dadurch, daß er in der NS-Zeit Menschen aus der Haft herausholte, indem er SS-Leuten Kredite im eigenen Kaufhaus einräumte. Er rettete mit Hilfe der Quäker Tausende jüdische Kinder. W. Israel war gerade wieder in geheimer Mission tätig, um neue Fluchtmöglichkeiten zu ergründen, als er am 1. Juni 1943 auf dem Flug von Lissabon nach Bristol abgeschossen wurde.

Das Jahr 1938 – und hier der berüchtigte 9./10. November – sollte sich als neuer Höhepunkt des antijüdischen Terrors erweisen. Seit Juni des Jahres mußten jüdische Geschäfte gekennzeichnet werden, jüdische Reisepässe erhielten ein aufgedrucktes „J" als diffamierendes Kennzeichen (S. 81), und im August 1938 wurde die Einführung jüdischer Zwangsnamen für den Beginn des folgenden Jahres verkündet.

Mitte, Spandauer Straße – Kaufhaus N. Israel (links das Rote Rathaus)

Am 9. November 1938 – das Regime hatte bewußt die zwanzigste Wiederkehr des Gründungsdatums der von ihm gehaßten ersten deutschen Republik dafür ausgewählt – organisierte die NS-Bewegung den bis dahin größten Pogrom gegen jüdische Einrichtungen und Personen. Geschäfte wurden demoliert und geplündert, jüdische Gotteshäuser (darunter auch in der Auguststraße 10, der Brunnerstraße 33, der Flensburger Straße 14, der Johannisstraße 16 und der Kaiserstraße 29/30) verwüstet, Menschen verschleppt, mißhandelt und ermordet.
Wir fanden noch zahlreiche Berliner, die mit diesen Datum unvergessene Eindrücke verbanden und zogen neben eigenen Befragungen einige bereits veröffentlichte Texte hinzu, um das allgemeine Bild zu verdeutlichen. Die meisten Beobachtungen konzentrierten sich dabei auf das Stadtzentrum, denn dort befanden sich noch mehrere jüdische Geschäfte: am Molkenmarkt dominierte Tuchhandel und am Spittelmarkt u. a. Leder und Felle. Ganz besonders bekannt war die angesehene Konfektionsbranche am Hausvogteiplatz.

Kurt Blumenstock (* 1899) erinnert sich 1992:
„Ich weiß, daß die Nazihorden damals nicht spontan hingegangen sind, sondern daß es eine generalstabsmäßig vorbereitete Aktion war. In unserer Abteilung der Reichsbank waren von etwa 180 Beschäftigten weit mehr als 100 stramme Nazis. Sie kamen sogar in Uniform zum Dienst. Einer von ihnen, ein gewisser Hellberg, sprach am Tag nach den Ereignissen triumphierend von seinen Erlebnissen und höhnte:
‚Der Jehova ist oben – womit er die Synagoge meinte – zum Schornstein rausgefahren!'
Hellberg und andere waren jene Leute, von denen es offiziell hieß, ‚der Volkszorn' hätte sich am 9. November spontan Luft gemacht.
Selber konnte ich dann noch folgendes beobachten:
Auf dem Rückweg von meiner Reichsbank-Dienststelle (Markgrafenstraße) fuhr ich mit dem Fahrrad nach Pankow und kreuzte dabei die Kastanienallee, die von der Schönhauser Allee runterging. Dort befanden sich viele kleine Möbelgeschäfte – und hier sah ich den Mob wüten. Auf der rechten Seite stand vor einem Möbelladen eine kleine Gruppe von Menschen. In der Mitte von ihnen hieb ein Mann mit einer Axt gerade auf einen Kleiderschrank ein. Nazistisch gesonnene Beobachter haben triumphiert."

Erwin Reisler (* 1911) – s. S. 165 – berichtet 1992:
„Von den eigentlichen Ereignissen bin ich völlig überrascht worden. Am Tag nach dem 9. November ging ich dann umgehend ins Stadtzentrum, um mir selbst ein Bild zu machen. Mein Ziel war die ehemalige Arbeitsstätte meiner Schwester, das Gänsegeschäft Pappelbaum in der Rosenthaler Straße.
Schon ab Veteranenberg (Veteranenstraße) sah ich viele zerstörte jüdische Geschäfte. Nachts waren sie geplündert worden, tags darauf wurde wohl wegen der Weltöffentlichkeit das Plündern staatlicherseits verboten.
In der Brunnen-, Invaliden- und Rosenthaler Straße sah man die Verwüstungen. Am Veteranenberg hatte man die Kaufhäuser ‚Jandorf' und ‚Held' völlig zerkloppt, das Inventar war auf die Straße geworfen worden.
Die Bevölkerung ging vorbei – in der Mehrheit mit blutendem Herzen! Denn soweit ich in der Arbeiterschaft Überblick besaß, lehnte man die Übergriffe ab, äußerte sich aber nur vorsichtig und nur da, wo man es sich erlauben konnte, auf der Straße, im Betrieb oder in der Kneipe."

Hildegard Reuter-Borowski (*1917) teilt 1992 mit:
„Ich arbeitete damals bei der Konfektionsfirma Jähnig, Jerusalemer Straße 19 bis 20, am Hausvogteiplatz.
Schon auf meinem Weg zur Arbeitsstelle sah ich am Morgen des 10. November 1938 in der Leipziger Straße zerstörte und geplünderte Gold- und Wäschegeschäfte. (Hertie – einst Hermann Tietz – wurde, da ‚arisiert', nicht belästigt.) Am Hausvogteiplatz sah es dann noch schlimmer aus. Der entsetzliche Anblick ist kaum zu beschreiben: Scherben lagen über Scherben. Aus den zerstörten Fenstern – auch der Firmen über und unter uns – war alles, selbst Garderobenständer, auf den Platz geworfen worden. Ich konnte mir nur schwer einen Weg zum Eingang bahnen. Auch meine Kollegen waren tief betroffen, ja fassungslos, allein schon angesichts der gigantischen Zerstörung von Volksvermögen. In der Modebranche – ich arbeitete seit meiner Lehrzeit in jüdischen Geschäften und

Mitte, Hausvogteiplatz

genoß als Nicht-Jüdin eine vorzügliche Ausbildung und Behandlung – hielt man ohnehin Distanz zum Nationalsozialismus. Aber mittlerweile mußte man sich auch bei uns vor einer NS-Betriebsobmännin vorsehen. Doch soweit ich mich mit meinen über dreißig Kolleginnen vorsichtig austauschen konnte, fand ich niemanden, der diese Untaten billigte."

Rudolf Meier (* 1908) erzählt 1992:
„Auf Grund meiner Führerscheinprüfung fand ich mich am Morgen des 10. November 1938 um 6 Uhr am Spittelmarkt ein und fuhr von dort aus die Leipziger runter, vorbei am Dönhoffplatz, Fahrtrichtung Potsdamer Platz. Die ganze Gegend bot einen verheerenden Anblick. Es war der Morgen nach der sogenannten ‚Reichskristallnacht'! SA und Nazis hatten ihr ‚Werk' in der Nacht vollführt, jetzt waren sie nicht mehr zu sehen. Die Straßen waren weitgehend menschenleer. Ich sah zertrümmerte Schaufenster von Geschäften und Kaufhäusern, herumliegende Scherben, herausgerissene Waren und Einrichtungsgegenstände wie Schaufensterpuppen, die auf der Straße lagen. Die einst berühmte Konfektionsgegend am Dönhoffplatz bot ein böses, böses Bild."

Günter Stillmann (1912–1986) schreibt in seinen Erinnerungen (s. Literaturliste): „Am Abend des 9. November 1938 hörte ich im Radio von der ‚Volkswut'. In Paris war der deutsche Gesandtschaftsrat Ernst vom Rath von dem jüdischen Bürger Herschel Grynszpan ermordet worden.
Am nächsten Morgen fuhr ich mit dem Fahrrad durch die Stadt. Ich sah jüdische Geschäfte mit zerbrochenen Schaufensterscheiben und demolierten Türen – ausgeplündert und verwüstet.
In der Spandauer Straße Ecke Königstraße, der heutigen Rathausstraße, befand sich das Kaufhaus Israel. (Foto S. 303) Ich kam gerade dazu, als mehrere Lastautos mit SA- und SS-Leuten dort hielten, die Nazis absprangen und die Scheiben mit Spaten und Beilen einschlugen. An der belebten Ecke wurde ich Zeuge, wie viele Passanten stehenblieben, tatenlos zusahen und schwiegen. Nur einige wagten es, ihren Unmut zu zeigen."

Theodor Zondek berichtete 1988 in der „Zeit":
„An einer Stelle fanden die Nazi-Vandalen unerwarteten Widerstand. Das altbekannte Warenhaus N. Israel in der Spandauer Straße, wohl schon 1832 gegründet und sehr beliebt beim Berliner Publikum, war von den Zerstörern schwer beschädigt worden. Die Inhaber Wilfrid und Herbert Israel hatten indessen auch die britische Staatsangehörigkeit, denn ihre Mutter kam aus einer geachteten Londoner jüdischen Familie. Die britische Botschaft verlangte deshalb die völlige Wiederherstellung des Kaufhauses innerhalb weniger Tage. Eine beträchtliche Anzahl von Arbeitern und Handwerkern machte sich fieberhaft ans Werk. Einige Monate später entschlossen sich die Besitzer, das Warenhaus zu verkaufen. Es wurde ‚arisiert', wie es damals so schön hieß."

Salomea Genin – Autorin des Buches „Scheindl und Salomea" – sagt 1992:
„Mit dem 9. November verbinde ich vor allem ein starkes Gefühl von Angst, die in unserer Familie herrschte. Wir getrauten uns nicht auf die Straße. Darüber hinaus habe ich noch das Stampfen von Stiefeln auf dem Straßenpflaster in Erinnerung. Ich weiß auch noch, daß ein jüdischer Bekannter bei uns – wir wohnten Lietzman- Ecke Georgenkirchstraße – klingelte und warnend sagte: ‚Geht bloß nicht raus! Man hat 300 Juden gefangen genommen, in die Synagoge gesperrt und die dann angezündet!'
Wie ich nach 1945 erfuhr – ich war im Mai 1939 ausgewandert – war *diese* Schreckensmeldung falsch, aber sie verdeutlicht wohl im nachhinein die Angst, die damals unter uns umging."

Gerhard Zadek, der damals in der Kaiserstraße am Alexanderplatz wohnte und die Anzündung der nahen Synagoge (Foto S. 307) miterlebte, beschreibt in seinen Erinnerungen (s. Literaturliste) eine 15 Kilometer lange Fahrradfahrt am Morgen des 10. November 1938:
„Mein Weg führte mich durch die Münzstraße über den Bülowplatz, die Schönhauser Allee entlang über Pankow zum Betrieb. Der braune Mob hatte ganze Arbeit geleistet.
Hunderte Schaufenster der Geschäfte jüdischer Inhaber waren zerschlagen – die Auslagen auf die Straße geworfen. Glassplitter lagen bis auf den Fahrdamm der Straßenbahnschienen. Autos fuhren langsam und versuchten, die Scher-

benberge zu umfahren. Jüdische Ladenbesitzer, die versuchten, zu retten was zu retten war, wurden weggeprügelt und mißhandelt.
Den meisten Menschen auf den Straßen, die zur Arbeit gingen, war Betroffenheit anzumerken. Kaum einer getraute sich aber stehenzubleiben. Nur bei wenigen konnte ich Genugtuung oder Schadenfreude erkennen. Von dem angeblich ‚kochenden Volkszorn', als den die Faschisten in Presse und Rundfunk den Pogrom deklarierten, konnte ich nichts bemerken."

Herta Büttner (* 1917) erinnert sich 1994:
„Noch am Morgen danach sah ich gegen 8 Uhr Nazis am Rosenthaler Platz mit langen Stangen wüten. Die Scheiben der Kaufhäuser Held und Feder waren zerschlagen, das Inventar rausgerissen. Auch Wertheim (S. 310) war demoliert. Ich hatte große Angst und lief durch ein verwüstetes ‚Judenviertel' zu meiner Arbeitsstelle ins Zentrum. Dort war es am schlimmsten. Bei Israel und unserem Zulieferbetrieb ‚Hemdenmatz' (Königstraße) war alles zertrümmert. Man ging nur noch über Scherben. Alle, mit denen ich sprach, empfanden die Aktion als furchtbar."

Herta Hahn (* 1908) – s. S. 43 – erinnert sich 1993:
„Ich sah die Auswirkungen des 9. November am Tage danach, als ich morgens zu meiner Arbeitsstelle, der Revision- und Treuhand AG, Taubenstraße 44/45, ging. Im Bereich Kanonier-, Mauer- und Taubenstraße befanden sich jüdische Geschäfte der Gold- und Silberwarenbranche. Deren Schaufenster waren zerstört, die Auslagen entwendet. Alle gingen scheu vorbei. Zustimmung zu den Vorfällen hörte ich nirgends, auch nicht in meinem Betrieb."

Eva-Marie Koneffke (*1919) berichtet 1992:
„Ich erinnere mich noch an den 9. November 1938: Nachmittags hatte ich ‚Philosophische Arbeitsgemeinschaft' in meiner Schule in Charlottenburg. Auf dem Heimweg sah ich bereits den Mob Fensterscheiben einschlagen. In unserem Haus Grenadierstraße 8 waren sie über das Milchgeschäft Brauer hergefallen, hatten die Waren durcheinandergeschmissen und ungenießbar gemacht.
In der Münzstraße demolierten Nazis ein angesehenes Juweliergeschäft; selbst ihre Frauen griffen zu und ‚bedienten' sich.
Ich kam weinend nach Hause und traute mich nicht mehr hinaus."

Arnold Munter (* 1912) erinnert sich 1992:
„In der Pogromnacht – ich hatte zuvor mit Leuten gesprochen, die mir sagten, übermorgen müßt ihr mit etwas rechnen – bin ich losgegangen zur Münzstraße. Dort war ein Riesengeschäft mit Doppelfenstern Gold- und Silberwaren. Und da war das erste, was ich dann erlebte, als die Horden heranzogen, die Scheiben zertrümmerten und – trotz der Weisung der SS unter Strafandrohung nicht zu plündern – haben die, was sie greifen konnten, geklaut.
In der Fasanenstraße habe ich dann die Synagoge brennen sehen. Aber es gab eine Reihe von Tempeln, die sie nicht anzünden durften, weil sie – etwa wie die in der Rykestraße – sich inmitten eines Häusermeers befanden.
Auch die große Synagoge in der Oranienburger Straße wurde bekanntlich in Brand gesetzt, aber wie wir inzwischen durch Heinz Knobloch wissen, hat ein mutiger Polizeirevierleutnant (S. 331) schlimmstes verhindert, die SA weggejagt und die Feuerwehr rangesetzt zum Löschen."

Max Brzyski (* 1903), bis 1961 Restaurator an der Nationalgalerie, erzählt 1991:
„Die Ereignisse müssen nachts passiert sein, denn ich war am Abend des 9. November noch im Kino 'Helios' (Friedrichstraße), und da war auf dem Heimweg noch alles recht still.
Am Tag nach den Ereignissen wollte ich mir dann selbst einen Eindruck verschaffen. So führte mich mein Weg zunächst zum Spittelmarkt. Linkerseits an der Niederwallstraße gingen mehrere kleine Straßen mit Geschäften der Lederbranche ab. Dort beobachtete ich einen Mann, der eine Scheibe mit einem Stock entzweischlug.
Ich ging weiter zum Hausvogteiplatz, wo es viele Konfektionsfirmen gab. Hier sah ich eingeschlagene Fensterscheiben und große Tuchballen, die durch die Fenster auf die Straße geworfen worden waren. Menschen standen dabei und amüsierten sich über die Gewalttat. Allein schon über die Vernichtung großer Werte, der niemand Einhalt geboten hatte, konnte ich nur den Kopf schütteln.

Ich lief nun weiter über die Straße Unter den Linden zur Oranienburger, zum Zentrum jüdischen Lebens. Ich kannte in der Linienstraße viele Läden von ‚Kleider-Juden', auch die Auguststraße war voller preiswerter kleiner jüdischer Geschäfte, bei denen oft die Verkaufsware draußen hing. Vor allem war die große Synagoge mein Ziel. Auch hier war es zu Zerstörungen gekommen, denen aber durch einen Polizeibeamten Einhalt geboten worden war. Es wimmelte an der Synagoge von Menschen. Erst hier vernahm ich dann mehrere Stimmen, die die Naziaktion deutlich mißbilligten."

Walter Besser berichtet in dem Sammelband von Wolfgang Herzberg „Überleben heißt erinnern" (s. Literaturliste) wie er als Jude die Ereignise erlebte:
„Am 9. November 1938 hieß es, die Synagogen werden angezündet, und so kam es auch. Sie haben nur die verschont, die mitten im Wohngebiet standen, zum Beispiel in der Rykestraße in Berlin oder am Fraenkelufer. Aber die anderen Synagogen, Fasanenstraße, Oranienburger Straße, wurden geplündert, die Thoras verschwanden. Es gab Polizeileute, die versucht haben, die Synagoge Oranienburger Straße zu retten. Das ist anerkennenswert (S. 331).
Ich mußte zur Arbeit, bin aber am nächsten Tag nachmittags nach der Arbeit zur Oranienburger Straße und habe mir das angesehen. Es standen viele Menschen herum. Manche schimpften, aber man mußte sich sehr vorsehen. Alles qualmte noch, Schutt lag auf der Straße.
Im Betrieb hatten sie gesagt ‚Hast du schon gehört, die haben ja die Synagoge angezündet, ist das nicht furchtbar, was sie mit euch machen?' Ich war vorsichtig. Was sollte ich sagen? Schrecklich war das."

Mitte, Rosenthaler- Ecke Sophienstraße – Warenhaus Wertheim

Paul Haßforth (1914–1992) erinnert sich 1991:
„Als ich am frühen Morgen das 10. November 1938 mit dem Fahrrad von Niederschönhausen zu meiner Arbeitsstelle, der Victoria-Versicherung (Lindenstraße), fuhr, kam ich auch am Hackeschen Markt und Spittelmarkt vorbei. Unterwegs sah ich bei jüdischen Kaufhäusern – wie Hertzog und Wertheim (Rosenthaler Straße) – alles in Scherben liegen.
Fanatische Nazis, die noch immer aktiv waren, schmissen sogar mir Steine in die Fahrradspeichen."

Herbert Sommerfeld (* 1924) berichtet 1991:
„Ich absolvierte damals eine Kaufmannsgehilfenlehre in einer Elektro- und Radiogroßhandlung in der Klosterstraße; mein Büro lag hinten zum kleinen Friedhof der Parochialkirche hinaus.
Am Morgen des 10. November 1938 mußte ich auf dem Weg zum Geschäft durch die Kloster- und Neue Friedrichstraße, wo es im Umkreis viele jüdische Geschäfte und Rechtsanwaltspraxen gab.
Es war ein furchtbares Erlebnis, eine gespenstische Atmosphäre: zerschlagene Scheiben, zerstörte Büros und Anwaltskanzleien, deren Akten und Schreibmaschinen auf die Straße geworfen worden waren, Scherben über Scherben, über die man laufen mußte und dabei immer das Knirschen beim Gehen. Als ich im Geschäft ankam, nahm mich der Geschäftsführer beiseite: ‚Komm, wisch dir doch die Tränen ab'. Ich hatte nämlich gar nicht bemerkt, daß ich geweint hatte. Alle Kollegen waren furchtbar aufgeregt und debattierten miteinander. Dieser Tag wurde ein Schlüsselerlebnis für meine weitere politische Haltung. Noch nach Jahrzehnten, immer am Jahrestag des 9. November 1938, stellt sich bei mir dieses entsetzliche Knirschen in den Ohren ein."

Die hier – wohl erstmalig in dieser Breite – zitierten Erinnerungen von Juden und Nicht-Juden verdeutlichen wohl eine weitgehende (stumme) Ablehnung dieser schändlichen Übergriffe durch die Mehrheit der Berliner.

Der Volksmund belegte die Ereignisse damals mit dem Begriff „Reichskristallnacht". Daran sollte man (aus Unkenntnis) keine Verharmlosung ablesen, sondern eine spontane Form kritischen Witzes in der typischen respektlosen Mundart der Berliner sehen, was sich auch durch den Wortbeginn „Reichs..." ausdrückte.

Nur ganz wenige Menschen griffen dagegen ein; andererseits darf aber nicht vergessen werden, daß man bereits im sechsten Jahr der Diktatur lebte! Der Schriftsteller Heinz Knobloch setzte mit seinem Buch „Der beherzte Reviervorsteher" dem Polizeioffizier vom Hackeschen Markt, Wilhelm Krützfeld, der am 9. November 1938 – zusammen mit Willi Steuck (S. 330) – gegen die SA einschritt, die Brandstifter aus dem Gotteshaus jagte, die Feuerwehr einwies (S. 330f.) und damit die Zerstörung der Synagoge Oranienburger Straße verhindete, ein verdientes Denkmal.

Die Schlinge wird zugezogen

Im Gefolge der berüchtigten Pogromnacht wurden innerhalb weniger Tage 12000 Juden in das KZ Sachsenhausen verschleppt. Bereits nach zwei Monaten waren Tausende umgekommen. Viele Deportierte konnten diesen schrecklichen Ort nach wenigen Wochen oder Monaten verlassen. In erster Linie waren es diejenigen, die Dokumente für eine sofortige Ausreise vorlegten. Auf Intervention von Wehrmachtskreisen kamen auch ehemalige Frontkämpfer (Erster Weltkrieg) wieder frei. Welche Qualen und Strapazen trotzdem hinter den Entlassenen lagen, verdeutlicht allein die Tatsache, daß im Jüdischen Krankenhaus etwa 6000 Amputationen von erfrorenen Gliedern an entlassenen Sachsenhausener Juden vorgenommen werden mußten.

Tausende Berliner Juden suchten von nun an überstürzt in der Auswanderung die letzte Rettungsmöglichkeit. Mit Hilfe kleiner, aber entschlossener kirchlicher Gruppen – dem Büro von Bekenntnispfarrer Grüber (S. 252ff.), dem Büro Dr. Sommer vom Bischöflichen Ordinariat (S. 267ff.) und der internationalen Hilfsstelle der Quäker (S. 278ff.) – konnte noch vielen, längst nicht allen, zur Emigration verholfen werden. Aber das Ausland zeigte sich im allgemeinen nicht immer und nur unter besonderen Bedingungen zur Aufnahme dieser Verfolgten bereit.
Dabei hatte der Diktator Hitler am 30. Januar 1939 (bei einer „Reichstagssitzung") vor der Weltöffentlichkeit lauthals herausgeschrien, daß im Falle des Krieges dieser zur *„Vernichtung der jüdischen Rasse in Europa"* führen würde.

Der Kriegsbeginn am 1. September 1939 bedeutete auch ein fast völliges Erliegen der Auswanderungsmöglichkeiten. Die Ausweitung des Krieges (USA, UdSSR) und der politische Wille der Naziführung (Wannsee-Konferenz) setzten dieser Form der Rettung dann ab Oktober 1941 ein völliges Ende.
Im September 1941 ordnete der NS-Staat das Tragen des Judensterns an. Im Monat darauf begannen die ersten Deportationen. Sie führten in den nun folgenden schrecklichen Jahren 50000 Menschen allein aus der Reichshauptstadt in den Tod.
Die letzten Berliner Stationen auf ihrem traurigen Weg waren für viele zwei Sammellager: das frühere Jüdische Altersheim in Mitte, Große Hamburger Straße, und die zerstörte Synagoge in Tiergarten, Levetzowstraße.

Überlebende berichten von grausamen Erlebnissen:

Sammellager Große Hamburger Straße
Mitte, Große Hamburger Straße 26, ehemaliges Jüdisches Altersheim

An traditionsreicher Stätte, denn der Hof des früheren Jüdischen Altersheims geht über auf den ältesten jüdischen Friedhof Berlins, dorthin, wo der bekannte Philosoph Moses Mendelssohn – Lessings Vorbild für Nathan den Weisen – seine letzte Ruhestätte gefunden hatte, richtete die Berliner Gestapo, Abteilung IV D I, Sitz Burgstraße 28/30, Ende 1941 Anfang 1942 ein sogenanntes „Sammellager“ zum Zweck des umgehenden Abtransports aus Berlin ein.

Anfänglich wurden von diesem Haus aus nur Menschen über 63 bis 70 (bzw. 90 Jahre) deportiert.

Rose-Marie Schnapp (* 1921) erinnert sich 1991:
„Zunächst war ich im Jüdischen Altersheim in der Altonaer Straße 4 tätig, einem Haus, in dem drei Etagen belegt worden waren und dessen Bewohner 1942 über das ‚Sammellager‘ Levetzowstraße ins ehemalige Jüdische Altersheim in Mitte, Große Hamburger Straße, kamen.
Ich selbst wurde von der Jüdischen Gemeinde im Mai in die Große Hamburger Straße geschickt und arbeitete in der Küche des Hauses bis zu meiner Deportation am 1. Juli 1943.

Seit April 1942 liefen von hier aus Transporte ins KZ Theresienstadt. Als die Wiener Gestapo [November 1942] in Berlin Einzug hielt (S. 323), mußte auch fast das gesamte Küchenpersonal mit auf den Transport. Lediglich ich blieb mit einer Kollegin übrig. Essen wurde von der Großküche Gormannstraße geliefert. Wir haben dann aus Lebensmitteln, die uns Haushalte überließen, Plätzchen gebakken – hauptsächlich für die ebenfalls hier eingesperrten Kinder.
Das Haus war längst kein Altersheim mehr, sondern eine Durchgangsstation (für etwa 24 Stunden) von Menschen, die aus ihren Wohnungen abgeholt worden waren und nun auf den Transport gebracht wurden. Vermutlich waren es insgesamt viele Tausende.

Es war eine schlimme Atmosphäre im Hause, besonders nachdem die Wiener SS eingezogen war: Sie schlug wild um sich, hieb auf die Menschen ein.
Das Haus hatte zwei Stockwerke und das Erdgeschoß. Vor der Tür standen lediglich jüdische Ordner, aber innen herrschten Gestapo und SS. Eine Flucht war nicht möglich.
Die Menschen waren in den Zimmern des ehemaligen Altersheimes zusammengedrängt und warteten... Dann wurden sie zur sogenannten Schleuse im Erdgeschoß rechts vom Eingang aufgerufen und einer eingehenden Kontrolle unterzogen: Gold und Wertsachen wurden zuallererst abgenommen, während man ihnen die Kleidung – zunächst! – noch ließ. Nachdem die Insassen kontrolliert worden waren – siehe das Dokument S. 317 – mußten sie bis zur folgenden Nacht nach oben in den zweiten Stock, der dann verschlossen gehalten wurde, unter anderem um zu verhindern, daß ihnen irgendjemand noch etwas für den Transport zusteckte.

Morgens um 3.15 Uhr ging es dann zu Fuß zum Monbijouplatz und von dort mit Sonderstraßenbahnen – mit Soldaten des Bataillons Göring – zum Anhalter Bahnhof. Von dort fuhren die Juden mit zwei Waggons des täglichen Dresdener Zuges in Richtung KZ Theresienstadt.“

Im Keller des Hauses Große Hamburger Straße (S. 285f.) existierte auch ein Strafbunker, der schon frühzeitig durch Verschläge eingerichtet worden war. Häftlinge, die sich widersetzten, und untergetauchte, aber aufgespürte jüdische Illegale sperrte man hier ein. Im April 1943 nahm die Gestapo unter Oberscharführer Dobberke hierfür das Gebäude der ehemaligen Pathologie des Jüdischen Krankenhauses Schulstraße in Beschlag. (Siehe die Wedding-Darstellung dieser Reihe.)
Aber die Transporte führten von der Großen Hamburger Straße aus nicht ausschließlich ins sogenannte „Alters-KZ" Theresienstadt bzw. endeten sie dort nicht. Ein Zeitzeuge berichtet darüber.

Harry Schnapp (1901–1985), damals leitender Mitarbeiter der Schulabteilung der Jüdischen Gemeinde, schreibt:
„Die Abtransporte der jüdischen Bevölkerung gingen von der Großen Hamburger Straße 26 auch nach dem Osten... Sie wurden vom Bahnhof Grunewald, jedoch hauptsächlich vom Güterbahnhof Quitzowstraße aus durchgeführt. Die Menschen wurden mit Lastwagen von der Großen Hamburger nach dort geschafft. An der Verladerampe stand meistens schon ein Güterzug mit circa 30 Waggons. Vor dem Einwaggonieren trat nochmals die Gestapo in Großaktion auf. Man 'filzte' die Menschen nochmals derart durch, daß markerschütternde Schreie wegen der körperlichen Züchtigung die ganze Gegend erfüllten. Federkissen wurden aufgeschnitten, um versteckte Wertgegenstände ausfindig zu machen etc. Die Begleitmannschaften waren stets Angehörige des in grüner Uniform gehenden Pol. Batl. Göring.
Am 1. Juli 1943 kam ich nach Theresienstadt. Dazu möchte ich noch bemerken, daß außer der Norm (63jährige waren als Mindestalter für Theresienstadt vorge-

sehen) noch Beamte bzw. Angestellte der Jüdischen Gemeinde und Frontkämpfer des Ersten Weltkrieges nach Theresienstadt abtransportiert werden konnten. Dies galt als Vorzug. Jedoch wußte hier in Berlin keiner, daß man sofort weiter ins Gas nach Auschwitz abtransportiert werden konnte. So geschah es auch. Entsprechend wenige Menschen überlebten Theresienstadt; meistens gingen sie weiter in die Vernichtungslager nach dem Osten."

Auch Harry Schnapp deportierte man vom KZ Theresienstadt ins KZ Auschwitz. Er überlebte durch den Mut des Unternehmers Oskar Schindler, der die SS bestach, um Juden retten zu können, der Verf.

Sammellager Levetzowstraße
NW 87, Levetzow- Ecke Jagowstraße – frühere Synagoge (Foto S. 315)

Zeitzeugen erinnern sich an ihre unvergessenen Erlebnisse im Sammellager Levetzowstraße.

Margot Wolf (* 1921) berichtet 1992:
„Kurz vor der Zwangsverordnung, den Judenstern tragen zu müssen (September 1941), wurde ich zur Zwangsarbeit bei der Wittenauer Firma Teves eingezogen. Dort kümmerte sich der Werkmeister Wilhelm Daene in vorbildlicher Weise um uns.
Eines Tages erfuhr ich durch meine Mutter, daß meine Eltern und mein Bruder auf einer ‚Transportliste' standen. Aus Liebe zu ihnen meldete ich mich freiwillig dazu – unwissend, daß es ein Todestransport war.
Heute weiß ich, daß es sich um den 20. ‚Ost-Transport' handelte; er ging in Richtung Reval ab. Etwa 800 Menschen zählten dazu. Es war Ende September, Anfang Oktober 1942. Wir kamen zunächst in die Levetzowstraße ins ‚Sammellager'. Das große Gepäck wurde in einem großen Raum gestapelt, so blieb einem nur eine kleine Tasche als Handgepäck.
Es ging an langen Tischen vorbei. Dort mußte man Ausweise, Lebensmittelmarken und anderes Wichtiges und Wertvolles abgeben. Danach wurden wir auf verschiedene Räume und Ecken der ehemaligen Synagoge aufgeteilt. Ich lagerte mit meiner Familie oben auf der Empore, dort, wo nach altem religiösen Ritus die Frauen Platz nahmen.
SS in schwarzer Uniform lief herum. Es war eine grauenvolle Atmosphäre.
Leise diskutierte ich mit meinem Bruder darüber, ob es später auf dem Transport eine Möglichkeit zur Flucht gab. (Er setzte es dann erfolgreich in die Tat um, wurde aber zuletzt doch noch ermordet.)
Oben bei uns auf der Empore, wo es keine Bänke gab, sah man die kleinen Fenster der Synagoge. Ein junges Ehepaar kletterte heimlich hinauf und stürzte sich in den Tod.
Eines Tages wurden aus der Transportliste die Namen von etwa 40 Personen gestrichen. Es geschah auf Bitten von Fabriken und Werkstätten. In meinem Fall hatte Werkmeister Daene in der Berliner Gestapozentrale Burgstraße um mich gekämpft. So kam ich aus der Levetzowstraße frei, konnte aber am nächsten Tag noch einmal dorthin, um mein Gepäck abzuholen. Wie durch eine glückliche Fügung vermochte ich meinen Vater ein letztes Mal sehen. Er wurde gerade rausgeführt. Dabei umarmte ich ihn blitzschnell, um zu erfahren, ob er geschlagen worden war. Vater sagte noch die Worte ‚mein Kind, mein Kind'; dann wurden wir für immer getrennt."

Siegmund Weltlinger, damals beim Vorstand der Jüdischen Gemeinde aktiv, erinnert sich 1954:
„Technisch erfolgten anfänglich die Abtransporte in der Weise, daß die Jüdische Gemeinde auf Anfordern der Gestapo zu den einzelnen Transporten eine aufgegebene Anzahl von Menschen zusammenstellen mußte. ...
Die Transporte umfaßten immer 1000 bis 2000 Personen, welche sich meist in den späten Abendstunden bereithalten mußten und von Glaubensgenossen aus den Wohnungen abgeholt und zum Sammelplatz geleitet wurden. Dieser war in der letzten Zeit die Synagoge in der Levetzowstraße. Dort saß ich mit einem Stab von Mitarbeitern die ganze Nacht, um Vermögensverzeichnisse aufzunehmen und die Listen zu führen. Nie werde ich die Nächte vergessen, die ich dort verbringen mußte. Herzzerreißende Szenen spielten sich ab. Stets kam es zu Selbstmorden oder Versuchen hierzu. Manche Frauen stürzten sich von der Empore auf den Marmorfußboden herab; eine furchtbarere Entweihung eines Gotteshauses war nicht auszudenken."

Siegmund Weltlinger rettete sich nach Auflösung der Jüdischen Gemeinde (Februar 1943) in den Untergrund. Siehe den Pankow/Reinickendorf-Band dieser Reihe, d. Verf.

Wally Grodga, deren Mann (S. 322) jüdischer Herkunft war, erzählt 1982:
„Ich ging häufig zur Sammelstelle Levetzowstraße, wo sich auch viele Charlottenburger Freunde einfinden mußten, um dort zu helfen. In einer zerstörten Synagoge waren die Menschen dort im ehemaligen Kirchenraum (aber auch in anderen kleinen Sälen) für zwei bis drei Tage gesammelt worden.
Unsereiner als ‚Arierin' durfte nicht bis dicht an die Synagoge heran, denn die Straße war abgesperrt. Niemand [aus dem Wohngebiet] sollte etwas sehen. An der Grenze, mindestens 100 Meter vom eigentlichen Ort entfernt, mußte ich haltmachen.
Im allgemeinen waren die Juden noch recht gutgläubig. Mit ‚lauf, lauf, marsch, marsch' wurden sie angebrüllt. Es wurde mit Ochsenziemern geschlagen.
Durch einen Bekannten aus unserer Familie (aus einer Mischehe stammend), den hier dienstverpflichteten Pförtner Albert König erfuhren wir auch manches andere (so z. B., daß in der Levetzowstraße goldene Gebißteile abgegeben werden mußten).
Beim Abtransport der hier Eingesperrten hielt unten auf der Straße ein Wagen. Die Menschen mußten schnell hinein und wurden dann zu Güterbahnhöfen transportiert."

Gerhard Bunge berichtet 1991 im Tagesspiegel:
„... daß der Deportationsvorgang von Berlinern jüdischen Glaubens keineswegs von absoluter Geheimhaltung umgeben war.
Ich wohnte 1941 in der Jagowstraße und besuchte die Volksschule in der Levetzowstraße. Unauslöschlich wurde dem damals siebenjährigen Jungen die Demütigung ärmlich gekleideter Menschen ins Gedächtnis gebrannt. Mehrmals konnte ich nämlich auf dem Schulweg beobachten, wie braun uniformierte Männer diese Mitbürger mit Fußtritten und Gewehrkolbenstößen aus der Synagoge über die Straße auf Lastwagen trieben..."

Joel König (S. 335) schreibt in Aufzeichnung über seine illegale Zeit im Hansa-Viertel:
„Die Levetzow-Synagoge lag an einer stark belebten Straßenkreuzung, gerade neben dem Postamt NW 87. Bei aller geschäftigen Eile konnte den Berlinern nicht entgehen, daß sich die Berliner Juden, jung und alt, in das Gotteshaus schleppten, beladen mit Rucksäcken und Handgepäck. Als ich mich später aus meinem Versteck herauswagte, sah ich mit eigenen Augen, daß sie [die Berliner] es sahen."

Trotz innerer Ablehnung des Terrors (S. 311) verhielten sich die meisten Berliner passiv und sahen weg. Wenige nur erhoben ihre Stimme (S. 271 ff.) und fühlten sich verantwortlich (S. 262f., 267).

Dokument nebenan: Einzug jüdischen Vermögens im Sammellager

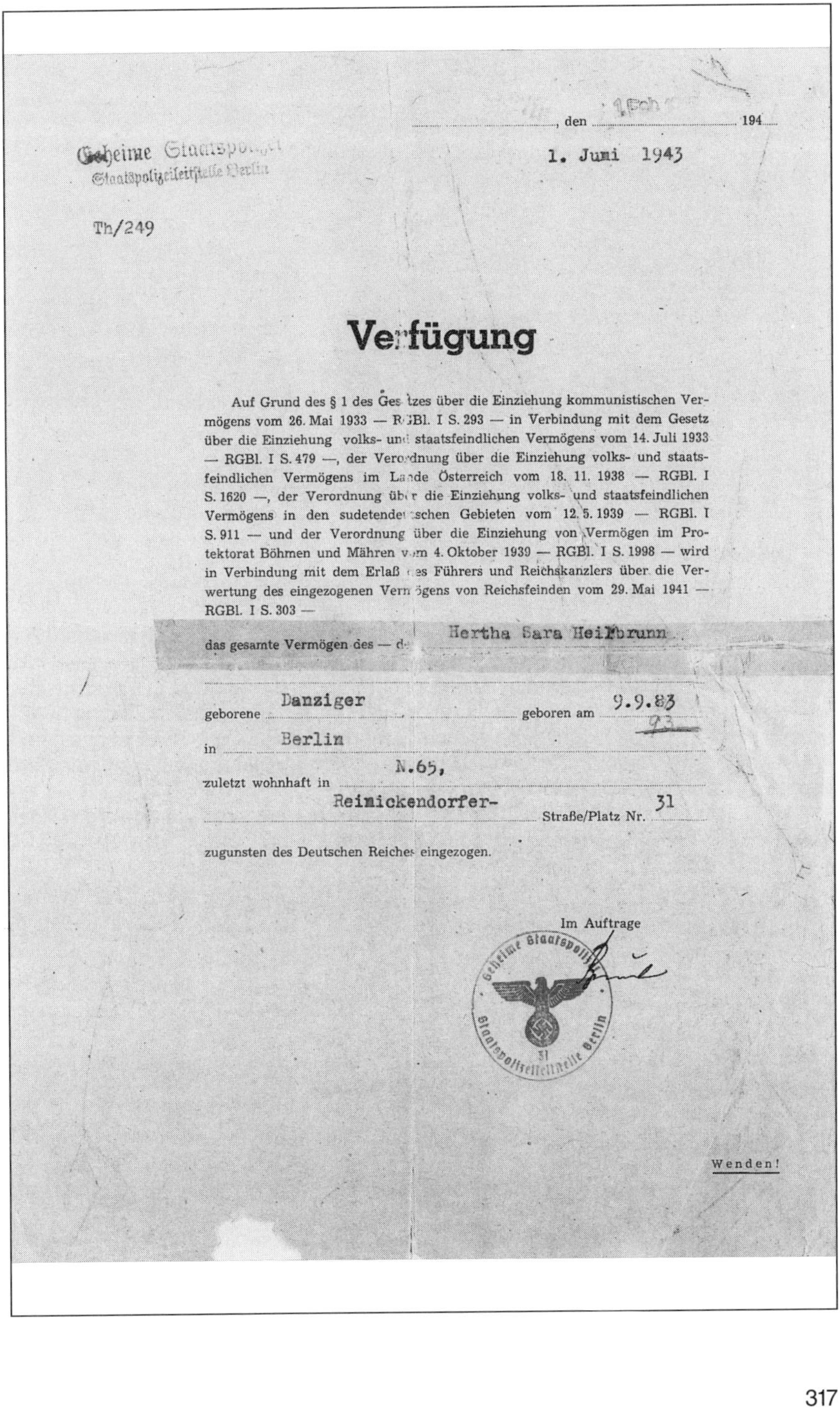

Geheime Staatspolizei
Staatspolizeileitstelle Berlin

, den 1. Juni 1943 194

Th/249

Verfügung

Auf Grund des § 1 des Gesetzes über die Einziehung kommunistischen Vermögens vom 26. Mai 1933 — RGBl. I S. 293 — in Verbindung mit dem Gesetz über die Einziehung volks- und staatsfeindlichen Vermögens vom 14. Juli 1933 — RGBl. I S. 479 —, der Verordnung über die Einziehung volks- und staatsfeindlichen Vermögens im Lande Österreich vom 18. 11. 1938 — RGBl. I S. 1620 —, der Verordnung über die Einziehung volks- und staatsfeindlichen Vermögens in den sudetendeutschen Gebieten vom 12. 5. 1939 — RGBl. I S. 911 — und der Verordnung über die Einziehung von Vermögen im Protektorat Böhmen und Mähren vom 4. Oktober 1939 — RGBl. I S. 1998 — wird in Verbindung mit dem Erlaß des Führers und Reichskanzlers über die Verwertung des eingezogenen Vermögens von Reichsfeinden vom 29. Mai 1941 — RGBl. I S. 303 —

das gesamte Vermögen des — der Hertha Sara Heilbrunn

geborene Danziger geborene am 9.9.83

in Berlin

zuletzt wohnhaft in N.65,

Reinickendorfer- Straße/Platz Nr. 31

zugunsten des Deutschen Reiches eingezogen.

Im Auftrage

Wenden!

Ein jüdisches Familienschicksal unter vielen
Raupachstraße und Parochialstraße – Frühere Wohnungen von Familie Fichtmann

Alten Kennern der Berliner Arbeiterbewegung ist der Name des linken (jüdischen) Politikers Leo Fichtmann (1873–1942) ein Begriff: Er lief oft am Rande von Arbeiterdemonstrationen mit und agitierte für seine Splittergruppe, die anarcho-syndikalistische KAP (Kommunistische Arbeiterpartei), deren Kommunistische Arbeiter Zeitung (KAZ) er auch verbreitete. Leo Fichtmann sprach wiederholt im Park von Friedrichshain und vertrat seine Ideen einer freien Gesellschaft, die ohne Staatsbürokratie und Parteien, allein auf der direkten Demokratie beruhen sollte.
Schon 1933 traf die kinderreiche Familie, die jüdischer Herkunft war, der Terror der Nazis. Ihm sollten viele Angehörige zum Opfer fallen.

Gerda Lüth (* 1915), geborene Fichtmann, erinnert sich 1991:
„Mein Bruder Max kam schon früh ins KZ und wurde dort ermordet. Auch meine Schwester Minna kam auf den Transport und kehrte nie zurück. Mein Vater Leo Fichtmann, der bereits 1933 verschleppt und mißhandelt worden war, wurde nach dem Brandanschlag der Gruppe Baum im Lustgarten (S. 169) mit anderen Unbeteiligten am 27. Mai 1942 verschleppt.
Ich ging zur Gestapo Burgstraße und erfuhr dort, sie seien zur Levetzowstraße gekommen. Obwohl mir Posten dort den Zutritt zunächst verwehrten, konnte ich durch Zureden erreichen, daß man mich vorließ, um einige Stullen abzugeben. ‚Gehen sie hinein, ich weiß nicht, ob sie ihn finden, es sind so viele Menschen drin‘ hieß es. Ich war kaum durch die Tür, als man mich schnell wieder zurückholte. ‚Kommen sie raus, kommen sie raus!‘ Ich hörte dann im Hintergrund mehrere Schüsse.
Bald darauf wurde dann auch meine Mutter Clara Fichtmann abgeholt und im KZ ermordet.“

Gerda Lüth und ihre Schwester Minna waren teilweise an der illegalen Arbeit der Gruppe Baum (S. 169ff.) beteiligt, d. Verf.

Auf dem Weg in den Tod

Walter Besser teilt im Sammelband Wolfgang Herzbergs (s. Literaturliste) mit:

„... Ich [war] von einem Gefängnis zum anderen gelaufen und habe meine Eltern gesucht, bis ich endlich in Charlottenburg erfahren habe, sie sind in der Levetzowstraße. Ich brachte ihnen Handtücher, ein bißchen Seife, Zahnbürste, Zahnpaste. Sie konnten nicht viel mitnehmen. Man wußte ja nicht, was los war... Meine Eltern ... sind dann im Sommer 1942 weggekommen. Briefliche Verbindungen haben wir nicht mehr gehabt. Ich habe erst nach 1945 durch die Jüdische Gemeinde erfahren, daß sie nach Riga geschafft wurden. Sie mußten sich dort ihr eigenes Grab schaufeln und wurden mit Maschinengewehren erschossen..."

Heinz Krause (* 1921), Enkelsohn von Leo Fichtmann (S. 318), berichtet 1992:

„Nach unserer Verhaftung am 16. Oktober 1942 brachte man uns (meine Schwiegermutter, meine Frau und mich) zum Sammellager Levetzowstraße. Als wir vorne bei der ‚Schleuse' reinkamen, mußten wir Papiere, Ringe und Uhren abgeben; das große Gepäck natürlich auch. Wir würden später alles wiederkriegen, hieß es. (Tatsächlich habe ich das Gepäck beim Verladen auf dem Güterbahnhof Putlitzstraße noch gesehen.)
Der Ton in der Levetzowstraße war sehr rüde. An Uniformierte kann ich mich weniger erinnern, wohl aber an Gestapo in Zivil. Nach dem Passieren der ‚Schleuse' gingen wir zwischen den Sitzbänken der Synagoge hindurch, legten uns irgendwo hin und warteten, bis wir auf den Transport kamen.
Am 19. Oktober 1942 mußten wir dann – ich weiß nicht mehr, ob auf dem Hof oder der Straße – in Möbelwagen einsteigen. Die Fahrt ging zum Güterbahnhof Putlitzstraße, wo die Züge bereits auf uns warteten. Übrigens konnten wir damals noch mit 3. Klasse Personenwagen fahren, später wurden für die Deportationen Viehwagen verwendet.
Die uns nun begleitende SS hatte uns schon am Bahnhof Putzlitzstraße in Empfang genommen. Es wurde gebrüllt und mit ‚schnell, schnell' zur Eile gedrängt. Schläge erhielt ich hier noch nicht. Beim Verladen des Gepäcks sah ich auch Stücke von mir.
Niemand wußte, wohin die Fahrt ging. Wir passierten Kreuz, Küstrin und Bromberg. (Hier, bei der ersten Rast, wurden wir beim Wasserholen erstmals geschlagen.) Als wir irgendwann über eine Brücke fuhren, erkannte ein Ortskundiger, daß es die Brücke über die Düna bei Riga (Lettland) war. Der Zug hielt dann auf dem Rigaer Bahnhof Schirotawa.
Frauen und Kinder (darunter des Pankower Waisenhauses) wurden als erste abgesondert und verschleppt. Dann wurden von den Männern die 15- bis 35jährigen aussortiert, die noch laufen konnten. Alle anderen wurden abtransportiert. Sie erreichten nicht einmal das Rigaer Ghetto! 78 Menschen waren nun noch von circa 1300 übriggeblieben. Wir kamen ins Lager Kaiserwald, leisteten Zwangsarbeit. Mit jedem Verpflegungstransport aus dem Ghetto gingen von uns Kranke mit zurück in den Tod. Anfang Dezember 1942 waren wir dann nur noch 18 Mann. Nach der Arbeit im Moor steckte man uns mit anderen in die Konzentrationslager Kaiserwald und Stutthof. Zuletzt leistete ich Zwangsarbeit bei Danzig. Am 9./10. März 1945 wurde ich dann – auf dem Marsch nach Stettin – endlich befreit."

Hilfe für Verfolgte/Unbesungene Helden

Vom Abtransport in die Todeslager blieben zunächst diejenigen „Privilegierten" verschont, die mit einem Nicht-Juden in sogenannter „Mischehe" verheiratet waren. Doch auch ihnen drohte ab Ende 1942 die Verschleppung, als die SS Berlin „judenrein" machen wollte und unter anderem in der berüchtigten „Fabrikaktion" (27.2.1943) annähernd 2000 Menschen (von ihren Arbeitsstätten aus) verschleppte. Dieses Vorhaben konnte jedoch durch wiederholten Protest (S. 320ff.) schließlich weitgehend abgewendet werden.

Eine Minderheit der Juden ergriff die schwache und gefährliche Möglichkeit unterzutauchen, um sich so dem Zugriff des Verfolgungssystems zu entziehen. Aber auch das gelang nur, wenn „Arier" ihnen dabei halfen. Von 5.000 Berliner Juden, die diesen gefahrvollen Weg wählten, überlebten nur etwa 1400. „Unbesungene Helden" werden hier diejenigen Berliner genannt, die untergetauchten Verfolgten beistanden (S. 332ff.).
Die Hilfe für bedrohte Menschen wurde damals auf unterschiedliche Art geleistet, einige Beispiele seien im folgenden vorgestellt.

Siegmund Weltlinger, bis 1943 in der Leitung der Berliner Jüdischen Gemeinde tätig:
„Was es bedeutete, illegal, d.h. ohne gültigen Ausweis, ohne Lebensmittelkarten und vor allem ohne Wohnung und unangemeldet leben zu müssen, davon kann sich der Außenstehende kaum eine Vorstellung machen. Am schwersten war das Wohnungsproblem zu lösen, denn es gehörte ein ungeheurer Mut dazu, Juden zu verstecken; dies war eine Gefahr für das eigene Leben und für das der Angehörigen. Trotzdem lebten in Berlin etwa 5000 Juden illegal und hatten im Laufe der Zeit manchmal 20 bis 30 verschiedene Quartiere. Das beweist, daß viele Tausende Berliner Nichtjuden das Gebot der Menschlichkeit auch unter den schwersten Verhältnissen beachtet haben; eine Tatsache, die für die Beurteilung der Haltung der Bevölkerung gar nicht hoch genug veranschlagt werden kann. Leider wurden etwa 75% der ‚Untergetauchten' entdeckt. Meist auf der Straße, aber auch durch Verrat. Viele irrten ja ohne festes Obdach umher, nächtigten im Freien, unter Brückenbögen oder in den Wäldern. Manche fuhren bis Betriebsschluß in der Stadtbahn herum und suchten dann die Wartesäle oder die Toilettenräume der Bahnhöfe auf, wo sie nächtigten."

Massenprotest in der Rosenstraße
Mitte, Rosenstraße 2–4 (Ecke Heidereutergasse),
Haus der Jüdischen Kultusvereinigung

Im November 1942 war Wiener SS zur Verschärfung des antijüdischen Terrors nach Berlin beordert worden. Ihre Ankunft verbreitete zusätzliche Schrecken („Die Wiener sind da!"). Rücksichtslos gingen sie gegen jene Juden vor, die bisher durch ihre Ehe mit „Ariern" als geschützt galten. Berlin sollte „judenrein" werden.

Ernst Gross (1905–1984) erinnert sich:
„... Dann begann die Zeit der großen Razzien. Am 28. Februar 1943 war eine ganz große Razzia. Sie machten das immer so, daß sie die Leute nachts direkt aus den Betrieben holten. Dieses Mal ließen sie die ‚Mischehen' nicht frei, sondern nahmen uns alle mit und brachten uns in das Lager Große Hamburger Straße. Dort wurden wir ‚Mischehen' zunächst in ein Zimmer in der oberen Etage gebracht, das waren etwa hundert Mann, und nachher wurden wir in das Lager Rosenstraße gebracht. Dort waren wir eine Woche, und niemand wußte, was mit uns werden würde. Sie wollten uns offenbar auch abtransportieren. Aber damals haben die Frauen gemeutert. Das ist wohl das einzige Mal, daß sowas vorgekommen ist. Da haben die christlichen Frauen tagelang vor dem Gebäude der Rosenstraße Skandal gemacht, und schließlich haben sie es erreicht, und sie haben uns wieder freigegeben."

Zitat aus „Juden in Berlin. 1671–1945. Ein Lesebuch" (s. Literaturliste S. 391)

Günter Grodga (1912–1987) berichtet 1982:
„Meine arische Ehefrau war gerade zur Lebensmittelkartenstelle unterwegs. Ich lag auf Grund der Zwangsarbeit krank zu Hause. Da kamen zwei Herren von der Jüdischen Gemeinde und baten ‚wir sind in derselben Lage wie Sie, auch in Mischehe lebend, kommen Sie bitte mit.' Ich packte Kleinigkeiten (Zahnpasta, eine Decke) ein. Die Fahrt ging zum S-Bahnhof Börse und dann zu Fuß zur Großen Hamburger Straße. Vorher waren noch einige Adressen abgeklappert worden. Aber man traf nur wenige an: Selbstmorde, aber auch das Untertauchen in die Illegalität hatten die Zahl der Mitzunehmenden reduziert.

Im Sammellager Große Hamburger Straße, wo die untere Etage vergittert war, sperrte man uns in den dritten Stock. Auf dem Boden lagen ein paar Matratzen. Es war Freitag, man wußte, vor Montag ging es nicht weiter...

Dann kamen die arischen Frauen und demonstrierten. Sie kamen immer wieder. Montagfrüh wußte man, jetzt kommt die Entscheidung. Ein Gestapomann mit einer Liste sortierte in zwei Gruppen. Wem auch nur das kleinste ‚Vergehen' angelastet werden konnte – etwa falsch über den Fahrdamm gegangen zu sein – hatte keine Chance!
Ich kam frei..., gab den Inhaftierten noch meine Sachen, als sie ihre Hände durch die Gitter steckten. Draußen stand meine Frau mit dem Kind."

Heinz Ullstein, ein Sohn der angesehenen jüdischen Verlegerfamilie von Louis Ferdinand Ullstein, zitiert in seinen 1961 veröffentlichten Erinnerungen den Bericht seines ebenfalls mitinhaftierten Freundes Georg Zivier:
„Die Geheime Staatspolizei hatte aus den riesigen Sammellagern der zusammengebrachten jüdischen Einwohnerschaft von Berlin die ‚arisch Versippten' aussortiert und in einen Sondergewahrsam in der Rosenstraße bringen lassen. Es lag völlig im unklaren, was mit ihnen geschehen würde. Da griffen die Frauen ein. Bereits in den Morgenstunden des nächsten Tages hatten sie den Aufenthalt ihrer Männer aufgespürt, und wie auf Verabredung, wie auf einen Ruf hin erschienen sie in Massen vor dem improvisierten Gefängnis. Vergeblich bemühten sich die Beamten der Schutzpolizei, die Demonstrantinnen, etwa sechstausend*, abzudrängen und auseinanderzubringen. Immer wieder sammelten sie sich, drängten vor, riefen nach ihren Männern, die sich strengen Verboten zum Trotz, an den Fenstern zeigten, und forderten Freilassung. Die Pflichten des Arbeitstages unterbrachen die Kundgebungen für Stunden. Am Nachmittag war der Platz wieder dicht übersät, und die anklägerischen, fordernden Rufe der Frauen wuchsen mächtig über den Lärm der Straße empor; leidenschaftliche Bekenntnisse zu einer Liebe, die sich in einem Leben der Bitternis gefestigt hatte.

Das Hauptquartier der Gestapo lag in der Burgstraße, unweit des Platzes der Demonstrationen. Ein paar Maschinengewehre hätten die aufständischen Frauen davonfegen können, aber die SS schoß nicht, diesmal nicht. Erschreckt über einen Vorfall, der in der Epoche des Dritten Reiches nicht seinesgleichen hatte, ließ die Burgstraße sich auf Verhandlungen ein. Man beschwichtigte, machte Zusicherungen und gab die Männer schließlich frei."

* Die hier geschätzte Zahl der Demonstrantinnen dürfte bei weitem zu hoch sein, d. Verf.

Elsa Holzer (* 1904) – Foto S. 325 – erinnert sich 1993:
„Mein Mann, der Buchdrucker Rudolf Holzer (1898–1954), war von seiner Zwangsarbeitsstelle, der Gepäckabfertigung des Bahnhofs Friedrichstraße, abgeholt worden. Wie er mir später erzählte, wurde er mit anderen Leidensgenossen einige Tage hin- und hergefahren; ihre Notdurft ‚durften' sie unter Scheinwerfern und Bewachung nachts in Wäldern verrichten. Schließlich sperrte man sie in der Rosenstraße ein.
Mit anderen war mein Mann in einem Zimmer wie Ölsardinen zusammengedrückt untergebracht. Umschichtig konnte je ein Drittel von ihnen auf dem Boden liegen, an den Wänden lehnen oder aus dem Fenster sehen. Nachts erhielten sie etwas Essen.
Durch eine Bekannte, die gewisse Parteibeziehungen hatte, erfuhr ich vom Haftort meines Mannes. Von da an ging ich täglich vor Arbeitsbeginn etwa eine Stunde in die Rosenstraße. Himmel und Menschen befanden sich in der kleinen Straße, es ging hin und her: Frauen, ältere Männer und Kinder. Zwischen ihnen fuhr SS in kleinen Wägelchen. Als in die Luft geschossen wurde, rannten die Menschen vor Angst in die Häuser. Danach kamen sie wieder zurück. Hunderte waren auf jeden Fall am Ort. Rufe vernahm ich keine, wohl aber war es mir möglich, durch einen wachhabenden Polizeibeamten (denn nicht immer sperrte SS ab) meinem Mann eine kleine Nachricht zukommen zu lassen."

Gisela Mießner (* 1925) – geborene Mannheim – berichtet 1992:
„Mein Vater, der jüdische Getreidehändler Joseph Mannheim, war bereits 1933 von der SA verschleppt und schwer mißhandelt worden. Nach dem 9. November 1938 mußte er vor dem Mordterror der Nazis aus unserem Heimatort Schivelbein fliehen. Am 15. 1. 1939 folgte ihm die Familie nach (S. 343).
Wie viele Glaubensgenossen wurde auch er zur Zwangsarbeit verschleppt, aber die Ehe mit unserer christlichen Mutter schützte ihn und auch uns, seine Kinder.
Aber im Spätherbst 1942 verschärfte sich die Lage durch die Ankunft der Wiener SS, die sog. Brunner-Leute. Die stellten Transportlisten zusammen, auf denen nun auch bisher ‚Privilegierte' – wie unsere Familie – standen. Die Herren ließen sich zwar auf keine Diskussion ein, aber Mutter konnte durch den Hinweis ihrer ‚arischen' Herkunft immerhin erreichen, daß wir nicht auf den Wagen mußten, sondern hinterherlaufen ‚durften'. Auf dem Weg zur Großen Hamburger Straße kamen wir bei Koschwitz [Fleischwarenfabrik, Oranienburger Str. 4/5] vorbei, wo Menschen gerade nach Essen anstanden und uns wie wilde Tiere im Zoo anstarrten.
Am Gewahrsam angekommen, konnte durch Verhandlungen, bei denen mit (angeblichen) Verbindungen meiner arischen Mutter (Foto S. 325) in allerhöchste Kreise gedroht wurde, erreicht werden, daß wir alle wieder freikamen. Aber eines war furchtbar – und manchmal gehe ich noch zu der alten Stelle des Sammellagers und denke daran:
Wir durften raus, und die anderen blieben drin.
Schon bald darauf, am Sonnabend, dem 27. Februar 1943, wurde Vater trotz hohen Fiebers erneut geholt. Auf Grund des jüdischen ‚Mundfunks' erhielten wir Tips über seinen möglichen Aufenthaltsort: Mutter suchte im ‚Clou' (S. 326) nach ihm, ich ging zur Gestapo (Burgstraße), wo ich etwas vom 'Clou' und der Rosenstraße hörte. Zusammen mit meinem arischen Freund, der sich zu unserem Schutz mit mir am Abend zuvor verlobt hatte und der seine Wehrmachtsuniform trug, ging es mit der Mutter und der kleinen Schwester am nächsten Tag zur Rosenstraße. Es lag etwas Schnee, und es waren schon eine Menge Frauen – etwa 300 bis 400 – und auch einige Frontsoldaten darunter, dort. Man schrie ‚wir

wollen unsere Männer haben'. Alles rannte auf dem Pflaster hin und her. Polizei oder SS hielten sich sehr zurück. Wir blieben bis zum Spätnachmittag (es wurde früh dunkel), und immer wieder ertönten diese Rufe. Ich konnte wegen der Arbeitszeit an den folgenden Tagen nicht hingehen, aber meine halbtagsbeschäftigte Mutter und meine jüngere Schwester (Jahrgang 1931) gingen immer wieder in die Rosenstraße und forderten mit anderen die Freiheit der Männer. Am 10. März war Vater dann wieder bei uns. Er war blaß, elend und bedrückt, denn er hatte miterlebt, daß seine hüftkranke Cousine von der Rosenstraße aus auf einen Todestransport mußte."

Der Zeitzeuge Günther Rosenthal (1904–1974) zählte zu einer Gruppe von fünfundzwanzig in „Mischehe" lebenden Menschen, die von der Rosenstraße direkt ins KZ Auschwitz verschleppt worden waren, aber auf Grund von Protesten wieder nach Berlin zurückkamen. In seinen Aufzeichnungen schreibt er über seine Erlebnisse in der Rosenstraße:

Günther Rosenthal:
„27. Februar 1943
Man brachte uns nach der Rosenstraße. Dort sammelten sich im Laufe des Tages einige tausend Personen an. Ein [SS-] Scharführer empfing uns mit den Worten: ins KZ kann ich Euch leider nicht bringen, dazu fehlt mir im Augenblick die Handhabe. Sollte aber nur der geringste Grund vorliegen, so können Sie sich auf mich verlassen. Dann wurden wir in Zimmer gebracht, die für 20 Menschen Raum hatten. Dort lagen wir durchschnittlich 80 Menschen. Ich hatte einen Platz an der Wand, dort saß ich 8 Tage und 8 Nächte. Das erste Essen gab es nach 36 Stunden.

28. Februar 1943
Heute Sonntag... Plötzlich hörten wir Stimmen zu uns herauftönen. Wir gingen ans Fenster und sahen unten Hunderte unserer Frauen in Schlangen antreten. Dort standen sie Stunden und Stunden. Manchmal hörten wir Rufe ‚Wir wollen unsere Männer wiederhaben'. Die Polizei versuchte, die Frauen zu beruhigen und nahm die von den Frauen für ihre Männer mitgebrachten Pullover ab und ließ sie uns zugehen."
Quelle: Jüdisches Museum, Dok 87/1/1-237

Welche bangen Ängste die Inhaftierten durchlitten, versucht auch der folgende Bericht etwas zu veranschaulichen.

Gerda Grabowski (1908–1987) erzählt 1982:
„Seit Mai 1940 wurde ich zur Zwangsarbeit vermittelt. Meine Arbeitsstelle war die Firma Ernst Müller, Berlin SW, Ritterstraße. In dieser Feinmechanikerwerkstatt gab es eine Extraabteilung für Juden, die auch eine gesonderte Toilette besaß. Ich muße von 7.00 bis 19.00 Uhr arbeiten.
Am Sonnabend, dem 27. Februar 1943, morgens etwa 7.00 Uhr, wurde ich von meinem Betrieb abgeholt und mit anderen – darunter mehrere ‚Privilegierte' – auf einen Lastwagen gesperrt, der nun durch Berlin fuhr. Wir wußten zunächst nicht, wo die Reise hinging und verteilten vorhandene Nahrungsmittel unter uns. (Im nachhinein erfuhr ich, daß mein Vater – früher Direktor bei Leiser – zur selben Zeit aus seinem Betrieb abgeholt und zunächst in die Levetzowstraße und dann in die Rosenstraße gebracht worden war).

Erna Mannheim

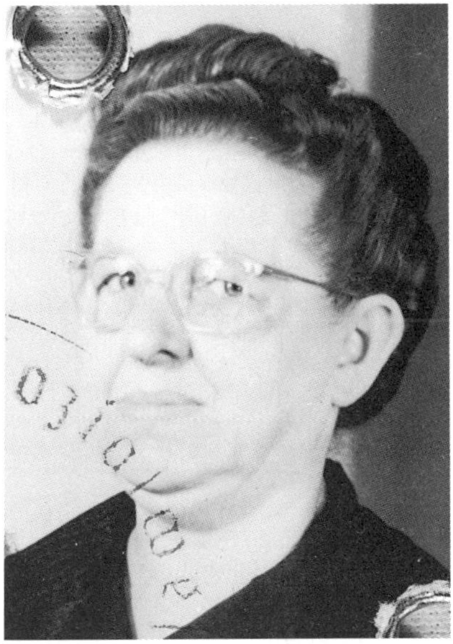

Elisabeth Jacob

Elsa Holzer

Frieda Kuhn

Schließlich sperrte man uns ins Gebäude des ehemaligen 'Clou'-Konzerthauses (Zimmerstraße). Erst 24 Stunden später erhielten wir das erste Essen. Es war im Jüdischen Krankenhaus (Schulstraße) gekochtes Sauerkraut. Da verbreitete sich unter uns die Nachricht von der Demonstration in der Rosenstraße. Möglicherweise gab es vor dem ‚Clou' ähnliches, denn nicht-jüdische Ehepartner von Inhaftierten hatten dort einige Lebensmittel abgegeben.
Am Mittwoch ging dann bereits ein ‚Osttransport' ab. Ein Nazi-Bewacher aus dem SS-Hauptquartier Prinz-Albrecht-Straße ging mit seiner Reitpeitsche durch unsere Reihen und schlug Menschen den Koffer aus der Hand, darunter einem jüngeren Ehepaar, das einen sechs Wochen alten Säugling im Arm trug. Denjenigen Häftlingen, die versucht hatten, sich mit Tabletten zu vergiften, wurde in einem Nebenraum der Magen ausgepumpt. Wie alle anderen Eingesperrten glaubte ich, nicht mehr aus der Haft herauszukommen. Auf Grund meiner arischen Mutter, Gertrud Grabowski, auf die ich auch mit Nachdruck verwies, kam ich dann [wie andere] doch noch frei."

Christiane Ilisch (* 1911), erinnert sich 1984 an einen gesondert liegenden Fall:
„Ich bin seit 1932 mit dem Apotheker Wolfgang Ilisch verheiratet. Durch diese Ehe mit einem sog. ‚Arier' war ich in der NS-Zeit geschützt. Doch im Frühjahr 1943 (ich erwartete gerade unser drittes Kind und war im fünften Monat schwanger) erhielten meine christlichen, aber nicht-‚arischen' Eltern (mein Vater Dr. Heinrich Spiero* und seine Frau) und ich sowie meine Schwester – die aber längst emigriert war – die Aufforderung, uns in der Großen Hamburger Straße ‚registrieren' zu lassen.

Mein Mann begleitete uns und konnte es, unter Hinweis auf meine Schwangerschaft durchsetzen, mit in das von SS bewachte Gebäude zu kommen. Es war ein furchtbares Lager – diese vielen unglücklichen Menschen, die man dort sah!

Die Bewacher wurden dann auf mich aufmerksam (‚Was ist das für ein Apfelsinenorden?'), weil ich eine Rettungsmedaille trug, die mir Ministerpräsident Otto Braun 1929 verlieh, weil ich als 16jähriges Mädchen (1927) eine junge Mutter aus der Ostsee schwimmend gerettet hatte. Das imponierte ihnen. – Nach einer Weile sagte der SS-Mann, ohne die Papiere zu sichten: ‚Nehmen Sie die Papiere und gehen Sie, Sie sind eine tüchtige Frau.' ‚Nein', erklärte ich, ‚um mich geht es gar nicht, sondern um meine Eltern.' Die standen hinter mir. Meinem Vater hatten sie schon die J-Kennkarte abgenommen und mit ‚erf.' gestempelt. Das hieß *erfaßt*. Der SS-Mann stand auf, suchte die Kennkarte aus dem Stapel, der ‚Erfaßten' heraus, übergab mir die Papiere (die paar Taufscheine, die wir aufweisen konnten) und schrieb für uns vier Passierscheine aus, damit wir das Tor zur Straße passieren durften und in Freiheit kamen. So hatte eine Rettungsmedaille zwei Menschenleben gerettet.
Bis zum Kriegsende hatten wir noch immer Angst, einer könnte mal unsere dortigen Unterlagen prüfen und uns noch einmal vorladen. Doch dieser Kelch ging an uns vorüber. Meine Eltern erlebten noch das Ende des sog. Tausendjährigen Reiches."

* Dr. Heinrich Spiero war in der NS-Zeit Vorsitzender des Paulus-Bundes, jener Organisation von Christen jüdischer Herkunft (S. 252), die als Vorform des Büros Grüber gilt, d. Verf.

Rita J. Kuhn (USA), die mit Vater und Bruder in der Rosenstraße inhaftiert war und deren Mutter (S. 325) sich sehr für die Familie einsetzte, berichtet 1988:
„Von dort wären wir deportiert worden, wäre es nicht zu einer Demonstration vieler Deutscher gekommen, darunter Leute vom Militär und dem Regierungsapparat, die sich für ihre jüdischen Familienmitglieder einsetzten und deren Freisetzung forderten. Die SS mußte [sich] eingestehen, wie eng die deutsche Bevölkerung mit jüdischen Bürgern verknüpft war und mußte uns zwangshalber freilassen, wenn sie eine Veröffentlichung der Judenvernichtung von ihren deutschen Mitbürgern vermeiden wollten...
Mein Bruder schrieb mir vor einiger Zeit folgende Information über diese Ereignisse: ‚An der Demonstration in der Rosenstraße sollen sich Personen beteiligt haben, die in Führungspositionen der Regierung und des Militärs tätig waren. Von Generalstabsoffizieren war die Rede wie von Regierungsbeamten, die sich auf einmal für einen jüdischen Onkel, eine Tante, Cousine, einen Cousin oder andere mehr oder weniger weit entfernte Verwandte einsetzten. Sie waren sich des rückhaltlosen und unbedenklichen Gefolges der deutschen Bevölkerung eben doch nicht ganz sicher. Dies war die Grenze ihrer Macht und kein Wunder.‘“

Ein früherer Häftling, Hans-Oskar Baron Löwenstein de Witt, erinnert sich 1993 in der „Berliner Zeitung“:
„Ich habe später von meiner Mutter gehört, die Frauen hätten darauf gewartet, daß jeden Moment geschossen wird, oder es würde jemand rauskommen und sagen, wenn ihr jetzt nicht nach Hause geht, werden die Leute drin erschossen. Aber es geschah nichts. Es wurde von den Nazibehörden mehr oder weniger stillschweigend hingenommen, daß da Hunderte, manchmal Tausende Menschen standen.“

Werner Goldberg (* 1919) – Berliner Vorsitzender des Bundes der Verfolgten des Naziregimes – teilt 1983 mit:
„Auf der Suche nach meinem verschleppten Vater Alfred Goldberg stieß ich schließlich in der Rosenstraße auf eine Menschenansammlung vor einem Polizeikordon. Mit meinem Brunder Günter wechselte ich mich von nun an täglich mit dem Aufenthalt dort ab. (Durch einen hilfsbereiten Polizisten, der für uns gezielt nachfragte, hatten wir erfahren, daß auch unser Vater zu den Eingesperrten zählte.) Ich sah viele Frauen, aber auch dekorierte Kriegsteilnehmer.
Sie stellten keine kollektive Kraft oder gar Widerstands*gruppe* dar – dazu war die Angst vor Spitzeln allgemein viel zu stark verbreitet –, sondern hatten sich verzweifelt aus gemeinsamer Sorge um Angehörige eingefunden.
Durch einen ehemaligen Schulfreund, der nun zu den verantwortlichen SS-Männern zählte, konnte ich meinen Vater frühzeitig heimlich freibekommen.“

Auf Grund einer nicht stichhaltigen Quellenlage und vieler offener Fragen wissen wir bis heute (1994) noch immer nicht genau, wie viele Menschen damals demonstrierten und aus welchen Kreisen sie kamen. Zumindest einige Angehörige aus einflußreichen Schichten, etwa die Frau des Potsdamer Bürgermeisters sowie hochdekorierte Kriegsteilnehmer, hatten sich zeiweilig eingefunden, um sich für Verfolgte einzusetzen. Offensichtlich blieb die Aktion auch nicht nur auf die Rosenstraße begrenzt, hatte aber dort eindeutig ihren Schwerpunkt.

Der Pädagoge Gernot Jochheim schätzt auf Grund eigener Recherchen etwa 2000 Inhaftierte und insgesamt 1000 Demonstranten bzw. Demonstrantinnen. Nathan Stoltzfus spricht von 1500 bis 2000 Eingesperrten. Sicher ist immerhin, daß Hunderte von Frauen und mehrere Wehrmachtsangehörige – meistens Soldaten auf Heimaturlaub – in der Rosenstraße protestierten und sich auch von zeitweise aufgestellten Maschinengewehren nicht vertreiben ließen. Nicht jeder konnte wegen der Arbeit täglich kommen, und manchmal wurden auch Verwandte gesandt. Daß „arische" Frauen dominierten, liegt wohl auch daran, daß „arische" Ehemänner – wenn sie nicht auf Grund kriegswichtiger Arbeiten davon freigestellt worden waren – bei der Wehrmacht dienten und nur in den seltensten Fällen mitdemonstrieren konnten.
Die Niederlage von Stalingrad im Januar 1943 und verheerende Bombenangriffe auf Berlin Anfang März 1943 (S. 371) dürften zudem die allgemeine politische Stimmung bei der Bevölkerung erheblich beeinflußt haben.
Dieser Protest der Frauen führte jedenfalls zu einem *einzigartigen* Erfolg, denn die meisten der Inhaftierten kamen frei.
Welche Gefühle mögen bei den betroffenen Frauen damals aufgekommen sein? Eine von ihnen erinnert sich:

Gisela Mießner, geborene Mannheim, 1992:
„Wir dachten zwar damals: Die Nazis haben wohl doch das Ausland gefürchtet.' Trotzdem blieb alles *ein* schreckliches Erlebnis unter vielen seit Ende 1932. Als Sieger haben wir uns ‚danach' nicht gefühlt, denn schon am nächsten Tag konnte man wieder geholt werden. Die Angst blieb!"

Ein privater Mittagstisch
Mitte, Lothringer- Ecke Christinenstraße

Im November 1939 zog die frühere Telefonistin des Fernsprechamtes Mitte und KPD-Stadtverordnete Hilde Radusch, die von April bis September 1933 inhaftiert gewesen war (S. 97), mit ihrer Lebensgefährtin in die Lothringer Straße 28. Bald darauf machten sie sich selbständig und eröffneten einen 'Privaten Mittagstisch' am Rande eines von vielen Juden bewohnten Gebietes.

Hilde Radusch (* 1903) erinnert sich 1981:
„Auch als die Bewegungsfreiheit der Juden immer brutaler eingeschränkt wurde, kamen sie an der Hintertür zu uns. Eine an die Brust gepreßte Aktentasche verdeckte den Judenstern. Sie holten sich in Näpfen Essen ab.
Durch Drehs bei der Abrechnung konnten wir Juden heimlich mitverpflegen. Besonders gern aßen sie unsere Brühkartoffeln. Unsere Speisekarte war wegen des allgemeinen Warenmangels nicht gerade reichhaltig: Grünkernsuppe, Leberknödel aus Pferdefleisch, Fisch – sauer u. ä. Letzteres bezogen wir aus einer nahegelegenen katholischen Fischfirma, wenn dort vor Feiertagen etwas übrig blieb. Unsere Arbeit wurde durch das tägliche Abschiednehmen immer deprimierender. Einmal erhielt ich zum Geburtstag einen Blumenstrauß im Auftrag zweier jüdischer Schwestern überreicht, die längst deportiert worden waren und die das Geld für mich hinterlegt hatten.
Erschütternd mußten wir bald immer öfter den Satz vernehmen: ‚Heute abend werde ich abgeholt'.
Organisiert von Mitarbeitern der Jüdischen Gemeinde, mußten sie sich dann zu Beginn des Transportes in der nahen Großen Hamburger Straße melden. Herzzerreißende Szenen spielten sich damals ab.

Hilde Radusch

Ein Schicksal blieb mir noch namentlich in Erinnerung: Dr. Oettinger spielte mit Nazis Karten und ließ sie stets in der Hoffnung gewinnen, dadurch bei den Deportationen übrig zu bleiben. Eines Tages kam er und brachte uns seine letzten Reistüten. Er brauchte sie nun nicht mehr. ‚Sie werden mich schon auf dem Transport umbringen!' Ich hatte den Eindruck, daß er diesen Tod provozierend herbeiführen wollte."

Von menschlichen Polizei- und Kriminalbeamten

Wir haben an anderen Stellen des Berichts bereits darauf hingewiesen, daß es trotz aller Säuberungen (S. 10, 23, 356) selbst bei der Polizei und der Kriminalpolizei – man denke an Berlins legendären Kriminalrat Ernst Gennat – noch einzelne Gegner des NS gab. Mehrere Verfolgte haben nicht allein Erlebnisse demonstrativer Anteilnahme (S. 81), sondern auch der direkten Hilfe (S. 330) in Erinnerung.

Salomea Genin teilt 1992 mit:
„Meine Familie wohnte damals Lietzmann- Ecke Georgenkirchstraße. Es war eine Gegend, in der viele arme jüdische Menschen lebten. Im Mai 1939 wanderten wir aus.
An Widerstand oder Hilfe für Verfolgte kann ich mich nicht erinnern. Wohl aber hatte meine Schwester eine Freundin, die als einzige Nicht-Jüdin mit uns etwas zu tun haben wollte. In deren Familie, die in der Dresdener Straße wohnte, wurde meine Schwester eben auch behandelt wie ein ganz normales Kind, hier gab es keinen ‚Rassismus'.
Vor unserer Auswanderung im Mai 1939 mußten wir uns noch beim zuständigen Polizeirevier abmelden. Ich weiß noch, daß meine Mutter hinterher sagte: ‚Der Polizist auf dem Revier war recht freundlich. Nicht alle sind Unmenschen. Es schien ihm sogar wirklich leid zu tun'."

Große Hamburger Straße 15/16, dem Jüdischen Altersheim direkt gegenüber, wohnte die Familie von Julian Schnapp. Dessen Sohn Harry Schnapp war in den 20er Jahren bei der Berliner Polizei tätig, schied dort aber wegen zunehmender Rechtstendenzen aus und fand später bei der Schulabteilung der Jüdischen Gemeinde eine führende Tätigkeit. In ihrem Auftrag war er auch in den bitteren Jahren der Verfolgung tätig. Einer seiner schwersten Botengänge war es wohl, als er für die Jüdische Gemeinde 1941/42 zum Leiter des sogenannten ‚Judenreferats' der Gestapo, zum SS-Führer Adolf Eichmann in die Tiergartener Kurfürstenstraße 115/116 ging, um dort jene mit Judensternen bedruckte Stoffballen abzuholen, die dann von der Gemeindeverwaltung zugeschnitten und verteilt werden mußten.
Im Stadtzentrum, wo Familie Schnapp unter vielen armen Juden lebte, gab es zumindest auf dem Polizeirevier am Hackeschen Markt, Ecke Rosenthaler Straße, einige Menschen, die anderen Sinns waren und der verordneten ‚Rassenpolitik' nicht verfielen.

Harry Schnapps Ehefrau, Rose-Marie Schnapp, erinnert sich 1991:
„Ich weiß von meinem Mann, daß der zuständige Reviervorsteher immer in guten und ruhigen Worten zu den Verfolgten sprach, sie unterstützte, hilfsbereit und sehr menschenfreundlich war.
Obwohl doch *alle* die Möbelwagen mit den Deportierten sahen, gab es nur wenige hilfreiche Menschen, darunter die Nachbarn meiner Eltern, die unseren siebenarmigen Leuchter aufbewahrten."

Eine andere Zeitzeugin, Gisela Mießner, berichtet ebenfalls von Krützfeld:
„Mein Vater, der Getreidehändler Joseph Mannheim, mußte vor dem Mordterror der Nazis aus Schivelbein fliehen und kam bei Bekannten, Familie Otto Isaak, in der Oranienburger Straße 28, Ecke Krausnickstraße unter. Aus dieser Zeit stammt auch die Bekanntschaft mit dem Reviervorsteher Wilhelm Krützfeld, dessen Unterschrift auch der mit ‚J.' gestempelte Ausweis meines Vaters trägt (S. 344).
Familie Isaak erhielt kurz nach der ‚Kristallnacht' telefonisch – höchstwahrscheinlich vom Polizeirevier – eine Warnung vor drohender Gefahr, woraufhin Herr Isaak, ein Bekannter und mein Vater sich eiligst davon machten und mit der S-Bahn kreuz und quer fuhren."

„Der beherzte Reviervorsteher" (Knobloch) vom Hackeschen Markt, Wilhelm *Krützfeld* (1880–1953), ließ wiederholt verfolgten Juden Warnungen vor drohenden Maßnahmen zukommen, und vor allem behandelte er die Verfolgten wie Menschen. Ein gewisser Prohaska und der Polizist *Willi Steuck* (S. 378) waren Mitarbeiter Krützfelds. Während über Prohaska bisher weiter nichts bekannt geworden ist, ermittelte Regina Scheer, daß Willi Steuck Ende April 1945 zusammen mit einem Wachtmeister Trischak Opfer eines der berüchtigten „Fliegenden Standgerichte" wurde, da sich beide dem Ansinnen fanatischer Nazis entgegengestellt hatten, Halbwüchsige, Alte und Kranke als „letztes Aufgebot" für den „Endkampf" zu verpflichten.
Wilhelm Krützfeld, der es durch sein mutiges Einschreiten gegen die brandschatzende SA am 9. November 1938 (S. 308f.) tatsächlich schaffte, größeren Schaden von der Synagoge abzuwenden, wurde vom damaligen Berliner Polizeipräsidenten (Graf Helldorf) für sein Verhalten streng gerügt. Von nun an begann der berufliche Abstieg des Revieroberleutnants. Er wurde wiederholt versetzt und schließlich 1942 angeblich aus „gesundheitlichen Gründen" pensioniert. Wie vielen Entrechteten Wilhelm Krützfeld tatsächlich Hilfe zukommen ließ, kann wohl nie mehr ermittelt werden. Krützfeld selbst sprach auch nach 1945 gegenüber seiner Familie kaum darüber.

Wilhelm Krützfeld

Unerwartete Hilfe wurde der staatenlosen Familie des jüdischen Fotografen Abraham Pisarek (Oranienburger Straße 37) aus den Reihen der Fremdenpolizei zuteil. Deren Leiter, *von Rath*, nahm sich der als „Geltungsjuden" eingestuften Familienmitglieder, Abraham Pisarek und seiner zwei Kinder, an. Zur „arischen" Ehefrau des Fotografen äußerte von Rath bei einem vertraulichen Gespräch: „Ich kann Ihnen nichts Schriftliches geben, aber beim zuständigen Polizeirevier anrufen, daß Sie als privilegierte Mischehe zu behandeln sind." Mit Ausnahme der besonderen Gefährdung durch die „Fabrikaktion" (S. 320ff.) und die Haft in der Rosenstraße konnte Abraham Pisarek (1901 bis 1983) durch von Rath die gefährliche Zeit überleben.

Auch *Otto Kienbaum* – Mitte der 30er Jahre wohnte er nahe dem Alex, Blankenfeldestraße 6 – bewies Mut zur Menschlichkeit. In seiner Eigenschaft als Kriminalbeamter konnte er mehreren bedrohten Juden zur Flucht verhelfen und ihnen Lebensmittel beschaffen. Zusammen mit einem Kollegen schützte er 1938 drei Verfolgte, die vor der drohenden Verhaftung gewarnt werden konnten. Dem illegal lebenden Joel Milgram und seinen Beherbergern stellte er bei Ausbombung von Lebensmittelgeschäften amtliche Bescheinigungen aus, wodurch sie sich zusätzliche Nahrungsmittel besorgen konnten. Etwa Februar 1945 übergab Kienbaum Joel Milgram sogar eine Polizeimarke und eine Pistole (!), damit der Untergetauchte im Notfall sein Leben verteidigen konnte. Allein damit riskierte Otto Kienbaum die Todesstrafe.

Zusammen mit dem Ehepaar Oskar und Charlotte Szomm wurde der Kriminalbeamte im Oktober 1944 von der SS verhaftet. Ihm wurde Zersetzung der Wehrkraft, Abhören ausländischer Sender und Unterlassung von Amtshandlungen gegen politische Gegner vorgeworfen. Von Oktober 1944 bis Januar 1945 saß er in Untersuchungshaft. Über Otto Kienbaum, der 1937 der NSDAP beigetreten, aber bereits 1941 von ihr ausgeschlossen worden war, sagte ein früherer Kollege: „Sein Handeln war für ihn Menschenpflicht, ohne etwas dafür zu verlangen." (Otto Kienbaum wurde Ende 1945 nach Sibirien verschleppt und kam erst Ende 1953 zurück. 1960 wurde er mit anderen „unbesungenen Helden" in einer Feierstunde geehrt.)

Sanitätswachtmeister *Georg Stellwag* war von Juli 1942 bis November 1943 im Transportgefängnis Invalidenstraße tätig. Dort half er politischen Gefangenen. 1943/44 war der Reservepolizist im Gefängnis Lehrter Straße eingesetzt. Hier kümmerte er sich um die in einer sogenannten „Judenzelle" Eingesperrten. Es waren etwa 50–60 Menschen. Die Verfolgten wurden hier quasi in einem kleinen Abschublager zeitweise untergebracht. Georg Stellwag setzte wiederholt sein Leben ein, um wenigstens einigen Juden zu helfen. So bewahrte er Herrn Koslowsky mehrmals davor, ins Vernichtungslager abtransportiert zu werden, indem er dessen Papiere, die durch seine Hände gingen, verbrannte bzw. machte er ihn durch eine Injektion transportunfähig. Der Schützling konnte schließlich untertauchen und sich bis Kriegsende retten.

Verstecke im Stadtzentrum (Auswahl)

Johanna Eck verbarg von 1942 bis Kriegsende nacheinander vier als Juden Verfolgte in ihrer Wohnung in der Lützowstraße 42 und entzog sie damit dem tödlichen Griff der Gestapo. Als Bombenangriffe das Versteck zerstörten, schaffte sie ihre Schützlinge in eine Bleibe in der Bülowstraße 102. Elfriede Guttmann wurde von ihr von Dezember 1943 bis Anfang 1944 verborgen. Dann gelang es Frau Eck mit einer Lüge – Wohnung und Polizeirevier seien ausgebombt – falsche Papiere sowie Lebensmittelmarken zu besorgen und die Verfolgte damit zu retten (siehe ähnlich S. 342).

Die Schwestern *Grete Hoffmann* und *Elisabeth Fritz*, Lützowstraße 50, nahmen sich des untergetauchten Juden Walter Riesenfeld an. (Dessen Mutter lehnte es ab, sich zu verstecken und wurde Mitte 1942 nach Theresienstadt deportiert.) Den größten Teil des Tages verbarg sich Walter Riesenfeld im Hinterzimmer des von Grete Hoffmann betriebenen Zigarrengeschäfts in der Potsdamer Straße. Sie besorgte ihm über Tauschgeschäfte auch eine Kennkarte, mit der er sich in dringenden Fällen auf die Straße wagte. Später überließ sie der verfolgten Jüdin Alwine Ziegel, geborene Goerke, sogar ihren eigenen Postausweis. Durch Tabakwaren konnte sie ausreichend Lebensmittel für die Verborgenen besorgen. Im November 1943 ausgebomt, nahmen die Schwestern Walter Riesenfeld schließlich in ihr Untermieterquartier (Potsdamer Straße 85) auf. Er überlebte die NS-Zeit und wanderte bald darauf aus.

Eva Schenck aus der Nollendorfstraße 10 verbarg die „Volljüdin" Ella Rothschild, bei der sie früher als Wirtschafterin tätig gewesen war, von 1942 bis 1945 hauptsächlich in einer Laube in Rangsdorf. Sie brachte Lebensmittel und Kleidung dorthin. Selbst bei großer Kälte durfte das nur ein Zimmer große Versteck nicht beheizt werden, denn es sollte niemand die heimliche Bewohnerin bemerken. Frau Rothschild: „Sie stand ständig unter eigener Lebensgefahr und war auch Denunziationen und Verhören ausgesetzt. Einmal wurde sie am Alexanderplatz verhört, gab aber nicht preis, wo sie mich versteckt hielt."
Mitwisser der Hilfsaktion war Douglas von Arnheim, ein Freund von Frau Rothschild, der in der Bülowstraße 21 als Geschäftsführer eines bekannten Speiselokals tätig war und ebenfalls uneigennützig half.
Eva Schenck lehnte auch nach 1945 jede Belohnung der Tat ab, denn sie empfand es als „meine Pflicht" (Foto von 1981 nebenan).

Die Opernsängerin *Gertrud Vollmar* und ihre Tochter Gudrun nahmen sich – vermittelt durch Olga Löwe – von Mai bis Juli 1943 der verfolgten Familie Münzer an, die von ihnen beköstigt wurde und in der Wohnung Melanchthonstraße 3 (Tiergarten) Unterschlupf fand.
Danach konnten die Illegalen, die früher ein Hutgeschäft in der Leipziger Straße besessen hatten, bei weiteren Helfern unterkommen. Sie überlebten.

Eva Schenck und Ella Rothschild

Elli und Werner Quade aus Alt-Moabit Nr. 139 halfen der im Januar 1943 untergetauchten Vera Fleischer und nahmen sie im Mai 1943 für eine Woche bei sich auf. Auch ihren Bruder Martin Fleischer, der später doch noch in einem Vernichtungslager ermordet wurde, gewährten die Eheleute Quade für etwa fünf Monate – von Februar 1943 bis Juli 1943 – Asyl und konnten ihn so wenigstens vorübergehend dem Zugriff der Gestapo entziehen.

Maria Perlitz arbeitete von Mitte der 30er Jahre bis Kriegsende als Hauswartin in der Flotowstraße 3 im Hansa-Viertel. Mehrere Menschen bestätigten ihr, daß sie sich sehr tapfer vor die jüdischen Hausbewohner stellte und z. B. durchsetzte, daß diese den allgemeinen Luftschutzkeller benutzen durften und nicht aus dem Haus verdrängt wurden. Darüber hinaus verbarg sie zwei verfolgte Familien in durch Bombenschäden nicht vernichteten Räumen des Hauses.

Das Ehepaar *Maria und Reinhold Hausmann* nahm sich wiederholt des untergetauchten Gustav Compart an, der während seiner Illegalität von 1943 bis 1945 mehrmals auf einem Grundstück in Birkenwerder und der Stadtwohnung Schiffbauerdamm Nr. 2 übernachten konnte und beköstigt wurde.

Wilhelm Romotzki betrieb in der Französischen Straße 49 ein Friseurgeschäft und hatte dadurch einen lebhaften Kontakt zu Juden. Nach 1933 bekam er wiederholt Schwierigkeiten mit staatlichen Stellen und Parteieinrichtungen. Er wurde denunziert und angezeigt. Zwischen 1940 und 1943 stellte er sein Geschäft mehrmals und für einige Wochen Menschen zur Verfügung, die sich auf der Flucht befanden und untertauchen mußten. Wenn er letztlich auch nicht alle retten konnte, so zeigte seine Hilfsbereitschaft doch, daß er das Risiko eigener Gefährdung auf sich nahm.

Erich Scheffler

Charlotte Buxel, verw. Scheffler

Der Spediteur *Erich Scheffler* und seine Frau Charlotte halfen, unterstützt von ihrer Tochter Anneliese und deren Mann *Johannes Draheim*, von 1943 bis Kriegsende verfolgten Juden und konnten zur Rettung ihres Lebens beitragen. Als Verstecke dienten sowohl das Privathaus im damaligen Dorf Marzahn als auch das Büro ihrer Spedition im 1. Stock des Hauses Große Präsidentenstraße 9 in Mitte. Im selben Haus betrieb Herr R. Kühnel eine Zigarrengroßhandlung. Er war mit einer Jüdin verheiratet. Anfang August 1944 erhielt er eine Vorladung von der Gestapo zum Verhör. Vier Tage später bekam seine Frau die Nachricht, daß ihr Mann nicht mehr am Leben war. Zu diesem schweren Schicksalsschlag kam noch hinzu, daß keine „Mischehe" sie mehr schützte. Sie mußte mit ihrem Kind untertauchen und fand bei Familie Scheffler in Marzahn von August 1944 bis Februar 1945 Unterschlupf, wo man sie als Familienmitglied ausgab. Danach verhalf man ihr zur Flucht nach Goslar. Wie diese beiden Bedrohten, unterstützte man auch mehrere andere, zum Beispiel indem sie als Mitarbeiter der Spedition ausgegeben und damit vor dem Abtransport geschützt wurden. (Siehe die Neukölln-Darstellung dieser Schrifftenreihe.) Durch einen heimlichen Großtransport rettete er zudem viele Thorarollen der Jüdischen Gemeinde. Erich Scheffler wurde nach dem Einmarsch der Roten Armee erschossen, weil er Vergewaltigungen entgegentrat.

Walter Bernhard, der vom 11. Februar 1943 bis zum 29. April 1945 illegal lebte, kam bei verschiedenen Beherbergern unter. So half ihm auch das *Ehepaar Pawlak*, das ihn 1943/44 in seiner Wohnung in der Bachstraße und in einem als Büro genutzten Werkstattraum in der Ratiborstraße aufnahm und mit Lebensmitteln versorgte.

Auch der untergetauchte Willi Katz nutzte auf seinem gefahrvollen Weg mehrere Quartiere: so von Januar bis September 1942 Weinbergsweg 6 bei *Moritz Moses*, September 1942 bis Dezember 1942 bei *Max Fernbach* in der Grenadierstraße 4, Dezember 1942 bis Mai 1943 wieder im Weinbergsweg 6, diesmal bei *Schröder*, und schließlich bis November 1943 in der Waldenserstraße 24 bei Alfred Nieme. Seine letzten Verstekke lagen dann in der Charlottenburger Chaussee 46 *bei Otto* und in Neukölln. Im Mai

1945 wurde Willi Katz befreit und arbeitete danach als Sozialfürsorger bei der Jüdischen Gemeinde.

Der Moabiter Arzt *Dr. med. Mod Helmy* (früher NW 87, Krefelder Straße 7), ein Ägypter, verlor 1937 auf Grund einer Denunziation seine Assistentenstelle am Robert-Koch-Krankenhaus. Von Oktober 1939 bis Mai 1940 war er in Haft und hatte zeitweise Praxisverbot. Dr. Helmy stand besonders in den 40er Jahren vielen verfolgten Juden bei, besorgte illegale Quartiere, betreute Untergetauchte medizinisch und schaffte Lebensmittel herbei. Darüber hinaus schützte er Deutsche vor der Einziehung zu schwerer Arbeit oder zum Volkssturm und schrieb auch „Fremdarbeiter" großzügig krank. Überlebende rühmten ihn als einen „wundervollen Menschen".

Ezra Ben Gershon, dessen Eltern bereits deportiert worden waren, fand mit seiner Schwester Toni u. a. Zuflucht und Hilfe bei einem Schuster in der Altonaer Straße im Hansa-Viertel. Im April 1943 legte Gershon – durch zunehmende Spannungen mit seinem Quartiergeber in großer Not – zur Tarnung eine Uniform der Hitlerjugend an und setzte sich nach Wien ab. Bei diesem höchst gefahrvollen Unternehmen halfen ihm gefälschte Geschäftspapiere, die einen kriegswichtigen Auftrag fingierten. Ein alter Berliner Sozialdemokrat, in leitender Stellung bei einer großen chemischen Fabrik tätig, hatte sie für den jungen Illegalen angefertigt. Dessen abenteuerliche Flucht führte über Budapest und Rumänien schließlich auf ein türkisches Schiff, das mit polnischen Flüchtlingen überfüllt war. Angekommen in Palästina, nahmen ihm britische Geheimdienstbehörden bei intensiven Verhören die wahre Geschichte seiner als „Hitlerjunge" getarnten Flucht zunächst nicht ab. (Unter dem Namen Joel König brachte er 1967 den Bericht „Den Netzen entronnen" heraus. Seine Aufzeichnungen – s. S. 316 – wurden inzwischen mit dem Titel „David" verfilmt.)

Gerda Zscherp und ihre Tochter, die damals am Märkischen Ufer wohnten, unterstützten wiederholt bedrohte Menschen durch Lebensmittel, Brennmaterialien und zeitweise Quartiergabe. Im Auftrag bereits Deportierter drangen sie in deren versiegelte Wohnungen ein und schafften Papiere und Wertsachen beiseite. In einem Fall entwendeten sie eine Beinprothese und schmuggelten sie in ein Berliner Lager, wo sie der betroffene Herr Haymann wieder an sich nahm. Familie Zscherp schickte auch wiederholt Lebensmittelpakete ins Ghetto Theresienstadt.

In der Moabiter Waldstraße 6 konnte die jüdische Charlottenburger Familie von Hans Foß mit ihren zwei Kindern dank der Hilfe der Sekretärin *Helene von Schell* geschützt durch die Wirren der Zeit kommen. Zwar getraute sich die Familie bei Fliegeralarm zunächst nicht in den Luftschutzkeller, überlebte aber trotzdem alle schweren Belastungen. Hans Foß ging Kohlen austragen seine Frau nähte Hüte für Privatleute, um wenigstens etwas zum Unterhalt der Familie beitragen zu können.

Werner Foß (* 1928) erinnert sich 1993:
„Von Dezember 1942 bis Kriegsende nahm uns Fräulein von Schell, die eine persönliche Bekannte meines Vaters war, in ihrer Ein-Zimmer-Wohnung mit Küche in Moabit, Waldstraße 6, auf. Sie gab uns das große Zimmer, während ihr nur die Küche verblieb. Zeitweise verbargen sich auch Verwandte von uns dort, so daß manchmal 8–9 Untergetauchte in der kleinen Wohnung versteckt waren.
Das einzigartige aber an der Sache war wohl, daß mehrere NS-Parteigenossen aus dem Haus von unserem Aufenthalt Kenntnis gehabt haben mußten!

Geheime Staatspolizei
Staatspolizeileitstelle Berlin

Berlin C 2, Grunerstr. 12, Ecke Dirksenstr.

Eingangs- und Bearbeitungsvermerk

An den Herrn
Oberfinanzpräsidenten
Berlin-Brandenburg
Vermögensverwertungsstelle
B e r l i n NW.40
Alt Moabit 143

Geschäftszeichen u. Tag Ihres Schreibens

Geschäftszeichen u. Tag meines Schreibens

IV C 3 -J.E. fl.-

Berlin, den 19.4.43

Betrifft Räumung einer Judenwohnung.

Die Wohnung des Juden Hans Isr. F o ß , geb. 3.3.1893 in Berlin, zuletzt wohnhaft gewesen in Berlin-Charlottenburg, Pestalozzistr. 10, der flüchtig ist, ist vom Bezirksbürgermeister in Charlottenburg dem Bombengeschädigten, Herrn Wilhelm Seifert, zugewiesen.

Das Vermögen des Juden Foß wird zugunsten des Deutschen Reiches eingezogen und in einem der nächsten Reichsanzeiger veröffentlicht.

Einer vorzeitigen Räumung der Wohnung steht daher nichts im Wege.

Im Auftrage:
Heinrich

Vordruck
Nr. 3
C/0080

.... Anlagen

Fernruf 51 00 23

Postscheck-Konto Berlin 2386
Kasse des Geheimen Staatspolizeiamts

Was uns auch das Leben rettete war wohl der furchtbare Bombenkrieg, der unzählige Menschen obdachlos machte, sowie die Anonymität der Millionenstadt, die nicht so leicht zu kontrollieren war wie ein Dorf oder eine Kleinstadt. Zudem befand sich am Bahnhof Beusselstraße ein Lager für ausländische Arbeiter, die oft durch die Straßen zogen. Auch dadurch wurde vieles undurchschaubar. Sehr gefährlich war dagegen Stella Kübler, die besonders in Moabit und im Hansa-Viertel als jüdischer Spitzel der Gestapo ihr Unwesen trieb, indem sie untergetauchte Juden aufspürte".

Familie Foß mit den Söhnen Harry (r.) und Werner (l.)

Harry Foß (*1933) beurteilt 1993 die Motive der Beschützer:
„Unabhängig von der starken Sympathie, die Helene von Schell für meinen Vater aufbrachte, war sie auch mutig in ihrem ganzen Wesen. Ein ausgeprägtes Gerechtigkeitsgefühl paarte sich bei ihr mit persönlicher Furchtlosigkeit. Da sie recht impulsiv sein konnte, lief das enge Zusammenleben manchmal nicht ohne Spannungen ab.
Die Situation war auch dadurch sehr ernst, da unsere Wohnung einen gemeinsamen Korridor (einschl. Toilette) mit der Wohnung des NS-Blockwartes Seeliger hatte. Dessen Ehefrau wußte über uns Bescheid. Aber *ihm* gingen wir möglichst aus dem Weg, denn er war überzeugter PG. Zu unserem Glück kam er als Borsig-Schlosser erst spät nach Hause. Frau Seeliger machte ihrem Mann wohl gewisse allgemeine Andeutungen, aber er glaubte anscheinend nicht daran, daß Hitler die Juden ermorden ließ.
Frau Seeliger, die auch die Lebensmittelkartenverteilung vornahm, steckte meiner Mutter wiederholt heimlich etwas zu. Auch andere Hausbewohner, wie das Ehepaar Mühlpford, das vermutlich durch Bekannte aus unserer alten Wohngegend eingeweiht worden war, überließen meiner Mutter Brotmarken."

Schutz in der Rosenthaler Straße

Die eher unscheinbare Rosenthaler Straße zeigte durch mehrere Bewohner, daß verfolgte und bedrohte Menschen hier wiederholt Zuflucht fanden. Wir denken dabei nicht in erster Linie an das Café Dobrin (S. 343) und das hilfsbereite Polizeirevier (S. 330) am Hackeschen Markt, nicht an die Gruppe Lenkeit (S. 155) und auch nicht an das Zigarrengeschäft Voß, in dem Widerstandskämpfer aus katholischen Kreisen wiederholt zusammentrafen (S. 275), sondern denken an zwei Menschen, deren Einsatz zu Recht sehr gerühmt wird. Es sind Theodor Görner und Otto Weidt:

Theodor Görner (1884–1971), ein selbständiger Druckereibesitzer, war aus der Arbeiterbewegung (SPD) hervorgegangen. Im Ersten Weltkrieg hatte er den Kriegsdienst verweigert und war dafür zu Schanzarbeiten an der Ostfront abkommandiert worden. Nach einem Jahr kam er mit schweren Erfrierungen nach Berlin zurück. Nach dem Krieg schloß er sich der jungen kommunistischen Bewegung an, druckte die „Rote Fahne“, zog sich aber Ende 1922 aus der praktischen Politik zurück, ohne deshalb mit alten Freunden aus der sozialistischen Bewegung und den Gewerkschaften zu brechen und machte sich 1924 als Druckereibesitzer in der Rosenthaler Straße 26 selbständig. Das Jahr 1933 wirkte sich nicht zuletzt auch als wirtschaftlicher Rückschlag aus. Durch Umstellung auf Textildruck konnte er die Ertragslage wieder verbessern. Jüdischen Geschäftspartnern riet er zur Emigration. Als die Auswanderung nicht mehr möglich war (1941), mietete er ein Zimmer an und ermöglichte Untergetauchten ein Leben mit einem veränderten Namen.
Andere, darunter Ella Deutschkron, beschäftigte er unter falschem Namen in seinem Betrieb. Über den Schwarzmarkt konnte er Lebensmittel und Lebensmittelkarten für Verfolgte herbeischaffen. Die meisten Schützlinge kamen schließlich doch auf den Todestransport – einige aber wurden gerettet. Von ca. 119 verfolgten Juden, mit denen er von 1935 bis 1945 näheren Kontakt hatte, überlebten lediglich 19.

Für die 14jährige Schülerin Sinaida Zuckermann, deren Vater deportiert wurde, übernahm er die Vormundschaft, um – wie er im Frühjahr 1944 schrieb – etwas von der ihn belastenden Schuld der Deportation abtragen zu können. Schließlich wurde er 1944 selbst denunziert und von der Gestapo für 28 Tage verhaftet. Seine Tochter Hanni (S. 374f.), die viele seiner illegalen Aktionen begleitete, konnte den Haftort des Vaters herausfinden und Kontakt zu ihm aufnehmen. Mit Hilfe eines SS-Mannes, der mehrere versteckte Juden aufgespürt haben soll, bekam die Tochter den Vater frei. Er erhielt aber eine Geldstrafe von 5000,– RM wegen „Judenfreundschaft“. Nach seiner Haftentlassung besorgte Theodor Görner erneut Nahrungsmittel für Verfolgte. Er konnte das Kriegsende überleben.

Otto Weidt (1880–1947) betrieb seit Anfang der 40er Jahre in der Rosenthaler Straße 39 eine Bürstenfabrik, in der viele blinde jüdische Arbeiter eine Beschäftigung fanden. Auf Grund der für die Wehrmacht hergestellten Besen galt der Betrieb als „kriegswichtig“. Seit Juden zur Zwangsarbeit verpflichtet waren (1940), forderte Otto Weidt wiederholt jüdische Arbeitskräfte an, um sie dadurch schützen zu können. Auch beschaffte er über den Schwarzmarkt (im Tausch gegen Besen) Lebensmittel für Verfolgte. Als die Deportationen zunahmen, versuchte er, Bedrohte durch die Reklamierung für „kriegswichtige Arbeiten“ zu retten. Krüppel und Taubstumme wurden als angebliche Beschäftigte des Betriebes ausgegeben, um sie vor der Verschleppung zu bewahren. Otto Weidt griff auch zum Mittel der Bestechung und wirkte so auf Gestapo, Beamte der Arbeitsverwaltung und Spitzel ein, um sie für seine Hilfsaktionen gefügig zu machen. Er ließ nicht nach, falsche Ausweise und Arbeitsbücher für seine Schützlinge zu besorgen.

Theodor Görner

Blindenwerkstatt Otto Weidt (1. Reihe, 2. v.l. Inge Deutschkron; 2. Reihe, 6. v.l. Otto Weidt; 7. v.l. Alice Licht; letzte Reihe 1. v.r. Max Horn; 2. v.r. Chaim Horn)

Im Februar 1943 schaffte er es sogar, zur Deportation bestimmte Arbeiter seines Betriebes zurückzuholen. Manchem ermöglichte er dadurch, doch noch unterzutauchen. Zu seinen Geretteten zählen auch Inge Deutschkron und ihre Mutter. Es gelang ihm zudem, Alice Licht und ihre Eltern zu verstecken, indem er ein Ladenlokal anmietete und die Verfolgten hinter Besen und Bürsten verbarg. Wie viele andere wurde der blinde Arbeiter Horn mit Frau und Kindern hinter Schränken versteckt. Aber ein Spitzel verriet sie Ende 1943. Etwa zur gleichen Zeit entdeckte man Alice Licht und deportierte sie ins KZ. Durch Bestechung konnte Weidt Kontakt mit seinem Schützling aufnehmen und ein Versteck vorbereiten, in das sich Alice Licht rettete, als ihr Lager Auschwitz-Monowitz aufgelöst wurde und sie die Flucht ergreifen konnte.

Wieder in Berlin, wollte Otto Weidt seine Kenntnisse über das KZ Auschwitz nicht für sich behalten, sondern vertraute sich Pfarrer Erik Myrgren von der Schwedischen Gemeinde an. (Siehe die Wilmersdorf-Darstellung dieser Reihe.)
Otto Weidt starb 1947 an den Folgen aufreibender illegaler Arbeit.
(Inge Deutschkron hat ihn und andere Helfer in ihrem packenden Bericht „Ich trug den gelben Stern“ liebevoll hervorgehoben. Aus ihrem Buch entwickelte das Berliner Grips-Theater ein erfolgreiches Jugendstück.)

Die Fürsorgerin

Die katholische Fürsorgerin *Susanne Witte* aus Moabit, Putlitzstraße 17, zählte zu jenen Helfern, die Frau Kirschbaum vor dem sicheren Tod bewahrten.
Regine Kirschbaum (1879–1957) konnte noch bis 1934 in ihrem Beruf als Sängerin arbeiten und war anschließend gezwungen, als Hausangestellte für Kost und Logis in verschiedenen Pensionen tätig zu sein. Seit September 1941 mußte sie den „Judenstern“ tragen. Von 1934 bis 1942 wohnte sie in den Pensionen Bernhardt, Pariser Straße 32, und Karpel, Olivaer Platz, in Wilmersdorf. Als Gestapo im Oktober 1942 ihren letzten Aufenthaltsort besetzte und sämtliche Bewohner abführte, hatte sie sich geistesgegenwärtig im Heizkeller verbergen können. Während oben nach ihr gerufen wurde, harrte sie still aus und ging erst bei Nacht aus dem Haus. Zweieinhalb Jahre wurde sie von nun an von verschiedenen Helfern versteckt, darunter von Frau Witte in Moabit. Beide Frauen kannten sich durch eine Tochter Frau Kirschbaums, die zur katholischen Kirche übergetreten war.

Susanne Witte berichtet 1981:
„Während es mir nicht gelang, die Tochter noch rechtzeitig in Sicherheit zu bringen, wurde die Mutter durch einen Zufall als einzige von einer größeren Gruppe von Juden vor der Abholung durch die SS bewahrt. Sie konnte sich im Keller verstecken und flüchtete dann zu mir.
Ich lebte allein in meiner Zwei-Zimmer-Wohnung im Stadtteil Moabit und arbeitete als Fürsorgerin bei der Stadt Berlin. Sowohl in meinem Stadtbezirk als auch in meiner Dienststelle mußte ich äußerst vorsichtig sein, [um] keinen Verdacht zu erregen. Ich hatte aber gute Freunde aus meiner katholischen Pfarrgemeinde [St. Paulus], denen ich mich anvertrauen konnte und die mir gelegentlich meinen ‚Gast‘ aufnahmen, wenn ich dienstlich abwesend war. Auch für die Verpflegung sorgten einige befreundete Menschen. Schwierig und gefährlich waren die Bombennächte, die wir notgedrungen gemeinsam im Hauskeller unseres großen Altbauhauses verbringen mußten. Meine Mitbewohner machten sich wohl Gedanken über meinen 'Gast', den ich immer mit in den Keller brachte, aber es zeigte uns niemand an!...
Mit Gottes Hilfe und der Bereitschaft mancher lieber Menschen haben wir beide bis zum Schluß durchgehalten.“

Gertrud Winter
Tiergarten, Kluckstraße 13

Gertrud Winter (1896–1988) war auf Grund eines Verkehrsunfalls, der ihre Sehfähigkeit stark beeinträchtigte, vorzeitig aus der Polizeiverwaltung ausgeschieden. 1929 fiel ihr durch Erbschaft das väterliche Juweliergeschäft in der Tiergartener Kluckstraße 13 zu, das sie von nun an bis zur Zerstörung in den letzten Kriegswirren betrieb.
Politisch standen sie und ihr Bruder besonders der von Gustav Stresemann geprägten liberalen Deutschen Volkspartei (Gruppe Westen) nahe. Daneben engagierte sie sich bei den Freimaurern (Loge Eisenacher Straße unter Dr. Ernst A. Heimann) und warnte in Gesprächskreisen und durch die Verbreitung von Aufklärungsliteratur vor dem Nationalsozialismus.
Im Juni 1934 reiste sie im Auftrag von Dr. Landsberg, dem Nachfolger des verstorbenen Logenbruders Dr. Heimann, in die Tschechoslowakei und überbrachte geheimes Material über die Nazimorde anläßlich der angeblichen Röhm-Revolte. (Auf der von ihr ins Ausland geschmuggelten Namensliste stand auch der Sohn des Tiergartener Rechtsanwalts Voß.) Auf der Rückfahrt wurde sie das erste Mal für kurze Zeit verhaftet, da man sie dabei beobachtet hatte, wie sie antinazistisches Material nach Berlin (an ihren Bruder) sandte. Nach ihrer Rückkehr konzentrierte sie ihre illegale Arbeit – unter anderem in einer Widerstandsgruppe um den Verleger Cuno Horkenbach – ganz besonders auf die Hilfe für bedrohte und verfolgte Juden. Sie stand dabei auch in Verbindung zu einem illegalen Kreis der Dahlemer Bekennenden Kirche um Dr. Franz Kaufmann (S. 258f.).

Gertrud Winter teilt 1949 mit:
„So habe ich laufend diesen Unglücklichen Unterkunft… gewährt oder habe ihnen bei meinen Bekannten ein Unterkommen verschafft. In meiner damaligen aus fünf Räumen mit Nebengelaß bestehenden Wohnung habe ich in den folgenden Jahren ständig ein bis zwei Juden bzw. Jüdinnen untergebracht und versteckt gehalten. So hatte ich u. a. in meinem Geschäft über dreieinhalb Jahre eine Volljüdin namens Weihrauch unter dem Decknamen Gerda Weber fest angestellt und eine andere unter dem Namen ‚Fräulein Lydia' gehende Volljüdin bei mir als Haushaltshilfe eingestellt. Ferner habe ich eine Reihe anderer illegal lebender Personen kurzfristig bei mir beschäftigt."

Mit bewundernswerter Ausdauer, großem Ideenreichtum und anhaltendem Mut entwickelte sie Pläne und erdachte geheime Wege und Quartiere, um verfolgten Juden beizustehen. Die Gestapo begann sich für sie zu interessieren, verhaftete sie mehrmals und hielt sie ein bis zwei Tage fest. Im Mai 1940 wurde sie sogar überfallen und zusammengeschlagen. Ihre letzte Verhaftung erfolgte Mitte Juni 1944 wegen Beihilfe zur Flucht für eine Jüdin nach Polen. Als ein großer Bombenangriff auf dem Polizeipräsidium Verwirrung und Durcheinander hervorrief, gelang es Frau Winter, mit einigen anderen zu fliehen. Danach mußte sie sich selber für einige Wochen verstecken. Das Kriegsende erlebte sie in Storkow bei Königs Wusterhausen.

Gertrud Winter (1896–1988) berichtet 1985:
„Im allgemeinen durften wir Mitglieder der Gruppe Horkenbach unsere Betreuten nur etwa vier Wochen aufnehmen, es wurde uns dazu geraten, die Zeit eher zu verkürzen. Es sollte ja nach außen nicht auffallen. Vier Wochen konnte man gerade noch ‚Besuch' haben. Was darüber hinausging war gefährlich.
Mit Zunahme der Bombenschäden [1943/44] konnten wir dann wiederholt auch falsche Papiere besorgen. Durch Gespräche mit auskunftsfreudigen Geschäftsleuten und unter Zuhilfenahme des alten Berliner Adreßbuches, das damals noch Hausbewohner mit Berufsbezeichnungen aufführte, ermittelten wir Namen und Anschriften von Bombenopfern in Bereichen, in denen auch die zuständigen Polizeireviere zerstört worden waren. Wir wandten uns dann an die Ersatzreviere [s. S. 332] zwecks Ausstellung angeblich verlorener Ausweise."

(Nach dem Krieg hatten die jahrelange Aufregung und Überanstrengung schließlich zur völligen Erblindung geführt. Hochbetagt und schwerbehindert war sie doch bis über ihren 90. Geburtstag hinaus geistig sehr lebendig.)

In der Dachkammer

Lieselotte Borde (* 1923) kam im Herbst 1943 in Kontakt mit Hedwig Bahr, die als ‚Halbjüdin' zwar durch die Ehe mit ihrem christlichen Ehemann geschützt war, der aber trotzdem ein fanatischer Hausbewohner zusetzte, indem er ihr u.a. die Benutzung des Luftschutzkellers untersagte. Frau Borde nahm sich der verängstigten Frau an und holte sie bei Voralarm zu Hause ab. Dabei lernte sie eines Tages einen „Herrn Miete" kennen, der schnell weggeschickt wurde. Später erfuhr Frau Borde, daß es sich bei dem Betreffenden um den Bruder von Frau Bahr, Herbert Labischinski, handelte. Als er in Not war und kein Quartier für ihn gefunden werden konnte, nahm sich Familie Borde des Mannes an. Als er schwer erkrankte, versorgte man ihn vier Tage und Nächte in einer Laube in Weißensee. Wieder genesen, drohte bald darauf die Entdeckung der falschen Identität und der Verlust des Verstecks.

Lieselotte Borde – Foto nebenan – erinnert sich:
„Also mußte ein neues Domizil gefunden werden. Ich machte mich auf die Suche, nicht leicht im zerbombten Berlin 1944. Ich gab an, ich bekäme ein Baby. Auf der Arbeit tat ich, als sei mir immer sehr übel, es gelang mir, diese aufzugeben.
Ich fand eine Dachkammer am Lützowufer 10. In dem Haus wohnten viele Nazigrößen, die ihre Familien evakuiert hatten. Die Kammer lag im Hinterhaus, fünf Wendeltreppen hoch. Ich mußte nur achtgeben, daß nicht zwei Leute zugleich in der Kammer umhergingen.
Natürlich konnten wir bei Fliegeralarm keinen Keller aufsuchen, wir blieben oben. Meine Mutter versorgte uns mit Lebensmitteln, indem sie das Warenlager meines Vaters eintauschte, so daß wir einige Zeit auch noch einen Freund [Herbert Labischinskis] ..., einen Herrn Holländer, der aber eines Tages verschwunden war, wahrscheinlich aufgegriffen, mitversorgen konnten.
Es gelang mir, Herrn Labischinski bis über das Kriegsende hin zu retten.*"

* Beide heirateten 1946, d. Verf.

Verständnis in zweifelhaftem Milieu

Nach den Ereignissen um den 9. November 1938 hatten der jüdische Getreidehändler Joseph Mannheim, seine christliche Ehefrau und deren beider Töchter vor dem Mordterror der Nazis aus Pommern fliehen müssen. Sie fanden für viele Jahre Verständnis, Schutz und Hilfe in einem Milieu, das südöstlich vom Alexanderplatz gelegen, eigentlich keinen guten Ruf hatte, denn hier war u. a. Prostitution vertreten.
Doch es standen sowohl in der Wallnertheaterstraße 36 (mit Ausnahme eines Hausmeisters), als auch in der Blumenstraße 2 – wo die Familie nach der Ausbombung in eine teilzerstörte Wohnung eingewiesen worden war – *alle* Familien zu ihnen und praktizierten alltäglich eine echte Hausgemeinschaft.
Im Haus Blumenstraße 2 hatte auch die Gemeinschaft für entschiedenes Christentum ihr Quartier. Sie unterstützte die Verfolgten auf vielfältige Weise und ging mit ihnen zusammen bei Bombenalamarm in den „Judenkeller".

Nachrichtenbörse „Café Dobrin"

Joseph Mannheim und andere verfolge Juden suchten wiederholt das bekannte und beliebte „Café Dobrin" am Hackeschen Markt (An der Spandauer Brücke Nr. 7) auf. Es war Treffpunkt, Heimat und Nachrichtenbörse.

Seine Tochter Gisela Mießner berichtet sich 1992:
„Vater ging jeden Sonntag zu diesem Treffpunkt, kam aber häufig sehr deprimiert wieder, da er viele erschütternde Nachrichten mitbrachte: Dieser hatte sich das Leben genommen, jener war mit einem Transport fort. ...
Aus dem Café, das wohl 1941/42 geschlossen wurde, erfuhren wir jedenfalls immer das Neueste."

Im Bunker am Alexanderplatz

Joseph Mannheim überlebte dank seiner Frau und anderer christlicher Frauen im Februar/März 1943 die Haft in der Rosenstraße. (S. 323f.) Im August/September 1944 überstand er auch den Gewahrsam im Lager Schulstraße. Als ihm nach der Entlassung erneute Festnahme drohte, beschloß das Ehepaar, nicht mehr zu Hause zu nächtigen. Die letzten Kriegstage verbrachte die ganze Familie in verschiedenen Bunkern, ab etwa 24. 4. 1945 im Bunker am Alexanderplatz, der unterhalb des U-Bahnhofs lag.

Gisela Mießner, geborene Mannheim, erinnert sich 1992:
„Tausende waren hier beisammen. Verteilt auf verschiedene Kammern war alles undurchsichtig, schwer überschaubar. Dadurch war man anonym; auch wir, die Verfolgten. Zuletzt wechselte der Bunker seine Beherrscher. Kurzzeitig war er schon russisch, dann kam die SS zurück und stöberte nach Juden. Auf entsprechende Fragen meldete Vater sich nicht. Doch ein verhafteter Bekannter entdeckte uns und gab der SS einen Hinweis. Sie nahm meinen Vater mit nach oben und schoß ihn fast tot. So fanden wir ihn draußen liegend. Die SS war weg. Gegen Schmuck tauschte meine Mutter einen Handwagen ein. Sie nähte mir zum Schutz vor den Russen Vaters ‚gelben Stern' auf die Jacke. Wir luden Vater auf und suchten ein Krankenhaus.
Der Alexanderplatz sah gespenstisch aus: Trümmer, Ruinen und um den Platz von NS-Fanatikern erhängte Soldaten mit dem Schild ‚Verräter'. Es waren Menschen, die nicht mehr kämpfen wollten.
Wir zogen weiter zum Krankenhaus Friedrichshain. Am 13. Mai verstarb mein Vater."

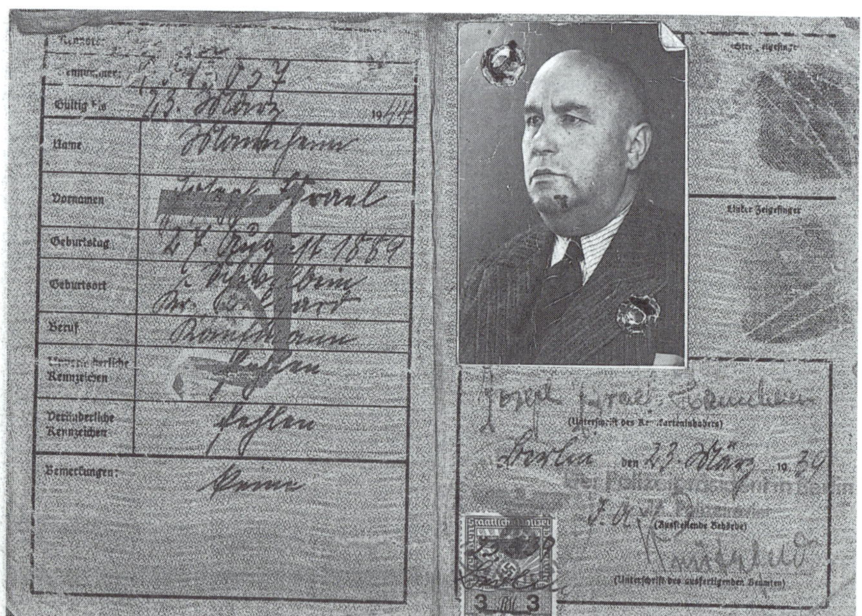

Alltagserfahrungen

Im Zeitalter der Demoskopie und der Öffentlichmachung fast aller Aspekte der Alltagskultur durch die Medien erwarten wohl viele Leser, ähnlich detaillierte Fakten über die NS-Zeit in Berlin zu erfahren. Dem kann nur sehr begrenzt gedient werden.

Zwar ist es eine Tatsache, daß aktiver Widerstand gegen den Nationalsozialismus nur von einer kleinen Minderheit geleistet wurde, aber die übrige Bevölkerung darf trotzdem nicht pauschal als dem NS-Regime anhängend bezeichnet werden. Erinnert sei besonders an die vielen einzelnen Menschen, die sich dem Totalitarismus individuell verweigerten und human blieben. Verfolgte und Zeitzeugen betonten wiederholt, daß sie selbst auf Polizeirevieren (S. 81, 329ff.) und in Haftanstalten (S. 64, 363ff.) einige verständnisvolle und hilfsbereite Mitbürger antrafen.

Wir wissen, daß Hitler und die NSDAP trotz Terrors und Wahlpropaganda bei der März-Wahl zum Reichstag 1933 nur 31,3 Prozent der Stimmen im Wahlkreis Berlin erhielten, daß also nicht einmal ein Drittel der Berliner für sie stimmte. (Während sich überwiegend katholische Hochburgen – wie der Wahlkreis Köln/Aachen mit 30,1 Prozent – sogar als noch widerständiger erwiesen, waren es vor allem die Wähler Ostpreußens mit 56,5 Prozent und Pommerns mit 56,3 Prozent, die für den Nationalsozialismus votierten.)

Auch in den nun folgenden Jahren sollte sich der Nationalsozialismus in Berlin, trotz der raffinierten Propaganda von Goebbels, auf kein kritikloses oder gar bedingungslos ergebenes Publikum stützen können. Gewiß, in Berlin befanden sich seit 1933 die Schaltzentralen der Terrorherrschaft, waren die Spitzen des Führerstaates angesiedelt, desgleichen das Reichssicherheitshauptamt (Prinz-Albrecht-Straße), der Propagandaapparat, der Volksgerichtshof; Ministerien und Wehrmachteinrichtungen waren in Krieg und Verbrechen eingebunden. Aber es gab, zwar nicht darüber, aber daneben, auch das „andere Berlin". Viele Nachgeborene und zahlreiche Nicht-Berliner vergessen dies oder wissen es nicht, weil sie die Verantwortung für den Terror allein in der Reichshauptstadt angesiedelt sehen. Sie hielten vermutlich die hier mit fanatischen Parteigenossen und einigen verblendeten Künstlern geschickt massenwirksam inszenierte Sportpalastveranstaltung zur Ausrufung des „totalen Krieges" (Goebbels) im Februar 1943 für eine *spontane* Beifallskundgebung der Berliner Bevölkerung.
Jedoch die – besonders im Bezirk Mitte – demonstrierte brutale Macht der Diktatur beeindruckte eben nicht alle Berliner, viele wahrten möglichst Distanz zum Nationalsozialismus. Die freiheitliche und kulturelle Tradition der Metropole konnte nicht restlos unterdrückt werden (S. 357ff.), und selbst die Universitäten wurden nicht völlig „gleichgeschaltet" (S. 346ff.).
Jene besondere Berliner Prägung aus liberalem Bürgertum, jüdischer Geistigkeit, preußischer Aristokratie und Beamtentradition und nicht zuletzt freiheitlicher Arbeiterbewegung schuf ein ganz eigenes politisches Klima – teilweise auch noch nach 1933.

Wir geben im folgenden Kapitel zeitgenössische Beobachtungen aus sehr unterschiedlichen Lebensbereichen wieder, um dem Interessierten Anhaltspunkte für eine realistische Einschätzung geben zu können.
Zuvor seien einige Zahlen ins Gedächtnis gerufen:
Mehr als zehntausend von circa vier Millionen Berlinern gerieten zwischen 1933 und 1945 wegen aktiven Widerstands in Haft. Viele Hunderte wurden hingerichtet oder ermordet. Einige Tausend – immer noch zu wenige (S. 329f.) – dürften an der Rettung untergetauchter Menschen beteiligt gewesen sein (S. 172, 320).

Eher noch größer war die Zahl derjenigen, die sich auf unterschiedliche Art dem System entzogen oder es zumindest versuchten und damit ihre Ablehnung offenbarten. Demgegenüber war die Zahl der NS-Fanatiker sehr viel geringer. Aber sie stützten sich auf die einschüchternden Instrumente des Terrors und den Opportunismus (S. 237, 348) derjenigen, die stets mit der Macht gehen.

Alles „gleichgeschaltet"?

Die NS-"Rasse"- und „Säuberungspolitik" führte gleich 1933 zu einem furchtbaren und unersetzlichen Verlust in Wissenschaft, Forschung, Kunst und Politik. Nur Scharlatane und Opportunisten profitierten davon. Für Deutschland ging Unwiederbringliches verloren.

Allein von der Friedrich-Wilhelms-Universität wurden bis 1935 über zweihundert Hochschullehrer und andere wissenschaftliche Mitarbeiter vertrieben. Rudolf Schottlaenders Gedenkwerk (s. Literaturliste) und die Recherchen des Juristen Dr. Horst Bein haben namentliche Schicksale festgehalten, aus denen sich ergibt, daß die meisten von ihnen auf Grund des „Nichtarier-Paragraphen" gehen mußten.
Die Haltung vieler persönlich nicht direkt betroffener Akademiker dazu ist beschämend. Schon in der Weimarer Republik hielt die Universität eher Distanz zum demokratischen Staat. Überzeugte Republikaner oder gar Sozialdemokraten (geschweige denn Sozialisten) waren an deutschen Hochschulen eine Seltenheit. Wie in vielen Bereichen des Verfassungsstaates hingen die meisten seiner Diener tatsächlich dem vordemokratischen Geist der Monarchie an. Nur wenige, wie etwa der Historiker Friedrich Meinecke, wandelten sich zum „Vernunftrepublikaner". Auch innerhalb der Studentenschaft blieben die republikanischen (S. 54 f.), sozialistischen (S. 74) oder kommunistischen (S. 106 ff.) Kommilitonen in der Minderheit. Hunderte von ihnen wurden 1933 relegiert und vertrieben.
Am 10. Mai 1933 taten sich bei der berüchtigten Bücherverbrennung auf dem Opernplatz lauthals nazistische Studenten Berlins als Hauptakteure hervor.
Und doch: Auch an der Hochschule gelang der NS-Bewegung keine völlige „Gleichschaltung". Frühere Studenten der Friedrich-Wilhelms-Universität berichten von ihren Erfahrungen.

Dr. Ella Barowsky studierte 1931–1934 Nationalökonomie. Sie erinnert sich 1992:
„Ich war eigentlich immer froh darüber, daß ich mein Studium noch in der Zeit der Weimarer Republik, die man nicht immer nur unter dem Aspekt ihres Scheiterns betrachten sollte, beginnen konnte.
1932 ging es wiederholt heftig zwischen NS-Anhängern und ihren Gegnern von der extremen Linken zu. Besonders im Vorraum der Universität standen sich NSDAP und KPD wiederholt wild gegenüber und lieferten sich einen Sängerkrieg. Um Universitätsfremde, die sich zunehmend tätlich in die Auseinandersetzungen einmischten, fernzuhalten, verlangte die Universitätsverwaltung daraufhin das Vorzeigen von Ausweisen.
Es gab zahlreiche NS-Studenten, aber ich hatte nicht den Eindruck, daß sie die große Masse stellten. Ich legte 1934 mein Diplom in Nationalökonomie ab, in dieser Zeit war es dem Nationalsozialismus jedenfalls nicht gelungen, die Universität ‚braun' umzukippen. Nach mehreren Jahren der Berufstätigkeit nahm ich dann erneut Kontakt zur Universität auf und promovierte 1942. Aber auch

dann waren weder mein Doktorvater noch die Repititoren in den Fächern Jura und Betriebswirtschaft Nazis. Weder erinnere ich mich an zahlreich auftretende schneidige NS-Studenten noch an eine uniform-nazistische Dozentenschaft.
Die NS-Machtergreifung hatte die Vertreibung zahlreicher Wissenschaftler zur Folge. Unter denjenigen, die in die Lücken stießen, waren gewiß manche, die von Konkurrenzneid bestimmt waren, denn unter den Juristen, Naturwissenschaftlern, Psychologen und Medizinern waren zahlreiche Akademiker jüdischer Herkunft.
Zu exponierten Nazis gesellten sich jene, die sich umdrehen ließen und ihre Fahne in den Wind hängten. Aber um diese und ihre Anhänger machten wir Nichtnazis einen Bogen. Man lernte es damals, sich wie Hündchen zu beriechen und ging ‚denen' aus dem Weg."

Ella Barowsky hat als nicht-nazistische Dozenten, die ihr noch bis 1934 begegneten und viele Zuhörer hatten (!), folgende Hochschullehrer in Erinnerung:
den renommierten Juristen Martin Wolf (er mußte bald darauf wegen seiner nicht-arischen Herkunft emigrieren), den Zeitungswissenschaftler Emil Dovifat (S. 349), den Agrarwissenschaftler Constantin von Dietze (S. 352), den Nationalökonom Werner Sombart, den Psychologen Wolfgang Köhler (S. 348f.) und den Statistiker Rudolf Meerwarth.
(Vielleicht darf ergänzend auch auf den angesehenen Soziologen Alfred Vierkandt hingewiesen werden, der 1934 aus dem Amt gedrängt wurde.)

Ähnliche Erinnerungen an eine keineswegs total „gleichgeschaltete“ Universität hat der Redakteur und Widerstandskämpfer Arnold Bauer (S. 129f.).

Arnold Bauer (* 1909), der von 1931 bis 1935 Soziologie und Psychologie studierte, berichtet 1992:
„Es sind meiner Ansicht nach viele Korrekturen am allgemeinen Bild, das man sich heute von der damaligen Lage macht, angebracht. Der Nationalsozialismus hat die Friedrich-Wilhelms-Universität bis zum Januar 1933 *nicht* erobert.*
Von über 10000 Studenten war nur eine Minderheit politisch engagiert und in sogenannte Linke und Rechte eingeteilt (wobei zu Letzteren auch die Korporierten zählten, die man aber nicht generell als Nazis bezeichnen kann.)
Die große Masse war mehr oder weniger gleichgültig, wollte ‚bloß‘ ihr Studium betreiben. 1931/32 kam es dann auch zu gewalttätigen Auseinandersetzungen, die Polarisierung nahm zu.
Die Professorenschaft, in ihrer Mehrheit der alten akademischen Tradition der ‚Gelehrten-Universität‘ verpflichtet, versuchte, dem Eindringen politischen Streits hilflos besänftigend entgegenzuwirken.
1933 ist die Professorenschaft dann umgefallen. Ich habe es selber gesehen, wie etwa der hochberühmte Herr Kohlrausch von der Juristischen Fakultät zu einer von Hitler kommandierten Kundgebung in die Staatsoper zog.
Die Taktik der Nazis war nicht etwa eine offizielle Gleichschaltung, sondern die Aushöhlung: unbeliebte Professoren in die Pensionierung schicken, Juden vertreiben, Studenten zum Arbeitsdienst einziehen usw.“
* Dies beobachtete auch der Soziologe S. Kracauer im Februar 1933, d. Verf.

Opportunismus, Feigheit und Unentschlossenheit ihrer nichtbetroffenen Fachkollegen haben viele derjenigen Hochschullehrer in Erinnerung, die 1933 aus Deutschland auf Grund des „Arierparagraphen“ vertrieben wurden.

Der Kunsthistoriker Werner Weisbach beschreibt in seiner Autobiographie an einem Beispiel, wie innerhalb der Jugend:
„...ein Gefühl für ethische Werte kaum noch vorhanden, innere Haltlosigkeit und Opportunismus bestimmende Faktoren geworden waren. Und wie die Jungen, so verhielten sich die Alten. Der Nachfolger Goldschmidts an der Berliner Universität, Professor A. E. Brinckmann, der bisher niemals aus einer liberalen, demokratischen und pazifistischen Gesinnung ein Hehl gemacht hatte, war einer der ersten, der zum Nationalsozialismus, sobald dieser zur Macht gelangt war, mit deutlichen Bekundungen überging...“

Unter den konservativen Professoren, die die alte Bildungstradition verkörperten, waren es nur ganz wenige, die *offenen* Widerspruch oder gar verhaltene Kritik wagten.

Arnold Bauer (s.o.) erinnert sich 1992:
„Die Professoren Wolfgang Köhler und Hermann Oncken sind die einzigen mir bekannt gewordenen Fälle von sogenannten arischen Wissenschaftlern, die offene Gegnerschaft bekundeten.
Der Psychologe Wolfgang Köhler unterschrieb zwar 1933 – um sein Institut zu retten – die Loyalitätsadresse der Akademiker für den Reichskanzler Hitler, hat dann aber öffentlich in der Zeitung Widerspruch gegen die Politik gegenüber den Juden eingelegt und sich geweigert, sich von seinen jüdischen Mitarbeitern

zu trennen. Als er sah, daß er sich damit nicht durchsetzen konnte, hat er den Ausweg in die Emigration gewählt.
Im Gegensatz zu Friedrich Meinecke, der ab 1933 eher zu den ‚Stillen im Lande' zählte, hat sein Fachkollege, der Historiker Hermann Oncken [S. 108], offene Kritik gewagt. Es kostete ihn die Lehrerlaubnis. Ich erinnere mich noch gut daran. Der Fall erregte Aufsehen, weil Oncken eine große Hörerschaft hatte und hohes wissenschaftliches Ansehen genoß. (In einer Arbeitsgemeinschaft junger, konspirativer Marxisten stützten wir uns auch auf einzelne seiner Schriften.) Ich war selbst dabei, als er in einer Vorlesung offene Kritik an der nationalsozialistischen Geschichtsauffassung übte. Er sagte nämlich, wenn auch vorsichtig:

> ‚Bei manchen richtigen Akzenten fehlt es nicht an Entstellungen und Verzerrungen durch die nationalsozialistische Geschichtsauffassung.'

So etwa hat er sich ausgedrückt. Er mußte daraufhin von einem Tag auf den anderen gehen. Denn als wir zu seiner nächsten Lehrveranstaltung strömten, fanden wir einen Zettel vor: ‚Die Vorlesungen von Professor Hermann Oncken fallen von nun an aus.' Ein Stempel war darunter und weg war er!

Professor Köhler ist sozusagen freiwillig gegangen, Oncken auf Knall und Fall."

Der Historiker und Sozialist Professor Dr. Heinrich Scheel, der 1935/36 zu studieren begann, bemerkt über die mangelnde Haltung der führenden Akademiker: „Nur ganz vereinzelt wagten sich Professoren im vertrauten Kreis bis zu einer Regimekritik vor." Heinrich Scheel, der viele Freunde im Widerstand verlor (S. 144), ist allerdings ein äußerst kritischer Beobachter dieser Akademiker. So besuchte er Lehrveranstaltungen des Zeitungswissenschaftlers Emil Dovifat und fand enttäuscht einen „total Gleichgeschalteten" vor. Demgegenüber erinnert sich ein damaliger Mitstudent (Hans Borgelt) ganz anders.

Hans Borgelt schreibt 1991 in seinen Erinnerungen:
„Er [Dovifat] war und blieb rhetorischer Seiltänzer, den man durch nichts irritieren konnte. Was Wilhelm Furtwängler, der Dirigent, was Gustaf Gründgens, der Intendant, in ihren Bereichen durchzusetzen versuchten, um sich zwischen künstlerischem Auftrag und wachsendem Druck der Diktatur einen akzeptablen Lebens- und Schaffensraum zu bewahren, das praktizierte auch Emil Dovifat nach dem Prinzip: Mitmachen – so viel wie nötig, so wenig wie möglich."

Selbst innerhalb der Studentenschaft glückte dem NS-Regime aber die völlige Gleichschaltung nicht, wie sich auch Arnold Bauer, Dr. Kurt Leyke und Dr. Ella Barowsky erinnern. So berichtete die Auslandspresse („Deutsche Volkszeitung") noch im Februar 1938, daß die Zahl der nicht NS-gebundenen Studenten steige und daß die Einführung sogenannter „Rassenkunde" sich keineswegs der Beliebtheit erfreue (S. 354), wie man am Mienenspiel der Zuhörer erkennen könne. Die o.g. Zeitung meldete auch, daß im Wintersemester 1937/38 ein Protestschreiben Thomas Manns (an den Rektor der Bonner Universität) an der Berliner Hochschule in hoher Auflage illegal verbreitet wurde und die NS-Studentenführung zur öffentlichen Stellungnahme zwang.

Der NS-Staat beantwortete diese unzureichende geistige „Ausrichtung" des akademischen Nachwuchses nicht allein mit deutlicher Reduzierung der Zahl der Studierenden, sondern auch durch zwangsverordnete ideologische Schulung.

Der Jurist Herbert Komm (1909–1993) – nach dem Krieg Präsident des Landessozialgerichts in Berlin (West) – erinnert sich 1992:
„Zu meinem Glück konnte ich das Erste Staatsexamen noch im Dezember 1932 und damit am Ende der Weimarer Republik abschließen.
Seit 1933 legte ich den sog. Referendar- und Vorbereitungsdienst unter anderem beim Amtsgericht Wedding ab. Dort ging es relativ moderat zu.
Rausgeworfen wurde ich nicht. Ich habe ihnen aber auch nicht alles aus meiner Biographie auf die Nase gebunden. So gab ich die frühere SPD-Zugehörigkeit zu, verschwieg aber meine Arbeit für die linkssozialistische SAP (S. 74).
Wir Juristen mußten dann eine sechs- bis achtwöchige ideologische 'Ertüchtigung' in einem Lager absolvieren. Auch dort wußte man um meine politische Herkunft, machte mir aber weiter keine Schwierigkeiten.
Nur nach Ablegung des Zweiten Staatsexamens im Mai 1936 war klar, daß ich mich für den juristischen Staatsdienst gar nicht erst zu bewerben brauchte, denn dafür hätte ich der NSDAP beitreten müssen. Das kam für mich aber nicht in Frage. Doch selbst bei der Post nahm man mich aus diesen Gründen nicht an. Ich fand dann eine Nische in der Wirtschaft."

Entgegen jener vielleicht verbreiteten Meinung, die die nationalkonservativen „Korporierten" (darunter die schlagenden Verbindungen) mit den Nationalsozialisten als geschlossene „Rechte" begreift, muß gerechterweise hervorgehoben werden (S. 348), daß der NS-Staat auch mit dieser Gruppierung seine „Gleichschaltungsprobleme" hatte und sie letztendlich auflöste.

Rechtsanwalt Dr. Kurt Leyke (1914–1993) teilt 1992 mit:
„Ich studierte von 1932 bis 1936 Jura.
Aus gutbürgerlichen Verhältnissen kommend, geriet ich durch meinen Köpenikker Klassenlehrer zur schlagenden Studentenverbindung, war selbst aber eher unmilitärisch.
Den Nationalsozialismus lehnte ich schon auf Grund meiner Herkunft als etwas Fremdartiges ab. Es gab irgendwie eine innere Bremse. Das haßerfüllte Antijüdische war doch wohl eher für Österreich und den osteuropäischen Raum typisch und nicht für Berlin. Auch von den NS-Umtrieben und Veranstaltungen hielt ich mich während meines Studiums fern. Der Partei trat ich ebenfalls nicht bei, nur dem Nationalsozialistischen Kraftfahrerkorps (NSKK) gehörte ich an.
In unserem juristischen Arbeitskreis dominierte eher die negative Haltung zum Vereinnahmungsversuch des NS. Weil wir zum Wiederholen juristischer Fachkenntnisse einen nicht-arischen Repetitor aufsuchten, strich man uns irgendeine Vergünstigung."

(Zur Situation bei den Physikern siehe den Steglitz/Zehlendorf-Band dieser Reihe.)

Es gab sogar noch 1937 einzelne Professoren, die sich schützend vor „nichtarische" junge Akademiker stellten.
Die Germanistin Charlotte Jolles und der Volkswirt Arnold Horwitz (später Horwell) waren die letzten Doktoranden jüdischer Herkunft der Friedrich-Wilhelms-Universität, die noch die Gelegenheit bekamen, ihr vor 1933 begonnenes Studium zu beenden.

(Name) Kramm

(Vorname) Herbert.

Friedrich-Wilhelms-Universität zu Berlin

Studienbuch

Buch sorgfältig führen und aufbewahren.
Bestimmungen auf Seite 4 u. 5 beachten.

Constantin von Dietze

Arnold Horwell erinnert sich 1987:
„Ich wuchs im damaligen ‚Alten Westen' Berlins auf: Lützowufer 11. Es war eine begüterte Gegend; um die Ecke am Lützowplatz residierte u. a. der bekannte Kunsthändler Alfred Flechtheim, der sogar einen echten Renoir (‚Bildnis meines Sohnes') für ein Vermögen zum Verkauf anbot.
Ich studierte dann Volkswirtschaftslehre an der Friedrich-Wilhelms-Universität und wurde 1937 ihr letzter nichtarischer Doktorand. Meine Dissertation ‚Preistheorie und Preisbegriffe' wurde 1937 sogar noch gedruckt. Zu dieser Zeit durften Studenten jüdischer Herkunft zwar noch ihr Studium beenden, aber ohne die Prädikatsurkunde zu erhalten.
Der Ordinarius für Volkswirtschaftslehre Constantin von Dietze und sein Stellvertreter, Professor Dr. Freiherr von Stackelberg, durchbrachen diese Anordnung. Sie händigten mir die Urkunde im Privatbüro des Dekans aus, im Auditorium wäre es auf Grund der herrschenden Prinzipien schon nicht mehr möglich gewesen.
Von Dietze [1891–1973], der in Potsdam wohnte, ging später nach Freiburg. Wegen seiner Beteiligung am Widerstand erhielt er 1944 ein Hochverratsverfahren. Von Stackelberg, den ich in NS-Uniform sah, kam Mitte der 40er Jahre in Spanien unter nicht völlig geklärten Umständen ums Leben."

Während nach 1937 „nichtarischen" Studenten die Promotion verweigert wurde, konnten Nichtnazis danach sehr wohl ihre Doktorprüfung – auf weniger ideologieanfällige Themen ausweichend – ablegen. So auch die Volkswirtin Dr. Ella Barowsky 1942 mit einer Arbeit über Wohnungsbaufinanzierung in den USA.

Über den Historiker Wilhelm Treue (1909–1992) wissen wir, daß er zwar promovieren, sich aber nicht habilitieren konnte, da er „weder der Partei noch einer ihrer Gliederungen" angehörte, wie man ihm amtlicherseits mitteilte.

Karl Bonhoeffer

Ferdinand Sauerbruch

Frühere Studenten der Charité, wie Dr. Erwin Forst und Dr. Helmut Winguth, bestätigen die Erfahrungen von Arnold Bauer und Dr. Ella Barowsky. Auch bei den Medizinern war nicht alles NS-konform ausgerichtet.

Bis 1938 war es an der Charité in erster Linie der Psychologe Prof. Karl Bonhoeffer (S. 236), der sich an der von ihm geleiteten Klinik den „rassisch" begründeten „Säuberungen" widersetzte.

Karl Bonhoeffer schreibt darüber rückblickend:
„In der Fakultät machte der Dekan den Versuch, die Mitglieder zu veranlassen, kollektiv der Partei beizutreten. Durch den Widerspruch einzelner konnte das abgewiesen werden. Auch hinsichtlich der verlangten Entlassungen jüdischer Assistenten hielt das Ministerium sich zunächst zurück. Aber es blieb eine systematische Bespitzelung der einzelnen Kliniken über das Verhalten der Ärzte der Partei gegenüber... Im ganzen kann von meiner Klinik gesagt werden, daß die Mehrzahl der Assistenten dem Druck widerstand. Die Klinik war aber der ‚Dozentenführung' ein Dorn im Auge. Es gelang mir auch, wohl als einziger Klinik in der Charité, die Aufstellung eines Hitlerbildes bis zu meinem Abgang im Jahre 1938 zu verhindern. Um so größer war die Hitlerbüste, die von meinem Nachfolger [S. 355] im Vestibül der Klinik aufgestellt wurde."

Vom Leiter der Chirurgie, Ferdinand Sauerbruch, der 1933 allerdings auch die Unterschrift unter die Loyalitätserklärung für den Reichskanzler Hitler setzte, ist bekannt, daß er für jüdische Mitarbeiter eintrat und ihnen bei der Emigration half. Auch lehnte er demonstrativ den Hitlergruß ab (berichten Zeitzeugen aus der Charité) und setzte sich für politisch Verfolgte ein. Offenen Widerspruch gegen medizinische Menschenexperimente, die ihm im Krieg bekannt wurden (S. 87f.), wagte selbst er, der sich als Kapazität viel herausnehmen konnte, nicht.

In Führungsgremien der Mediziner sah es noch düsterer aus: Der Kliniker Theodor Brugsch weist in seinen Erinnerungen (s. Literaturliste) darauf hin, daß sich die Berliner Ärztekammer ohnehin „in ihrer nazistisch-antijüdischen Einstellung überschlug".

Dr. Erwin Forst brach aus politischen Gründen 1933 sein Medizinstudium ab und begann es 1936 erneut. Er beteiligte sich auch am Widerstand (S. 84ff.).

Dr. Erwin Forst (* 1908) erinnert sich 1992:
„Eine vom NS eroberte Studentenschaft ist mir bis 1933 nicht begegnet, und auch nach 1936 erlebte ich ein differenziertes Bild.
Ich hatte im Laufe meiner Ausbildung immer den Eindruck, daß die Zahl der Gegner recht groß war und wunderte mich über eine 99%ige Zustimmung bei Wahlen und Abstimmungen. Die Ergebnisse *müssen* gefälscht gewesen sein, denn ich war nicht der einzige Wähler, der mit NEIN gestimmt haben dürfte.
Viele Menschen – nicht alle, denen ich begegnete – gaben zu erkennen, daß sie eine andere Einstellung, als die vom Nationalsozialismus gewünschte, hatten.
Weitverbreitet war sehr, daß man geschwiegen hat.
Scharfe Nazis waren eher die Ausnahme als die Regel. Ich begegnete Zweien: dem Chefarzt für Chirurgie am Moabiter Krankenhaus [Dr. Strauß, d. Verf.] und einer nazistischen Oberschwester am Rudolf-Virchow-Krankenhaus, die antisemitische Äußerungen tätigte.
Ich leistete keinen ‚deutschen Gruß', und andere taten es mir gegenüber auch nicht. Studenten in SA- oder SS-Uniform sah ich eher selten. Wohl aber schloß sich zu meiner Zeit – wie ich – ein Drittel der ‚Militärärztlichen Akademie' an und kam in Wehrmachtsuniform. Wir legten zum Gruß nur die Hand an die Mütze.
Auch an der Charité grüßten Bonhoeffer, Sauerbruch und die Pathologen Rössle und Heubner nicht-nazistisch.
Von Menschenexperimenten u.ä. ist mir während meines Studiums nie etwas zu Ohren gekommen. Aber eine Tatsache warf ein bezeichnendes Licht auf das Regime:
In der NS-Zeit war es nicht so wie vor 1933 und nach 1945, daß es in der Anatomie einen Mangel an Leichen gab. Wir wunderten uns damals allerdings, daß bei weiblichen Leichen die Geschlechtsorgane fehlten. Erst nach 1945 erfuhr ich von Testversuchen der Pharmaindustrie für die Entwicklung von Empfängnisverhütungsmitteln."

Dr. Helmut Winguth (* 1918), der 1938 sein Medizinstudium begann, berichtet 1993:
„Während des Klinikums, dem Hauptteil der ärztlichen Ausbildung, sammelte ich viele Erfahrungen mit Hochschullehrern und Fachärzten, darunter am Robert-Koch-Krankenhaus in Moabit, dem Universitätsklinikum. Es gab nur sehr wenige Professoren (s.u.), die mit dem Hakenkreuzabzeichen herumliefen und den NS-Geist einfließen ließen. Besonders bei den Klinikern war man keineswegs so geartet.
Das NS-Regime führte allerdings zwei Pflichtfächer in die Ausbildung ein: ‚Wehrmedizin' und ‚Rassenhygiene'. Besonders das letztgenannte Fach war unerträglich. Ein NS-Parteigenosse trug dabei sein höchstes Lob der nordischen Rasse und seine Verurteilung angeblich minderwertiger Rassen vor. Dies war unter Studenten so unbeliebt, daß die Teilnahme daran besonders scharfer Kontrolle unterworfen wurde. Eindeutig nazistisch war neben dieser Fachrichtung

noch der Professor für Psychologie an der Charité. Er [de Crinis, d. Verf.] war ein strammer Nazi. 1945 erfuhr man, daß der SS-Mann als Gutachter bei ‚Euthanasie'- und von Zwangssterilisationsfällen schwer belastet war.
Während des Studiums erfuhr man als Student von medizinischen Experimenten mit Menschen nichts; wohl aber sammelten wir in der Anatomie bezeichnende Eindrücke vom herrschenden Regime durch die Tatsache, daß es sich bei den Leichen fast ausschließlich um junge Menschen handelte, die ohne Köpfe waren. Ich deutete sie mir schon damals als Hingerichtete aus Plötzensee."

Festhaltenswerte Erinnerungen an ihr Studium in der NS-Zeit hat uns die Berliner Stadtälteste Dr. Ursula Besser (CDU) mitgeteilt. Sie studierte damals von 1943 bis 1944 Auslandswissenschaften an der Friedrich-Wilhelms-Universität. Es war ein Fachbereich ganz besonderer Prägung, der damals in den Räumen der ehemaligen Hochschule für Politik (S. 54f.) in Schinkels Bauakademie am Werderschen Markt tagte.

Albrecht Haushofer

Dr. Ursula Besser (* 1915), deren Vater Fritz Roggenbuck – mit seinem früheren Chef Oberst Gentz – 1934 aus dem höheren Polizeidienst (S. 10) gedrängt worden war, erinnert sich 1993:
„Das Studium der Auslandswissenschaften wurde in enger Zusammenarbeit von Universität und Auswärtigem Amt gestaltet, denn schließlich war die Ausbildung von Diplomaten der eigentlichen Sinn unseres Fachstudiums, das mit dem Doktor der Auslandswissenschaften endete.Die Ausbildung war etwas Besonderes, nicht nur durch die Bindung an das Auswärtige Amt, dessen verschiedene politische Tendenzen sich bei unseren Lehrern widerspiegelten, sondern auch durch die Anwesenheit ausländischer Studenten und Dozenten. Internationales Recht, Geschichte, Kultur, Sprachen, Literatur – all diese Bereiche spielten in unsere lange und umfassende Ausbildung hinein.
Mit Albrecht Haushofer hörten wir einen nicht-nazistischen Dozenten, der deutlich gegen die Unfähigkeit der Regierung Hitler stand. Die Ausbildung durch diesen Geopolitiker gestaltete sich in einer wunderbaren Atmosphäre. Haushofer stellte sich deutlich als ein Hochschullehrer dar, der nicht in die Ideologie des Nationalsozialismus eingebunden war. Er unterrichtete nach wissenschaftlichen Grundsätzen und nicht ideologisch motiviert. Gerade weil es auch ganz anders ausgerichtete Dozenten (wie einen SS-Vertreter, der ‚Weltmächte – Weltpolitik' lehrte) gab, fiel Albrecht Haushofer deutlich auf. In düsterer Zeit wirkte er wie ein leuchtendes Gestirn. Er vermittelte uns wissenschaftlich-unabhängiges Denken und forderte uns deutlich auf, dies auch nach außen zu tragen. In seinem Seminar mit 30 bis 40 Studenten (darunter 2 bis 3 NS-Beobachter) gab es ein stilles Einverständnis derer, die kritisch zum System standen. Es wurde nicht demonstrativ ausgesprochen, führte aber wie zu einer Art Gemeinschaft mit Haushofer, was natürlich das Mißtrauen der SS hervorrief. All dies ist vielleicht heute schwer vermittelbar, denn unsere Gefühle hingen eng mit der Kriegsüberlebenssituation zusammen: niemand wußte, wie lange er noch dabei blieb. 1944 wurde die Fakultät ‚bis auf weiteres' geschlossen. Von Haushofers Schicksal (S. 202) erfuhr ich erst nach dem Krieg."

Ähnliche Erinnerungen an Haushofer übermittelt Rainer Hildebrandt (s. Literaturliste), d. Verf.

Die oben wiedergegebenen Erinnerungen an die Berliner Universität, gleichwohl nicht repräsentativ, widerlegen an Beispielen undifferenzierte Schwarz-Weiß-Sichtweisen.

Dr. Ella Barowsky (* 1912), nach dem Krieg Bürgermeisterin von Schöneberg (FDP), faßt ihre Universitätserfahrungen mit den Worten zusammen:
„Das Bild an der Universität zeigte, wie in der Berufswelt oder nahen Nachbarschaft, viele Zwischentöne: Exponierte und gefährliche Nazis, bei denen man in der Wortwahl und Grußform vorsichtig sein mußte, ihre sympathisierenden Anhänger, dann Menschen, die bewußt Distanz hielten und schließlich offenkundige Gegner, die auch ein kritisches Wort wagten."

Zwei Gesichter einer Stadt

Der Schauspieler, Redakteur und Verleger Helmut Kindler (* 1912) kennt die kulturelle Szene Berlins der 20er und 30er Jahre aus eigenem Erleben. Er beteiligte sich an der Arbeit von Widerstandsgruppen, geriet in Haft (S. 366) und kam vor den Volksgerichtshof. In seiner Autobiographie (s. Literaturliste) ist ein Kapitel mit der Überschrift „Insel Berlin" versehen und betrachtet die Reichshauptstadt in der Mitte der 30er Jahre.

Helmut Kindler (* 1912) schreibt im Rückblick 1991:
„Wie gesagt, 1936, im Jahr der Olympischen Spiele, empfanden Gerhard [Grindel] und ich Berlin noch als eine Insel. Es gab mehr Nichtnazis als Nazis. Man brauchte in Berlin nicht unbedingt mit ‚Heil Hitler' zu grüßen. Weite Kreise der Berliner Bevölkerung nahmen ‚die Sache' noch keineswegs so ernst, wie sie zwei Jahre später werden sollte. Es ließ sich, auch wenn ich mir über Hitlers Kriegspläne im Unterschied zu vielen Bekannten keine Illusionen machte, in den ersten fünf Jahren der Naziherrschaft in Berlin noch immer leben."

(Siehe auch das Künstleratelier Klosterstraße, Seite 133, d. Verf.)

Wolfgang Stresemann, langjähriger Intendant des Berliner Philharmonischen Orchesters (1959–1978) und Sohn des angesehenen liberalen Außenministers Gustav Stresemann, lebte bis zu seiner Emigration (1939) als Syndikus zweier Bankhilfsinstitute in Berlin. In seinem Bericht „Wie konnte es geschehen?" gibt er im Abschnitt „Oase Berlin" folgende Erfahrungen wieder.

Wolfgang Stresemann (* 1904) berichtet 1987 (s. Literaturliste):
„In der Tat, trotz fortschreitender Gleichschaltung konnte man in der Reichshauptstadt noch einigermaßen frei atmen, befand sich meistens unter Gleichgesinnten, das heißt ausgesprochenen Gegnern des NS-Regimes. Berlin blieb noch auf Jahre eine Oase in der Wüste des sich überall rasch ausbreitenden Hitlerismus. Es hat damals keine einzige Geselligkeit gegeben, bei der mir nicht offen, später hinter vorgehaltener Hand, gesagt wurde, einen wie anderen Verlauf die Dinge genommen hätten, wäre mein Vater am Leben geblieben. Ein Gleiches galt bei ausländischen Empfängen; der sich zu Lebzeiten meines Vaters ganz natürlich ergebende Kontakt mit zahlreichen Diplomaten hielt auch später an, und ich wurde oftmals Zeuge negativer Äußerungen über Hitler, seinen Regierungsstil, seinen Rassenwahn."

Leo Blech

Wilhelm Furtwängler

Stresemann erinnert ebenfalls daran, daß es gerade auch in der Musik Bereiche gab, die von den Nazis zunächst nicht angetastet wurden; etwa moderne Werke von Paul Hindemith, die noch im März 1934 lebhaft beklatscht wurden, obwohl Goebbels den hervorragenden Künstler als „atonalen Geräuschemacher" bezeichnete. Erich Kleiber und Wilhelm Furtwängler machten die Stücke von Alban Berg und Béla Bartók zu umjubelten Aufführungen.
Besonders Furtwängler brachte den Mut auf, sich öffentlich zum als „undeutsch" diffamierten Hindemith zu bekennen. Er riskierte zeitweise den Verlust seiner Ämter bei den Berliner Philharmonikern und der Staatsoper, mußte aber wieder zurückgeholt werden, was wohl eine gewisse Niederlage für den Propagandaminister bedeutete.

Der Dirigent Leo Blech, als „Nicht-Arier" diffamiert, konnte sich immerhin bis zu seiner Emigration (1937) in Berlin halten und wurde am Pult der Staatsoper mit demonstrativem Beifall begrüßt.
Stresemann machte die Erfahrung, daß viele Berliner so auf dem Umweg über die Musik einen Teil ihres Widerwillens gegen die Nazis abreagierten. Auch die stumme Ablehnung der Pogrome und Gewalttaten am 9./10. November 1938 (S. 304ff.) zeigte die große Distanz weiter Kreise in der Reichshauptstadt. (Allerdings sei der „Anschluß" Österreichs – acht Monate zuvor – auf starke Zustimmung gestoßen.)

Ähnlich wie Wolfgang Stresemann hebt der Regisseur und Intendant Franz Reichert (* 1908) in seiner Autobiographie (s. Literaturliste) hervor, daß in der Theaterstadt Berlin trotz Staatszensur *auch* humanes Künstlertum eine Heimstätte fand und nur eine Minderheit vom Regime innerlich überzeugt war. Man denke an das Deutsche Theater (Schumannstraße 13a) eines Heinz Hilpert sowie an Inszenierungen von Karl Heinz Martin oder Jürgen Fehling (Schauspielhaus), die einen kritischen Realismus bewahrten. Am Schauspielhaus wagte man sich immerhin Ende 1939 – nach Kriegsbeginn – noch mit Georg Büchners „Dantons Tod" an die Öffentlichkeit. Die Französische Revolution genoß nun wirklich nicht die Sympathie des NS-Regimes.

Zugegeben, man zog sich damals – aber wohl nicht nur zur Hitlerzeit – oft auf Klassiker-Inszenierungen (Don Carlos) zurück, da zeitkritische Stücke verboten und NS-Propagandawerke unbeliebt waren.

Bernhard Minetti (* 1905) teilt in seinen Erinnerungen über die Arbeit am Schauspielhaus mit:
„Wir haben am Gendarmenmarkt elf Jahre in der Diktatur Theater gespielt. Man kann diese Arbeit aus zwei Perspektiven sehen. Man kann sagen, und das ist heute das Geläufige, wir hätten die Diktatur durch Kunst legitimiert und verklärt, hätten der politischen Unkultur ein kulturelles Gesicht gegeben. Man kann auch sagen, hier sei versucht worden, der Kunst in der Unkultur überhaupt noch Raum zu schaffen und auf die noch mögliche Weise zu opponieren."

Manches offiziell gewünschte Stück *mußte* inszeniert werden, dafür konnte man sich an anderer Stelle dann wieder kritisch hervorwagen. Minetti erinnert daran, daß etwa die Inszenierung von Nikolai Gogols „Revisor" als „Kulturbolschewismus" und Provokation begriffen und daraufhin abgesetzt wurde.

Sicher ist die damalige Haltung mancher Hochbegabter auch für viele Zeitgenossen enttäuschend gewesen. Große Charakterschauspieler müssen leider nicht immer große Persönlichkeiten sein. Sie müssen sie offenbar nur überzeugend darstellen können! Mit Trauer sieht man einen Heinrich George oder Werner Krauß in NS-Propagandafilmen. Gustaf Gründgens, Intendant des Staatlichen Schauspielhauses am Gendarmenmarkt, bevorzugte dagegen ein repräsentatives, nicht zuletzt auf seine Person zugeschnittenes Rollentheater.

Trotz gewisser Anpassung an den NS-Staat stellte sich Gustaf Gründgens – ebenso wie Heinrich George als Intendant des Schiller-Theaters – schützend vor Kollegen, die wegen ihres „nichtarischen" Ehepartners in Bedrängnis gerieten. Allein dem Einsatz von Gründgens war es zu verdanken, daß der hochgefährdete Ernst Busch, der im Exil in die Hände der Gestapo gefallen war und 1943 vor Gericht kam, weil er u. a. „durch Gesangsvorträge den Kommunismus in Europa verbreitet" hatte, mit einer vierjährigen Gefängnisstrafe gerade noch davonkam.

Schließlich wurden staatlicherseits zum 1. September 1944 sämtliche Theater – mit ganz wenigen Ausnahmen (S. 376) – geschlossen. Die Bombennächte vom November 1943 (S. 371 ff.) hatten ohnehin bereits viele Gebäude beschädigt.

Bis in die letzten Kriegsmonate und Wochen hinein blieben einige dem Humanismus verpflichtete Kulturveranstaltungen kleine Oasen inmitten von Krieg und Gewaltherrschaft. So teilt der „rasseverfolgte" Wissenschaftler Rudolf Schottlaender in seinem Erlebnisbericht „Trotz allem ein Deutscher" mit, daß er sich entgegen allen Verboten („Judenbann") in eine Lesung des Schauspielers und NS-Gegners Paul Wegener nach Stadtmitte zur Sonntagsmatinee in die Staatsoper wagte und dort Trost und Besinnung fand.

Auch diejenigen, die weniger an der „Hochkultur" interessiert waren, aber die ungezwungenen und freien Melodien von Jazz und Swing liebten, konnten diese verbotenen Klänge „undeutscher" Musik noch in den Kriegsjahren im Stadtzentrum hören, wie wir an anderer Stelle (S. 166 f.) beschreiben.

Mancher Tanzpalast, wie das „Imperator“ (Friedrichstraße), manche Bar, wie „Moka Efti“ (Bellevuestraße), manche elegante Abendgesellschaft im (von Amerikanern bevorzugten) Spitzenhotel „Adlon“ (Pariser Platz) konnte in ihrer mal deutlichen, mal verhaltenen Distanz zur NS-Propaganda Entspannung und Freude bieten.

Claire Aken (* 1912), geborene Schwiete, erinnert sich 1991:
„Ich zählte zu einer Gruppe junger Menschen, die zwar keine Widerstandskämpfer waren, aber den NS ablehnten. Unser häufiger Treffpunkt war das von einem Ausländer, Jean Eftimiades, betriebene Tanzcafé „Moka Efti“, Bellevuestraße [s. Foto S. 361]. Dadurch erfuhr ich auch von einem der Verbrechen der Nazis. Einer unserer Freunde, Rechtsanwalt von Gemmingen, geriet nämlich durch eher unbedachte Äußerungen 1934 in die sog. Röhm-Revolte hinein, wurde vor dem Lokal verhaftet, verschleppt und in Lichterfelde ermordet.

Einen weiteren Einblick erhielt ich noch durch ein anderes Erlebnis, wenige Jahre danach: Durch jährliche Kuraufenthalte meiner Mutter in Marienbad (Tschechoslowakei) war ich an Bücher geraten, die vor den Verbrechen der Hitler-Bewegung warnten. Dies ließ mir keine Ruhe. Ich wollte den Dingen nachgehen. Durch persönliche Beziehungen meiner Mutter zu Staatssekretär Meißner – der nacheinander Ebert, Hindenburg und Hitler ‚diente‘ – konnte ich an dessen Abendgesellschaften teilnehmen. Ich nutzte eine solche Gelegenheit, um beim Tanzen den SS-Führer Sepp Dietrich, eine typische Landsknechtnatur voller Zudringlichkeiten, auszuhorchen. Ich fragte ihn, was ‚man‘ mit den Juden vorhabe. Wohl voraussetzend, daß ich selbstverständlich antisemitisch eingestellt sei, erklärte der SS-Mann, daß sie nicht allein vorhätten, die Juden umzubringen, sondern sie langsam zu Tode zu quälen. So würden Frauen glühende Zigaretten auf den Brustwarzen ausgedrückt.
Darauf hakte ich nach: ‚Nur weil sie Juden sind?‘ Sepp Dietrich: ‚Natürlich, die haben doch nichts Besseres verdient!‘
Nun konnte ich in Marienbad die Warnungen vor den Nazis deutlich bestätigen.“

So wachsam wie diese zitierte Zeitzeugin durch Berlin ging, so taten es ihr mehrere andere Frauen gleich:

Susanne Suhr, Witwe des früheren Regierenden Bürgermeisters Dr. Otto Suhr (S. 44 f.), berichtet 1983:
„Es heißt doch häufig ‚alle mußten damals mitmachen‘. Das stimmt nicht! Auch wo wir wohnten, in der Künstlerkolonie am Breitenbachplatz, wohnten viele Anti-Nazis. Natürlich, ein paar Nazis waren schon darunter. Viele kleine Anekdötchen könnte man erzählen, die ein Mosaik der Zeit ergäben. Man kam nämlich mit Zivilcourage (und auch etwas Glück) durchaus durch die Zeit.
So ließ ich mich nicht von Gestapo einschüchtern, als die bei Kriegsausbruch nach meinem Mann (der beim Buchhändler Niderlechner untergetaucht war) suchte: ‚Ach, ist das jetzt die Einberufung? Mein Mann ist doch Reserveoffizier und hat eine Tapferkeitsauszeichnung‘.
Als der Blockwart kritisierte, daß bei uns keine NS-Fahne aus dem Fenster hing, entgegnete ich ihm: 'Sie wissen doch, wir sind keine Nazis!'
Einmal kam es beim Schlangestehen vor einem Lebensmittelladen unter den Frauen zu einer politischen Diskussion. Als eine äußerte, daß ‚endlich wieder ein englischer Flieger abgeschossen worden sei‘, rief ich ihr zu: ‚Um den weint auch eine Mutter!‘

Tiergarten, Viktoriastraße Ecke Bellevuestraße – „Efti Grill“

Der ‚soziale Widerstand‘, das möchte ich damit betonen, war meiner Ansicht nach an verschiedenen Stellen der Stadt vorhanden, und er ging bis ganz hinunter.
Ein Beispiel dieser Offenheit erzählte mir meine Freundin, die Sozialdemokratin Grete Sehna. Sie hatte einmal ihren Fahrausweis im KADEWE (Wittenbergplatz) liegen lassen. Durch telefonische Vermittlung kam sie sogar an die Verkäuferin, die den Ausweis gefunden hatte. Die durfte den Ausweis nicht zuschicken, sondern bat, ihn nach Ablauf einer Woche Wartefrist abzuholen. Doch dann wäre seine Gültigkeit verloren gewesen. Und so entspann sich folgender Dialog:

Grete Sehna: Nun haben sie sich doch nicht so und schicken ihn mir zu. Wir haben doch dieselbe Couleur!
Verkäuferin: Meinen sie etwa braun?
Grete Sehna: Nein, wenn sie es genau wissen wollen – rot.“

Einen differenzierten Blick in einen Teil der Verwaltung im Stadtzentrum richtet im folgenden eine Zeitzeugin aus dem Rheinland, die nach dem Abitur und bis zum Kriegsende in der Reichshauptstadt tätig war:

Johanna Ingenhorst (* 1915) teilt 1993 mit:
„Mein Arbeitsplatz, das Sekretariat der Wehrwirtschaftsabteilung, lag Behrenstraße 42/45. Das gesamte Reichswirtschaftsministerium zog sich jedoch über die Charlottenstraße bis zur Straße Unter den Linden hin.

Trotz offiziell strenger NS-Bräuche – so durften Mädchen keine Söckchen tragen und auch das Rauchen war nur den Herren gestattet – war die Kollegenschaft nicht scharf nazistisch eingestellt. Es kann sich heute kaum noch jemand vorstellen, aber trotz meiner Tätigkeit im Reichswirtschaftsministerium gehörte ich weder dem BDM noch der Partei an, leistete auch keinen Hitler-Gruß, sondern sagte demonstrativ ‚guten Tag'. Ich erlebte *nicht*, daß viele Berliner Nazis waren, auch nicht in meinem Arbeitsbereich. In unserer Abteilung gab es zahlreiche Nichtnazis, darunter sogar Abteilungsleiter, die aber schließlich auf Außenposten abgeschoben wurden, weil sie nicht der Partei beitraten. Die Haltung der höheren Herren des Ministeriums uns gegenüber war eher distanziert-reserviert. Überzeugte Nazis waren sie (in der Mehrheit) nach meinem Eindruck nicht, sondern machten den NS-Rummel mit, um den Arbeitsplatz nicht zu verlieren. Natürlich gab es im Ministerium auch Nazis. Vor denen mußte man vorsichtig sein, durfte nichts Unüberlegtes sagen. Auch einzelne Intriganten stellten eine Gefahr dar. Die Angst war daher allgemein verbreitet, und nur vor vertrauensvollen Menschen, darunter meine Chefs, konnte man sich vorwagen. Natürlich, gegen etwas zu sein bzw. den Nationalsozialismus abzulehnen und sich öffentlich aufzulehnen oder gar Widerstand zu leisten, sind deutlich zwei Dinge. (Von den Geschehnissen um Arvid Harnack – S. 141 ff. – hörten wir nichts.)
Nur eben die Berliner pauschal als Nazis zu bezeichnen, das wäre ungerecht."

Berlin hatte „zwei Gesichter": das nationalsozialistische und das des anderen Berlin. So sieht es wohl auch ein angesehener Architekturkritiker und Berliner Publizist.

Der Verleger Wolf Jobst Siedler erinnert sich 1987 in einer Fernsehdokumentation von Horst Königstein:
„Es ist ein großer Fehler der nachgeborenen Historiker, das damalige Berlin rein nazistisch zu sehen, alles als ‚gleichgeschaltet' zu betrachten.

Das linke und sozialistische Theater der 20er Jahre gab es zwar nicht mehr, aber ansonsten war es das Theater der 20er Jahre. Nach 1939 – bis Kriegseintritt der USA vielleicht – spielte man in einem Kino der Ku'damm-Nähe nur amerikanische Filme.

Man begreift das damalige Leben in Berlin nicht, das Leben etwa bis zur Schlacht um Stalingrad, wenn man nicht dieses Nebeneinander sieht, der politisch-kriminelle Massenmord an den Juden, die nächtlichen Transporte nach Auschwitz *und* die Ferienzüge, die weiterhin nach Usedom und an andere Orte der Ostsee liefen, das Weiterlaufen der Normalität der Großstadt."

Siedlers abwägende Einschätzung, die von vielen Zeitzeugen geteilt wird, findet ihre entsprechende Ergänzung in den Erfahrungen eines ausländischen Beobachters: Der amerikanische Diplomat George F. Kennan (* 1904), der von 1939 bis 1941 in Berlin lebte und im Auftrag des State Department in dieser Zeit an der amerikanischen Botschaft am Pariser Platz wirkte (S. 186f.) und als objektiver Beobachter des Berliner Lebens gelten kann, formuliert seine Eindrücke so:

George F. Kennan schreibt in seinen „Memoiren eines Diplomaten“:
„Die Berliner selber – ich meine die einfachen Leute – waren von allen Bevölkerungsteilen in Stadt und Land am wenigsten vom Nazismus angesteckt. Sie waren nicht zu bewegen, den Nazi-Gruß zu benutzen. Sie grüßten einander nach wie vor mit ‚guten Morgen‘ anstatt mit dem obligatorischen ‚Heil Hitler‘. Sie zeigten auch keine besondere Kriegsbegeisterung. Ich kann bezeugen (weil ich an jenem Tage mitten unter ihnen in einer großen Menschenmenge auf dem Pariser Platz vor unserer Botschaft stand), daß sie die Siegesparade anläßlich der Beendigung des Polenfeldzuges mit zurückhaltendem, mürrischem Schweigen an sich vorüberziehen ließen.

Trotz heftigen Bemühens gelang es den berufsmäßigen Nazi-Agitatoren nicht, ihnen Zeichen des Hochgefühls oder der Zustimmung zu entlocken. Die Nachricht von der Einnahme von Paris wurde mit derselben Reserve und demselben undurchdringlichen Schweigen aufgenommen. ...

In der Tat war es die ebenso undemonstrative wie unverkennbare innere Distanziertheit der Bevölkerung von den anmaßenden Parolen des Regimes, die mir in Berlin während des Krieges am meisten auffiel; das und die Art, wie das Alltagsleben so gut wie möglich, trotz zunehmender Fühlbarkeit der Kriegsmaßnahmen, weiterging. Alle Veröffentlichungen waren vom Kriege beherrscht, aber es war, was die Berliner und meist auch die gewöhnlichen Bürger anderer Großstädte betraf, ein Krieg des Regimes und nicht der ihre.“

Menschlichkeit in Haftanstalten

Für diejenigen Gegner des Nationalsozialismus, die um ihrer Gesinnung willen verfolgt wurden, ist die Zeit der Haft meistens ein unvergessener Abschnitt ihres Lebens gewesen. Die Isolierung und das Ausgeliefertsein, oft auch das Erleiden von Gewalt, ließ sie diejenigen besonders in Erinnerung behalten, die etwas Menschlichkeit in die Kerkerzeit brachten.

Mitte, Alexanderplatz – Polizeipräsidium (Bildmitte)

Rudolf Michaelis (S. 69) erinnert sich:
„Von dem zweiten Gefängiswärter im Keller des ‚Alex' sei noch die Rede. Dieser, ein Mann nahe fünfzig, war sicherlich ein sozialdemokratischer Polizeibeamter... Beweise dafür lagen uns zwar nicht vor, aber sein menschlicher Umgangston mit den ‚Schutzhäftlingen' deutete darauf hin. Er sparte nicht mit seiner Sympathie mir gegenüber. Versah er seinen Dienst, rief er mich auf den Kellerflur und steckte mir in aller Heimlichkeit einen Teil seines Frühstücksbrotes zu, das ich sogleich auf der Toilette zu verzehren hatte. ‚Hat dich dieser Kerl wieder schikaniert', war eine seiner Äußerungen im Hinblick auf den Nazikollegen. Von ihm erhielten wir auch die Zeitung, die ich dann in den Kellerräumen kursieren ließ. In eigener Sache habe ich diesem Gefängniswärter sogar einen Kassiber anvertraut, den er in einem Kuvert meiner Frau übermittelte. Auf Weihnachten 1933 zu begannen sich die Kellerräume zu leeren. Einige der Schutzhäftlinge wurden verurteilt, andere traten den schweren Weg ins KZ an, und etliche erhielten die ‚Freiheit', im unfreien Hitlerdeutschland zu leben."

Wir haben an anderer Stelle (S. 64) bereits auf einzelne Beamte im Gefängnis am Alexanderplatz verwiesen, die 1933 noch manche Hilfestellung gaben, deren Rolle und Bedeutung mit dem Einzug der Berliner Gestapo aber erheblich abnahm, wie Arnold Bauer 1936 am eigenen Leibe erfuhr (S. 129f.).
Ähnliches erlebte das Mitglied der „Roten Kämpfer" (S. 86) Alfred Engel (aus der heutigen Singerstraße), der im November 1936 festgenommen und ein Jahr darauf zu zwei Jahren Zuchthaus verurteilt wurde.

Alfred Engel (* 1909) berichtet 1990:
„Ich wurde am 26. November 1936 verhaftet, morgens um 5.00 Uhr, und zum Verhör ins Polizeipräsidium gebracht. Bei alten Beamten war man relativ sicher, aber die Staatspolizei war schon durchsetzt mit jungen nazistischen Beamten. Sie erteilten mir gleich zu Beginn einen Kopfschlag, auch wurde ich wiederholt gepufft, aber weiter nicht mißhandelt, denn meines Eindrucks nach wußten sie bereits über unsere Gruppe der Roten Kämpfer Bescheid."

Der Neuköllner Kommunist Erich Ziegler wurde nach seiner Verhaftung (15. Oktober 1939) beim Gestapoverhör am Alexanderplatz brutal mit Stöcken zusammengeschlagen. Den Bewußtlosen warfen sie auf eine Holzpritsche. Ziegler: „Bei offenem Fenster strömte eiskaltes Winterwetter in die Zelle. Nur durch den stillen Einsatz eines humanen Gefängnisbeamten, der mich heimlich pflegte, überlebte ich".
Durch schriftliche Zeugnisse von politischen, jüdischen und ausländischen Häftlingen konnten wir die Namen von drei Helfern im Polizeigefängnis Alexanderplatz ermitteln. Es handelt sich um den Polizeihauptwachtmeister Hans Georg Hoffmann, den Hauptwachtmeister Ludwig und einen Beamten, der allgemein „der dicke Bundschuh" genannt wurde (vermutlich Hauptwachtmeister Richard Bundschuh). Die Hilfesbereitschaft von Polizeihauptwachtmeister Hoffmann (SPD), der von 1932 fast ununterbrochen bis 1945 dort Dienst tat, wird dabei besonders hervorgehoben.

Dr. Ernst Strassmann erinnert 1945:
„Der frühere Polizeihauptwachtmeister Hans Hoffmann ist mir aus meiner 2¾jährigen Haftzeit im Polizeigefängnis Berlin bekannt. Herr Hoffmann hat zu den Gefängnisbeamten gehört, die stets größtes Entgegenkommen gegenüber politischen Häftlingen gezeigt haben und unter Übernahme erheblichen eigenen

Hans Georg Hoffmann

Risikos bereit waren, die Lage der Häftlinge zu erleichtern. Herr Hoffmann hat sich sehr oft mit mir über politische Fragen unterhalten und hierbei eine erbitterte Gegnerschaft gegen den Nationalsozialismus an den Tag gelegt. ..."

Der frühere französische Häftling Geoffrey Fraser berichtet 1946:
„Als ich im Sommer 1943 in einer Zelle des Gefängnisses am Alexanderplatz in Berlin schmachtete, öffnete sich plötzlich die Tür. Einer der Gefängniswärter, ein kleiner, nerviger Bursche, rief mir strahlend zu:
‚Mussolini ist gestürzt! Das ist der Sturz eines der beiden Gangster. Der andere wird bald nachfolgen...'
Daraufhin schloß er jäh die Tür, und ich war wieder allein, völlig überrascht über die politische Haltung, die dieser Wärter mir offenbart hatte. Ich ergriff die erste Gelegenheit, um seinen Namen zu erfahren: Hans Hoffmann. Später, nachdem er lange sein Leben riskiert hatte, um französischen politischen Häftlingen Lebensmittel zuzustecken, wurde er nach Plötzensee versetzt (S. 205)..."

Das Stadtzentrum wies neben dem Alexanderplatz noch eine Reihe wichtiger Haftstätten auf: die Untersuchungshaftanstalten Moabit (Alt-Moabit) und Lehrter Straße 3 sowie das Wehrmachtsuntersuchungsgefängnis Lehrter Straße 61.
Zeitzeugen berichten im folgenden von ihren Erlebnissen dort:

Rechtsanwalt Dr. Josef Müller (München) zählte zum oppositionellen Kreis innerhalb des Amtes Abwehr (S. 183ff.), wurde am 5. April 1943 verhaftet und vom Reichskriegsgericht wegen Hochverrats angeklagt. Er kam in die Lehrter Straße 61. Dort wirkten mit dem Gefängniskommandeur Oberstleutnant Maaß und dem Aufseher Unteroffizier Herbert Milkau zwei Männer, die mit dem Widerstand sympathisierten.

Dr. Josef Müller erinnert sich 1946:
„Im Wehrmachtsuntersuchungsgefängnis Berlin war Herr Herbert Milkau ... als Unteroffizier der Wehrmacht der Wärter, der mich zu beaufsichtigen hatte. In Gesprächen teilte er mir bald mit, daß er als früherer Kommunist Gegner des Nationalsozialismus sei.
Ich war in der Folge im sogenannten Todeskandidaten-Flügel untergebracht. Die Wärter hatten hier eigenen Nachtdienst mit der Weisung, die Häftlinge auch nachts überraschend zu kontrollieren. Milkau und sein Kamerad Wagner führten diese Kontrollen nicht in der befohlenen Weise durch, vielmehr holten sie mich häufig aus der Zelle in das Wachzimmer, wo wir gemeinsam Auslandssender hörten. Milkau und Wagner halfen den Häftlingen, soweit sie konnten. Wenn neue Gefangene eingebracht wurden, gaben beide mir die Möglichkeit, diese zu beraten. Da die Häftlinge zunächst ohne Verteidiger waren und gerade die ersten Vernehmungen für sie von entscheidender Bedeutung zu sein pflegten, in denen sie meist die Tragweite ihrer Aussagen noch nicht überblicken konnten, war es mir auf diese Weise möglich, vielen zu helfen."

Der Redakteur und spätere Verleger Helmut Kindler (S. 357) war einer jener Menschen, denen auf diese Weise geholfen wurde.

Helmut Kindler berichtet 1992 in einem Fernsehinterview:
„Ein sehr entgegenkommender Wärter [Herbert Milkau] hat mich zu Müller in dessen Zelle gebracht, denn der Wärter sagte, Müller ist Rechtsanwalt, der kann ihnen vielleicht Ratschläge geben."
Kindlers Lage war durchaus gefährlich, er mußte sogar mit dem Schlimmsten rechnen.
„... Unteroffizier Milkau, mit dem man über alles sprechen konnte, ... sagte, vielleicht erreicht ihr Anwalt (oder sie) im Falle des Todesurteils, daß sie nicht erhängt, sondern erschossen werden. Wir melden uns, um sie zu erschießen. Dann wissen sie, wir sind das!"

(Helmut Kindler konnte durch den Einsatz seines Vaters, eines früheren Kriminalbeamten, freikommen.)

Das wohl spektakulärste Beispiel von Hilfe für Inhaftierte dürfte der Fall des Moabiter Aufsehers Emil Moritz sein, der wegen seiner Beteiligung an Fluchtvorbereitungen für den eingekerkerten KPD-Vorsitzenden Ernst Thälmann 1937 verhaftet und zu fünfzehn Jahren Zuchthaus verurteilt wurde. (Die geplante Rettung wurde übrigens 1935 auf Geheiß führender kommunistischer Kreise Moskaus abgebrochen.)
Unter den Zehntausenden, die zwischen 1933 und 1945 in Berlin verfolgt und inhaftiert wurden, befanden sich auch sehr viele Frauen: Deutsche und Ausländerinnen. (Letztere als Angehörige von Widerstandsgruppen oder als Zwangsarbeiterinnen.)
Neben der Frauenhaftanstalt in der Barnimstraße brachte man sie in einer gesonderten Frauenabteilung des Berliner Untersuchungsgefängnisses Moabit unter. Auch hinter vielen von ihnen lagen körperliche Mißhandlungen (S. 97f.). Zu den Häftlingen zählte die Nervenärztin Dr. Edith Jacobsohn von der Widerstandsgruppe Neu Beginnen (S. 70ff.). Sie nutzte die Untersuchungshaft zur wissenschaftlichen Arbeit und begann eine Abhandlung über die Geisteskrankheit, wozu sie auch Hitler-Reden als Dokumentationsmaterial heranzog. Daneben entwarf die Sozialistin jüdischer Herkunft mehrere Gedichte. Eines lautet „Freistunde":

Tiergarten, Untersuchungshaftanstalt Moabit (Alt-Moabit) und Kriminalgericht (Turmstraße) am oberen Bildrand

„Tripp und Trapp, Klipp und Klapp,
läuft die Schar die Runde ab.
Noch ist kaltes Morgendämmern,
wenn die ersten Schritte hämmern.
Durch die Körper geht ein Beben,
Leben spürt man, Leben, Leben!
Gierig füllen sich die Kehlen,
um sich frische Luft zu stehlen.
Denn wir müssen davon zehren,
die wir Freiheit – ach! – entbehren.
‚Freie Stunde' heißt der Hohn,
doch uns ist es Gotteslohn,
und wir flehen: ‚nur nicht Regen',
Luft ist des Gefangenen Segen!
– Und wir traben,
uns zu laben,
stumm und schnell
Karussell."

Frauenhaftanstalt Barnimstraße

Die junge Kommunistin Alice Michelson (* 1916) wurde am 9. August 1935 verhaftet und blieb bis April 1939 eingesperrt. Sie teilt die Wärterinnen in Berlin in vier Kategorien ein:
„Einige giftige, unangenehme Naziriken, die einen sofort zur Anzeige brachten, einige Dienstverpflichtete, denen man anmerkte, daß sie ihre Arbeit nicht gerne machten, einige ‚launische Jungfern', die mal nett, mal krötig waren und schließlich jene Frauen, die ein bißchen Herz hatten, meist ältere Beamtinnen aus der Zeit vor 1933. Letztere, vielleicht waren es Sozialdemokratinnen, mußten wir gelegentlich in Schutz nehmen, daß wir *sie* nicht in Gefahr brachten."

Ein Wärter, der von früheren Häftlingen Moabits gelobt wurde, ist der Sozialdemokrat Hermann Grunwald (* 1891). Bereits in den 20er Jahren gehörte er zur jenen Republikanern, die als Anwort auf die zunehmenden antidemokratischen Tendenzen im Justizapparat die Arbeitsgemeinschaft sozialdemokratisch gesinnter Justizangestellter gründeten. Grunwald war zunächst beim Amtsgericht Mitte und dann am Landgericht und Kriminalgericht Moabit tätig. Nach der NS-"Machtergreifung" war es Grunwald, über den zahlreiche Verbindungen zu inhaftierten „Politischen" liefen. Nachdem die Behördenleitung durch Verrat hinter Grunwalds illegale Kontakte kam, schleppte man ihn (nach kurzer Versetzung) in ein Arbeitslager, wo er mißhandelt und dadurch 1944 arbeitsunfähig wurde, berichtet Oberamtsanwalt St. Burkiczak 1949.

Hermann Grunwald erinnert sich 1952:
„... hatte ich sofort nach Beginn der Machtübernahme durch die Nationalsozialisten große dienstliche Schwierigkeiten und wurde noch im Frühjahr 1933 zum Kriminalgericht Moabit strafversetzt. Meine Obliegenheiten bestanden darin,

Hermann Grunwald

Angeklagte, die in politische Prozesse verwickelt waren, in der sogenannten Vorführungszelle zu überwachen. Da ich ein Gegner des Nationalsozialismus war, ermöglichte ich es den Angehörigen meiner angeklagten Parteifreunde, während sich die Angeklagten in der Vorführungszelle befanden, mit diesen in Verbindung zu treten. Zu den Häftlingen, denen ich auf diese Weise Erleichterung verschaffte, gehörten unter anderem auch der [heutige] Bischof Dr. Dibelius und der heutige Kirchenpräsident Niemöller."

Für politisch und religiös Verfolgte setzte sich nicht allein dieser Justizangestellte in Moabit ein, auch mehrere Berliner Anstaltspfarrer zeichneten sich durch Hilfsbereitschaft und Mitmenschlichkeit aus.

Die offiziell in den zentralen Berliner Haftanstalten tätigen protestantischen Geistlichen Dr. Detloff Klatt, Paul Lemke und Dr. August Ohm waren keineswegs Anhänger der nationalsozialistischen Deutschen Christen. Als eher kirchenpolitisch Ungebundene, erwiesen sie sich aber durch ihr verständnisvolles Auftreten gegenüber Eingekerkerten als Gegner des Nationalsozialismus.

So berichtet Dr. August Ohm, Anstaltspfarrer im Zellengefängnis Lehrter Straße 3, über den Tag der Hinrichtung Cato Bontjes van Beeks am 5. August 1943. Die junge Frau, die zur sogenannten Roten Kapelle zählte (S. 141 ff.), war aus der Frauenhaftanstalt Barnimstraße nach Plötzensee überstellt worden. Dort führte sie mit Anstaltspfarrer Dr. Ohm, der sie in den zurückliegenden Monaten betreut hatte, ihr letztes Gespräch. Er gab ihr Gelegenheit, Abschiedsbriefe an ihr Nahestehende zu schreiben und hielt auch das Abendmahl für die junge Frau. Der Pfarrer nahm Abschiedsgrüße und Wünsche für ihre Lieben entgegen.

Pfarrer August Ohm schreibt über die Todeskandidatin:
„Beim Gedanken an das körperliche Ende:
‚Ich mache einfach die Augen zu im letzten Moment!'
Und zuletzt:
‚Wenn doch der Haß getilgt wäre und die Menschen zu Gott kämen!
Wir brauchen uns nicht wie Diebe aus der Welt zu schleichen.'
Dann nahm sie Pfarrer Ohms Hände und hielt sie lange fest, lächelte und sagte:
‚So fest sollen Sie meiner Mama von mir die Hand geben, wenn Sie sie sehen werden!'
Und dann strahlend die Worte zu Pfarrer Ohm:
‚Ich danke Ihnen so!'"

Zahlreiche Verfolgte fanden auch Hilfe durch Wehrmachtseelsorger, so durch den Reinickendorfer Pfarrer Hans Dannenberg, der 1943 von Feldbischof Dormann für dieses Amt verpflichtet wurde. (Man muß zur Ehre Dormanns sagen, daß er vornehmlich nicht-nazistische Geistliche für diese Aufgaben heranzog.)

Als Wehrmachtseelsorger unterstand Dannenberg dem Stadtkommandanten Paul von Hase (S. 200f.) und teilte sich mit Gefängnispfarrer Dr. Harald Poelchau einen Dienstwagen. Da sein alter Freund Dr. Poelchau durch die Arbeit in den Haftanstalten Tegel, Plötzensee und Brandenburg völlig überlastet war, übernahm Dannenberg die Betreuung des Zellengefängnisses Moabit (Lehrter Straße 3) und später auch des Wehrmachtsgefängnisses (Lehrter Straße 61), wo mehrere Verschwörer des 20. Juli 1944 eingesperrt wurden. Hans Dannenberg konnte vielen Inhaftierten Trost und Beistand geben, für einige Lebensmittel besorgen, anderen wiederum einen fähigen Anwalt beschaffen.

Pfarrer Hans Dannenberg (1901–1993) erinnert sich 1983:
„Im Gefängnis Moabit (Lehrter Straße 3), besonders im Bereich, wo die Angeklagten des Volksgerichtshofs untergebracht waren, kannte ich bald jede Zelle; auch jene, in denen die Gefesselten waren. Deren Freimachung konnte ich wenigstens für Gespräche durchsetzen.
Ich mußte auch an zahlreichen Hinrichtungen teilnehmen. Meine Aufgabe begann zwei Stunden zuvor und konzentrierte sich auf das Bemühen, daß die Betroffenen ‚aufrecht' blieben. Es waren viele junge Menschen, darunter feine Kerle (Achtzehnjährige, die – gerade Soldat geworden – desertierten), viele desertierte Soldaten, aber auch Fälle von ‚Wehrkraftzersetzung', ‚Defaitismus' und Sippenhaft.
Ein wegen ‚Wehrkraftzersetzung' angeklagter Theologe hatte dadurch Glück, daß der einzige Belastungszeuge starb. Doch nun quälte sich der Angeklagte damit, daß die Richter von ihm verlangen würden, die Wahrheit zu sprechen. Ich sagte ihm, daß Hitler nicht der Vertreter Gottes, sondern des Teufels sei, darum könne er es vor seinem Gewissen verantworten, die Unwahrheit zu sagen. Er überlebte, aber ein anderer Angeklagter, der einen ähnlichen Rat nicht befolgte, wurde dagegen hingerichtet."

Diese und andere tragische Fälle besprach Pfarrer Dannenberg mit seinem erfahrenen Kollegen Dr. Harald Poelchau. Einmal geriet der Reinickendorfer Geistliche allerdings trotzdem in eine ganz gefährliche Situation. Sie entstand dadurch, daß in den Fünf- bis Sechsmann-Zellen die Denunziations- und Spitzelgefahr besonders groß war. Dannenberg: „Was Menschen aus letzter Not taten – das gab es häufig!"

Tiergarten, Lehrter Straße – Haftanstalt

Doch zum Glück führte ein denunziertes Gespräch zwischen dem Wehrmachtspfarrer und einem Angeklagten Dank des Leiters des Gefängnisses, Oberstleutnant Maaß, zu keinen weiteren Konsequenzen.
Kurz vor Kriegsende konnten aus der Wehrmachtshaftanstalt durch Herbert Milkaus (S. 365 f.) Wohlwollen über 30 Insassen entfliehen. Am nächsten Tag zerstörten Bomben große Teile der Haftanstalt in der Lehrter Straße. Zu den Todesopfern gehörte auch der Leiter Oberstleutnant Maaß. Sein Vertrauter, Herbert Milkau, kroch durch Trümmer und Trichter ins Freie.

Auswirkungen des Bombenkrieges

Nachdem Berlin von Auswirkungen des Krieges zuerst weitgehend verschont geblieben war, setzten im Frühjahr 1941 die größeren Luftangriffe der Alliierten auf die Reichshauptstadt ein. Verdunkelungsmaßnahmen boten allein keinen hinreichenden Schutz mehr. So mußten beispielsweise die Kunstschätze aus der Innenstadt (Museumsinsel) bereits mit Lastwagen, Güterwaggons und Spreekähnen evakuiert werden.
Zeitzeugen haben allerdings erst das Jahr 1943 als *den* Wendepunkt im Kriegsalltag in Erinnerung. Bereits im März des Jahres kam es zu starken Verwüstungen durch den Einsatz sogenannter „Wohnblockknacker“, das waren Luftminen, die in Verbindung mit Brandbomben auf Berlin abgeworfen wurden. (Untergetauchte und ihre Helfer – S. 175, 332, 337, 342 – zogen aus zunehmender Zerstörung und Unkontrollierbarkeit allerdings auch Vorteile.)
Für viele unvergessen blieben die Schreckensnächte vom 18. November bis 3. Dezember 1943. Danach war nichts mehr wie es vorher war.
Zeitzeugen geben ihre Erinnerungen an die Kriegsauswirkungen wieder:

Hella Schermer-Grünberg (* 1924), Tochter des verfolgten Arbeiterschriftstellers (S. 376) Karl Grünberg (Foto nebenan), berichtet 1992:
„Als 1940 die ersten Bomben fielen, nahm die Bevölkerung es weitgehend noch nicht sehr ernst. Berliner liefen zusammen, um sich die ersten Bombenschäden anzusehen. Einige sammelten sogar Granatsplitter als Souvenir!
Die allgemeine Verdunkelung und das Anheften von Leuchtplaketten an die Kleidung, damit man sich nicht anrennt, empfanden viele als echtes Gaudium!
Wir schaukelten regelrecht in den Krieg hinein.
Im Herbst 1940 saßen wir dann bereits 3–4 Stunden im Keller, aber es passierte eigentlich nicht viel. Bitterernst wurde es in Berlin im Herbst 1943. (Zuvor, Pfingsten 1943, hatte ich bereits in Essen, wohin mein Vater zur Feuerwehr strafversetzt worden war, durch Bombenangriffe völlig eingeebnete Straßen mit Entsetzen betrachtet.)
Im November 1943 – ich weiß es deswegen so genau, weil es mein Geburtstagsmonat ist – ging es dann mit der systematischen Zerstörung der Innenstadt los, Zug für Zug. Dort, wo die Bomber am Abend zuvor aufgehört hatten, ging es am nächsten Tag weiter. Wir kamen eine Woche nicht zur Innenstadt durch.
Nachdem meine begonnene Ausbildung im Konfektionsbereich am Hausvogteiplatz 1940 durch das Auffliegen des ‚halbjüdischen' Chefs beendet worden war, kam ich zum Glück in einem Verlag für Fachzeitschriften der Ingenieurbranche unter. Wir saßen in einem wunderschönen Gebäude in der südlichen Dorotheenstraße, hinter dem Reichstag, nahe dem Brandenburger Tor. Der vom Verlagsleiter Dr. Weyer, einem ehemaligen Buchhändler, geführte Betrieb war nichtnazistisch ausgerichtet – im Gegenteil! Das zackig-nazistische Auftreten kam hier nicht an. Zwar mußte man sich vor zwei bis drei von insgesamt fünfzehn Kollegen mit Äußerungen vorsehen, aber bei den anderen konnte man ein offenes Wort wagen.
Am 22. November 1943, beim Großangriff auf das Stadtzentrum, wurde auch unser Verlag teilausgebombt. Der herrliche Sitzungssaal mußte nun als Großraumbüro dienen. An meiner Arbeitsstätte in Mitte erlebte ich nun sämtliche Großangriffe mit. Zum Schutz rannten wir entweder zum Reichstagsbunker oder zu dem vom Hotel Adlon, wo wir dann die Zeit im Tiefbunker stehend oder auf Holzbänken sitzend verbrachten.
Danach mußten wir dann manchmal unter Feuerlöschfahrzeugen – die sich in der Spree auftankten – durchkriechen. Straßenbahnen fuhren immer seltener, dazu kam die grausige Angst, überhaupt heil nach Hause zu kommen. Ende Januar 1945 kam dann eine Kommission durch den Betrieb und zog ältere Kollegen für die Produktion und jüngere für die Flak ab. Ganz zuletzt sollen Mitarbeiter dann Panzergräben am Reichstag ausgehoben haben."

Elisabeth S. (*1926), aufgewachsen im Hansa-Viertel, erinnert sich 1992:
„Bei einem furchtbaren Luftangriff am 22./23. November 1943 ging unser Wohnhaus, Klopstockstraße, das einst vom Maler Lovis Corinth bewohnt worden war, in Schutt und Asche. Luftschutzhelfer hatten uns zuvor zum Tunnelbereich an der Siegessäule gebracht. Vom nahen Berliner Zoo rannten freigekommene Kamele durch den Tiergarten, denn die Wärter hatten allein nur die *wilden* Tiere erschießen können. Nach der Zerstörung unserer Kaiser-Friedrich-Gedächtniskirche, an der Pfarrer Kritzinger einst seine Akademischen Gottesdienste abgehalten hatte, diente das nahe Gesundheitsamt als Notkirche. Beide Pfarrer – auch Bekenntnispfarrer Magerstädt (S. 232) – hatten sich abgesetzt, zum Teil wohl aus familiären Gründen."

Karl Grünberg mit seiner Tochter Hella

Karl-Heinz Kapinos (* 1928) wohnte damals am Schiffbauerdamm (S. 173 f.).
Er erzählt 1991:
„Vom 22. auf den 23. November 1943 gab es die ersten schlimmen Nachtangriffe. Damals hatte ich gerade Dienst als Botenjunge am Bahnhof Friedrichstraße. Ich habe durch Brandbomben verletzte Menschen brennend wegrennen sehen, sah auch brennende Pferde der Spedition Hamacher, die in die Spree sprangen. Es waren furchtbare, unvergessene Anblicke!
Ich erlebte als 15/16jähriger auch das Erschießen von Plünderern mit."

Hanni Nörper (* 1913), aktive Helferin ihres Vaters Theodor Görner (S. 338f.), berichtet an Hand von Aufzeichnungen über einen Fußmarsch von Moabit nach Mitte im November 1943:

„Von heute mittag 12.00 Uhr an bis Nachmittag 5.00 Uhr war ich unterwegs, um nach dem Geschäft meines Vaters in der Rosenthaler Straße hin und zurück zu gelangen. ...

Ich fuhr [von Babelsberg] bis Westkreuz, unterwegs an ausgebrannten S-Bahnzügen vorbei. Vom Bahnhof Westkreuz sah ich durch alle zerbrochenen Scheiben große Wohnblöcke ausgebrannt. Ich kam bis Beusselstraße; rechts und links der Bahn nur Ruinen, teilweise noch in hellen Flammen, die ganze Gegend war in Dunst gehüllt. In [der] Beusselstraße war schon starker Brandgeruch in der Luft, woran man sich bald gewöhnte. Als ich aus dem Bahnhof herauskam, strömte eine Menschenschlange mit allerlei Gepäck, Bündeln, Koffern, Wagen usw. dem Bahnhof zu. Umgekehrt ergoß sich auch ein Strom Menschen hinein in den Staub und Dunst, worunter ich mich befand, da ich ja zur Rosenthaler Straße wollte. In der Beusselstraße war eine Mine heruntergegangen. Die Trümmer lagen grau und schwelend bis in die Mitte der Straße hinein, außerdem lief aus irgendeiner Trümmerecke Wasser. Ich [ging] hindurch, eine Gruppe Gefangener war angetreten, die Straße freizumachen.

Rechts und links sah ich nur ausgebrannte, zertrümmerte Häuser, die zum größten Teil noch im Erdgeschoß, im Keller oder noch in der ersten Etage brannten; vor den Häusern verschmutzte Reste von Einrichtungen, Bündel, teils ohne Aufsicht, teils von Ausgebombten bewacht, die dann wie ein Häufchen Unglück dazwischenstanden oder -saßen. Nicht ein Haus, wo die Scheiben ganz waren; überall nur Ruinen. In der Turmstraße das gleiche Bild. Eine große Kirche zertrümmert, die Bäume wegrasiert, alles mit grauem Staub überschüttet. Hüben und Drüben Trümmer von Häusern, Menschenwanderung der Heimatlosen. Auf einem grauen, zerfetzten Baum saß ängstlich flatternd ein gelber kleiner Kanarienvogel.

Weiter ging ich und kam nun von der Turmstraße in die Straße Alt-Moabit. Links die Kasernen, rauchende Trümmerhaufen, rechts das ehemalige Vergnügungslokal (am Lehrter Bahnhof), das Feldpost-Postamt ausgebrannt.

Lehrter Bahnhof, große Halle, Posthalle, S-Bahnhof mit Zug schwelte, rauchte. Zur linken die Feuerwerkerkaserne... brannte lichterloh. Unter einem geknickten Baum ging der Weg durch wie durch ein Tor. Im [Humboldt]-Hafen tuteten die Dampfer, es lagen mehrere dort, die Arbeit schien dort weiterzugehen. Nun begann die Invalidenstraße. Zur Linken das Baumuseum hatte zum Teil keine Scheiben, dahinter wurde gelöscht, vom Hafen führten Feuerwehrschläuche dorthin. Auch hier die Straße mit wandernden Menschen, die ihr gerettetes Hab mühselig schleppten. Eine Frau wurde von ihrem Mann im Kinderwagen gefahren, vielleicht war sie so erschöpft, daß sie nicht mehr laufen konnte.
Autos, Lieferwagen mit Menschen und Sachen beladen, kreuzten den Weg, manchmal kam es auch vor, daß eines hielt und von den Beladenen einige auflud. Ich hatte oft den Eindruck, daß die Menschen einfach liefen, ohne bestimmtes Ziel, nur fort von der Stelle ihres Grauens. Wer es konnte, hatte sich dünne Tücher, Verbandmull oder Brillen vor Gesicht und Augen gebunden, da der Rauch und die Flugasche von einem Wind durch die Straße gejagt wurden. ...

Mitte, Stettiner Bahnhof, Invalidenstraße

Über die Chausseestraße hinweg kam ich an dem Stettiner Bahnhof vorbei. Nur die kahlen Eisengerüste der rundbogigen Bahnsteige sah man noch, schwarz ragten sie in den Dunst, auch dort schien es gebrannt zu haben. Die Straßenbahnschienen waren verschwunden unter ... Staub, Matsch und Flugasche. Die Oberdrähte hingen zerrissen auf die Straße herab, ein Postauto blieb darin hängen und zerrte nun den anderen Draht noch hundert Meter weiter mit herunter, so daß wir alle springen mußten, um nicht getroffen zu werden.
Da konnte ich nicht weiter, die Flammen eines Hauses schlugen bis in die Straße hinein, der Qualm biß in die Augen. So ging ich in die Gartenstraße hinab. Das Bad steht, gegenüber löschten Feuerwehrleute, wahrscheinlich mit dem Schwimmwasser, die andere brennende Häuserseite. Dazwischen schlängelten sich im Trauerschritt Menschen und Autos hindurch.
In der Elsässer Straße, dann am Rosenthaler Platz, wurden Büromöbel aus brennenden Häusern geborgen. Franke's Möbellager brannte lichterloh und hatte alle umliegenden Häuser nebenan, über die Straße, Hinterstraßen mit angezündet. Das Haus Ecke Weinmeisterstraße, wo neulich die Mine hineingegangen ist, war nun mit Ausbesserungsgerüsten ein schwelender Brandherd. An den Fensterrahmen, an den Dachbalken züngelten die roten Flämmchen, doch waren die meisten Häuser schon bis in die Keller ausgebrannt, wo das ganze Innere des Hauses einen Trümmerhaufen bildete. Das Haus, wo Papa sein Geschäft hat [Rosenthaler Straße 26], sieht stark demoliert aus, zur Straße sind keine Fenster, teilweise keine Rahmen mehr, aber innen im Hof ist es nicht schlimmer als beim letzten Mal. ...“

Der Arbeiterschriftsteller Karl Grünberg [er litt 1933 im KZ], damals als Feuerwehrmann in Mitte zwangsverpflichtet, schreibt in seinen Erinnerungen (s. Literaturliste):
„Und dann die Nacht vom 22. zum 23. November 1943, als die ‚Kranzler-Ecke' [Friedrichstraße Ecke Unter den Linden] in Feuer und Phosphor unterging. Es brannten Café Kranzler und Café Bauer, Café Victoria und Café Schön. Es brannten die ganzen ‚Linden' hinauf und hinunter, die Friedrichstraße und die Leipziger Straße. Es brannten die ‚Passage' und der ‚Wintergarten', die Oper und das Zeughaus, die Hedwigskirche, das Schloß. Die ganze Innenstadt ist ein Inferno von Glut, Rauch und Funkengestöber, vom Knattern brennenden Gebälks und vom Krachen niederstürzender Mauern."

Kammersänger Erich Witte (* 1911) berichtet 1992 in der „Berliner Zeitung":
„Seit 1942 gab es vermehrt heftige Bombenangriffe auf Berlin, und man hat immer unter der Angst gearbeitet und gesungen: Lebst du am nächsten Tag noch, was hast du verloren? Als einer der ersten Lindenopernsänger bin ich im Frühjahr 1943 in Charlottenburg ausgebombt worden. ...
Die Vorstellungen wurden möglichst auf den Nachmittag gelegt, um Unterbrechungen durch Luftangriffe zu entgehen. Doch gab es auch während der Aufführungen des öfteren Alarm. Dann eilten das Publikum und wir – geschminkt und im Kostüm – in den Luftschutzkeller des Berliner Schlosses. Nach der Entwarnung gings zurück in die Oper, wo wir dann an der abgebrochenen Stelle weiter bis zum Ende spielten."
Obwohl nach der Proklamierung des ‚totalen Krieges' (Goebbels) sehr viele Kultur- und Vergnügungsstätten geschlossen und die Künstler dienstverpflichtet wurden, spielte die Lindenoper nach wie vor weiter.
„Wir haben bis zum 3. Februar 1945, als der Knobelsdorff-Bau zerstört wurde, fast jeden Tag Opernkonzerte gemacht, sind dann ins Schauspielhaus gewechselt. Das hat sich fortgesetzt bis in den späten April. Während schon in Karlshorst gekämpft wurde, haben wir im Zentrum Musik gemacht und immer noch so getan, als ob Frieden wäre."

Die Journalistin Ursula von Kardorff wohnte seit Februar 1944 für ein Jahr am Pariser Platz Nr. 3. Sie berichtet in ihren Aufzeichnungen von einem Leben „zwischen Bomben- und Gestapofurcht":
„20. Januar 1945, Berlin
Kam in ein aufgelöstes, hysterisches Berlin. ... Ungefähr jeden Tag zweimal Alarm, fast mit dem Glockenschlag, abends um acht und dann noch einmal um elf. ‚Einflug Hannover-Braunschweig' heißt die Vorformel, ehe das Rennen in den Bunker beginnt. ...
„3. Februar 1945
Heute der schwerste Angriff auf die Innenstadt, den es je gegeben hat. Daß eine Steigerung überhaupt noch möglich war, hätte ich nicht gedacht. War zum Glück im Bunker, aber auch dort setzte eine leichte Panik ein. Weiber kreischten los, sobald das Licht endgültig ausging.
...Kein Stückchen Himmel zu sehen, nur gelbe, giftige Rauchschwaden. ... Am Potsdamer Platz brannte das Columbushaus wie eine Fackel. Wir wanderten inmitten eines Stromes grauer, gebückter Gestalten, die ihre Habseligkeiten mit sich trugen. Ausgebombte, mühselig beladene Kreaturen, die aus dem Nichts zu kommen schienen, um ins Nichts zu gehen. Kaum zu merken, daß der Abend sich über die glühende Stadt senkte, so dunkel war es auch tagsüber schon. ..."

Mitte, Pariser Platz

Mitte, Potsdamer Platz mit Columbushaus

Walther Arndt

Willi Steuck

Man kann sich gut vorstellen, daß die Klagen von Kreisen der Bevölkerung Berlins über die Auswirkungen, Gefahren und Ursachen des furchtbaren Krieges zunahmen. Doch jede unbedachte Äußerung konnte entsetzliche Folgen haben, so auch für Prof. Dr. Dr. Walther Arndt aus der Tiergartener Heidestraße 54. Der international angesehene Wissenschaftler war Leiter der Abteilung Wirbellose Tiere am Naturkundemuseum, Invalidenstraße 43. Nach schweren Bombenangriffen hatte er 1943 privat geäußert: „Jetzt ist es bestimmt zu Ende mit dem Dritten Reich. Es handelt sich nur noch um die Bestrafung der Schuldigen." Er wurde denunziert und daraufhin vom Volksgerichtshof zum Tode verurteilt. Am 26. Juni 1944 richtete man ihn im Zuchthaus Brandenburg hin. Den Angehörigen wurde eine „Kostenrechnung über 396,32 RM für Todesstrafe, Haft- und Transportkosten" zugeschickt.

Ein ähnliches politisches Schicksal ereilte den parteilosen Gustav Elfert (1882–1945) aus der heutigen Egon-Schultz-Straße 10 (damals Strelitzer Straße). Auch er hatte sich mit kritischen Äußerungen über den Krieg zu weit vorgewagt. Elfert wurde verhaftet und wegen „Wehrkraftzersetzung" zum Tode verurteilt.
In der Rheinsberger Straße 31 in Mitte lebte der Schneidermeister Wilhelm Schwarz. Weil er eine weiße Fahne aus dem Fenster hängte und sich damit den Durchhaltebefehlen von NS-Fanatikern widersetzte, wurde er auf Geheiß des Ortsgruppenleiters festgenommen, öffentlich mißhandelt (Zionskirchstraße) und schließlich am Morgen des 25. April 1945 mit zwei anderen Männern am Baugerüst der Zionskirche aufgehängt. Die Toten wurden zur Abschreckung drei Tage lang hängen gelassen.

Willi Steuck (1896–1945), Polizeibeamter vom Revier am Hackeschen Markt (S. 330f.) und Helfer verfolgter Juden, bezahlte seine Gegnerschaft zum Nationalsozialismus noch in den letzten Kriegstagen mit dem Leben. Zusammen mit Wachtmeister Trischak widersetzte er sich dem Ansinnen von NS-Fanatikern, Halbwüchsige, Alte und Kranke als „letztes Aufgebot" für den „Endkampf" zu verpflichten, und kam deshalb vor ein „Standgericht".

Sein Sohn berichtet gegenüber Dr. Inge Lammel 1993:
„Mein Vater ist mit seinem Arbeitskollegen zuerst in einem SA-Keller in der Rosenthaler Straße schrecklich mißhandelt worden, dann hat man an ihnen auf einem Hinterhof das ‚Urteil vollstreckt': Man schoß ihnen in den Bauch. Sie wurden zum Hackeschen Markt auf die dortige Verkehrsinsel geschleift, und es wurde ein Schild angebracht ‚So behandeln wir Vaterlandsverräter!' Niemand durfte den Schwerverwundeten helfen, darüber wachte ein bewaffneter Posten. Die ganze Nacht waren von den Anwohnern ihre Rufe nach Wasser zu hören, bis sie dann endgültig im Morgengrauen verstummten."

Mehrere Zeitzeugenaussagen und alte Berliner Zeitungen berichten davon, daß die NS-Durchhaltepropaganda bis in die letzten Wochen und Tage hinein behauptete, die immer wieder angekündigte „Armee unter General Wenck" würde der Reichshauptstadt angeblich die Rettung bringen.

Friedel Lange, geborene Schmiedel (* 1912), erinnert sich 1988:
„Man sah immer noch Menschen mit dem Kriegspropagandablatt ‚Der Panzerbär' auf die Armee Wenck warten. Aber es war eine kleine Minderheit, die das tat. Die übergroße Zahl der Berliner war ängstlich und hilflos, eine gedrückte und gebrochene Masse."

„Deserteuren" drohte ein entsetzliches Ende, wie wir an anderer Stelle (S. 344) bereits berichtet haben:

Fanny Lange (* 1903) aus Neukölln berichtet 1986:
„Beide Brüder und mein Mann waren zur Wehrmacht eingezogen. ... Im April 1945 suchte ich dann noch nach meinem Mann. Früher war er in der Kaserne nahe der Weidendammbrücke stationiert. Es war unsinnig von mir, denn er war längst nicht mehr dort. Als ich unten durch die Brücke des S-Bahnhofs Friedrichstraße kam, sah ich Schreckliches. Mehrere junge Wehrmachtangehörige waren aufgeknüpft worden und trugen ein Schild um den Hals: ‚Ich bin ein Verräter.' Ich sah auch Leichenberge mit zwölf- bis dreizehnjährigen Jungen. Sie lagen wie Wachspuppen da."

Kriegsende

Kriegszerstörtes Stadtzentrum (v. l. n. r.) Friedrichstraße, Charlottenstraße und Markgrafenstraße

Die meisten Berliner erlebten das Kriegsende wohl mit widerstreitenden Gefühlen:

Hella Schermer-Grünberg (1924) – siehe S. 372 – erinnert sich 1992:
„Die letzten Kriegsmonate durchlebten wir dann in einer ganz eigenen inneren Anspannung: Die Rote Armee stand an der Oder.
Einerseits wuchs Ende Januar/Anfang Februar 1945 die Sehnsucht nach Befreiung, andererseits peinigte uns die Angst, zuletzt doch noch von fanatischen Nazis an die Wand gestellt zu werden oder als Opfer des Bombenkrieges und ‚Endkampfes' zu enden.
Als die Befreiung dann kam, lief sie leider auch nicht in den Formen ab, wie wir es erwartet hatten – viele Frauen erlitten Entsetzliches: Die ‚kämpfende Truppe', der vordringende Teil der Roten Armee, war im Siegesrausch und der Kontrolle ihrer Offiziere oft entglitten. Als Pankow – und andere Außenbezirke – schon befreit waren, wurde in der Innenstadt noch gekämpft."

Das alte Regierungsviertel samt vieler ehrwürdiger Bauten und traditionsreicher Kirchen lag größtenteils in Schutt und Asche. Der Ring um das zur „Festung" erklärte Stadtzentrum schrumpfte zusehens auf wenige Straßen und Plätze zusammen. Aber der „Führer" und seine fanatischen Anhänger im Tiefbunker der Reichskanzlei (Voßstraße) waren trotzdem nicht bereit zu kapitulieren. Hitler hatte ja zu seinem Rüstungsminister Speer zuvor auch deutlich gesagt: Sollte Deutschland nicht in der Lage sein, den Krieg zu gewinnen, dann habe das offensichtlich zur Weltherrschaft ungeeignete Volk auch kein Recht mehr zu existieren!

Mit wahnsinnigen Durchhaltebefehlen wurde das Ende immer wieder hinausgezögert. Diese Politik der verbrannten Erde führte nicht allein zur weiteren Zerstörung von Kulturgütern, Industrien, Wohnquartieren und Verkehrswegen, sondern kostete noch einmal Tausende das Leben. Die NS-Führung wollte alles mit in den Abgrund hinunterreißen – auch die noch lebenden Gegner, die in den Haftanstalten auf die langersehnte Befreiung hofften.

Ermordung von Häftlingen

Noch in den letzten Stunden des „Dritten Reiches" schlug die SS mit einer furchtbaren Bluttat zu: In der Nacht vom 22. auf den 23. April führte sie prominente politische Häftlinge aus dem Gefängnis Lehrter Straße 3 (Sonderabteilung der Geheimen Staatspolizei) auf das naheliegende Ulap-Gelände (S. 33f.) in der Invalidenstraße und ermordete sie durch Genickschuß. Unter den Opfern waren: Klaus Bonhoeffer, Rüdiger Schleicher und Hans John (alle den oppositionellen Kreisen des Amtes Abwehr nahestehend), der Rechtsberater der preußischen Bekennenden Kirche, Friedrich Justus Perels (S. 249), Wilhelm zur Nieden (S. 201), Oberst Wilhelm Staehle und Professor Albrecht Haushofer (S. 202). Er hielt noch im Tode das Heft mit den von ihm in der Haft verfaßten „Moabiter Sonetten" in der Hand. In einem der Gedichte heißt es:

> „Es gibt wohl Zeiten, die der Irrsinn lenkt.
> Dann sind's die besten Köpfe, die man henkt."

Auch im Untersuchungsgefängnis Moabit starben noch kurz vor der Befreiung viele Unschuldige.

> Anne Winheim, Tochter des inhaftierten Arbeiterfunktionärs Heinrich Scheperjans, berichtet 1991 über das Schicksal ihres Vaters:
> „Als er nach seiner Verurteilung in Moabit saß, also nach dem 13. April 1945 bis zum 24. April 1945, erschossen die Nazis die Häftlinge in der Reihenfolge des Alphabets. Sie führten sie auf den Hof, wo das Ganze vonstatten ging. Die Betroffenen riefen laut ihren Namen, damit wenigstens diese bekannt waren. Wenn Vater sich an den Gitterstäben festhielt, konnte er schräg hinunter auf diese barbarischen Vorgänge sehen. Er erzählte [mir]: ‚Sie kamen bis zum Buchstaben H, dann versuchten die Russen das Tor zu rammen.' Und auch dann noch ließen die Schergen nicht ab von den Erschießungen, jetzt rannten sie von Zelle zu Zelle und erschossen die Häftlinge. Mein Vater hatte seine Zelle mit Betten, Tisch und Stühlen verbarrikadiert, so daß sie nicht herein konnten.
> Auf diese Weise hat er überlebt, zusammen mit einem von Ribbeck."

Befreiung aus dem Kerker

Auch in anderen Haftstätten mußten die Eingekerkerten bis zuletzt um ihr Leben bangen.
Zeitzeugen berichten von ihren unvergessenen Erlebnissen in den Gefängnissen Große Hamburger Straße, Alexanderplatz und Prinz-Albrecht-Straße:

Geplagt von barbarischen Kerkermethoden, Kopfläusen, Flöhen und Holzböcken litt der junge Eugen Herman-Friede im April 1945 am Alexanderplatz. Häftlinge, darunter

Russen, versuchten zu fliehen und wurden deshalb erschossen. Ihn selbst verschleppte man ins Kellergefängnis des Lagers Große Hamburger Straße (S. 286). Dort traf er auf (acht oder neun) Häftlinge, die an Händen und Füßen mit schweren Eisenringen gefesselt, kaum noch als Menschen wahrnehmbar waren. Er gab seine Essensration an sie weiter. Zuletzt waren noch drei Häftlinge übrig, wohin man die anderen (Deutsche, Ausländer) gebracht hatte, blieb ungewiß. Völlig überraschend kam für Eugen Herman-Friede an seinem 19. Geburtstag, dem 23. April 1945, die Entlassung.

Eugen Herman-Friede erzählt in seinen Erinnerungen (s. Literaturliste) vom Lager in der Großen Hamburger Straße:
„Der SS-Offizier und ich sind allein in der hohen Toreinfahrt. Er blättert in aller Ruhe in der Akte, liest einige Stellen scheinbar sehr sorgfältig, schlägt dann den Pappdeckel zu, sieht mich an und fragt ‚Herman?'
Ich nicke.
‚Vornamen?'
‚Eugen.'
‚Israel'. Das Wort kommt wie ein Peitschenschlag. Ich nicke schnell und zustimmend. Er ist einen Kopf größer als ich und sieht mich von oben bis unten an, blasiert und hochnäsig. Er geht einige Schritte zum großen Holzportal und schließt eine kleine Tür, die dort eingelassen ist, auf. Dann kommt er zurück, nimmt mich bei der Schulter, dreht mich in Richtung der offenen Tür und gibt mir einen gewaltigen Schlag auf den Rücken. Ich stolpere über die Holzschwelle, behalte aber das Gleichgewicht und komme auf der Straße zum Stehen. Die Holztür ist schon wieder ins Schloß gefallen, als ich nach rechts, dann nach links in die menschenleere Große Hamburger Straße blicke."

Der Entlassene schlug sich trotz knatternder Maschinengewehrsalven und einschlagender Granaten an riesigen Trümmerhaufen vorbei bis zur Reichsbank (Werderscher Markt) durch. Dort kam er über eine unterirdische Garage, die zu Luftschutzräumen führte, zum rettenden Wohnquartier seines Onkels. Zwei Tage darauf besetzte die Rote Armee das Gebäude.

Der Arbeiterfunktionär Walter Müller – siehe den Neukölln-Band der Reihe – war nach der Verbüßung seiner siebenjährigen Zuchthausstrafe nicht entlassen, sondern in Gestapohaft am Alexanderplatz festgehalten worden.

Walter Müller (* 1906) erinnert sich 1989 an die Befreiung am Alex:
„Am Kriegsende waren wir noch ungefähr 20 Mann, die am Alex in ‚Schutzhaft' gehalten wurden. Wir mußten Bombenschäden wegräumen, Balken für eingestürzte Haus- und Gebäudeteile herbeitragen und Akten vom Boden in den Keller bringen.

Als die Russen immer näher kamen, ging alles drunter und drüber, wie in einem Bienenhaufen. Polizei beschimpfte SS, weil deren brutales Vorgehen in Polen und Rußland zu dem ganzen Unglück geführt hätte. Die SS-Leute trugen bereits Zivilsachen in Rucksäcken bei sich.

Plötzlich kam die Parole unter den Gefangenen auf: ‚Wir flitzen!'. Und als sich dann alles auflöste, haben wir uns davon gemacht. Nur einen Kameraden haben sie erwischt, er ist auf dem Fahrrad erschossen worden.

Kriegszerstörtes Polizeipräsidium am Alexanderplatz

Ich suchte zunächst Unterschlupf im U-Bahnhof Alexanderplatz, ganz tief unten, alles war voller Menschen. Es fuhr schon längst keine Bahn mehr. Obwohl ich in Häftlingskleidung war, einen ‚Polenmantel' anhatte und Holzklotzen an den Füssen trug, fiel ich nicht weiter auf. Abends ging ich dann zum Ausgang nach oben. Dort tat ich mich mit einem Landser zusammen, und beide machten wir uns dann auf den Weg nach Kreuzberg. Wir schlichen am Rande der S-Bahnbögen entlang, oben platzten vereinzelte Granaten der Russen. An der Jannowitzbrücke kamen wir kurz vor der beabsichtigten Sprengung gerade noch rüber. Polizei fragte uns, wo die Russen stünden, darauf wir: ‚Etwa an der Großen Hamburger'. Als sie das hörten, sagten sie: ‚Los, alles stehen und liegen lassen, geht nach Hause.'"

Der Kommunist Franz Lange – siehe den Neukölln-Band der Reihe – war am 9. April 1945 wegen seiner Verbindung zur Saefkow-Gruppe (S. 149ff.) von der Gestapo verhaftet und ins Hausgefängnis Prinz-Albrecht Straße gesperrt worden. Am 24. April sind dort von 70–80 Mitgefangenen noch etwa 6 am Leben gewesen, die zwischen der Hoffnung auf Befreiung und der Furcht schwankten, doch noch Opfer der SS zu werden.

Franz Lange (1904–1985) berichtet 1980 über das Gefängnis Prinz-Albrecht-Straße:
„Diese sechs, sie sind mir noch deutlich in Erinnerung, waren: Pfarrer Reinicke, beteiligt am 20. Juli 1944, der einen Flüchtling über Nacht beherbergt hatte, ein deutscher Unteroffizier, der hinter der deutschen Front für die Rote Armee gefunkt hatte, ein polnischer Häftling, der sich geweigert hatte, in die deutsche Armee einzutreten, ein elsässischer Häftling, der sich ebenfalls geweigert hatte und Major Buttler, der ... in ‚Schutzhaft' genommen wurde, weil sein Schwiegersohn als kommandierender General in Königsberg kapituliert hatte."

Die Genannten saßen zuletzt in der Gemeinschaftszelle, es gab weder zu essen noch zu trinken. Ihre SS-Bewacher wurden von zunehmender Angst befallen, weil zuviel Blut an ihren Händen klebte und die Rote Armee immer näher kam. Die Inhaftierten lauschten den stündlich näherrückenden Kampfhandlungen, die sich zunehmend im unmittelbaren Stadtzentrum konzentrierten. Besonders am 20. April erschütterte das Dröhnen der sowjetischen Artillerie die Hauptstadt des Deutschen Reiches.

Franz Lange: „Die Kämpfe trugen sich immer mehr in der Innenstadt zu, und der direkte Beschuß der Prinz-Albrecht-Straße setzte ein. Die Zellenwände rissen, wir lagen ermattet und sprachen kaum noch ..."

Mit Ausnahme Major Buttlers, der als Soldat ‚nicht gegen Deutsche kämpfen' wollte, waren die anderen Häftlinge entschlossen, sich notfalls mit Gewalt zu widersetzen, falls die SS sie ermorden wollte. Am 1. Mai 1945 holte man die Gefangenen durch einen Überrumpelungsakt aus der Zelle. Der Unteroffizier wurde von der SS erschossen, die anderen Häftlinge sperrte man in ehemalige SS-Unterkünfte. Zäh vergingen Stunden voller Ungewißheit.

Franz Lange:
„Jeder hing seinen eigenen Gedanken nach. Für mich war klar, daß unsere Befreiung nur durch die Rote Armee erfolgen konnte. Pfarrer Reinicke hingegen fand die Kraft zum Weiterleben in einer Andacht, die er hielt. Eine Andacht, die ich, trotzdem ich seit meinem 16. Lebensjahr aus der Kirche ausgetreten bin, nie vergessen werde!"

Gegen Nachmittag steigerte sich die Unruhe im Gebäudekomplex. SS versammelte sich. Dann zog sie ab.
Die fünf Gefangenen wurden zurückgelassen. Sie warten den Abend und die ganze Nacht.

Franz Lange:
„Und dann hörten wir am 2. Mai 1945 – es mag gegen sechs Uhr gewesen sein – russische Laute. Die Rote Armee kam in das Gebäude, die Schritte näherten sich – wir trommelten gegen die Türen. Das Klappfenster wurde von außen geöffnet, und ein russischer Laut kam uns entgegen. ...
Meine Antwort [auf Russisch]: ‚Wir sind Gefangene'.
Es dauerte wenige Minuten, dann krachten die Äxte, die Tür sprang auf und ich stand einem jungen Rotarmisten gegenüber. Wir waren frei!"

Pfarrer August Reinicke schreibt:
„Lachen der Soldaten, klopfen auf die Schultern, Zigaretten.
‚Krieg aus, Hitler kaputt, Goebbels vergiftet.' So riefen sie es uns zu. Dann schickten sie uns in die Küche, daß wir uns dort verproviantierten für den Heimweg...
Es war ein Bild des Grauens, das sich mir bot: Der zerschossene Park [Foto nebenan], die zerbombte Stadt, das Feld voller Leichen von Menschen und Pferden, das Kriegsmaterial der Russen in seiner erdrückenden Wucht, die ersten Maßnahmen zur Herstellung der Ordnung, russische Mädchen als Soldaten im Ordnungsdienst mit ihren Fahnen den Verkehr regelnd."

Gedenkstätten, Gedenktafeln, Ehrungen

Mitte

Mahnmal für die Opfer des Krieges und der Gewaltherrschaft, Unter den Linden (Neue Wache)	– Die zentrale deutsche Gedenkstätte (mit einer vergrößerten Skulptur von Käthe Kollwitz im Innenraum) erinnert durch eine Gedenktafel am Eingang an die verschiedenen Gruppen, die Opfer des NS-Terrors wurden oder ihr Leben im Widerstand gegen die Tyrannei ließen.
Am Kupfergraben, Pergamonmuseum (Nordflügel)	– Gedenktafel für Adolf Reichwein (S. 50 ff.).
Anklamer Straße 5	– Gedenktafel für Ewald Vogt (S. 99).
Albrechtstraße 14	– Gedenktafel für Krystana Iwanowa Janewa, eine bulgarische Kommunistin, die sich im Auftrag des sowjetischen Geheimdienstes an der illegalen Arbeit der „Roten Kapelle“ (S. 141 ff. und anderer deutscher Widerstandsgruppen beteiligte und nach ihrer Verhaftung den Folgen von Mißhandlungen erlag.
Bebelplatz, Alte Bibliothek	– Eine Gedenktafel erinnert an die Bücherverbrennung vom 10. Mai 1933.
Chausseestraße 126, Dorotheenstädtischer Friedhof (Grabanlage 49)	– Sammelgrab und Gedenktafel zu Ehren der Opfer der SS-Mordaktion vom 22./23. April 1945 (S. 381).
Clara-Zetkin-Straße 68	– Gedenktafel für Dr. Philipp Schaeffer (S. 145).
Egon-Schultz-Straße 10	– Gedenktafel für Gustav Elfert (S. 378).
Egon-Schultz-Straße 18	– Gedenktafel für Kurt Klinke (1910–1944), der als Mitglied der Saefkow-Organisation (S. 149 ff.) verhaftet, an den Folgen der Gestapotorturen umkam.
Fehrbelliner Straße 28	– Gedenktafel für Gerhard Kaun (S. 149 f.).
Friedrichswerdersche Kirche, Werderscher Markt	– Gedenktafel im Vestibül der Kirche zur Erinnerung an die Verhaftung führender Vertreter der Bekennenden Kirche (S. 245), darunter Martin Niemöller.
Friedrichstraße (S-Bahn-Bogen)	– Hier war eine Gedenktafel für Soldaten, die sich dem „Endkampf“ verweigerten und deshalb ermordet wurden (S. 379).
Gipsstraße 3	– Gedenktafel für Sala und Martin Kochmann (S. 169 ff.).

Große Hamburger Straße 15/16	– Gedenktafeln für frühere Hausbewohner, die Opfer der Judenverfolgung wurden (S. 330).
Große Hamburger Straße 26	– Gedenkstein zur Erinnerung an die frühere Deportationsstätte im Jüdischen Altersheim (S. 312 ff.), dicht beim zerstörten Jüdischen Friedhof.
Invalidenstraße 43, Museum für Naturkunde	– Gedenktafel für Walther Arndt (S. 378).
Kleine Alexanderstraße 28 Ecke Weydingerstraße	– Gedenktafel am früheren Hauptsitz der KPD für den im KZ ermordeten Parteiführer Ernst Thälmann.
Linienstraße 154a	– Gedenktafel für Margarete Kaufmann (S. 119 ff.).
Littenstraße 14/15	– Der Straßenname und eine Tafel am Haupteingang des Gerichts erinnern an den im KZ ermordeten Juristen Hans Litten. (Siehe den Pankow/Reinickendorf-Band dieser Reihe.)
Lustgarten	– Gedenktafel zur Erinnerung an das Wirken der Gruppe um Herbert Baum (S. 169 ff.).
Oranienburger Straße 30	– Die teilweise wiederaufgebaute große Synagoge neben dem modernen Centrum Judaicum erinnert mit einer Tafel an die wechselvolle Geschichte dieser bedeutenden Stätte jüdischen Lebens in Berlin (S. 287 ff.).
Rheinsberger Straße 31	– Hier hing eine Gedenktafel zur Erinnerung an Wilhelm Schwarz (S. 378).
Rosa-Luxemburg-Platz, Foyer der Volksbühne	– Gedenktafel zur Erinnerung an die Tänzerin Oda Schottmüller, die wiederholt an der Volksbühne auftrat und als Mitglied der Gruppe um Dr. Harnack und Harro Schulze-Boysen (S. 141 ff.) ihr Leben verlor. (Siehe den Charlottenburg-Band dieser Reihe.)
Rosa-Luxemburg-Straße 2	– Im Foyer des Verkehrsbetriebsgebäudes erinnert eine Tafel an die früheren BVG-Mitarbeiter Albert Kayser und Otto Schmirgal, die Opfer des NS-Terrors wurden. (Siehe den Wedding-Band dieser Reihe.)

Rosa-Luxemburg-Straße 30	– Eine Gedenktafel erinnert an den Filmvorführer Rudolf Lunau, der sich im früheren Technik-Raum mit Regimegegnern traf, Oppositionelle an diesem Ort verbarg und 1934 zu vier Jahren Zuchthaus verurteilt wurde. 1943 zu einer Strafeinheit eingezogen, blieb er seitdem verschollen.
Rosenthaler Straße 39	– Gedenktafel für Otto Weidt (S. 338 ff.).
Wallstraße 61/65	– Die ursprünglich im Foyer des Gewerkschaftshauses angebrachte (nun im Keller lagernde) Gedenktafel erinnert an die Zerschlagung der Arbeiterbewegung 1933 (S. 27).
Weinmeisterstraße 16	– Gedenktafel zur Erinnerung an Franz Mett (S. 135 ff.), dem auch die Sporthalle Gormannstraße 12 gewidmet ist.
Werdersche Straße, Schleusendammbrücke	– Gedenktafel zur Erinnerung an den Bildhauer Kurt Schumacher, der zwei Reliefs der Brücke schuf. Als Anhänger der Gruppe um Dr. Harnack und H. Schulze-Boysen (S. 141 ff.) verlor der Künstler sein Leben.
Zionskirchplatz, Zionskirche	– Die Gedenktafel an der Kirche erinnert an eine frühere Wirkungsstätte des im KZ ermordeten Theologen Dietrich Bonhoeffer (S. 236 ff.).
Zionskirchstraße 4	– Gedenktafel für Betty Hirsch, ihre Kinder Inge und Horst, die alle Opfer des Massenmords an den Juden wurden.
Zionskirchstraße 15	– Gedenktafel für die Jüdin Josephine Alwine Marcuse, die im Januar 1942 nach Riga verschleppt und dort ermordet wurde.

Tiergarten

Gedenkstätte Deutscher Widerstand, Stauffenbergstraße 13–14	– Zentrale deutsche Gedenkstätte für den Widerstand von 1933 bis 1945 am historischen Ort der Verschwörung des 20. Juli 1944. Eine ständige Ausstellung würdigt den Widerstand in seiner politischen Breite und sozialen Vielfalt.
Beusselstraße, Reformationskirche	– Gedenktafel zur Erinnerung an den Pfarrer und Religiösen Sozialisten Prof. Günther Dehn (S. 230).

Carl-von-Ossietzky-Park, Alt-Moabit	– Gedenkstein zur Erinnerung an den verfolgten Publizisten (S. 14).
Lehrter Straße Ecke Invalidenstraße	– Gedenkstein für Häftlinge des Gefängnisses Lehrter Straße 3, die am 22./23. April 1945 von der SS ermordet wurden (S. 381).
Levetzowstraße Ecke Jagowstraße	– Mahnmal zur Erinnerung an die zerstörte Synagoge und frühere Deportationsstätte (S. 314 ff.) Berliner Juden
Levetzowstraße, Heinrich-von-Kleist-Gymnasium	– Gedenktafel zur Erinnerung an verfolgte jüdische Schüler der Hansaschule und Kirschner-Oberrealschule (S. 163 f.).
Lübecker Straße 13	– Geburtshaus des Schriftstellers und Zeitkritikers Kurt Tucholsky, der im Exil Selbstmord verübte.
Pohlstraße	– Zur Erinnerung an die ermordete Politikerin und Jüdin Ottilie Pohl (S. 118).
Putlitzbrücke	– Mahnmal zur Erinnerung an die Verschleppung Zehntausender Berliner Juden (S. 319) vom Bhf. Putlitzstraße
Tiergartenstraße, Höhe Philharmonie	– Gedenktafel zur Erinnerung an die frühere „Euthanasie"-Zentrale in der Tiergartenstraße 4.
Turmstraße, Rathaus Tiergarten	– Gedenkstein für die Opfer der NS-Gewaltherrschaft.
Wilsnacker Straße	– Ehrenfriedhof mit Denkmal zur Erinnerung an die Opfer des Zweiten Weltkrieges.

Literatur

Adolph, Walter	Im Schatten des Galgens. Zum Gedächtnis der Blutzeugen in der nationalsozialistischen Kirchenverfolgung, Berlin 1953
Aly, Götz (Hrsg.)	Aktion T 4 1939–1945. Die „Euthanasie“-Zentrale in der Tiergartenstraße 4, Berlin 1987
Becker, Franz	Vom Berliner Hinterhof zur Storkower Komendatura, Berlin (Ost) 1985
Beier, Gerhard	Die illegale Reichsleitung der Gewerkschaften 1933–1945, Köln 1981
Benz, Wolfgang (Hrsg.)	Die Juden in Deutschland 1933–1945. Leben unter nationalsozialistischer Herrschaft, München 1989
Bergmann, Theodor	„Gegen den Strom“. Die Geschichte der Kommunistischen Partei-Opposition, Hamburg 1987
Berthold, Rudi u. a. (Autorenkollektiv)	Die Humboldt-Universität. Gestern – Heute – Morgen. Zum einhunderfünzigjährigen Bestehen der Humboldt-Universität zu Berlin und zweihundertfünfzigjährigen Bestehen der Charité, Berlin, Berlin (Ost) 1960
Bezirksleitung Berlin der SED (Kommission zur Erforschung der Geschichte der örtlichen Arbeiterbewegung)	Geschichte der revolutionären Berliner Arbeiterbewegung, Band 2. Von 1917 bis 1945, Berlin (Ost) 1987)
Biernat, Karl Heinz Kraushaar, Luise	Die Schulze-Boysen/Harnack-Organisation im antifaschistischen Kampf, Berlin (Ost) 1972
Boeckh, Jürgen	Alt-Berliner Stadtkirchen (2 Bände), Berlin 1986
Borgelt, Hans	Der lange Weg nach Berlin. Eine Jugend in schwieriger Zeit, Berlin 1991
Bothe-von Richthofen, Felicitas	Widerstand in Wilmersdorf, Berlin 1993

Bracher, Karl Dietrich	Die Auflösung der Weimarer Republik. Eine Studie zum Problem des Machtverfalls in der Demokratie, 3. Aufl., Villingen 1960
Brandt, Heinz	Ein Traum der nicht entführbar ist. Mein Weg zwischen Ost und West, München 1967
Braune, Berta	Hoffnung gegen die Not. Mein Leben mit Paul Braune 1932–1954, Wuppertal 1983
Brugsch, Theodor	Arzt seit fünf Jahrzehnten, Berlin 1957
Buber-Neumann, Margarete	Kriegsschauplätze der Weltrevolution. Ein Bericht aus der Praxis der Komintern, Berlin 1973
Bund der Antifaschisten Berlin-Pankow (Hrsg.)	Jüdisches Leben in Pankow. Eine zeitgeschichtliche Dokumentation, Berlin 1993
Büsch, Otto Haus, Wolfgang	Berlin als Hauptstadt der Weimarer Republik 1919–1933 (Berliner Demokratie 1919–1985, Band 1), Berlin–New York 1987
Burkert, Hans-Norbert Matußek, Klaus Wippermann, Wolfgang	„Machtergreifung" Berlin 1933 (Stätten der Geschichte Berlins, Band 2), Berlin 1982
Dehn, Günther	Die alte Zeit, die vorigen Jahre. Lebenserinnerungen, München 1964
Doehring, Bruno	Mein Lebensweg. Zwischen den Vielen und der Einsamkeit, Gütersloh 1952
Drechsler, Hanno	Die Sozialistische Arbeiterpartei Deutschlands (SAPD). Ein Beitrag zur Geschichte der deutschen Arbeiterbewegung am Ende der Weimarer Republik, Meisenheim am Glan 1965
Dreifuss, Alfred	Deutsches Theater Berlin, Schumannstraße 13a. Fünf Kapitel aus der Geschichte einer Schauspielbühne, Berlin (Ost) 1983
Duhnke, Horst	Die KPD von 1933–1945, Köln 1972
Ehmann, Annegret u. a.	Juden in Berlin. 1671–1945. Ein Lesebuch, Berlin 1988

Eichler, Willi
Hart, Martin
Leonhard Nelson. Ein Bild seines Lebens und Wirkens,
Paris 1938

Elias, Norbert
Studien über die Deutschen. Machtkämpfe und Habitusentwicklung im 19. und 20. Jahrhundert,
Frankfurt a. M. 1990 (3. Auflage)

Engel, Helmut,
Jersch-Wenzel, Stefi,
Treue, Wilhelm (Hrsg.)
Geschichtslandschaft Berlin · Orte und Ereignisse · Band 2: Tiergarten · Teil 2 · Moabit,
Berlin 1987

Evangelisches Bildungswerk Berlin (Hrsg.)
Die Widerstandsorganisation Schulze-Boysen/Harnack – Die „Rote Kapelle“ (= Dokumentation 69/90)

Evangelische Hilfsstelle für ehemals Rasseverfolgte in Berlin (Hrsg.)
An der Stechbahn. Erlebnisse und Berichte aus dem Büro Grüber in den Jahren der Verfolgung,
Berlin 1947

Flechtheim, Ossip. K.
Die KPD in der Weimarer Republik. Mit einer Einleitung von Hermann Weber,
Frankfurt a.M. 1973

Foitzik, Jan
Zwischen den Fronten. Zur Politik, Organisation und Funktion linker politischer Kleinorganisationen im Widerstand 1933/40,
Bonn 1986

Freundeskreis der Ev. Akademie Berlin (West)
Kommunität 1982. Gesellschaftliches Engagement der Kirche oder politische Enthaltsamkeit? Aus Kirchen- und Gemeindeblättern der Jahre 1932/33,
Berlin 1982

Freydank, Ruth
Theater in Berlin. Von den Anfängen bis 1945,
Berlin (0st) 1988

Fürst, Max
Talisman Scheherezade. Die schwierigen zwanziger Jahre,
München 1976

Gailus, Manfred (Hrsg.)
Kirchengemeinden im Nationalsozialismus. Sieben Beispiele aus Berlin,
Berlin 1990

Galliner, Nicola (u. a.)
Wegweiser durch das jüdische Berlin. Geschichte und Gegenwart,
Berlin 1987

Gay, Peter
Die Republik der Außenseiter. Geist und Kultur in der Weimarer Zeit: 1918–1933,
Frankfurt a. M. 1970

Gehrig, Berit
„Bis 'ne Jüdische? Haste den Stern?“ Erzählt im Gespräch mit Bruno Schonig,
Berlin 1985

Geisel, Eike	Im Scheunenviertel. Bilder, Texte, Dokumente, Berlin 1981
Genin, Salomea	Scheindl und Salomea. Von Lemberg nach Berlin, Frankfurt a.M. 1992
Genschorek, Wolfgang	Ferdinand Sauerbruch. Ein Leben für die Chirurgie, Leipzig 1987
Georgi, Friedrich	Soldat im Widerstand. General der Infanterie Friedrich Olbricht, Berlin und Hamburg 1988
Geschonneck, Erwin	Meine unruhigen Jahre, Berlin (Ost) 1984
Grebing, Helga (Hrsg.)	Fritz Sternberg (1895–1963). Für die Zukunft des Sozialismus, Köln 1981
Griebel, Regina u. a.	Erfasst? Das Gestapo-Album zur Roten Kapelle. Eine Foto-Dokumentation, Rendsburg 1992
Grünberg, Karl	Episoden. Erlebnisse aus sechs Jahrzehnten, Berlin (Ost) 1983
Halle, Anna Sabine	„Die Gedanken sind frei…" Eine Jugendgruppe der Berliner Quäker 1935–1941, Berlin 1982 (2. Auflage)
Halle, Anna Sabine	„Alle Menschen sind unsere Brüder…" Nahezu unbekannter religiöser Widerstand in „Dritten Reich" in: Tribüne (Zeitschrift zum Verständnis des Judentums) Heft 90, 1984
Hallen, Andreas Müller, Bernhard (Hrsg.)	Berlin zu Fuß. 22 Stadtstreifzüge durch die Geschichte und Gegenwart, Hamburg 1987
Herbert, Ulrich	Fremdarbeiter: Politik und Praxis des „Ausländer-Einsatzes" in der Kriegswirtschaft des Dritten Reiches, Berlin–Bonn 1985
Herlemann, Beatrix	Auf verlorenem Posten. Kommunistischer Widerstand im Zweiten Weltkrieg. Die Knöchel-Organisation, Bonn 1986
Hermann-Friede, Eugen	Für Freudensprünge keine Zeit. Erinnerungen an Illegalität und Aufbegehren 1942–1948 mit einem Nachwort von Barbara Schieb-Samizadeh, Berlin 1991

Herzberg, Wolfgang — Überleben heißt Erinnern. Lebensgeschichten deutscher Juden, Berlin und Weimar 1990

Hildebrandt, Rainer — Wir sind die Letzten. Aus dem Leben des Widerstandskämpfers Albrecht Haushofer und seiner Freunde, Neuwied/Berlin (o.J.)

Hildenbrand, Fred — ... ich soll dich grüßen von Berlin. 1922–1932. Berliner Erinnerungen ganz und gar unpolitisch, München, Ehrenwirth 1990 (2. Auflage)

Höhne, Heinz — Kennwort: Direktor. Die Geschichte der Roten Kapelle, Frankfurt a. M. 1970

Holmsten Georg — Die Berlin-Chronik. Daten · Personen · Dokumente, Düsseldorf 1990 (3. Auflage)

Ihlau, Olaf — Die Roten Kämpfer. Ein Beitrag zur Geschichte der Arbeiterbewegung in der Weimarer Republik und im Dritten Reich, Meisenheim am Glan 1969

Institut für Marxismus-Leninismus beim Zentralkomitee der SED (Hrsg.) — Deutsche Widerstandskämpfer 1933–1945. Biographien und Briefe, 2 Bände, Berlin (Ost) 1970

Jochheim, Gernot — 1000 Frauen gegen Goebbels. Der Protest in der Rosenstraße, Berlin-Mitte 1943, in: gewaltfreie aktion. Vierteljahreshefte für Frieden und Gerechtigkeit, Heft 95/96 (1993), S. 2–7

Kaiser, Jochen-Christoph Greschat, Martin (Hrsg.) — Der Holocaust und die Protestanten. Analysen einer Verstrickung, Frankfurt a. M. 1980

Kardorff, Ursula von — Berliner Aufzeichnungen. Aus den Jahren 1942 bis 1945, München 1962

Kaufmann, Bernd (Leitung) u. a. — Der Nachrichtendienst der KPD 1919–1937, Berlin 1993

Kennan, George F. — Memoiren eines Diplomaten, München 1971 (dtv)

Kerbs, Diethart und Stahr, Henrick — Berlin 1932. Das letzte Jahr der ersten deutschen Republik. Politik, Symbole, Medien, Berlin 1992

Kindler, Helmut — Zum Abschied ein Fest. Die Autobiographie eines deutschen Verlegers, München 1991

Kliem, Kurt	Der sozialistische Widerstand gegen das Dritte Reich, dargestellt an der Gruppe „Neu Beginnen", Phil.Diss.masch., Marburg 1957
Knauft, Wolfgang (Hrsg.)	Miterbauer des Bistums Berlin. 50 Jahre Geschichte in Charakterbildern, Berlin 1979
Knauft, Wolfgang	Unter Einsatz des Lebens. Das Hilfswerk beim Bischöflichen Ordinariat Berlin für katholische „Nichtarier" 1938–1945, Berlin 1988
Knobloch, Heinz	„Meine liebste Mathilde". Das unauffällige Leben der Mathilde Jacob, Berlin 1986
Knobloch, Heinz	Der beherzte Reviervorsteher. Ungewöhnliche Zivilcourage am Hackeschen Markt, Berlin 1990
Komitee der Antifaschistischen Widerstandskämpfer der DDR. Kreiskomitee Berlin-Prenzlauer Berg	Zur Geschichte des Kampfes gegen den Faschismus in Berlin-Prenzlauer Berg 1933 bis 1945, Berlin (Ost) 1987
Komitee der antifaschistischen Widerstandskämpfer und der Geschichtskommission der Kreisleitung der SED Berlin-Mitte (Hrsg.)	Erinnerungsberichte von Genossen der Unterbezirke Stettiner Bahnhof und Zentrum der Bezirksparteiorganisation Berlin-Brandenburg-Lausitz-Grenzmark der KPD, Berlin 1988
Kordt, Erich	Nicht aus den Akten ... Die Wilhelmstraße in Frieden und Krieg. Erlebnisse, Begegnungen und Eindrücke 1928–1945, Stuttgart 1950
Kracauer, Siegfried	Straßen in Berlin und anderswo, Berlin 1987
Kraushaar, Luise	Berliner Kommunisten im Kampf gegen den Faschismus 1936 bis 1942. Robert Uhrig und Genossen, Berlin (Ost) 1981
Kurtz, A.	Bekennende Kirche, Berlin 1946
Lange, Annemarie	Berlin in der Weimarer Republik bearbeitet und herausgegeben von Peter Schuppan unter Mitarbeit von Ulrike Köpp, Berlin (Ost) 1987
Lange, Friedrich C.A.	Groß-Berliner Tagebuch 1920–1933, Berlin-Bonn 1982

Laqueur, Walter | Weimar. Die Kultur der Republik, Frankfurt a.M., Berlin 1976

Leuner, A. | Als Mitleid ein Verbrechen war. Deutschlands stille Helden, Wiesbaden 1967

Lian, Hsi-Huey | Die Berliner Polizei in der Weimarer Republik (Veröffentlichungen der Historischen Kommission zu Berlin, Bd. 47), Berlin 1977

Link, Werner | Die Geschichte des Internationalen Jugend-Bundes (IJB) und des Internationalen Sozialistischen Kampfbundes (ISK), Meisenheim am Glan 1964

Ludwig, Hartmut | Die Opfer unter dem Rad verbinden. Vor- und Entstehungsgeschichte, Arbeit und Mitarbeiter des „Büro Pfarrer Grüber". Masch. Diss. B., Berlin (Ost) 1988

Mann, Golo | Erinnerungen und Gedanken. Eine Jugend in Deutschland, Frankfurt a. M. 1986

Marcuse, Ludwig | Mein zwanzigstes Jahrhundert. Auf dem Weg zu einer Autobiographie, Zürich 1975

Mason, Timothy W. | Sozialpolitik im Dritten Reich. Arbeiterklasse und Volksgemeinschaft, Opladen 1977

Meier, Kurt | Der evangelische Kirchenkampf. Gesamtdarstellung in drei Bänden, 2. Auflage (unveränd. Nachdruck der 1. Auflage), Göttingen 1984

Meinecke, Friedrich | Die deutsche Katastrophe. Betrachtungen und Erinnerungen, Zürich-Wiesbaden 1946

Minetti, Bernhard | Erinnerungen eines Schauspielers. Herausgegeben von Günther Rühle, Stuttgart 1985

Minker, Detlef | Christuskreuz und Hakenkreuz. Kirche im Wedding 1933–1945, Berlin 1986

Mommsen, Hans | Der Nationalsozialismus und die deutsche Gesellschaft. Ausgewählte Aufsätze, Reinbek b. Hamburg 1991

Morow, Frank	Die Parole der „Einheit" und die Sozialdemokratie. Zur parteiorganisatorischen und gesellschaftspolitischen Orientierung der SPD in der Periode der Illegalität und in der ersten Phase der Nachkriegszeit 1933–1948, Bonn-Bad Godesberg 1973
Müller, Johannes Weckerling, Rudolf	„Die Mehrheit des deutschen Protestantismus hatte einen Januskopf", in: 1933: Wie die Deutschen Hitler zur Macht verhalfen. Ein Lesebuch für Demokraten, hrsg. von Inge Brodersen, Klaus Humann und Susanne v. Paczensky, Reinbek bei Hamburg 1983
Mugay, Peter	Kanzeln, Könige und Kanonen. Evangelische Kirchengemeinden in der Berliner Stadtgeschichte, München 1991
Neuner, Ingrid	Der Bund entschiedener Schulreformer 1919–1933. Programmatik und Realisation, Bad Heilbrunn/Obb 1980
Niesel, Wilhelm	Kirche unter dem Wort. Der Kampf der Bekennenden Kirche der altpreußischen Union 1933–1945, Göttingen 1978
Pfeiffer, Arnold (Hrsg.)	Religiöse Sozialisten (Dokumente der Weltrevolution, Band 6), Frankfurt a. M.–Wien–Zürich 1976
Pforte, Dietger (Hrsg.)	Freie Volksbühne Berlin. Beiträge zur Geschichte der Volksbühnenbewegung in Berlin, Berlin 1990
Philosophisch-Politische Akademie e.V., Sitz Kassel	Leonard Nelson Gedenkfeier. Aus Anlaß des 50. Todestages am 29. Oktober 1977 in Göttingen, Kassel 1978
Pikarski, Margot	Jugend im Berliner Widerstand. Herbert Baum und Kampfgefährten, Berlin (Ost) 1978
Plake, Klaus (Hrsg.)	Klassiker der Erziehungssoziologie, Düsseldorf 1987
Poelchau, Harald	Die letzten Stunden. Erinnerungen eines Gefängnispfarrers, aufgezeichnet von Graf Alexander Stenbock-Fermor, Berlin 1949
Poelchau, Harald	Die Ordnung der Bedrängten. Autobiographisches und Zeitgeschichtliches seit den zwanziger Jahren, Berlin 1963

Pollak, Hans — Tatort Mulackritze. Berliner Unterwelt in den zwanziger Jahren, Berlin 1993

Pross, Christian und Winau, Rolf — „nicht mißhandeln". Das Krankenhaus Moabit 1920–1933. Ein Zentrum jüdischer Ärzte in Berlin 1933–1945 Verfolgung, Widerstand, Zerstörung, Berlin 1984

Provinzki, Katharina und Wandrowsky, Ilse — Die Religiöse Gesellschaft der Freunde (Quäker), Berlin 1974

Reichert, Franz — Durch meine Brille. Theater in bewegter Zeit (1925–1950), Wien 1986

Reichhardt, Hans J. — Möglichkeiten und Grenzen des Widerstandes der Arbeiterbewegung, in: Der Widerstand gegen Hitler, herausgegeben von Walter Schmitthenner und Hans Buchheim, Köln und Berlin 1966, S. 169–219

Religiöse Gesellschaft der Freunde (Hrsg.) — „... Allen Bruder sein ..." Corder Catchpool (1883–1952) ein englischer Freund in deutscher Not. Ein Lebensbild zusammengestellt nach englischen Vorlagen und ergänzt von E. A. Otto Peetz in Mitarbeit von Margarethe Lachmund, o. O. 1963

Röhm, Eberhard u. Thierfelder, Jörg — Juden – Christen – Deutsche 1933–1945. Band 2: 1935 bis 1938, Teil 2, Stuttgart 1992

Roskamp, Heiko — Verfolgung und Widerstand. Tiergarten – Ein Bezirk im Spannungsfeld der Geschichte 1933–1945, Berlin, o. J. (Stätten der Geschichte Berlins, Band 8)

Ryssowski, Gertrud — Unveröffentlichtes Manuskript über Emma Heyden, Berlin 1974

Sandvoß, Hans-Rainer — Widerstand in einem Arbeiterbezirk (Wedding), Berlin 1983

Sandvoß, Hans-Rainer — Widerstand in Steglitz und Zehlendorf, Berlin 1986

Sandvoß, Hans-Rainer — Widerstand in Spandau, Berlin 1988

Sandvoß, Hans-Rainer — Widerstand in Neukölln, Berlin 1990

Sandvoß, Hans-Rainer	Widerstand in Pankow und Reinickendorf, Berlin 1992
Scheel, Heinrich	Vom Kreuzberg zur Roten Kapelle (Erinnerungen I), Berlin 1991
Scheer, Regina	AHAWAH. Das vergessene Haus. Spuren in der Berliner Auguststraße, Berlin und Weimar 1992
Schilde, Kurt Tuchel, Johannes	Columbia-Haus. Berliner Konzentrationslager 1933–1936, Berlin 1990
Schmädeke, Jürgen und Steinbach, Peter (Hrsg.)	Der Widerstand gegen den Nationalsozialismus. Die deutsche Gesellschaft und der Widerstand gegen Hitler, München/Zürich 1986
Schönfeld, Martin	Gedenktafeln in Ost-Berlin. Orte des Erinnerns an die Zeit des Nationalsozialismus, Berlin 1991
Schönrock, Hildegard	Wir kamen gerade so hin. Meine Kindheit und Jugend in Moabit, Berlin 1983
Schottlaender, Rudolf	Trotz allem ein Deutscher. Mein Lebensweg seit Jahrhundertbeginn, Freiburg in Breisgau 1986
Schottlaender, Rudolf	Verfolgte Berliner Wissenschaft. Ein Gedenkwerk, Berlin 1988
Schwersenz, Jizchak	Die versteckte Gruppe, Berlin 1988 (2. überarbeitete Auflage 1990)
Stillmann, Günter	Berlin-Palästina und zurück. Erinnerungen, Berlin (Ost) 1989
Stoltzfus, Nathan	„Jemand war für mich da“. Der Aufstand der Frauen in der Rosenstraße, in: Die Zeit vom 21. 7. 1989
Stresemann, Wolfgang	Wie konnte es geschehen? Hitlers Aufstieg in der Erinnerung eines Zeitzeugen, Berlin/Frankfurt a.M. 1987
Stuebs, Albin	Romantisches Vorspiel. Roman, Berlin 1947

Taleikis, Horst — Aktion Funkausstellung. Berliner Studenten 1934 im antifaschistischen Widerstand,
Berlin (Ost) 1988

Teichler, Hans Joachim
Hauk, Gerhard (Hrsg.) — Illustrierte Geschichte des Arbeitersports,
Berlin–Bonn 1987

Tomin, Valentin
Grabowski, Stefan — Die Helden der Berliner Illegalität,
Berlin (Ost) 1967

Tuchel, Johannes — Zentrale des Terrors. Prinz-Albrecht-Straße 8. Das Hauptquartier der Gestapo,
Berlin 1987

Uhlmann, Walter (Hrsg.) — Sterben um zu leben. Politische Gefangene im Zuchthaus Brandenburg-Görden 1933–1945,
Köln 1983

Ullstein, Heinz — Spielplatz meines Lebens. Erinnerungen,
München 1961

Weber, Hermann — Die Wandlung des deutschen Kommunismus. Die Stalinisierung der KPD in der Weimarer Republik, 2 Bände,
Frankfurt a.M. 1969

Weber, Hermann — Hauptfeind Sozialdemokratie, Strategie und Taktik der KPD 1929–1933,
Düsseldorf 1982

Wehler, Hans-Ulrich (Hrsg.) — Deutsche Historiker. Band II,
Göttingen 1971

Wehner, Herbert — Zeugnis. Herausgegeben von Gerhard Jahn,
Köln 1982

Weltlinger, Siegmund — Hast Du es schon vergessen? Erlebnisbericht aus der Zeit der Verfolgung,
Berlin 1954

Wendland, Walter — Kirchenkampf in Berlin (unveröffentlichtes Manuskript im Evangelischen Zentralarchiv Berlin),
Berlin o. J.

Westphal, Uwe — Berliner Konfektion und Mode. 1836–1939. Die Zerstörung einer Tradition,
Berlin 1986

Wilde, Harry — Theodor Plievier. Nullpunkt der Freiheit,
München/Wien/Basel 1965

Winkler, Heinrich August — Der Weg in die Katastrophe. Arbeiter und Arbeiterbewegung in der Weimarer Republik 1930 bis 1933, Berlin–Bonn 1987

Wörmann, Heinrich-Wilhelm — Widerstand in Charlottenburg, Berlin 1991

Wolffram, Knud — Tanzdielen und Vergnügungspaläste, Berlin 1992

Zadek, Alice und Gerhard — Mit dem letzten Zug nach England. Opposition, Exil, Heimkehr, Berlin 1992

Zentralinstitut für sozialwissenschaftliche Forschung der Freien Universität Berlin — Abschlußbericht des Projekts „Ermordete und verfolgte Berliner Stadtverordnete und Magistratsmitglieder der Weimarer Republik“, Teil III, Kurzbiographien, Berlin 1988

Zimmermann, Rüdiger — Der Leninbund. Linke Kommunisten in der Weimarer Republik, Düsseldorf 1978

Zimmermann, Wolf-Dieter (Hrsg.) — Kurt Scharf. Brücken und Breschen. Biographische Skizzen, Berlin 1977

Zimmmermann, Wolf-Dieter — Gerechtigkeit für die Väter. Einsichten und Erfahrungen, Berlin 1983

Zuckmayer, Carl — Als wär's ein Stück von mir. Erinnerungen. Horen der Freundschaft, Hamburg 1975

Abkürzungen

ADGB	Allgemeiner Deutscher Gewerkschaftsbund
BK	Bekennende Kirche
DC	Deutsche Christen
DDP	Deutsche Demokratische Partei
DMV	Deutscher Metallarbeiter-Verband
DNVP	Deutschnationale Volkspartei
DStP	Deutsche Staatspartei
DVP	Deutsche Volkspartei
E.V.M.B.	Einheitsverband der Metallarbeiter Berlins
HJ	Hitlerjugend
KJVD	Kommunistischer Jugendverband Deutschlands
KPD	Kommunistische Partei Deutschlands
KPO	Kommunistische Partei (Opposition)
KZ	Konzentrationslager
NB	Neu Beginnen
NKFD	Nationalkomitee „Freies Deutschland“
NSDAP	Nationalsozialistische Deutsche Arbeiterpartei
OKH	Oberkommando des Heeres
OKW	Oberkommando der Wehrmacht
RB	Reichsbanner Schwarz-Rot-Gold
RFB	Roter Frontkämpferbund
RGO	Revolutionäre Gewerkschafts-Opposition
RSHA	Reichssicherheitshauptamt
SA	Sturmabteilung
SAJ	Sozialistische Arbeiterjugend
SAP	Sozialistische Arbeiterpartei
SPD	Sozialdemokratische Partei Deutschlands
SS	Schutzstaffel
Sup.	Superintendent (Kirchenkreisvorsteher)
Z	Zentrum (Partei)

Bildnachweise

Agentur für Bilder zur Zeitgeschichte 1
Archiv Klünner 1
Archiv Dr. Müller (Zürich) 1
Archiv Abraham Pisarek 2
Bildarchiv Foto Marburg 1
Bildarchiv Preußischer Kulturbesitz 3
Brandenburgisches Landeshauptarchiv (BLHA):
Bez. Pdm. Rep. 401, Bezirkstag u. Rat des Bezirkes Potsdam – Bestand VdN Nr. 4111 und
Pr. Br. Rep. 35G, Konzentrationslager Oranienburg Nr. 3/10

Bund-Verlag 1
Bundesarchiv, Abteilungen Potsdam (BArchP):
NJ 5315, Bd.2, Anlage Zinn
NJ 2784, Bd. 11, Anlage 2
NJ 168, Bd. 5, Blatt 31

Diözesanarchiv Berlin 021/28 2
Nicola Galliner 1
Heinz Knoblauch 1
Manfred Kuhnke 1
Landesbildstelle 55
Dr. med. Christian Pross 1
Ullstein Bilderdienst 1
Lech Zielaskowski (Warschau) 1

Personenverzeichnis

C

D

E

F

I

J

K

M

N

S

Straßen- und Ortsverzeichnis

Band 8 der Schriftenreihe über den Widerstand in Berlin von 1933 bis 1945
Herausgeber: Gedenkstätte Deutscher Widerstand
Verantwortlich: Hans-Rainer Sandvoß
Text: Hans-Rainer Sandvoß
Gesamtherstellung: Druckhaus am Treptower Park
Satz: MSP Satz + Grafik GmbH

Printed in Germany
ISBN F3-926082-03-8
Die Broschüre wird unentgeltlich abgegeben und ist nicht zum Verkauf bestimmt